westermann

Sven Biela

Grundlagen des Steuerrechts

Lehr- und Arbeitsbuch

9. Auflage

Bestellnummer 05578

Die in diesem Produkt gemachten Angaben zu Unternehmen (Namen, Internet- und E-Mail-Adressen, Handelsregistereintragun gen, Bankverbindungen, Steuer-, Telefon- und Faxnummern und alle weiteren Angaben) sind i. d. R. fiktiv, d. h., sie stehen in kei nem Zusammenhang mit einem real existierenden Unternehmen in der dargestellten oder einer ähnlichen Form. Dies gilt auch für alle Kunden, Lieferanten und sonstigen Geschäftspartner der Unternehmen wie z. B. Kreditinstitute, Versicherungsunterneh men und andere Dienstleistungsunternehmen. Ausschließlich zum Zwecke der Authentizität werden die Namen real existierende Unternehmen und z. B. im Fall von Kreditinstituten auch deren IBANs und BICs verwendet.

Zusatzmaterialien zu „*Grundlagen des Steuerrechts*"

Für Lehrerinnen und Lehrer

Lösungen: 978-3-427-05580-8
Lösungen Download: 978-3-427-05579-2

BiBox Einzellizenz für Lehrer/-innen (Dauerlizenz)
BiBox Klassenlizenz Premium für Lehrer/-innen und bis zu 35 Schüler/-innen (1 Schuljahr)
BiBox Kollegiumslizenz für Lehrer/-innen (Dauerlizenz)
BiBox Kollegiumslizenz für Lehrer/-innen (1 Schuljahr)

Für Schülerinnen und Schüler

BiBox Einzellizenz für Schüler/-innen (1 Schuljahr)
BiBox Einzellizenz für Schüler/-innen (4 Schuljahre)
BiBox Klassensatz PrintPlus (1 Schuljahr)

Zu diesem Produkt sind digitale Zusatzmaterialien kostenlos online für Sie erhältlich. Sie können diese ganz einfach über die Eingabe des nachfolgenden Codes im Suchfeld unter www.westermann.de abrufen.

WBB-05575-019

Sollten Sie zu diesem Produkt bereits eine BiBox mit Material erworben haben, so sind die Zusatzmaterialien selbstverständlich dort bereits integriert.

Druck und Bindung: Westermann Druck GmbH, Georg-Westermann-Allee 66, 38104 Braunschweig

ISBN 978-3-427-**05578**-5

Vorwort

Das Erlernen des Steuerrechts ist wegen seiner Vielzahl von Regelungen und ständigen Änderungen vor allem für den Anfänger sehr schwierig. Niemand kann die vielen sich schnell ändernden Bestimmungen und Regelungen auswendig kennen. Für den Lernenden des Steuerrechts ist es deshalb unumgänglich, den Umgang mit den Rechtsvorschriften zu erlernen. Deshalb muss er – neben einem gewissen Maß an Faktenwissen – Strukturwissen und Lernkompetenz entwickeln.

Aufgrund der Lerntheorien gelten folgende Erkenntnisse als anerkannt:

- Lernen erfolgt in Strukturen
- Lernen erfolgt nur durch eigene Aktivität des Lernenden
- Lernen wird erleichtert durch Bezug zur eigenen (beruflichen und privaten) Realität

Diese Überlegungen versucht dieses Buch zu verbinden. Es setzt sich aus den folgenden Bausteinen zusammen:

1. **Vereinheitlichung der Struktur**
   Jede Steuerart ist nach derselben Struktur aufgebaut, die dem Lernenden ein Lerngerüst bietet. Der Aufbau der Kapitel zu den einzelnen Steuerarten erfolgt einheitlich nach folgendem Schema:

   → Steuerpflicht (Festlegung, ob ein bestimmter Sachverhalt besteuert werden darf)
   → Steuerbefreiung (aus der Vielzahl steuerpflichtiger Vorgänge werden einige aus unterschiedlichen [z.B. sozialpolitischen] Gründen von der Besteuerung ausgenommen)
   → Bemessungsgrundlage (für den zu besteuernden Sachverhalt muss ein Wert ermittelt werden, der die Grundlage für die Berechnung der Steuer bildet)
   → Steuersatz (auf diese Bemessungsgrundlage wird der Steuersatz angewandt, der die endgültige Höhe der Steuer bestimmt)
   → Besteuerungsverfahren (Vorschriften über die Art und Weise, wie die Steuer an das Finanzamt gezahlt werden muss)

2. **Lerngerüste**
   Lerngerüste sollen helfen, den Lernstoff zu strukturieren. Dies erfolgt auf drei Ebenen:

   1. Vor jedem Kapitel (mit Ausnahme des Einstiegskapitels) wird in Form eines Mindmaps eine Übersicht über den folgenden Lernstoff gegeben. Die Mindmaps dienen auch nach der Bearbeitung des Stoffes zur Überprüfung, ob man alle Lernkapitel bearbeitet und den Wissensstoff behalten hat.
   2. Vor jedem Unterkapitel werden in einer Grobübersicht die wichtigsten Themen und Inhalte strukturiert.
   3. Danach werden anhand von Fällen die einzelnen Unterthemen erarbeitet und – wo nötig – in Form von Lösungshinweisen und Struktogrammen weitere Informationen zur Erarbeitung des Stoffes gegeben.

3. **Arbeitsbuch**
   Die Leserin oder der Leser (oder besser Bearbeiterin bzw. Bearbeiter) wird durch das Buch angehalten, sich den Stoff selbst zu erarbeiten und sich mit den rechtlichen Quellen auseinanderzusetzen. Der Lernstoff soll unter Zuhilfenahme von in der Praxis üblichen Hilfsmitteln (Gesetze, Richtlinien usw.) selbst erarbeitet werden.

   Deshalb hat jedes Kapitel folgenden Aufbau:

   → kurze Darstellung der Lerninhalte und der Rechtsquellen des folgenden Kapitels
   → Einführungsfall, wo möglich belegorientiert, der den Leser zum Problem hinführt und ihm die praktische Relevanz deutlich macht
   → weitere Fälle, die einzelne Aspekte des Lernstoffes vertiefend behandeln; falls notwendig, werden Lösungshinweise, Rechtsquellen oder Stoffübersichten hinzugefügt, die der Leserin bzw. dem Leser die Lösung des Falles ermöglichen

Häufig sind in den Überschriften zu den Fällen die einschlägigen Vorschriften zur Lösung des Falles genannt. Ein Nachlesen im Gesetzes- oder Richtlinientext ist für die Lösung notwendig. Fälle und Kapitel, die mit einem * gekennzeichnet sind, gehen über den geforderten Lernstoff eines Steuerfachangestellten hinaus.

- am Schluss des Kapitels zusammenfassende, komplexere Fälle, die verschiedene Lerninhalte noch einmal berücksichtigen und wiederholen
- ausführliche Lösungen und Erläuterungen im Lösungsbuch, um die eigene Lösung zu kontrollieren

Ein Erschließen des Lernstoffes ergibt sich nur durch Studieren der Lernübersichten, Lösen der Fälle und das Nachlesen in den Originalquellen. Ein Abarbeiten dieser drei Lernkomponenten nacheinander ist nicht ausreichend, sondern erst eine wechselseitige Bearbeitung bringt den gewünschten Lernerfolg. Der Lernerfolg ergibt sich vielmehr durch einen Regelkreis:

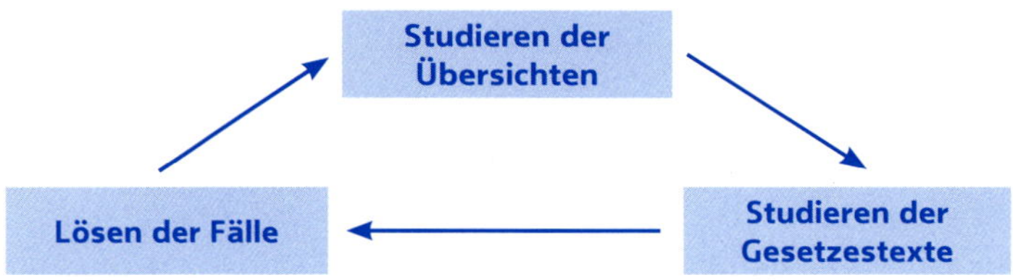

4. Praxisbezug

Die Anschaulichkeit und die Praxisrelevanz sollen in diesem Buch durch folgende Aspekte unterstützt werden:

- praxisnahe Fallgestaltungen
- Einsatz von in der Praxis üblichen Hilfsmitteln
- belegorientierte Fälle
- Aufgaben zum Einsatz von branchenüblicher Software (z. B. DATEV): Hierzu sind insbesondere die Gesamtfälle am Schluss der Kapitel geeignet.

Steuerformulare sind in der Praxis mittlerweile nicht mehr üblich. Unternehmerinnen bzw. Unternehmer müssen ihre Steuererklärungen online übermitteln. Werden Privatleute steuerlich durch eine Steuerberaterin oder einen Steuerberater betreut, werden auch diese Daten nicht mehr in Papierform, sondern digital dem Finanzamt übermittelt. Formulare sind damit aus dem Praxisalltag verschwunden. Daher kommt das Erstellen von Steuerformularen in den praxisnahen Aufgaben in diesem Buch auch nicht mehr vor. Vielmehr sollen die entsprechenden Daten in ein branchenübliches Programm eingegeben werden und die Steuerberechnung mit der manuellen Schülerberechnung verglichen und auf Abweichungen analysiert werden. Dies entspricht viel mehr den momentanen Praxisanforderungen. Sollte in der Schule keine praxisnahe Software zur Verfügung stehen, können die Schülerinnen und Schüler diese Arbeiten in den Kanzleien erledigen und die Berechnungen zum Vergleich mit in die Schule bringen. Die Programmnutzung für dieses Lehrbuch erfolgten mit freundlicher Genehmigung der DATEV eG. Der Autor möchte an dieser Stelle ausdrücklich für die Unterstützung der DATEV eG danken.

Alle Inhalte des aktuellen Rahmenlehrplanes für den Ausbildungsberuf „Steuerfachangestellter“ werden durch dieses Buch behandelt. Darüber hinaus werden bestimmte praxisrelevante Themengebiete ausführlicher behandelt.
Für das Kapitel 9 „Grundzüge des Bilanzsteuerrechts“ sind tiefer gehende Kenntnisse der Buchhaltung notwendig.

In dem Buch wird abweichend vom Duden die Schreibweise „nichtselbstständig“ verwendet, da diese in Gesetzestexten und Steuerformularen geläufig ist. Auf die Angabe konkreter Kalenderjahre wird verzichtet. Stattdessen werden die Ziffern 01, 02 usw. benutzt. Nur in Ausnahmefällen, wo es die Aufgabe erfordert, werden konkrete Kalenderjahre angegeben.

Das Buch ist als Loseblattsammlung konzipiert. Die einzelnen Blätter können herausgetrennt und durch eigene Unterlagen und Aufzeichnungen aus dem Unterricht oder Seminar ergänzt werden.

Dem Buch liegt der Rechtsstand **2025** zugrunde. Eingearbeitet wurde das **Wirtschaftswachstumsgesetz, das Jahressteuergesetz 2024 und das Bürokratieentlastungsgesetz**. Weitere steuerrechtliche Neuerungen und Aktualisierungen können unter *www.westermann.de* abgerufen werden (vgl. Hinweis zum Webmaterial Seite 2). Somit steht immer der aktuellste Rechtsstand zur Verfügung.

Im Hinblick auf die zukünftige Bearbeitung des Buches ist der Verfasser für Verbesserungsvorschläge und Richtigstellungen stets dankbar.

Synopse zum neuen Rahmenlehrplan

Da das Buch nach fachsystematischen Gesichtspunkten aufgebaut ist, finden Sie nachfolgend eine Synopse, die Auskunft darüber gibt, in welchen Kapiteln dieses Buches die entsprechenden Inhalte der Lernfelder des neuen Lehrplans für Steuerfachangestellte beschrieben sind.

Lernfelder des Rahmenlehrplans vom 10.06.2022	**Ausbildungsjahr**	**Entsprechungen in diesem Buch**
Lernfeld 3: Umsatzsteuerrechtliche Sachverhalte bearbeiten	1	Kapitel: 5.1, 5.2, 5.3.1, 5.3.2, 5.3.3, 5.4, 5.5, 5.6, 5.7, 5.8
Lernfeld 4: Einkommensteuererklärungen von Beschäftigten erstellen	1	Kapitel: 3.1, 3.2, 3.3, 3.4.2.1, 3.4.3, 3.4.4, 3.4.5, 3.4.6. 3.5, 3.6
Lernfeld 6: Grenzüberschreitende Sachverhalte und Sonderfälle umsatzsteuerrechtlich bearbeiten und erfassen	2	Kapitel: 5.3.3.6, 5.3.4, 5.3.5, 5.5.1, 5.5.2, 5.8.4, 5.8.10
Lernfeld 8: Gewinneinkünfte und weitere Überschusseinkünfte ermitteln	2	Kapitel: 3.4.1, 3.4.2.2, 3.4.2.3, 3.4.2.4, 3.6.5.2
Lernfeld 9: Körperschaftsteuer und Gewerbesteuer ermitteln	3	Kapitel: 4, 7
Lernfeld 11: Verwaltungsakte prüfen, Rechtsbehelfe und Anträge vorbereiten	3	Kapitel: 2

Inhaltsverzeichnis

3 Einkommensteuer

1 Steuerrechtliche Grundlagen

1.1 Notwendigkeit der Besteuerung

Ein Staat hat mannigfaltige Aufgaben zu erfüllen, die er finanzieren muss. Folgende Grafik soll eine Übersicht über die Ausgaben des deutschen Staates geben:

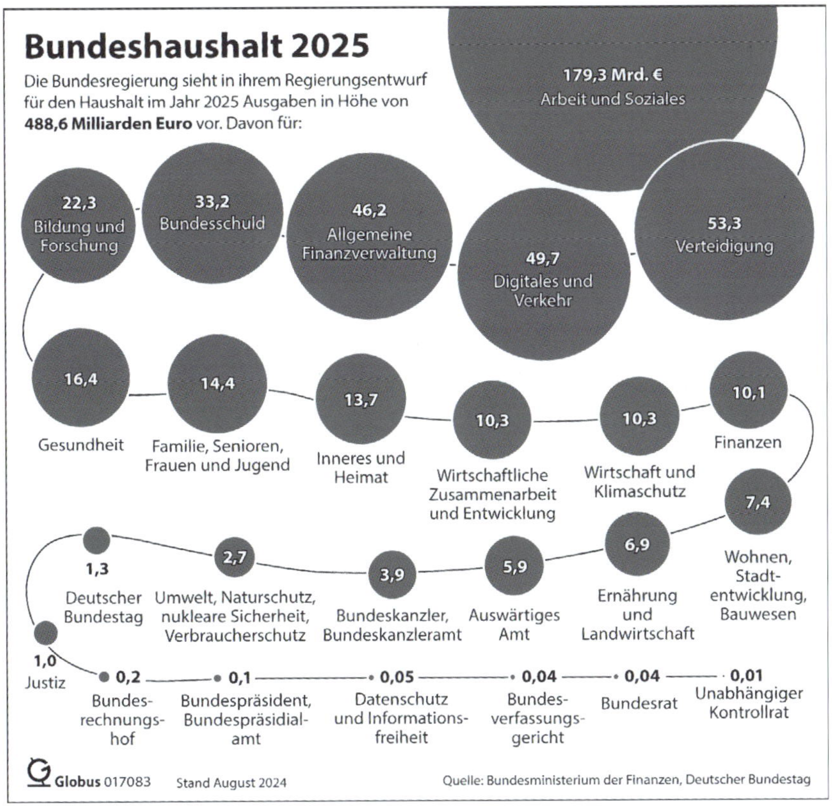

Picture-Alliance GmbH, Frankfurt a.M. (dpa-infografik)

Zur Finanzierung dieser Ausgaben benötigt der Staat Einnahmen. Der Staat verfügt über mehrere Einnahmequellen:

Einnahmequelle	Definition
Steuern **§ 3 (1) AO**	Steuern sind • Geldleistungen, • die nicht eine Gegenleistung für eine besondere Leistung darstellen und • von einem öffentlich-rechtlichen Gemeinwesen • zur Erzielung von Einnahmen auferlegt werden, • bei denen der Tatbestand zutrifft, an den das Gesetz die Leistungspflicht knüpft; • die Erzielung von Einnahmen kann Nebenzweck sein.
§ 3 (3) AO	Einfuhr- und Ausfuhrabgaben (z. B. Zölle) sind Steuern im Sinne der AO.
Steuerliche Nebenleistungen **§ 3 (4) AO**	Steuerliche Nebenleistungen sind • Verspätungszuschläge (für die verspätete oder Nichtabgabe von Steuererklärungen), • Zinsen (für Steuererstattungen, -nachzahlungen, Stundungen, hinterzogene Steuern),

	• Säumniszuschläge (für die verspätete Zahlung von Steuerschulden), • Zwangsgelder (bei Verletzung von Mitwirkungspflichten), • Kosten (z. B. Vollstreckungskosten).
Gebühren	Gebühren sind Geldleistungen für tatsächlich in Anspruch genommene öffentliche Leistungen (z. B. Ausstellung eines Passes, Zulassung eines Pkw).
Beiträge	Beiträge sind Geldleistungen für angebotene öffentliche Leistungen, unabhängig davon, ob sie in Anspruch genommen werden oder nicht (z. B. Sozialversicherungsbeiträge).
Eigenbetriebe	Eigene wirtschaftliche Tätigkeit des Staates (z. B. Beteiligung an einem Unternehmen).

Die wichtigste Einnahmequelle sind dabei die Steuern.

Picture-Alliance GmbH, Frankfurt a.M. (dpa-infografik)

Fall 1 Einnahmequellen des Staates

Bestimmen Sie in den folgenden Fällen, welche Einnahmequelle des Staates vorliegt:

a) Entrichtung des Arbeitnehmeranteils zur Sozialversicherung

b) Zahlung für die Erteilung einer Baugenehmigung

c) Zahlung für die Einfuhr von Gegenständen aus den USA (Einfuhrzoll)

d) Zahlung eines Verspätungszuschlags für die zu späte Abgabe der Einkommensteuererklärung

e) Die Stadt Wuppertal hat die EntsorgungsGmbH gegründet, um die Müllabfuhr der Stadt zu organisieren. Sie erhebt für die Entsorgung des Mülls der privaten Haushalte eine „Gebühr".

f) Zahlung von Säumniszuschlägen für die verspätete Zahlung der Umsatzsteuervorauszahlung

Fall 2 Definition Steuern

Prüfen Sie in den folgenden Fällen, ob es sich um Steuern i. S. d. § 3 AO handelt:

a) Erhebung des Solidaritätszuschlages zur Finanzierung der deutschen Einheit

b) Erhebung einer Abgabe auf Benzin, Strom und Gas, um den Verbrauch nicht erneuerbarer Energien zu drosseln

c) Zahlung einer Erschließungsgebühr für ein neues Grundstück an die zuständige Stadt

d) Erhebung einer Maut für die Benutzung von öffentlichen Straßen durch den Bundesverkehrsminister

e) Erhebung der Einkommensteuer zur Finanzierung von Staatsausgaben

f) Erhöhung der Tabaksteuer zur Eindämmung des gesundheitsschädlichen Zigarettenkonsums

Fall 3

Definition Steuern

Hannah Arendt hat einen Einkommensteuerbescheid mit einer Nachzahlungsaufforderung über 5000,00 € erhalten. Da sie momentan über die notwendigen Geldmittel nicht verfügt, möchte sie dem Finanzamt gerne ihre Arbeitsleistung zur Verfügung stellen (Kopieren, Ablage usw.) und somit ihre Steuerschuld begleichen. Ist das möglich?

1.2 Grundprinzipien der Besteuerung

Das Steuerrecht hat die Hauptaufgabe, dem Staat Einnahmequellen zu erschließen. Die Rechtfertigung, wen der Staat zur Zahlung von Steuern verpflichtet, richtet sich nach zwei Grundprinzipien:

Prinzip der Leistungsfähigkeit	Bestimmte Menschen verfügen über eine höhere wirtschaftliche Leistungsfähigkeit als andere. Deswegen ist dieser Gruppe eine höhere Steuerlast zuzumuten als Menschen mit einer geringeren Leistungsfähigkeit. Dies kommt z. B. beim progressiven Einkommensteuersatz zum Ausdruck, der bewirkt, dass Steuerpflichtige mit einem höheren zu versteuernden Einkommen auch mit einem höheren Steuersatz belastet werden.
Prinzip der Äquivalenz	Der Staat bietet bestimmte Leistungen an (z. B. Straßen, Sicherheit, Schulen usw.). Als Gegenleistung dazu muss der Bürger Steuern an den Staat zahlen, damit der Staat seine Aufgaben erfüllen kann. So soll z. B. die Gewerbesteuer ein Ausgleich für die durch Gewerbebetriebe verursachten besonderen Lasten für eine Gemeinde sein.

Fall

Prinzipien der Besteuerung

Prüfen Sie, ob folgende Steuern nach einem der o. g. Prinzipien gerechtfertigt sind:

a) Der Einkommensteuersatz steigt bei steigenden Einkommen immer mehr an.

b) Die Umsatzsteuer für lebensnotwendige Güter ist ermäßigt.

c) Von jedem Bürger wird eine gleich hohe Kopfsteuer erhoben.

d) Jeder Bürger mit einer Zweitwohnung muss eine Zweitwohnungssteuer bezahlen.

e) Von Hundebesitzern wird von der zuständigen Gemeinde eine Hundesteuer verlangt.

1.3 Einordnung in das Rechtssystem

Das Steuerrecht ist ein Teil des öffentlichen Rechts. Das öffentliche Recht regelt die Beziehungen zwischen Staat und Bürger und zeichnet sich durch die Überordnung des Staates über den Bürger aus. Der Staat kann zur Verfolgung seiner Ziele und Erfüllung seiner Aufgaben den Bürgern einseitig Pflichten auferlegen, die Erfüllung der Pflichten kontrollieren und durch Strafen die Nichtbefolgung ahnden.

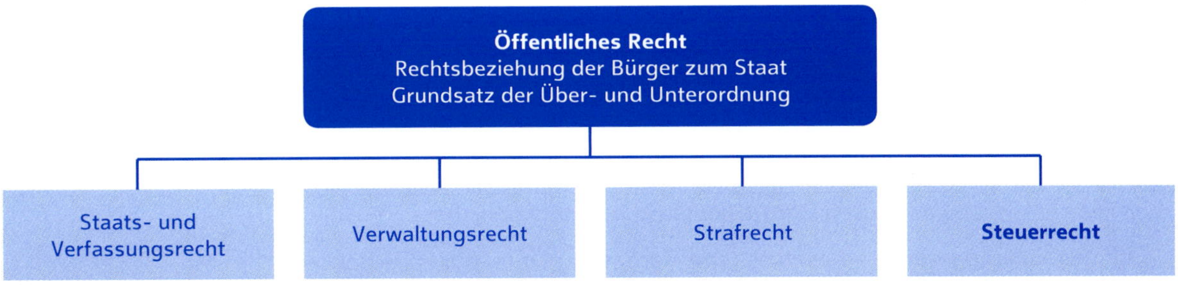

1.4 Rechtsgrundlagen des Steuerrechts

Jede Steuererhebung bedarf einer Rechtsgrundlage, die den Staat zur Erhebung der Steuer ermächtigt. Die Rechtsgrundlagen unterscheiden sich nach dem Organ, das sie erlässt, und dem Personenkreis, für den sie gelten.

Rechtsgrundlage	erlassen durch	gilt für
Gesetz	Parlament (Bundestag/Bundesrat)	alle Bürger
Rechtsverordnung (im Steuerrecht Durchführungsverordnung)	zuständigen Minister (in Steuersachen Finanzminister) in gesetzlich erlaubten Fällen (z. B. § 14 UStG, §§ 31 ff. UStDV)	alle Bürger
Richtlinien	zuständigen Minister	Beamte
Erlasse	zuständigen Minister	Beamte
Urteile	Gerichte (in Steuersachen Finanzgerichte, Bundesfinanzhof)	beteiligte Parteien, aber mit Signalwirkung für ähnlich gelagerte Fälle

Die Steuergesetze lassen sich in zwei große Gruppen unterteilen:

Steuergesetze

Allgemeine Steuergesetze

→ Gesetze, die Verfahrensfragen regeln und Begriffe einheitlich definieren

Beispiele:
- Abgabenordnung
- Bewertungsgesetz
- Finanzgerichtsordnung

Einzelsteuergesetze

→ Gesetze, die einen bestimmten Steueranspruch begründen

Beispiele:
- Einkommensteuergesetz
- Umsatzsteuergesetz
- Gewerbesteuergesetz
- Körperschaftsteuergesetz

Fall 1 Rechtsgrundlagen

Prüfen Sie in den folgenden Fällen, wer die angegebene Rechtsgrundlage erlässt und für wen sie gilt:

a) Einkommensteuerrichtlinien

b) §§ 31–34 Umsatzsteuerdurchführungsverordnung zu § 14 Umsatzsteuergesetz

c) Urteil des Finanzgerichts Rheinland-Pfalz über die Klage des Herrn Manthey gegen das Finanzamt Neustadt a. d. Weinstraße

d) Schreiben des Bundesministeriums der Finanzen (BMF) vom 02.03.2011 zum häuslichen Arbeitszimmer

e) Umsatzsteuergesetz

Fall 2 Lesen und Anwenden von Gesetzen

Zur Feststellung, ob ein Gesetz zur Anwendung kommt, muss man

1. die Voraussetzungen des Gesetzes (sog. Tatbestandsmerkmale) feststellen,
2. die tatsächlichen Verhältnisse ermitteln und

3. prüfen, ob die tatsächlichen Verhältnisse zu den Tatbestandsmerkmalen passen (sog. Subsumtion) und somit die Rechtsfolge auslösen.

Ist die Subsumtion nicht eindeutig, muss man versuchen, das Gesetz auszulegen, um herauszufinden, ob der Gesetzgeber diesen tatsächlichen Fall mit seiner Regelung meinte. Diese Aufgabe der Auslegung übernehmen Gerichte durch ihre Urteile und die Literatur durch Aufsätze und Bücher.

Beispiel:

→ Folgende gesetzliche Regelung des § 1 EStG besteht:
„Natürliche Personen, die im Inland einen Wohnsitz ... haben, sind unbeschränkt einkommensteuerpflichtig."

→ Die *tatsächlichen* Verhältnisse sind wie folgt:
Susanne Rahn wohnt in ihrem eigenen Haus in Köln.

→ Prüfung der *Anwendbarkeit* des Gesetzes (Subsumtion):

1. Folgende Tatbestandsmerkmale hat das Gesetz:

Natürliche Personen	**mit Wohnsitz**	**im Inland**	→ **Rechtsfolge: unbeschränkte ESt-Pflicht**

2. Die tatsächlichen Verhältnisse sind wie folgt:

Susanne Rahn	**wohnt in eigenem Haus**	**in Köln**

3. Die Subsumtion ergibt eine Übereinstimmung in allen drei Punkten:

Susanne Rahn	=	natürliche Person
wohnt in eigenem Haus	=	Wohnsitz
in Köln	=	im Inland

Somit tritt die Rechtsfolge ein und Susanne Rahn ist unbeschränkt einkommensteuerpflichtig.

Das Rennwett- und Lotteriegesetz hat folgende Strafvorschrift:

§ 5 (Strafvorschriften)

(1) Wer ohne Erlaubnis (...) gewerbsmäßig Wetten abschließt oder vermittelt, wird mit einer Freiheitsstrafe bis zu zwei Jahren oder mit Geldstrafe bestraft.

a) Bestimmen Sie die Tatbestandsmerkmale und die Rechtsfolge des Gesetzes.

b) Ermitteln Sie für jeden Fall die tatsächlichen Verhältnisse.

c) Führen Sie die Subsumtion durch und beurteilen Sie, ob die Rechtsfolge eintritt.

(1) Günter Wahn betreibt ein behördlich erlaubtes Unternehmen an der Pferderennbahn Düsseldorf Grafenberg, indem er Wetten auf den jeweiligen Sieger annimmt.

(2) Werner Grass trifft sich einmal in der Woche mit ein paar Freunden, um Wetten für die kommenden Fußballbundesligaspiele abzuschließen. Wetteinsatz ist eine Runde in der Stammkneipe.

(3) Werner Grass wollte dies auch zu seinem Beruf machen und versuchte deshalb drei- oder viermal, Wetten in der Zeitung anzubieten, worauf sich allerdings niemand meldete.

(4) Wie Fall (3), aber er schloss ein paar Wetten mit Geldeinsatz ab. Er gab allerdings dieses Geschäft wieder auf, weil es nichts einbrachte.

(5) Wie Fall (3). Das Geschäft fand so viel Anklang, dass er nun hauptberuflich Wetten „aller Art" abschließt und damit seinen Lebensunterhalt verdient. Von einer notwendigen Erlaubnis weiß er nichts.

1.5 Einteilung der Steuern

Die Einteilung der Steuern dient zur Systematisierung der Steuern. Die drei häufigsten Einteilungsarten sind:

Nach der Ertragshoheit	Diese Einteilung gibt Auskunft darüber, wem die Steuern zufließen. In Deutschland übernehmen Bund, Länder und Gemeinden staatliche Aufgaben und benötigen deshalb Steuereinnahmen. Einige Steuern werden unter den drei Körperschaften aufgeteilt und heißen deswegen Gemeinschaftssteuern.
Nach dem Steuergegenstand	Diese Einteilung gibt Auskunft darüber, an welche Tatsache die Besteuerung anknüpft. So werden Bürger steuerpflichtig gemacht, weil sie einen bestimmten Besitz haben (**Besitzsteuern**) und damit leistungsfähig sind. Die Besitzsteuern werden noch in Personensteuern unterschieden, da sie bestimmte persönliche Umstände des Steuerpflichtigen berücksichtigen, und in Realsteuern, die dies nicht tun. Steuern, die an den Abschluss eines Rechtsgeschäfts anknüpfen, nennt man **Verkehrsteuern**. Steuern, die an den Verbrauch von Gütern anknüpfen, weil der Verbraucher damit eine gewisse Leistungsfähigkeit zeigt, nennt man **Verbrauchsteuern**.
Nach der Überwälzbarkeit	Diese Einteilung gibt Auskunft darüber, wer die Steuer letztendlich zu tragen hat. Nicht immer muss derjenige, der eine Steuer an das Finanzamt zu zahlen hat, die Steuer auch selbst tragen. Er kann sie auf andere überwälzen (**indirekte Steuern**), der Steuerträger und der Steuerschuldner sind nicht identisch. Muss er die Steuer selbst tragen, spricht man von einer **direkten Steuer**, bei der Steuerschuldner und Steuerträger identisch sind.

Die folgende Übersicht nennt Beispiele für die verschiedenen Steuereinteilungen:

Einteilung nach der Ertragshoheit (Wem fließen die Steuern zu?)			
Bundessteuern	**Ländersteuern**	**Gemeindesteuern**	**Gemeinschaftssteuern**
Energiesteuer (Benzin, Gas, Kohle ...)	Erbschaft- und Schenkungsteuer	Gewerbesteuer	Einkommensteuer (je 42,5 % für Bund und Länder, 15 % für Gemeinden)
Tabaksteuer	Grunderwerbsteuer	Grundsteuer	Körperschaftsteuer (je 50 % für Bund und Länder)
Kaffeesteuer	Biersteuer	Vergnügungsteuer	Umsatzsteuer (52 % für Bund, 45,9 % für Länder, 2,1 % für Gemeinden)
Versicherungsteuer		Hundesteuer	
Solidaritätszuschlag			
Kfz-Steuer			

Einteilung nach dem Steuergegenstand (Woran knüpft die Besteuerung an?)			
Verkehrsteuern	**Verbrauchsteuern**	**Besitzsteuern**	
		Personensteuern	**Realsteuern**
Umsatzsteuer	Energiesteuer (Benzin, Gas, Kohle ...)	Einkommensteuer	Gewerbesteuer
Kfz-Steuer	Tabaksteuer	Erbschaft- und Schenkungsteuer	Grundsteuer
Grunderwerbsteuer	Kaffeesteuer	Körperschaftsteuer	
Versicherungsteuer			

Einteilung nach der Überwälzbarkeit (Wer muss letztlich die Steuerlast tragen?)	
Direkte Steuern	**Indirekte Steuern**
Einkommensteuer	Umsatzsteuer
Körperschaftsteuer	

Fall

Einteilung von Steuern

Charakterisieren Sie die folgenden Steuern nach

(1) ihrer Ertragshoheit,

(2) ihrem Steuergegenstand,

(3) ihrer Überwälzbarkeit.

a) Körperschaftsteuer

b) Grundsteuer

c) Grunderwerbsteuer

d) Einkommensteuer

e) Erbschaft- und Schenkungsteuer

f) Kfz-Steuer

g) Gewerbesteuer

h) Umsatzsteuer

i) Tabaksteuer

1.6 Die Finanzverwaltung

Die Frage, wer für die Eintreibung und Verwaltung der Steuern zuständig ist, richtet sich nach Art. 108 GG.

Die Verwaltung der Steuern			
	Bundesfinanzbehörden	**Länderfinanzbehörden**	**Gemeinden**
Steuern	• Zölle • Branntweinmonopol • Verbrauchsteuern • Einfuhrumsatzsteuer • Abgaben der EU	• Gemeinschaftssteuern • Ländersteuern • Versicherungsteuer • Solidaritätszuschlag	• Gemeindesteuern
Behörden	• Bundesfinanzminister • Bundeszentralamt für Steuern • Oberfinanzdirektion • Hauptzollämter	• Landesminister der Finanzen • Oberfinanzdirektionen • Finanzämter	• Stadt- oder Gemeindesteuerämter

Der Bundes- und Landesminister der Finanzen ist für die Leitung des Ministeriums sowie die Erarbeitung von Steuergesetzen und Verwaltungsanweisungen zuständig.

Das Bundeszentralamt für Steuern wirkt bei Außenprüfungen mit und sammelt Unterlagen über Auslandsbeziehungen im Rahmen der EU (Umsatzsteueridentifikationsnummer).

Die Oberfinanzdirektionen nehmen vor allem Behördenaufsichtsfunktionen wahr.

Die Hauptzollämter verwalten die Zölle und Verbrauchsteuern, die Finanzämter die Besitz- und Verkehrsteuern.

Der Aufbau eines Finanzamtes ist in der Geschäftsordnung für die Finanzämter (FAGO) geregelt. Das Finanzamt ist in Sachgebiete unterteilt, in denen bestimmte Aufgabenbereiche zusammengefasst sind. Die Verantwortung für diese Bereiche trägt der Sachgebietsleiter. Die einzelnen Aufgaben innerhalb des Sachgebiets werden durch Sachbearbeiter wahrgenommen. Geführt wird das Finanzamt vom Vorsteher, der gleichzeitig der Sachgebietsleiter des Sachgebiets I: Organisation, Haushalt und Personal ist.

Eine Unterteilung der Sachgebiete könnte wie folgt aussehen:

Sachgebiet I	Amtsleitung, Organisation, Haushalt, Personal
Sachgebiet II–IV	Veranlagungsstellen: Körperschaften Personengesellschaften Einzelunternehmen Freie Berufe Land- und Forstwirte
Sachgebiet V	Arbeitnehmerveranlagung
Sachgebiet VI	Kfz-Steuerstellen
Sachgebiet VII	Grunderwerbsteuerstellen
Sachgebiet VIII	Bewertungsstelle
Sachgebiet IX	Außenprüfung
Sachgebiet X	Finanzkasse

1.7 Die steuerberatenden Berufe

Die Befugnisse Angehöriger steuerberatender Berufe sind im Steuerberatungsgesetz (StBerG) geregelt.

Befugnis zur geschäftsmäßigen Hilfeleistung in Steuersachen §§ 3, 4 StBerG	Geschäftsmäßige und selbstständige Hilfeleistung in Steuersachen dürfen leisten → in unbeschränktem Umfang: • Steuerberater • Steuerberatungsgesellschaften • Rechtsanwälte • Wirtschaftsprüfer • Wirtschaftsprüfergesellschaften • Vereidigte Buchprüfer → in beschränktem Umfang: • Notare, Patentanwälte • Arbeitgeber bei lohnsteuerlichen Sachverhalten • Lohnsteuerhilfevereine bei Einkünften aus nichtselbstständiger Arbeit unbeschränkt und anderen Überschusseinkunftsarten unter insgesamt 18 000,00 €, bei Zusammenveranlagung 36 000,00 €.
Verbot der unbefugten Hilfeleistung in Steuersachen §§ 5, 6 StBerG	Für andere als in §§ 3, 4 StBerG bezeichnete Personen ist die geschäftsmäßige Hilfeleistung verboten. → Ausnahmen: • unentgeltliche Hilfeleistung in Steuersachen für Angehörige i. S. d. § 15 AO • Buchen laufender Geschäftsvorfälle, die laufende Lohnabrechnung und das Fertigen von Lohnsteueranmeldungen, soweit diese Tätigkeiten durch Personen mit kaufmännischer Ausbildung und dreijähriger Berufserfahrung durchgeführt werden • u. a.
Rechte und Pflichten §§ 57 ff. StBerG	Die Berufsausübung hat • unabhängig, • eigenverantwortlich, • gewissenhaft, • verschwiegen, • unter Verzicht auf berufswidrige Werbung zu erfolgen. Als unvereinbar mit der Tätigkeit als Steuerberater gelten: • eine gewerbliche Tätigkeit • eine Tätigkeit als Arbeitnehmer

Fall 1 Entscheiden Sie, welche der folgenden Personen welche Befugnis zur geschäftsmäßigen Hilfeleistung in Steuersachen haben:

	Unbeschränkte Befugnis	**Beschränkte Befugnis**	**Keine Befugnis**
Wirtschaftsprüfer/-in			
Buchhalter/-in			
Notar/-in			
Steuerberater/-in			
Auszubildende/-r zur/zum Steuerfachangestellten			
Wirtschaftsprüfungs-AG			
Steuerfachangestellte/-r			
Vereidigte/-r Buchprüfer/-in			
Steuerberatungs-GmbH			
Steuerfachwirt/-in			
Rechtsanwalt/-anwältin			
Lohnsteuerhilfeverein			

Fall 2 Prüfen Sie in den folgenden Fällen, ob eine geschäftsmäßige Steuerberatung zulässig ist.

a) Die Angestellten des Unternehmers Marius Negrea haben die Möglichkeit, sich von dem zuständigen Bearbeiter in der Buchhaltung bei der Beantragung eines Lohnsteuerfreibetrags und der Erstellung der ESt.-Erklärung helfen zu lassen. Die Hilfe erstreckt sich auf die Einkünfte aus nichtselbstständiger Arbeit, in einigen Ausnahmefällen geben die Bearbeiter auch Tipps bei Einkünften aus Vermietung und Verpachtung sowie Kapitalvermögen.

b) Notar Dr. Kilb beurkundet den Grundstückskaufvertrag des Ehepaars Bahr. Zugleich beantwortet er ihnen Fragen zur Grunderwerbsteuer im Zusammenhang mit dem Grundstück sowie einkommensteuerliche Fragen zur Vermietung einer Wohnung in dem gekauften Gebäude.

c) Der Lohnsteuerhilfeverein LOHI e. V. berät das Ehepaar List bezüglich der folgenden einkommensteuerlichen Probleme:

- Einkünfte aus nichtselbstständiger Arbeit des Ehemanns in Höhe von 28 000,00 €
- Einkünfte aus Kapitalvermögen in Höhe von 4 500,00 €
- Einkünfte aus Gewerbebetrieb der Ehefrau (Kiosk) 10 000,00 €

Außerdem bittet die Ehefrau um die Erstellung der Umsatz- und Gewerbesteuererklärung für ihren Kiosk.

d) Der Steuerfachangestellte Gassner hilft

- einem Freund, der sich selbstständig gemacht hat. Er erstellt ihm die Buchführung und die monatlichen USt.-Voranmeldungen gegen ein Honorar von 150,00 €,
- seinen Eltern, denen er die jährliche ESt.-Erklärung anfertigt und hierfür 50,00 € erhält,
- seiner Verlobten unentgeltlich bei der Anfertigung der jährlichen ESt.-Erklärung.

Sind die folgenden Tätigkeiten mit der Ausübung des Berufs als selbstständige/-r Steuerberater/-in vereinbar?

Tätigkeit	Vereinbar	Nicht vereinbar
Gesellschafter/-in bei der Werkzeug-handels-GmbH		
Angestellte/-r Geschäftsführer/-in bei der Werkzeughandels-GmbH		
Teilhaber/-in einer Steuerberatungs-sozietät		
Erstellen von Fachbeiträgen in einer steuerrechtlichen Zeitschrift		
Gesellschafter/-in bei der Schwan KG als Kommanditist		
Eröffnung eines Restaurants als Einzelunternehmer/-in		
Prüfer/-in bei der Steuerberaterkammer gegen eine Aufwandsentschädigung		

2 Mindmap Abgabenordnung

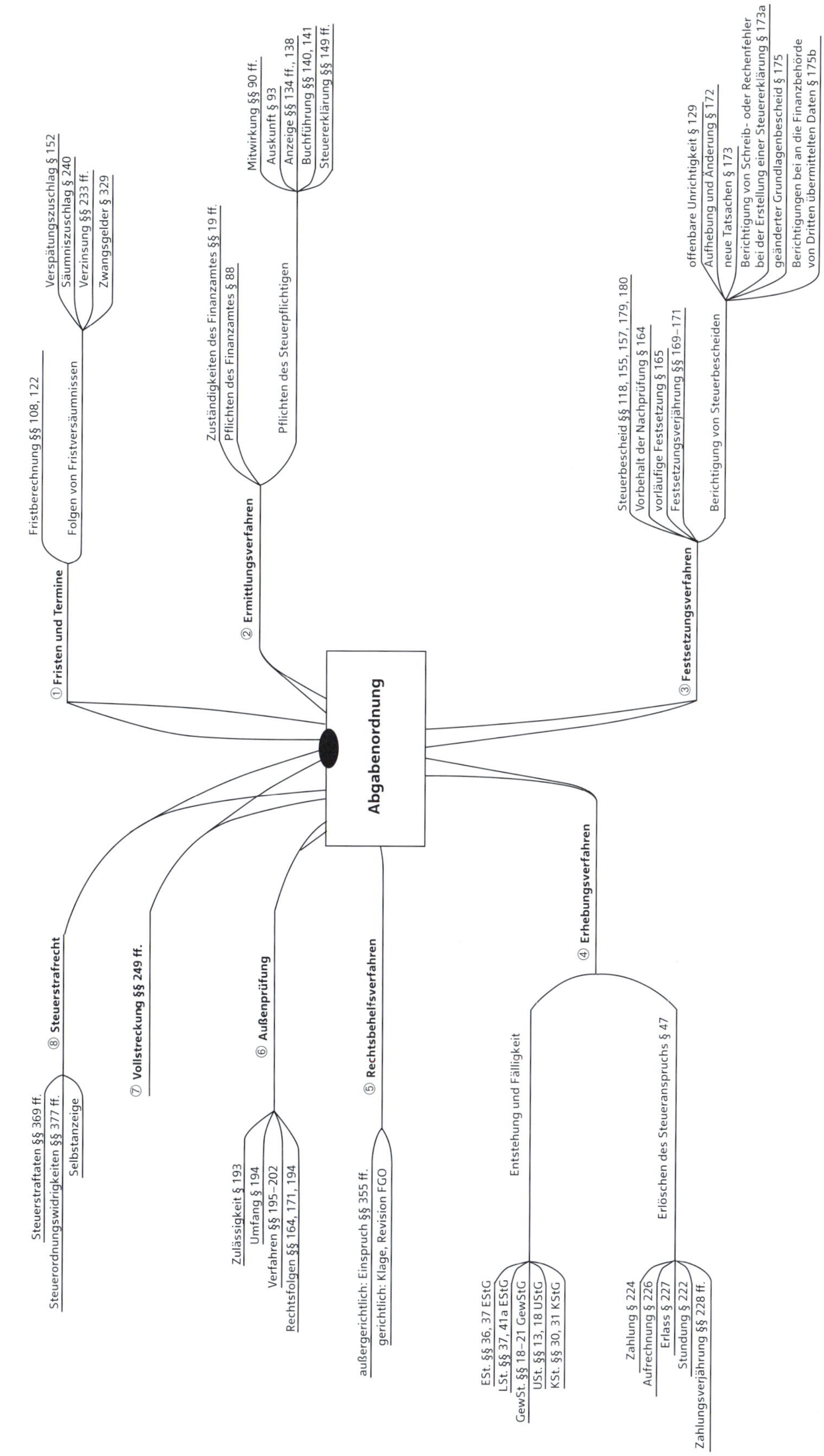

2 Abgabenordnung

Die Abgabenordnung ist ein allgemeines Steuergesetz, das das Verfahren regelt, in dem die Steuern durch das Finanzamt erhoben werden. Dieses Verfahren gilt für alle Steuerarten, es sei denn, in den Einzelsteuergesetzen ist etwas anderes geregelt.

2.1 Fristen und Termine im Steuerrecht

Im Umgang mit dem Finanzamt sind bestimmte Fristen und Termine einzuhalten. So gibt es z. B. Fristen für die Abgabe von Steuererklärungen, Fristen zur Einlegung eines Einspruchs, falls man sich gegen einen Steuerbescheid wehren möchte, und Fristen zur Zahlung von Steuern. Versäumt man eine Frist, ergeben sich nachteilige Rechtsfolgen. Deshalb hat die Einhaltung und Kontrolle von Fristen eine zentrale Bedeutung für die Wahrung von Rechten und Vermeidung von nachhaltigen Folgen.

Begriffsdefinitionen und Grundlagen zur Fristberechnung

Begriff	Definition
Termin	Ein nach Jahr, Monat und Tag exakt bestimmter Zeitpunkt, an dem eine bestimmte Handlung vorzunehmen ist oder Rechtswirkungen eintreten
Frist	Zeitraum, in dem eine bestimmte Handlung vorzunehmen ist → **behördliche Fristen** (Frist, die durch das Finanzamt selbst bestimmt werden kann) • Stundungsfrist (§ 222 AO) • Frist für Aussetzung der Vollziehung (§ 361 AO) • Vorlage von Belegen (§ 97 AO) Behördliche Fristen sind stets verlängerbar gem. § 109 AO (Zahlungsfrist nur über eine Stundung verlängerbar). → **gesetzliche Fristen** (Frist, die durch gesetzliche Regelung bestimmt wird) • Steuererklärungsfrist • Zahlungsfrist } verlängerbar gem. § 109 AO (bei Zahlungsfrist nur durch Stundung) • Festsetzungsfrist (§ 169 AO) • Rechtsbehelfsfrist (§ 355 AO) • Zahlungsverjährung (§ 228 AO) } nicht verlängerbar, aber Wiedereinsetzung in den vorigen Stand gem. § 110 AO möglich
Fristbeginn	Die Frist beginnt erst mit Ablauf des Tages zu laufen, auf den das Ereignis fällt (§ 187 (1) BGB). Im Steuerrecht ist ein solches Ereignis **beispielsweise die Bekanntgabe eines Steuerbescheids. Der Fristbeginn ist demnach der Tag, der der Bekanntgabe folgt.** Wird ein Steuerbescheid per Post aufgegeben, so gilt er • bei einfachem Brief am vierten Tag nach der Aufgabe zur Post, • bei Postzustellungsurkunde am Tag der durch die Post beurkundeten Zustellung (§ 122 (2) AO) als bekannt gegeben.
BFH-Urteil vom 14.10.2003	Fällt der Tag der Bekanntgabe auf einen Samstag, Sonntag oder Feiertag, so ist der Tag der Bekanntgabe der nächste Werktag. § 108 (3) AO gilt auch für die Bekanntgabe.

§ 122 (2) AO **BFH-Urteil vom 31.05.2005**	Geht der Verwaltungsakt später oder gar nicht zu, gilt dieser Tag als Bekanntgabe bzw. wurde der Verwaltungsakt gar nicht bekannt gegeben. Bei verspätetem Zugang muss der Steuerpflichtige den Nachweis führen, bei Nichtzugang muss die Behörde den Zugang beweisen. Die Zugangsvermutung kann widerlegt werden, wenn keine Indizien für den Zugang des Bescheides sprechen.
	Mit der Bekanntgabe ist der Steuerbescheid dem Steuerpflichtigen zugegangen, er ist somit wirksam.
Bekanntgabe per Email **§ 87a AO**	Bei Versendung von elektronischen Dokumenten an den Steuerpflichtigen (z. B. E-Mail) muss der Empfänger hierfür einen Zugang ermöglicht haben. Dies erfolgt z. B. durch die Mitteilung einer E-Mail-Adresse. Der Zugangszeitpunkt eines elektronischen Dokuments ist dann, wenn die Nachricht für den Empfänger in bearbeitbarer Weise aufgezeichnet wurde.
§ 122 (2a) AO	Handelt es sich um einen elektronischen Steuerbescheid, gilt der Steuerbescheid vier Tage nach Absendung als bekanntgegeben, es sei denn, er ist tatsächliche später eingegangen. Falls der Zugang oder der Zugangszeitpunkt vom Finanzamt nicht nachgewiesen werden kann, gilt der Tag des Datenabrufs als Bekanntgabe. Ohne Bedeutung ist, wann der Empfänger das Dokument am PC zur Kenntnis nimmt. Ein nicht zu öffnendes Dokument ist nicht wirksam zugegangen.
	Bei Übermittlung von elektronischen Dokumenten an das Finanzamt ist das Finanzamt verpflichtet, falls das Dokument nicht zu bearbeiten ist, dies dem Absender unverzüglich mitzuteilen. Die qualifizierte elektronische Signatur ersetzt dabei die handschriftliche Unterschrift.
Bekanntgabe über ELSTER **§ 122a AO** **§ 122a (4) AO**	Steuerbescheide können dem Steuerpflichtigen elektronisch über ELSTER bekanntgegeben werden, wenn die Zustimmung des Steuerpflichtigen dazu vorliegt. Sobald der Steuerbescheid abgerufen werden kann, erfolgt der Versand einer Benachrichtigungsmail. Der so versendete Steuerbescheid gilt drei Tage nach Absendung der elektronischen Benachrichtigung als bekannt gegeben. Dies gilt nicht, wenn die Benachrichtigung nicht oder zu einem späteren Zeitpunkt zugegangen ist; der Nachweis der Bekanntgabe obliegt der Finanzbehörde.
Fristdauer	• Tagesfristen (z. B. Schonfrist bei Säumniszuschlägen § 240 AO) • Wochenfristen (z. B. Vollstreckungsbeginn § 254 AO) • Monatsfristen (z. B. Einspruchsfrist § 355 AO, Wiedereinsetzung in den vorigen Stand § 110 AO)
Fristende	
§ 188 (1) BGB	• bei Tagesfristen mit Ablauf des letzten Tages
§ 188 (2) BGB	• bei Wochenfristen mit Ablauf des Tages der nächsten Woche, der die Benennung des Ereignistages (z. B. Montag) trägt
§ 188 (2) und (3) BGB	• bei Monatsfristen mit Ablauf des Tages, der die Ziffer des Ereignistages (z. B. 1., 12., 25.) trägt. Fehlt dieser Tag in einem Monat, tritt an seine Stelle der letzte Tag des Monats.
§ 108 (3) AO	Fällt das Fristende auf einen Samstag, Sonntag oder Feiertag, so endet die Frist mit Ablauf des nächsten Werktages.

Fall 1 **Definition (§ 108 AO)**

Folgende Fälle gibt Ihnen Ihr Chef mit der Bitte, zu klären, ob es sich um Fristen oder Termine und um gesetzliche oder behördliche Fristen/Termine handelt. Prüfen Sie ebenfalls die Verlängerbarkeit.

a) Franz Reis erhält am Samstag, den 22.07.02, einen Brief des Finanzamtes. Dieser Brief enthält einen Bescheid über Einkommensteuer für das Jahr 01. Der Bescheid ist auf Donnerstag, den 20.07.02 (Aufgabe zur Post) datiert. Der Bescheid beinhaltet einen Hinweis auf die Einspruchsfrist nach § 355 (1) AO.

b) In dem Bescheid wird Reis u.a. aufgefordert, eine Einkommensteuerabschlusszahlung i.H.v. 1 500,00 € zu leisten. Außerdem entdeckt er den Hinweis, dass sich die Frist zur Leistung dieser Abschlusszahlung nach § 36 (4) EStG richtet.

c) Neben dem Einkommensteuerbescheid findet Reis in dem Briefumschlag noch eine Mitteilung zur Abgabeverpflichtung der Einkommensteuererklärung 02 nach § 25 (3) EStG. Als Frist zur Abgabe dieser Jahressteuererklärung wird § 149 (2) AO angeführt.

d) Das Finanzamt setzt ihm mit gesondertem Schreiben, das ebenfalls auf den 20.07.02 (Aufgabe zur Post) datiert ist, eine Frist zur Vorlage der Belege zu seiner bereits eingereichten Umsatzsteuererklärung 01 bis zum 31.07.02.

e) Das Finanzamt fordert Reis auf, am 01.09.02 um 07:30 Uhr bei seiner Sachbearbeiterin zu erscheinen, um über bereits vorliegende Belege Auskunft zu erteilen.

Tag der Bekanntgabe (§§ 108, 122 AO)

Fall 2

Stellen Sie in den folgenden Fällen den Tag der Bekanntgabe unter Benutzung des Kalenderauszuges fest:

a) Der ESt-Bescheid an den Steuerpflichtigen Reiner Braun wurde am 17.02.01 mit einfachem Brief per Post aufgegeben. Der Brief kommt am nächsten Tag bei Herrn Braun an, er leert seinen Briefkasten aber erst am 22.02.01.

b) Was ändert sich bei Fall a), wenn der Brief per einfachem Einschreiben aufgegeben wurde?

c) Der ESt-Bescheid an den Steuerpflichtigen Stefan Lohmeyer wurde am 17.02.01 mit einfachem Brief per Post aufgegeben. Der Brief kommt am nächsten Tag bei Herrn Lohmeyer an. Da er sehr ordentlich ist, vermerkt er das Eingangsdatum (18.02.01) auf dem Bescheid.

d) Der ESt-Bescheid an die Steuerpflichtige Monika Stenzel wird am 17.02.01 mit einfachem Brief per Post aufgegeben. Durch einen Streik der Postangestellten erhält sie den Bescheid nachweislich erst am 23.02.01.

e) Die Entscheidung über den Einspruch der Steuerpflichtigen Beate Heidel wird durch Postzustellungsurkunde am 16.02.01 verschickt. Der Postbote beurkundet die Übergabe des Schriftstücks am 17.02.01.

f) Der Einkommensteuerbescheid an den Steuerpflichtigen Werner Schüler wird mit einfachem Brief am 16.02.01 zur Post aufgegeben.

g) Die Steuerpflichtige Elke Krause hat der Zustellung ihrer steuerlichen Dokumente per E-Mail zugestimmt und dem Finanzamt ihre E-Mail-Adresse mitgeteilt. Das Finanzamt schickt ihr am 03.03.01 eine E-Mail, in deren Anhang sich ihr Einkommensteuerbescheid befindet. Sie öffnet die E-Mail erst am 12.03.01.

	Januar						Februar					März						April				
Mo		2	9	16	23	30		6	13	20	27		6	13	20	27			3	10	17	24
Di		3	10	17	24	31		7	14	21	28		7	14	21	28			4	11	18	25
Mi		4	11	18	25		1	8	15	22		1	8	15	22	29			5	12	19	26
Do		5	12	19	26		2	9	16	23		2	9	16	23	30			6	13	20	27
Fr		6	13	20	27		3	10	17	24		3	10	17	24	31			7	14	21	28
Sa		7	14	21	28		4	11	18	25		4	11	18	25			1	8	15	22	29
So	1	8	15	22	29		5	12	19	26		5	12	19	26			2	9	16	23	30

Bekanntgabe bei Aufenthalt im Ausland (§ 122 AO)

Fall 3

Das Rentnerehepaar Kollmann verbringt seinen Ruhestand auf Mallorca. Da sie noch Vermietungseinkünfte in Deutschland erzielen, erhalten sie regelmäßig Post des Finanzamtes Wipperfürth. Das Finanzamt gibt den ESt-Bescheid am 06.08.01 zur Post auf.

Stellen Sie den Tag der Bekanntgabe fest.

Fall 4 Fristberechnung (§§ 108, 122, 355 AO)

Die Mandanten Herr und Frau Junge haben ihren Einkommensteuerbescheid 01 erhalten.

Finanzamt Düsseldorf-Nord
Veranlagungsbezirk
Steuernummer: 105/2256/0731
(Bitte bei Rückfragen angeben)

40476 Düsseldorf

Telefon 0211 4496-421
Telefax 0211 4496-333

Finanzamt Düsseldorf-Nord
Postfach 300314, 40403 Düsseldorf

Bescheid

486/--/53339795

für 01 über
Einkommensteuer

Herrn und Frau
Junge
Pfalzstraße 7
40236 Düsseldorf

02.05.03

Festsetzung

	Einkommensteuer €	Solidaritäts-zuschlag €	Insgesamt €
Festgesetzt werden Abzug vom Lohn verbleibende Beträge	5 292,00 – 5 480,00 – 188,00	0,00 0,00 0,00	 –188,00
Abrechnung nach dem Stand vom 02.05.03 abzurechnen sind bereits gezahlt demnach zu viel gezahlt	 – 188,00 0,00 188,00	 0,00 0,00 0,00	 –188,00 0,00 –188,00

Das Guthaben von 188,00 € wird erstattet auf Konto mit der IBAN DE84 3005 0110 0468 5086 05 bei der Stadtsparkasse Düsseldorf.

Berechnen Sie mithilfe des folgenden Fristberechnungsblattes das Fristende, bis zu dem noch Einspruch gegen den Einkommensteuerbescheid eingelegt werden kann. Gehen Sie davon aus, dass es sich bei allen Daten weder um einen Samstag, Sonn- noch Feiertag handelt.

Fristberechnungsblatt

Mandanten-Nr.: 123	Mandantenname:
Vorgang:	vom:

1. Fristbeginn
   Aufgabe zur Post ____________
   3-Tage-Regelung + 4 Tage ____________
   = Bekanntgabevermutung ____________
   ggf. Wochenend-/Feiertagsregelung + ____________ Tag(e)
   Fristbeginn zu Beginn des nächsten Tages ____________ 00:00 Uhr

2. Fristdauer ____________

3. Fristende ____________
   rechnerisches Fristende ____________ 24:00 Uhr
   ggf. Wochenend-/Feiertagsregelung + ____________ Tag(e)
   Fristablauf ____________ 24:00 Uhr

____________ ____________

Datum Verantwortlicher für Fristberechnung

Fristberechnung

Fall 5

Stellen Sie unter Verwendung des Kalenderauszuges aus Fall 2 den Tag der Bekanntgabe, den Beginn und das Ende der Einspruchsfrist fest. Benutzen Sie dabei die unten stehende Übersicht.

Das Finanzamt gibt folgende Steuerbescheide mit einfachem Brief per Post auf:

a) am Dienstag, den 14.02.01

b) am Mittwoch, den 18.01.01

c) am Donnerstag, den 26.01.01

d) am Montag, den 06.03.01

	Fall 5a	Fall 5b	Fall 5c	Fall 5d
Bekanntgabe: (evtl. Verlängerung)				
Beginn der Frist				
Ende der Frist (evtl. Verlängerung)				

Wiedereinsetzung in den vorigen Stand	
§ 110 AO	Bei Versäumnis einer durch das Finanzamt nicht verlängerbaren gesetzlichen Frist kann man u. U. Antrag auf Wiedereinsetzung in den vorigen Stand stellen. Dabei wird der Betroffene so gestellt, als hätte es die Fristversäumnis nicht gegeben. Folgende Voraussetzungen müssen für die Wiedereinsetzung vorliegen: • ohne Verschulden • verhindert, eine gesetzliche Frist einzuhalten • Antragstellung innerhalb eines Monats • Nachholung der versäumten Rechtshandlung (= Einspruch) Ist seit der versäumten Frist mehr als ein Jahr vergangen, ist eine Wiedereinsetzung nicht mehr möglich.
Verschulden i. S. d. § 110 AO	Kein Verschulden ist: • verzögerte Briefbeförderung durch die Post • kurzfristige Erkrankung (Unfall) • urlaubsbedingte Abwesenheit bis zu 6 Wochen Verschulden ist: • Organisationsmangel beim Bevollmächtigten • Arbeitsüberlastung • Krankheiten allg. Art • Irrtum über die materielle Rechtslage • Urlaub des Steuerberaters

Fall 6 Wiedereinsetzung in den vorigen Stand

Prüfen Sie in den folgenden Fällen, ob eine Wiedereinsetzung in den vorigen Stand gem. § 110 AO gewährt werden kann. Füllen Sie dazu die unten stehende Übersicht aus.

a) Theodor Sachs aus Koblenz erhält am 04.07. den ESt-Bescheid 01, der am 03.07. zur Post aufgegeben wurde. Am 06.07. legt Sachs gegen den Bescheid Einspruch ein. Er möchte den Brief persönlich in den Briefkasten des Finanzamtes werfen. Auf dem Weg dorthin wird er durch einen Unfall schwer verletzt. Er ist erst am 30.08. wieder in der Lage, sich um seine steuerlichen Angelegenheiten zu kümmern. Am 30.08. schickt er dem Finanzamt Koblenz einen Antrag auf Wiedereinsetzung in den vorigen Stand. Gleichzeitig legt er auch seinen Einspruch ein.

b) Der Tag der Bekanntgabe des Steuerbescheides der Steuerpflichtigen Marianne Wenzel ist der 07.07.02. Da sie sich zu der Zeit in einem fünfwöchigen Urlaub befindet und erst am 14.08.02 zurückkommt, legt sie am 15.08.02 zusammen mit dem Antrag auf Wiedereinsetzung in den vorherigen Stand gegen diesen Steuerbescheid Einspruch ein. Da sie zunächst die Begründung vergaß, forderte das Finanzamt sie am 25.08.02 auf, dieses Versäumnis nachzuholen. Am 20.09.02 kommt dann auch die Begründung beim Finanzamt an.

c) Der Steuerpflichtige Helmut Kneisel aus Dresden möchte gegen den ESt-Bescheid 01 Einspruch einlegen. Das Schreiben muss bis zum 05.04. beim Finanzamt sein. Er beauftragt am 05.04. seinen Sohn, den Brief noch am gleichen Tag in den Briefkasten des Finanzamtes zu werfen. Auf dem Weg zum Finanzamt vergisst sein Sohn aber, weil er Freunde trifft, den Brief abzugeben. Dadurch läuft die Rechtsbehelfsfrist ab. Am 30.05. stellt Kneisel unter Beifügung des Einspruchschreibens einen Antrag auf Wiedereinsetzung in den vorigen Stand.

	Fall 6a	Fall 6b	Fall 6c
Prüfung der Voraussetzungen			
Wegfall des Hindernisses			
Beginn der Frist am folgenden Tag			

	Fall 6a	Fall 6b	Fall 6c
Fristdauer			
Ende der Frist			

Folgen von Fristversäumnissen	
Verspätungszuschläge **§ 152 AO**	Wird die Steuererklärung **nicht binnen 14 Monaten** nach Ablauf des Kalenderjahres der Entstehung oder bei einer Vorabanforderung bis zu dem festgelegten Zeitpunkt abgegeben, ist (Verpflichtung) ein Verspätungszuschlag durch das Finanzamt festzusetzen. **Vor diesem Zeitpunkt** kann das Finanzamt einen Verspätungszuschlag festsetzen, falls eine nicht entschuldbare Verspätung vorliegt. • Der Zuschlag beträgt 0,25 % der Steuernachzahlung (mind. 25,00 €) pro angefangenem Monat der eingetretenen Verspätung. Dies gilt nicht, wenn das Finanzamt die Abgabefrist verlängert hat, die Steuer auf 0,00 € festgesetzt wurde oder sich eine Steuererstattung ergibt. Bei Nichtabgabe wird der Verspätungszuschlag bis zum Tag der Bekanntgabe der ersten Steuerfestsetzung berechnet. • Bei gesondert festzustellenden Einkünften beträgt der Verspätungszuschlag 0,0625 % der positiven Summe der festgestellten Einkünfte (mind. 25,00 €). • Für Erklärungen zur Festsetzung des Gewerbesteuermessbetrags und der Zerlegungserklärungen beträgt der Verspätungszuschlag 25,00 € pro angefangenen Monat. • Die maximale Höhe des Verspätungszuschlags beträgt 25 000,00 €. • Für vierteljährlich oder monatlich abzugebende Steueranmeldungen (Lohnsteuer, Umsatzsteuer) steht die Höhe im Ermessen des Finanzamtes.
Säumniszuschläge **§ 240 AO**	bei zu später Zahlung oder Nichtzahlung von Steuerschulden • 1 % pro angefangenen Monat des auf den nächsten durch 50,00 € teilbaren abgerundeten Steuerbetrages • Bei einer Verspätung von bis zu drei Tagen wird kein Säumniszuschlag erhoben (gilt nicht für die Übergabe oder Übersendung von Zahlungsmitteln, z. B. Schecks) Die Säumnis beginnt nicht vor Festsetzung oder Anmeldung der Steuer.
Zinsen **§§ 233 ff. AO** **(BFH-Urteil vom 25.04.2018)**	Verzinsung von Steuernachforderungen oder -erstattungen • 0,15 % pro voller Monat von der festgesetzten auf den nächsten durch 50,00 € teilbaren abgerundeten Steuer, vermindert um die Steuerabzugsbeträge und Vorauszahlungen • Beginn der Verzinsung (= Zinslauf) erst 15 Monate nach der Entstehung der Steuer ➔ Die Steuer entsteht am Ende des Kalenderjahres. • Ende des Zinslaufs ist der Tag, an dem die Steuerfestsetzung wirksam wird (= Tag der Bekanntgabe) • Festsetzung nur bei Zinsen ab 10,00 €, Rundung auf volle € zugunsten des Steuerpflichtigen
Zwangsmaßnahmen **§§ 328 f. AO**	bei Nichterfüllung von steuerlichen Pflichten • **Zwangsgeld** bis zu 25 000,00 € • **Ersatzvornahme**: Beauftragung eines anderen mit den Pflichten (z. B. Steuerberater bei fehlender Buchführung) auf Kosten des Steuerpflichtigen • **Unmittelbarer Zwang**: Erzwingung der Handlung durch die Finanzbehörde oder eigene Vornahme • **Ersatzzwangshaft**: Haft des Steuerpflichtigen, bis Handlung vorgenommen wurde Es ist die Verhältnismäßigkeit der Mittel zu beachten.
Kosten **§§ 337 ff. AO**	Die Kosten der Vollstreckung sind vom Steuerpflichtigen zu tragen.

Fall 7 (1) Verzinsung von Steuernachzahlungen und -erstattungen (§§ 233, 233a, 238, 239 AO)

Prüfen Sie in den folgenden Fällen, ob Zinsen anzusetzen sind und wenn ja, in welcher Höhe. Füllen Sie dazu die unten stehende Tabelle aus.

a) Die Eheleute Homann erhalten am 17.08.04 ihren ESt-Bescheid 01. Der Bescheid trägt das Datum vom 16.08.04. Er weist eine Nachzahlung in Höhe von 2781,00 € aus.

b) Hermann Walter erhält seinen ESt-Bescheid 02 am 17.03.05. Der Bescheid trägt das Datum vom 15.03.05. Er weist eine Erstattung in Höhe von 14781,00 € aus.

c) Heide Oswald erhält am 09.12.06 ihren ESt-Bescheid 04. Der Bescheid trägt das Datum vom 08.12.06. Er weist eine festgesetzte Einkommensteuer von 21000,00 € aus, die anzurechnende Lohnsteuer beträgt 1000,00 €, die festgesetzten Vorauszahlungen 13000,00 €.

d) Der Steuerpflichtige Hartmut Behrend erhält am 10.11.06 seinen ESt-Bescheid 04, Aufgabe zu Post am 09.11.06. Der Bescheid weist eine festgesetzte Steuer von 1000,00 € aus. An Lohnsteuer sind 1000,00 € und an festgesetzten Vorauszahlungen 13000,00 € anzurechnen. Allerdings hat der Steuerpflichtige die Vorauszahlungen nur in Höhe von 5000,00 € geleistet. Bis zum Erlass des Steuerbescheids sind keine weiteren Zahlungen erfolgt.

e)* Dr. Walter Himmel erhält seinen ESt-Bescheid für 04. Der Steuerbescheid wird am 14.12.06 bekannt gegeben. Er weist eine festgesetzte Steuer in Höhe von 22 500,00 € aus, anzurechnen sind Lohnsteuer in Höhe von 2 500,00 € und Vorauszahlungen in Höhe von 13 000,00 €. Nach einer Außenprüfung wird die ursprüngliche Festsetzung mit Bescheid vom 01.10.07 (Aufgabe zur Post) gem. § 173 AO geändert. Nun ergibt sich eine festgesetzte Steuer von 23500,00 €, anzurechnen sind die Lohnsteuer in Höhe von 2500,00 €, Vorauszahlungen von 13000,00 € und die geleistete Nachzahlung von 7000,00 €.

(1) Berechnen Sie die Zinsen für die ursprüngliche Festsetzung.

(2) Berechnen Sie die Zinsen für die geänderte Festsetzung.

	(a)	(b)	(c)	(d)	(e1)	(e2)
Entstehung der Steuer						
+ 15 Monate = Beginn des Zinslaufs						
Ende des Zinslaufs (= Tag der Bekanntgabe)						
Anzahl der vollen Monate						
· 0,15 %						
· der auf 50,00 € abgerundeten Steuer nach Abzug von Steuerabzugsbeträgen und Vorauszahlungen						
Nachzahlungs-/ Erstattungszinsen						

Fall 7 (2) Verspätungszuschläge (§ 152 AO)

Der Steuerpflichtige Albert Steiner gibt seine Einkommensteuererklärung 01, die zum 31.07.02 fällig war, erst nach mehreren Mahnungen am 25.04.03 ab. Die festgesetzte Einkommensteuer beträgt 50.000,00 €. Er hat Vorauszahlungen in Höhe von 15.000,00 € geleistet. Das Finanzamt setzt einen Verspätungszuschlag in Höhe von 175,00 € fest.

a) Wurde der Verspätungszuschlag zu Recht und in korrekter Höhe festgesetzt?

b) Herr Steiner hat zum ersten Mal seine Steuererklärung verspätet abgegeben. Er bittet darum, den Verspätungszuschlag wegen diesem erstmaligen Versäumnis nicht anzusetzen. Kann das Finanzamt darauf verzichten?

c) Wie hoch wäre der Verspätungszuschlag, falls sich nach Abzug der Vorauszahlungen eine Steuererstattung ergeben hätte?

d) Herr Steiner hat die USt-Voranmeldung für den Monat September 01 am 20.11.01 abgegeben. Das Finanzamt hatte eine Dauerfristverlängerung gewährt. Es ergab sich eine USt-Vorauszahlung in Höhe von 1 500,00 €. Bisher hat Herr Steiner seine USt-Voranmeldungen stets pünktlich abgegeben. Wird das Finanzamt einen Verspätungszuschlag festsetzten und wenn ja in welcher Höhe?

Säumniszuschlag (§§ 224, 240 AO)

Fall 7 (3)

a) Die Unternehmerin Dagmar Stock leistet ihre USt.-Vorauszahlung in Höhe von 2 375,00 € erst am 15.10.02, obwohl sie bereits am 10.09.02 fällig war.

Kann das Finanzamt einen Säumniszuschlag und wenn ja, in welcher Höhe, festsetzen?

b) Der Unternehmer Alexander Korten bezahlt seine USt.-Vorauszahlung für November 01, fällig am 10.12.01, in Höhe von 1 200 €

(1) am 12.12.01 per Scheck,

(2) am 12.12.01 per Überweisung,

(3) am 17.12.01 per Einzugsermächtigung.

Kann das Finanzamt einen Säumniszuschlag und wenn ja, in welcher Höhe, festsetzen?

Zwangsmaßnahmen (§§ 328, 329, 330, 334 AO)

Fall 7 (4)

Der Werkzeughersteller Axel Kabel hat trotz mehrfacher Aufforderung des Finanzamtes seinen Jahresabschluss für das Jahr 02 nicht eingereicht. Welche Möglichkeiten hat der Finanzbeamte, ihn doch noch dazu zu bewegen?

Kosten (§ 337 AO)

Fall 7 (5)

Der Steuerpflichtige Hans Ober ist mit seiner Nachzahlung zur Einkommensteuer seit über 10 Monaten säumig. Deshalb hat das Finanzamt gegen ihn ein Vollstreckungsverfahren angestrengt. Wer muss die Auslagen des Finanzamtes für das Verfahren tragen?

USt.-Voranmeldungen und Schonfrist (§ 18 (1) UStG, §§ 46–48 UStDV, § 240 AO)

Fall 8

Die Unternehmerin Franziska Moll übermittelt ihre USt.-Voranmeldungen (UStVA) monatlich.

a) Wann muss Frau Moll die UStVA für den Monat Februar 01 übermitteln?

b) Wann muss Frau Moll die USt.-Vorauszahlung (UStVZ) an das Finanzamt leisten?

c) Wann müsste Frau Moll die UStVA übermitteln, falls der 10.03.01 ein Sonntag wäre?

d) Wann müsste Frau Moll die UStVA übermitteln, falls der 10.03.01 ein Samstag wäre?

e) Nehmen Sie in Fortführung des Falles d) an, Frau Moll hat die UStVA für den Monat Februar fristgerecht übermittelt. Die Bezahlung der UStVZ für den Monat Februar erfolgt erst am Donnerstag, den 15.03.01 per Banküberweisung (= Eingang auf dem Konto des Finanzamtes). Ist die Zahlung fristgerecht eingegangen?

f) Nehmen Sie an, Frau Moll hätte die Zahlung nicht per Überweisung durchgeführt, sondern einen Scheck mit entsprechendem Betrag dem Finanzamt übersandt. Der Scheck ist beim Finanzamt am Donnerstag, den 15.03.01 eingegangen.

g) Nehmen Sie an, Frau Moll hätte die UStVA für den Monat Februar 01 erst am Donnerstag, den 15.03.01, dem Finanzamt übermittelt. Am gleichen Tag geht die Überweisung auf dem Konto des Finanzamtes ein. Prüfen Sie, ob die UStVA fristgerecht eingegangen ist und ob die Bezahlung fristgerecht erfolgt ist.

h) Nehmen Sie an, Frau Moll hätte die UStVA für den Monat Februar 01 erst am Donnerstag, den 15.03.01, übermittelt und am gleichen Tag einen Scheck in entsprechender Höhe in den Briefkasten des Finanzamtes geworfen. Prüfen Sie, ob die UStVA fristgerecht eingegangen ist und ob die Bezahlung fristgerecht erfolgt ist.

i) Nehmen Sie an, Frau Moll hätte eine Dauerfristverlängerung gemäß § 46 UStDV beantragt. Wann müsste sie die UStVA für den Monat Februar 01 spätestens übermitteln?

Fall 9 Wiederholungsfälle

a) Bei dem Mandanten Fritz Keil wurde eine Betriebsprüfung durchgeführt. Der geänderte ESt-Bescheid 04, der eine ESt-Nachzahlung in Höhe von 32546,00 € ausweist, wird Keil am 15.11.08 bekannt gegeben.

Berechnen Sie in einer übersichtlichen Darstellung die von Keil zu entrichtenden Nachforderungszinsen.

b) Der ESt-Bescheid 01 des Steuerpflichtigen Thomas Bächtle weist eine Steuerschuld in Höhe von 60000,00 € aus. Die anzurechnende Lohnsteuer belief sich insgesamt auf 23940,00 €. An ESt-Vorauszahlungen hat Herr Bächtle 2400,00 € vierteljährlich gezahlt. Der ESt-Bescheid wurde am 06.11.03 bekannt gegeben.

Berechnen Sie die steuerliche Nebenleistung.

c) Die Pees Sanitär GmbH hat den KSt-Bescheid 01 erhalten. Der Bescheid weist eine Nachzahlung in Höhe von 23578,00 € aus. Die Nachzahlung ist spätestens zum 17.11.07 (Mittwoch) zu entrichten. Prüfen Sie in den folgenden Fällen, ob ein Säumniszuschlag entstanden ist, und berechnen Sie ggf. dessen Höhe.

(1) Die GmbH zahlt mit Verrechnungsscheck, der dem zuständigen Finanzamt am 20.11.07 eingereicht wird.

(2) Die GmbH überweist den Betrag. Die Gutschrift auf dem Konto des Finanzamtes erfolgt zum 22.11.07.

d) Stefanie Rüger hat die ESt-Erklärung für das Jahr 01 bis zum Ende des Jahres 07 nicht abgegeben. Deshalb setzt das Finanzamt nach erfolgloser Mahnung ein Zwangsgeld über 300,00 € fest. Der Bescheid über das Zwangsgeld wurde am 10.01.08 zur Post aufgegeben. Nachdem Frau Rüger immer noch nicht reagiert, geht ihr am 01.03.08 dann der ESt-Bescheid 01 (Aufgabe zur Post 28.02.08) zu, in dem die Besteuerungsgrundlagen geschätzt wurden. In dem Bescheid wird die Einkommensteuer auf 4315,00 € und die Nachzahlung auf 2000,00 € festgesetzt. Mit gleichem Bescheid setzt das Finanzamt Verspätungszuschläge in Höhe von 295,00 € fest. Am 15.05.08 legt Frau Rüger gegen den Bescheid Einspruch ein.

(1) Prüfen Sie, ob die Vorgehensweise des Finanzamtes korrekt ist.

(2) Frau Rüger beschwert sich über die Höhe des Verspätungszuschlages. Zu Recht?

(3) Hat der Einspruch gegen den ESt-Bescheid 01 Aussicht auf Erfolg?

(4) Frau Rüger macht geltend, dass sie sich wegen Arbeitsüberlastung nicht rechtzeitig um den ESt-Bescheid 01 kümmern konnte. Deshalb bittet sie das Finanzamt, die späte Einreichung des Einspruches zu entschuldigen. Wird das Finanzamt den Einspruch noch zulassen?

2.2 Das Ermittlungsverfahren

Das Ermittlungsverfahren dient zur Feststellung aller für die Besteuerung notwendigen Informationen durch das Finanzamt. Zu Beginn einer Steuerfestsetzung stellt sich zunächst die Frage, welches Finanzamt zuständig ist.

2.2.1 Zuständigkeiten von Finanzbehörden

Zuständigkeiten von Finanzbehörden		
sachliche Zuständigkeit	**örtliche Zuständigkeit**	
legt fest, welche Finanzbehörde welche Steuern grundsätzlich verwaltet	legt fest, welche Finanzbehörde welche Steuern im Einzelfall verwaltet	
Art. 108 GG: → **Bundesfinanzbehörden (Zollämter):** Zölle, Verbrauchsteuern, Einfuhrumsatzsteuer → **Landesfinanzbehörden (Finanzämter):** alle übrigen Steuern, außer das Land hat die Verwaltung den Gemeinden übertragen → **Gemeinde (Stadt- oder Gemeindesteueramt):** Grundsteuer, Gewerbesteuer, örtliche Aufwand- und Verbrauchsteuern	Einkommensteuer	→ Wohnsitzfinanzamt (§ 19 AO)
	Körperschaftsteuer	→ Geschäftsleitungsfinanzamt (§ 20 AO)
	Umsatzsteuer	→ Betriebsfinanzamt (§ 21 AO)
	Gewerbesteuermessbescheid	→ Betriebsfinanzamt (§ 22 AO)
	Grundsteuermessbescheid	→ Lagefinanzamt (§ 22 AO)
	Verbrauchsteuern, Einfuhrumsatzsteuer	→ Hauptzollämter (§ 23 AO)
	Grunderwerbsteuer	→ Lagefinanzamt (§ 17 GrEStG)
	Erbschaftsteuer	→ Finanzamt, das für die Einkommensteuer zuständig war (§ 35 ErbStG)

Fall 1

Sachliche Zuständigkeit (Art. 108 GG)

Stellen Sie fest, welche Finanzbehörden für die Verwaltung der folgenden Steuern sachlich zuständig sind.

- → Einkommensteuer
- → Einfuhrumsatzsteuer
- → Biersteuer
- → Ausfuhrzölle
- → Hundesteuer
- → Umsatzsteuer
- → Körperschaftsteuer
- → Gewerbesteuer

Fall 2

Örtliche Zuständigkeit (§§ 19, 20, 21, 22 AO)

Almut Selzer betreibt in Köln ein Pflegedienstunternehmen. Sie bewohnt mit ihrem Mann ein eigenes Haus in Leverkusen. Außerdem ist sie Gesellschafter-Geschäftsführerin der Kurz GmbH mit Sitz in Wuppertal.

Stellen Sie fest, welches Finanzamt jeweils örtlich zuständig ist für die

a) Einkommensteuer

b) Umsatzsteuer für das Pflegedienstunternehmen

c) Festsetzung des Gewerbesteuer-Messbetrages für das Pflegedienstunternehmen

d) Festsetzung des GrSt-Messbetrages für das Wohnhaus

e) Körperschaftsteuer für die GmbH

Sonderregelungen bei der örtlichen Zuständigkeit	
Mehrfacher Wohnsitz **§ 19 (1) AO**	Hat ein Steuerpflichtiger mehrere Wohnsitze, so ist der Wohnsitz maßgebend, an dem sich der Steuerpflichtige vorwiegend aufhält. Bei Verheirateten ist der Wohnsitz maßgebend, an dem sich die Familie vorwiegend aufhält.
Mehrere Finanzämter in einer Wohnsitzgemeinde **§ 19 (3–5) AO**	• bei Wohnsitz und Ausübung einer land- und forstwirtschaftlichen, gewerblichen oder freiberuflichen Tätigkeit in unterschiedlichen Finanzamtsbezirken derselben Gemeinde ist das Betriebsfinanzamt auch für die Einkommensteuer zuständig • bei Bezug von Gewinnanteilen (z. B. einer OHG, KG) gilt diese Regelung nur dann, wenn sie die einzigen Einkünfte aus Land- und Forstwirtschaft, Gewerbebetrieb oder selbstständiger Arbeit sind • zusammen veranlagte Steuerpflichtige (Ehepaare/Lebenspartner) sind so zu behandeln, als wären sie ein Steuerpflichtiger

Fall 3 Mehrfacher Wohnsitz (§ 19 (1) AO)

Günter Richter wohnt mit seiner Familie in Hamburg. Da er eine Arbeitsstelle in Berlin annehmen musste, hat er sich dort ein kleines Appartement gemietet. In Hamburg ist er mit erstem, in Berlin mit zweitem Wohnsitz gemeldet.

Welches Finanzamt ist für die Einkommensteuer zuständig?

Fall 4 Mehrere Finanzämter in einer Gemeinde (§§ 19 (3–5), 25 AO)

Stellen Sie fest, welche Finanzämter für die Einkommensteuer jeweils örtlich zuständig sind.

a) Der Steuerpflichtige Ernst Schuler wohnt im Bezirk des Finanzamtes Stuttgart I. Sein Betrieb liegt im Bezirk des Finanzamtes Stuttgart III.

b) Die Steuerpflichtige Anja Hopf ist angestellte Bürokauffrau. Ihre Arbeitsstätte liegt im Bereich des Finanzamtes Augsburg Land, sie wohnt im Bereich des Finanzamtes Augsburg-Stadt.

c) Die Steuerpflichtige Katja Ohneberg ist Gesellschafterin der Ohneberg OHG. Die OHG hat ihren Geschäftssitz im Bereich des Finanzamtes Leipzig I. Sie wohnt im Bereich des Finanzamtes Leipzig II.

d) Was würde sich an der Antwort zum Fall c) ändern, wenn sie zusätzlich noch ein Einzelunternehmen im Bereich des Finanzamtes Leipzig III hätte?

e) Was würde sich an der Antwort zu Fall c) ändern, wenn sie zusätzlich Einkünfte aus einem Mehrfamilienhaus im Bereich des Finanzamtes Leipzig III hätte?

f) Das Ehepaar Frey wohnt im Bezirk des Finanzamtes Hamburg Mitte-Altstadt. Herr Frey betreibt eine Arztpraxis im Finanzamtsbezirk Hamburg-Harburg. Frau Frey hat ein Unternehmen im Bereich des Finanzamtes Hamburg-Hansa. Die Ehegatten werden zusammen veranlagt.

Örtliche Zuständigkeiten	
(einheitliche und) gesonderte Feststellung für:	**Zuständigkeit:**
• Betriebe der Land- und Forstwirtschaft • Grundstücke • Betriebsgrundstücke	Lagefinanzamt (§ 18 (1) Nr. 1 AO)
• gewerbliche Betriebe	Betriebsfinanzamt (§ 18 (1) Nr. 2 AO)
• freiberufliche Tätigkeit	Tätigkeitsfinanzamt (§ 18 (1) Nr. 3 AO)
• Beteiligung mehrerer Personen an einer Einkunftsart außer Land- und Forstwirtschaft, Gewerbebetrieb, selbstständige Arbeit	Verwaltungsfinanzamt (§ 18 (1) Nr. 4 AO)

Örtliche Zuständigkeit bei einheitlicher und gesonderter Feststellung[1]

Fall 5

Stellen Sie fest, welches Finanzamt für die (einheitliche und) gesonderte Feststellung zuständig ist:

a) A wohnt in Wuppertal und betreibt ein Unternehmen in Düsseldorf.

b) B wohnt mit seiner Frau in Leverkusen in einem eigenen Haus. Er hat eine Steuerberatungspraxis in Köln.

c) C wohnt in Mannheim und hat gemeinsam mit seinem Bruder ein Wertpapierdepot bei der Commerzbank in Ludwigshafen, die diese Wertpapiere auch verwaltet. Außerdem ist er Miteigentümer (50 %) eines Mietwohngrundstückes in Viernheim, das von der Grund & Boden GmbH in Darmstadt verwaltet wird.

Wiederholungsfall

Fall 6

Daniel Kispert betreibt in Potsdam eine Werkzeugfabrik. Er wohnt in Berlin und hat in Dresden ein Einfamilienhaus errichtet, das er vermietet.

Welche Finanzämter (Bezeichnung der AO) sind für die folgenden Bescheide örtlich zuständig?

a) Einkommensteuer

b) Gewerbesteuermessbescheid

c) Feststellungsbescheid bezüglich des Gewinns der Werkzeugfabrik

d) Einkünfte aus Vermietung und Verpachtung

e) Feststellung Einheitswert des Einfamilienhauses

[1] Es wird empfohlen, diesen Fall erst nach dem Kapitel 2.3.1 zu bearbeiten, da die Grundlagen über die einheitliche und gesonderte Feststellung hier noch fehlen. Die Darstellung zu diesem Zeitpunkt erfolgt aus Gründen der abschließenden Behandlung des Themas.

2.2.2 Pflichten des Finanzamtes

Besteuerungsgrundsätze **§ 85 AO**	Die Finanzbehörden haben die Steuern • nach Maßgabe der Gesetze • gleichmäßig festzusetzen und zu erheben.
Untersuchungsgrundsatz **§ 88 AO**	Die Finanzbehörden haben die Besteuerungsgrundlagen von Amtes wegen – auch zugunsten des Steuerpflichtigen – zu ermitteln. Das Finanzamt kann computergestützte Risikomanagementsysteme einsetzen, um zu beurteilen, ob steuerliche Sachverhalte zu ermitteln und zu prüfen sind. Dazu muss durch Zufallsauswahl eine hinreichende Anzahl von Fällen zur umfassenden Prüfung ausgewählt werden.
§ 150 (7) AO	Der Steuerpflichtige kann Angaben in der Steuererklärung machen, die es seiner Meinung nach nötig machen, dass die Erklärung nicht automatengestützt sondern durch einen Sachbearbeiter bearbeitet wird.
Beratung **§ 89 AO**	Die Finanzbehörden sollen die Abgabe von Erklärungen und Anträgen anregen, wenn sie aus Versehen oder aus Unkenntnis vergessen oder falsch abgegeben wurden.
Auskunft **§ 89 AO**	Die Finanzbehörden erteilen Auskunft über Rechte und Pflichten des Steuerpflichtigen.

Fall 1 **Untersuchungsgrundsatz (§ 88 AO)**

a) Der zuständige Sachbearbeiter stellt bei der Bearbeitung der ESt-Erklärung von Manuel Ipsen fest, dass die Unterhaltszahlungen an seine Eltern, die er bisher immer angesetzt hat, in der aktuellen Steuererklärung fehlen. Außerdem hat er Einkünfte aus Vermietung und Verpachtung, die sonst regelmäßig vorkamen, nicht angegeben.

Muss der Sachbearbeiter die Sachverhalte aufklären oder kann er die Steuer wie erklärt festsetzen?

b) Der Steuerpflichtige Paul Meister misstraut den modernen Techniken. Er hat davon gehört, dass in Zukunft seine Steuererklärung nur noch durch ein Computerprogramm bearbeitet wird, ohne dass ein Sachbearbeiter die Angaben und den Steuerbescheid noch einmal prüft. Er besteht darauf, dass seine Einkommensteuererklärung von einem Sachbearbeiter bearbeitet wird. Hat er ein Recht darauf ohne weitere Gründe anführen zu können?

Fall 2 **Beratung (§ 89 AO)**

Mustafa Üsal hat in seiner ESt-Erklärung 01 keine Fahrtkosten zwischen Wohnung und erster Tätigkeitsstätte angegeben, obwohl bisher immer diese Kosten geltend gemacht wurden und ein Arbeitsplatzwechsel nicht vorliegt. Der zuständige Sachbearbeiter veranlagt wie erklärt und weist Herrn Üsal nicht auf das Versäumnis hin. Zu Recht?

2.2.3 Pflichten des Steuerpflichtigen

Mitwirkungspflicht **§ 90 AO**	Beteiligte sind zur Mitwirkung bei der Ermittlung des Sachverhaltes verpflichtet.
Auskunftspflicht **§ 93 AO**	Beteiligte und andere Personen haben der Finanzbehörde Auskünfte zu erteilen. Ein Auskunftsverweigerungsrecht besteht: • für Angehörige (§§ 15, 101 AO) • für bestimmte Berufsgruppen (z. B. Rechtsanwälte, Steuerberater, Priester) (§ 102 AO) • bei Gefahr eigener Verfolgung wegen Straftaten oder Ordnungswidrigkeiten (§ 103 AO)
§§ 93a, 93b, 93 (7) AO	Kontendaten dürfen, wenn der Steuerpflichtige keine Auskünfte erteilt, abgerufen werden. Dazu gehören Name, Geburtsdatum, IBAN und der Tag der Eröffnung oder Auflösung. Nicht weitergegeben werden dürfen Kontenstände und -bewegungen. Der Steuerpflichtige ist über das Ergebnis des Kontenabrufs zu informieren. Ein automatisierter Abruf ist nur zulässig, soweit: ➔ der Steuerpflichtige eine Veranlagung der Kapitaleinkünfte beantragt, ➔ der Steuerpflichtige zustimmt. Außerdem kann das Finanzamt den Steuerpflichtigen auffordern, seine Zustimmung zum Kontenabruf zu erteilen. Verweigert er sie, kann eine Schätzung nach § 162 AO erfolgen.
Datenübermittlungspflichten **§ 93c AO**	An der Besteuerung Beteiligte (z. B. Arbeitgeber, Rentenversicherungsträger, Leistungsträger von Lohnersatzleistungen, Krankenversicherungen oder Banken) werden vielfach verpflichtet, Daten an das Finanzamt zu übermitteln. Die Daten sind nach Ablauf des Besteuerungszeitraums bis Ende Februar des folgenden Jahres durch Datenfernübertragung an das Finanzamt übermitteln. Der Steuerpflichtige ist über die Übermittlung und deren Inhalt zu unterrichten. Die Daten sind bis zum siebten auf den Besteuerungszeitraum/-zeitpunkt folgenden Kalenderjahr von dem Dritten zu speichern und aufzubewahren. Danach soll die Datenübermittlung unterbleiben.
Melde- und Anzeigepflichten **§§ 134–139 AO**	Personen und Unternehmen, die der Besteuerung unterliegen, müssen bei der Gemeinde eine Anzeige machen. Die Gemeinde setzt das Finanzamt davon in Kenntnis. Unternehmen müssen elektronisch Auskunft über die für die Besteuerung erheblichen rechtlichen und tatsächlichen Verhältnisse geben.
§ 139b AO	Jeder Steuerpflichtige erhält eine einheitliche und dauerhafte Identifikationsnummer. Sie besteht aus 10 Ziffern und einer zusätzlichen Prüfziffer. Zusätzlich werden gespeichert: Name, Anschrift, Geschlecht, Geburtstag und -ort sowie das zuständige Finanzamt.
Buchführungs- und Aufzeichnungspflichten **§ 140 AO**	➔ **Derivative Buchführungspflicht:** = aus anderen Gesetzen abgeleitete Buchführungspflicht (siehe Fall 4)
§ 141 AO	➔ **Originäre Buchführungspflicht:** = Buchführungspflicht aufgrund von Steuergesetzen (siehe Fall 5)

Abgabenordnung

	→ **Buchführungsgrundsätze:**
§ 145 AO	• Die Buchführung muss einem sachverständigen Dritten in angemessener Zeit einen Überblick über die Geschäftsfälle und die Lage des Unternehmens vermitteln.
§ 146 AO	• Aufzeichnungen müssen vollständig, zeitgerecht und geordnet vorgenommen werden.
§§ 158, 328, 162 AO	• Bei Pflichtversäumnis verliert die Buchführung u. U. an Beweiskraft, können Zwangsmittel angesetzt werden und die Besteuerungsgrundlagen können geschätzt werden.
Bayerisches Landesamt für Steuern, Verfügung vom 26.05.2006	→ Ziel jeder Schätzung ist es, die Besteuerungsgrundlagen, die die größte Wahrscheinlichkeit für sich haben, zu ermitteln. Eine Strafschätzung ist verboten, allerdings kann das Finanzamt an die obere Grenze des Schätzungsrahmens gehen. Schätzungen ergehen grundsätzlich unter dem Vorbehalt der Nachprüfung, der erst bei der nächsten Veranlagung aufgehoben werden kann. Bei einem Einspruch kann grundsätzlich weder Aussetzung der Vollziehung noch Vollstreckungsaufschub gewährt werden.
Aufbewahrungspflichten **§ 147 AO**	Es besteht eine Aufbewahrungspflicht für Bücher, Aufzeichnungen, Inventare, Jahresabschlüsse, Handels- und Geschäftsbriefe, Buchungsbelege und andere Unterlagen, sofern sie für die Besteuerung von Bedeutung sind. Lieferscheine sind nicht aufzubewahren. Die Aufbewahrungsfrist beträgt grundsätzlich 10 Jahre, für Buchungsbelege 8 Jahre und für Handels- und Geschäftsbriefe 6 Jahre.
§ 147a AO	Bei privaten Einkünften müssen Aufzeichnungen und Unterlagen über die den Überschusseinkünften zugrunde liegenden Einnahmen und Werbungskosten 6 Jahre lang aufbewahrt werden, wenn die Summe dieser Einkünfte mehr als 500 000,00 € beträgt. Die Aufbewahrungspflicht endet mit Ablauf des fünften aufeinanderfolgenden Kalenderjahres, in dem die Einkunftsgrenze nicht mehr überschritten wird.
§ 193 (1) AO	Außerdem ist für diesen Personenkreis auch eine Außenprüfung zulässig.
§§ 36 (2) Nr. 2 EStG, 50 (8) EStDV	Belege sind bei Einreichung der Einkommensteuererklärung grundsätzlich nicht mehr vorzulegen sondern nur aufzubewahren und dem Finanzamt bei Aufforderung vorzulegen (sog. Belegvorhaltepflicht).
Steuererklärungspflicht **§§ 149–153 AO**	Die Steuererklärungspflicht ergibt sich aus den einzelnen Steuergesetzen. Außerdem besteht eine Steuererklärungspflicht bei Aufforderung durch das Finanzamt. Die Frist für die Abgabe der Steuererklärung ist der 31. Juli nach Ablauf des Kalenderjahres (bei Gewinn aus Land- und Forstwirtschaft mit abweichendem Kalenderjahr drei Monate nach Ablauf des Wirtschaftsjahres). Angehörige der steuerberatenden Berufe haben für ihre Mandanten eine Frist bis Ende Februar des zweiten Folgejahres.

Die Steuererklärung ist nur auf amtlich vorgeschriebenem Vordruck zulässig.

Bei Fristversäumnis wird ein Verspätungszuschlag von 0,25 % der Steuernachzahlung (mind. 25,00 €) pro angefangenen Monat, max. 25 000,00 € festgesetzt.

Mitwirkungspflichten (§§ 90, 93, 93c AO)

Fall 1

a) Der Arzt Dr. Fleck hat in seiner Gewinnermittlung die Betriebsausgaben lediglich in einer Summe angegeben. Der zuständige Sachbearbeiter fordert Herrn Fleck auf, die Zusammensetzung der Kosten zu erläutern. Zu Recht?

b) Außerdem fordert das Finanzamt Dr. Fleck auf, die Gehaltsdaten seiner Angestellten (Bruttogehalt, Lohnsteuerklasse, Kinderfreibeträge, einbehaltene Lohnsteuer, usw.) digital zu übermitteln. Dr. Fleck erledigt die Lohnabrechnungen selbstständig und per Hand und weigert sich, an so einem „neumodischen Kram" teilzunehmen. Zu Recht?

Auskunftsverweigerungsrechte (§§ 93, 101, 102, 103 AO)

Fall 2

Werner Ullmer hat ein Bankkonto in Liechtenstein, auf dem er überschüssige Geldbeträge zinsbringend anlegt. Die Einkünfte verschweigt er bei der ESt-Erklärung. Da das zuständige Finanzamt Kenntnis von der Sache erlangt hat, wendet es sich an folgende Personen, um Auskünfte zu erlangen:

a) seine Ehefrau Susanne Ullmer
b) seinen Geschäftspartner Dieter Geis
c) seine Steuerberaterin Simone Medert

Müssen die genannten Personen der Aufforderung des Finanzamtes zur Auskunft Folge leisten?

Derivative Buchführungspflicht (§ 140 AO)[1]

Fall 3

Besteht nach anderen Gesetzen eine Pflicht zur Buchführung, so gilt diese Pflicht auch für steuerliche Zwecke.

Ein anderes Gesetz i. S. d. § 140 AO ist vor allem das HGB. Gem. § 238 HGB sind Kaufleute zur Buchführung verpflichtet. Ausnahmen bestehen gem. § 241a HGB für Einzelkaufleute, die in zwei aufeinanderfolgenden Geschäftsjahren nicht mehr als 800 000,00 € Umsatzerlöse und 80 000,00 € Jahresüberschuss aufweisen. Sie brauchen die §§ 238–241 HGB (insbesondere Buchführungspflicht) nicht anzuwenden.

Prüfen Sie in den folgenden Fällen, ob eine Buchführungspflicht nach § 140 AO besteht.

a) Der Werkzeughändler W handelt mit Werkzeugen aller Art und hat mehrere Angestellte. In 01 betrugen seine Umsätze 1 500 000,00 €, in 02 1 700 000,00 €; der Gewinn in 01 120 000,00 €, in 02 150 000,00 €.

b) Der Steuerberater S hat eine eigene Praxis mit ca. 100 Mandanten. Seine Umsätze betrugen in den letzten Jahren über 1 000 000,00 €.

c) H ist selbstständiger Handelsvertreter für Spezialmaschinen. Seine Handelsvertretung hat einen so großen Umfang, dass er eine Halbtagskraft beschäftigt, um alle schriftlichen Angelegenheiten zu erledigen und die Forderungseingänge und das Mahnwesen zu überwachen. Seine Umsätze betrugen in 01 550 000,00 €, sein Gewinn in 01 75 000,00 €. In 02 betrugen die Umsätze 485 000,00 €, sein Gewinn 49 000,00 €.

d) Der Kioskbesitzer K verkauft in seinem Eckkiosk Getränke und Süßigkeiten. Er hat keine Angestellten und die Einnahmen aus dem Kiosk sind gering.

e) Ändert sich Ihre Antwort zu (d), falls K Besitzer einer Kioskkette wäre und nur noch für den zentralen Einkauf und die Abrechnungen der einzelnen Filialen zuständig wäre? Seine Umsätze in 01 betrugen 350 000,00 €, in 02 375 000,00 €. Sein Gewinn betrug in 01 40 000,00 €, in 02 42 000,00 €.

f) Warum spricht man bei dieser Buchführungspflicht von abgeleiteter Buchführungspflicht?

---

[1] Siehe auch Kapitel 9.1

Fall 4 Originäre Buchführungspflicht (§ 141 AO)

Personenkreis	• gewerbliche Unternehmer • Land- und Forstwirte
Voraussetzungen	• Umsätze > 800 000,00 € oder • Wert der selbstbewirtschafteten land- und forstwirtschaftlichen Flächen > 25 000,00 € oder • Gewinn aus Gewerbebetrieb oder Land- und Forstwirtschaft > 80 000,00 €
Beginn der Buchführungspflicht	Beginn des Kalenderjahres, das auf die Aufforderung des Finanzamtes zur Einrichtung einer Buchführung folgt

Beurteilen Sie, ob folgende Personen oder Firmen nach § 140 oder § 141 AO buchführungspflichtig sind.

a) B hat einen Malerbetrieb. Er ist im Handelsregister eingetragen. Sein Gewinn betrug in 01 75 000,00 €.

b) Ändert sich an Ihrer Lösung zu a) etwas, wenn Sie davon ausgehen, dass der Gewinn nur 10 000,00 € beträgt?

c) Landwirt L betreibt einen Gemüseanbau. Sein Gewinn in 01 betrug 20 000,00 €. Der Wert der selbstbewirtschafteten Fläche beträgt 17 500,00 €.

d) Steuerberater S erzielt in 01 einen Gewinn in Höhe von 100 000,00 €. Der Umsatz beträgt 820 000,00 €.

e) Wie würden Sie den Fall d) beurteilen, wenn Sie davon ausgehen, dass S eine Steuerberatungs-GmbH betreibt?

f) Getränkehändler G (kein Eintrag im Handelsregister) hat in 01 Umsätze in Höhe von 550 000,00 €. Sein Gewinn beläuft sich auf 83 000,00 €.

g) Warum wird diese Buchführungspflicht als ursprüngliche Buchführungspflicht bezeichnet?

Fall 5 Aufbewahrungsfristen (§ 147 AO)

Die Imbissbesitzerin Elke Schwertner räumt im Rahmen des Frühjahrsputzes auch ihren Keller auf und stellt fest, dass sie noch Buchführungsunterlagen hat, die 5 Jahre alt sind. Da alle Steuererklärungen eingereicht und alle Steuerbescheide gekommen sind, möchte sie Platz schaffen und die Unterlagen vernichten. Ist dies möglich?

Fall 6 Ordnungsmäßigkeit der Buchführung (§§ 145, 146, 162, 328 AO)

Der Außenprüfer stellt bei der Prüfung der Buchführung des PC-Händlers Bernd Daub fest, dass

(1) das Inventar keine Aufstellung der einzelnen Vermögensgegenstände enthält,

(2) einige Ausgangs- und Eingangsrechnungen fehlen,

(3) der Bankbestand laut Buchführung nicht mit dem Bankbestand laut Beleg übereinstimmt,

(4) das Kassenbuch für das Jahr 01 fehlt, aber alle Belege anscheinend vollständig sind.

a) Beurteilen Sie die Ordnungsmäßigkeit der Buchführung.

b) Welche Maßnahmen kann der Außenprüfer anordnen?

Fall 7 Meldepflichten (§ 138 AO)

Der Unternehmer Fritz Mann hat seinen Imbiss beim zuständigen Gewerbeamt angemeldet. Als er vom Finanzamt die Aufforderung erhält, sich auch beim Finanzamt anzumelden und die notwendigen Angaben zu machen, meint er, dies sei mit der Anmeldung beim Gewerbeamt schon erledigt. Zu Recht?

Steuerklärungspflicht (§ 150 AO)

Fall 8

Der Arzt Dr. Mack hat am Wochenende seine Konten gesichtet und seinen Gewinn für das Jahr 01 ermittelt. Am Montagmorgen ruft er seinen zuständigen Sachbearbeiter beim Finanzamt an und teilt ihm die Höhe des Gewinns mit und fordert ihn auf, nun alle erforderlichen Steuerbescheide zu erstellen. Der Sachbearbeiter fordert ihn wiederum auf, die notwendigen Steuererklärungen zu übermitteln. Herr Mack regt sich über die viel zu aufwendige Bürokratie auf und meint, seine Angaben seien ausreichend. Zu Recht?

Wiederholungsfall

Fall 9

Susanne Schmiedel eröffnete im März 04 in Düsseldorf im Bereich des Finanzamtes Düsseldorf-Süd einen Geschenkartikeleinzelhandel. Frau Schmiedel wohnt in Wuppertal im Bereich des Finanzamtes Wuppertal-Elberfeld. Sie ermittelt ihren Gewinn nach § 4 (3) EStG. Am 15.10.06 fordert sie das Finanzamt auf, in Zukunft eine Buchführung einzurichten, da sie die Grenzen des § 141 AO im vergangenen Jahr überschritten hat.

(1) Wo muss Frau Schmiedel die Eröffnung ihres Geschäftes anzeigen?

(2) Welches Finanzamt ist für die Abgabe der ESt-Erklärung und der USt.-Erklärung örtlich zuständig?

(3) Bis wann muss sie die ESt-Erklärung und die USt.-Erklärung 06 beim Finanzamt abgeben?

(4) Ab wann muss Frau Schmiedel eine Buchführung einrichten?

2.3 Das Festsetzungsverfahren

2.3.1 Der Steuerbescheid

Trifft eine Behörde eine Entscheidung, so muss sie, um diese Entscheidung zu dokumentieren, einen Verwaltungsakt erlassen. Im Steuerrecht ist dieser Verwaltungsakt der Steuerbescheid. Nachdem die Ermittlung über die steuerlichen Sachverhalte abgeschlossen ist, trifft das Finanzamt eine Entscheidung über den Steueranspruch und setzt ihn mit dem Steuerbescheid fest.

Verwaltungsakt **§ 118 AO**	Der Verwaltungsakt hat folgende Merkmale: • Verfügung, Entscheidung oder eine andere hoheitliche Maßnahme, • die eine Behörde • zur Regelung eines Einzelfalls • auf dem Gebiet des öffentlichen Rechts trifft und • die auf die unmittelbare Rechtswirkung nach außen gerichtet ist.
Steuerbescheid **§§ 155, 157 AO**	Zusätzlich zu den obigen Merkmalen muss der Steuerbescheid folgenden Kriterien genügen: **Mussbestandteile:** • schriftlich • erlassende Behörde • Art der festgesetzten Steuer • Höhe der festgesetzten Steuer • Benennung des Steuerschuldners → Bei Fehlen eines dieser Merkmale ist der Steuerbescheid nichtig (§ 125 AO). **Sollbestandteile:** • Rechtsbehelfsbelehrung → Bei Fehlen verlängert sich die Einspruchsfrist auf ein Jahr (§ 356 (2) AO). • Besteuerungsgrundlagen

	Das Fehlen der Sollbestandteile führt nicht zur Nichtigkeit des Steuerbescheids, sondern kann nach § 126 (1) AO geheilt werden. Steuerbescheide dürfen ausschließlich automatengestützt erlassen, berichtigt, zurückgenommen, widerrufen, aufgehoben und geändert werden, soweit kein Anlass dazu besteht, den Einzelfall durch einen Sachbearbeiter zu bearbeiten.
§ 150 (7) AO	Der Steuerpflichtige kann Angaben in der Steuererklärung machen, die es seiner meiner nach nötig machen, dass die Erklärung nicht automatengestützt sondern durch einen Sachbearbeiter bearbeitet wird. Bei Steueranmeldungen (§ 150 (1) Satz 3 AO) (z. B. USt.-Voranmeldung, Lohnsteueranmeldung) erfolgt eine Festsetzung durch Steuerbescheid nur, falls die Festsetzung zu einer abweichenden Steuer führt (§ 167 AO).
Grundlagenbescheid **§ 171 (10) AO**	Ein Verwaltungsakt oder Steuerbescheid, der für die Festsetzung einer Steuer die Grundlage bildet und dafür bindend ist
Folgebescheid	Der Steuerbescheid, der dem Grundlagenbescheid folgt und der die im Grundlagenbescheid getroffenen Festsetzungen übernimmt
Einheitlicher und gesonderter Feststellungsbescheid **§§ 179 ff. AO, § 19 BewG**	Grundsätzlich ist die Feststellung der Besteuerungsgrundlagen Teil des Steuerbescheids (§ 157 (2) AO). In Ausnahmefällen werden die Besteuerungsgrundlagen gesondert festgestellt (§ 179 (1) AO). Gesonderte Feststellungen erfolgen gem. § 180 AO bei: • Einheitswerten nach BewG (insbesondere Grundstücke, § 19 BewG) • Einkünften, an denen mehrere Personen beteiligt sind • Einkünften aus Land- und Forstwirtschaft, Gewerbebetrieb, selbstständiger Arbeit, falls das Wohnsitzfinanzamt vom Betriebsfinanzamt abweicht • gesonderter Festsetzung von Steuermessbeträgen bei Gewerbesteuer und Grundsteuer (§ 184 AO) (Steuermessbescheid)

Fall 1 **Verwaltungsakt (§ 118 AO)**

Prüfen Sie, ob es sich in den folgenden Fällen um einen Verwaltungsakt gem. § 118 AO handelt:

a) Bescheid des Gewerbeaufsichtsamts über die Erteilung einer Gaststättenkonzession.

b) Eine Politesse verteilt ein Knöllchen.

c) Das Finanzamt bestellt Büromöbel.

d) Der/die Bundesfinanzminister/-in erlässt eine Richtlinie.

Der Steuerbescheid (§§ 125, 157, 167, 356 AO)

Fall 2

a) Die Steuerpflichtige Angelika Kärcher gibt ihre ESt-Erklärung fristgerecht ab. Einen Monat später erhält sie vom Finanzamt ein formloses Schreiben mit der Aufforderung, ihre Steuerschuld für 01 in Höhe von 3000,00 € zu entrichten. Muss Frau Kärcher zahlen?

b) Richard Hoffman erhält den ESt-Bescheid 01. In dem Bescheid ist die Steuerschuld nicht ausgedruckt. Er enthält jedoch Angaben über die Höhe der Nachzahlung und die Zahlungsfrist. Hoffmann reagiert auf den Steuerbescheid nicht. Zu Recht?

c) Sascha Harst erhielt am 18.03. einen ESt-Bescheid, der am 16.03. zur Post aufgegeben wurde. Versehentlich ist die Rechtsbehelfsbelehrung auf dem Steuerbescheid nicht ausgedruckt worden. Bei der Durchsicht merkt Harst, dass Werbungskosten nicht angesetzt wurden. Harst legt am 15.05. Einspruch gegen den Steuerbescheid ein. Das Finanzamt lehnt den Einspruch als zu spät eingegangen ab. Zu Recht?

d) Der Schreiner Martin hat sein Unternehmen neu gegründet und gibt zum ersten Mal eine USt.-Voranmeldung für den Monat Mai 01 ab. Seine Vorauszahlung hat er mit 1500,00 € berechnet. Da er vom Finanzamt keinen Steuerbescheid erhält, leistet er auch keine Zahlung. Als das Finanzamt ihm nach 2 Monaten eine Zahlungsaufforderung mit Säumniszuschlag schickt, ist er empört, da er meint, ohne Steuerbescheid keine Zahlung leisten zu müssen. Zu Recht?

Grundlagenbescheid (§ 171 (10) AO)

Fall 3

Prüfen Sie in den folgenden Fällen, was der Grundlagen- und was der Folgebescheid ist.

a) Das Finanzamt Mannheim-Stadt erlässt den Gewerbesteuermessbescheid für den Steuerpflichtigen Altig in Mannheim. Daraufhin erlässt die Stadt Mannheim den Gewerbesteuerbescheid, indem sie auf den Steuermessbetrag des Gewerbesteuermessbescheides den Hebesatz anwendet.

b) Das Finanzamt Düsseldorf-Süd erlässt den einheitlichen und gesonderten Feststellungsbescheid für die Romberg OHG. In diesem Bescheid wird der Gewinn sowie dessen Verteilung auf die Gesellschafter festgesetzt. Das Finanzamt Köln-Altstadt erlässt daraufhin den ESt-Bescheid für Herrn Romberg unter Berücksichtigung des Gewinns des Feststellungsbescheids.

c) Das Versorgungsamt der Stadt Magdeburg hat für den Steuerpflichtigen Hubert Weihrich einen Grad der Behinderung von 70 % anerkannt. Herr Weihrich fügt eine Kopie der Bestätigung seiner ESt-Erklärung bei und erhält daraufhin in seinem ESt-Bescheid vom Finanzamt die Behinderung als außergewöhnliche Belastung anerkannt.

Gesonderte Feststellung (§§ 179, 180 AO, § 19 BewG)

Fall 4

Rudi Loster hat von seinem Vater ein unbebautes Grundstück geerbt. Das Grundstück hat eine Fläche von 200 m^2. Der Bodenrichtwert beträgt 1500,00 € pro m^2.

Auf welche Weise stellt das Finanzamt den Wert des Grundstücks für die Zwecke der Erbschaftsteuer fest?

Einheitliche und gesonderte Feststellung (§ 180 AO)

Fall 5

Franz Roos und Erwin Hardt haben die Roos & Hardt OHG gegründet. Der Geschäftssitz der OHG befindet sich in Hamburg. Dort wohnt auch der Gesellschafter Hardt. Der Gesellschafter Roos wohnt in Bremen. Die OHG hat einen Gewinn in Höhe von 200000,00 € erzielt. Die Gewinnverteilung erfolgt laut Gesellschaftsvertrag hälftig. Das Finanzamt fordert die beiden auf, eine Feststellungserklärung für die OHG abzugeben. Die beiden haben davon noch nie etwas gehört und wenden sich Rat suchend an Sie.

a) Prüfen Sie, ob die Feststellungserklärung zu Recht angefordert wird.

b) Was wird in dieser Feststellungserklärung festgestellt?

c) Warum handelt es sich hier um eine einheitliche und gesonderte Feststellung?

d) Welchen Sinn hat diese einheitliche und gesonderte Feststellung?

Gesonderte Feststellung (§ 180 AO)

Fall 6

Der Bäckermeister Back wohnt in Köln. Seine Bäckerei mit zugehörigem Verkaufsladen befindet sich in Düsseldorf. In 01 hat die Bäckerei einen Gewinn in Höhe von 50000,00 € erzielt. Auch hier fordert das Finanzamt Back auf, eine Feststellungserklärung abzugeben.

a) Ist die Aufforderung zu Recht ergangen?

b) Warum handelt es sich hier nur um eine gesonderte Feststellung?

c) Welchen Sinn hat die gesonderte Feststellung?

Fall 7 Einheitliche und gesonderte Feststellung (§ 180 AO)

Beantworten Sie für den abgedruckten Feststellungsbescheid folgende Fragen:

a) Warum musste hier eine gesonderte und einheitliche Feststellung erfolgen?

b) Welche Feststellungen wurden getroffen?

Finanzamt Mannheim-Stadt
Steuernummer: 38135/07278
(Bitte bei Rückfragen angeben)

68161 Mannheim
L3, 10
Telefon 0621 292-3824
Telefax 0621 292-3640

Finanzamt Mannheim-Stadt
68150 Mannheim

Bescheid

für 03 über die
gesonderte und einheitliche
Feststellung von Besteuerungsgrundlagen

Herrn
Stefan Wandner
U 2, 3
68161 Mannheim

25.04.04

für Grundstücksgemeinschaft Wandner und Möller, U 2, 3 68161 Mannheim

Der Bescheid ergeht an Sie als Empfangsbevollmächtigten mit Wirkung für und gegen alle Feststellungsbeteiligten.

<u>Feststellung der Besteuerungsgrundlagen</u>

Die Besteuerungsgrundlagen werden für 03 für die an der vorbezeichneten Gemeinschaft Beteiligten wie folgt festgestellt:

	€
Einkünfte aus Vermietung und Verpachtung	– 666,00

<u>Aufteilung der Besteuerungsgrundlagen</u>

Die Besteuerungsgrundlagen für die vorbezeichnete Gemeinschaft werden wie folgt aufgeteilt:

Herrn	Finanzamt	Mannheim-Stadt
Adolf Möller	Steuernummer	38218/30258
U 2, 3	Art der Beteiligung	Gemeinschafter
68161 Mannheim		

	€
Einkünfte aus Vermietung und Verpachtung	– 481,00

Herrn	Finanzamt	Mannheim-Stadt
Stefan Wandner	Steuernummer	38218/37415
U 2, 3	Art der Beteiligung	Gemeinschafter
68161 Mannheim		

	€
Einkünfte aus Vermietung und Verpachtung	– 185,00

2.3.2 Festsetzung unter Vorbehalt der Nachprüfung

Vorbehalt der Nachprüfung **§ 164 AO** **AEAO zu § 164 AO**	Steuern können • ohne Begründung • solange der Steuerfall nicht abschließend geprüft wurde unter Vorbehalt der Nachprüfung festgesetzt werden. Bescheide über Steuervorauszahlungen (§ 164 (1) AO) und Steueranmeldungen (§ 168 AO) sind stets Festsetzungen unter Vorbehalt der Nachprüfung.
Rechtsfolge	• Überprüfung des Steuerfalls jederzeit möglich • Steuerfestsetzung kann jederzeit aufgehoben oder geändert werden • Anträge auf Änderung durch den Steuerpflichtigen jederzeit formlos möglich
Zweck	Beschleunigung der ersten Steuerfestsetzung
Ende des Vorbehalts	• Aufhebung durch Finanzamt • Aufhebung durch Finanzamt zwingend nach erfolgter Außenprüfung • Automatischer Wegfall nach Ablauf der Festsetzungsfrist (i. d. R. 4 Jahre)[1]
Vertrauensschutz **§ 176 AO**	Bei Änderung der Festsetzung bleibt die frühere für den Steuerpflichtigen günstigere Gesetzgebung, Rechtsprechung oder Verwaltungsvorschrift bestehen.

Vorbehalt der Nachprüfung (§ 164 AO) — Fall 1

Dieter Leue, Zahnarzt, gab seine ESt-Erklärung für das Jahr 01 am 20.04.02 ab. Bereits am 20.06.02 erhält er seinen Steuerbescheid mit dem Vermerk „Der Bescheid ergeht gem. § 164 AO unter dem Vorbehalt der Nachprüfung". Herr Leue ist über die schnelle Bearbeitung erstaunt.

a) Was bedeutet dieser Vermerk?

b) Welche Konsequenzen hat diese Vorbehaltsfestsetzung?

c) Welchen Sinn hat die Vorbehaltsfestsetzung?

Vorbehalt der Nachprüfung (§ 164 AO) — Fall 2

Herr Leue merkt am 25.08.02, dass er die Abschreibung für das neue Röntgengerät nicht angesetzt hat. Dadurch würden sich sein Gewinn und seine Steuerschuld erheblich mindern. Die Einspruchsfrist ist mittlerweile abgelaufen.

Kann Leue trotzdem noch die Änderung des Steuerbescheides erwirken?

Ende des Vorbehalts (§ 164 AO) — Fall 3

Im Jahr 05 führt das Finanzamt bei dem Zahnarzt Leue eine Außenprüfung durch. Beanstandungen haben sich nicht ergeben und somit sind die Steuerbescheide auch nicht zu ändern.

Wie muss das Finanzamt nun mit dem Vermerk nach § 164 AO verfahren?

Vorbehalt bei Steueranmeldungen (§ 18 (4) UStG, §§ 164, 168 AO) — Fall 4

Der Mandant Harry Neumaier gibt seine USt.-Erklärung 01 am 02.05.02 ab. In der Steuererklärung hat er eine Nachzahlung von 1 400,00 € berechnet und am 01.06.02 an das Finanzamt abgeführt.

a) Hat er die USt.-Nachzahlung rechtzeitig abgeführt?

---
[1] Siehe Kapitel 2.3.4

b) Am 15.07.02 bemerkt Neumaier, dass er Vorsteuer in Höhe von 2000,00 € nicht geltend gemacht hat, und möchte dieses Versäumnis nachholen. Kann er das und in welcher Form hat dies zu erfolgen?

Fall 5 **Vorbehalt bei Steuervorauszahlungen (§ 164 AO)**

Der Mandant Werner Sonne hat am 03.05.01 vom Finanzamt einen ESt-Vorauszahlungsbescheid erhalten. Darin werden quartalsmäßige ESt-Vorauszahlungen in Höhe von 4000,00 € angefordert. Am 01.07.01 bemerkt Sonne, dass das Finanzamt Werbungskosten in Höhe von 3000,00 € in der Berechnung der Vorauszahlung nicht angesetzt hat. Kann er eine Änderung des Vorauszahlungsbescheids fordern?

Fall 6* **Vertrauensschutz (§ 176 AO)**

Prüfen Sie, ob das Finanzamt folgende Steuerfestsetzungen ändern kann, die alle unter Vorbehalt der Nachprüfung ergangen sind:

a) Dem Steuerpflichtigen A wurde der Abzug von Werbungskosten gewährt. Der entsprechende Bescheid erging unter dem Vorbehalt der Nachprüfung. Das Bundesverfassungsgericht stellt die Verfassungswidrigkeit des Werbungskostenabzugs fest, bevor das Finanzamt den Vorbehalt aufhebt.

b) Unternehmer B führt Umsätze anerkanntermaßen zum ermäßigten Steuersatz aus. Der BFH beschließt, dass Zweifel an der Verfassungsmäßigkeit des ermäßigten Steuersatzes gegeben seien.

c) Bei der Veranlagung des Unternehmers C behandelt das Finanzamt bestimmte Umsätze gemäß gängiger Rechtsprechung des BFH als steuerfrei. Nach einem neueren Urteil hat der BFH seine Rechtsprechung geändert und behandelt die Umsätze nunmehr als steuerpflichtig.

2.3.3 Vorläufige Festsetzung

Vorläufige Steuerfestsetzung **§ 165 AO** **AEAO zu § 165 AO**	Eine Steuer kann vorläufig festgesetzt werden, wenn • ungewiss ist, ob die Voraussetzungen für die Entstehung einer Steuer eingetreten sind, • das Bundesverfassungsgericht die Unvereinbarkeit eines Steuergesetzes mit dem Grundgesetz festgestellt hat und der Gesetzgeber zu einer Neuregelung verpflichtet wurde (Gleiches gilt für Entscheidungen des EuGH), • verfassungsrechtliche Zweifel an einem Steuergesetz bestehen (anhängiges Verfahren bei EuGH, BVerfG, BFH notwendig), • wegen einer einfachgesetzlichen Regelung ein Verfahren beim BFH anhängig ist. Die Vorläufigkeit ist auf die ungewissen Punkte zu beschränken und zu begründen.
Rechtsfolge	Änderung des Steuerbescheids jederzeit in dem für vorläufig erklärten Punkt möglich
Zweck	Beschleunigung der ersten Steuerfestsetzung
Ende des Vorbehalts	Beseitigung der Vorläufigkeit durch • Aufhebung der Steuerfestsetzung, • Änderung der Steuerfestsetzung und deren Endgültigkeitserklärung, • Endgültigkeitserklärung der unveränderten Steuerfestsetzung. Automatischer Wegfall nach Ablauf der Festsetzungsfrist, allerdings nicht vor Ablauf eines Jahres, nachdem die Ungewissheit beseitigt wurde und die Finanzbehörde hiervon Kenntnis erlangt hat (§ 171 (8) AO).
Vertrauensschutz **§ 176 AO**	Bei Änderung der Festsetzung bleibt die frühere für den Steuerpflichtigen günstigere Gesetzgebung, Rechtsprechung oder Verwaltungsvorschrift bestehen.

Vorläufige Steuerfestsetzung (§ 165 AO)

Fall 1

Susanne Reinders erhält folgenden Einkommensteuerbescheid:

Finanzamt Wuppertal-Elberfeld
Postfach 300314, 42107 Wuppertal

Bescheid

486/--/53339795

für 01 über
Einkommensteuer

Susanne Reinders
Morianstr. 12
42105 Wuppertal

22.09.02

Festsetzung
Der Bescheid ist nach § 165 Abs. 1 AO teilweise vorläufig.

	Einkommensteuer €	Solidaritätszuschlag €	Insgesamt €
Festgesetzt werden	5.292,00	0,00	
Abzug vom Lohn	– 5480,00	0,00	
verbleibende Beträge	– 188,00	0,00	– 188,00

Erläuterungen
Die Festsetzung der Einkommensteuer ist im Hinblick auf vor dem Bundesverfassungsgericht, dem Bundesfinanzhof bzw. dem Gerichtshofe der Europäischen Gemeinschaften anhängige Verfahren vorläufig hinsichtlich

– der Einkünfte aus Vermietung und Verpachtung (§ 21 EStG).

Die Vorläufigkeitserklärung erfasst nur die Frage, ob die angeführten gesetzlichen Vorschriften mit höherrangigem Recht vereinbar sind. Sie erfolgt aus verfahrenstechnischen Gründen und ist nicht dahingehend zu verstehen, dass die Regelungen als verfassungswidrig angesehen werden.

Welche Folge hat der Vorläufigkeitshinweis?

Vorläufige Steuerfestsetzung (§ 165 AO)

Fall 2

Otto Maurer ist seit Jahren schwer gehbehindert. Mit dem Versorgungsamt führt er einen Rechtsstreit um die Anerkennung dieser Behinderung, da er dann Anspruch auf eine Erwerbsunfähigkeitsrente haben würde. Das Urteil in diesem Verfahren steht noch aus. In seiner ESt-Erklärung 01 gibt er diese Behinderung an und beantragt die Gewährung eines Behindertenpauschbetrages. Das Finanzamt gewährt einen Behindertenpauschbetrag nach § 33b EStG und erlässt den Steuerbescheid 01 in Bezug auf die Anerkennung des Behindertenpauschbetrags vorläufig.

a) Durfte das Finanzamt den Bescheid vorläufig erlassen?

b) Wie muss das Finanzamt sich verhalten, falls das Gericht die Anerkennung der Behinderung

- bestätigt,
- nicht bestätigt?

Vorläufige Steuerfestsetzung (§ 165 AO)

Fall 3

Prüfen Sie, ob eine vorläufige Steuerfestsetzung möglich ist.

a) Der Steuerpflichtige Eugen Mayer möchte in seiner ESt-Erklärung die Kosten für einen beruflich genutzten Computer als Werbungskosten geltend machen. Leider hat Herr Mayer die entsprechende Rechnung verlegt und kann die Höhe nicht nachweisen. Eine Rechnungskopie von der Werkstatt kann er nicht besorgen, da die Unterlagen irrtümlicherweise vernichtet wurden.

b) Die Unternehmerin Gerda Landes muss 15000,00 € Einkommensteuer nachzahlen. Da sie im Moment in Zahlungsschwierigkeiten steckt, bittet sie das Finanzamt, den Steuerbescheid vorläufig zu erlassen, bis sie wieder zu Geld gekommen ist.

c) Das Ehepaar Lanzendorfer erhält am 07.05.02 den ESt-Bescheid für 01 mit dem Vermerk, dass die Festsetzung hinsichtlich der Abzugsfähigkeit der Vorsorgeaufwendungen als Sonderausgaben vorläufig gem. § 165 AO ist, da ein entsprechendes Verfahren beim BFH anhängig ist.

2.3.4 Die Festsetzungsverjährung

Sinn der Regelung **§ 169 (1) AO** **AEAO zu §§ 169 bis 171 AO**	Der Steueranspruch erlischt, wenn die Festsetzungsfrist abgelaufen ist. Eine Festsetzung ist nicht mehr möglich. Dies gilt für • Steuern, • Steuermessbeträge, • gesondert festgestellte Besteuerungsgrundlagen.
Dauer der Festsetzungsfrist **§ 169 (2) AO**	für Verbrauchsteuern und Zölle → 1 Jahr für alle anderen Steuern, die keine Verbrauchsteuern sind → 4 Jahre für hinterzogene Steuern → 10 Jahre für leichtfertig verkürzte Steuern → 5 Jahre
Beginn der Festsetzungsfrist **§ 170 AO**	**Grundsatz:** mit Ablauf des Kalenderjahres, in dem die Steuer entstanden ist **Ausnahmen (Anlaufhemmung):** • falls eine Steuererklärung einzureichen ist, mit Ablauf des Kalenderjahres, in dem die Steuererklärung eingereicht wurde • spätestens mit Ablauf des dritten Kalenderjahres, das auf die Entstehung der Steuer folgt
Ende der Festsetzungsfrist **§§ 169, 171 AO** **AEAO zu § 171 AO**	**Grundsatz:** nach Ablauf der Festsetzungsfrist **Ausnahmen (Ablaufhemmung):** • höhere Gewalt innerhalb der letzten 6 Monate vor Fristablauf • Antrag auf Steuerfestsetzung, Aufhebung oder Änderung → Ende ist die unanfechtbare Entscheidung über den Antrag • Steuerbescheid wurde mit Einspruch oder Klage angefochten → Ende ist die unanfechtbare Entscheidung über den Einspruch oder die Klage • Beginn einer Außenprüfung → Ende ist der unanfechtbare Steuerbescheid aufgrund der Außenprüfung • Beginn eines Verfahrens durch die Steuerfahndung → Ende ist der unanfechtbare Steuerbescheid aufgrund des Verfahrens der Steuerfahndung • vorläufige Festsetzung der Steuer nach § 165 AO → Ende nicht vor Ablauf eines Jahres, nachdem die Ungewissheit beseitigt ist und die Finanzbehörde davon Kenntnis erhalten hat • Festsetzung eines Grundlagenbescheids → Ende nicht vor Ablauf von zwei Jahren nach Bekanntgabe des Grundlagenbescheids. Ist für den Erlass eines Grundlagenbescheids eine Stelle zuständig, die keine Finanzbehörde ist, endet die Festsetzungsfrist nicht vor Ablauf von zwei Jahren nach dem Zeitpunkt, in dem die

zuständige Finanzbehörde Kenntnis von der Entscheidung über den Erlass des Grundlagenbescheids erlangt hat.

- bei an die Finanzbehörde übermittelte Daten (Arbeitgeber, Rentenversicherung, Banken)
  → wenn die Daten innerhalb von 7 Jahren nach dem Besteuerungszeitraum an das Finanzamt übermittelt worden, endet die Festsetzungsfrist nicht vor Ablauf von zwei Jahren nach Zugang der Daten.

Durch die Ablaufhemmung wird die Festsetzungsfrist hinausgeschoben. Dadurch kann die Festsetzungsfrist auch im Laufe des Kalenderjahres enden.

Fristberechnung (§§ 169, 170 AO) — Fall 1

Der Steuerpflichtige Peter Tagel gibt seine ESt-Erklärung 01 am 15.03.02 ab. Am 15.04.07 erhält er den entsprechenden Steuerbescheid mit einer Nachzahlungsaufforderung über 1 700,00 €.

a) Erfolgte die Steuerfestsetzung innerhalb der Festsetzungsfrist? Füllen Sie dazu die unten stehende Tabelle aus.

b) Welche Folgerung ergibt sich aus Ihrer Antwort zu a)?

	Fall 1	Fall 2	Fall 3
Fristbeginn			
Fristdauer			
Fristende			
Folgerung			

Fristberechnung (§§ 169, 170 AO) — Fall 2

Die Systemtechnik GmbH gibt ihre Gewerbesteuererklärung 01 erst am 31.03.04 ab, da man bis dahin Fristverlängerung durch das Finanzamt gewährt bekommen hat. Am 30.06.07 erhält die GmbH einen Gewerbesteuermessbescheid, mit dem der Geschäftsführer nicht einverstanden ist, da er seiner Meinung nach einen viel zu hohen Gewinn ausweist. Außerdem sei die Festsetzung zu spät erfolgt, sodass der Bescheid gar nicht mehr erlassen werde dürfe.

Hat der Geschäftsführer mit seiner Auffassung recht? Benutzen Sie die Tabelle aus Fall 1.

Fristberechnung bei fehlender Veranlagungspflicht (§§ 169, 170 AO) — Fall 3

Der Arbeitnehmer Hubert Grah bezieht nur Einkünfte aus nichtselbständiger Arbeit. Er ist gem. § 46 EStG nicht zur Abgabe einer Einkommensteuererklärung verpflichtet. An seinem Stammtisch erzählt am 04.06.05 ein Arbeitskollege von ihm, dass er eine hohe Steuererstattung erhalten habe. Er hätte seine Fahrtkosten zur Arbeit in seiner Steuererklärung geltend gemacht. Herr Grah hat ähnlich hohe Fahrtkosten und möchte sie ebenfalls noch geltend machen.

Prüfen Sie, ob er eine Einkommensteuererklärung für das Jahr 01 noch abgeben kann, so dass seine Einkommensteuer veranlagt werden kann. Benutzen Sie die Tabelle aus Fall 1.

Fristberechnung bei Außenprüfung (§ 171 (4) AO) — Fall 4

Die Unternehmerin Sieglinde Hartel hat ihre USt.-Erklärung für 01 am 14.04.02 abgegeben. Da kein Änderungsbescheid vom Finanzamt erfolgte, hat sie die selbst berechnete Nachzahlung in Höhe von 1 400,00 € am 13.05.02 geleistet. Im Rahmen einer Außenprüfung in der Zeit vom 15.12.06 bis 20.01.07 stellt sich heraus, dass für 01 aufgrund der Umsatzsteuererklärung vom 14.04.02 zu viel Umsatzsteuer angemeldet und auch abgeführt wurde. Der aufgrund der Außenprüfung erlassene USt.-Steuerbescheid wurde am 18.02.07 bekannt gegeben.

a) War die Änderung der Umsatzsteuer 01 noch möglich (übersichtliche Berechnung)?

b) Wie nennt man das Hinausschieben der Festsetzungsfrist?

Fall 5 **Anträge innerhalb der Festsetzungsfrist (§ 171 (3) AO)**

Das Ehepaar Hannelore und Heinrich Barth gibt seine ESt-Erklärung 01 am 15.05.02 ab. Sie erhalten am 02.11.02 ihren ESt-Bescheid unter Vorbehalt der Nachprüfung. Eine Woche später stellt das Ehepaar einen Antrag auf zusätzliche Berücksichtigung von Werbungskosten. Das zuständige Finanzamt lehnt erst im Januar 07 den Antrag der Steuerpflichtigen mit der Begründung ab, die Festsetzungsfrist sei bereits zum 31.12.06 abgelaufen. Zu Recht?

Fall 6 **Festsetzungsverjährung bei Grundlagenbescheid (§ 171 (10) AO)**

Das Finanzamt Wuppertal-Elberfeld hat am 04.05.02 den gesonderten und einheitlichen Feststellungsbescheid über die Einkünfte der Gesellschafter der Jung OHG bekannt gegeben. Der Bescheid wurde nach § 165 AO vorläufig erlassen, da beim BFH ein Verfahren über die Zulässigkeit des Abzugs einer bestimmten Betriebsausgabe anhängig war. Das Wohnsitzfinanzamt Düsseldorf-Altstadt des Gesellschafters Jung erließ auf Grundlage dieses Bescheids am 30.11.03 (Abgabe der Steuererklärung 10.04.03) den Einkommensteuerbescheid 02 für Herrn Jung. Aus Versehen unterlässt das Finanzamt den Vermerk der Vorläufigkeit nach § 165 AO. Am 12.03.08 erlässt der BFH ein Urteil, in dem der Abzug der Betriebsausgabe versagt wird. Daraufhin ändert das Finanzamt Wuppertal-Elberfeld den Feststellungsbescheid mit Datum vom 13.04.08 ab.

Ist eine Änderung des Einkommensteuerbescheides 02 in 08 durch das Finanzamt Düsseldorf-Altstadt möglich?

Fall 7 **Festsetzungsfrist bei an das Finanzamt übermittelte Daten (§ 171 (10a) AO)**

a) Die Arbeitgeberin Iris Volz hat die Lohnsteuerdaten ihrer Angestellten Barbara Wagner für das Jahr 01 in 02 fristgerecht an das Finanzamt übermittelt. Frau Wagner hatte daraufhin im Jahr 02 ihre Einkommensteuererklärung 01 abgegeben und das Finanzamt hat unter Verwendung der von Frau Volz übermittelten Daten den Einkommensteuerbescheid 01 am 15.07.02 erlassen. Im Jahr 05 bemerkt sie, dass in der Übermittlung der Lohnsteuerdaten für das Jahr 01 ein Fehler unterlaufen ist und zeigt ihn dem Finanzamt an. Das Finanzamt korrigiert daraufhin den Einkommensteuerbescheid 01 von Frau Wagner am 23.04.06. Frau Wagner ist über die späte Korrektur überrascht und bittet Sie zu prüfen, ob diese späte Korrektur zulässig ist.

b) Wie wäre die Sachlage, falls Frau Volz den Fehler erst im Jahr 12 bemerkt, als sie die Unterlagen und Daten für das Jahr 01 im Jahr 12 fristgerecht vernichten will?

Fall 8 **Festsetzungsfrist bei Steuerhinterziehung (§ 169 AO)**

Das Finanzamt Mannheim-Stadt hat für den Steuerpflichtigen Scholten durch Bescheid vom 12.09.02 eine Steuernachzahlung für die Einkommensteuer 01 in Höhe von 10000,00 € festgesetzt. Er hatte seine Erklärung im Mai 02 eingereicht. Die Steuerfahndung deckt im Jahr 07 Steuerhinterziehungen des Steuerpflichtigen Scholten auf. Das Finanzamt erlässt daraufhin einen geänderten Steuerbescheid mit einer Nachzahlung von 15000,00 €. Scholten ist der Meinung, dass dies nun nicht mehr möglich sei, da die Festsetzungsfrist abgelaufen sei. Zu Recht?

2.3.5 Berichtigung von Steuerbescheiden

Nach Ablauf der Einspruchsfrist von einem Monat ist ein Steuerbescheid grundsätzlich nicht mehr änderbar. Man nennt ihn dann bestandskräftig. Für einige Umstände sieht die AO aber Regelungen vor, die zu einer Berichtigung des Steuerbescheides auch nach der Bestandskraft führen können.

2.3.5.1 Berichtigung wegen offenbarer Unrichtigkeit

Offenbare Schreib- und Rechenfehler und andere mechanische Versehen und Flüchtigkeitsfehler der **Finanzbehörde** (nicht des Steuerpflichtigen) können jederzeit berichtigt werden.

Übernimmt das Finanzamt einen offenbaren Fehler des Steuerpflichtigen, macht es ihn damit zu seinem eigenen Fehler und eine Berichtigung ist möglich.

Im Rahmen einer Änderung nach § 129 AO können materielle Fehler (Rechtsfehler) berichtigt werden (BFH-Urteil vom 08.03.1989, siehe auch § 177 AO). Die Fehler sind zu saldieren und dürfen die beantragte Änderung nicht übersteigen.

Die Berichtigung ist nur bis zur Festsetzungs- bzw. Zahlungsverjährung möglich.

Es besteht ein Berichtigungszwang des Finanzamtes bei berechtigtem Interesse des Steuerpflichtigen.

Die Festsetzungsfrist eines wegen offenbarer Unrichtigkeit geänderten Steuerbescheides beträgt ein Jahr nach Bekanntgabe dieses (berichtigten) Bescheids (§ 171 (2) AO).

Änderung wegen offenbarer Unrichtigkeit (§ 129 AO)

Fall 1

Anja Busching, Kinderärztin, erhält am 14.07.02 den Einkommensteuerbescheid für 01. In dem Bescheid wurden Einkünfte aus Vermietung und Verpachtung in Höhe von 5 288,00 € angesetzt, obwohl sie in der Erklärung 2 588,00 € angegeben hatte. Diesen Zahlendreher bemerkt sie erst am 20.09.02 nach Ablauf der Einspruchsfrist.

Ist eine Änderung des Bescheides trotzdem noch möglich?

Änderung wegen offenbarer Unrichtigkeit (§ 129 AO)

Fall 2

In seiner ESt-Erklärung hat Richard Sieber einen Verlust aus Vermietung und Verpachtung in Höhe von 1 000,00 € ohne Minuszeichen in das Formular eingetragen. Der Finanzbeamte hat die Zahlen nur übernommen und einen entsprechenden Steuerbescheid mit einem Gewinn aus Vermietung und Verpachtung erstellt. Daraus ergibt sich eine Minderung der festzusetzenden Einkommensteuer von 3 200,00 € auf 2 700,00 €. Herr Sieber fällt der Fehler erst nach Ablauf der Einspruchsfrist auf.

Ist eine Änderung des Bescheids noch möglich?

Mitberichtigung anderer materieller Fehler (§§ 129, 177 AO)

Fall 3

Nachdem Herr Sieber (siehe Fall 2) den Antrag auf Änderung gem. § 129 AO gestellt hat, fällt dem Sachbearbeiter bei der Bearbeitung dieses Antrags auf, dass er Sonderausgaben in Höhe von 500,00 € zu Unrecht anerkannt hat. Dadurch ergibt sich eine Erhöhung der festzusetzenden Einkommensteuer von 2 700,00 € auf 2 800,00 €.

a) Kann der Sachbearbeiter die Sonderausgaben noch berichtigen?

b) Wie würde Ihre Antwort lauten, falls die Sonderausgaben in Höhe von 3 000,00 € zu Unrecht anerkannt worden wären?

Festsetzungsfrist bei offenbarer Unrichtigkeit (§ 171 (2) AO)

Fall 4

Wilma Simon hat ihre ESt-Erklärung 01 am 25.02.02 abgegeben. Das Finanzamt hatte den ESt-Bescheid 01 am 01.03.03 erlassen. Am 01.07.06 (Tag der Bekanntgabe) berichtigt das Finanzamt den ESt-Bescheid 01 wegen einer offensichtlichen Unrichtigkeit nach § 129 AO.

Wann endet die Festsetzungsfrist für diesen Steuerbescheid?

2.3.5.2 Schlichte Änderung nach § 172 AO

Der Steuerbescheid kann geändert oder aufgehoben werden

→ bei Verbrauchsteuern,

→ bei anderen Steuern

- bei Änderung zuungunsten des Steuerpflichtigen, wenn er zustimmt,
- bei Änderung zugunsten des Steuerpflichtigen bei einem Antrag innerhalb der Einspruchsfrist,
- bei Erlass durch eine unzuständige Behörde,
- bei arglistiger Täuschung, Drohung oder Bestechung durch den Steuerpflichtigen.

Der Antrag auf Änderung durch den Steuerpflichtigen unterliegt keiner Formvorschrift.

Die Änderung ist bis zum Ablauf der Festsetzungsfrist möglich.

Eine Mitberichtigung von anderen Fehlern ist möglich. Die Fehler sind zu saldieren und dürfen die beantragte Änderung nicht übersteigen (§ 177 AO).

Fall 1 **Änderungsantrag nach § 172 AO – Frist**

Timo Siegle erhält am 02.04.02 seinen ESt-Bescheid für das Jahr 01. In dem Steuerbescheid hat das Finanzamt die Einkünfte aus Vermietung und Verpachtung zu hoch angesetzt. Am 05.06.02 beantragt Herr Siegle durch ein Telefonat beim zuständigen Sachbearbeiter die Änderung des Bescheids gem. § 172 AO.

Prüfen Sie, ob eine Änderung möglich ist.

Fall 2 **Änderungsantrag nach § 172 AO – Formvorschriften**

Peter Kappel, Geschäftsführer der Kappel GmbH, möchte etwas gegen den KSt-Bescheid 01, der am 04.06.03 bekannt gegeben wurde, unternehmen. Er ist der Meinung, dass seine Reisekosten für die GmbH nicht ausreichend anerkannt wurden. Am 12.06.03 ruft er bei dem zuständigen Sachbearbeiter an und bringt seine Bitte vor. Der weist ihn darauf hin, dass er sein Begehren schriftlich einzureichen habe. Wegen vieler Termine kommt Herr Kappel erst am 10.07.03 dazu, das Schreiben aufzusetzen. Nun lehnt das Finanzamt die Änderung ab, da die Einspruchsfrist abgelaufen sei. Zu Recht?

Fall 3 **Änderungsantrag nach § 172 AO – Änderung zuungunsten des Steuerpflichtigen**

Dr. Sommer hat seinen ESt-Bescheid 01 am 15.10.02 erhalten. In seiner Erklärung hatte er für den Betriebs-Pkw zulässigerweise für die Berechnung der AfA eine Nutzungsdauer angesetzt, die unter den amtlichen AfA-Tabellen liegt. Am 20.12.02 bittet er in einem Schreiben an das Finanzamt seinen Gewinn für das Jahr 02 um 1 500,00 € zu erhöhen, da er doch lieber die Nutzungsdauer der amtlichen AfA-Tabellen ansetzen möchte.

Wird das Finanzamt dem Antrag zustimmen?

Fall 4 **Mitberichtigung anderer materieller Fehler (§ 177 AO)**

Anne Köhling bittet mit einem Antrag auf schlichte Änderung nach § 172 AO um die Gewährung von Sonderausgaben in Höhe von 1 900,00 € im Rahmen ihres ESt-Bescheides 01. Der Sachbearbeiter stellt fest, dass Frau Köhling recht hat. Dadurch vermindert sich ihre bisher festgesetzte Einkommensteuer von 4 500,00 € auf 4 200,00 €. Bei der Überprüfung stellt er auch fest, dass ihre Rente zu gering angesetzt wurde, sodass die Einkünfte um 2 320,00 € erhöht werden. Dadurch erhöht sich die festgesetzte Einkommensteuer von 4 200,00 € auf 4 700,00 €. Als Frau Köhling ihren geänderten ESt-Bescheid erhält, ist sie über die erhöhte Steuerschuld verwundert. Zu Recht?

2.3.5.3 Berichtigung wegen neuer Tatsachen nach § 173 AO

Steuerbescheide sind aufzuheben oder zu ändern

→ bei nachträglichem Bekanntwerden von neuen Tatsachen, die zu einer höheren Steuer führen,

→ bei nachträglichem Bekanntwerden von neuen Tatsachen, die zu einer niedrigeren Steuer führen und den Steuerpflichtigen kein grobes Verschulden daran trifft.

- Unter Tatsachen versteht man objektive Lebenssachverhalte (Zustände, Vorgänge, Beziehungen, Eigenschaften).
- Rechtsnormen und Schlussfolgerungen aller Art sind keine Tatsachen.
- Nachträgliches Bekanntwerden liegt vor, wenn die Tatsachen dem zuständigen Bediensteten bekannt werden.

Die Änderung ist bis zum Ablauf der Festsetzungsfrist möglich.

Eine Mitberichtigung von anderen Fehlern ist möglich. Die Fehler sind zu saldieren und dürfen die beantragte Änderung nicht übersteigen (§ 177 AO).

Fall 1 **Berichtigung nach § 173 AO**

Nicole Raster erhält vom Finanzamt am 01.04.07 einen nach § 173 AO geänderten Einkommensteuerbescheid für das Jahr 02, da eine Steuerfahndung bei ihrer Bank ergeben hat, dass sie Einnahmen aus Wertpapieren für das Jahr 02 nicht erklärt hatte. Sie hält das Ganze für einen Aprilscherz.

Kann das Finanzamt den Steuerbescheid nach § 173 AO ändern?

Fall 2 **Berichtigung nach § 173 AO bei Außenprüfung**

Aufgrund einer Außenprüfung hat das Finanzamt die KSt-Bescheide für die Jahre 01–03 der Rausch GmbH nach § 173 AO geändert. Einige Jahre später prüft derselbe Beamte die Jahre 04–06 und stellt für die Jahre 01–03 wiederum einen Fehler fest, der bei der ersten Prüfung übersehen wurde.

Ist eine Änderung nach § 173 AO möglich?

Berichtigung nach § 173 AO – Fehler bei Rechtsauslegung

Fall 3

Das Finanzamt hatte in dem ESt-Bescheid 01 des Steuerpflichtigen Martin den Abzug von Werbungskosten im Rahmen der Einkünfte aus Vermietung und Verpachtung zugelassen. Zum Zeitpunkt des Erlasses war ein Verfahren beim BFH bezüglich dieser Werbungskosten anhängig. Das Finanzamt unterließ aber aus Versehen die Vorläufigkeitserklärung des Bescheides nach § 165 AO. In 05 erlässt der BFH das Urteil zu dem anhängigen Verfahren, in dem der Werbungskostenabzug für unzulässig erklärt wird. Das Finanzamt möchte nun den Bescheid von Herrn Martin ändern, da nun eine neue Tatsache bezüglich des Werbungskostenabzugs vorläge.

Ist dies möglich?

Berichtigung nach § 173 AO – Verschulden des nachträglichen Bekanntwerdens

Fall 4

Drei Monate nach Erhalt des ESt-Bescheides 01 findet Anna Koller noch eine Arztrechnung aus 01, die sie als außergewöhnliche Belastung geltend machen will. Sie beantragt diese Kosten noch zu berücksichtigen.

Ist eine Änderung nach § 173 AO möglich?

Berichtigung nach § 173 AO – Festsetzungsfrist

Fall 5

Die Eheleute Kaufmann vermieten seit 12 Jahren ihre Dachwohnung an Studenten. Die Einnahmen geben sie wissentlich beim Finanzamt nicht an, somit wurden die ESt-Bescheide für 01–12 ohne Einkünfte aus Vermietung und Verpachtung festgesetzt. Nach einem Streit mit einem Nachbarn ruft dieser anonym beim Finanzamt an und berichtet von der Vermietung.

a) Ist hier eine Änderung nach § 173 AO möglich?

b) Für welche Jahre kann das Finanzamt die Steuerbescheide ändern?

Berichtigung nach § 173 AO – Verschulden des Vertreters

Fall 6

Der Steuerpflichtige Günter Steiner lässt seine ESt-Erklärung durch einen Steuerberater erstellen. Alle notwendigen Unterlagen hat er dem Berater übergeben, insbesondere seinen Schwerbehindertenausweis, aufgrund dessen er den Behindertenpauschbetrag nach § 33b EStG erhält. Seit der letzten Veranlagung wurde sein Grad der Behinderung von 70 % auf 100 % erhöht. Aufgrund einer Unachtsamkeit versäumt es der Steuerberater, diese Erhöhung geltend zu machen. Nachdem die Einspruchsfrist abgelaufen ist, bemerkt Herr Steiner dies und beauftragt seinen Steuerberater, den Steuerbescheid ändern zu lassen.

Ist eine Änderung nach § 173 AO möglich?

Berichtigung nach § 173 AO – steuerrechtliche Unkenntnis

Fall 7

Nachdem der ESt-Bescheid 01 bestandskräftig geworden ist, erfährt Lilly Brenner durch eine Bekannte, dass sie die Unterhaltszahlungen an ihre Mutter als außergewöhnliche Belastung absetzen könnte. Sie beantragt die Änderung des Bescheides, da sie wegen des komplizierten Steuerrechts nichts von der Abzugsfähigkeit gewusst hätte.

Ist eine Änderung nach § 173 AO möglich?

2.3.5.4 Berichtigung von Schreib- oder Rechenfehler bei der Erstellung einer Steuererklärung § 173a AO

Unterlaufen dem Steuerpflichtigen bei der Erstellung seiner Steuererklärung Schreib- oder Rechenfehler und werden dadurch dem Finanzamt Tatsachen unzutreffend mitgeteilt, ist der Steuerbescheid aufzuheben und zu ändern.

Fall

Petra Huber ist Rechtsanwältin und erledigt ihre Steuererklärung über ElsterOnline. Ihre Einkommensteuererklärung 01 gibt sie digital am 16.04.02 über die Onlineplattform ab, ohne die Belege einreichen zu müssen, und erhält eine entsprechende Bestätigung. Darin hatte sie Einnahmen aus der Lehrtätigkeit an einer Volkshochschule in Höhe von 2 300,00 € angegeben. Das Finanzamt hatte aufgrund ihrer Angaben den Einkommensteuerbescheid für 01 am 19.07.02. erlassen. Im Rahmen einer Außenprüfung im Jahr 04 fällt dem Betriebsprüfer die Honorarmitteilung der Volkshochschule über ein Honorar von 3200,00 € in die Hand und leitet eine Kopie an den zuständigen Sachbearbeiter des Finanzamtes von Frau Huber weiter.

Ihm fällt die abweichende Erklärung auf und geht von einem Schreibfehler (Zahlendreher) von Frau Huber aus. Kann er den Einkommensteuerbescheid 01 im Jahr 04 noch ändern?

2.3.5.5 Berichtigung wegen geänderten Grundlagenbescheids nach § 175 AO

Ein Steuerbescheid ist zu erlassen, aufzuheben oder zu ändern, soweit ein Grundlagenbescheid, dem Bindungswirkung für diesen Bescheid zukommt, erlassen, aufgehoben oder geändert wird.

Die Änderung ist bis zur Festsetzungsfrist des Folgebescheids möglich, die nicht vor Ablauf von zwei Jahren nach Bekanntgabe des Grundlagenbescheids endet (§ 171 (10) AO).

Fall **Geänderter Grundlagenbescheid (§ 175 AO)**

Stefan Sauber ist zu 50 % an der Sauber & Schön KG beteiligt. Das Finanzamt setzt die Einkommensteuer 01 von Sauber mit Bescheid vom 02.05.03 auf 20 000,00 € fest. Sauber hatte die Steuererklärung am 01.03.03 eingereicht. Den Gewinnanteil aus der Beteiligung berücksichtigte das Finanzamt dabei mit dem Vorjahreswert von 15 000,00 €. Mit Bescheid vom 01.07.06 (= Tag der Bekanntgabe) stellt das für die KG zuständige Betriebsfinanzamt den Gewinn der KG auf 40 000,00 € und den Gewinnanteil für Sauber auf 20 000,00 € fest.

a) Wie wird sich das Wohnsitzfinanzamt von Sauber verhalten?

b) Wann endet die Festsetzungsfrist für den ESt-Bescheid 01 von Sauber?

2.3.5.6 Berichtigungen bei an die Finanzbehörde von Dritten übermittelten Daten § 175b AO

Nach § 93c AO werden am Besteuerungsverfahren beteiligte Dritte (z. B. Arbeitgeber, Rentenversicherungsträger, Leistungsträger von Lohnersatzleistungen, Krankenversicherungen oder Banken) zur Übermittlung von Daten an das Finanzamt verpflichtet. Wurden die Daten nicht oder nicht richtig übermittelt, ist der Steuerbescheid zu ändern oder aufzuheben. Die Korrektur darf nur punktuell erfolgen, andere Fehler des Steuerbescheids dürfen grundsätzlich nicht mitberichtigt werden, es sei denn, es ist eine weitere eigenständige Korrekturvorschrift anwendbar. Dies kann nur im Rahmen der Festsetzungsfrist des § 171 (10a) AO (siehe Kapitel 2.3.4) erfolgen.

Fall 1 **Berichtigung von Dritten übermittelte Daten (§ 175b AO)**

Die Deutsche Rentenversicherung hat dem Finanzamt Daten über die Rentenbezüge des Rentners Paul Welz für das Jahr 01 übermittelt. Daraufhin hat das Finanzamt den Einkommensteuerbescheid 01 von Herrn Welz am 25.08.02 erlassen. Am 01.02.03 bemerkt der Sachbearbeiter der Rentenversicherung einen Fehler in der Übermittlung, wodurch die Rentenhöhe dem Finanzamt als zu niedrig mitgeteilt wurde. Der Sachbearbeiter übermittelt dem Finanzamt die korrigierten Daten, woraufhin dies den Einkommensteuerbescheid 01 von Herrn Welz am 15.06.03 ändert und eine Einkommensteuernachzahlung fordert. Herr Welz bittet Sie, die Rechtmäßigkeit der Änderung zu prüfen, da er für den Fehler der Rentenversicherung nicht verantwortlich sei.

Fall 2 **Wiederholungsfälle**

a) Reiner Braun ist selbstständiger Architekt. In seiner ESt-Erklärung 01 (Abgabe in 02) gibt er einen Gewinn in Höhe von 62 870,00 € an. In einer übersichtlichen Aufstellung hatte er die Betriebseinnahmen mit 75 890,00 € und die Betriebsausgaben mit 23 020,00 € angegeben. Das Finanzamt veranlagt ihn mit Bescheid vom 15.12.02 mit einem Gewinn von 62 870,00 € zur Einkommensteuer 01. Am 31.01.03 fällt Braun zufällig auf, dass der Gewinn um 10 000,00 € zu hoch ausgewiesen wurde.

   Ist eine Änderung des Bescheids noch möglich?

b) Manuela Großmann hat am 15.01.03 ihre ESt-Erklärung 01 eingereicht. Am 20.03.03 erhielt sie den ESt-Bescheid 01. Der ESt-Bescheid ist gem. § 164 AO unter dem Vorbehalt der Nachprüfung ergangen. Am 15.05.03 stellt sie fest, dass sie vergessen hatte, Rentenversicherungsbeiträge in Höhe von 4 800,00 € als Sonderausgaben geltend zu machen.

(1) Können die Rentenversicherungsbeiträge noch berücksichtigt werden?

(2) Wann endet spätestens der Vorbehalt der Nachprüfung?

c) Peter Schell, wohnhaft in Köln, erhielt am 23.03.07 einen geänderten ESt-Bescheid 01 mit einer Nachzahlung von 1 500,00 €. Die ESt-Erklärung hatte Schell aufgrund von mehreren Fristverlängerungen erst am 15.03.03 eingereicht. Das Finanzamt Köln-Altstadt hatte den Bescheid geändert, da die Werbungskosten auf der Anlage V zutreffend mit 10 900,00 € ermittelt wurden, auf der Vorderseite aber 20 900,00 € eingetragen waren. Das Finanzamt hatte den Verlust aus Vermietung und Verpachtung aufgrund der Berechnung auf der Vorderseite der Anlage V angesetzt.

(1) Durfte das Finanzamt den Steuerbescheid noch ändern?

(2) Am 25.09.07 erhielt Herr Schell vom Finanzamt Düsseldorf-Süd einen geänderten Feststellungsbescheid 01 über Einkünfte aus Vermietung und Verpachtung eines Hauses in Düsseldorf, von dem er Miteigentümer ist. Der Verlust wurde wegen zu Unrecht aberkannten Werbungskosten um 2 500,00 € erhöht. Ist zu diesem Zeitpunkt eine Änderung des ESt-Bescheides für 01 noch möglich, um den erhöhten Verlust aus Vermietung und Verpachtung zu berücksichtigen?

d) Margarethe Krüger ist Gastwirtin. Mit der Abgabe der Steuererklärungen nimmt sie es nicht so genau. Für das Jahr 02 hat sie lediglich die ESt- und die GewSt-Erklärung (Abgabe am 12.06.04) abgegeben, die USt.-Erklärung hat sie „vergessen". Am 15.09.04 erhält sie folgende Bescheide, die am 14.09.04 zur Post aufgegeben wurden:

- ESt-Bescheid 02 mit einer Nachzahlung von 500,00 €. Der Bescheid ist bezüglich der Anerkennung von Vorsorgeaufwendungen als Sonderausgaben i. S. d. § 10 EStG gem. § 165 AO vorläufig.
- GewSt-Messbescheid 02, der wie erklärt erlassen wurde
- USt.-Bescheid 02, dessen Besteuerungsgrundlagen nach § 162 AO geschätzt wurden und der unter dem Vorbehalt der Nachprüfung gem. § 164 AO erlassen wurde. Er weist eine Nachzahlung von 2 300,00 € aus.

Frau Krüger hatte die ganze Angelegenheit dann am 20.11.04 doch einem Steuerberater übergeben. Der hatte die USt.-Erklärung für 02 angefertigt und eine Erstattung von 1 200,00 € berechnet. Außerdem ist ihm aufgefallen, dass in der ESt- und GewSt-Erklärung die Angabe von Betriebsausgaben vergessen wurde. Zur Begründung, wieso dies geschehen sei, sagt Frau Krüger, dass sie so viel Arbeit hatte, dass sie alles ganz schnell zusammenstellen musste und in der Eile die Belege vergessen hatte.

(1) Wann hätte Frau Krüger ihre Steuererklärungen abgeben müssen?

(2) Wann gelten die Steuerbescheide als bekannt gegeben?

(3) Kann gegen die Bescheide noch Einspruch eingelegt werden?

(4) Besteht eine andere Änderungsmöglichkeit für die Steuerbescheide?

2.4 Das Erhebungsverfahren

In den Vorschriften zum Erhebungsverfahren ist geregelt, wann der Steueranspruch entsteht, wann er fällig wird und welche Möglichkeiten zur Begleichung der Steuerschuld vorgesehen sind. Die Vorschriften finden sich neben der AO in den Einzelsteuergesetzen.

2.4.1 Entstehung und Fälligkeit der Steuern

Steuer	Entstehung (Wann ist der Steueranspruch rechtswirksam?)	Fälligkeit (Wann muss die Steuer bezahlt werden?)
Einkommensteuer(-abschlusszahlung)	mit Ablauf des Veranlagungszeitraums (§ 36 EStG)	einen Monat nach Bekanntgabe des Steuerbescheids (§ 36 EStG)
Einkommensteuervorauszahlung	mit Beginn des Kalendervierteljahrs (§ 37 EStG)	10. März, 10. Juni, 10. September, 10. Dezember (§ 37 EStG)
Lohnsteuer	mit Zufluss des Arbeitslohns (§ 38 EStG)	zehn Tage nach Ablauf des Voranmeldungszeitraums (§ 41a EStG)
Gewerbesteuer(-abschlusszahlung)	mit Ablauf des Erhebungszeitraums (§ 18 GewStG)	einen Monat nach Bekanntgabe des Steuerbescheids (§ 20 GewStG)
Gewerbesteuervorauszahlung	mit Beginn des Kalendervierteljahres (§ 21 GewStG)	15. Februar, 15. Mai, 15. August, 15. November (§ 19 GewStG)
Körperschaftsteuer (-abschlusszahlung)	mit Ablauf des Veranlagungszeitraums (§ 30 KStG)	einen Monat nach Bekanntgabe des Steuerbescheids (§ 31 KStG i. V. m. § 36 EStG)
Körperschaftsteuervorauszahlungen	mit Beginn des Kalendervierteljahres (§ 30 KStG)	10. März, 10. Juni, 10. September, 10. Dezember (§ 31 KStG i. V. m. § 37 EStG)
Umsatzsteuer(-abschlusszahlung)	• bei Lieferungen und sonstigen Leistungen mit Ablauf des Voranmeldungszeitraums, in dem die Leistung ausgeführt wurde • bei innergemeinschaftlichem Erwerb mit Ausstellung der Rechnung (Ausnahmen!)[1] (§ 13 UStG)	einen Monat nach Abgabe der Steuererklärung, bei abweichender Festsetzung einen Monat nach Bekanntgabe des Bescheids (§ 18 UStG)
Umsatzsteuervorauszahlung	• bei Lieferungen und sonstigen Leistungen mit Ablauf des Voranmeldungszeitraums, in dem die Leistung ausgeführt wurde • bei innergemeinschaftlichem Erwerb mit Ausstellung der Rechnung (Ausnahmen!)[1] (§ 13 UStG)	10 Tage nach Ablauf des Voranmeldungszeitraums (§ 18 UStG)

Fall 1 Fälligkeit von ESt-Zahlungen (§ 36 EStG)

Christine Sommer erhält ihren ESt-Bescheid 01 am 12.07.02. Der Tag der Aufgabe zur Post ist der 11.07.02. Der Bescheid weist eine Nachzahlung in Höhe von 15000,00 € aus. Gleichzeitig erhält sie einen ESt-Vorauszahlungsbescheid für das Jahr 03 über eine vierteljährliche Vorauszahlung von 3500,00 €.

a) Wann muss Frau Sommer die Nachzahlung leisten?

b) Wann muss Frau Sommer die Vorauszahlungen leisten?

[1] Siehe Kapitel 5.8.1

Fall 2

Entstehung und Fälligkeit der USt.-Vorauszahlungen (§ 18 UStG)

Der Unternehmer Biringer, Heizung – Lüftung – Sanitär, reicht seine USt.-Voranmeldung für den Zeitraum Mai 01 am 05.06.01 beim Finanzamt ein.

a) Wann ist der Steueranspruch entstanden?

b) Wodurch wird in diesem Falle der Steueranspruch festgesetzt?

c) Wann muss Biringer die USt.-Vorauszahlung leisten?

Fall 3

Entstehung und Fälligkeit der Lohnsteuer (§§ 38, 41a EStG)

Oliver Rügner ist Steuerfachangestellter bei einem Steuerberater in Wuppertal. Von seinem Bruttogehalt in Höhe von 1 900,00 € für den Monat Mai sind 288,00 € Lohnsteuer und 25,92 € Kirchensteuer seinen Arbeitgeber einbehalten worden.

a) Wann ist der Lohnsteueranspruch des Finanzamtes entstanden?

b) Wann muss die Lohnsteuer angemeldet und abgeführt werden?

c) Ergeht ein Lohnsteuerbescheid?

2.4.2 Erlöschen des Steueranspruchs

durch Zahlung **§ 224 AO**	Zahlungen gelten als entrichtet: • bei Übergabe oder Übersendung von Zahlungsmitteln am Tag des Eingangs, bei Schecks erst drei Tage nach Eingang • bei Überweisung am Tag der Gutschrift • bei Einzugsermächtigung am Fälligkeitstag
§ 225 AO	Trifft der Steuerpflichtige bei Zahlung keine Bestimmung, wofür die Zahlung bestimmt ist, so wird die Zahlung in der folgenden Reihenfolge verwendet: • Geldbußen • Zwangsgelder • Steuern • Kosten • Verspätungszuschläge • Zinsen • Säumniszuschläge Innerhalb der Reihenfolge wird nach Fälligkeit geordnet.
durch Aufrechnung **§ 226 AO**	Forderungen gegenüber dem Finanzamt und Schulden an das Finanzamt können unter bestimmten Voraussetzungen aufgerechnet werden. Für die Aufrechnung gelten die Bestimmungen des bürgerlichen Rechts (§§ 387 ff. BGB): • gleichartige Forderungen • gegenseitige Forderungen • erfüllbare (= fällige) Forderungen
durch Erlass **§ 227 AO**	Zahlungsansprüche können erlassen werden, falls die Einziehung im Einzelfall unbillig wäre. **Sachliche Billigkeitsgründe:** Einziehung ist nicht mehr zu rechtfertigen, da sie dem Sinn des Gesetzes zuwiderläuft. **Persönliche Billigkeitsgründe:** Erhebung der Abgabe führt zu einer nicht mehr zu beseitigenden wirtschaftlichen Notlage oder gefährdet die Existenz. Die mangelnde Leistungsfähigkeit darf der Schuldner selbst nicht zu vertreten haben.

durch Stundung **§ 222 AO**	Steueransprüche können gestundet werden, wenn die Einziehung eine erhebliche Härte bedeuten würde und der Anspruch nicht gefährdet scheint. Der Steuerpflichtige darf die Leistungsunfähigkeit nicht selbst zu vertreten haben. Für die Dauer der Stundung werden 0,15 % Zinsen für jeden vollen Monat erhoben (§§ 234, 238 AO).[1]
durch Zahlungsverjährung **§§ 228 ff. AO**	Nach Ablauf der Zahlungsverjährungsfrist erlischt der Zahlungsanspruch. **Beginn der Verjährungsfrist:** Ablauf des Kalenderjahres, in dem die Steuer fällig geworden ist, jedoch nicht vor Ablauf des Jahres, in dem die Festsetzung wirksam geworden ist **Dauer:** 5 Jahre **Unterbrechung** durch schriftliche Geltendmachung, Zahlungsaufschub, Stundung, Aussetzung der Vollziehung Durch die Unterbrechung beginnt mit Ablauf des Kalenderjahres, in dem die Unterbrechung geendet hat, die Verjährungsfrist erneut.

Fall 1 Zahlung (§§ 224, 225, 240 AO)

Prüfen Sie in den folgenden Fällen, ob ordnungsgemäß, rechtzeitig und ggf. für welche Steuerart die Zahlung geleistet wurde.

a) A möchte seine Steuerschuld bar beim Finanzamt begleichen.

b) B muss laut ESt-Bescheid eine Nachzahlung in Höhe von 2 500,00 €, fällig am 03.05.02, leisten. Außerdem schuldet er noch die UStVZ für April 02, fällig am 10.05.02, in Höhe von 1 000,00 € sowie einen Säumniszuschlag in Höhe von 30,00 €, fällig am 30.04.02, und einen Verspätungszuschlag in Höhe von 20,00 €, fällig am 12.04.02. Er überweist dem Finanzamt einen Betrag von 3 000,00 € am 12.05.02, ohne Angaben über den Zweck zu machen.

c) C leistet seine USt.-Vorauszahlung für den Monat April 02
(1) am 12.05.02 per Scheck (Tag des Eingangs beim Finanzamt),
(2) am 12.05.02 per Überweisung (Tag der Gutschrift beim Finanzamt),
(3) am 15.05.02 per Überweisung (Tag der Gutschrift beim Finanzamt),
(4) am 17.05.02 durch Abbuchung per Einzugsermächtigung.

d) Prüfen Sie, wann die Zahlung per Scheck in den folgenden Fällen als entrichtet gilt:
(1) Eine Steuerschuld wird am Dienstag, den 02.01. per Scheck beglichen.
(2) Eine Steuerschuld wird am Mittwoch, den 03.01. per Scheck beglichen.

Fall 2 Aufrechnung (§ 226 AO, §§ 387 ff. BGB)

Der Handelsvertreter Andreas Erdmann erhielt vom Finanzamt den ESt-Bescheid 01, in dem eine Erstattung in Höhe von 4 000,00 € ausgewiesen wird. Darüber ist Herr Erdmann sehr erfreut, da er noch eine GewSt-Nachzahlung in Höhe von 2 000,00 €, die USt.-Vorauszahlung für den Monat Februar in Höhe von 800,00 € und die Lohnsteuer für den Monat Januar in Höhe von 1 200,00 € zu leisten hat. Er meint, dass er nun mit dem Finanzamt „quitt" sei, da die Forderungen und Schulden sich gegenseitig aufheben. Zu Recht?

Fall 3 Erlass (§ 227 AO)

Bäckermeister Pinkau musste aus gesundheitlichen Gründen seine Bäckerei aufgeben. Zum Zeitpunkt der Schließung des Geschäfts hatte er noch Schulden gegenüber dem Finanzamt:

- ESt-Nachzahlung 01 — 1 700,00 €
- USt.-Vorauszahlung Mai 02 — 500,00 €
- Lohnsteuer April 02 — 300,00 €

[1] Siehe Kapitel 2.1, Fall 7

Herr Pinkau konnte sein Geschäft wegen der gesundheitlichen Probleme schon einige Zeit nicht ausreichend führen, sodass seine finanzielle Situation momentan sehr schlecht ist. Aus der Zeit der Übernahme des Geschäfts bestehen noch Bankschulden, und ein Käufer konnte nicht gefunden werden. In einem Schreiben an das Finanzamt bittet Herr Pinkau, auf die Bezahlung der Steuern zu verzichten, da er mittellos sei.

Wird das Finanzamt diesen Antrag bewilligen?

Stundung (§§ 222, 234, 238 AO)

Fall 4

a) Die Geschäfte des Bauunternehmers Höppner gehen wegen der schwachen Konjunktur in der Baubranche schlecht. Zurzeit ist er finanziell nicht in der Lage, die ESt-Nachzahlung 01 in Höhe von 2585,00 € zu begleichen. Momentan steht er in Vertragsverhandlungen, die zu einem größeren Auftrag führen können.

(1) Hat ein Antrag auf Erlass der Steuern Aussicht auf Erfolg?

(2) Hat ein Antrag auf Stundung der Steuern Aussicht auf Erfolg?

(3) Berechnen Sie die Stundungszinsen, falls eine Stundung von 6 Monaten gewährt wurde.

b) Der Steuerpflichtige Schwan hat Einkommensteuer 02 in Höhe von 5800,00 € nachzuzahlen. Das Finanzamt gewährt ihm eine Stundung. Prüfen Sie unter den folgenden alternativen Fällen, ob Stundungszinsen anfallen, und berechnen Sie sie gegebenenfalls. Füllen Sie dazu die unten stehende Tabelle aus:

	Ende der ursprünglichen Zahlungsfrist	Beginn des Zinslaufs	Ende der Stundung	Voller Monat?	Berechnung der Zinsen
(1)	13.05.04 (Do)		13.06.04 (So)		
(2)	13.05.04 (Do)		11.06.04 (Fr)		
(3)	31.01.03 (Fr)		28.02.03 (Fr)		

c) Die nachzuzahlende Einkommensteuer in Höhe von 4215,00 € wird der Steuerpflichtigen Andrea Mendel gestundet. Sie muss in drei Monatsraten zu 1400,00 €, 1400,00 € und 1415,00 € zahlen.

Berechnen Sie die Stundungszinsen.

Zahlungsverjährung (§§ 228, 229, 231 AO)

Fall 5

Angelika Hörrig hat am 07.08.02 ihren ESt-Bescheid 01 erhalten, in dem eine Nachzahlung in Höhe von 2325,00 € ausgewiesen wurde. Sie hatte den Steuerbescheid zunächst in eine Schublade gelegt und dann völlig vergessen. Am 04.12.08 erhält sie vom Finanzamt eine Aufforderung, den ausstehenden Betrag noch zu zahlen. Sie weiß gar nicht mehr, worum es sich bei dem Betrag handelt, und ist der Meinung, sie müsse nicht zahlen, da das ja viel zu spät sei.

a) Sind die Ansprüche des Finanzamtes schon verjährt?

b) Wie lautet Ihre Antwort zu a), falls das Finanzamt am 12.06.04 eine Zahlungsaufforderung an Frau Hörrig geschickt hätte?

Wiederholungsfälle

Fall 6

a) Der Mandant Bernd Cramer ist selbstständiger Unternehmensberater.

Für das 4. Quartal 01 sind folgende Steuerzahlungen zu leisten:

- ESt-Vorauszahlung 4452,00 €
- GewSt-Vorauszahlung 384,00 €

(1) Zu welchen Zeitpunkten sind die Vorauszahlungen fällig?

(2) Cramer möchte wissen, ob er die fälligen Steuerzahlungen mit Verrechnungsscheck oder per Banküberweisung tätigen soll. Erläutern Sie dem Mandanten die sich aus der jeweiligen Zahlungsweise ergebenden Unterschiede und evtl. Konsequenzen.

b) Klaus Richter ist selbstständiger Bäcker und zurzeit in Zahlungsschwierigkeiten. Infolge einer längeren Krankheit konnte er sowohl die Einkommensteuer 01 in Höhe von 15 510,00 €, fällig am 15.09.02, und die einbehaltene Lohnsteuer für August 02 in Höhe von 8 888,50 € im September 02 nicht bezahlen. Richter bekommt keine weiteren Kredite bei seiner Bank, da sämtliche Kreditmöglichkeiten ausgeschöpft sind. Er könnte jedoch dem Finanzamt entsprechende Sicherheiten leisten.

(1) Wird das Finanzamt einem Stundungsantrag für die Einkommen- und Lohnsteuer zustimmen?

(2) In seinem Stundungsantrag hatte Richter bezüglich der Einkommensteuer folgende Teilzahlungen vorgeschlagen:

5 000,00 € am 30.11.02

5 000,00 € am 31.12.02

5 510,00 € am 31.01.03

Mit welcher Nebenleistung muss Richter rechnen? Ermitteln Sie die Höhe dieser steuerlichen Nebenleistung in Euro.

2.5 Das Rechtsbehelfsverfahren

Der Steuerpflichtige kann sich gegen Maßnahmen des Finanzamtes (vor allem Steuerbescheide, aber auch Bescheide über Verspätungszuschläge usw.) wehren. Zunächst muss er dafür ein außergerichtliches Rechtsbehelfsverfahren (sog. Einspruch) durchlaufen, bevor er dann vor Gericht versuchen kann, sein Recht zu bekommen.

Rechtsbehelfsverfahren	
1. Stufe: Das außergerichtliche Rechtsbehelfsverfahren = Einspruch	
Zulässigkeit **§ 347 AO**	Gegen Verwaltungsakte • in Abgabenangelegenheiten der AO, • im Verfahren zur Vollstreckung von Verwaltungsakten, • in anderen durch die Finanzbehörden verwalteten Angelegenheiten ist als Rechtsbehelf Einspruch einzulegen.
§ 348 AO	Der Einspruch ist nicht zulässig bei Einspruchsentscheidungen und bei Nichtentscheidung über einen Einspruch u. a.
Voraussetzungen **§ 350 AO**	• Nur derjenige kann Einspruch geltend machen, der durch einen Verwaltungsakt beschwert ist. Beschwert ist derjenige, der durch den Steuerbescheid belastet wird.
§ 355 AO	• Wahrung der Einspruchsfrist von einem Monat
§ 357 AO	• Einspruch muss schriftlich sein oder zur Niederschrift erklärt werden. Er kann auch auf elektronischem Weg ohne eine qualifizierte Signatur übermittelt werden. Das Schriftstück muss denjenigen benennen, der den Einspruch eingelegt hat, und muss bei der Behörde angebracht werden, die den Verwaltungsakt erlassen hat. Eine unrichtige Bezeichnung des Einspruchs schadet nicht. Der Einspruch **soll** den Verwaltungsakt bezeichnen, der angefochten wird, und eine Begründung angeben.
Aussetzung der Vollziehung **§ 361 AO**	Ein Einspruch verhindert die Vollziehung des angefochtenen Bescheides nicht. Die Finanzbehörde kann **auf Antrag** die Vollziehung aussetzen; sie soll sie aussetzen, falls ernstliche Zweifel an der Rechtmäßigkeit des Verwaltungsaktes bestehen.

Entscheidung über den Einspruch §§ 366, 367 AO	Die Einspruchsentscheidung ist schriftlich zu erteilen, zu begründen, mit einer Rechtsbehelfsbelehrung zu versehen und den Beteiligten bekannt zu geben. Die Finanzbehörde prüft den Fall erneut in vollem Umfang, d. h., es können auch für den Steuerpflichtigen nachteilige Tatsachen berücksichtigt werden (sog. Verböserung).
§ 362 AO	Der Steuerpflichtige kann den Einspruch bis zur Bekanntgabe der Entscheidung zurücknehmen.

Einspruchsvoraussetzungen (§§ 347, 350, 357 AO)

Fall 1

Florian Kast hat verschiedene Verwaltungsakte erhalten und möchte sich dagegen wehren. Prüfen Sie in den folgenden Fällen, ob ein Einspruch möglich ist und ob er ggf. korrekt eingelegt wurde.

a) Über einen Strafzettel wegen zu schnellen Fahrens ärgerte er sich sehr und hat bei seinem Finanzamt schriftlich Einspruch eingelegt.

b) Bei seinem ESt-Bescheid 01 sind seiner Meinung nach Werbungskosten in zu geringer Höhe berücksichtigt worden. Deshalb ruft er den zuständigen Sachbearbeiter an und verlangt Änderung seines Steuerbescheids.

c) Für eine gute Freundin, die keine Ahnung vom Steuerrecht hat, legt er in seinem Namen gegen ihren ESt-Bescheid 01 schriftlich Einspruch ein.

d) Bezüglich des Gewerbesteuermessbescheides 01 ist er der Meinung, dass Betriebsausgaben nicht anerkannt wurden. Er schreibt dem Finanzamt, dass dies nicht rechtens sein könne und er eine Änderung des Bescheides verlange, da der Gewinn zu hoch sei. Das Finanzamt lehnt die Änderung ab, da die Bezeichnung „Einspruch“ und die Begründung fehlten.

e) Gegen den endgültigen Gewerbesteuerbescheid 01 legt er beim Finanzamt Einspruch ein, da seiner Meinung nach ein viel zu hoher Hebesatz angewandt worden sei.

f) Kast ist an der Kast & Scholten OHG beteiligt. In seinem ESt-Bescheid 03 wurde sein Gewinnanteil als Einkünfte aus Gewerbebetrieb in Höhe von 35 000,00 € angesetzt. Über die Feststellung und Verteilung des Gewinns hatte er einen gesonderten Feststellungsbescheid erhalten. Kast ist der Meinung, dass der Gewinn zu hoch ausgewiesen sei, und legt gegen den ESt-Bescheid 03 Einspruch ein.

Einspruch in anderen Abgabenangelegenheiten (§ 347 AO)

Fall 2

Die Unternehmerin Susanne Koch hat einen Bescheid über Verspätungszuschläge wegen verspäteter Abgabe der USt.-Voranmeldung erhalten. Der Bescheid wurde am 10.03.02 zur Post aufgegeben. Frau Koch ist damit nicht einverstanden und möchte sich wehren.

a) Wie kann Frau Koch sich wehren?

b) Bis zu welchem Zeitpunkt kann sie dies tun?

Einspruchsfrist (§ 355 AO)

Fall 3

Astrid Wölke hat am 03.11.03 (Samstag) ihren Einkommensteuerbescheid 02 erhalten. Der Steuerbescheid wurde am 01.11.03 zur Post aufgegeben. Frau Wölke legt gegen den Steuerbescheid Einspruch ein. Ihr Schreiben geht am 05.12.03 (Montag) beim Finanzamt ein. Das Finanzamt lehnt den Einspruch als zu spät eingegangen ab.

a) Zu Recht?

b) Nehmen Sie an, der Einspruch sei rechtzeitig eingegangen. Frau Wölke erhält daraufhin einen Anruf des zuständigen Sachbearbeiters, der sie darauf hinweist, dass der Einspruch begründet sei, er aber bei erneuter Durchsicht des Falles noch Tatsachen zu ihren Ungunsten gefunden habe. Er beabsichtige den Steuerbescheid zu ändern. Dadurch ergäbe sich für sie eine Nachzahlung von 500,00 €. Was kann Frau Wölke unternehmen?

Fall 4 Aussetzung der Vollziehung (§ 361 AO)

Dr. Holger Steiner, Augenarzt, hat gegen den ESt-Bescheid 01 (bekannt gegeben am 03.10.02) fristgerecht Einspruch eingelegt. Der Bescheid hatte eine Nachzahlung in Höhe von 15 000,00 € ausgewiesen. Nach drei Monaten hatte das Finanzamt den Einspruch als sachlich unbegründet abgelehnt (Bekanntgabe der Einspruchsentscheidung 07.01.03). Mit gleichem Schreiben forderte das Finanzamt einen Säumniszuschlag in Höhe von 3 % von 15 000,00 € = 450,00 €. Herr Steiner ist empört über den Säumniszuschlag.

a) Hat das Finanzamt den Säumniszuschlag zu Recht erlassen?

b) Was hätte Herr Steiner tun müssen, um den Säumniszuschlag zu verhindern?

Fall 5 Vergleich Änderungsantrag nach § 172 AO und Einspruch

Einspruch	Änderung nach § 172 AO
schriftlich	formlos
Antrag auf Aussetzung der Vollziehung möglich	keine Aussetzung der Vollziehung möglich
Verböserung möglich	andere materielle Fehler können nur geändert werden, soweit der Antrag reicht (§ 177 AO)

Prüfen Sie in den folgenden Fällen, ob ein Antrag nach § 172 AO oder ein Einspruch sinnvoll ist.

a) Gegen einen KSt-Bescheid, der eine Nachzahlung von 100 000,00 € ausweist, soll ein Rechtsbehelf eingelegt werden.

b) Gegen einen ESt-Bescheid soll Rechtsbehelf eingelegt werden, da die Werbungskosten in Höhe von 200,00 € zu niedrig seien. Der Mandant weist aber auch darauf hin, dass das Finanzamt Sonderausgaben in Höhe von 500,00 € zu viel anerkannt hat.

c) In einem ESt-Bescheid sind angegebene und nachgewiesene Werbungskosten vergessen worden. Zweifel hinsichtlich der Richtigkeit des Werbungskostenabzugs bestehen keine.

2. Stufe: Das gerichtliche Rechtsbehelfsverfahren	
Klage beim Finanzgericht **§ 33 FGO**	Der Finanzrechtsweg ist gegeben in öffentlich-rechtlichen Streitigkeiten über Abgabenangelegenheiten, soweit sie der Gesetzgebung des Bundes unterliegen oder durch Bundes- oder Landesfinanzbehörden verwaltet werden.
Klagearten **§§ 40, 47 FGO**	→ **Anfechtungsklage:** Aufhebung oder Änderung eines Verwaltungsaktes; Frist zur Einlegung 1 Monat nach Bekanntgabe des Bescheides über den außergerichtlichen Rechtsbehelf → **Verpflichtungsklage:** Verpflichtung zum Erlass eines abgelehnten oder unterlassenen Verwaltungsaktes
§ 41 FGO	→ **Feststellungsklage:** Feststellung des Bestehens oder Nichtbestehens eines Rechtsverhältnisses
§ 46 FGO	→ **Untätigkeitsklage:** über einen außergerichtlichen Rechtsbehelf ist in angemessener Frist sachlich nicht entschieden worden
§ 45 FGO	→ **Sprungklage:** Klage ohne Vorverfahren
Voraussetzungen **§ 44 FGO**	Voraussetzung ist ein erfolgloser außergerichtlicher Rechtsbehelf.
Urteil **§ 95 FGO** **§ 110 FGO**	Die Entscheidung über die Klage erfolgt per Urteil. Das Urteil bindet die Beteiligten.

Revision beim Bundesfinanzhof (BFH) in München **§ 36 FGO** **§§ 115, 116 FGO**	Der BFH entscheidet über Revisionen gegen Urteile von Finanzgerichten. Zulässigkeit der Revision bei • grundsätzlicher Bedeutung der Sache • Verfahrensmängeln Über die Zulassung entscheidet das Finanzgericht. Gegen diese Entscheidung kann Beschwerde eingelegt werden.
§ 120 FGO	Frist zur Einlegung: ein Monat nach Zustellung des Urteils

Zulässigkeit der Klage

Fall 6*

Prüfen Sie in den folgenden Fällen, ob eine Klage vor dem Finanzgericht zulässig und ggf. welche Klageart zu wählen ist.

a) Arthur Krug hat seinen ESt-Bescheid erhalten, in dem Werbungskosten seiner Meinung nach zu Unrecht nicht anerkannt wurden. Er ist darüber derart ungehalten, dass er sofort einen Brief an das zuständige Finanzgericht schreibt und gegen das zuständige Finanzamt klagen will.

b) Die Steuerpflichtige Herta Höcker hat gegen ihren ESt-Bescheid 01 fristgerecht Einspruch eingelegt. In dem Einspruch beantragte sie die Anerkennung der Kosten für die Pflege ihrer bettlägerigen Mutter. Das Finanzamt lehnte mit der Einspruchsentscheidung vom 12.04.03 (Aufgabe zur Post 11.04.03) die Anerkennung ab. Widerwillig akzeptierte Frau Höcker die Entscheidung, da sie der Meinung war, dass man gegen die Entscheidung nichts unternehmen könne. Im Juni 03 erzählte ihr ein Bekannter, dass er schon einmal gegen eine Entscheidung des Finanzamtes geklagt und recht bekommen habe. Daraufhin schickt Frau Höcker am 30.06.03 einen Brief an das zuständige Finanzgericht und bittet um Änderung des ESt-Bescheides 01.

c) Der Unternehmer Brehm hatte um den Erlass der Einkommensteuer und Umsatzsteuer 01 beim Finanzamt gebeten, da er durch die Insolvenz des Unternehmens nicht mehr in der Lage sei, die ausstehenden Steuerschulden zu begleichen. Das Finanzamt hatte in seinem Bescheid vom 15.07.03 lediglich die ESt erlassen. Auf die Zahlung der USt. besteht das Finanzamt weiterhin. Nachdem ein Einspruch keinen Erfolg brachte, legte Brehm fristgerecht Klage beim Finanzgericht auf Erlass eines Bescheides ein, der auch die USt. erlässt.

d) Ingrid Gastauer ist selbstständige Unternehmensberaterin. Das Finanzamt hat ihre Einkünfte als Einkünfte aus Gewerbebetrieb qualifiziert. Sie hatte gegen den entsprechenden Bescheid Einspruch eingelegt, da sie ihre Einkünfte als Einkünfte aus selbstständiger Arbeit anerkannt haben möchte. Das Finanzamt lehnte den Einspruch ab und beharrte auf seiner Einordnung als Einkünfte aus Gewerbebetrieb. Gegen diese Entscheidung legte sie fristgerecht Klage beim Finanzgericht ein.

e) Nach 2 Jahren hatte das Finanzamt die Gewerbesteuererklärung des Steuerpflichtigen Rudolf Maiss noch nicht bearbeitet. Da er nun endlich einen entsprechenden Steuerbescheid haben möchte, legt er beim Finanzgericht Klage ein, damit das Finanzamt nun zur Bearbeitung des Falls verpflichtet wird.

f) Ursula Siebel hat von der Stadt Hamburg ihren Gewerbesteuerbescheid 02 erhalten. Sie ist allerdings der Meinung, dass ein falscher Gewerbesteuerhebesatz angewandt worden sei. Ein entsprechender Widerspruch bei der Stadt war erfolglos. Nun legt sie Klage beim Finanzgericht ein.

Wiederholungsfälle

Fall 7

a) Irene Kleber erhält am Freitag, den 07.03.03 den ESt-Bescheid 01. Der Bescheid ist am 18.01.03 zur Post aufgegeben worden. Sie hat den Steuerbescheid erst so spät erhalten, da sie bei einem Verkehrsunfall verletzt wurde und vom 20.01. bis 07.03.03 im Krankenhaus stationär behandelt worden war. Frau Kleber moniert, dass das Finanzamt Gebäudeaufwendungen nicht als Werbungskosten bei den Einkünften aus Vermietung und Verpachtung anerkannt hatte.

(1) Kann Frau Kleber noch gegen diesen Bescheid Einspruch einlegen (Fristberechnung)?

(2) Welchen Antrag sollten Sie ggf. gleichzeitig mit dem Einspruch stellen, um den Mandanten vor Säumniszuschlägen zu bewahren?

b) Am Montag, den 31.08.08 (Datum des Steuerbescheides), gibt das Finanzamt Mannheim-Stadt den endgültigen ESt-Bescheid 06 des Mandanten Günter Paulsen zur Post. In dem Bescheid ist die ESt-Schuld 06 mit 26 160,00 € festgesetzt. Am 05.10.08 ruft Günter Paulsen bei der Veranlagungsstelle des Finanzamtes an und beantragt eine Änderung des ESt-Bescheides 06, da das Finanzamt Werbungskosten bei den Einkünften aus Vermietung und Verpachtung wegen fehlender Originalbelege (Handwerkerrechnungen) nicht anerkannt hat. Am 15.10.08 bestätigt er seinen Antrag auch schriftlich und reicht beglaubigte Kopien der fehlenden Belege, die er sich inzwischen von den Handwerkern besorgt hat, nach.

(1) Ermitteln Sie in einer übersichtlichen Fristenberechnung Beginn und Ende der Einspruchsfrist.

(2) Prüfen Sie, ob eine Änderung des Bescheides noch möglich ist.

Lösungshinweis: 27.09.08 = Sonntag, 04.10.08 = Sonntag, 11.10.08 = Sonntag

c) Der Unternehmer Daniel Tess erhält am 26.02.08 den endgültigen ESt-Bescheid für 04. Das Datum des Poststempels ist der 25.02.08.

Das Finanzamt hat die Einkommensteuer 04 aufgrund einer Schätzung gem. § 162 AO auf 22 780,00 € (einschließlich Nachforderungszinsen) festgesetzt, da Tess trotz Mahnung und Zwangsgeld die ESt-Erklärung 04 nicht eingereicht hat. Die Zahlung hat innerhalb eines Monats zu erfolgen.

Am 31.03.08 wirft Tess die ESt-Erklärung 04 in den Hausbriefkasten des Finanzamtes und legt gleichzeitig Einspruch gegen den ESt-Bescheid 04 vom 25.02.08 ein.

(1) Beurteilen Sie, ob der Einspruch fristgerecht eingelegt wurde.

(2) Wann endet die Festsetzungsverjährung (Fristberechnung)?

(3) Wann endet die Zahlungsverjährung (Fristberechnung)?

Lösungshinweis: 28.02.08 = Sonntag, 01.03.08 = Montag, 28.03.08 = Samstag

d) Hugo Bauer, wohnhaft in Dortmund, ist Komplementär der Bauer Baustoffe KG in Dortmund. Er erhielt am 15.11.06 den (gem. § 164 AO) unter Vorbehalt der Nachprüfung ergangenen Gewinnfeststellungsbescheid 05, datiert auf den 14.11.06. In diesem Bescheid wird sein Gewinnanteil für 05 an der Bauer Baustoffe KG auf 200 000,00 € festgesetzt.

Am 20.12.06 entdeckt Herr Bauer noch eine Handwerkerrechnung für die Bauer KG in Höhe von 2 700,00 €. Die Rechnung hatte in seinen privaten Unterlagen gelegen, da der Handwerker auch in seinem Privathaus Reparaturen durchgeführt und diese in derselben Rechnung aufgeführt hat. Bei den 2 700,00 € handelt es sich aber unzweifelhaft um Betriebsausgaben der KG.

(1) Prüfen und begründen Sie, ob ein Einspruch gegen den Gewinnfeststellungsbescheid 05 noch zulässig ist.

(2) Prüfen und begründen Sie, ob eine anderweitige Berücksichtigung der Reparaturkosten bei der Gewinnfeststellung 05 möglich ist.

2.6 Die Außenprüfung*

Da bei der Festsetzung der Steuern das Finanzamt sich aus Zeitgründen vorwiegend auf die Angaben des Steuerpflichtigen verlassen muss, wird dem Finanzamt in der AO die Möglichkeit eingeräumt, die Angaben des Steuerpflichtigen im Rahmen einer Außenprüfung nachzuprüfen. Dazu werden die Unterlagen von i. d. R. mehreren Jahren durch einen speziell geschulten Außenprüfer zumeist beim Steuerpflichtigen selbst geprüft.

Zulässiger Personenkreis **§ 193 AO**	Uneingeschränkte Zulässigkeit bei Gewerbetreibenden, Land- und Forstwirten und Freiberuflern. Zulässigkeit bei anderen Steuerpflichtigen nur, • wenn sie für Dritte Steuern einbehalten und abführen müssen, • wenn steuerliche Verhältnisse aufgeklärt werden müssen und eine Prüfung an Amtsstelle nicht zweckmäßig ist.
Umfang **§ 194 AO**	Ermittlung der steuerlichen Verhältnisse eines Steuerpflichtigen – auch für mehrere Steuerarten und Besteuerungszeiträume
§ 203 AO	Bei Steuerpflichtigen, die nicht regelmäßig geprüft werden, kann eine abgekürzte Außenprüfung durchgeführt werden, die nur die wesentlichen Besteuerungsgrundlagen beinhaltet.
§ 147 (6) AO	Werden durch den Steuerpflichtigen Datenverarbeitungssysteme genutzt, hat die Finanzbehörde das Recht, die gespeicherten Daten für die Prüfung zu nutzen (sog. digitale Außenprüfung).
Zuständigkeit **§ 195 AO**	Zuständig ist das Finanzamt, das auch die Besteuerung durchgeführt hat.
Verfahren **§ 196 AO**	Dem Steuerpflichtigen ist in einer schriftlichen Prüfungsanordnung der Umfang der Außenprüfung mitzuteilen.
§ 197 AO	Die Anordnung muss angemessene Zeit vor Beginn der Prüfung bekannt gegeben werden.
§ 198 AO	Zu Beginn der Prüfung hat sich der Prüfer auszuweisen und der Beginn muss aktenkundig gemacht werden.
§ 199 AO	Der Außenprüfer prüft die tatsächlichen und rechtlichen Verhältnisse, sowohl zuungunsten als auch zugunsten des Steuerpflichtigen.
§ 200 AO	Der Steuerpflichtige hat bei der Prüfung mitzuwirken.
§ 201 AO	Über das Ergebnis der Außenprüfung muss eine Schlussbesprechung abgehalten werden, in der strittige Sachverhalte und rechtliche Beurteilungen erörtert werden.
§ 202 AO	Über das Ergebnis der Prüfung ergeht ein Prüfungsbericht.
Rechtsfolgen	• Vorbehalt der Festsetzung nach § 164 AO ist aufzuheben, falls sich keine Änderung ergeben hat. • Der Ablauf der Festsetzungsfrist ist gem. § 171 (4) AO gehemmt. • Bestehende Steuerbescheide werden bei abweichenden Ergebnissen, soweit sie nicht nach § 164 AO unter Vorbehalt der Nachprüfung erlassen wurden, nach § 172 oder § 173 AO geändert. • Werden während der Außenprüfung steuerlich relevante Sachverhalte anderer Personen festgestellt, so ist deren Auswertung gem. § 194 (3) AO zulässig. An das zuständige Finanzamt ergeht dann eine sog. Kontrollmitteilung.

Fall 1* Zulässigkeit und Umfang der Außenprüfung (§§ 193, 194, 203 AO)

Prüfen Sie in den folgenden Fällen, ob eine Außenprüfung zulässig ist, und bestimmen Sie ggf. den Umfang.

a) Der Unternehmer A hat seit Jahren eine Werkzeugfabrik. Das zuständige Finanzamt kündigt ihm eine Außenprüfung für die Einkommensteuer, Umsatzsteuer und Gewerbesteuer für die Jahre 01–03 an.

b) Die Ärztin Dr. B erhält eine Prüfungsanordnung für die Jahre 01–05 für die ESt.

c) Der Unternehmer C hat mehrere Maschinen und Betriebseinrichtungen für insgesamt 1 000 000,00 € eingekauft und macht für diesen Betrag die Vorsteuer geltend. Das zuständige Finanzamt kündigt eine USt.-Sonderprüfung an.

d) Hausbesitzerin D hat ein Zweifamilienhaus. Sie gibt in ihrer Steuererklärung an, dass sie die kleinere Wohnung mit ihrer Familie selbst bewohnt und die größere Wohnung vermietet hat. Das Finanzamt hat den Verdacht, dass sie aber die kleinere Wohnung vermietet hat und für die große Wohnung die Werbungskosten geltend machen will. Für die Klärung des Sachverhaltes möchte das Finanzamt die Wohnungen in Augenschein nehmen.

e) Unternehmer E hat in 01 eine hohe Fluktuation an Angestellten. Das zuständige Finanzamt kündigt ihm eine LSt-Sonderprüfung an zur Überprüfung, ob alle LSt-Beträge richtig einbehalten und abgeführt wurden.

Fall 2* Verfahren der Außenprüfung (§§ 196–202 AO)

Prüfen Sie, ob das Verfahren der folgenden Außenprüfung korrekt abgelaufen ist.

Am Morgen des 04.06.02 taucht beim Unternehmer Hartmut Götz ein Finanzbeamter auf, der eine Außenprüfung für die Jahre 01–03 für alle relevanten Steuerarten durchführen möchte. Er zeigt Herrn Götz eine schriftliche Prüfungsanordnung des Finanzamtes, ausweisen kann er sich aber nicht. Herr Götz möchte keinen Ärger haben und lässt den Beamten in die Geschäftsräume. Er stellt dem Beamten die Geschäftsunterlagen zur Verfügung, ist aber weiter nicht bereit, Fragen zu beantworten. Ein geeigneter Raum für die Durchführung der Prüfung existiere nicht, der Prüfer müsse schon mit einer hinteren Ecke im Verkaufsraum Vorlieb nehmen. Nach einer Woche verschwindet der Beamte wieder, ohne Herrn Götz über die Ergebnisse der Prüfung zu unterrichten. Nach einem Monat erhält Herr Götz geänderte Bescheide für die Umsatzsteuer 02, die Einkommensteuer 03 und den GewSt-Messbescheid 02.

Fall 3* Rechtsfolgen der Außenprüfung (§§ 164, 194 AO)

Bei der Unternehmerin Rosemarie Wehe ist eine Außenprüfung für die Jahre 02–04 durchgeführt worden. Prüfungsgegenstand waren die Einkommensteuer, die Umsatzsteuer und die Gewerbesteuer. Alle entsprechenden Bescheide für die Jahre 02 bis 04 waren unter dem Vorbehalt der Nachprüfung ergangen. Für die ESt-Bescheide 02 und 03, für die Umsatzsteuer 02 und den Gewerbesteuermessbescheid 03 ergaben sich Änderungen, alle anderen Steuerbescheide sind unverändert geblieben. Außerdem hatte der Prüfer in einer Rechnung für einen Kunden einen Fehler entdeckt, der zu einem Ausschluss des Vorsteuerabzugs führen würde.

Welche Konsequenzen ergeben sich aus den gemachten Feststellungen?

2.7 Grundzüge der Vollstreckung*

Können Steuerschulden im normalen Verfahren (Säumniszuschläge, Zinsen usw.) nicht eingetrieben werden, bleibt dem Finanzamt als letzte Möglichkeit die Vollstreckung. Im Unterschied zum zivilrechtlichen Vollstreckungsverfahren ist das Finanzamt selbst ohne vorherigen Durchlauf eines gerichtlichen Verfahrens in der Lage, in das Vermögen des Steuerpflichtigen zu vollstrecken.

Voraussetzungen **§ 254 AO**	• Fälligkeit der Leistung • Aufforderung des Steuerpflichtigen zur Leistung • Ablauf von mind. 1 Woche nach Bekanntgabe dieser Aufforderung (Vollstreckungsschonfrist)
Vollstreckungsarten	• in bewegliches Vermögen (z. B. bewegliche Sachen, Bankkonten, Forderungen) durch Pfändung (§§ 281 ff. AO) • in unbewegliches Vermögen (z. B. Grundstücke) durch Zwangsverwaltung oder Zwangsversteigerung (§§ 322 ff. AO)

2.8 Steuerstrafrecht

Verstöße gegen die Steuergesetze werden in der AO durch Strafvorschriften geahndet. Schwerere Verstöße bezeichnet man als Steuerstraftaten, geringere als Steuerordnungswidrigkeiten. In bestimmten Fällen kann man durch Selbstanzeige beim Finanzamt die Bestrafung abwenden.

Steuerstraftaten	
Steuerhinterziehung **§ 370 AO**	vorsätzlich unrichtige oder unvollständige Angaben über steuerlich erhebliche Tatsachen, die dazu führen, dass Steuern nicht, nicht in voller Höhe oder nicht rechtzeitig festgesetzt werden → Geldstrafe oder Freiheitsstrafe bis zu 5 Jahren, in besonders schweren Fällen bis zu 10 Jahren
Bannbruch **§ 372 AO**	verbotene Einfuhr, Ausfuhr oder Durchfuhr von Gegenständen → Strafen wie bei Steuerhinterziehung
Schmuggel **§ 373 AO**	gewerbsmäßige Hinterziehung von Ein- und Ausfuhrabgaben (Zölle, Einfuhrumsatzsteuer) → Freiheitsstrafe 6 Monate bis 10 Jahre
Steuerhehlerei **§ 374 AO**	An- und Verkauf von Waren, bei denen Verbrauchsteuern oder Zölle hinterzogen wurden → Strafen wie bei Steuerhinterziehung, bei gewerbsmäßigem Handeln wie bei Schmuggel

Steuerordnungswidrigkeiten	
Leichtfertige Steuerverkürzung § 378 AO	grob fahrlässig unrichtige oder unvollständige Angaben über steuerlich erhebliche Tatsachen, die dazu führen, dass Steuern nicht, nicht in voller Höhe oder nicht rechtzeitig festgesetzt werden → Geldbuße bis 50 000,00 €
Steuergefährdung § 379 AO	vorsätzliche oder leichtfertige Ausstellung von unrichtigen Belegen oder falschen Buchungen oder Verletzung der Mitteilungspflichten nach § 138 AO → Geldbuße bis zu 5 000,00 €
Gefährdung von Abzugsteuern § 380 AO	Steuerabzugbeträge werden nicht, nicht vollständig oder nicht rechtzeitig abgeführt. → Geldbuße bis 25 000,00 €
Selbstanzeige §§ 371, 378 (3) AO	
Möglich bei	• Steuerhinterziehung • leichtfertiger Steuerverkürzung
Voraussetzungen	• Nachholung der notwendigen Angaben • Tat darf noch nicht entdeckt sein, es darf noch kein Strafverfahren eingeleitet worden sein und eine Prüfungsanordnung darf noch nicht bekannt gegeben worden sein • hinterzogene Steuern müssen nachgezahlt werden • Es müssen alle unverjährten Steuerstraftaten einer Steuerart in vollem Umfang berichtigt werden; Teilselbstanzeigen sind in derselben Steuerart nicht möglich.
Rechtsfolge	• Beträgt die hinterzogene Steuer nicht mehr als 50 000,00 € je Tat, wird Straffreiheit gewährt. Bei Veranlagungssteuern bedeutet „je Tat" pro Veranlagungszeitraum. • Bei Überschreiten der Grenze von 50 000,00 € wird nur dann Straffreiheit gewährt, wenn neben Steuern und Zinsen ein zusätzlicher Geldbetrag von 5 % der hinterzogenen Steuern gezahlt wird.

Fall **Steuerstraftat und Strafe**

Prüfen Sie in den folgenden Fällen, welche Steuerstraftat vorliegt und welche Strafe in Betracht kommt.

a) Gastwirt A lässt einige Tageseinnahmen nicht „über die Bücher" laufen.

b) B gibt in ihrer privaten Steuererklärung ihre Einkünfte aus Kapitalvermögen, die sie aus einer Anlage in Luxemburg bezieht, nicht an.

c) Blumenhändlerin C stellt für einen gewerblichen Kunden für ein Blumenpräsent im Wert von 80,00 € vier Rechnungen über 20,00 € aus, um das Abzugsverbot nach § 4 (5) EStG zu umgehen.

d) Unternehmer D gibt in seiner USt.-Voranmeldung Mai 04 zu hohe, belegmäßig nicht nachweisbare Vorsteuerbeträge an, um eine USt.-Erstattung zu erhalten. Am Ende des Jahres hat er aber ein schlechtes Gewissen und erklärt in seiner USt.-Jahreserklärung die richtigen Vorsteuerbeträge.

e) Arbeitgeber E führt jeden Monat die von seinen Arbeitnehmern einbehaltene Lohnsteuer nicht vollständig ab, um seinen finanziell angeschlagenen Betrieb zu stützen.

3 Mindmap Einkommensteuer

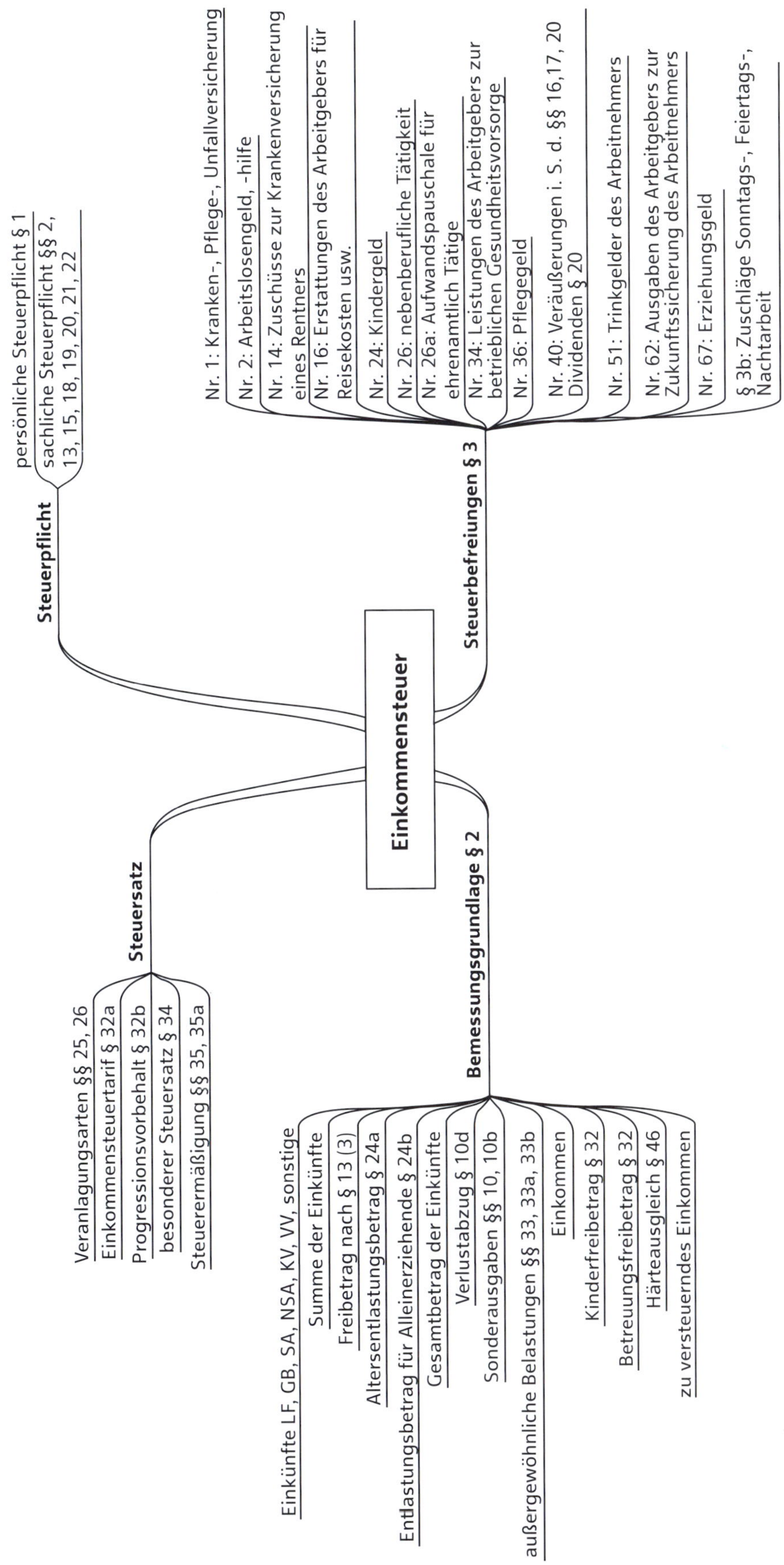

Einkommensteuer

3 Einkommensteuer

3.1 Einführung in die Einkommensteuer

Die Einkommensteuer ist mit ca. 310 Mrd. € die aufkommensstärkste Steuerart in Deutschland. Sie ist eine Steuer auf die Einkommensentstehung und gilt als die Steuer mit der höchsten Gerechtigkeit, da sie durch die Berücksichtigung von objektiven (z. B. Einkommen) und subjektiven (z. B. Familienstand, Kinder) Tatsachen dem Leistungsfähigkeitsgedanken am nächsten kommt.

Ihre erste moderne gesetzliche Form hatte die Einkommensteuer in Preußen mit dem Einkommensteuergesetz (EStG) vom 24.06.1891. Die heutige gesetzliche Grundlage ist das EStG vom 08.10.2009 mit späteren Änderungen und den dazugehörigen Einkommensteuer- und Lohnsteuerdurchführungsverordnungen (EStDV, LStDV) und den Einkommensteuer- und Lohnsteuerrichtlinien (EStR, LStR), die allerdings nur für die Finanzbeamten gelten.

Die Einkommensteuer ist eine Besitzsteuer, deren Besteuerungsgrundlage das Einkommen von natürlichen Personen ist. Da sie die unterschiedliche wirtschaftliche Leistungsfähigkeit der Personen berücksichtigt, ist sie eine Personensteuer.

Steuerschuldner, Steuerzahler und Steuerträger sind bei der Einkommensteuer identisch, sodass es sich um eine direkte Steuer handelt.

An dem Aufkommen sind zu je 42,5 % Bund und Länder und zu 15 % die Gemeinden beteiligt. Es handelt sich somit um eine Gemeinschaftssteuer.

Die Einkommensteuer ist eine Veranlagungssteuer, d. h., dass die Steuer für jedes Kalenderjahr in einem Steuerbescheid nach Maßgabe der Steuererklärung des Steuerpflichtigen festgesetzt wird.

Eine besondere Erhebungsform der Einkommensteuer sind die Lohnsteuer und die Kapitalertragsteuer, die bei Arbeitnehmern und Besitzern von Kapitalvermögen bei der Auszahlung einbehalten und an das Finanzamt abgeführt werden (sog. Quellensteuer).

3.2 Die Steuerpflicht

Durch die Regelungen zur Steuerpflicht wird zunächst festgelegt, ob der Staat einen bestimmten Sachverhalt besteuern kann, unabhängig davon, ob er dies auch tut oder wegen einer Steuerbefreiung dann auf die Besteuerung verzichtet. Für die Einkommensteuer entscheiden sowohl persönliche als auch sachliche Verhältnisse darüber, ob eine Steuerpflicht vorliegt.

3.2.1 Die persönliche Einkommensteuerpflicht

Das EStG macht die Tatsache, dass jemand steuerpflichtig ist, von Merkmalen abhängig, die in der Person des Steuerpflichtigen liegen. Es unterscheidet dabei, ob jemand unbeschränkt, also mit seinem gesamten Einkommen, oder beschränkt, also nur mit Teilen seines Einkommens, steuerpflichtig ist.

<table>
<tr><th colspan="2">Persönliche Einkommensteuerpflicht</th></tr>
<tr><td>Unbeschränkte Steuerpflicht

§ 1 (1) EStG</td><td>• Natürliche Personen
→ Natürliche Personen sind Menschen.
• mit Wohnsitz
→ Einen Wohnsitz hat jemand dort, wo er eine dauerhafte Wohnung hat (§ 8 AO).
oder
• gewöhnlichem Aufenthalt
→ Der gewöhnliche Aufenthalt ist ein Ort, an dem man sich nicht nur vorübergehend aufhält; ein zusammenhängender Aufenthalt von mehr als sechs Monaten ist immer ein gewöhnlicher Aufenthalt, kurzfristige Unterbrechungen bleiben unberücksichtigt (§ 9 AO). Die Sechsmonatsfrist muss nicht innerhalb eines Kalenderjahres laufen.
• im Inland
→ Unter Inland versteht man das Staatsgebiet der Bundesrepublik Deutschland.
sind unbeschränkt einkommensteuerpflichtig.
→ Die Steuerpflicht erstreckt sich auf sämtliche inländische und ausländische Einkünfte (= Welteinkommensprinzip).</td></tr>
<tr><td>Erweiterte unbeschränkte Steuerpflicht

§ 1 (2) EStG</td><td>• Deutsche Staatsangehörige
• ohne Wohnsitz oder gewöhnlichen Aufenthalt im Inland
• im Dienstverhältnis mit einer inländischen Person des öffentlichen Rechts,
→ z. B. der Bund durch das Bundeswirtschaftsministerium
• mit Arbeitslohn aus einer inländischen öffentlichen Kasse
• sowie zu ihrem Haushalt gehörende Angehörige, die die deutsche Staatsangehörigkeit besitzen oder keine Einkünfte oder nur Einkünfte beziehen, die ausschließlich im Inland steuerpflichtig sind,
sind unbeschränkt einkommensteuerpflichtig.</td></tr>
<tr><td>Fiktive unbeschränkte Steuerpflicht

§ 1 (3) EStG</td><td>• Natürliche Personen
• ohne Wohnsitz oder gewöhnlichen Aufenthalt im Inland
• mit Einkünften, die zu mindestens 90 % der deutschen Einkommensteuer unterliegen,
oder
• mit nicht der deutschen Einkommensteuer unterliegenden Einkünften, die geringer als der Grundfreibetrag (2025 = 12 096,00 €) sind,
→ Es gelten nur inländische Einkünfte gem. § 49 EStG.
→ Ausländische Einkünfte werden durch die ausländische Steuerbehörde nachgewiesen.
können auf Antrag als unbeschränkt einkommensteuerpflichtig behandelt werden und somit evtl. günstige Regelungen des deutschen Rechts in Anspruch nehmen.
Diese Regelungen gelten allerdings nur für die Person, die die inländischen Einkünfte erzielt, nicht für den Ehegatten/Lebenspartner und die Kinder.</td></tr>
<tr><td>§ 1a EStG</td><td>Staatsangehörige eines Mitgliedsstaates der Europäischen Union und des Europäischen Wirtschaftsraums (EWR), die unbeschränkt einkommensteuerpflichtig nach § 1 (1) oder § 1 (3) EStG sind, können</td></tr>
</table>

	• auf Antrag die Zusammenveranlagung in Deutschland mit dem im Ausland lebenden Ehepartner und Lebenspartner wünschen, • Unterhaltsleistungen an den geschiedenen oder dauernd getrennt lebenden Ehepartner und Lebenspartner als Sonderausgabe von der Einkommensteuer absetzen, auch wenn der Empfänger nicht unbeschränkt einkommensteuerpflichtig ist, aber in der EU oder im EWR lebt.
Beschränkte Steuerpflicht **§ 1 (4) EStG**	• Natürliche Personen • ohne Wohnsitz oder gewöhnlichen Aufenthalt • im Inland • mit inländischen Einkünften i. S. d. § 49 EStG sind **beschränkt einkommensteuerpflichtig.** → Besteuert werden dann nur die inländischen Einkünfte.
Erweiterte beschränkte Steuerpflicht **§ 2 Außensteuergesetz**	Deutsche, die • in ein Niedrigsteuerland gezogen sind, • von den letzten 10 Jahren mind. 5 Jahre unbeschränkt einkommensteuerpflichtig waren, • nach dem Wegzug noch wesentliche wirtschaftliche Interessen im Inland haben, unterliegen noch 10 Jahre mit den inländischen Einkünften und allen weiteren Einkünften i. S. d. § 2 Satz 1 EStG der deutschen Besteuerung.
Doppelbesteuerungsabkommen (DBA)	Falls andere Länder ähnliche Regelungen wie das deutsche EStG haben, kann das Problem entstehen, dass eine Einkunft in zwei Ländern versteuert werden muss (sog. Doppelbesteuerung). Zu diesem Zweck hat Deutschland mit vielen Ländern Doppelbesteuerungsabkommen (DBA) abgeschlossen, die dies verhindern sollen. Die DBA kennen grundsätzlich vier Verteilungsprinzipien, die das Recht zur Besteuerung regeln: • Belegenheitsprinzip → Der Staat besteuert, in dem ein Grundstück, ein Gebäude oder ein Betrieb der Land- und Forstwirtschaft liegt. • Betriebsstättenprinzip → Der Staat besteuert, in dem ein Gewerbe oder ein freier Beruf ausgeübt wird. • Arbeitsortprinzip → Der Staat besteuert, in dem einer Arbeit nachgegangen wird. • Wohnsitzprinzip → Der Staat besteuert, in dem der Kapitalgeber seinen Wohnsitz hat, nicht der Staat, aus dem die Kapitalerträge stammen. Die Prinzipien unterliegen allerdings Ausnahmen. Der Staat, dem die Besteuerung verboten ist, kann • die entsprechenden Einkünfte steuerfrei lassen oder • die ausländische Steuer auf diese Einkünfte auf die inländische Steuer anrechnen.

Fall 1 Persönliche Einkommensteuerpflicht (§ 1 (1), (2), (4) EStG; §§ 8, 9 AO)

Beurteilen Sie, ob die unten genannten Personen unbeschränkt, beschränkt oder gar nicht einkommensteuerpflichtig sind.

a) Tanja Rauch hat ihren Wohnsitz in Düsseldorf. Wegen ihres Berufes ist sie allerdings oft in den Niederlanden tätig.

b) Der Däne Leif Erikson wohnt in Kopenhagen. Er erzielt nur dänische Einkünfte.

c) Der türkische Staatsangehörige Mustafa Güzel betreibt in Mannheim einen Döner-Imbiss. Er lebt zusammen mit seiner Familie in Mannheim in einer Mietwohnung. Im Sommer verbringt er vier Monate in seiner türkischen Heimatstadt, wo er auch ein eigenes Haus hat.

d) Der amerikanische Architekt Richard Star hält sich für ein großes Bauprojekt in Deutschland in der Zeit vom 01.02.02 bis zum 15.12.02 auf. Seine Wohnung in Boston gibt er nicht auf. Hier in Deutschland lebt er im Hotel. Während des Sommers fliegt er für zwei Wochen zu seiner Familie in die USA.

e) Der Ingenieur Frank Höchel, angestellt bei einem großen Chemieunternehmen in Ludwigshafen, wird für die Dauer von 2 Jahren zum Aufbau einer Fabrik nach China geschickt. Bezahlt wird er von einer Joint-Venture-Firma mit Sitz in China, die für dieses Projekt gegründet wurde. Seine Frau bleibt im gemeinsamen Haus in Ludwigshafen.

f) Die 10-jährige Susanne Keil, wohnhaft in Bonn, hat von ihren Eltern Kapitalanlagen geschenkt bekommen, aus denen sie Einkünfte aus Kapitalvermögen erzielt.

g) Der Westdeutsche Rundfunk hat seinen Geschäftssitz in Köln. Er erzielt in 01 Einnahmen aus Gebühren in Höhe von 15 Mio. €.

h) Achim Gass ist Botschafter der Bundesrepublik Deutschland in Madrid. Er hat keine Wohnung in Deutschland und kommt auch nur kurzfristig in seine Heimat zu Besuch. Bezahlt wird er vom Bundesaußenministerium.

i) Die in den Niederlanden lebende van Dijkstra hat ihre Arbeitsstätte in Aachen und erzielt in 01 dort ein Einkommen von 55000,00 €.

Fall 2 Antrag auf unbeschränkte Einkommensteuerpflicht (§§ 1 (3), 1a EStG)

Die Eheleute Rudolf und Susanne Ritter wohnen wegen der günstigeren Baupreise in Roermond (Niederlande). Frau Ritter arbeitet als angestellte Buchhalterin in Aachen. Sie fuhr in 01 täglich mit dem eigenen Pkw zur Arbeitsstelle nach Aachen und bezog dort ein Jahresgehalt von 40000,00 €. Rudolf Ritter versorgte das gemeinsame Kind und erteilte als ausgebildeter Lehrer wöchentlich bei der Volkshochschule in Roermond einen Sprachkurs in Deutsch. Sein Honorar betrug in 01 2000,00 €. Eine Bescheinigung der niederländischen Finanzbehörde liegt vor.

a) Frau Ritter möchte einen Antrag auf unbeschränkte Steuerpflicht gem. § 1 (3) EStG stellen. Prüfen Sie, ob sie die Voraussetzungen dafür erfüllt.

b) Kann Sie mit ihrem Mann in Deutschland gemeinsam zur Einkommensteuer veranlagt werden (sog. Zusammenveranlagung)?

Fall 3 Antrag auf unbeschränkte Einkommensteuerpflicht (§§ 1 (3), 1a EStG)

Der ledige François Dumas (französischer Staatsangehöriger) lebt in Straßburg, Frankreich, und hat dort auch seinen Wohnsitz. Er arbeitet in 01 ausschließlich in Freiburg als Angestellter in einer Werbeagentur. Dies sind seine einzigen Einkünfte. Von seiner Frau Susanne Meyer, die ebenfalls in Straßburg lebt, ist er seit 2 Jahren geschieden. Die gemeinsame Tochter (10 Jahre) lebt bei der Mutter. Für seine ehemalige Ehefrau bezahlt er einen monatlichen Unterhalt von 500,00 €, für seine Tochter 300,00 €.

a) Prüfen Sie, ob Herr Dumas einen Antrag nach § 1 (3) EStG auf unbeschränkte Steuerpflicht stellen kann.

b) Prüfen Sie, ob er nach § 1a (1) Nr. 1 EStG die Unterhaltsleistungen an Frau Meyer gem. § 10 (1a) Nr. 1 EStG als Sonderausgabe von der deutschen Einkommensteuer absetzen kann.

Fall 4* Doppelbesteuerungsabkommen

Camilla Rollnik betreibt einen Pflegedienst in Aachen und in Maastricht (Niederlande). Ihren Wohnsitz hat sie in Aachen. Aus dem deutschen Pflegedienst erzielt sie einen Gewinn in Höhe von 20000,00 €, aus dem niederländischen Pflegedienst einen Gewinn von 25000,00 €.

a) Prüfen Sie die deutsche Einkommensteuerpflicht.

b) Nehmen Sie an, das niederländische Einkommensteuerrecht weist dieselben Regelungen auf wie das deutsche. Für welche Einkünfte kommt es dann zu einer Doppelbesteuerung?

c) Welcher Staat hat für diese Einkünfte gemäß den Verteilungsprinzipien der DBA das Besteuerungsrecht?

3.2.2 Die sachliche Einkommensteuerpflicht

Neben der persönlichen Steuerpflicht macht das EStG jemanden nur steuerpflichtig, wenn er bestimmte Einkünfte erzielt. Sofern keine Einkunft i. S. d. EStG festgestellt werden kann, ist diese Person für diese Einkunft nicht steuerpflichtig. Eine Person kann nebeneinander steuerpflichtige und nicht steuerpflichtige Einkünfte haben. Das EStG kennt sieben Einkunftsarten, die im § 2 EStG aufgeführt sind:

- Einkünfte aus Land- und Forstwirtschaft
- Einkünfte aus Gewerbebetrieb
- Einkünfte aus selbstständiger Arbeit
- Einkünfte aus nichtselbstständiger Arbeit
- Einkünfte aus Kapitalvermögen
- Einkünfte aus Vermietung und Verpachtung
- sonstige Einkünfte

3.2.2.1 Einkünfte aus Land- und Forstwirtschaft

Definition **§ 13 (1), (2) EStG** **R 15.5 (1) EStR**	Land- und Forstwirtschaft ist die planmäßige Nutzung der natürlichen Kräfte des Bodens zur Erzeugung von Pflanzen und Tieren sowie die Verwertung der dadurch selbst gewonnenen Erzeugnisse. Insbesondere sind dies: • Landwirtschaft • Forstwirtschaft • Weinbau • Gartenbau • Tierzucht und -haltung • Binnenfischerei • land- und forstwirtschaftliche Nebenbetriebe (z. B. Molkerei)
Abgrenzung zu Einkünften aus Gewerbebetrieb **R 15.5 (5), (6), (11) EStR**	Liegen teils gewerbliche und teils land- und forstwirtschaftliche Tätigkeiten vor, sind die Tätigkeiten zu trennen. Werden z. B. nicht nur selbstgewonnene Erzeugnisse sondern auch hinzugekaufte fremde Erzeugnisse verkauft, so liegen für den Verkauf fremder Erzeugnisse keine Einkünfte aus Land- und Forstwirtschaft sondern Einkünfte aus Gewerbebetrieb vor, wenn folgende Voraussetzungen erfüllt sind: • fremde Erzeugnisse von mehr als 1/3 des Gesamtumsatzes netto oder • Umsätze aus dem Zukauf mehr als 51 500,00 € netto oder • Einnahmen aus gewerblichen Tätigkeiten insgesamt betragen mehr als 50 % des Gesamtumsatzes Die Voraussetzungen müssen dauerhaft (=3 Jahre) erfüllt sein. Die Einordnung als gewerbliche Tätigkeit gilt dann ab dem 4. Jahr nach Überschreiten der Grenzen.
R 13.2 EStR	Bei Einkünften aus Tierzucht und Tierhaltung liegen keine Einkünfte aus Land- und Forstwirtschaft vor, wenn die Zahl der Vieheinheiten nachhaltig (3 Jahre) den für die maßgebende Fläche angegebenen Höchstsatz gem. R 13.2 (1) EStR übersteigt. Für den übersteigenden Teil liegen dann Einkünfte aus Gewerbebetrieb vor.

Fall 1 Einkünfte aus Land- und Forstwirtschaft (§ 13 EStG)

Prüfen Sie in den folgenden Fällen, ob es sich um Einkünfte aus Land- und Forstwirtschaft handelt.

a) Landwirt A bewirtschaftet eine Ackerfläche von 200 ha und baut vor allen Dingen Weizen an.

b) Landwirt B hat sich in seinem Betrieb auf die Schweinezucht spezialisiert. Er hält 9 Vieheinheiten auf 20 Hektar.

c) C betreibt eine Baumschule und verkauft seine Pflanzen vorwiegend an Großmärkte.

d) D betreibt neben seiner normalen Tätigkeit eine kleine Imkerei, aus der er pro Jahr 5 000,00 € Gewinn erwirtschaftet.

e) E besitzt ein 500 ha großes Waldgebiet, das er bewirtschaftet. Von den Einkünften aus dem Holzverkauf bestreitet er seinen Lebensunterhalt.

f) F kauft von Landwirten Gemüse und Obst in großen Mengen an, um es dann auf Wochenmärkten gewinnbringend zu verkaufen.

Fall 2 Abgrenzung zum Gewerbebetrieb (R 15.5 (5) EStR)

Christof Kohler betreibt in Mecklenburg-Vorpommern einen Obstanbau. Er verkauft seine eigenen Erzeugnisse auf Wochenmärkten. Zusätzlich kauft er, um sein Sortiment abzurunden, noch andere Obstsorten hinzu. Seine Umsätze stellten sich wie folgt dar:

	Wirtschaftsjahr 01/02	Wirtschaftsjahr 02/03	Wirtschaftsjahr 03/04	Wirtschaftsjahr 04/05
Umsätze	170 000,00 €	168 000,00 €	190 000,00 €	210 000,00 €
Zukauf fremder Erzeugnisse zu einem Einkaufswert von (1)	42 500,00 €	52 080,00 €	51 300,00 €	37 800,00 €
In % des Umsatzes				
Einkunftsart für den Zukauf fremder Erzeugnisse				
(2)	59 500,00 €	67 200,00 €	72 200,00 €	84 000,00 €
In % des Umsatzes				
Einkunftsart für den Zukauf fremder Erzeugnisse				

a) Berechnen Sie den prozentualen Anteil der Zukäufe und tragen Sie ihn in die Tabelle ein.

b) Beurteilen Sie, ob in den Fällen (1) und (2) Einkünfte aus Land- und Forstwirtschaft oder aus Gewerbebetrieb vorliegen.

3.2.2.2 Einkünfte aus Gewerbebetrieb

Definition
§ 15 (2) EStG

Eine Tätigkeit ist Gewerbebetrieb, wenn sie

- selbstständig,
  → Darunter versteht man eine eigenverantwortliche Tätigkeit auf eigene Gefahr und Rechnung. Es besteht keine Weisungsgebundenheit gegenüber Dritten.
- nachhaltig,
  → Eine Wiederholungsabsicht muss gegeben sein.

- mit Gewinnerzielungsabsicht

→ Eine tatsächliche Gewinnerzielung muss nicht gegeben sein. Ist aber eine Tätigkeit nicht geeignet, auf Dauer einen Gewinn zu erzielen, wird die Gewinnerzielungsabsicht verneint und der steuermindernde Ansatz der Verluste aus dieser Tätigkeit ist nicht möglich (sog. Liebhaberei).

- unter Beteiligung am allgemeinen wirtschaftlichen Verkehr

→ Die Tätigkeit muss nach außen hin in Erscheinung treten und sich an eine – wenn auch begrenzte – Allgemeinheit richten.

- weder land- und forstwirtschaftliche Betätigung
- noch freiberufliche Betätigung
- noch Vermögensverwaltung ist.

R 15.7 (1) EStR

→ Die bloße Verwaltung (z. B. Vermietung) von Vermögen stellt keine gewerbliche Tätigkeit dar. Ist die Vermietung kurzfristig und kommen noch andere Dienstleistungen (z. B. Reinigung, Frühstück usw.) hinzu, liegt eine gewerbliche Tätigkeit vor.

BMF-Schreiben vom 26.03.2004

→ Handelt jemand mit Grundstücken und Gebäuden, liegt eine gewerbliche Tätigkeit vor, wenn er mehr als drei Objekte innerhalb von 5 Jahren veräußert (sog. „Drei-Objekt-Grenze").

H 15.7 (4–8) EStR

→ Vermietet ein/-e Unternehmer/-in an ein anderes gewerbliches Unternehmen Wirtschaftsgüter und liegt eine personelle und sachliche Verflechtung zwischen den beiden Unternehmen vor, so liegen für die Vermietungsleistung Einkünfte aus Gewerbebetrieb vor (sog. Betriebsaufspaltung, siehe Fall 5).

Arten von Einkünften aus Gewerbebetrieb

§ 15 (1) Nr. 1 EStG

Gewerbliche Einzelunternehmen

→ Handwerker, Handelsbetriebe, Handelsvertreter usw.

§ 15 (1) Nr. 2 EStG

Gewinnanteile aus Personengesellschaften

→ Offene Handelsgesellschaft (OHG)

→ Kommanditgesellschaft (KG)

→ Gesellschaft bürgerlichen Rechts (GbR)

→ Stiller Gesellschafter, der nicht nur am Erfolg, sondern auch am Betriebsvermögen und den stillen Reserven beteiligt ist (sog. atypischer oder unechter stiller Gesellschafter). Laut einem Urteil des FG Münster vom 05.12.2003 reicht für eine atypisch stille Gesellschaft nicht nur die Beteiligung an den stillen Reserven. Hinzukommen muss eine Beteiligung am Verlust.

§ 15 (3) Nr. 2 EStG

Gewerblich geprägte Personengesellschaft

→ Sind bei einer land- und forstwirtschaftlich, selbstständig oder vermögensverwaltend tätigen Personengesellschaft ausschließlich eine oder mehrere Kapitalgesellschaften persönlich haftende Gesellschafter und sind nur diese oder Nichtgesellschafter zur Geschäftsführung befugt, so gilt die Tätigkeit der Personengesellschaft voll als gewerblich. Das Halten einer Beteiligung an einer Personengesellschaft durch eine andere Personengesellschaft führt nicht zu einer gewerblichen Tätigkeit.

§ 15 (1) Nr. 3 EStG

Abfärbung von gewerblichen Einkünften

→ Nach der sog. „Abfärbetheorie" wird die Tätigkeit eines Einzelunternehmers oder einer Personengesellschaft als insgesamt gewerblich angesehen, auch wenn der Umfang der gewerblichen Tätigkeit nur gering ist. Dies gilt, wenn die Umsätze aus der „schädlichen" gewerblichen Tätigkeit die Bagatellgrenze von 3 % der Gesamtumsätze oder einen Betrag von 24 500,00 € überschreiten.

§ 16 EStG	**Veräußerung eines Gewerbebetriebes** oder Teilbetriebes eines Einzelunternehmens oder eines Anteils an einer Personengesellschaft ➜ Die Veräußerung eines Teils eines Anteils ist laufender Gewinn und fällt damit nicht unter den § 16 EStG.
§ 17 EStG	**Veräußerung von Anteilen an einer Kapitalgesellschaft,** wenn der Veräußerer • innerhalb der letzten fünf Jahre irgendwann • zu mind. 1 % am Kapital der Gesellschaft beteiligt war,
R 17 (1) EStR	• die Anteile nicht im Betriebsvermögen gehalten werden (ansonsten ist die Veräußerung ein Betriebsvorgang und fließt in die Gewinnermittlung nach § 4 (1) oder § 5 EStG ein).
§ 17 (4) EStG	Das Gleiche gilt für die Auflösung, für die Kapitalherabsetzung und für die Kapitalrückzahlung.

Fall 1 Voraussetzungen und Arten des Gewerbebetriebs (§ 15 (1), (2) EStG)

Beurteilen Sie, ob in den folgenden Fällen Einkünfte aus Gewerbebetrieb vorliegen. Denken Sie auch an die Prüfung der persönlichen Einkommensteuerpflicht.

a) Susanne Völlinger ist Handelsvertreterin für die Firma Vorwerk. Für die von ihr vermittelten Geschäfte erhält sie eine Provision.

b) Hans Kraus vermittelt Versicherungen. Er möchte hiermit seinen Lebensunterhalt verdienen. Für die erste Vermittlung erhält er eine Provision von 500,00 €. Danach gibt er aber seine Tätigkeit auf, weil er ein besseres Angebot als Angestellter erhält.

c) Klaus Kraft arbeitet als Angestellter in einer Kfz-Werkstatt. Abends repariert er regelmäßig „schwarz“ die Autos verschiedener Leute, die von seiner Tätigkeit über „Mundpropaganda“ erfahren haben (Beachten Sie § 40 AO).

d) Dr. Gold ist Zahnarzt und betreibt eine Praxis in Köln (Beachten Sie § 18 EStG).

e) Die „CH-GmbH“ handelt mit Computern aller Art. Ihr Geschäftssitz ist in Wuppertal.

f) Der bekannte Arzt Prof. Dr. Schneid unterhält eine berühmte Oldtimersammlung. Aus dieser Tätigkeit macht er Jahr für Jahr Verluste. Seine Einnahmen als Arzt verwendet er u. a., um die Oldtimer unterhalten zu können. Er möchte gerne die Verluste der Oldtimersammlung einkommensteuerlich geltend machen, da er der Meinung ist, dass es sich hier um einen Gewerbebetrieb handelt und demgemäß auch die Verluste anzuerkennen seien.

g) Willi Jaschke ist Eigentümer mehrerer Wohnhäuser, die er vermietet. Weil die Verwaltung der Wohnhäuser so viel Arbeit macht und die Einnahmen für seinen Lebensunterhalt reichen, übt er keine andere berufliche Tätigkeit aus.

h) Kurt Reichert ist ebenfalls Eigentümer mehrerer Wohnhäuser. Seine Tätigkeit ist aber nicht hauptsächlich die Verwaltung seiner Häuser, sondern er beschäftigt sich mit An- und Verkauf von Immobilien zu Spekulationszwecken.

i) Renate Scheler ist Inhaberin eines Hotels im Schwarzwald und vermietet dort Zimmer an Touristen. Zusätzlich bietet sie für die Hotelgäste noch Frühstück an.

j) Peter Frank und Ursula Freiberg betreiben zusammen die Frank & Freiberg OHG, die sich mit dem Vertrieb von Haushaltsgeräten beschäftigt.

k) Die beiden Steuerberater Huttmann und Kull betreiben ihre Kanzlei in der Rechtsform einer Gesellschaft bürgerlichen Rechts (GbR).

Gewinnanteile an Personengesellschaften (§ 15 (1) EStG – Gewinnverteilung)

Fall 2

Die Regelungen über die Verteilung des Gewinns bei Personengesellschaften ergeben sich aus dem Handelsgesetzbuch (HGB), es sei denn, im Gesellschaftsvertrag ist etwas anderes vereinbart.

Die gesetzliche Regelung besagt, dass die Gewinn- und Verlustverteilung nach den vereinbarten Beteiligungsverhältnissen erfolgt.

a) Die Gesellschafter Adner, Bagus und Christl betreiben eine Offene Handelsgesellschaft (OHG). Die OHG vertreibt Werkzeuge. A hat 50000,00 €, B 30000,00 € und C 20000,00 € in die OHG als Kapitaleinlage eingebracht. Die OHG erzielt in 01 einen Gewinn von 150000,00 €. Die Gewinnver-teilung soll nach den Vorschriften des HGB erfolgen.

(1) Stellen Sie fest, ob Einkünfte aus Gewerbebetrieb vorliegen.

(2) Berechnen Sie die Einkünfte aus Gewerbebetrieb. Füllen Sie dazu die folgende Tabelle aus.

Name des Gesellschafters	Kapitalanteil	Gesamter Gewinn = Einkünfte aus Gewerbebetrieb
Summen		

(3) Wie sähe die Verteilung aus, wenn die Gesellschaft einen Verlust von 90000,00 € in 01 erzielt hätte?

b) Die Gesellschafter Ditsch, Ebel und Fiedler betreiben eine Kommanditgesellschaft (KG). D und E sind mit je 80000,00 € und F mit 40000,00 € beteiligt. Die KG erzielt in 01 einen Gewinn von 60000,00 €.

(1) Stellen Sie fest, ob Einkünfte aus Gewerbebetrieb vorliegen.

(2) Berechnen Sie die Einkünfte aus Gewerbebetrieb. Füllen Sie dazu die folgende Tabelle aus.

Name des Gesellschafters	Kapitalanteil	Gesamter Gewinn = Einkünfte aus Gewerbebetrieb
Summen		

Gewinnanteile an einer Personengesellschaft – steuerlicher Gewinn (§ 15 (1) EStG)

Fall 3

Neben dem Gewinn aus einer Personengesellschaft gehören noch folgende Vergütungen an die Gesellschafter gem. § 15 (1) Nr. 2 EStG zu den Einkünften aus Gewerbebetrieb:

- Tätigkeit im Dienste der Gesellschaft („Gehalt")
- Hingabe von Darlehen („Zinsen")
- Überlassung von Wirtschaftsgütern („Miete")

Diese Ausgaben können (aus handelsrechtlicher Sicht) als Aufwand gebucht werden und vermindern somit den Gewinn. Aus steuerrechtlicher Sicht dürfen sie den Gewinn aber nicht mindern (sog. Sonderbetriebseinnahmen), sodass sie dementsprechend wieder hinzugerechnet werden müssen.

Einkommensteuer

a) An der Neumann OHG (Großhandel für Computerbedarf) in Dresden sind Holger Neumann mit 70000,00 €, Oskar Seidel mit 50000,00 € und Werner Jung mit 30000,00 € beteiligt.

Der handelsrechtliche Gewinn beträgt für 01 180000,00 €, nachdem schon folgende Beträge als Aufwand gewinnmindernd gebucht wurden:

- Neumann erhielt für seine Geschäftsführung ein Geschäftsführergehalt von 60000,00 €.
- Seidel erhielt für die Hingabe eines Darlehens Zinsen in Höhe von 5000,00 € von der Gesellschaft.
- Jung bekam für die Vermietung eines Grundstücks an die Gesellschaft 8000,00 €.

Laut Gesellschaftsvertrag erhält jeder Gesellschafter 4 % Verzinsung seines Kapitalanteils. Der Restgewinn wird im Verhältnis 3:1:1 verteilt.

(1) Liegen in diesem Fall Einkünfte aus Gewerbebetrieb vor?

(2) Berechnen Sie den steuerlichen Gewinn und den Restgewinn.
Benutzen Sie dazu folgende Übersicht.

Handelsrechtlicher Gewinn	
+ Vergütungen für Gehalt an Gesellschafter	
+ Vergütungen für Miete an Gesellschafter	
+ Vergütungen für Zinsen an Gesellschafter	
= Steuerrechtlicher Gewinn	
– Vorabvergütungen	
– Kapitalverzinsung	
= Restgewinn	

(3) Ermitteln Sie die Einkünfte aus Gewerbebetrieb. Benutzen Sie dabei die folgende Übersicht.

Name des Gesellschafters	**Kapitalanteil**	**Vorabvergütungen**	**4 % des Kapitalanteils**	**Restgewinn**	**Gesamter Gewinn = Einkünfte aus Gewerbebetrieb**
Summen					

b) Neumeier, Neumüller und Neuschmidt sind an einer OHG zu 80000,00 €, 70000,00 € und 50 000,00 € beteiligt.

(1) Die OHG macht im Jahr 01 einen Gewinn von 80000,00 €. Der Gewinn soll nach den Regelungen des HGB verteilt werden. Welchen Gewinnanteil erhält jeder Gesellschafter?

(2) Die OHG hat im Jahr 01 einen Verlust von 30000,00 € gemacht. Welchen Verlustanteil erhält jeder Gesellschafter?

(3) Die OHG hat im Jahr 01 einen Gewinn von 90000,00 € gemacht. Im Laufe des Jahres hat Neumeier für seine Tätigkeit im Dienste der Gesellschaft bereits 60000,00 € erhalten. Neumüller hat ab dem 01.07.01 ein Grundstück an die OHG vermietet und dafür 3000,00 € monatlich erhalten. Neuschmidt hat der OHG ein Darlehen in Höhe von 20000,00 € zu einem Zinssatz von 7 % ab dem 01.10.01 gewährt. Diese Aufwendungen sind bereits gewinnmindernd verbucht worden. Es sollen die Regelungen des HGB gelten. Wie hoch sind die Einkünfte aus Gewerbebetrieb der Gesellschafter?

Fall 4

Veräußerungsgewinne (§§ 16, 17 EStG)

Prüfen Sie, ob Einkünfte aus Gewerbebetrieb in Form von Veräußerungsgewinnen vorliegen.

a) Erich Hanke veräußert seine Metallwarenfabrik. Er erzielt einen Veräußerungserlös von 740 000,00 €.

b) Karl Zorck ist zu 80 % an der Y&Z OHG beteiligt. Er verkauft seinen Anteil zu einem Preis von 150 000,00 €.

c) Stefan Reinders ist zu 50 % an der Reinders & Romberg OHG beteiligt. Er verkauft die Hälfte seines Anteils (also 25 % der gesamten OHG).

d) Susanne Koos ist zu 50 % an der Koos GmbH beteiligt. Die Anschaffungskosten ihres Anteils von 50 % hatten vor 11 Jahren 60 000,00 € betragen. Sie veräußert ihre Beteiligung zu einem Preis von 74 000,00 €.

e) Marion Fetzer hat am 02.03.01 10 Aktien der Bayer AG gekauft. Dadurch hat sie einen Anteil an dem Unternehmen in Höhe von 1 ‰. Am 25.11.01 verkauft sie diesen Anteil gewinnbringend.

Einkommensteuer

Grundzüge der Betriebsaufspaltung (H 15.7 (4)–(8) EStR)

Vermietet ein Unternehmer/ein Unternehmen (Besitzunternehmen) an ein anderes Unternehmen (Betriebsunternehmen) Wirtschaftsgüter und liegt eine personelle und sachliche Verflechtung zwischen den beiden Unternehmen vor, so liegen für die Vermietungsleistung Einkünfte aus Gewerbebetrieb vor (sog. Betriebsaufspaltung).

Eine **sachliche Verflechtung** liegt immer dann vor, wenn die überlassenen Wirtschaftsgüter für das Betriebsunternehmen von wesentlicher wirtschaftlicher Bedeutung sind.

Eine **personelle Verflechtung** liegt vor, wenn eine Person ihren Willen in beiden Unternehmen durchsetzen kann, also die Mehrheit der Stimmrechte hat.

Der **Sinn der Regelung** ist folgender: Ein Unternehmen wird in zwei Unternehmen aufgespaltet, wobei das eine das Anlagevermögen erhält und das andere die normale Geschäftstätigkeit ausübt. Das Anlagevermögen wird von dem einen Unternehmen an das andere vermietet. Ohne diese Regelungen hätte das vermietende Unternehmen keine Einkünfte aus Gewerbebetrieb (sondern Einkünfte aus Vermietung und Verpachtung, da nur eine Vermögensverwaltung vorliegt) und müsste keine Gewerbesteuer bezahlen. Durch diese Regelung werden diese Vermietungsleistungen zu Einkünften aus Gewerbebetrieb.

Fall 5*

Grundzüge der Betriebsaufspaltung (H 15.7 (4)–(8) EStR)

Prüfen Sie in den folgenden Fällen, ob Einkünfte aus Gewerbebetrieb aus einer Betriebsaufspaltung vorliegen.

a) Hubert Nabinger ist alleiniger Gesellschafter der Nabinger GmbH. Er vermietet ein Grundstück, das sich bei ihm im privaten Besitz befindet, an die GmbH, die es als Lagerplatz benutzt. Die monatliche Miete beträgt 1 500,00 €.

b) Weiterhin hat die Nabinger GmbH von einem guten Freund von Nabinger ein Gebäude für 4 000,00 € monatlich gemietet.

c) Alexander Fink und Lothar Übel besitzen zusammen ein Grundstück. Fink ist zu 75 % und Übel zu 25 % Eigentümer. Außerdem ist Fink an der Fink & Mayer GmbH beteiligt. Der Anteil von Fink beträgt 80 %. Die GmbH mietet das Grundstück von Fink und Übel für monatlich 2 000,00 €.

d) Nicole Kollmann und Susanne Kolpe sind beide Gesellschafterinnen der Kollmann GmbH. Frau Kollmann hat einen Anteil von 70 % und Frau Kolpe einen Anteil von 30 % an der GmbH. Frau Kolpe ist Eigentümerin eines Betriebsgebäudes mit Maschinen, die sie an die GmbH vermietet hat.

e) Anton, Berta und Cäsar sind zu gleichen Teilen an einer Grundstücksgemeinschaft beteiligt. Das Grundstück dieser Gemeinschaft wird an die Anton & Berta GmbH vermietet. An der GmbH sind Anton zu 70 % und Berta zu 30 % beteiligt.

f) Wie ändern sich Ihre Antworten zu e), wenn folgende alternative Beteiligungsverhältnisse vorliegen:

(1)

Beteiligter	A	B
Grundstücksgemeinschaft	10 %	90 %
GmbH	90 %	10 %

(2)

Beteiligter	A	B
Grundstücksgemeinschaft	1 %	99 %
GmbH	99 %	1 %

g) Werner Sonne ist Alleingesellschafter der Sonne GmbH. Sonne vermietet an die GmbH seit 01 ein Bürogebäude (Buchwert 100 000,00 €, Teilwert 1 000 000,00 €). Zum 31.12.09 veräußert er 60 % seiner GmbH-Beteiligung.

Negatives Kapitalkonto eines Kommanditisten – Grundzüge (§ 15a EStG)

Falls ein Kommanditist ein negatives Kapitalkonto durch Verluste aus dem aktuellen oder vergangenen Jahr hat, kann er Verluste aus der KG weder mit anderen Einkünften aus Gewerbebetrieb noch mit anderen Einkunftsarten verrechnen. Das Kapitalkonto einer evtl. Ergänzungsbilanz[1] ist mit einzubeziehen, unberücksichtigt bleibt das Kapitalkonto der Sonderbilanz[2].

Er kann diese Verluste allerdings mit Gewinnen aus der KG in folgenden Jahren verrechnen.

Der verrechenbare Verlust wird gesondert festgestellt.

Einlagen sind nur im Einlagejahr mit Verlusten verrechenbar. Weder können vorhandene verrechenbare Verluste durch nachträgliche Einlagen ausgleichsfähig werden, noch werden Verluste zukünftiger Wirtschaftsjahre durch Einlagen ausgleichsfähig.

Sinn dieser Regelung ist es, dass der Verlustausgleich auf den Haftungsbetrag begrenzt bleiben soll. Verluste über diesen Haftungsbetrag hinaus belasten den Steuerpflichtigen nicht in dem Verlustjahr, sondern erst, wenn spätere Gewinne entstehen.

Fall 6* **Negatives Kapitalkonto eines Kommanditisten – Grundzüge (§ 15a EStG)**

a) Der Kommanditist Guido Kupper ist an der Zipfel KG beteiligt. Seine Einlage beträgt 50 000,00 €. Im Jahr 01 beträgt der Verlustanteil von Herrn Kupper 70 000,00 €. Im Jahr 02 macht die KG wieder einen Gewinn und weist Kupper einen Gewinnanteil von 90 000,00 € zu.

Berechnen Sie die Einkünfte aus Gewerbebetrieb in 01 und 02.

b) Thomas Heinrich ist Kommanditist bei der Total KG. Seine Hafteinlage, die im Handelsregister eingetragen und voll erbracht ist, beträgt 25 000,00 €. In 01 entfällt auf ihn ein Verlustanteil von 10 000,00 €. In 02 beträgt der Verlustanteil 20 000,00 €. In 02 hatte Thomas Heinrich eine Einlage von 5 000,00 € erbracht.

(1) Zeigen Sie die Entwicklung des Kapitalkontos 01 – 02 auf und erläutern Sie, inwieweit Verluste und Entnahmen in den verschiedenen Jahren steuerlich zu behandeln sind.

(2) Ändert sich an dem Ergebnis zu (1) etwas, wenn die Haftsumme in Höhe von 25 000,00 € im Handelsregister eingetragen, jedoch lediglich in Höhe von 15 000,00 € von Heinrich eingezahlt worden wäre?

Lösungshinweis: § 171 (1) HGB [Haftung des Kommanditisten] (1) Der Kommanditist haftet den Gläubigern der Gesellschaft bis zur Höhe seiner Einlage unmittelbar; die Haftung ist ausgeschlossen, soweit die Einlage geleistet ist.

3.2.2.3 Einkünfte aus selbstständiger Arbeit

Definition

§ 18 (1) Nr. 1 EStG

1. Einkünfte aus freiberuflicher Tätigkeit:
   - selbstständig ausgeübte wissenschaftliche, künstlerische, schriftstellerische, unterrichtende oder erzieherische Tätigkeit
   - selbstständige Berufstätigkeit bestimmter im Gesetz aufgeführter Berufe (sog. Katalogberufe)
   - diesen Katalogberufen ähnliche selbstständig ausgeübte Berufe (z. B. Ergotherapeut, Insolvenzverwalter, Hebamme, Logopäde)

H 15.6 EStR

→ Die für einen Gewerbebetrieb geltenden Voraussetzungen Selbstständigkeit, Nachhaltigkeit, Gewinnerzielungsabsicht, Beteiligung am allg. wirtschaftlichen Verkehr müssen auch für die selbstständige Tätigkeit erfüllt sein.

→ Wenn der Freiberufler fachlich vorgebildete Mitarbeiter beschäftigt, hat er auch Einkünfte aus selbstständiger Arbeit, solange er aufgrund eigener Fachkenntnisse leitend und eigenverantwortlich tätig wird.

[1] Siehe Kapitel 9.3.6

[2] Siehe Kapitel 9.3.5

§ 18 (1) Nr. 3 EStG	2. Einkünfte aus sonstiger selbstständiger Tätigkeit, z. B. Vergütung für Vollstreckung von Testamenten, für Vermögensverwaltungen und für die Tätigkeit als Aufsichtsratsmitglied
§ 18 (3) EStG	3. Einkünfte aus der Veräußerung des Vermögens, das der selbstständigen Tätigkeit dient

Schließen sich Freiberufler zu einer Personengesellschaft zusammen, erzielt jeder Gesellschafter Einkünfte aus selbstständiger Arbeit.

Fall

Einkünfte aus selbstständiger Arbeit (§ 18 EStG)

Beurteilen Sie in folgenden Fällen, welche Einkünfte vorliegen.

a) A besitzt als selbstständiger Arzt eine Praxis in Düsseldorf.

b) B ist als Oberarzt in einem Krankenhaus angestellt.

c) Eine Lehrerin erteilt außerhalb ihrer Schulzeit Nachhilfeunterricht.

d) Der Steuerberater S betreut rund 100 Mandanten und hat Einkünfte von 115 000,00 €.

e) Der Architekt E hat ein großes Architekturbüro. Er hat 20 angestellte Architekten und Ingenieure, die selbstständig die Projekte durchführen. E beschafft lediglich die Aufträge und führt die Kundengespräche durch.

f) Der Zahntechniker Z betreibt ein Dentallabor.

g) Der Diplom-Betriebswirt D hat in seinem erlernten Beruf keine Anstellung bekommen. Um seinen Lebensunterhalt zu sichern, arbeitet er vorübergehend als selbstständiger Staubsaugervertreter.

h) Der Schriftsteller JMS tritt in einer Talkshow auf, um sein neues Buch zu vermarkten.

i) Die Rechtsanwältin R, 60 Jahre, verkauft ihre gesamte Praxis für 155 000,00 €. Der Wert des Betriebsvermögens der Praxis beträgt 20 000,00 €.

j) Der Politiker Johannes Blau ist Mitglied des Aufsichtsrates (Kontrollorgan einer AG) der Mayer AG in Leverkusen. Für die Teilnahme an den Aufsichtsratssitzungen erhält er jährlich 5 000,00 €.

k) Die Rechtsanwälte Sandmann und Rappe haben ihre beiden Praxen zu einer Gesellschaft bürgerlichen Rechts (GbR) zusammengeschlossen.

3.2.2.4 Einkünfte aus nichtselbstständiger Arbeit

Definition **§ 19 (1) EStG** **§ 1 LStDV**	Einkünfte aus nichtselbstständiger Arbeit werden von Arbeitnehmern bezogen. Arbeitnehmer sind: • Personen, die im öffentlichen oder privaten Dienst angestellt oder beschäftigt sind und aus diesem Dienstverhältnis Arbeitslohn beziehen (laufendes Dienstverhältnis). • Personen, die im öffentlichen oder privaten Dienst angestellt oder beschäftigt waren und aus dem früheren Dienstverhältnis Arbeitslohn beziehen (sog. Versorgungsbezüge). • Rechtsnachfolger dieser Personen, soweit sie Arbeitslohn aus dem früheren Dienstverhältnis ihres Rechtsvorgängers beziehen (z. B. Witwe, die die Beamtenpension ihres verstorbenen Mannes bezieht).
H 19.0 LStR	Ein Dienstverhältnis liegt vor, wenn der Angestellte dem Arbeitgeber seine Arbeitskraft schuldet. Insbesondere die Weisungsgebundenheit ist ein Merkmal eines Dienstverhältnisses.
Arten von Einkünften[1] **§ 19 (1) EStG**	• aus laufendem Dienstverhältnis: Gehälter, Löhne, Gratifikationen, Tantiemen • aus früherem Dienstverhältnis: Wartegelder, Ruhegelder, Witwen- und Waisengelder

[1] Zur genaueren Definition siehe Kapitel 3.4.2.1.

Einkommensteuer

Fall

Einkünfte aus nichtselbstständiger Arbeit (§ 19 EStG)

Beurteilen Sie, ob folgende Einkünfte Einkünfte aus nichtselbstständiger Arbeit sind.

a) Petra Krause ist bei einem Steuerberater als Buchhalterin angestellt, ihr Mann Peter ist als beamteter Lehrer tätig.

b) Karl Brandmaier ist als Geschäftsführer einer GmbH angestellt. Für seine Tätigkeit erhält er ein monatliches Gehalt in Höhe von 5000,00 €. Im April erhielt er eine Gewinnbeteiligung für gute Leistungen im letzten Jahr in Höhe von 2 % von 335000,00 € = 6700,00 €.

c) Katrin Flache erhält sowohl eine Rente von der Deutschen Rentenversicherung als auch von ihrem ehemaligen Arbeitgeber (sog. Betriebsrente).

d) Günter Hoeker ist als angestellter Buchhalter bei einer Automobilfirma beschäftigt. In seiner Freizeit ist er zusätzlich als Versicherungsvertreter tätig. Für die Vermittlung von Vertragsabschlüssen erhält er Provisionen.

e) Maria Munck, deren Mann vor einigen Jahren gestorben ist, erhält die Beamtenpension ihres Mannes weiterhin ausgezahlt.

f) Bert Bauder, Hausmeister an einer Realschule, erhält neben seinem Gehalt auch noch Einnahmen aus dem Schulkiosk, den er selbstständig betreibt.

3.2.2.5 Einkünfte aus Kapitalvermögen

Definition **§ 20 EStG**	Einkünfte aus Kapitalvermögen stellen Erträge dar, die dem Kapitalgeber für die Hingabe von Kapital gewährt werden. Folgende Erträge sind die wichtigsten Einkünfte aus Kapitalvermögen:
§ 20 (1) Nr. 1 EStG	• Gewinnanteile an Kapitalgesellschaften (sog. Dividenden)
§ 20 (1) Nr. 4 EStG	• Einnahmen als typisch stiller Gesellschafter → Ein typisch stiller Gesellschafter ist lediglich am Erfolg des Unternehmens beteiligt.[1]
§ 20 (1) Nr. 7 EStG	• Zinserträge (z. B. aus Spareinlagen, Guthaben, Darlehen, Pfandbriefen usw., dazu gehören auch Erstattungszinsen nach § 233a AO)
§ 20 (1) Nr. 6 EStG **BMF-Schreiben vom 01.10.2009**	• Erträge aus Renten- und Lebensversicherungen mit Kapitalwahlrecht, die nach dem 31.12.2004 abgeschlossen wurden, soweit nicht die Rentenzahlung gewählt wird, und Kapitalversicherungen mit Sparanteil (z. B. Kapitalversicherungen auf den Todes- oder Erlebensfall). Zu versteuern ist der Unterschiedsbetrag zwischen der Versicherungsleistung und den entrichteten Beträgen. Wird die Versicherung erst nach dem 62. Lebensjahr und nach Ablauf von 12 Jahren seit Vertragsabschluss ausgezahlt, wird der Ertrag nur zur Hälfte besteuert. Bei einem Vertragsabschluss vor dem 01.01.2005 ist der Ertrag der Versicherung steuerfrei.
§ 20 (2) EStG	• Gewinn aus der Veräußerung von Anteilen einer Körperschaft ohne Veräußerungsfrist. Das Gleiche gilt auch für die Gewinne aus der Veräußerung einer Beteiligung als stiller Gesellschafter, für die Veräußerung von Ansprüchen aus einer Versicherungsleistung nach § 20 (1) Nr. 6 EStG sowie aus der Veräußerung von sonstigen Kapitalforderungen nach § 20 (1) Nr. 7 EStG. Der Gewinn wird wie folgt berechnet: Veräußerungspreis – Aufwendungen im Zusammenhang mit dem Veräußerungsgeschäft – Anschaffungskosten

[1] Vgl. Kapitel 3.2.2.2

- Bei einem unentgeltlichen Erwerb (wie z. B. Schenkung, Erbe) sind dem Erwerber (z. B. dem Erbe oder dem Beschenkten) für diese Regelung die Anschaffungskosten zuzurechnen.
- Verluste aus Kapitalvermögen dürfen nicht mit Einkünften aus anderen Einkunftsarten ausgeglichen werden. Sie mindern aber die Einkünfte aus Kapitalvermögen in den Folgejahren.

Innerhalb der Einkünfte aus Kapitalvermögen dürfen Verluste aus Aktienkäufen nicht mit anderen Einkünften aus Kapitalvermögen verrechnet werden.

§ 20 (8) EStG

Es liegen nur Einkünfte aus Kapitalvermögen vor, soweit sie nicht Einkünfte aus Land- und Forstwirtschaft, aus Gewerbebetrieb, aus selbstständiger Arbeit oder aus Vermietung und Verpachtung sind.

Fall

Einkünfte aus Kapitalvermögen (§ 20 EStG)

Bestimmen Sie, zu welcher Einkunftsart die folgenden Einkünfte zählen.

a) A erhält aus einem Sparguthaben Zinsen in Höhe von 3 250,00 €.

b) B ist an der B & Z GmbH beteiligt und erhält 01 einen Gewinnanteil von 27 250,00 €. Außerdem ist er als Geschäftsführer bei der GmbH angestellt und erhält ein Gehalt von 2 500,00 € monatlich.

c) C hat der Firma Müller ein Darlehen gewährt. Dafür wird er am Erfolg mit 4 % pro Jahr beteiligt. Vom Gewinn der Firma erhält er 01 2 500,00 €.

d) Wie würde Ihre Antwort zu c) lauten, wenn C sowohl am Erfolg als auch am Geschäftsvermögen der Firma Müller beteiligt wäre?

e) E hat als Kommanditist der E & F KG der KG ein Darlehen gewährt und erhält Zinsen in Höhe von 6 000,00 € pro Jahr. Außerdem erhält er seinen Gewinnanteil in Höhe von 10 000,00 €.

f) Unternehmer F hat in seinem Betriebsvermögen Aktien der Form AG. Aus diesen Aktien erhält er in 01 eine Dividende in Höhe von 1 500,00 €, die er auch als Betriebseinnahmen verbucht.

g) G (65 Jahre) hat aus einer Kapitallebensversicherung im Jahr 2025 eine Auszahlung in Höhe von 120 000,00 € erhalten. Die Versicherung hat er im Jahr 2005 abgeschlossen. Seine Beiträge haben 83 000,00 € betragen.

   (1) Liegen Einkünfte aus Kapitalvermögen vor?

   (2) Wie hoch sind die zu versteuernden Einnahmen?

h) A verkauft am 15.01.02 Aktien der Z-AG (Beteiligung unter 1 %) mit einem Gewinn von 5 000,00 €. Die Aktien hat er am 15.09.01 gekauft.

i) Ändert sich an Ihrer Antwort etwas, wenn er die Aktien schon vor 10 Jahren gekauft hat?

j) B hat Aktien (Beteiligung unter 1 %) vor 8 Jahren zu einem Wert von 6 000,00 € gekauft. In 01 haben diese Aktien einen Wert von 16 000,00 €. B schenkt Anfang 01 die Aktien seinem Sohn, der diese Aktien sofort für 16 000,00 € verkauft.

3.2.2.6 Einkünfte aus Vermietung und Verpachtung

Definition

§ 21 (1) EStG

Zu den Einkünften aus Vermietung und Verpachtung gehören die Erträge

- aus der Vermietung und Verpachtung von unbeweglichem Vermögen, insbesondere Grundstücke und Gebäude,
- aus der Vermietung und Verpachtung von Sachinbegriffen,
  → mehrere bewegliche Sachen, die zusammen eine Einheit bilden (z. B. bewegliches Betriebsvermögen, Büroeinrichtung)
- aus der zeitlich begrenzten Überlassung von Rechten (Urheberrechte).

§ 21 (3) EStG

Es liegen nur Einkünfte aus Vermietung und Verpachtung vor, soweit sie keiner anderen Einkunftsart zuzurechnen sind.

Fall **Einkünfte aus Vermietung und Verpachtung (§ 21 EStG)**

Bestimmen Sie, zu welcher Einkunftsart die folgenden Einkünfte zählen.

a) A vermietet ein unbebautes Grundstück zu Lagerzwecken.

b) Kommanditist B vermietet an die KG ein Geschäftsgrundstück.

c) C ist Eigentümer eines Zweifamilienhauses. Eine Wohnung ist vermietet, die andere bewohnt er selbst.

d) D vermietet seinem Arbeitskollegen sein Wohnmobil für eine Urlaubsreise.

e) E hat ihren Betrieb zur Herstellung von Werkzeugen aus Altersgründen aufgegeben. Sie verpachtet die gesamte Betriebseinrichtung an einen ehemaligen Geschäftskunden.

f) F überlässt die Urheberrechte an dem schriftstellerischen Werk seiner Frau dem G-Verlag und erhält dafür jährlich 50 000,00 €.

g) Unternehmer G vermietet ein zu seinem Betriebsvermögen gehörendes Grundstück an einen Geschäftsfreund als Kundenparkplatz.

h) Hotelbesitzerin H vermietet Zimmer an ständig wechselnde Gäste.

3.2.2.7 Sonstige Einkünfte

Definition

§ 22 EStG

Die sonstigen Einkünfte stellen einen Auffangtatbestand von Einkünften dar, die nicht in eine der anderen Einkunftsarten eingeordnet werden können. Sie haben nichts miteinander zu tun und die Aufzählung des § 22 EStG ist abschließend. Zu den sonstigen Einkünften gehören insbesondere:

§ 22 Nr. 1 EStG

R 22.1 EStR

- Einkünfte aus wiederkehrenden Bezügen,
  → Wiederkehrende Bezüge setzen voraus, dass sie mit einer gewissen Regelmäßigkeit wiederkehren. Sie dürfen keine Kapitalrückzahlung sein. Eine Einordnung als wiederkehrender Bezug kommt nur in Betracht, falls sich keine andere Einkunftsart findet.

  → Zu den wiederkehrenden Bezügen gehören vor allem die Leibrenten. Zu den Leibrenten gehören:

    - Rente aus der gesetzlichen Unfallversicherung (steuerfrei)
    - Rente aus der gesetzlichen Rentenversicherung
    - Rente aus einer privaten Renten- oder Lebensversicherung
    - Betriebsrenten, die auf Beitragszahlungen des Arbeitnehmers zurückzuführen sind
    - Erwerbsunfähigkeitsrenten
    - Erwerbsminderungsrenten
    - Waisenrenten

  Die Renten können sowohl lebenslang als auch für einen kürzeren Zeitraum (abgekürzte Leibrenten) gewährt werden.

§ 22 Nr. 1a EStG

- Einkünfte aus Unterhaltsleistungen des geschiedenen oder dauernd getrennt lebenden Ehegatten und Lebenspartner, soweit er sie als Sonderausgaben abzieht,

§ 22 Nr. 2 EStG

- Einkünfte aus privaten Veräußerungsgeschäften nach § 23 EStG,

  → Veräußerungsgeschäfte bei Grundstücken liegen vor, wenn zwischen Anschaffung und Veräußerung nicht mehr als zehn Jahre vergangen sind.
  → Veräußerungsgeschäfte bei anderen Wirtschaftsgütern, außer Wertpapiere, liegen vor, wenn zwischen Anschaffung und Veräußerung nicht mehr als ein Jahr vergangen ist.
  → Als Anschaffung gilt auch die Überführung eines Wirtschaftsgutes in das Privatvermögen des Steuerpflichtigen durch Entnahme oder Betriebsaufgabe.

§ 23 (1) Satz 3 EStG

  → Keine Anschaffung stellt der Erwerb von unentgeltlich erworbenen Gegenständen (Schenkung, Erbschaft) dar. Bei der Veräußerung wird die Spekulationsfrist des Übertragenden fortgeführt.

§ 23 (1) Nr. 1 Satz 2 EStG

  → Wird auf einem erworbenen Grundstück ein Gebäude errichtet, so liegt beim Verkauf auch hinsichtlich des Gebäudes ein privates Veräußerungsgeschäft vor.

§ 23 (1) Nr. 1 Satz 3 EStG

  → Ausgenommen ist die Veräußerung von selbstgenutztem Wohneigentum, wenn es mind. im Jahr der Veräußerung und in den beiden vorangegangenen Jahren zu eigenen Wohnzwecken genutzt wurde.
  → Ausgenommen ist die Veräußerung von Gegenständen des täglichen Gebrauchs.

§ 22 Nr. 3 EStG

- Einkünfte aus Leistungen, soweit sie weder zu den anderen Einkunftsarten noch zu den anderen sonstigen Einkünften gehören. Eine Steuerpflicht entfällt, falls die Einkünfte weniger als 256,00 € im Kalenderjahr betragen haben.

H 22.6 EStR

  → Eine Leistung i. S. d. § 22 Nr. 3 EStG ist jedes Tun, Dulden oder Unterlassen, das Gegenstand eines entgeltlichen Vertrages sein kann.
  → Beispiele sind gelegentliche Vermittlungen, Vermietung beweglicher Gegenstände, Entgelt für die Mitnahme eines Arbeitskollegen.
  → Sobald die Einkünfte 256,00 € überschritten haben, ist der gesamte Betrag steuerpflichtig (sog. Freigrenze).

§ 22 Nr. 4 EStG

- Einkünfte aus Abgeordnetenbezügen,

§ 22 Nr. 5 EStG

- Leistungen aus Altersvorsorgeverträgen (z.B. Riester-Renten).

Sonstige Einkünfte (§§ 22, 23 EStG) — Fall 1

Bestimmen Sie in den folgenden Fällen die Einkunftsart(en).

a) Der 65-jährige Rentner A erhält seit dem 10.07.01 eine Rente durch die Deutsche Rentenversicherung ausbezahlt. Außerdem zahlt ihm sein ehemaliger Arbeitgeber eine Betriebsrente vom gleichen Zeitpunkt an.

b) C verkauft sein Haus am 01.05.01 für 500 000,00 €. Er hatte dieses Haus vor 17 Jahren für 210 000,00 € gekauft.

c) D hat von seinem verstorbenen Vater ein Haus geerbt. Dieses verkauft er zwei Jahre nach der Erbschaft für 150 000,00 €.

d) E hat in 02 ein Grundstück für 100 000,00 € gekauft. Er errichtet darauf ein Gebäude für 150 000,00 €. In 06 verkauft er das Grundstück zusammen mit dem Gebäude für 300 000,00 €.

e) F wohnt in einer Eigentumswohnung, die er in 01 gekauft hat. Ende 04 veräußert er diese Eigentumswohnung mit einem Gewinn von 30 000,00 €.

f) G hat seinem Bekannten Anton Kurz sein Auto für 2 Wochen geliehen und dafür (1) 200,00 €, (2) 350,00 €, (3) 256,00 € erhalten.

g) Politikerin H erhält als Mitglied des Bundestages Diäten in Höhe von 3 500,00 € monatlich. Außerdem erhält er eine Aufwandsentschädigung von 500,00 € für Fahrkosten usw.

h) I erhält aufgrund eines Arbeitsunfalls eine Teilerwerbsunfähigkeitsrente der gesetzlichen Unfallversicherung.

i) J ist seit zwei Jahren von seiner Frau geschieden. Die beiden Kinder leben in seinem Haushalt. Er erhält von ihr, da sie weitaus mehr verdient, einen Ehegattenunterhalt von 200,00 € monatlich und den Kindesunterhalt von 900,00 € monatlich. Die Anlage U, auf der er bestätigt, dass er die entsprechenden Einnahmen bei seiner Steuererklärung angibt, hat er unterschrieben.

j) K hat im Lotto „6 Richtige“ getippt und einen Gewinn von 1 000 000,00 € erhalten.

k) L hat von ihrer Mutter 500 000,00 € geschenkt bekommen.

l) M hat für 3 000,00 € Bitcoins veräußert, die er

(1) für 2 000,00 € vor drei Monaten gekauft hat

(2) für 2 000,00 € vor zwei Jahren gekauft hat

(3) auf seinem PC selbst generiert hat. Die Stromkosten für seinen PC belaufen sich auf 500,00 €.

(4) Weiterhin bezahlt er im Internet einen Wareneinkauf mit Bitcoins.
Die Ware kostet in Euro umgerechnet 1 500,00 €. Die Bitcoins hatte er vor zwei Monaten für 700,00 € erworben.

Fall 2 Wiederholungsfall

Prüfen Sie in den folgenden Fällen

a) die persönliche Steuerpflicht und

b) (falls notwendig) die sachliche Steuerpflicht und bestimmen Sie (falls notwendig) die Einkunftsart(en).

(1) A, wohnhaft in Köln, ist Angestellter der Stadt Köln und bezieht ein Bruttogehalt von 2 000,00 € monatlich.

(2) Der Schweizer Staatsbürger B lebt als freischaffender Schriftsteller und Autor in Düsseldorf.

(3) Die fünfjährige C, Wuppertal, hat vor Jahren von ihrer Tante ein größeres Vermögen geerbt. Ihre Eltern haben es für sie in Sparguthaben und Aktien angelegt. Aus den Sparguthaben erhielt sie in 01 3 900,00 € Zinsen, aus den Aktien 1 700,00 € Dividenden.

(4) Der in Maastricht lebende D ist Angestellter einer Firma in Aachen und erhält ein Bruttogehalt von 45 000,00 € jährlich.

(5) Die E GmbH mit Geschäftssitz in Düsseldorf handelt mit Computerzubehör aller Art und erzielte in 01 einen Gewinn von 60 000,00 €.

(6) Rentnerin F, wohnhaft in München, bezieht eine Rente der Deutschen Rentenversicherung Bund in Höhe von 1 250,00 € monatlich. Ihr ehemaliger Arbeitgeber zahlt ihr zusätzlich eine monatliche Rente von 750,00 €.

(7) Der deutsche Staatsbürger G, wohnhaft in Wien, ist beim Wiener Staatstheater angestellt und erhält ein Gehalt von 2 500,00 € monatlich.

(8) Rechtsanwalt H betreibt eine gut gehende Kanzlei in Remscheid, Jahreseinkommen 80 000,00 €. Dort wohnt er auch. In seiner Freizeit unterhält er eine Imkerei. Mit dem Verkauf des Honigs erzielt er dank Mundpropaganda jährliche Einnahmen in Höhe von 3 500,00 €.

(9) I ist Angestellter in einer Kfz-Werkstatt in Hamburg (gleichzeitig sein Wohnsitz). Außerdem repariert er gegen ein Entgelt für seine Freunde in der Freizeit deren Autos.

(10) J betreibt in ihrem Wohnhaus in Hilden eine gut gehende Arztpraxis. Aus der Praxis erzielt sie Einnahmen in Höhe von 150 000,00 €, aus der Vermietung von Wohnungen 30 000,00 €. Als Hobby sammelt sie teure Vasen. Manchmal verkauft sie auch eine Vase. In 01 hatte sie – wie jedes Jahr – einen Verlust von 15 000,00 €, den sie gerne einkommensteuermindernd geltend machen würde.

(11) Ihr Freund K, ebenfalls wohnhaft in Hilden, ist als Oberarzt im Hildener Stadtkrankenhaus angestellt und erhält ein Gehalt von 65 000,00 €.

(12) S, wohnhaft in Köln, Kommanditist der S-KG, vermietet an die KG ein Grundstück.

(13) Der Krankengymnast L hat eine Praxis in Düsseldorf (gleichzeitig Wohnsitz). Er hat ein jährliches Einkommen von 35 000,00 €.

(14) Der amerikanische Sänger M ist bei seiner Welttournee 01 auch für ein Dreivierteljahr in Deutschland. Während dieser Zeit wohnt er laufend in einem Hotel in Köln. Das Finanzamt Köln-Altstadt fordert ihn auf, seine Einkommensteuererklärung abzugeben, da er in Deutschland einkommensteuerpflichtig sei.

(15) N, Düsseldorf, kaufte am 03.03.01 1 000 Bayer-Aktien zum Preis von 75,00 € pro Stück. Er verkauft sie am 02.03.02 für 85,00 € pro Stück.

(16) O, Wuppertal, ist an der O&P OHG beteiligt. In 01 erhält O einen Gewinnanteil von 15 000,00 €. Zusätzlich hat er noch 30 000,00 € im Laufe des Jahres 01 für seine Geschäftsführertätigkeit erhalten.

(17) Wie ändert sich Ihre Antwort zu (16), wenn Sie davon ausgehen, dass O an der O&P GmbH beteiligt und als Geschäftsführer angestellt ist?

3.3 Die Steuerbefreiungen

Bei bestimmten Einkünften, die steuerpflichtig sind, wird auf die Besteuerung verzichtet. Diese Einkünfte sind von der Einkommensteuer befreit. Die Befreiungen haben vor allem soziale Gründe oder ergeben sich aus Gründen der Vereinfachung. In der folgenden Übersicht sind die wichtigsten Steuerbefreiungen genannt:

§ 3 Nr. 1a EStG	Leistungen aus einer Kranken-, Pflegeversicherung sowie der gesetzlichen Unfallversicherung
§ 3 Nr. 1d EStG	Mutterschaftsgeld nach dem Mutterschutzgesetz
§ 3 Nr. 2 EStG	Arbeitslosengeld, Kurzarbeitergeld, Winterausfallgeld u. a.
§ 3 Nr. 5 EStG	Wehrsold und Taschengeld i. S. d. Bundesfreiwilligendienstgesetzes
§ 3 Nr. 14 EStG	Zuschüsse eines Trägers der gesetzlichen Rentenversicherung zu den Aufwendungen eines Rentners für seine Krankenversicherung
§ 3 Nr. 15 EStG	Arbeitgeberleistungen für Fahrten zur Arbeit mit öffentlichen Verkehrsmitteln sind steuerfrei. Dabei spielt es keine Rolle, ob der Arbeitnehmer einen Barzuschuss für diese Fahrten erhält oder ob ihm der Arbeitgeber die Fahrkarte unentgeltlich oder verbilligt zur Verfügung stellt. Die steuerfreien Arbeitgeberleistungen mindern die beim Arbeitnehmer als Werbungskosten zu berücksichtigende Entfernungspauschale.
§ 3 Nr. 16 EStG	Die Vergütungen, die Arbeitnehmer von ihrem Arbeitgeber zur Erstattung ihrer Reisekosten, Umzugskosten oder Mehraufwendungen für die doppelte Haushaltsführung erhalten, wenn sie die gesetzlichen Pauschalen nicht übersteigen
§ 3 Nr. 19 EStG	Weiterbildungsleistungen des Arbeitgebers
§ 3 Nr. 24 EStG	Leistungen, die aufgrund des Bundeskindergeldgesetzes gewährt werden
§ 3 Nr. 26 EStG	Leistungen aus nebenberuflichen Tätigkeiten als Übungsleiter, Ausbilder, Erzieher oder Betreuer oder aus vergleichbaren nebenberuflichen Tätigkeiten, max. 3000,00 €. Eine Tätigkeit mit einer regelmäßigen wöchentlichen Arbeitszeit von maximal 14 Stunden gilt als nebenberuflich.
§ 3 Nr. 26a EStG BMF-Schreiben vom 21.11.2014	Steuerfreie Aufwandspauschale für alle nebenberuflich Tätigen im gemeinnützigen, mildtätigen und kirchlichen Bereich in Höhe von 840,00 €, wenn die Aufwendung nicht schon nach § 3 Nr. 12 oder § 3 Nr. 26 EStG begünstigt wird
§ 3 Nr. 34 EStG	Steuerfreiheit für Leistungen des Arbeitgebers zur betrieblichen Gesundheitsvorsorge bis 600,00 € pro Jahr. Darunter fallen z. B. Vorbeugung und Reduzierung arbeitsbedingter Belastungen des Bewegungsapparates, Bekämpfung von Suchtmittelkonsum. Nicht begünstigt sind die Bezuschussung von Mitgliedsbeiträgen an Sportvereine und Fitnessstudios.
§ 3 Nr. 36 EStG	Einnahmen für Leistungen zur Grundpflege oder hauswirtschaftlichen Versorgung bis zur Höhe des gesetzlichen Pflegegeldes
§ 3 Nr. 40 EStG (sog. Teileinkünfteverfahren)	40 % • der Bezüge im Sinne des § 20 (1) Nr. 1 EStG (Dividenden), • der Betriebsvermögensmehrungen oder Einnahmen aus der Veräußerung oder der Entnahme von Anteilen an Körperschaften, Personenvereinigungen und Vermögensmassen, deren Leistungen beim Empfänger zu Einnahmen im Sinne des § 20 (1) Nr. 1 EStG gehören (z. B. AG, GmbH), • des Veräußerungspreises nach § 17 (2) EStG, sind steuerfrei. Die Steuerbefreiung gilt nur für dem Betriebsvermögen zugewiesene Einkünfte aus Kapitalvermögen und für Gewinne aus der Veräußerung von im Betriebsvermögen befindlichen Anteilen. Für Kapitaleinkünfte im Privatvermögen gilt diese Steuerbefreiung nicht; allerdings schon für gewerbliche Einkünfte im Rahmen des § 17 (2) EStG. Mit diesen Einnahmen im Zusammenhang stehende Betriebausgaben und Anschaffungskosten können nur zu 60 % abgesetzt werden (§ 3c EStG).

§ 3 Nr. 45	Private Nutzung von Datenverarbeitungsgeräten durch Arbeitnehmer
§ 3 Nr. 46 EStG	vom Arbeitgeber gewährte Vorteile für das elektrische Aufladen eines Elektro- oder Hybridfahrzeuges im Betrieb des Arbeitgebers
§ 3 Nr. 51 EStG	Trinkgelder, die ein Arbeitnehmer zusätzlich und freiwillig von Dritten für seine Leistung erhält
§ 3 Nr. 62 EStG	Beitragsanteile des Arbeitgebers am Gesamtsozialversicherungsbeitrag (Renten-, Kranken-, Pflege-, Arbeitslosenversicherung) Ausgaben des Arbeitgebers für die Zukunftssicherung des Arbeitnehmers (Höchstbeträge § 3 Nr. 62 Satz 3!)
§ 3 Nr. 67	Erziehungsgeld
§ 3b EStG	Zuschläge, die für tatsächlich geleistete Sonntags-, Feiertags- oder Nachtarbeit neben dem Grundlohn gezahlt werden, soweit sie 1. für Nachtarbeit 25 %, 2. für Sonntagsarbeit 50 % des Grundlohns nicht übersteigen.
§ 40 (3) Satz 3 EStG	Pauschal besteuerter Arbeitslohn bleibt bei der Veranlagung zur Einkommensteuer außer Ansatz.

Fall Steuerbefreiungen

Prüfen Sie, welche der folgenden Einnahmen in welcher Höhe steuerbefreit sind.

a) Arbeitnehmer Günter Selbig (35 Jahre) hat in 01 folgende Einnahmen:

(1) Arbeitslohn für die Monate Januar bis April in Höhe von 6 600,00 €. Darin enthalten sind tariflich vereinbarte Zuschläge für Sonntagsarbeit in Höhe von 900,00 €, die 50 % des Grundlohns nicht übersteigen.

(2) Entlassungsabfindung wegen einer betriebsbedingten Kündigung Ende April in Höhe von 9 000,00 € nach 10-jähriger Firmenzugehörigkeit und

(3) daran anschließend Arbeitslosengeld für 4 Monate in Höhe von monatlich 900,00 €

(4) Er findet eine neue Arbeit an einem anderen Ort. Die Umzugskosten in Höhe von 600,00 € ersetzt ihm sein Arbeitgeber.

(5) Der Arbeitgeber stellt ihm frei, ob er einen Zuschuss zu seinen Fahrtkosten zur Arbeitsstelle mit dem privaten Pkw oder ein kostenloses Jobticket zur Benutzung der öffentlichen Verkehrsmittel erhalten möchte.

(6) Kindergeld für den Monat Dezember in Höhe von 255,00 €

(7) Von der privaten Krankenversicherung wurden ihm Krankheitskosten in Höhe von 900,00 € ersetzt.

(8) Aushilfsweise hat er in einer Gaststätte gejobbt. An Trinkgeldern erhielt er insgesamt 200,00 €.

(9) Außerdem ist er Übungsleiter beim örtlichen Sportverein mit einer Beschäftigung von 3 Stunden in der Woche und erhielt dafür eine Aufwandsentschädigung in Höhe von 1 200,00 €.

(10) Außerdem sorgt er als Gerätewart für Ordnung im Geräteraum des Sportvereins und erhält dafür eine Aufwandsentschädigung von 60,00 € im Monat.

b) Susanne Richter besitzt Aktien der Bayer AG. Sie erhält eine Dividende in Höhe von 5 000,00 € für das Jahr 01. Außerdem erzielt sie Zinseinnahmen aus der Geldanlage in festverzinslichen Wertpapieren in Höhe von 2 000,00 €.

c) Welche Änderung ergibt sich, wenn Susanne Richter die Aktien und die festverzinslichen Wertpapiere im Betriebsvermögen hält?

3.4 Die Bemessungsgrundlage

Nachdem festgestellt ist, dass ein Vorgang einkommensteuerpflichtig ist und keine Steuerbefreiung vorliegt, muss die Höhe der Einkommensteuer berechnet werden. Dazu wird zunächst der Wert festgelegt, von dem die Einkommensteuer berechnet wird, die sogenannte Bemessungsgrundlage. Für die Einkommensteuer ist dies das zu versteuernde Einkommen. Im folgenden Kapitel wird zunächst die Berechnung des zu versteuernden Einkommens in einer Übersicht dargestellt. Danach wird die Ermittlung der einzelnen Positionen des Schemas erläutert.

Das zu versteuernde Einkommen ermittelt sich gem. § 2 EStG wie folgt:

Ermittlung des zu versteuernden Einkommens bei Einzelveranlagung	
Einkünfte aus Land- und Forstwirtschaft	werden ermittelt durch den Gewinn, sog. **Gewinneinkunftsarten** (§ 2 (2) Nr. 1 EStG)
+ Einkünfte aus Gewerbebetrieb	
+ Einkünfte aus selbstständiger Arbeit	
+ Einkünfte aus nichtselbstständiger Arbeit	werden ermittelt durch den Überschuss der Einnahmen über die Werbungskosten, sog. **Überschusseinkunftsarten** (§ 2 (2) Nr. 2 EStG)
+ Einkünfte aus Kapitalvermögen	
+ Einkünfte aus Vermietung und Verpachtung	
+ Sonstige Einkünfte	
= Summe der Einkünfte (§ 2 (3) EStG)	
– Altersentlastungsbetrag (§ 24a EStG)	
– Entlastungsbetrag für Alleinerziehende (§ 24b EStG)	
– Freibetrag für Land- und Forstwirte (§ 13 (3) EStG)	
= Gesamtbetrag der Einkünfte (§ 2 (3) EStG)	
– Verlustabzug (§ 10d EStG)	
– Sonderausgaben (§§ 10, 10b, 10c EStG)	
– Außergewöhnliche Belastungen (§§ 33–33b EStG)	
= Einkommen (§ 2 (4) EStG)	
– Kinder- und Betreuungsfreibetrag (§ 32 (6) EStG)	
– Härteausgleich (§ 46 (3), (5) EStG, § 70 EStDV)	
= Zu versteuerndes Einkommen (§ 2 (5) EStG)	

Dieses Schema gilt nur für Steuerpflichtige, die einzeln veranlagt werden. Ehegatten und Lebenspartner können sich zusammen zur Einkommensteuer veranlagen lassen.[1] Für sie werden die Einkünfte gem. § 26b EStG einzeln ermittelt und danach die Ehegatten oder Lebenspartner wie ein Steuerpflichtiger behandelt. Dazu werden die Summen der Einkünfte zusammengerechnet und dann die weiteren Positionen gemeinsam ermittelt.

[1] Zu den Veranlagungsarten vgl. Kapitel 3.5.1

Ermittlung des zu versteuernden Einkommens bei Zusammenveranlagung	
Ehemann/Lebenspartner	**Ehefrau/Lebenspartner**
Einkünfte aus Land- und Forstwirtschaft	Einkünfte aus Land- und Forstwirtschaft
+ Einkünfte aus Gewerbebetrieb	+ Einkünfte aus Gewerbebetrieb
+ Einkünfte aus selbstständiger Arbeit	+ Einkünfte aus selbstständiger Arbeit
+ Einkünfte aus nichtselbstständiger Arbeit	+ Einkünfte aus nichtselbstständiger Arbeit
+ Einkünfte aus Kapitalvermögen	+ Einkünfte aus Kapitalvermögen
+ Einkünfte aus Vermietung und Verpachtung	+ Einkünfte aus Vermietung und Verpachtung
+ Sonstige Einkünfte	+ sonstige Einkünfte
= Summe der Einkünfte	= Summe der Einkünfte
Gemeinsame Summe der Einkünfte	
– Altersentlastungsbetrag (§ 24a EStG)	
– Entlastungsbetrag für Alleinerziehende (§ 24b EStG)	
– Freibetrag für Land- und Forstwirte (§ 13 (3) EStG)	
= Gesamtbetrag der Einkünfte (§ 2 (3) EStG)	
– Verlustabzug (§ 10d EStG)	
– Sonderausgaben (§§ 10, 10b, 10c EStG)	
– Außergewöhnliche Belastungen (§§ 33–33b EStG)	
= Einkommen (§ 2 (4) EStG)	
– Kinder- und Betreuungsfreibetrag (§ 32 (6) EStG)	
– Härteausgleich (§ 46 (3), (5) EStG, § 70 EStDV)	
= Zu versteuerndes Einkommen (§ 2 (5) EStG)	

Fall Schema zur Berechnung des zu versteuernden Einkommens (§ 2 EStG)

a) Ermitteln Sie aus den folgenden Angaben das zu versteuernde Einkommen. Ermitteln Sie auch alle im § 2 EStG genannten Zwischengrößen und beachten Sie die Reihenfolge.

Zur Einkommensteuererklärung des Mandanten Rudolf Bergmann liegen folgende Informationen vor:

• Einkünfte aus Land- und Forstwirtschaft	5 500,00 €
• Einkünfte aus selbstständiger Arbeit	15 000,00 €
• Einkünfte aus Gewerbebetrieb	20 500,00 €
• Einkünfte aus nichtselbstständiger Arbeit	25 600,00 €
• sonstige Einkünfte	3 200,00 €
• Einkünfte aus V+V	–5 400,00 €
• Sonderausgaben	5 700,00 €
• Altersentlastungsbetrag	1 900,00 €
• außergewöhnliche Belastungen	2 400,00 €
• Kinderfreibetrag	3 192,00 €
• Betreuungsfreibetrag	1 464,00 €

b) Andreas und Bianca Dausend sind verheiratet und werden zusammen veranlagt. Sie haben ein gemeinsames Kind im Alter von 10 Jahren, für das sie einen Kinderfreibetrag erhalten. Berechnen Sie für das Ehepaar das zu versteuernde Einkommen mithilfe der entsprechenden Tabelle. Folgende Angaben stehen Ihnen zur Verfügung:

• Einkünfte aus Gewerbebetrieb Andreas	90 500,00 €
• Einkünfte aus nichtselbständiger Arbeit Bianca	25 400,00 €
• Einkünfte aus Vermietung und Verpachtung Ehepaar gemeinsam (werden den Ehegatten je hälftig zugerechnet)	30 000,00 €
• Sonderausgaben Ehepaar gemeinsam	14 300,00 €
• Außergewöhnliche Belastungen Ehepaar gemeinsam	2 300,00 €
• Kinderfreibetrag Ehepaar gemeinsam	6 384,00 €
• Betreuungsfreibetrag Ehepaar gemeinsam	2 928,00 €

3.4.1 Die Ermittlung der Gewinneinkunftsarten

Gemäß § 2 (2) EStG ist die Bemessungsgrundlage für die Einkünfte aus Land- und Forstwirtschaft, aus Gewerbebetrieb und selbstständiger Arbeit der **Gewinn.** Die drei Einkunftsarten werden deshalb auch als Gewinneinkunftsarten bezeichnet. Die Vorschriften zur Gewinnermittlung sind im Kapitel 9 Grundzüge des Bilanzsteuerrechts erläutert.[1]

3.4.1.1 Die Ermittlung der Einkünfte aus Land- und Forstwirtschaft

Gewinnermittlungsart	• Für buchführungspflichtige Land- und Forstwirte Betriebsvermögensvergleich nach § 4 (1) oder nach § 5 EStG, • für nicht buchführungspflichtige Land- und Forstwirte Einnahmen-Überschuss-Rechnung nach § 4 (3) EStG oder unter den Voraussetzungen des § 13a EStG Ermittlung des Gewinns nach Durchschnittssätzen.
Gewinnermittlungszeitraum **§ 4a EStG** **§ 8b EStDV**	Der Gewinn ist nach dem Wirtschaftsjahr zu ermitteln. Das Wirtschaftsjahr umfasst einen Zeitraum von 12 Monaten, es sei denn, der Betrieb wird eröffnet, aufgegeben oder veräußert (Rumpfwirtschaftsjahr). Wirtschaftsjahr ist bei Land- und Forstwirten der Zeitraum vom 1. Juli bis zum 30. Juni.
§ 8c EStDV	Eine Abweichung von diesem Wirtschaftsjahr ist unter den Voraussetzungen des § 8c EStDV möglich.
§ 4a (2) Nr. 1 EStG	Der Gewinn des Wirtschaftsjahres ist auf das Kalenderjahr, in dem das Wirtschaftsjahr beginnt, und auf das Kalenderjahr, in dem das Wirtschaftsjahr endet, aufzuteilen (zeitanteilige Zurechnung).
Freibetrag für Land- und Forstwirte **§ 13 (3) EStG**	Bei den Einkünften aus Land- und Forstwirtschaft wird ein Freibetrag • von 900,00 € bei Einzelveranlagung abgezogen, maximal bis zur Höhe der Einkünfte. Dies gilt nur, wenn die Summe der Einkünfte 30 700,00 € nicht übersteigt; • von 1 800,00 € bei Zusammenveranlagung abgezogen, maximal bis zur Höhe der Einkünfte. Dies gilt nur, wenn die Summe der Einkünfte 61 400,00 € nicht übersteigt.
§ 2 (3) EStG	Der Freibetrag wird nicht bei den Einkünften, sondern erst nach der Summe der Einkünfte abgezogen.

Berechnung der Einkünfte aus Land- und Forstwirtschaft (§§ 13, 4a EStG) **Fall 1**

a) Hans Biesel hat mehrere landwirtschaftliche Betriebe.

Aus seinem Obstanbau erzielte er für das

- Wirtschaftsjahr 01.07.01–30.06.02 einen Gewinn von 10 000,00 €,
- Wirtschaftsjahr 01.07.02–30.06.03 einen Gewinn von 30 000,00 €.

Aus seiner Imkerei erzielte er für das

- Wirtschaftsjahr 01.07.01–30.06.02 einen Verlust von 5 000,00 €,
- Wirtschaftsjahr 01.07.02–30.06.03 einen Gewinn von 3 500,00 €.

(1) Berechnen Sie die Einkünfte aus Land- und Forstwirtschaft für das Jahr 02.

(2) Berechnen Sie die Summe und den Gesamtbetrag der Einkünfte. Gehen Sie davon aus, dass keine weiteren Einkünfte vorliegen. Beachten Sie insbesondere den § 13 (3) EStG.

[1] Zur Lösung einiger Aufgaben zu den Gewinnermittlungsarten ist die Bearbeitung der Kapitel 9.1 und 9.2 sowie in Grundzügen Kapitel 9.4 notwendig.

b) Wie ändert sich Ihr Ergebnis unter a), wenn Sie davon ausgehen, dass Biesel verheiratet ist und mit seiner Frau zusammen veranlagt wird?

Fall 2 **Ermittlung der Einkünfte aus Land- und Forstwirtschaft – andere Einkunftsarten (§§ 13, 4a EStG)**

Susanne Merser, ledig, betreibt in Brandenburg einen landwirtschaftlichen Betrieb. Ihr Gewinn hat im Wirtschaftsjahr 01/02 21 000,00 € und im Wirtschaftsjahr 02/03 27 000,00 € betragen.

Merser hat neben den Einkünften aus Land- und Forstwirtschaft noch Einkünfte aus Vermietung in Höhe von 2 000,00 €.

a) Ermitteln Sie den Gesamtbetrag der Einkünfte für 02.

b) Ermitteln Sie den Gesamtbetrag der Einkünfte unter der Voraussetzung, dass die Einkünfte aus Vermietung 12 000,00 € betragen hätten.

Fall 3 **Ermittlung der Einkünfte aus Land- und Forstwirtschaft – abweichendes Wirtschaftsjahr (§§ 13, 4a EStG)**

Horst Sunder betreibt einen forstwirtschaftlichen Betrieb in Mecklenburg-Vorpommern. Das Wirtschaftsjahr läuft vom 1. Oktober bis zum 30. September (§ 8c Abs. 1 Nr. 2 EStDV).

Der Betrieb erwirtschaftet im Wirtschaftsjahr 01/02 einen Gewinn von 42 000,00 € und im folgenden Wirtschaftsjahr 02/03 einen Gewinn von 25 500,00 €.

Wie hoch sind die Einkünfte aus Land- und Forstwirtschaft für 02?

3.4.1.2 Die Ermittlung der Einkünfte aus Gewerbebetrieb

Gewinnermittlungsart	• Für buchführungspflichtige Gewerbetreibende Betriebsvermögensvergleich nach § 4 (1) oder nach § 5 EStG, • für nicht buchführungspflichtige (kleine) Gewerbetreibende Einnahmen-Überschuss-Rechnung nach § 4 (3) EStG.
Gewinnermittlungszeitraum **§ 4a EStG** **§ 8b EStDV**	Der Gewinn ist nach dem Wirtschaftsjahr zu ermitteln. Das Wirtschaftsjahr umfasst einen Zeitraum von 12 Monaten, es sei denn, der Betrieb wird eröffnet, aufgegeben oder veräußert (Rumpfwirtschaftsjahr). Wirtschaftsjahr ist bei Gewerbetreibenden, die im Handelsregister eingetragen sind, der Zeitraum, für den sie regelmäßig Abschlüsse machen. Dieser Zeitraum kann das Kalenderjahr oder ein davon abweichendes Wirtschaftsjahr sein. Bei der Umstellung des Wirtschaftsjahres auf ein vom Kalenderjahr abweichendes Wirtschaftsjahr ist die Zustimmung des Finanzamtes notwendig. Bei Gewerbetreibenden, die nicht im Handelsregister eingetragen sind, ist das Wirtschaftsjahr das Kalenderjahr.
§ 4a (2) Nr. 2 EStG	Der Gewinn des Wirtschaftsjahres gilt als in dem Kalenderjahr bezogen, in dem das Wirtschaftsjahr **endet**.
Ermittlung des Veräußerungsgewinns nach **§ 16 EStG** **§ 16 (2) EStG**	Der Veräußerungsgewinn ermittelt sich wie folgt: Veräußerungspreis – Veräußerungskosten – Wert des Betriebsvermögens (= Aktiva–Schulden) = Veräußerungsgewinn

§ 16 (4) EStG	Hat der Steuerpflichtige das 55. Lebensjahr vollendet oder ist er dauernd berufsunfähig, so wird **auf Antrag** von dem Veräußerungsgewinn ein Freibetrag von 45 000,00 € abgezogen. Dieser Freibetrag mindert sich um den Betrag, um den der Veräußerungsgewinn den Karenzbetrag von 136 000,00 € übersteigt. Ab einem Veräußerungsgewinn von 181 000,00 € entfällt daher der Freibetrag.
R 16 (13) EStR	Wird nur ein Anteil an einem Betrieb oder an einer Personengesellschaft veräußert, so steht den einzelnen Gesellschaftern für ihren Anteil am Veräußerungsgewinn der Freibetrag in voller Höhe zu. Der Freibetrag ist dem Steuerpflichtigen nur einmal zu gewähren; nicht verbrauchte Teile des Freibetrags können nicht bei einer anderen Veräußerung in Anspruch genommen werden.
Ermittlung des Veräußerungsgewinns nach § 17 EStG **§ 17 (2) EStG** **§ 3 Nr. 40c EStG**	Der Veräußerungsgewinn ermittelt sich wie folgt: Veräußerungspreis · 60 % – Veräußerungskosten · 60 % – Anschaffungskosten · 60 % = Veräußerungsgewinn
§ 3c (2) EStG	Der Veräußerungspreis ist nur zu 60 % steuerpflichtig (sog. Teileinkünfteverfahren), somit dürfen auch nur zu 60 % der Anschaffungs- und Veräußerungskosten abgezogen werden.
§ 17 (3) EStG	Von dem Veräußerungsgewinn wird ein Freibetrag von 9 060,00 € abgezogen. Dieser Freibetrag gilt aber für die gesamte Kapitalgesellschaft. Wird ein Teil der Kapitalgesellschaft veräußert, ist der Freibetrag auch anteilig anzusetzen.
R 17 (9) EStR	Für die Berechnung des Freibetrags ist der nach § 3 Nr. 40 Buchstabe c i. V. m. § 3c (2) EStG steuerfrei bleibende Teil des Veräußerungsgewinns nicht zu berücksichtigen. Der Freibetrag mindert sich um den Betrag, um den der Veräußerungsgewinn den Karenzbetrag von 36 100,00 € übersteigt. Auch dieser Karenzbetrag ist bei Teilveräußerung anteilig zu rechnen.

Einkommensteuer

Gewinnermittlung (§ 15, § 4 (3) EStG)

Fall 1

Rudi Bamberger ist selbstständiger Gemüseeinzelhändler aus Mannheim. Er ermittelt seinen Gewinn zulässigerweise nach § 4 (3) EStG.

Berechnen Sie für 01 seine Einkünfte aus Gewerbebetrieb.

Aus seinem Gemüseeinzelhandel hat er folgende Einnahmen bzw. Ausgaben:

- Betriebseinnahmen in Höhe von 32 300,00 €
- Ausgaben für Aushilfen in seinem Laden in Höhe von 2 300,00 €
- Ausgabe für eine neue Regalwand in Höhe von 2 000,00 €, Nutzungsdauer 5 Jahre
- Wareneinkauf (Gemüse, Obst usw.) in Höhe von 10 200,00 €
- Geschenk an einen guten Geschäftskunden in Höhe von 120,00 €
- Miete für seinen Laden von Januar bis November 01 in Höhe von 11 000,00 €. Die Miete für Dezember 01 in Höhe von 1 000,00 € hat er erst am 20.01.02 überwiesen.
- Er entnimmt der Betriebskasse 1 000,00 € für private Zwecke.

Außerdem ist Bamberger noch mit einem Geschäftspartner an der ElektrohandelsOHG aus Mannheim beteiligt. Sein Kapitalanteil beträgt 40 000,00 €, der seines Kollegen 60 000,00 €. In 01 hat die OHG einen Gewinn von 100 000,00 € erzielt. Bamberger hat der OHG ein Gebäude zu einer Miete von 5 000,00 € monatlich ab dem 01.07.01 überlassen. Der Gewinn soll nach den Vorschriften des HGB verteilt werden.

Fall 2 Gewinnermittlungszeitraum (§ 4a EStG)

a) Das Wirtschaftsjahr des im Handelsregister eingetragenen Gewerbetreibenden Hans Günter aus Karlsruhe läuft seit der Eröffnung des Betriebes vom 01.07. bis zum 30.06. Im Wirtschaftsjahr vom 01.07.01 bis 30.06.02 erzielte Günter einen Gewinn von 80000,00 €, im darauffolgenden Wirtschaftsjahr einen Verlust von 40000,00 €.

(1) Ermitteln Sie die Einkünfte aus Gewerbebetrieb für das Jahr 02.

(2) Welche Einkünfte in welcher Höhe würden sich für das Jahr 02 ergeben, wenn es sich um einen Obstanbau handelte?

b) Der Einzelhändler Siegfried Schall in Goslar möchte seinen steuerlichen Gewinn statt wie bisher nach dem Kalenderjahr künftig nach einem vom Kalenderjahr abweichenden Wirtschaftsjahr (01.07.–30.06.) ermitteln.

Stellen Sie fest, ob eine Umstellung des Wirtschaftsjahres gem. § 4a EStG möglich ist.

c) Sibylle Betram aus Görlitz hat bei Gründung ihres Unternehmens ein vom Kalenderjahr abweichendes Wirtschaftsjahr (01.10.–30.09.) gewählt. Zum 01.01.07 erfolgt ohne Zustimmung des Finanzamtes die Umstellung auf ein mit dem Kalenderjahr übereinstimmendes Wirtschaftsjahr.

Folgende Gewinne hat sie in folgenden Zeiträumen erzielt:

- für die Zeit vom 01.10.05–30.09.06 120000,00 €
- für die Zeit vom 01.10.06–31.12.06 40000,00 €
- für die Zeit vom 01.01.07–31.12.07 110000,00 €

(1) Stellen Sie fest, ob eine Umstellung des Wirtschaftsjahres gem. § 4a EStG möglich ist.

(2) Ermitteln Sie die Einkünfte für die Veranlagungszeiträume 06 und 07.

Fall 3* Veräußerungsgewinne (§§ 16, 17 EStG)

a) Günter Sieg, 50 Jahre, veräußert sein Einzelunternehmen. Er erzielte einen Veräußerungspreis von 500000,00 €. Der Wert des Betriebsvermögens laut Bilanz belief sich im Zeitpunkt der Veräußerung auf 368000,00 €. Die Veräußerungskosten betrugen 2000,00 €.

(1) Prüfen Sie, ob Einkünfte aus Gewerbebetrieb vorliegen.

(2) Berechnen Sie den steuerpflichtigen Veräußerungsgewinn.

(3) Welchen Freibetrag erhält Sieg unter der Annahme, dass er 60 Jahre alt ist?

b) Erich Hanke veräußert seine Metallwarenfabrik. Er erzielt einen Veräußerungserlös von 260000,00 €. Der Wert des Betriebsvermögens beträgt 105000,00 €. Die Veräußerungskosten belaufen sich auf 5000,00 €.

Ermitteln Sie den steuerpflichtigen Veräußerungsgewinn unter der Voraussetzung, dass Hanke

(1) 40 Jahre alt,

(2) 60 Jahre alt ist.

c) Karl Zeiler, 53 Jahre, ist zu 60 % an der Zeiler & Jung OHG beteiligt. Das Betriebsvermögen der OHG beläuft sich auf 75000,00 €. Er verkauft seinen Anteil zu einem Preis von 80000,00 €. Veräußerungskosten fallen nicht an. Berechnen Sie den steuerpflichtigen Veräußerungsgewinn unter der Voraussetzung, dass Zeiler dauernd berufsunfähig ist.

d) Stefan Sauber ist alleiniger Besitzer der Firma Sauber Reinigungssysteme. Er verkauft die Firma für 65000,00 €. Der Wert des Betriebsvermögens beträgt 45000,00 €, die Veräußerungskosten belaufen sich auf 2500,00 €.

(1) Berechnen Sie den steuerpflichtigen Veräußerungsgewinn unter der Annahme, dass Sauber 35 Jahre alt ist.

(2) Berechnen Sie den steuerpflichtigen Veräußerungsgewinn unter der Annahme, dass Sauber 65 Jahre alt ist.

(3) Berechnen Sie den steuerpflichtigen Veräußerungsgewinn unter der Annahme, dass Sauber die Firma für 215000,00 € verkauft und er 65 Jahre alt ist.

(4) Nehmen Sie an, Sauber sei mit Reinlich an der Sauber und Reinlich OHG je zur Hälfte beteiligt. Sauber verkauft seinen Anteil für 65000,00 €. Der Wert des Betriebsvermögens seiner Hälfte beträgt 45000,00 €, die Veräußerungskosten belaufen sich auf 2500,00 €. Sauber ist 65 Jahre alt. Berechnen Sie den steuerpflichtigen Veräußerungsgewinn für Sauber.

e) Heinrich Schäfer ist Eigentümer der Schäfer GmbH. Er verkauft die GmbH für 120 000,00 €. Er ist seit 8 Jahren Eigentümer der GmbH. Die Anschaffungskosten haben 90 000,00 € betragen. An Veräußerungskosten fielen 1 000,00 € an.

(1) Prüfen Sie, ob Einkünfte aus Gewerbebetrieb vorliegen.

(2) Berechnen Sie den steuerpflichtigen Veräußerungsgewinn.

(3) Wie hoch ist der steuerpflichtige Veräußerungsgewinn bei einem Verkaufserlös von 170 000,00 €?

f) Horst Karl veräußert seinen Anteil an der Rohr GmbH. Die Anschaffungskosten seines Anteils von 50 % hatten vor 11 Jahren 30 000,00 € betragen. Er erzielte für seinen Anteil einen Preis von 47 000,00 €. Die Veräußerungskosten beliefen sich auf 450,00 €.

(1) Berechnen Sie den steuerpflichtigen Veräußerungsgewinn.

(2) Wie hoch wäre der steuerpflichtige Veräußerungsgewinn, wenn der Veräußerungspreis 75 550,00 € betragen hätte?

g) Gerber ist alleiniger Besitzer der Gerber GmbH. Er verkauft die gesamte GmbH für 60 000,00 €. Vor 15 Jahren hatte er die GmbH für 25 000,00 € gekauft. Die Veräußerungskosten belaufen sich auf 5 000,00 €.

(1) Berechnen Sie den steuerpflichtigen Veräußerungsgewinn.

(2) Berechen Sie den steuerpflichtigen Veräußerungsgewinn für den Fall, dass Gerber nur zu 20 % an der GmbH beteiligt wäre und er den Anteil für die vorgenannten Beträge verkauft hätte.

3.4.1.3 Die Ermittlung der Einkünfte aus selbstständiger Tätigkeit

Gewinnermittlungsart	• Für nicht buchführungspflichtige Freiberufler Einnahmen-Überschussrechnung nach § 4 (3) EStG, • für freiwillig Bücher führende Freiberufler Betriebsvermögensvergleich nach § 4 (1) EStG,
H 18.2 EStR **BMF-Schreiben vom 06.04.2023**	• bei hauptberuflicher selbstständiger schriftstellerischer oder journalistischer Tätigkeit kann ein pauschaler Betriebsausgabenabzug von 30 % der Betriebseinnahmen (max. 3 600,00 €) und bei wissenschaftlicher, künstlerischer oder schriftstellerischer Nebentätigkeit (auch Vortrags-, Lehr- oder Prüfungstätigkeit) ein pauschaler Betriebsausgabenabzug von 25 % der Betriebseinnahmen (max. 900,00 €) geltend gemacht werden.
Gewinnermittlungszeitraum **§ 2 (7) EStG**	Der Gewinn ist nach dem Wirtschaftsjahr zu ermitteln. Das Wirtschaftsjahr entspricht bei Freiberuflern immer dem Kalenderjahr.
Ermittlung des Veräußerungsgewinns nach	Die Regelungen des § 16 (2)–(4) EStG sind entsprechend anzuwenden.
§ 18 (3) EStG	Der Veräußerungsgewinn ermittelt sich wie folgt:
§ 16 (2) EStG	Veräußerungspreis – Veräußerungskosten – Wert des Betriebsvermögens = Veräußerungsgewinn
§ 16 (4) EStG	Hat der Steuerpflichtige das 55. Lebensjahr vollendet oder ist er dauernd berufsunfähig, so wird von dem Veräußerungsgewinn ein Freibetrag von 45 000,00 € abgezogen. Dieser Freibetrag mindert sich um den Betrag, um den der Veräußerungsgewinn den Karenzbetrag von 136 000,00 € übersteigt. Ab einem Veräußerungsgewinn von 181 000,00 € entfällt daher der Freibetrag.

Fall 1 Ermittlung der Einkünfte aus selbstständiger Arbeit

Susanne Arndt ist selbstständige Steuerberaterin in Kiel. Sie ermittelt ihren Gewinn nach § 4 (3) EStG.

Folgende Einnahmen bzw. Ausgaben hatte sie in 01:

- Betriebseinnahmen 150000,00 €
- Miete Geschäftsräume 13200,00 €
- Gehälter Mitarbeiter 54000,00 €
- Bußgeld wegen zu schnellen Fahrens 150,00 €
- Kauf eines Schreibtisches für 3000,00 €, Nutzungsdauer 5 Jahre
- sonstige anerkannte Betriebsausgaben 1500,00 €

Stellen Sie fest, welche Einkünfte in welcher Höhe Arndt hat.

Fall 2 Wiederholungsfall Gewinneinkünfte

Konrad und Irmgard Lose werden zusammen veranlagt. Sie haben folgende Einkünfte:

a) Konrad Lose ist als Rechtsanwalt selbstständig tätig. Er erzielte Einnahmen in Höhe von 120000,00 € und hat Ausgaben in Höhe von 75000,00 € nachgewiesen. In diesen Ausgaben sind ein Geschenk in Höhe von 240,00 € an seinen langjährigen Kollegen zu dessen Jubiläum, ein wertvolles Geschenk für seine Frau in Höhe von 500,00 € sowie eine Geldbuße für zu schnelles Fahren in Höhe von 50,00 € enthalten.

b) Irmgard Lose ist als Designerin in einem großen Konfektionsunternehmen freiberuflich tätig. Im Februar 02 erzielt sie für einen größeren Auftrag, den sie bereits in 01 beendet hatte, ein Honorar von 31000,00 €.

c) Des Weiteren ist Irmgard Lose an einer OHG beteiligt, in der sie eigene Entwürfe umsetzen kann. An der OHG ist sie mit 20000,00 €, ihre Mitgesellschafterin mit 80000,00 € beteiligt. Der Gewinn der OHG betrug in 02 50000,00 €. Frau Lose hatte für ihre Geschäftsführertätigkeit ein Gehalt von 2000,00 € monatlich erhalten. Dieses Gehalt ist als Betriebsausgabe gebucht worden. Im Gesellschaftsvertrag wurde eine Gewinnverteilung von 75 % für Frau Lose und 25 % für ihre Mitgesellschafterin vereinbart. Auf eine Verzinsung des Kapitals wurde verzichtet. Der Gewinnanteil für 02 wurde Frau Lose erst im Februar 03 überwiesen.

d) Herr Lose bewirtschaftet eine kleine Gärtnerei. Der Gewinn des Wirtschaftsjahres 01/02 betrug 9000,00 €, im Wirtschaftsjahr 02/03 wurde ein Verlust von 1000,00 € verzeichnet.

Herr und Frau Lose haben Sonderausgaben in Höhe von 6200,00 € nachgewiesen. Weitere Aufwendungen können sie nicht geltend machen.

Wie hoch ist das zu versteuernde Einkommen der Eheleute Konrad und Irmgard Lose in 02?

3.4.2 Die Ermittlung der Überschusseinkunftsarten

Gemäß § 2 (2) EStG ist die Bemessungsgrundlage für die Einkünfte aus nichtselbstständiger Arbeit, aus Kapitalvermögen, aus Vermietung und Verpachtung sowie der sonstigen Einkünfte der Überschuss der Einnahmen über die Werbungskosten. Die vier Einkunftsarten werden deshalb auch Überschusseinkunftsarten genannt. Im folgenden Kapitel werden die Grundbegriffe der Überschusseinkünfte kurz erläutert, um dann auf die Ermittlung der einzelnen Einkunftsarten einzugehen.

Grundbegriffe bei den Überschusseinkunftsarten

Ermittlung der Einkünfte
§ 2 (2) EStG

  Einnahmen
– Werbungskosten

oder falls günstiger

– Werbungskostenpauschale
= Einkünfte

Einnahmen
§ 8 EStG

Einnahmen sind alle Güter, die

- in Geld oder
- in Geldeswert (z. B. Überlassung einer verbilligten Wohnung, eines Pkw, Gewährung freier Kost, verbilligte Waren)

bestehen.

Werbungskosten
§ 9 EStG

Werbungskosten sind

- Aufwendungen
- zur Erwerbung,
- zur Sicherung
- und zur Erhaltung
- der Einnahmen.

Sie sind bei der Einkunftsart abzuziehen, bei der sie erwachsen sind.

Eine beispielhafte, nicht abschließende Aufzählung findet sich in § 9 (1) Satz 3 EStG.

§ 12 EStG

Nicht als Werbungskosten abgezogen werden dürfen

- die für den Haushalt des Steuerpflichtigen und für den Unterhalt seiner Familienangehörigen aufgewendeten Beträge, auch wenn sie zur Förderung des Berufes beitragen,
- Geldstrafen und Geldbußen u. a.

R 12.5 EStR

- Spenden (auch wenn betriebliche Erwägungen sie mit veranlasst haben)

BMF-Schreiben vom 06.07.2010

→ Bei gemischten Aufwendungen, die nicht unerheblich auch durch private Gründe mitveranlasst sind, richtet sich die Anerkennung als Werbungskosten nach dem prozentualen Grad der Mitveranlassung.

Mitveranlassung		Abzug als Werbungskosten
beruflich	privat	
unter 10 %	über 90 %	kein Abzug
10 – 90 %	10 – 90 %	anteilig
über 90 %	unter 10 %	in voller Höhe

Aufwendungen für den eigenen Haushalt und den Unterhalt von Familienangehörigen sind grundsätzlich vom Abzug ausgeschlossen. Hierunter fallen z. B. Kosten für Wohnung, Ernährung, Kleidung und für sonstige persönliche Bedürfnisse des alltäglichen Lebens. Ausnahmen gelten, wenn solche Aufwendungen ausschließlich beruflich veranlasst sind.

Werbungskostenpauschale
§ 9a EStG

Werden keine oder geringere tatsächliche Werbungskosten nachgewiesen, so wird eine Werbungskostenpauschale ohne Nachweise anstelle der tatsächlichen Werbungskosten angesetzt. Die Höhe der Pauschale ergibt sich aus § 9a EStG.

Zufluss-/Abflussprinzip **§ 11 EStG**	**Einnahmen** sind in dem Kalenderjahr anzusetzen, in dem sie zugeflossen sind. **Ausgaben** sind in dem Kalenderjahr anzusetzen, in dem sie abgeflossen sind. Bei Barzahlung und Schecks gilt immer der Tag der Übergabe, bei Überweisung der Zeitpunkt des Eingangs des Überweisungsauftrages, wenn das Konto eine nötige Deckung aufweist oder ein entsprechender Kreditrahmen vorhanden ist, ansonsten bei Lastschrift. Bei Zahlung mit einer Kreditkarte ist der Abfluss mit Unterschrift auf dem Beleg erfolgt. Es gelten folgende Ausnahmen vom Zufluss-/Abflussprinzip:
H 11 EStR (Allgemeines)	• Regelmäßig wiederkehrende Einnahmen oder Ausgaben, die kurze Zeit vor oder nach Ende des Kalenderjahres fließen, sind in dem Kalenderjahr anzusetzen, zu dem sie wirtschaftlich gehören. Als kurze Zeit gilt ein Zeitraum von 10 Tagen. • In diesem Zeitraum muss sowohl die Fälligkeit als auch die Zahlung liegen.
§ 38a (1) EStG	• Bei den Einnahmen aus nichtselbstständiger Arbeit gilt laufender Arbeitslohn in dem Kalenderjahr als zugeflossen, in dem der Lohnzahlungszeitraum endet. Nicht laufender Arbeitslohn (sonstige Bezüge) wird in dem Kalenderjahr bezogen, in dem er dem Arbeitnehmer zufließt.
§ 44 (2) EStG	• Für Gewinnanteile (Dividenden) gilt grundsätzlich das Zuflussprinzip. Allerdings gelten für die Zwecke der Kapitalertragsteuer Gewinnanteile (Dividenden) an dem Tag als zugeflossen, der im Gesellschafterbeschluss als Tag der Auszahlung bestimmt worden ist. Fehlt ein solcher Tag im Beschluss, ist der Tag des Zuflusses der Tag der Beschlussfassung.
BMF-Schreiben vom 18.01.2016	• Zinsen gelten immer am 31. Dezember des Jahres als zugeflossen, unabhängig davon, wann die Zinsen gutgeschrieben wurden.
§ 11 (2) Satz 3 EStG	• Bei einer Vorauszahlung von Ausgaben für eine Nutzungsüberlassung von mehr als 5 Jahren muss eine gleichmäßige Verteilung der Ausgaben auf den Zeitraum der Nutzungsüberlassung erfolgen. Dies gilt allerdings nicht für ein Disagio. Voraussetzung ist, dass das Darlehen einen Zinsfestschreibungszeitraum von mind. 5 Jahren hat und ein Disagio von höchstens 5 % vereinbart wurde.
BFH-Urteil vom 08.03.2016	Anderslautend ist die Auffassung des BFH, der ein Disagio nur dann nicht für sofort abziehbar hält, wenn es sich nicht im Rahmen des aktuellen Kreditmarkts im Üblichen hält.

Fall 1 **Einnahmen (§§ 8, 38a, 44 EStG)**

Prüfen Sie in den folgenden Fällen, ob es sich um Einnahmen i. S. d. § 8 EStG handelt, und stellen Sie den Veranlagungszeitraum fest, in dem sie zugeflossen sind.

a) Vermieter A erhält die Dezembermiete 01 für eine Wohnung erst am 05.01.02.

b) Der Arbeitnehmer B erhält sein Dezembergehalt 01 erst im Januar 02 ausgezahlt. Mit dem Dezembergehalt erhält er im Januar 02 auch noch eine Gratifikation für gute Leistungen im Jahr 01.

c) C erhält die Zinsen für das Jahr 01 auf seinem Sparbuch erst am 15.05.02 gutgeschrieben.

d) Arbeitnehmerin D erhält in 01 zu ihrem Gehalt noch einen Betriebs-Pkw, den sie kostenlos auch für private Zwecke nutzen darf.

e) Der GmbH-Gesellschafter E erhält seine Gewinnbeteiligung für das Jahr 01 am 15.07.03 ausbezahlt. Der Tag der Auszahlung, der auf der Gesellschafterversammlung festgelegt war, war allerdings schon der 15.12.02.

f) Vermieterin F erhält die Miete für Januar 02 schon am 15.12.01 im Voraus.

Fall 2 **Werbungskosten (§ 9 EStG)**

Prüfen Sie in den folgenden Fällen, ob es sich um Werbungskosten handelt.

a) Arbeitnehmer A fährt jeden Morgen mit seinem Auto zu seiner Arbeitsstätte. Dadurch entstehen ihm Kosten für Benzin usw.

b) Arbeitnehmerin B zahlt jeden Monat einen Gewerkschaftsbeitrag.

c) Der angestellte Lehrer C muss seinen Computer, den er für die Schule dringend braucht, selbst bezahlen.

d) Der Bankangestellte D muss in der Bank immer unifarbene Anzüge tragen. Dadurch entstehen ihm hohe Kosten. Er trägt die Anzüge aber ab und zu auch bei privaten Angelegenheiten.

e) Der angestellte Buchhalter E nimmt an einer Fortbildung der DATEV teil. Außerdem besucht er einen Kurs in Spanisch, weil er davon träumt, einmal als Übersetzer zu arbeiten. Die Kosten für die Fortbildungen trägt er selbst.

f) Der Arbeitnehmer F hat nach fünfmonatiger Arbeitslosigkeit wieder eine Anstellung bekommen. Er hatte ca. 30 Bewerbungen geschrieben, wofür ihm Aufwendungen entstanden sind.

g) Ein leitender Angestellter richtet zu seiner 25-jährigen Firmenzugehörigkeit eine Feier mit 100 Gästen aus, davon sind 20 private Gäste.

h) Die Englischlehrerin G nimmt an einer Fortbildung für Lehrer in England teil. Die Fortbildung dauert 3 Tage und kostet 750,00 €, die sie selbst bezahlt. Sie fliegt dazu nach England. Die Kosten des Flugs betragen 500,00 €. Sie bleibt noch zwei Tage für einen Besuch in London und fliegt dann wieder nach Hause.

i) Der Lehrer I kauft am 30.12.01 mehrere Schulbücher im Internet, die er für seinen Unterricht benötigt. Er bezahlt die Bücher
   (1) per Überweisung am 05.02.02 (Eingang des Überweisungsauftrags bei der Bank).
   (2) per Kreditkarte (Eingabe aller notwendigen Daten in die Eingabemaske des Buchanbieters im Internet am 30.12.01).

Stellen Sie ebenfalls fest, in welchem Jahr die Werbungskosten abzugsfähig sind.

3.4.2.1 Die Ermittlung der Einkünfte aus nichtselbstständiger Arbeit

Übersicht über die Ermittlung der Einkünfte aus nichtselbstständiger Arbeit	
Ermittlung	Einnahmen gem. § 8 EStG – Versorgungsfreibetrag gem. § 19 (2) EStG – tatsächliche Werbungskosten gem. § 9 EStG oder – Werbungskostenpauschale gem. § 9a EStG = Einkünfte aus nichtselbstständiger Arbeit
Einnahmen **§ 8 EStG**	• Gehälter, Löhne, Gratifikationen, Tantiemen und andere Bezüge und Vorteile aus einem <u>laufenden Dienstverhältnis</u> (genauere Regelungen siehe Fall 2) • <u>geldwerte Vorteile</u> aus einem laufenden Dienstverhältnis (genauere Regelungen siehe Fall 3) → verbilligte Wohnung → kostenlose Unterkunft → freie Verpflegung → verbilligter Warenkauf → Pkw-Nutzung • Einnahmen aus <u>früheren Dienstleistungen</u> (sog. Versorgungsbezüge) (genauere Regelungen siehe Fall 4)
Werbungskosten **§ 9 EStG, R 9.1 LStR**	Alle Aufwendungen, die durch den Beruf veranlasst sind, z. B.: • Beiträge zu Berufsverbänden • Fahrten Wohnung – erste Tätigkeitsstätte (§ 9 (1) Nr. 4 EStG; 0,30 € für jeden Entfernungskilometer, ab dem 21. Entfernungskilometer 0,38 €, max. 4 500,00 € außer bei Pkw) • Unfallkosten auf dem Weg zur ersten Tätigkeitsstätte • Mehraufwendungen aus Anlass einer doppelten Haushaltsführung • Fortbildungskosten • Aufwendungen für Arbeitsmittel • Reisekosten • Aufwendungen für ein Arbeitszimmer/Homeoffice • Kontoführungsgebühren (pauschal 16,00 €) (genauere Regelungen siehe Fall 5)
Werbungskostenpauschale **§ 9a Satz 1 Nr. 1 EStG**	• 1 230,00 € bei Einnahmen aus einem laufenden Dienstverhältnis (Arbeitnehmerpauschbetrag) • 102,00 € bei Versorgungsbezügen

Einführungsfall Fall 1

Sabine Schröder, von Beruf Buchhalterin, ist Mandantin Ihres Steuerbüros.

Ihr Chef überträgt Ihnen die Aufgabe, die Einkunfte aus nichtselbststandiger Arbeit zu berechnen (siehe Übersicht).

Einnahmen gem. § 8 EStG	•
– Tatsächliche Werbungskosten § 9 EStG	• • • •
oder	
– **Werbungskostenpauschale § 9a EStG** (höherer Betrag der tatsächlichen Werbungskosten und der Werbungskostenpauschale wird gewählt)	
= **Einkünfte aus nichtselbstständiger Arbeit**	

Neben den eingereichten Belegen (siehe unten) erhalten Sie noch weitere Informationen:

Die einfache Entfernung zwischen Wohnung und erster Tätigkeitsstätte beträgt 25 km. Frau Schröder benutzt ihren eigenen Pkw an 230 Tagen im Jahr.

Belege

ver.di

Bestätigung

Hiermit bestätigen wir, dass Frau Sabine Schröder Mitglied der Gewerkschaft ver.di war und einen Mitgliedsbeitrag in Höhe von 120,00 € entrichtet hat.

Bezirksvorsitzender

Walter

Gelsenkirchen-Süd

Volkshochschule Gelsenkirchen

Zertifikat

Hiermit bescheinigen wir Frau Sabine Schröder, an dem Volkshochschulkurs „Spanisch für Anfänger" von Februar bis Juni teilgenommen zu haben.
Die Kursgebühren betrugen 60,00 €.

Münter

Volkshochschulleiter

Datev e.G. Düsseldorf
Suitbertusstr. 10
40510 Düsseldorf

Zeugnis

Frau Sabine Schröder hat im Mai an unserem DATEV-Kurs „Lohn- und Finanzbuchhaltung" erfolgreich teilgenommen. Die Kosten in Höhe von 250,00 € wurden von Frau Schröder selbst getragen.

Kölker KG VW-Vertragswerkstatt, Ruhrstr. 10, 45690 Gelsenkirchen

Frau Sabine Schröder
Mörikestr. 17
45616 Gelsenkirchen

Rechnung 12.10.01

Wagenreparatur an Ihrem VW Golf am 10.10. Unfall auf dem Weg zur Arbeitsstätte.
Kotflügel ausgebeult, gespachtelt und lackiert.

Materialkosten	275,00
Lohnkosten (5 Stunden à 45,00 €)	225,00
	500,00
+ 19 % USt.	95,00
Rechnungsbetrag	**595,00**
	======

Zahlbar innerhalb von 8 Tagen.

Ausdruck der elektromischen Lohnsteuerbescheinigung für das Kalenderjahr 01
Nachstehende Daten wurden maschinell an die Finanzverwaltung übertragen.

Sabine Schröder
Mörikestr. 17
45616 Gelsenkirchen

Korrektur/Stornierung:-
Datum: 12.02.02

Identifikationsnummer:
15 12 46 73 89 1
Personalnummer: 65432260
Geburtsdatum: 02.05.1962
Transferticket:
1234567890123456789

Dem Lohnsteuerabzug wurden im letzten Lohnzahlungszeitraum zugrunde gelegt:

Steuerklasse/Faktor
1

Zahl der Kinderfreibeträge
0

Steuerfreier Jahresbetrag
0

Kirchensteuermerkmale
ev

Anschrift und Steuernummer des Arbeitgebers:

Müller & Sohn OHG
Heinzstr. 15
45680 Gelsenkirchen

1. Bescheinigungszeitraum		vom – bis **01.01.-31.12.**	
2. Zeiträume ohne Anspruch auf Arbeitslohn		Anzahl „U“	
3. Bruttoarbeitslohn einschl. Sachbezüge ohne 9. und 10.		**€ 25 207**	Cent -
4. Einbehaltene Lohnsteuer von 3.		**5 287**	-
5. Einbehaltener Solidaritätszuschlag			
6. Einbehaltene Kirchenst. des Arbeitnehmer von 3.		**389**	**83**
7. Einbehaltene Kirchensteuer des Ehegatten/Lebenspartners von 3. (nur bei Konfessionsverschiedenheit)			
8. In 3. enthaltene steuerbegünstigte Versorgungsbezüge			
9. ermäßigt besteuerte Versorgungsbezüge für mehrere Kalenderjahre			
10. ermäßigt besteuerter Arbeitslohn für mehrere Kalenderjahre (ohne 9.) und ermäßigt besteuerte Entschädigungen			
11. Einbehaltene Lohnsteuer von 9. und 10.			
12. Einbehaltener Solidaritätszuschlag von 9. und 10.			
13. Einbehaltene Kirchensteuer des Arbeitnehmers von 9. und 10.			
14. Einbehaltene Kirchensteuer des Ehegatten/Lebenspartners von 9. und 10. (nur bei Konfessionsverschiedenheit)			
15. Kurzarbeitergeld, Zuschuss z. Mutterschaftsgeld, Verdienstausfallentschädigung (Infektionsschutzgesetz), Aufstockungsbetrag und Altersteilzeitzuschlag			
16. Steuerfreier Arbeitslohn nach	a) Doppelbesteuerungsabkommen		
	b) Auslandstätigkeitserlass		
17. Steuerfreie Arbeitgeberleistungen, die auf die Entfernungspauschale anzurechnen sind			
18. Pauschalbesteuerte Arbeitgeberleistungen für Fahrten zwischen Wohnung und erster Tätigkeitsstätte			
19. steuerpflichtige Entschädigungen und Arbeitslohn für mehrere Kalenderjahre, die nicht ermäßigt besteuert wurden – in 3. enthalten			
20. Steuerfreie Verpflegungszuschuss bei Auswärtstätigkeit			
21. Steuerfreie Arbeitgeberleistungen bei doppelter Haushaltsführung			
22. Arbeitgeberanteil/ -zuschuss	a) zur gesetzlichen Rentenversicherung	**2 344**	**25**
	b) ab berufsständische Versorgungseinrichtungen		
23. Arbeitnehmeranteil	a) zur gesetzlichen Rentenversicherung	**2 344**	**25**
	b) ab berufsständische Versorgungseinrichtungen		
24. Steuerfreie Arbeitgeberzuschüsse	a) zur gesetzlichen Krankenversicherung		
	b) zur privaten Krankenversicherung		
	c) zur gesetzlichen Pflegeversicherung		
25. Arbeitnehmerbeiträge zur gesetzlichen Krankenversicherung		**1 840**	**11**
26. Arbeitnehmerbeiträge zur sozialen Pflegeversicherung		**453**	**72**
27. Arbeitnehmerbeiträge zur Arbeitslosenversicherung		**327**	**69**
28. Beiträge zur privaten Kranken- und Pflege-Pflichtversicherung oder Mindestvorsorgepauschale			
29. Bemessungsgrundlage für den Versorgungsfreibetrag unter 8.			
30. Maßgebendes Kalenderjahr des Versorgungsbeginns zu 8. und/oder 9.			
31. Zu 8. Bei unterjähriger Zahlung. Erster und letzter Monat, für den Versorgungsbezüge gezahlt wurden			
.....			
33. ausgezahltes Kindergeld			
Finanzamt, an das der Arbeitgeber die Lohnsteuer abgeführt hat (Name und vierstellige Nummer)		**Gelsenkirchen-Mitte**	

Einkommensteuer

Einnahmen aus einem laufenden Dienstverhältnis	
Gehälter und Löhne **§ 2 LStDV**	Alle Einnahmen, die dem Arbeitnehmer aus dem Dienstverhältnis zufließen. Dazu gehören auch laufende Zuwendungen des Arbeitgebers an einen Pensionsfonds, eine Pensionskasse oder eine Direktversicherung für die betriebliche Altersversorgung seiner Arbeitnehmer.
§ 8 (1) Sätze 2, 3, 11 EStG	Dazu gehören auch zweckgebundene Geldleistungen, wie z. B. nachträgliche Kostenerstattungen, aber keine Gutscheine und Geldkarten, die ausschließlich zum Bezug von Waren und Dienstleistungen berechtigen. Dies gilt allerdings nur, wenn sie zusätzlich zum ohnehin geschuldeten Arbeitslohn gewährt werden.
§ 8 (4) EStG	**Ausnahmen**
§ 19 (1) Nr. 1a EStG **BMF-Schreiben vom 14.10.2015**	• Zuwendungen bei Betriebsveranstaltungen sind bis zu 110,00 € je Veranstaltung steuerfrei. Hierbei handelt es sich um einen Freibetrag. Dabei werden zwei Betriebsveranstaltungen pro Jahr anerkannt.
R 19.6 LStR	• Aufmerksamkeiten: Sachzuwendungen zu einem besonderen Anlass (z. B. Hochzeit, Geburt) bis 60,00 € brutto wenn sie zugunsten des Arbeitnehmers oder eines Angehörigen gewährt werden, der mit dem Arbeitnehmer in einem Haushalt lebt, (die Freigrenze kann bei mehreren persönlichen Anlässen mehrmals im Jahr in Anspruch genommen werden), Geldzuwendungen sind stets Arbeitslohn
R 19.7 LStR	• Berufliche Fort- und Weiterbildungsleistungen des Arbeitgebers
H 19.3 LStR	• Leistungen zur Verbesserung der Arbeitsbedingungen
	• u. a.
	Steuerfreier Arbeitslohn
§ 3 Nr. 26 EStG	• Einnahmen aus Tätigkeiten als Ausbilder, Übungsleiter usw. bis 3 000,00 €
§ 3b EStG	• Zuschläge für Sonntags-, Feiertags- oder Nachtarbeit
	• u. a.
Gratifikationen	Vergütungen aus besonderem Anlass, z. B. Weihnachtsgratifikation
Tantiemen	einmalige, umsatz- oder gewinnbezogene Sondervergütungen

Fall 2 Einnahmen aus einem laufenden Dienstverhältnis

Prüfen Sie in den folgenden Fällen, ob es sich um steuerpflichtige Einnahmen aus nichtselbstständiger Arbeit handelt, und bestimmen Sie ggf. deren Höhe:

a) Susanne Reinders ist bei der Müller OHG, Möbelgroßhandlung, als Buchhalterin angestellt. Im Dezember erhält sie neben ihrem Bruttogehalt von 2 000,00 € noch das jährliche Weihnachtsgeld in Höhe von 1 000,00 € und 200,00 € aufgrund ihrer Heirat im letzten Monat ausgezahlt.

b) Die Müller OHG hatte im Dezember zusätzlich noch eine Weihnachtsfeier veranstaltet. Auf Frau Reinders entfällt ein Anteil der gesamten Kosten in Höhe von 90,00 €.

c) Frau Reinders ist im Dezember auf einer Fortbildungsveranstaltung der DATEV gewesen. Die Kosten in Höhe von 300,00 € hat der Arbeitgeber übernommen.

d) Frau Reinders ist Mitglied des örtlichen Tennisvereins. Aufgrund ihrer Tennislehrerausbildung hat sie es übernommen, die Jugend des Vereins zu trainieren. Dafür erhält sie eine Aufwandsentschädigung von 500,00 € im Jahr. Außerdem ist sie noch als Prüferin bei der IHK tätig. Auch hier erhält sie eine Aufwandsentschädigung von 1 500,00 € im Jahr.

e) Von ihrem Chef (dem Abteilungsleiter der Buchhaltung) hat Frau Reinders zum Geburtstag noch einen Blumenstrauß im Wert von 20,00 € erhalten. Diesen Betrag hatte er aus der Geschäftskasse entnommen.

f) Die Müller OHG stellt ihren Arbeitnehmern kostenlos Getränke zur Verfügung. Monatlich ergibt sich daraus eine Ersparnis für die Arbeitnehmer in Höhe von 15,00 €.

Einnahmen aus geldwerten Vorteilen/Sachbezügen (R 8.1, 8.2 LStR)	
Geldwerte Vorteile sind Vorteile, die der Arbeitnehmer durch das Dienstverhältnis hat und die nicht in Geld bestehen. Oftmals (vor allem im Bereich des Rechnungswesens) wird in diesem Zusammenhang auch von Sachbezügen gesprochen. Folgende wichtige geldwerte Vorteile seien bsph. aufgeführt:	
Gewährung einer verbilligten Wohnung **R 8.1 (5–6) LStR**	Der geldwerte Vorteil wird mit dem Unterschiedsbetrag zwischen ortsüblicher und gezahlter Miete bemessen. Wird die Wohnung für mindestens 2/3 der ortsüblichen Miete vermietet und beträgt nicht mehr als 25,00 €/m², liegt kein geldwerter Vorteil vor. Bei einer geringeren Miete ist nur die Differenz zu 2/3 der ortsüblichen Miete steuerpflichtig.
Gewährung einer kostenlosen Unterkunft **R 8.1 (5–6) LStR**	Für bestimmte geldwerte Vorteile legt die sog. Sachbezugsverordnung den Wert fest. Für die kostenlose Unterkunft sind dies laut Sachbezugsverordnung in 2025 282,00 € pro Monat.
Gewährung von freier Verpflegung **R 8.1 (7) LStR**	Laut Sachbezugsverordnung 2025 333,00 € pro Monat bei gesamter Verpflegung und bei Kantinenmahlzeiten 4,40 € je Mittag- oder Abendessen. Der Wert für ein Frühstück beträgt 2,30 €. Mahlzeiten, die vom Arbeitgeber anlässlich einer auswärtigen Tätigkeit zur Verfügung gestellt werden, sind mit dem Sachbezugswert nach § 8 (2) Satz 6 EStG anzusetzen, wenn der Preis pro Mahlzeit 60,00 € nicht überschreitet. Die Besteuerung unterbleibt, wenn ein Werbungskostenabzug nach § 9 (4a) EStG in Betracht käme. Im Gegenzug mindern sich beim Arbeitnehmer die als Werbungskosten abzugsfähigen Pauschbeträge für den Verpflegungsmehraufwand. Sollten die Voraussetzungen für die Pauschbeträge nicht erfüllt sein, ist eine Pauschalbesteuerung nach § 40 (2) Nr. 1 und 1a EStG möglich.
Verbilligter Warenkauf **§ 8 (3) EStG** **R 8.2 LStR** **BMF-Schreiben vom 16.05.2013** **§ 8 (2) EStG**	Hierbei handelt es sich um verbilligte Überlassung von Waren oder Dienstleistungen durch den Arbeitgeber. Voraussetzung ist, dass der Arbeitgeber mit diesen Waren oder Dienstleistungen handelt. Berechnung: Endpreis im allg. Geschäftsverkehr (übliche Preisnachlässe sind zu berücksichtigen) – 4 % des Endpreises = geminderter Endpreis – gezahlter Preis = geldwerter Vorteil – Freibetrag von 1 080,00 € = steuerpflichtiger geldwerter Vorteil Alternativ kann der geldwerte Vorteil auch mit dem günstigsten Preis am Markt als Vergleichspreis abzüglich des vom Arbeitnehmer gezahlten Verkaufspreises angesetzt werden. Die Abschläge und Freibeträge entfallen dann aber.
Pkw-Nutzung **R 8.1 (9) LStR** **BFH-Urteil vom 09.11.2005** **BFH-Urteil vom 01.03.2012** **BFH-Urteil vom 14.03.2012** **BFH-Urteil vom 29.03.2005**	Der Arbeitgeber überlässt dem Arbeitnehmer unentgeltlich die Nutzung eines betrieblichen Pkw für private Zwecke und/oder für Fahrten zwischen Wohnung und erster Tätigkeitsstätte. Die Höhe des geldwerten Vorteils kann entweder pauschal oder durch ein Fahrtenbuch berechnet werden. Das Fahrtenbuch muss bestimmten Kriterien genügen (R 8.1 (9) Nr. 2 LStR). Der BFH hat in seinem Urteil vom 09.11.2005 die Kriterien für ein ordnungsgemäßes Fahrtenbuch beschrieben. Dazu gehören unter anderem: • in sich geschlossene Form • zeitnahe Aufzeichnungen • bei Führung mit Computerprogramm muss die nachträgliche Veränderung technisch ausgeschlossen sein (damit ist eine Excel-Tabelle nicht ordnungsgemäß) **Fahrtenbuchmethode:** • private Fahrten: Quote der privaten Nutzung laut Fahrtenbuch · alle Kfz-Kosten (auch die nicht mit Vorsteuer belasteten Kosten) zzgl. USt. Bei der Nutzung von Elektro- und Hybridfahrzeugen ist die AfA nur von der halben Bemessungsgrundlage zu berechnen. • Fahrten Wohnung/erste Tätigkeitsstätte: Quote der Fahrten Wohnung – erste Tätigkeitsstätte laut Fahrtenbuch · alle Kfz-Kosten (auch die nicht mit Vorsteuer belasteten Kosten) zzgl. USt. → Die zu berücksichtigende AfA muss sich nicht nach der AfA richten, die der Arbeitgeber in seiner Bilanz angesetzt hat. Im Regelfall ist von einer AfA von 12,5 % der Anschaffungskosten pro Jahr auszugehen.

BMF-Schreiben vom 04.04.2018	**pauschale Methode:** • <u>private Fahrten:</u> 1 % (für Elektrofahrzeuge mit einem Bruttolistenpreis unter 70 000,00 € 0,25 % und für Elektrofahrzeuge mit einem Bruttolistenpreis über 70 000,00 € sowie Hybridelektrofahrzeuge 0,5 %) des Bruttolistenpreises (inkl. Sonderausstattung; auf volle 100,00 € abgerundet) 12 Monate = Lohnsteuerwert brutto (geldwerter Vorteil) pro Jahr • <u>Fahrten Wohnung/erste Tätigkeitsstätte:</u> 0,03 % des Bruttolistenpreises · volle Entfernungskilometer (kürzeste Strecke) · 12 = Lohnsteuerwert brutto (geldwerter Vorteil) pro Jahr → Höchstens sind die Gesamtkosten des Fahrzeugs anzusetzen, wenn die pauschalen Wertansätze die tatsächlich entstandenen Aufwendungen überschreiten. → Alternativ kann auch eine Einzelbewertung der Fahrten Wohnung – erste Tätigkeitsstätte erfolgen. Jede Fahrt ist dann mit 0,002 % des Bruttolistenpreises · Entfernungskilometer zu bewerten. Maximal müssen im Jahr 180 Fahrten angesetzt werden. Darüber hinaus gehende Fahrten werden nicht erfasst. Der Arbeitnehmer hat gegenüber dem Arbeitgeber kalendermonatlich fahrzeugbezogen schriftlich zu erklären, an welchen Tagen er das betriebliche Auto tatsächlich für Fahrten zwischen Wohnung und erster Tätigkeitsstätte benutzt hat. Die Methode darf im Kalenderjahr nicht gewechselt werden. Die Berechnungsmethode muss während eines Kalenderjahres beibehalten werden.
BMF-Schreiben vom 04.04.2018	Zuzahlungen (z.B. für Benzin) des Arbeitnehmers für die private Pkw-Nutzung des Geschäftswagens sowie selbst getragene Kfz-Kosten mindern den geldwerten Vorteil.
Fahrtkostenersatz	Fahrtkostenersatz für die Fahrten zwischen Wohnung und erster Tätigkeitsstätte ist steuerpflichtig. Nicht darunter fallen Arbeitgeberleistungen für Fahrten zur Arbeit mit öffentlichen Verkehrsmitteln (Jobticket). Sie sind nach § 3 Nr. 15 EStG steuerfrei. Bei einer monatlichen Überlassung ist der Vorteil steuerfrei, wenn er 50,00 € monatlich nicht übersteigt. Eine pauschale Besteuerung gem. § 40 (2) EStG mit 15 % ist möglich. Bei Benutzung eines eigenen Pkw kann eine pauschale Besteuerung nur erfolgen, wenn die Entfernungspauschale nicht überschritten wird.

Geldwerte Vorteile bleiben außer Ansatz, falls ihr Wert 50,00 € im Kalendermonat nicht übersteigt (§ 8 (2) Satz 9 EStG, R 8.1 LStR). Es handelt sich dabei um eine Freigrenze, d. h., dass bei Überschreiten der Grenze der komplette geldwerte Vorteil steuerpflichtig ist. Die monatliche Freigrenze darf nicht in einen Jahresbetrag hochgerechnet werden. Mehrere Sachbezüge, die dem Arbeitnehmer in einem Monat zufließen, sind zusammenzurechnen. Die Grenze gilt nur für Einzelbewertungen nach § 8 (2) Satz 1 EStG. Die private Nutzung des Firmenwagens, geldwerte Vorteile nach der amtlichen Sachbezugsverordnung, die verbilligte Warenabgabe, und pauschal besteuerte Sachbezüge nach § 37b EStG und § 40 EStG fallen damit nicht unter die Freigrenze.

Fall 3 Geldwerte Vorteile

Beurteilen Sie, ob in den folgenden Fällen ein geldwerter Vorteil vorliegt, und ermitteln Sie ggf. die Höhe.

a) Hans Krause ist als Pförtner bei der Mans AG angestellt. Er erhält ein monatliches Bruttogehalt von 1 300,00 €. Für die werkseigene Wohnung muss er eine Miete von 200,00 € monatlich zahlen. Die ortsübliche Miete beträgt 400,00 €.

b) Hubert Grah ist bei einem Großhändler für Büromöbel als Reisender angestellt. Er kauft sich bei seinem Arbeitgeber eine Wohnzimmerschrankwand für 3 000,00 €. Der normale Verkaufspreis beträgt 4 500,00 €.

c) Herr Grah bekommt von seinem Arbeitgeber einen Dienstwagen gestellt. Er kann den Wagen auch für private Fahrten und für Fahrten zwischen Wohnung und erster Tätigkeitsstätte benutzen. Laut Fahrtenbuch ist er im Monat Mai insgesamt 10 000 km gefahren. Auf die privaten Fahrten entfielen 750 km. Er benutzte den Wagen an 22 Tagen für die Fahrten zwischen Wohnung und erster Tätigkeitsstätte Die einfache Entfernung beträgt 20 km. Folgende Kosten sind für den Pkw im Monat Mai angefallen:

- Benzin 500,00 € zzgl. USt.
- Versicherung 50,00 €
- Kfz-Steuer 25,00 €

Die monatliche AfA beträgt 600,00 €.

Der Bruttolistenpreis des Pkw beträgt 36 000,00 €. In dem Auto wurde zusätzlich noch eine Klimaanlage für 750,00 € zzgl. USt. eingebaut.

(1) Berechnen Sie den geldwerten Vorteil nach der pauschalen Methode für den Monat Mai.

(2) Berechnen Sie den geldwerten Vorteil nach der Fahrtenbuchmethode für den Monat Mai.

(3) Berechnen Sie den jährlichen geldwerten Vorteil für die Fahrten zwischen Wohnung und erster Tätigkeitsstätte alternativ nach der Einzelbewertung. Unterstellen Sie dabei, dass Grah in den Monaten Januar bis Juni an jeweils 14 Tagen, von Juli bis November an jeweils 19 Tagen und im Dezember an 4 Tagen den Wagen für Fahrten zwischen Wohnung und erster Tätigkeitsstätte benutzt hat.

d) Herr Grah kann mittags in der werkseigenen Kantine essen. Im Monat Mai hat er an 18 Tagen in der Kantine zu Mittag gegessen.

(1) Berechnen Sie den geldwerten Vorteil unter der Voraussetzung, dass er für die Mahlzeiten nichts zahlen musste.

(2) Berechnen Sie den geldwerten Vorteil unter der Voraussetzung, dass er für die Mahlzeiten 1,50 € zahlen musste.

(3) Berechnen Sie den geldwerten Vorteil unter der Voraussetzung, dass er für die Mahlzeiten 5,00 € zahlen musste.

e) Der Arbeitnehmer Hans Weinert fährt mit öffentlichen Verkehrsmitteln von seiner Wohnung zur ersten Tätigkeitsstätte Die Aufwendungen ersetzt ihm der Arbeitgeber.

Prüfen Sie, ob der Fahrtkostenersatz steuerpflichtig ist, wenn Aufwendungen in Höhe von monatlich 55,00 € anfallen und bestimmen Sie ggf. die Höhe.

f) Die Arbeitgeberin Renate Schürmann gewährt ihren Arbeitnehmern jeden Monat ein Tankgutschein im Wert von 50,00 €. Dies wurde arbeitsvertraglich so vereinbart. Der Gutschein ist von einer bestimmten Tankstelle ausgestellt und ist bei dieser auch einzulösen. Der Arbeitnehmer hat den Empfang des Gutscheins am 02.02. bestätigt, ihn aber erst im März zusammen mit dem März-Gutschein eingelöst.

Einnahmen aus einem früheren Dienstverhältnis (sog. Versorgungsbezüge)	
Definition **§ 2 (2) Nr. 2 LStDV** **§ 19 (1) Nr. 2 EStG**	Unter Versorgungsbezügen versteht man alle Einnahmen aus früheren Dienstverhältnissen, egal ob diese dem ehemaligen Arbeitnehmer oder einem Rechtsnachfolger (z. B. Witwe/-r) zufließen. Dies können Wartegelder (Einnahmen aus einem nicht mehr bestehenden Dienstverhältnis, das fortgesetzt werden soll), Ruhegelder (Einnahme, die nach Beendigung des Dienstverhältnisses bezogen wird und nicht auf frühere Beitragszahlungen des Arbeitnehmers zurückzuführen ist), Witwen- und Waisengelder (Einnahmen aus einem früheren Dienstverhältnis des Rechtsvorgängers) sein. Renten, die von der Deutschen Rentenversicherung gezahlt werden, sind keine Einnahmen aus nichtselbstständiger Arbeit.
Versorgungsfreibetrag **§ 19 (2) EStG**	Bei Bezug von Versorgungsbezügen bleibt ein Teil der Bezüge steuerfrei. Dafür müssen folgende Voraussetzungen vorliegen: (1) Beamtenpension oder (2) andere Versorgungsbezüge wegen • Erreichen der Altersgrenze von 63 (bei Schwerbehinderten 60) Jahren (z. B. Betriebsrenten), • verminderter Erwerbsfähigkeit oder Berufsunfähigkeit. Der steuerfreie Teil setzt sich aus dem Versorgungsfreibetrag und aus einem Zuschlag zum Versorgungsfreibetrag zusammen. Er beträgt im Jahr 2025 13,2 % der Versorgungsbezüge, max. 990,99. Der Zuschlag beträgt 297,00 €. Die Beträge ergeben sich aus der Tabelle des § 19 (2) EStG. Der ermittelte steuerfreie Betrag bleibt für die gesamte zukünftige Dauer des Versorgungsbezuges gleich (Festschreibung). Für jeden Kalendermonat, für den kein Versorgungsbezug bezahlt wird, ermäßigt sich der Versorgungsfreibetrag um ein Zwölftel. Der Versorgungsfreibetrag wird Jahr für Jahr abgeschmolzen. Bemessungsgrundlage für den Versorgungsfreibetrag ist das Zwölffache des Versorgungsbezuges für den ersten vollen Monat. Der Betrag ist um voraussichtliche Sonderzahlungen (z. B. Weihnachtsgeld) zu erhöhen.

Werbungskosten **§§ 9, 9a EStG** **BMF-Schreiben vom 24.02.2005 Tz 59**	Der Werbungskostenpauschbetrag für Versorgungsbezüge in Höhe von 102,00 € kommt zusätzlich zu den Werbungskosten oder der Werbungskostenpauschale bei den laufenden Einkünften aus nichtselbstständiger Arbeit zur Anwendung.

Fall 4 **Versorgungsbezüge und Versorgungsfreibetrag**

Beurteilen Sie, ob in den folgenden Fällen Versorgungsbezüge vorliegen, und berechnen Sie die Einkünfte aus nichtselbstständiger Arbeit für das angegebene Jahr. In allen Fällen können keine Werbungskosten nachgewiesen werden.

a) Der Lehrer Stefan Reuter (60 Jahre) ist Anfang 2025 in den Ruhestand gegangen und erhält eine Beamtenpension von 2 939,00 € pro Monat.

b) 2025 beträgt die Pension von Herrn Reuter 3 050,00 € pro Monat.

c) Die Bürokauffrau Sabine Becker ist zu Beginn des Jahres 2025 mit 60 Jahren in den Ruhestand getreten und erhält seit diesem Zeitpunkt von dem ehemaligen Arbeitgeber eine Betriebsrente in Höhe von 300,00 € monatlich.

d) Der Mechaniker Hubert Reitze ist Anfang 2025 mit 65 Jahren wegen Erreichens der Altersgrenze in den Ruhestand getreten. Seit diesem Zeitpunkt erhält er eine Betriebsrente in Höhe von 400,00 € monatlich.

e) Der Bankkaufmann Werner Reinders (65 Jahre) geht am 01.07.2025 in Rente. Er erhält von seinem Arbeitgeber eine monatliche Rente von 1 500,00 €. Am 01.10.2025 wird die Rente auf 1 600,00 € erhöht. Außerdem hat er einen Anspruch auf Weihnachtsgeld in Höhe von 800,00 € im Dezember 2025.

	Werbungskosten bei nichtselbstständiger Arbeit
Beiträge zu Berufsverbänden **R 9.3 LStR**	Gewerkschaften, Fachverbände usw.
Fahrten Wohnung – erste Tätigkeitsstätte **§ 9 (1) Nr. 4, § 9 (2) und (4) EStG** **R 9.10 LStR** **BMF-Schreiben vom 18.11.2021**	→ 0,30 € je Entfernungskilometer bis zum 20. Kilometer und 0,38 € ab dem 21. Kilometer (kürzeste Straßenverbindung, nur volle km) unabhängig von der Wahl des Verkehrsmittels. Ergeben sich für die Nutzung von öffentlichen Verkehrsmitteln höhere tatsächliche Kosten, können diese angesetzt werden. → Die erste Tätigkeitsstätte ist die ortsfeste betriebliche Einrichtung des Arbeitgebers, der der Arbeitnehmer dauerhaft zugeordnet ist. Die Zuordnung erfolgt durch dienst- oder arbeitsrechtliche Absprachen. Fehlt eine solche Festlegung, so ist die erste Tätigkeitsstätte die betriebliche Einrichtung, an der der Arbeitnehmer • typischerweise arbeitstäglich tätig werden soll oder • je Arbeitswoche zwei volle Arbeitstage oder • min. 1/3 seiner vereinbarten regelmäßigen Arbeitszeit tätig werden soll. Jeder Arbeitnehmer hat nur eine erste Tätigkeitsstätte. Liegen die genannten Voraussetzungen für mehrere Tätigkeitsstätten vor, bestimmt der Arbeitgeber die erste Tätigkeitsstätte. Fehlt es an dieser Bestimmung, dann ist die örtlich nächste die erste Tätigkeitsstätte. → Eine andere als die kürzeste Straßenverbindung kann nur angesetzt werden, wenn sie offensichtlich verkehrsgünstiger ist. → Absetzbar sind max. 4 500,00 € im Kalenderjahr; diese Begrenzung gilt nicht für die Benutzung eines Pkw. → Werden sowohl ein Pkw als auch öffentliche Verkehrsmittel benutzt, ist zunächst die Entfernung für die kürzeste Straßenverbindung zu ermitteln. Dann ist zuerst die Teilstrecke für den Pkw zu ermitteln. Danach folgt die Teilstrecke für die öffentlichen Verkehrsmittel. Die entsprechenden Kosten sind nur bis max. 4 500,00 € abzugsfähig. → Für jeden Arbeitstag kann die Entfernungspauschale nur einmal angesetzt werden.

BFH-Urteil vom 19.12.2019 H 9.10 „Unfallschäden" LStH	→ Durch die Entfernungspauschale sind alle gewöhnlichen Aufwendungen abgegolten, außergewöhnliche Kosten (Unfall) können neben der Pauschale berücksichtigt werden. Nach der Rechtsprechung des BFHs sind sog. Mobilitätskosten, wie z. B. wegstrecken- oder fahrzeugbezogene Aufwendungen (z. B. Reparaturkosten), auch im Zusammenhang mit Unfällen abgegolten. Krankheitskosten infolge eines Unfalls auf einer Fahrt zwischen Wohnung und erster Tätigkeitsstätte sind dagegen keine Mobilitätskosten und werden daher nicht von der Entfernungspauschale umfasst; somit sind nicht erstattete Kosten (weiterhin) als Werbungskosten abzugsfähig. Die Finanzverwaltung nimmt bislang keine solche Unterscheidung vor, sodass neben nicht ersetzten Krankheitskosten auch fahrzeugbezogene Kosten oder sonstige Kosten, wie z. B. von der Haftpflichtversicherung nicht ersetzte Schadensersatzleistungen, abzugsfähig wären. → Eine Vergleichsrechnung zwischen der Entfernungspauschale und den tatsächlichen Aufwendungen für die Benutzung von öffentlichen Verkehrsmitteln ist jahresbezogen vorzunehmen. Dabei ist der Betrag der gesamten Entfernungspauschale mit den tatsächlichen Kosten zu vergleichen. →Anstelle der Pauschale können Behinderte mit einem Behinderungsgrad von 70 oder unter 70 mit erheblicher Beeinträchtigung der Bewegungsfähigkeit im Straßenverkehr die tatsächlichen Aufwendungen durch Einzelnachweis (Fahrtenbuch) absetzen. Die tatsächlichen Aufwendungen können auch mit 0,30 € je gefahrenem Kilometer berücksichtigt werden.
§ 40 (2) Satz 2 EStG	→ Erstattungen des Arbeitgebers für Aufwendungen für Fahrten zwischen Wohnung und erster Tätigkeitsstätte sind grundsätzlich steuerpflichtig. Der Arbeitgeber kann die Vergütungen mit einem Steuersatz von 15 % pauschal versteuern, allerdings nur bis zur Höhe der als Werbungskosten abziehbaren Aufwendungen. Die pauschal besteuerten Vergütungen sind dann für den Arbeitnehmer steuerfrei, mindern aber die Werbungskosten. → Von dem Arbeitgeber für Fahrten zwischen Wohnung und erster Tätigkeitsstätte gewährte Sachbezüge (z. B. Monatskarte für den ÖPNV) werden auf die Entfernungspauschale angerechnet und mindern damit den Werbungskostenabzug, wenn die Sachbezüge wegen der Freigrenze des § 8 (2) Satz 11 oder § 3 Nr. 15 EStG steuerfrei sind. → Alternativ dazu kann man eine Mobilitätspauschale in Höhe von 14 % der Entfernungspauschale von 0,38 € ab dem 21. Entfernungskilometer beantragen, wenn der Steuerpflichtige den Eingangssteuersatz nicht erreicht.
Reisekosten R 9.4 LStR BMF-Schreiben vom 25.11.2020	Reisekosten sind Fahrtkosten, Verpflegungsmehraufwendungen und Übernachtungskosten, die durch eine beruflich veranlasste Auswärtstätigkeit des Arbeitnehmers entstehen. Eine berufliche Auswärtstätigkeit liegt vor, wenn der Arbeitnehmer vorübergehend außerhalb seiner Wohnung und ersten Tätigkeitsstätte beruflich tätig wird.
§ 9 (1) Nr. 4a EStG R 9.5 LStR	→ **Fahrtkosten** Darunter fallen u. a. Fahrten von der Wohnung oder der ersten Tätigkeitsstätte zur auswärtigen Tätigkeit, Fahrten zwischen mehreren auswärtigen Tätigkeiten, Fahrten zwischen Unterkunft am Ort der auswärtigen Tätigkeit zur auswärtigen Tätigkeit, Zwischenheimfahrten (Aufzählung nicht vollständig). Die Kosten können entweder nachgewiesen oder bei Fahrten mit dem eigenen Pkw pauschal nach Bundesreisekostengesetz (z. Z. 0,30 € je gefahrener km) angesetzt werden. Vergütungen des Arbeitgebers für beruflich veranlasste Fahrten können nach § 3 Nr. 13 oder 16 EStG steuerfrei geleistet werden. In der Höhe der erstatteten Beträge scheidet ein Werbungskostenabzug dann aus.

§ 9 (1) Nr. 5a EStG R 9.7 LStR § 9 (4a) EStG R 9.6 EStR R 9.8 LStR	→ **Übernachtungskosten** Beruflich veranlasste Übernachtungen an einem anderen Ort als der ersten Tätigkeitsstätte können mit den tatsächlichen Kosten angesetzt werden. Dies gilt für einen Zeitraum von 48 Monaten. Danach gilt eine Begrenzung von 1 000,00 € pro Monat. Nach diesem Zeitraum sind die Aufwendungen nur im Rahmen der doppelten Haushaltsführung abzugsfähig. Eine Unterbrechung von 6 Monaten führt zu einem Neubeginn des 48-Monate-Zeitraums. Berufskraftfahrer können einen Pauschbetrag in Höhe von 9,00 € als Übernachtungskosten ansetzen. → **Verpflegungsmehraufwendungen** Die Aufwendungen sind nur pauschal nach der Länge der Abwesenheit ansetzbar: • 8-24 Stunden Abwesenheit: 14,00 €, • über 24 Stunden Abwesenheit: 28,00 €, • jeweils 14,00 € für den An- und Abreisetag, wenn der Arbeitnehmer außerhalb seiner Wohnung übernachtet. Wird dem Arbeitnehmer während einer Tätigkeit außerhalb seiner ersten Tätigkeitsstätte vom Arbeitgeber eine Mahlzeit zur Verfügung gestellt, ist die Verpflegungspauschale von 28,00 € zu kürzen • für Frühstück um 20 % • für Mittag- und Abendessen jeweils um 40 %. Dies gilt nur für Mahlzeiten bis zu 60,00 €. Darüber hinaus handelt es sich um ein „Belohnungsessen“ und damit um eine Gegenleistung für die Arbeitsleistung. Hat der Arbeitnehmer ein Entgelt bezahlt, mindert sich der Kürzungsbetrag entsprechend; erhält er eine steuerfreie Erstattung für Verpflegung, ist ein Werbungskostenabzug ausgeschlossen. Der Abzug der Verpflegungspauschalen ist auf die ersten drei Monate einer längerfristigen beruflichen Tätigkeit an derselben Tätigkeitsstätte begrenzt. Diese Frist gilt nur, falls der Arbeitnehmer an mindestens drei Tagen in der Woche auswärtig tätig wird. Eine Unterbrechung führt zu einem Neubeginn, wenn sie mindestens 4 Wochen dauert. → **Reisenebenkosten** (z. B. Taxi) Ansatz gem. Belegen Vergütungen des Arbeitgebers für beruflich veranlasste Reisekosten können nach § 3 Nr. 13 oder 16 EStG steuerfrei geleistet werden. In der Höhe der erstatteten Beträge scheidet ein Werbungskostenabzug dann aus.
Mehraufwendungen für doppelte Haushaltsführung § 9 (1) Nr. 5 EStG R 9.11 LStR	Als Werbungskosten dürfen Mehraufwendungen wegen einer doppelten Haushaltsführung angesetzt werden. Eine doppelte Haushaltsführung liegt vor, wenn der Arbeitnehmer **außerhalb des Ortes** seiner ersten Tätigkeitsstätte einen **eigenen Hausstand** (= Innehaben einer Wohnung) unterhält und auch am Ort der ersten Tätigkeitsstätte wohnt. An **Unterkunftskosten** können maximal 1 000,00 € pro Monat angesetzt werden. Die Kosten für Einrichtungsgegenstände und Hausrat fallen nicht unter diese Grenze. Aufwendungen für **Wege vom ersten Tätigkeitsort zum eigenen Hausstand** können jeweils nur für eine Heimfahrt wöchentlich mit 0,30 € bis zum 20. und 0,38 € ab dem 21. Entfernungskilometer abgezogen werden. Für die erste Fahrt zu Beginn und für die letzte Fahrt am Ende der doppelten Haushaltsführung können die tatsächlichen Kosten oder eine Pauschale von 0,30 € je gefahrenen km angesetzt werden. **Verpflegungsmehraufwendungen** können gem. den steuerlichen Pauschalen geltend gemacht werden. Der Abzug ist auf die ersten drei Monate einer längerfristigen beruflichen Tätigkeit an derselben Tätigkeitsstätte begrenzt. Eine Unterbrechung führt zu einem Neubeginn, wenn sie mindestens 4 Wochen dauert.
Fortbildungskosten R 9.2 LStR	Aufwendungen, die der Arbeitnehmer tätigt, um seine Kenntnisse und Fertigkeiten im ausgeübten Beruf zu erhalten und zu erweitern
Aufwendungen für Arbeitsmittel R 9.12 LStR	Wirtschaftsgüter, die ausschließlich oder ganz überwiegend der Berufsausübung dienen, z. B.: → Berufskleidung

	→ Fachliteratur → Büromaterial → Regale, Computer, Schreibtische usw.
§ 9 (1) Nr. 7 EStG	Die Regelungen für die Absetzung für Abnutzung gelten entsprechend. Allerdings ist nur die lineare AfA zulässig. Geringwertige Wirtschaftsgüter[1] mit Anschaffungskosten bis 800,00 € netto können sofort als Werbungskosten abgesetzt werden. Bei einem PC ist eine private Nutzung von 10 % für die Beurteilung als Werbungskosten unschädlich. Die Kosten eines gemischt genutzten PC sind aufzuteilen. Peripheriegeräte (z. B. Drucker) sind keine GWG.
BMF-Schreiben vom 26.02.2022	PC und Software, die in einem nicht unerheblichem Umfang für die Erzielung von Einkünfte benutzt werden, dürfen im Jahr der Anschaffung sofort voll abgeschrieben werden.
Kontoführungsgebühren **H 9.1 LStR**	Kontoführungsgebühren sind Werbungskosten, soweit sie durch Gutschriften von Einnahmen aus dem Dienstverhältnis und beruflich veranlassten Überweisungen entstehen.
Telefonkosten **BFH-Urteil vom 05.07.2012**	Während einer Auswärtstätigkeit von mindestens einer Woche entstandene Telefongebühren können als Werbungskosten abgezogen werden.
Arbeitszimmer/ Homeoffice **§ 4 (5) Nr. 6b EStG** **BMF-Schreiben vom 15.08.2023** **§ 4 (5) Nr. 6c EStG**	Bildet das häusliche Arbeitszimmer den Mittelpunkt der gesamten betrieblichen und beruflichen Tätigkeit, können die tatsächlichen Aufwendungen in voller Höhe als Werbungskosten abgezogen werden. Beispiele für Aufwendungen sind anteilige Miete bzw. AfA, Kosten für Heizung Strom, Wasser, Reparaturen, Schuldzinsen usw. Anstelle des Abzugs der tatsächlichen Aufwendungen ist auch ein pauschaler Abzug in Höhe von 1 260,00 € pro Jahr möglich. Diese Jahrespauschale ist monats- und personenbezogen zu berücksichtigen. Arbeitsmittel gelten nicht als Aufwendungen für ein Arbeitszimmer. In allen anderen Fällen der überwiegenden (mehr als 50 %) beruflichen Tätigkeit zu Hause (Arbeitszimmer wird nur tageweise genutzt oder es steht kein Arbeitszimmer zur Verfügung) kann eine **Homeofficepauschale** in Höhe von 6,00 € pro Tag höchstens 1 260,00 € angesetzt werden. Der Abzug der Tagespauschale ist neben dem Abzug von Fahrtkosten für die Fahrten zwischen Wohnung und Betriebsstätte oder regelmäßiger Arbeitsstätte nur zulässig, wenn für die betriebliche oder berufliche Betätigung dauerhaft kein anderer Arbeitsplatz zur Verfügung steht. Ein Abzug ist außerdem zulässig, wenn zusätzlich zu einer Auswärtstätigkeit die überwiegende Arbeitszeit in der häuslichen Wohnung verrichtet wird. Die Homeofficepauschale wird in die Werbungskostenpauschale eingerechnet und nicht zusätzlich gewährt
Beruflich veranlasste Umzugskosten	Abgesetzt werden können die tatsächlichen Kosten oder pauschal 964,00 € pro berechtigter Person. Für jede weitere Person (Ehegatten, Lebenspartner/-in, Kinder) erhöht sich die Pauschale um 643,00 €.
Steuerberatungskosten	Steuerberatungskosten, die durch eine Einkunftsquelle veranlasst sind, können als Werbungskosten abgezogen werden. Für privat veranlasste Steuerberatungskosten (z. B. Mantelbogen ESt, Anlage Kind, Erbschaftsteuererklärung) besteht ein Abzugsverbot.
BMF-Schreiben vom 21.12.2007 **BFH-Urteil vom 04.02.2010**	Für gemischte Steuerberatungskosten gilt folgende Vereinfachungsregelung: → Beiträge an Lohnsteuerhilfevereine, Aufwendungen für steuerliche Fachliteratur und Software können zu 50 % als Werbungskosten berücksichtigt werden. → Bei Kosten bis 100,00 € wird der Zuordnung des Steuerpflichtigen gefolgt.

[1] Siehe Kapitel 9.3.4.3.1

Berufsausbildungskosten § 9 (6) EStG	Kosten für die erste Berufsausbildung oder für ein Erststudium können nicht als Werbungskosten abgezogen werden, wenn die Ausbildung nicht in einem Dienstverhältnis stattfindet. Die Mindestdauer einer Erstausbildung beträgt 12 Monate bei einer vollzeitigen Ausbildung (= 20 Stunden wöchentlich). Es muss sich um eine geordnete Ausbildung handeln, d. h., sie muss auf Rechts- oder Verwaltungsvorschriften beruhen. Eine vorzeitig abgebrochene Ausbildung gilt nicht als Erstausbildung. Handelt es sich um eine weitere Berufsausbildung nach Abschluss der Erstausbildung oder um ein Zweitstudium, können die entsprechenden Kosten in unbeschränkter Höhe als (vorweggenommene) Werbungskosten geltend gemacht werden.
§ 9 (4) Satz 8 EStG	Dabei zählt die Bildungseinrichtung, die für ein Vollzeitstudium oder eine vollzeitige Bildungsmaßnahme aufgesucht wird, als erste Tätigkeitsstätte, mit der Folge, dass nur Fahrten nur mit 0,30 € je Entfernungskilometer abgerechnet werden können.

Die vom Bruttogehalt bei Auszahlung einbehaltenen Beträge für Lohnsteuer, Kirchensteuer und Solidaritätszuschlag sind gem. § 12 Nr. 3 EStG keine abziehbaren Werbungskosten.

Fall 5 Werbungskosten

Prüfen Sie, ob in den folgenden Fällen Werbungskosten vorliegen und ermitteln Sie ggf. deren Höhe.

a) Der als Ingenieur angestellte Rainer Wandner hat folgende Aufwendungen für die Benutzung seines privaten Pkw:

- Für Fahrten zwischen Wohnung und erster Tätigkeitsstätte benutzte er an 225 Arbeitstagen seinen privaten Pkw. Die kürzeste einfache Entfernung beträgt 60 km.
- Von seinem Arbeitgeber erhielt Wandner einen Zuschuss für die Fahrten zwischen Wohnung und erster Tätigkeitsstätte in Höhe von 250,00 €. Dieser Zuschuss wurde vom Arbeitgeber bereits nach § 40 (2) Satz 2 EStG pauschal versteuert.
- An insgesamt 8 Tagen fuhr Wandner wegen Notfällen nach Feierabend ein zweites Mal in den Betrieb.
- Auf dem Weg zum Betrieb ereignete sich ein Unfall. Die Kosten für die Reparatur des Wagens, die Herr Wandner selbst zahlen musste, beliefen sich auf 1 400,00 €.
- Wandner überlegt, seine Fahrten zur ersten Tätigkeitsstätte mit Park&Ride zu machen. Die Entfernung bis zum Bahnhof beträgt 10 km. Die Entfernung mit der Bahn beträgt 70 km. Die Kosten für den Fahrausweis belaufen sich auf 80,00 € monatlich. Die kürzeste Entfernung beträgt 60 km.

b) Was würde sich an Ihrer Lösung ändern, wenn Wandner eine Behinderung hätte, deren Grad 80 % beträgt?

c) Franz Vogel, verheiratet, wohnhaft in Köln, ist als Monteur bei der Stahlbau AG in Köln beschäftigt. Er wurde zur Eröffnung einer neuen Filiale für 5 Monate nach Hannover geschickt.

In Hannover hat Vogel sich eine kleine Wohnung für 225,00 € pro Monat gemietet.

Vogel kehrt an den Wochenenden regelmäßig zu seiner Familie nach Köln zurück. Neben An- und Abreise kam er auf 18 Familienheimfahrten, eine Fahrtstrecke beträgt 200 km. Er fährt immer freitags abends nach Hause und am Sonntagabend wieder nach Hannover.

Für Verpflegung entstanden ihm auch Aufwendungen, die er allerdings nicht belegmäßig nachweisen kann.

d) Barbara Heinz ist angestellte Juristin in Köln. Sie hat in 01 folgende Fortbildungsveranstaltungen besucht:

(1) „Neuerungen des Arbeitsrechts" in Köln. Die Kosten von 200,00 € hat ihr Arbeitgeber getragen.

(2) „Schutz des Mieters" in Düsseldorf. Die Kosten von 150,00 € hat sie selbst getragen. Die Entfernung zwischen Köln und Düsseldorf beträgt 30 km. Sie hat die Fahrt mit dem eigenen Pkw unternommen. Der Arbeitgeber hat nichts ersetzt.

(3) „Spanisch für Fortgeschrittene" in Köln. Die Kosten betrugen 250,00 €. Frau Heinz hat keine spanischen Mandanten oder Mandanten mit Kontakten nach Spanien.

e) Dieter Duft, wohnhaft in Düsseldorf, ist bei einem Parfümerieunternehmen angestellt. Normalerweise ist er nur im Innendienst tätig, aber ausnahmsweise kann es auch vorkommen, dass er eine Dienstreise zu einem Kunden machen muss.

Herr Duft unternahm eine sechstägige Dienstreise nach Dresden. Am Anreisetag fuhr er von zu Hause um 08:00 Uhr los, am Abreisetag kam er um 22:00 Uhr zu Hause an.

Die Entfernung beträgt 600 km. Die Übernachtungskosten betrugen 240,00 € inkl. Frühstück.

(1) Der Arbeitgeber hat Herrn Duft keine Kosten ersetzt.

(2) Nehmen Sie an, dass der Arbeitgeber das Hotel jeweils mit Frühstück und je einem Mittag- und Abendessen gebucht und bezahlt hat.

f) Michael Baumann ist Lehrer und benötigt ein häusliches Arbeitszimmer, da er keinen Arbeitsplatz in der Schule zur Verfügung hat. Die Kosten für seine gesamte Wohnung (Miete, Strom, Heizung usw.) belaufen sich insgesamt auf 7 448,00 €. Die Fläche des Arbeitszimmers beträgt 18 % der gesamten Wohnfläche. Er hat an 110 Tagen in seinem Arbeitszimmer gearbeitet.

Für das Arbeitszimmer hat sich Michael Baumann einen Schreibtisch für 1 750,00 € brutto gekauft, die Nutzungsdauer des Schreibtisches beträgt 10 Jahre.

Außerdem hat Herr Baumann für sein Arbeitszimmer eine Schreibtischlampe für 75,00 € gekauft.

g) Der Arbeitnehmer Horst Mahler hat seine Einkommensteuererklärung durch einen Steuerberater erstellen lassen und erhält folgende Rechnung:

Erstellung Mantelbogen	250,00 €
Anlage Kind	120,00 €
Ermittlung der Einkünfte aus nichtselbstständiger Arbeit	350,00 €
Ermittlung der Einkünfte aus Vermietung und Verpachtung	300,00 €
zzgl. 19 % USt.	193,80 €
Rechnungssumme	1 213,80 €

h) Der angestellte Architekt Michael Schmidt aus Bonn hat mehrere Baustellen zu betreuen. Für eine Baustelle in Frankfurt muss er sich für eine Woche ein Hotelzimmer nehmen. Die Aufwendungen betragen 420,00 €, die vom Arbeitgeber ersetzt werden. Er fährt am ersten Tag (Montag) um 08:00 Uhr die 200 km von zu Hause zur Baustelle in Frankfurt mit seinem privaten Wagen. Abends fährt er in das 10 km entfernte Hotel. Die nächsten drei Tage fährt er morgens mit seinem eigenen Wagen zur Tätigkeitsstätte und abends wieder zurück ins Hotel. Am Freitag fährt er morgens zur Baustelle und abends um 18:00 Uhr zurück nach Hause. Er erhält eine nach § 3 Nr. 16 EStG steuerfreie Erstattung für seine Fahrtkosten und Verpflegungsmehraufwendungen in Höhe von 200,00 €.

An den nächsten drei Tagen betreut er eine Baustelle in Köln. Dazu fährt er mit dem eigenen Pkw jeden Morgen um 08:00 Uhr von zu Hause 35 km zur Baustelle und kehrt abends um 18:00 Uhr wieder zurück. Er erhält eine nach § 3 Nr. 16 EStG steuerfreie Erstattung für seine Fahrtkosten und Verpflegungsmehraufwendungen in Höhe von 50,00 €.

Am folgenden Tag betreut er eine Baustelle in Bergisch Gladbach. Dazu fährt er morgens um 08:00 Uhr zum 5 km entfernt liegenden Betrieb seines Arbeitgebers, um noch Materialien zu besorgen. Von dort aus fährt er zur 70 km entfernt liegenden Baustelle. Abends kehrt er um 18:00 Uhr zum Betrieb zurück und fährt dann nach Hause.

i) Der Versicherungsangestellte Volker Reimers ist am Hauptsitz seiner Versicherungsgesellschaft in Köln beschäftigt. Er wird ab dem 1. Oktober für 5 Monate in die 40 km entfernte Filiale in Düsseldorf abgeordnet. Er fährt jeden Arbeitstag von seiner Wohnung in Köln zu der Filiale in Düsseldorf. In 01 war er an 50 Arbeitstagen in Düsseldorf.

j) Die Angestellte Franziska Seidler fliegt am 03.05. zu einem Geschäftstermin von München nach Dresden. Sie hatte ihre Wohnung um 08:00 Uhr verlassen. Nach einer Übernachtung in Dresden fliegt sie am nächsten Tag wieder zurück und kommt um 22:00 Uhr in ihrer Wohnung wieder an. Die Flugkosten in Höhe von 250,00 € übernimmt der Arbeitgeber, die Hotelkosten in Höhe von 160,00 € inkl. Frühstück hat sie selbst bezahlt.

k) Im Anschluss an das Abitur beginnen Seidel, Münch und Lohmann an der Universität Köln ein Bachelorstudium der BWL. Seidel und Münch beenden das Studium erfolgreich, Lohmann bricht dagegen das Studium nach 3 Semestern ab. Seidel schließt dann einen Masterstudiengang in BWL an, Münch und Lohmann entscheiden sich für einen Bachelorstudiengang in Erziehungswissenschaften.

Gesamtfall – Einkünfte aus nichtselbstständiger Tätigkeit

Fall 6a

Ludwig Nell (65 Jahre) arbeitet als angestellter Informatiker bei einem Chemieunternehmen in Köln. Sein Bruttogehalt beträgt 3 200,00 € monatlich. Er fuhr an insgesamt 210 Tagen mit dem eigenen Auto. Der pro Tag zurückgelegte Weg (Hin- und Rückfahrt) betrug 44 km.

Herr Nell besuchte zwei Fortbildungsmaßnahmen. Die Kosten der ersten Fortbildung beliefen sich auf 800,00 € und wurden vom Arbeitgeber gezahlt. Die zweite Fortbildung bezahlte Herr Nell selbst. Die Kosten beliefen sich auf 900,00 €.

Der Arbeitgeber von Herrn Nell hat den Mitarbeitern die kostenlose Nutzung eines nahe gelegenen Fitnessstudios ermöglicht. Davon hat auch Herr Nell Gebrauch gemacht. In einem Fitnessstudio hätte er für die Nutzung 700,00 € bezahlen müssen.

Am 30.11.01 ging Herr Nell in den Ruhestand. Der Arbeitgeber schenkte ihm zu seinem Abschied 1 200,00 € in bar sowie ein Sachgeschenk im Wert von 500,00 €.

Ab dem 01.12.01 erhielt Herr Nell eine monatliche Betriebsrente in Höhe von 1 538,00 €, die ihm am 02.12.01 überwiesen wurde.

Herr Nell ist Mitglied im Verband deutscher Computerfachleute (VdC). Der Jahresbeitrag beträgt 120,00 €.

Er bezieht eine Fachzeitschrift für Computerfachleute (60,00 €) sowie eine Tageszeitschrift (130,00 €).

Herr Nell hat ein häusliches Arbeitszimmer, da er häufiger auch zu Hause arbeitet. Es stellt nicht den Mittelpunkt seiner beruflichen Tätigkeit dar. Für die Wohnung bezahlt er eine monatliche Miete in Höhe von 900,00 €. Die Wohnung ist 100 m^2 groß, das Arbeitszimmer umfasst 15 m^2. An Nebenkosten muss Herr Nell monatlich 150,00 € bezahlen. Er hat an 130 Tagen in seinem Arbeitszimmer gearbeitet. Herr Nell hatte sich im Januar 01 einen neuen PC für 2 500,00 € brutto gekauft. Die AfA-Nutzungsdauer beläuft sich gem. BMF-Schreiben vom 26.2.2021 auf 1 Jahr. Das Finanzamt erkennt eine berufliche Nutzung zu 100 % an.

Da Herr Nell während seiner Arbeitszeit immer Anzüge tragen musste (Anordnung des Chefs), möchte er die Kosten von 700,00 € geltend machen.

Berechnen Sie die Einkünfte aus nichtselbstständiger Arbeit für 01.

Fall 6b Gesamtfall – Summe der Einkünfte

Ermitteln Sie für das Ehepaar Frank und Beate Röller die gemeinsame Summe der Einkünfte für das Jahr 02. Folgende Angaben stehen Ihnen zur Verfügung:

Frank Röller ist Lehrer an einer Berufsschule für die Fächer BWL und Rechnungswesen. Bis zum 30.06.02 versah er seinen gewohnten Dienst, ab dem 01.07.02 ging er in Ruhestand. Sein Bruttogehalt betrug bis zum 30.06.02 4000,00 € monatlich, ab dem 01.07.02 erhielt er eine Pension in Höhe von 2500,00 € monatlich.

Folgende Aufwendungen macht er geltend:

(1) Bis zum 30.06.02 ist er den Weg zur ersten Tätigkeitsstätte (einfache Entfernung 20 km) mit seinem Wagen gefahren. Es ergaben sich 100 Arbeitstage.

(2) Auf dem Rückweg von der Arbeit hatte er am 15.05.02 seine Tochter vom Klavierunterricht in der Nachbarstadt abgeholt. Auf dem Weg nach Hause wurde er in einen Autounfall verwickelt, bei dem es zu Blechschäden kam. Er hatte die Kosten für die Reparatur des eigenen Wagens in Höhe von 1 200,00 € selbst zu tragen.

(3) Die Kfz-Versicherung betrug in 02 180,00 €. Röller schätzt, dass das Auto zu ca. 40 % beruflich genutzt wird.

(4) Er bezog während des gesamten Jahres 02 folgende Zeitschriften:

Tageszeitung	20,00 € monatlich
Betriebs-Berater	30,00 € monatlich
Handelsblatt	25,00 € monatlich
Sportzeitung	10,00 € monatlich

(5) In der Wohnung (100 m^2) befindet sich auch ein Arbeitszimmer (15 m^2). Die monatliche Miete beträgt 700,00 €, an Nebenkosten fallen monatlich 120,00 € an. Er hat an 100 Tagen in seinem Arbeitszimmer gearbeitet. Anfang 02 hatte Röller noch einen neuen PC für 899,00 € zzgl. 19 % USt. gekauft. Die AfA-Nutzungsdauer beläuft sich gem. BMF- Schreiben vom 26.2.2021 auf 1 Jahr.

Herr Röller ist noch an der Wort & Bild KG als Kommanditist beteiligt. Der Verlag gibt spezielle Schulbücher in kleiner Auflagenzahl heraus. Die KG hat in 02 einen Gewinn von 100000,00 € erzielt, wovon 20 % Röller zustehen.

Er hatte der KG ein Darlehen gewährt, wofür er in 02 Zinsen in Höhe von 1 500,00 € erhalten hat, die bei der KG als Aufwand gebucht worden waren.

Am 15.02.02 hat er außerdem noch eine nachträgliche Gewinnauszahlung aus dem Jahr 01 in Höhe von 5000,00 € erhalten.

Beate Röller ist angestellte Ärztin in einer Privatklinik. Sie erhielt ein monatliches Bruttogehalt von 4.500,00 €. Aufgrund von guten Ergebnissen hat ihr Arbeitgeber ihr für das Jahr 02 eine Gratifikation in Höhe von 2000,00 € am 15.03.03 ausgezahlt.

Für die Fahrten zwischen Wohnung und erster Tätigkeitsstätte benutzt sie ihren eigenen Pkw. Sie hat das Fahrzeug an 250 Tagen im Jahr benutzt, die kürzeste einfache Entfernung zwischen Wohnung und erster Tätigkeitsstätte beträgt 40 km. Allerdings ist die nachweislich verkehrsgünstigere Verbindung über die Autobahn 50 km. An 20 Tagen musste sie wegen Notfällen auch ein zweites Mal in die Klinik fahren.

Sie nahm an einem dreitägigen Ärztekongress teil. Ihr Arbeitgeber zahlte ihr die Unterkunft in Höhe von 300,00 €, die Bahnfahrt (88,00 €) hat sie selbst zahlen müssen. Verpflegungskosten hat ihr der Arbeitgeber auch nicht ersetzt. Sie ist am ersten Tag um 08:00 Uhr von zu Hause losgefahren und am dritten Tag um 18:00 Uhr zu Hause angekommen.

Nebenbei führt Frau Röller noch eine eigene kleine Praxis, in der sie Akupunkturen anbietet. In 02 hatte sie aus dieser Praxis Einnahmen in Höhe von 5000,00 €. An unstreitigen Ausgaben sind 1 500,00 € entstanden.

3.4.2.2 Die Ermittlung der Einkünfte aus Kapitalvermögen

Es kommt grundsätzlich zu keiner Veranlagung bei den Einkünften aus Kapitelvermögen. Die auszahlende Stelle (zumeist eine Bank) behält von dem Kapitalertrag **einheitlich** 25 % Kapitalertragsteuer ein (§ 32d (1) EStG). Mit der einbehaltenen Kapitalertragsteuer auf Kapitaleinkünfte ist Einkommensteuer **abgegolten** (§ 43 (5) EStG). Eine Angabe der Einkünfte in der Einkommensteuererklärung ist nicht mehr notwendig. Gleichzeitig wird von der Bank bei bestehender Kirchensteuerpflicht die Kirchensteuer und der Solidaritätszuschlag einbehalten.

Der Abzug von tatsächlichen Werbungskosten ist nicht mehr möglich. Stattdessen wird ein Sparerpauschbetrag in Höhe von 1 000,00 €/2 000,00 € abgezogen.

In Ausnahmefällen wird aber trotzdem eine Veranlagung durchgeführt, sodass die Ermittlung der Einkünfte notwendig wird (siehe Kapitel 3.6.5.2).

Ein Abzug von Kapitalertragsteuer findet nicht statt, wenn

- eine Nichtveranlagungsbescheinigung nach § 44a (2) EStG vorgelegt werden kann,
- dem Kreditinstitut ein Freistellungsauftrag in Höhe von 1 000,00 €/2 000,00 € (sog. Sparerpauschbetrag, § 20 (4) EStG) gem. § 44a (2) EStG vorliegt.

Die Gewinne aus der Veräußerung von Anteilen an Kapitalgesellschaften sind ebenfalls Einkünfte aus Kapitalvermögen und unterliegen damit der Abgeltungsteuer (§ 20 (4) EStG).

Der Gewinn wird wie folgt berechnet:

  Veräußerungspreis
– Aufwendungen im Zusammenhang mit dem Veräußerungsgeschäft
– Anschaffungskosten

Verluste aus Kapitalvermögen dürfen gem. § 20 (6) EStG nicht mehr mit anderen Einkunftsarten verrechnet werden. Verluste aus Aktienverkäufen sind sogar nur mit Gewinnen aus Aktienverkäufen verrechenbar. Dazu wird bei jeder auszahlenden Stelle ein sog. Verlusttopf gebildet, innerhalb dessen zunächst sämtliche positive und negative Kapitaleinkünfte verrechnet werden. Ein verbleibender nicht ausgeglichener Verlust wird in das nächste Kalenderjahr fortgeschrieben.

Verluste aus Kapitalerträgen des einen Ehegatten können mit Gewinnen aus Kapitalerträgen des anderen Ehegatten verrechnet werden.

Einkommensteuer

Abgeltung oder Veranlagung

Fall 1

Susanne Arendt hat folgende Einnahmen erzielt. Beurteilen Sie, welcher Einkunftsart die Einnahmen zu-zuordnen sind und ob eine Veranlagung dieser Einnahmen erfolgt. Berechnen Sie die Einkünfte gegebenenfalls.

a) Zinseinnahmen in Höhe von 2 500,00 €. Dafür hatte sie einen Freistellungsauftrag in Höhe von 801,00 € bei der Bank abgegeben. Die entsprechende Kapitalertragsteuer von 25 % sowie die Kirchensteuer und der Solidaritätszuschlag wurden von der Bank einbehalten.

b) Dividendeneinnahmen aus einer Beteiligung an der BASF AG in Höhe von 5 000,00 €. Hiervon wurden 25 % Kapitalertragsteuer sowie Kirchensteuer und Solidaritätszuschlag einbehalten.

c) Verkauf von Aktien zu einem Preis von 4 000,00 €. Die Aktien hatte Frau Arendt vor 5 Jahren zu einem Preis von 2 000,00 € gekauft. An Veräußerungskosten entstanden 100,00 €. Die Bank hatte vom Veräußerungsgewinn in Höhe von 1 900,00 € 25 % Kapitalertragsteuer sowie Kirchensteuer und Solidaritätszuschlag einbehalten.

d) Verkauf eines GmbH-Anteils (< 1 %) zu einem Preis von 6 000,00 €. Den Anteil hatte Frau Arendt vor 3 Jahren zu einem Preis von 3 000,00 € gekauft. An Veräußerungskosten entstanden 300,00 €. Die Steuer wurde nicht abgegolten.

e) Wie ändert sich die Berechnung unter d), wenn dies die einzigen Einkünfte aus Kapitalvermögen von Frau Arendt wären?

f) Welche Änderung ergibt sich, wenn die anderen Einkünfte von Frau Arendt so gering sind, dass ihr Einkommensteuersatz nur 20 % beträgt?

Besondere Regelungen für die Besteuerung von Investmentvermögen (Fonds) – Grundzüge

In einem Investmentfonds bündelt eine Kapitalanlagegesellschaft die Gelder vieler Anleger, um sie in verschiedenen Vermögenswerten (Wertpapiere, Immobilien, usw.) anzulegen und zu verwalten. Sinn dieser Anlage in verschiedenen Vermögenswerten ist die Risikostreuung.

Grundlage für die Besteuerung der Erträge aus Fonds ist das **Investmentsteuergesetz** (InvStG).

Es erstreckt sich auf in- und ausländisches Investmentvermögen.

Es werden Investmentfonds und Spezialinvestmentfonds unterschieden (hier wird nur die Besteuerung der Investmentfonds dargestellt).

Investmentfonds unterliegen teilweise der Körperschaftsteuer und der Gewebesteuer.

Steuerpflichtige Einkünfte sind:

- inländische Beteiligungseinnahmen (insbesondere Dividenden)
- inländische Immobilienerträge
- sonstige inländische Einkünfte (z. B. Zinsen aus Darlehen, Einnahmen aus typisch stillen Gesellschaften, eine Ausnahme gilt für Veräußerungen nach § 17 EStG)

nicht steuerpflichtige Einkünfte sind:

- ausländische Einkünfte (Dividenden und Veräußerungsgewinne)
- Zinserträge mit wenigen Ausnahmen
- Veräußerungsgewinne
- Investmenterträge aus Investmentfonds

Auf der **Anlegerebene** sind folgende Erträge zu versteuern:

- **Investmenterträge** (laufende Ausschüttungen des Investmentfonds, Gewinne aus der Veräußerung von Investmentanteilen)
- **Vorabpauschale** Falls ein Investmentfonds Erträge thesauriert, ist eine Vorabpauschale anzusetzen, um eine Thesaurierungsbegünstigung mit Stundungseffekt zu vermeiden. Die Vorabpauschale ist dann anzusetzen, wenn die Ausschüttungen des Investmentfonds in einem Kalenderjahr geringer sind als die Wertentwicklung des Investmentfonds bei einer risikolosen Marktverzinsung. Die Vorabpauschale ermittelt sich wie folgt:

  Rücknahmepreis des Investmentanteils zu Beginn des Kalenderjahres

  · 70 % des Basiszinssatzes gem. § 203 (2) BewG)

  = Basisertrag

  – Ausschüttungen des Investmentfonds im betreffenden Kalenderjahr

  = Vorabpauschale (sofern positiv)

  Die Vorabpauschale gilt den Anlegern am ersten Werktag des folgenden Kalenderjahres als zugeflossen.

  Von der Vorabpauschale sind die betriebliche Altersvorsorge, Lebensversicherungen und Kranken- und Pflegeversicherungen ausgenommen.

Da die Investmentfonds auf der Fondsebene schon steuerlich belastet werden, werden die Erträge auf der Anlegerebene teilweise freigestellt.

Freistellungssätze	Aktienfonds	Mischfonds	Immobilienfonds	
			inländisch	ausländisch
Privatanleger	30 %	15 %	60 %	80 %
Betriebliche Anleger	60 %	30 %	60 %	80 %
Körperschaftsteuer-pflichtige Anleger	80 %	40 %	60 %	80 %

Ein Aktienfonds liegt vor, wenn 51 %, ein Mischfonds wenn 25 % der Beteiligungen Kapitalbeteiligungen i. S. d. § 2 (8) InvStG sind. Ein Immobilienfonds liegt vor, wenn mind. 51 % in Immobilien angelegt werden.

Für alle steuerpflichtigen Erträge gilt ein Kapitalertragsteuersatz von 25 % zzgl. Solidaritätszuschlag und Kirchensteuer. Damit ist die Steuerschuld abgegolten.

Sonderregelungen für Investmentfonds

Fall 2*

Die Steuerfachangestellte Bianca Glaeske hat Geld in einem sog. Investmentfonds angelegt, der die Gelder der Anleger in festverzinsliche Wertpapiere, Aktien und Immobilien investiert. Die Voraussetzungen für die Vorabpauschale liegen nicht vor.

Für das Jahr 01 schüttet der Fonds folgende Beträge an Frau Glaeske aus:

aufgrund der Veräußerung von Aktien	200,00 €
aufgrund von Dividenden	100,00 €
aufgrund von Zinsen	50,00 €
aufgrund von Mieteinnahmen	50,00 €

Außerdem thesauriert der Fonds 300,00 € aus der Dividende einer AG und 200,00 € aus der Veräußerung von Anteilen an einer AG (jeweils Anteile Frau Glaeske).

Wie werden die Einnahmen im Rahmen der Abgeltungsteuer behandelt?

Gesamtfall

Fall 3

Einkommensteuer

Rudi Walter, wohnhaft in Hamburg, 45 Jahre, und seine Frau Susanne, 43 Jahre, haben folgende Einkünfte:

Rudi Walter ist als praktischer Arzt selbstständig tätig. In 01 hat er aus seiner Praxis Betriebseinnahmen in Höhe von 150 000,00 € und Betriebsausgaben in Höhe von 60 000,00 €. In den Betriebsausgaben sind Bewirtungskosten in Höhe von 1 500,00 € enthalten.

Seine Frau Susanne arbeitet als angestellte Assistenzärztin in einem Hamburger Krankenhaus. Sie erhält ein monatliches Bruttogehalt in Höhe von 3 800,00 €. Die Fahrten an ihren 245 Arbeitstagen (Bescheinigung vom Arbeitgeber liegt vor) legt sie mit öffentlichen Verkehrsmitteln zurück. Die Kosten belaufen sich dabei auf 40,00 € pro Monat. Die einfache Entfernung beträgt 12 km.

Weitere Kosten kann sie nicht nachweisen.

Die beiden haben aufgrund einer Erbschaft Geldmittel, aus denen sie folgende Erträge erzielt haben:

- Bank A:
  Zinsen aus festverzinslichen Wertpapieren in Höhe von 1 200,00 €.

  Dividenden der BASF AG in Höhe von 3 000,00 €.

  Veräußerungserlös aus Aktienverkäufen in Höhe von 13 000,00 €, die Anschaffungskosten vor 3 Jahren haben 10 000,00 € betragen.
- Bank B:
  Veräußerungserlös aus Aktienverkäufen von 5 600,00 €, die Aktien haben vor zwei Jahren 6 000,00 € gekostet.

Für die Aufbewahrung der Wertpapiere hat die Bank 450,00 € Depotgebühren in Rechnung gestellt. Die Erstellung einer Abrechnung wurde mit 56,20 € berechnet.

Die Bank hat alle Erträge, soweit möglich, der Abgeltungsteuer unterworfen. Das Ehepaar Walter wünscht, soweit möglich, keine Veranlagung.

Berechnen Sie die Einkünfte für das Ehepaar Walter.

3.4.2.3 Die Ermittlung der Einkünfte aus Vermietung und Verpachtung

Die Ermittlung der Einkünfte aus Vermietung und Verpachtung	
Ermittlung	Einnahmen gem. § 8 EStG – tatsächliche Werbungskosten § 9 EStG = Einkünfte aus Vermietung und Verpachtung
Einnahmen § 8 EStG	Einnahmen sind bei • der Vermietung und Verpachtung von unbeweglichem Vermögen, insbesondere Grundstücken und Gebäuden: → Mieteinnahmen aus der Vermietung von Wohnräumen, Geschäftsräumen, Garagen, Werbeflächen, → Einnahmen aus Umlagen für Heizung, Wasser, Müllabfuhr, Straßenreinigung usw.

	• bei der Vermietung und Verpachtung von Sachinbegriffen die Miet- bzw. Pachteinnahmen, • bei der zeitlich begrenzten Überlassung von Rechten (Urheberrechte) die dafür gezahlten Entgelte
Werbungskosten **§ 9 EStG**	Zu den wichtigsten Werbungskosten gehören: • Schuldzinsen → Für die Aufnahme eines Darlehens zur Finanzierung des Grundstücks oder Gebäudes. Dazu gehören auch Geldbeschaffungskosten wie z. B. Bereitstellungsgebühren, Notargebühren für die Eintragung der Grundschuld, Disagio im Jahr der Aufnahme des Darlehens in voller Höhe, Kreditprovisionen u. Ä.
§ 11 (2) EStG	→ Das Disagio kann nur voll abgezogen werden, wenn im Kreditvertrag mit einem Zinsfestschreibungszeitraum von 5 Jahren ein Disagio von bis zu 5 % vereinbart wurde. § 11 (2) Satz 3 EStG gilt nicht für ein Disagio, wenn es die o. g. Voraussetzungen erfüllt. Andernfalls ist es auf die Laufzeit des Darlehens zu verteilen.
BFH-Urteil vom 08.03.2016	Anderslautend ist die Auffassung des BFH, der eine sofortige Abzugsfähigkeit untersagt, wenn das Disagio sich nicht im Rahmen des am aktuellen Kreditmarkt Üblichen hält. • Erhaltungsaufwendungen → Kosten für die laufende Instandhaltung des Gebäudes (siehe auch Fall 6 und 7)
§ 82b EStDV **R 21.1 EStR**	→ Größerer Erhaltungsaufwand kann auf zwei bis fünf Jahre gleichmäßig verteilt werden, wenn das Gebäude im Zeitpunkt des Erhaltungsaufwandes nicht zum Betriebsvermögen gehört und zu mehr als 50 % Wohnzwecken dient.
R 21.1 (2) EStR	→ Betragen die Aufwendungen nach Fertigstellung eines Gebäudes für die einzelne Baumaßnahme nicht mehr als 4.000,00 € (Rechnungsbetrag ohne Umsatzsteuer) je Gebäude, so ist auf Antrag dieser Aufwand als Erhaltungsaufwand zu behandeln. • Absetzung für Abnutzung (AfA) → Die AfA kann für die Wertminderung des Gebäudes durch Abnutzung angesetzt werden (genaue Regelungen siehe Fall 4). • Grundsteuer • Müllabfuhr, Wasser, Kanalbenutzung, Straßenreinigung • Heizung, Warmwasser, Hausbeleuchtung • Schornsteinfeger • Hausversicherungen, Hausbesitzerverein • Hausmeister, Hausverwaltung
BFH-Urteil vom 01.12.2015	• Fahrtkosten zu einem vermieteten Haus können nur in Höhe der Entfernungspauschale von 0,30 € je Entfernungskilometer angesetzt werden, da es sich bei dem vermieteten Haus um eine regelmäßige Tätigkeitsstätte handelt.

Fall 1 **Einführungsfall – Belegfall**

Die Mandantin Sabine Schröder (siehe Fall 1 im Kapitel 3.4.2.1 „Ermittlung der Einkünfte aus nichtselbstständiger Arbeit“) besitzt ein Mietshaus (150 m²) in Solingen, aus dem sie Einnahmen erzielt. Sie hat das Haus vor drei Jahren gekauft, das Baujahr liegt 15 Jahre zurück.

Sie sollen die Einkünfte aus Vermietung und Verpachtung mithilfe der unten stehenden Übersicht ermitteln.

Einnahmen § 8 EStG	
– **Tatsächliche Werbungskosten § 9 EStG**	
= **Einkünfte aus Vermietung und Verpachtung**	

Folgende Unterlagen und Informationen stehen Ihnen zur Verfügung:

- Einnahmen aus Mieten 20 250,00 €
- Absetzung für Abnutzung für das Haus nach § 7 (4) Nr. 2 EStG 2 % linear von den Anschaffungskosten (300 000,00 €) = 6 000,00 €

Stadtsparkasse Solingen

Darlehensnummer 256987, Frau Sabine Schröder

Der Darlehensstand zum 31.12. des o. g. Darlehens beträgt	124 000,00 €
Zinszahlungen	8 350,00 €

Das Darlehen wurde zur Finanzierung des Hauses aufgenommen.

Stefan Schiefer, Malermeister **Eichenweg 8, 42659 Solingen**

Frau Sabine Schröder
Mörikestr. 17
45616 Gelsenkirchen

17.05.01

Für Anstricharbeiten an Ihrem Haus Geibelstr. 25 in Solingen erlaube ich mir in Rechnung zu stellen:

Materialkosten	1 750,00 €
Lohnkosten	5 750,00 €
	7 500,00 €
+ 19 % USt.	1 425,00 €
	8 925,00 €

Zahlbar innerhalb von 8 Tagen.

===========

Stadt Solingen

Der Oberstadtdirektor
Amt für Steuern und Abgaben
Telefon: 0212 290-0
Telefax: 0212 290-2169

Stadtverwaltung Amt 22 – Postfach 100165 – 42650 Solingen

Frau Sabine Schröder
Mörikestr. 17
45616 Gelsenkrichen

22.05.01

Heranziehungbescheid zur Grundsteuer und zu den Benutzungsgebühren 01
Grundstück Geibelstr. 25

Erhebungszeitraum		Bezeichnung der Abgaben	Kennziffer	Hebesatz/Abgabesatz	Abgabemaßstab	Betrag der Abgabe in €
Ab Monat/Jahr	Bis Monat/Jahr					
01.01.	12.01.	Grundsteuer B	07	410 %	91,14 €	373,67
01.01.	12.01.	Schmutzwasser-gebühren	12	1,8355 €	274 m³	502,93
01.01.	12.01.	Straßenreinigungs-gebühren	17	3,2465 €	23,00 Meter	74,67
01.01.	12.01.	Abfallbeseitigungs-gebühren	32	116,17 €	1 Behälter	116,17
01.01.	12.01.	Niederschlagswasser-gebühr	80	0,9005 €	359 m²	323,28
Stadtsparkasse Solingen, IBAN DE23 3504 1250 0000 0027 33, BIC SOLSDE33XXX					Gesamtbetrag	1 390,72

Ermittlung der Einkünfte aus Vermietung und Verpachtung – größerer Erhaltungsaufwand nach § 82b EStDV

Fall 2

Irmgard Göttert ist Eigentümerin eines Mehrfamilienhauses in Düsseldorf. Das Haus hat 4 Etagen à 100 m². Das Erdgeschoss ist an einen Steuerberater vermietet. Die restlichen Etagen sind als Wohnungen an private Mieter vermietet. Sie hat in 02 folgende Einnahmen und Werbungskosten:

- vereinnahmte Mieten 26 500,00 €
- ein Mieter überweist die Miete für Dezember in Höhe von 500,00 € erst am 06.02.03
- Einnahmen aus Umlagen (Heizung, Strom usw.) 6 000,00 €
- AfA nach § 7 (4) Nr. 2 EStG 2 % linear von den Anschaffungskosten (250 000,00 €): 5 000,00 €
- Kosten für die Reparatur des Dachstuhls 17 500,00 €
- sonstige kleinere Reparaturen 750,00 €
- Schuldzinsen 1 750,00 €
- Tilgungszahlungen 2 000,00 €
- Versicherung 250,00 €
- Grundsteuer, Kanalbenutzung usw. 1 000,00 €

Berechnen Sie die Einkünfte aus Vermietung und Verpachtung. Frau Göttert möchte dabei von der Regelung des § 82b EStDV Gebrauch machen und eine Aufteilung von 5 Jahren beantragen.

Teilentgeltliche Vermietung (§ 21 (2) EStG)

Ein voller Werbungskostenabzug ist bei den Einkünften aus Vermietung und Verpachtung nur möglich, wenn die Miete mindestens 50 % der ortsüblichen Miete (Kaltmiete zuzüglich der nach der 2. Berechnungsverordnung umlagefähigen Nebenkosten; R 21.3 EStR) beträgt.

Beträgt die Miete zwischen 50 % und 66 % der Vergleichsmiete, ist aber eine Totalüberschuss-Prognose zu erstellen. Nur bei einem prognostizierten positiven Totalüberschuss ist dann der vollständige Werbungskostenabzug zulässig.

Sind Voraussetzungen nicht erfüllt, gilt die Vermietung als teilentgeltlich und die Werbungskosten können nur anteilig im Verhältnis der tatsächlichen zur ortsüblichen Miete angesetzt werden.

Fall 3 Teilentgeltliche Vermietung (§ 21 (2) EStG)

Rudi Gehrer hat in Berlin eine Eigentumswohnung als Geldanlageobjekt gekauft. Er überlässt seinem Sohn diese Wohnung. Aus steuerlichen Gründen verlangt er eine monatliche Miete von 360,00 €. Die ortsübliche Miete beträgt monatlich 800,00 €. An Aufwendungen für die Wohnung sind im Jahr 12 000,00 € entstanden, die er als Werbungskosten geltend machen möchte.

a) Prüfen Sie, ob es sich um eine vollentgeltliche oder teilentgeltliche Vermietung handelt, und berechnen Sie den Prozentsatz, mit dem die Werbungskosten abgezogen werden dürfen.

b) Berechnen Sie die Einkünfte aus Vermietung und Verpachtung.

c) Wie lautet Ihre Antwort zu a), falls die tatsächlich gezahlte Miete 600,00 € monatlich betragen würde?

d) Zu welcher Miethöhe raten Sie Gehrer unter der Voraussetzung, dass er die Werbungskosten voll absetzen möchte?

e) Welche steuerlichen Folgen ergäben sich, wenn die Wohnung unentgeltlich überlassen würde?

Gebäude-AfA

Gebäude können nach zwei AfA-Arten abgeschrieben werden:

- lineare AfA (§ 7 (4) EStG)
- degressive AfA (§ 7 (5a) EStG)

Nur das Gebäude kann abgeschrieben werden, der Anteil für Grund und Boden ist nicht abschreibungsfähig.

Angeschaffte Gebäude werden ab dem Zeitpunkt der Anschaffung abgeschrieben. Der Zeitpunkt der Anschaffung ist der Zeitpunkt, zu dem laut Kaufvertrag Besitz, Nutzen und Lasten auf den Erwerber übergehen (H 7.4 „Lieferung“ EStR).

Hergestellte Gebäude werden ab dem Zeitpunkt der Fertigstellung abgeschrieben. Ein Gebäude ist fertiggestellt, wenn die wesentlichen Bauarbeiten abgeschlossen sind und der Bau so weit errichtet ist, dass der Bezug der Wohnungen zumutbar ist (H 7.4 „Fertigstellung“ EStR).

Die lineare AfA beträgt

- bei Gebäuden, die zum Betriebsvermögen gehören und nicht Wohnzwecken dienen und für die ein Bauantrag nach dem 31.03.1985 gestellt wurde, 3 % der Anschaffungs- oder Herstellungskosten (§ 7 (4) Nr. 1 EStG),
- bei Mietwohngebäuden, die nach dem 31.12.2022 fertiggestellt werden, 3 % jährlich,
- bei allen anderen Gebäuden jährlich (§ 7 (4) Nr. 2 EStG):
  - 2 % der Anschaffungs- oder Herstellungskosten, wenn sie nach dem 31.12.1924 fertiggestellt worden sind.
  - 2,5 % der Anschaffungs- oder Herstellungskosten, wenn sie vor dem 01.01.1925 fertiggestellt worden sind.

Grundsätzlich ist für Gebäude, die nach dem 01.01.2006 gekauft oder hergestellt wurden, keine degressive AfA möglich. Sie gilt damit nur noch für Altfälle.

Um den Wohnungsneubau zu fördern wurde befristet eine degressive AfA in Höhe von 5 % jährlich (vom Restwert) für Wohngebäude, die in einem EU-Mitgliedsstaat belegen sind, und deren Herstellung nach dem 30.9.2023 und vor dem 01.10.2029 begonnen wird, eingeführt.

Wird das Gebäude im Laufe eines Jahres angeschafft oder hergestellt, kann für das Jahr der Anschaffung oder Herstellung die AfA nur für den Zeitraum zwischen Anschaffung oder Herstellung und dem Ende des Jahres angesetzt werden (zeitanteilige AfA oder AfA pro rata temporis) (R 7.4 (2) EStR).

Zu Wohnzwecken dient ein Gebäude, wenn es dazu bestimmt ist, Menschen auf Dauer Aufenthalt und Unterkunft zu ermöglichen. Es dient zu Wohnzwecken, soweit es zur vorübergehenden Beherbergung von Personen bestimmt ist.

Für **Wohnungsneubauten** ist nach § 7b EStG eine **Sonderabschreibung** möglich.

Voraussetzungen dafür sind:

- Anschaffung oder Herstellung neuer Gebäude oder Wohnungen, soweit diese mindestens 10 Jahre vermietet werden
- Bauantrag muss nach dem 31.12.2022 und vor dem 01.01.2029 gestellt sein.
- Das Gebäude muss die Kriterien eines „Effizienzhaus 40“ mit Nachhaltigkeits-Klasse erfüllen und dies durch das Qualitätssiegel „Nachhaltiges Gebäude" nachweisen.
- Die Anschaffungs- oder Herstellungskosten dürfen die Baukostenobergrenze von 5 200,00 € je m^2 nicht übersteigen.

Die Sonderabschreibung beträgt im Jahr der Anschaffung und den folgenden 3 Jahren jährlich bis zu 5 %. Sie wird für maximal 4 000,00 € je m^2 gewährt.

Die Sonderabschreibung ist rückwirkend rückgängig zu machen, wenn

- die Wohnung in der ersten 10 Jahren nicht der entgeltlichen Überlassung zu Wohnzwecken dient.
- die Wohnung in den ersten 10 Jahren veräußert wird und der Veräußerungsgewinn nicht der Einkommensteuer unterliegt.
- die Baukostengrenze innerhalb von 10 Jahren durch nachträgliche Anschaffungs- oder Herstellungskosten überschritten wird.

Einkommensteuer

Lineare Gebäude-AfA (§ 7 (4) EStG) **Fall 4a**

Ermitteln Sie in den folgenden Fällen die höchstmögliche AfA nach § 7 (4) EStG für 2025 und 2026 für folgende Mietobjekte.

a) Mietshaus, das 1910 errichtet wurde, Kauf 01.10.2025 und anschließende vollständige Vermietung. Die Anschaffungskosten betrugen 300 000,00 €, darin enthalten ist der Wert des Grund und Bodens in Höhe von 60 000,00 €.

b) Selbst hergestelltes Mietshaus; Herstellungskosten 250 000,00 €; Fertigstellung am 30.11.2025; Datum des Bauantrages am 12.01.2025; Kosten des Grund und Bodens 50 000,00 €.

c) Wohnhaus; Kauf am 01.12.2025; Fertigstellung am 01.09.2025; Bauantrag Anfang 2025; Anschaffungskosten 250 000,00 €, darin enthalten der Wert für Grund und Boden 50 000,00 €.

d) Wohnhaus; Kauf am 01.02.2025; Fertigstellung 31.01.2025, Bauantrag 2023; Anschaffungskosten 350 000,00 €, darin enthalten der Wert für Grund und Boden 70 000,00 €.

Sonderabschreibung für Wohnungsneubauten (§ 7b EStG) **Fall 4b**

Manuel Winter erwirbt mit Kaufvertrag von 10.03.2025 eine 70-m^2-Eigentumswohnung zu einem Kaufpreis von 420 000,00 € (Anteil Grund und Boden 80 000,00 €), für die am 15.01.2025 ein Bauantrag gestellt wurde. Die Übergabe erfolgt mit der Bezugsfertigkeit am 01.10.2025. Er vermietet die Wohnung. Das Gebäude erfüllt die Kriterien eines „Effizienzhaus 40“ mit Nachhaltigkeits-Klasse. Prüfen Sie, ob eine Sonderabschreibung nach § 7b EStG vorgenommen werden kann und berechnen Sie ggf. die Höhe.

Ermittlung der Gebäude-Anschaffungskosten oder -Herstellungskosten (BMF-Schreiben vom 18.07.2003, § 255 HGB)

Anschaffungskosten eines Gebäudes sind die Aufwendungen, die geleistet werden, um das Gebäude zu erwerben und es in einen betriebsbereiten Zustand zu versetzen, soweit sie dem Gebäude einzeln zugeordnet werden können, ferner die Nebenkosten und die nachträglichen Anschaffungskosten. Ein Gebäude ist betriebsbereit, wenn es entsprechend seiner Zweckbestimmung genutzt werden kann.

Herstellungskosten eines Gebäudes sind Aufwendungen für die Herstellung eines Gebäudes sowie Aufwendungen, die für die Erweiterung oder für die über den ursprünglichen Zustand hinausgehende wesentliche Verbesserung eines Gebäudes entstehen. Dazu gehören z.B. Baukosten, Architektenkosten, Kanalanschlusskosten (nur Hausanschlusskosten).

Die Anschaffungs-/Herstellungskosten sind regelmäßig die Grundlage für die Bemessung der AfA. Die Kosten für Grund und Boden dürfen nicht in die Bemessungsgrundlage für die AfA einbezogen werden, da Grund und Boden nicht abnutzbar ist.

Fall 5 Ermittlung der Gebäude-Anschaffungskosten oder -Herstellungskosten

a) Silke Reimann hat am 01.11.01 ein Wohnhaus gekauft, das vor 10 Jahren errichtet wurde. Der Kaufpreis betrug 400000,00 €, darin enthalten war der Grund und Boden mit 60000,00 €.

Weiterhin musste sie im Zusammenhang mit dem Kauf folgende Aufwendungen tätigen:

- Grunderwerbsteuer 20000,00 €
- Notarkosten für den Abschluss des Kaufvertrages 750,00 € + 19 % USt.
- Grundbuchamtkosten für die Eigentumsumschreibung im Grundbuch 200,00 €
- Maklercourtage 13825,00 € (inkl. USt.)

Den Kauf des Hauses hat Frau Reimann durch einen Kredit finanziert. Als Sicherheit verlangte die Bank eine Grundschuld auf das Gebäude. Dafür entstanden folgende Kosten:

- Notarkosten für die Bestellung der Grundschuld 400,00 € + 19 % USt.
- Grundbuchamtkosten für die Eintragung der Grundschuld 100,00 €

Für das Darlehen entstanden für die Zeit vom 01.11. bis 31.12.01 Zinsen in Höhe von 2500,00 €.

(1) Ermitteln Sie die Anschaffungskosten des Gebäudes. Benutzen Sie dazu die folgende Tabelle.

Kaufpreis (inkl. Grund und Boden)	
+ Anschaffungsnebenkosten → → → →	
= Gesamte Anschaffungskosten	
Anteilig für Gebäude (im Verhältnis des Gebäudeanteils am Kaufpreis)	
= Anschaffungskosten des Gebäudes **= Bemessungsgrundlage der AfA**	

(2) Ermitteln Sie die höchstmögliche AfA für das Jahr 01 und 02.

b) Simon Marx hat ein Grundstück für 70000,00 € Anfang 04 gekauft, auf dem er ein Wohngebäude errichten lässt. Die Rechnung des Bauherrn beläuft sich auf 260000,00 €. In 04 fallen noch folgende weiteren Kosten im Zusammenhang mit dem Bau des Hauses an:

Zinszahlung für das Hypothekendarlehen	4500,00 €
Grunderwerbsteuer für das Grundstück	3500,00 €
Architektenhonorar	25000,00 €
Kanalanschlussgebühr der Gemeinde	1500,00 €
Kaminabnahmegebühr des Schornsteinfegers	200,00 €

Berechnen Sie die Herstellungskosten des Gebäudes.

Erhaltungsaufwendungen/nachträgliche Herstellungskosten (§ 6 (1) Nr. 1a i.V.m. § 9 (5) EStG, R 21.1 EStR, BMF-Schreiben vom 20.10.2017, H 6.4 EStR)

Erhaltungsaufwand ist Aufwand für die laufende Instandhaltung. Er bewirkt keine Änderung der Wesensart des Gebäudes und dient zur Erhaltung des ordnungsgemäßen Zustandes. Er ist sofort als Werbungskosten abzugsfähig.

Von den Erhaltungsaufwendungen sind nachträgliche Herstellungskosten abzugrenzen. Dies sind nachträgliche Aufwendungen zur Verbesserung und Erweiterung eines Wirtschaftsgutes, sie stellen eine erhebliche Änderung der Wesensart dar und dienen zur deutlichen Verbesserung des Zustandes des Wirtschaftsgutes. Sie erhöhen die Anschaffungs-/Herstellungskosten und damit die Absetzung für Abnutzung (AfA).

Herstellungskosten liegen auch vor, wenn innerhalb der ersten drei Jahre nach Anschaffung hohe Reparatur- oder Modernisierungsaufwendungen anfallen, die (ohne Umsatzsteuer) 15 % der Anschaffungskosten des Gebäudes übersteigen (sog. anschaffungsnaher Herstellungsaufwand).

Auch reine Schönheitsreparaturen sind in diese Grenze einzubeziehen (BFH-Urteil vom 14.06.2016), nicht dagegen Erhaltungsaufwendungen, die üblicherweise jährlich anfallen wie z.B. die Heizungswartung, und Aufwendungen für Erweiterungen, da sie Herstellungskosten darstellen. Wird das Gebäude unterschiedlich genutzt, ist die 15%-Grenze für jede Nutzungseinheit separat zu prüfen. Die Dreijahresfrist ist taggenau zu ermitteln. Aufwendungen, die in dieser Dreijahresfrist anfallen, werden zusammengerechnet. Bei Überschreiten der 15 %-Grenze werden alle Aufwendungen (rückwirkend) als Herstellungskosten behandelt und erhöhen die AfA-Bemessungsgrundlage.

Einkommensteuer

Abgrenzung Erhaltungsaufwendungen/nachträgliche Herstellungskosten

Fall 6

a) Prüfen Sie in folgenden Fällen, ob es sich um Erhaltungsaufwendungen oder um nachträgliche Anschaffungs-/Herstellungskosten handelt, und beurteilen Sie die steuerliche Behandlung.
   - Aufwendungen für den Austausch von Fenstern
   - Einbau eines Aufzugs
   - Ausbau des Dachgeschosses
   - Umbau von kleinen Wohneinheiten in große Geschäftsräume
   - notwendige Reparaturen an Installationseinrichtungen und Elektroleitungen
   - Erneuerung von sanitären Anlagen
   - neue Heizungsanlage
   - zweigeschossiger Anbau

b) Prüfen Sie in den folgenden Fällen, ob es sich um anschaffungsnahen Herstellungsaufwand handelt, und beurteilen Sie die steuerliche Behandlung.
   (1) Der Steuerpflichtige Günter Krüger hat im letzten Jahr in Düsseldorf ein Mehrfamilienhaus (Baujahr 1950) für 250 000,00 € (Anteil Grund und Boden 50 000,00 €) gekauft. Er hat dieses Jahr Renovierungsarbeiten für 65 000,00 € durchführen lassen.
   (2) Der Steuerpflichtige Stefan Ebener hat vor zwei Jahren ein Einfamilienhaus zur Vermietung für 150 000,00 € (Anteil Grund und Boden 30 000,00 €) gekauft. Dieses Jahr lässt er Renovierungsarbeiten für 10 000,00 € durchführen.
   (3) Nina Fuhrmann hat vor 4 Jahren ein Mietswohnhaus zu Anschaffungskosten von 150 000,00 € gekauft. In diesem Jahr hat sie sich entschlossen, das Haus in größerem Umfang zu renovieren, und wendet dafür 40 000,00 € auf.

Nachträgliche Herstellungskosten (H 7.3 EStR)

Entstehen für ein Gebäude nachträgliche Herstellungskosten, erhöhen sie die bisherige Bemessungsgrundlage der AfA ab dem Jahr, in dem die nachträglichen Herstellungskosten entstanden sind. Dabei sind diese Kosten so zu berücksichtigen, als wären sie zu Beginn des Jahres aufgewendet worden. Die Höhe der AfA bemisst sich nach dem bisherigen AfA-Satz. Die Abschreibung erfolgt dann so lange, bis die AK/HK zuzüglich der nachträglichen AK/HK abgeschrieben sind.

Behandlung der nachträglichen Herstellungskosten

Fall 7

Josef Hoffman besitzt ein vermietetes Zweifamilienhaus (Baujahr 1930), das er 1990 gekauft hat. Die ursprünglichen Anschaffungskosten des Hauses betrugen 300 000,00 €. 2025 ließ er das Dach neu decken und instand setzen. Dabei baute er auch das Dachgeschoss zu einer vermietbaren Wohnung aus. Folgende Kosten entstanden:

- Ausbau des Dachgeschosses 10 000,00 €
- Renovierung des Daches 6 000,00 €

Berechnen Sie die Höhe der AfA für 2025 und 2026.

Teilweise Vermietung (R 21.1 (5) EStR)

Wird ein Teil des Gebäudes oder der Wohnung zu eigenen Wohnzwecken genutzt, sind die Aufwendungen für diesen Teil nicht als Werbungskosten absetzbar. Lassen sich die Aufwendungen nicht eindeutig dem vermieteten oder dem selbst genutzten Teil zuordnen, ist eine Aufteilung im Verhältnis der Wohnflächen vorzunehmen.

Bei einer ausschließlichen Nutzung zu eigenen Wohnzwecken können keine Werbungskosten abgesetzt werden. Es handelt sich dabei nicht um Einkünfte aus Vermietung und Verpachtung.

Fall 8 Teilweise Vermietung

Rudi Ostmann erwarb am 01.08.01 ein im Jahr 1930 erbautes Mehrfamilienhaus für 350 000,00 €. Davon entfallen 20 % auf den Grund und Boden.

Das Erdgeschoss (100 m^2) hat er an einen Steuerberater vermietet. Die Mieteinnahmen betragen 1 000,00 € monatlich sowie 35,00 € für Pkw-Einstellplätze.

Das 1. Obergeschoss (100 m^2) hat er an private Mieter vermietet. Die Miete beträgt monatlich 500,00 €. Die Miete für Dezember 02 hat Ostmann erst im Februar 03 erhalten.

Das 2. Obergeschoss (100 m^2) bewohnt Ostmann selbst.

Pro m^2 ergeben sich Nebenkosten von 1,50 €, die alle Mieter monatlich zusätzlich zu den Mietzahlungen leisten.

Die Hauskosten betrugen in 02

• Heizungskosten	1 900,00 €
• Grundsteuer	250,00 €
• Eigentümerhaftpflichtversicherung	100,00 €
• Müllabfuhr, Wasser, Entwässerung	1 200,00 €
• Hausbesitzerverein	25,00 €
• Schuldzinsen	6 500,00 €
• Renovierungskosten für das Erdgeschoss	1 500,00 €
• Renovierungskosten für das 2. OG	750,00 €

Berechnen Sie die Einkünfte aus Vermietung und Verpachtung für 02. Benutzen Sie dabei die folgende Übersicht:

Einnahmen	
Summe Einnahmen	
Aufzuteilende Werbungskosten	
Summe	
Anteil für die vermieteten Wohnungen	
Voll abzugsfähige Werbungskosten	
Summe Werbungskosten	
Einkünfte aus VV	

Fall 9 Wiederholungsfall

Herbert und Marianne Koch haben in 04 ein Mehrfamilienhaus in Ludwigshafen, Lindenstr. 10 (Baujahr vor 20 Jahren) mit notariellem Kaufvertrag am 01.07.04 gekauft. Ab diesem Zeitpunkt gehen auch der Nutzen und die Lasten auf die Kochs über. Jeder hat einen Eigentumsanteil von 50 %. Der Kaufpreis beträgt 450 000,00 €, wovon 150 000,00 € auf den Wert des Grund und Bodens entfallen.

Bezüglich des Mehrfamilienhauses liegen folgende Informationen vor:

(1) Die Wohnungen sind gleich groß; die Wohnfläche beträgt je 150 m^2.

(2) Die Wohnung im Erdgeschoss hat Frau Koch ihrem Bruder Heinz seit dem 01.07.04 unentgeltlich überlassen; die Wohnung im 1. Obergeschoss ist ab demselben Zeitpunkt für monatlich 1 000,00 €

an private Mieter vermietet. An Nebenkosten haben die Mieter 120,00 € pro Monat bezahlt. Die Wohnung im 2. OG bewohnen die Kochs selbst.

(3) Die Kochs haben das Dachgeschoss für 50 000,00 € ausbauen lassen. Die Größe der entstandenen Wohnung beträgt 50 m². Ab dem 01.11.04 wurde die Wohnung zu einer Miete von 300,00 € zzgl. 70,00 € Nebenkosen pro Monat vermietet.

(4) Die Kochs haben in 04 folgende Beträge verauslagt:

- Grunderwerbsteuer 22 500,00 €
- Notarkosten für die Beurkundung des Kaufvertrages 2 600,00 € + 19 % USt.
- Notarkosten für die Grundschuldbestellung 600,00 € + 19 % USt.
- Grundbuchkosten für die Eigentumsumschreibung 560,00 €
- Grundbuchkosten für die Eintragung der Grundschuld 300,00 €
- Zur Finanzierung haben die Kochs ab dem 01.07.04 ein Darlehen in Höhe von 300 000,00 € aufgenommen. Der Zinssatz beträgt 3 % p. a. Bei der Auszahlung des Darlehens wurde ein Disagio in Höhe von 10 000,00 € einbehalten. Das Disagio erfüllt alle Anforderungen für die sofortige Abzugsfähigkeit. In 04 wurde eine Tilgung von 3 000,00 € geleistet.
- Dachreparaturkosten 21 000,00 €

Die Kochs wollen die Kosten gem. § 82b EStDV auf 3 Jahre verteilen.

- Generalüberholung der veralteten Heizungsanlage für (Einbau eines neuen Kessels, Erneuerung des Rohrsystems) Die Hälfte des Betrages bezahlten die Kochs in 04, die andere Hälfte im März 05. 10 000,00 €
- Instandsetzung der sanitären Anlagen im Erdgeschoss 3 500,00 €
- Instandsetzung der sanitären Anlagen im 1. Obergeschoss 10 500,00 €
- Sonstige Aufwendungen (Wasser, Grundsteuer usw.) 9 000,00 €

Ermitteln Sie die Einkünfte aus Vermietung und Verpachtung für 04.

Gesamtfall

Fall 10

Erwin Fischer wohnt in Köln und hat folgende Einkünfte:

1. Fischer ist als Geschäftsführer bei der Stahl AG beschäftigt. Die Lohnsteuerbescheinigung 02 enthält u. a. folgende Eintragungen:

   - Bruttoarbeitslohn 31 670,00 €
   - Tantieme für das Jahr 01, ausgezahlt in 02 1 200,00 €

   Fischer ist an 230 Tagen mit dem eigenen Pkw zu seiner ersten Tätigkeitsstätte gefahren. Die Entfernung zwischen Wohnung und erster Tätigkeitsstätte beträgt 10 km.

   Die weiteren berufsbedingten Aufwendungen betragen:

   - Aufwendungen für Fachliteratur 100,00 €
   - In 02 hat er 4 Messen besucht, die aber alle in der Nähe seines Wohnortes waren, sodass er nicht am Messeort übernachtete. Er fuhr mit seinem eigenen Pkw zu den Messen, bei denen er jeweils nur einen Tag blieb. Insgesamt haben die mit dem Pkw gefahrenen Kilometer 1 200 betragen. Er war an den 4 Messetagen ca. 14 Stunden von zu Hause abwesend. Eine Erstattung der Kosten durch seinen Arbeitgeber erfolgte nicht.

2. Fischer erhielt am 01.06.02 eine Dividende für Aktien der BASF AG. Seinem Bankkonto wurde ein Betrag von 4 567,69 € nach Abzug aller Steuern gutgeschrieben. An Depotgebühren wurden von der Bank 30,00 € berechnet. Außerdem wurden für die Erträgnisaufstellung des Depots 18,00 € Gebühren berechnet. Für eine Sparanlage erhielt er am 31.12.02 Zinsen in Höhe von 642,96 €. Er hatte einen Freistellungsauftrag bei der Bank abgegeben. Die Einnahmen sind abgegolten.

3. Fischer ist neben seinem Job bei der Stahl AG noch selbstständiger Werkzeughändler. Das Wirtschaftsjahr der Einzelunternehmung lief bisher vom 01.09. bis 31.08. Im Jahr 02 stellte Fischer jedoch auf ein mit dem Kalenderjahr übereinstimmendes Wirtschaftsjahr um. Für das Wirtschaftsjahr 01/02 ermittelte er zutreffend einen Verlust von 10 000,00 € und für den Zeitraum vom 01.09.02 bis 31.12.02 einen Gewinn von 3 000,00 €.

4. Fischer kaufte in 02 ein Gebäude mit Wohn- und Büroräumen. Das Gebäude wurde vor 4 Jahren fertiggestellt. Fischer vermietete das Haus ab dem 01.10.02. Laut Kaufvertrag erfolgte der Übergang von Nutzen und Lasten zum 01.09.02. Der Kaufpreis für das Objekt betrug 330 000,00 €, davon entfielen

auf den Grund und Boden 110 000,00 €. Zur teilweisen Finanzierung hatte Fischer einen Kredit aufgenommen. Es entstanden ihm folgende Ausgaben:

• Disagio (sofort abzugsfähig)	7 500,00 €
• Schuldzinsen	3 100,00 €
• Grunderwerbsteuer	16 500,00 €
• Notar- und Grundbuchkosten wegen Kauf	2 220,00 €
• Notar- und Grundbuchkosten wegen Grundschuld	800,00 €
• Sonstige Kosten	2 000,00 €

- 10 Fahrten zu dem vermieteten Haus in Jahr 02, Entfernung von seiner Wohnung 30 km

Das Erdgeschoss (150 m^2) ist an einen Arzt für monatlich 1 200,00 € vermietet.

Obergeschoss (100 m^2) und Dachgeschoss (50 m^2) vermietete er für monatlich insgesamt 900,00 € zu Wohnzwecken.

Berechnen Sie in einer übersichtlichen Darstellung die Summe der Einkünfte von Fischer für 02.

3.4.2.4 Die Ermittlung der sonstigen Einkünfte

Die sonstigen Einkünfte gehören zu den Überschusseinkunftsarten. Sie werden deshalb durch Abzug der Werbungskosten von den Einnahmen ermittelt. Bei einigen sonstigen Einkünften ist auch der Abzug einer Werbungskostenpauschale möglich. Da die Ermittlung der einzelnen sonstigen Einkünfte sich sehr unterscheidet, wird sie für jede einzelne sonstige Einkunft getrennt dargestellt.

Ermittlung der sonstigen Einkünfte bei Leibrenten	
Einnahmen aus Leibrenten aus den gesetzlichen Rentenversicherungen, den landwirtschaftlichen Alterskassen, den berufsständischen Versorgungseinrichtungen und privater kapitalgedeckter Altersversorgung i. S. d. § 10 (1) Nr. 2b EStG **§ 22 Nr. 1 Satz 3 Buchstabe a Doppelbuchstabe aa EStG** **BMF-Schreiben vom 26.04.2010**	Zu versteuern ist die Bruttorente. Die Berechnung von Brutto- und Nettorente erfolgt folgendermaßen: Altersrente (Bruttorente) – Kranken- und Pflegeversicherungsbeitrag = Saldo + Zuschuss zum Krankenversicherungsbeitrag (steuerfrei nach § 3 Nr. 14 EStG) = Auszahlungsbetrag (Nettorente) Ein Teil der Rente bleibt steuerfrei. Bei Renten mit Rentenbeginn bis 2005 beträgt der steuerpflichtige Anteil 50 %. Für Renten, die 2025 beginnen, beträgt der steuerpflichtige Teil 83,5 %. Der steuerfreie Teil bleibt auf Dauer festgeschrieben. Die Festschreibung gilt erst ab dem Jahr, das auf das Jahr des ersten Rentenbezugs folgt. Für Renten, die in späteren Jahren beginnen, wird der steuerfreie Teil nach und nach abgesenkt (siehe Tabelle § 22 Nr. 1 Satz 3 Buchstabe a Doppelbuchstabe aa EStG). Mit dieser Regelung sind auch die Renten wegen verminderter Erwerbsfähigkeit und die Hinterbliebenenrenten aus der gesetzlichen Rentenversicherung erfasst. Die Erwerbsminderungsrente wird spätestens nach Vollendung des 65. Lebensjahres des Berechtigten in eine Regelaltersrente umgewandelt. Bei Umwandlung muss man zur Ermittlung des Besteuerungsanteils die Laufzeit der Erwerbsunfähigkeitsrente von dem Jahr des Beginns der Altersrente abziehen. Der Besteuerungsanteil beträgt allerdings mind. 50 %.
§ 22a EStG	Die auszahlenden Stellen haben eine jährliche Rentenbezugsmitteilung an eine zentrale Stelle der Deutschen Rentenversicherung Bund bis zum 01.03. des Folgejahres zu übermitteln. Die gesammelten Daten werden an die Finanzbehörden übermittelt und somit eine Besteuerung der Renten sichergestellt.

Einnahmen aus sonstigen Leibrenten und auf Antrag Leibrenten, soweit diese auf bis zum 31.12.2004 geleisteten Beiträgen beruhen, die mind. 10 Jahre oberhalb des Höchstbetrages zur gesetzlichen Rentenversicherung gezahlt wurden **§ 22 Nr. 1 Satz 3 Buchstabe a Doppelbuchstabe bb EStG**	Beispiel für diese Art von Renten ist die Veräußerung eines Betriebes gegen eine Rente oder private Rentenversicherungen. Zu versteuern ist ebenfalls die Bruttorente. Allerdings ist nur ein Ertragsanteil (= Zinsertrag aus den angelegten Rentenbeiträgen) zu versteuern. Er bestimmt sich nach dem bei Rentenbeginn vollendeten Lebensjahr (siehe Tabelle § 22 Nr. 1 Satz 3 Buchstabe a Doppelbuchstabe bb EStG). Der Ertragsanteil bleibt dann für die Dauer der Rente unverändert.
Einnahmen aus abgekürzten Leibrenten **§ 55 EStDV** **R 22.4 (5) EStR**	Abgekürzte Leibrenten sind Renten, die auf eine bestimmte Zeit beschränkt sind. Dazu gehören vor allem die Renten aus einer privaten Berufsunfähigkeitsversicherung. Bei diesen Renten ist nur ein sog. Ertragsanteil steuerpflichtig. Dieser Ertragsanteil ergibt sich aus der Tabelle des § 55 EStDV.
Einnahmen aus einer sog. Riester-Rente, aus Direktversicherungen, Pensionsfonds und Pensionskassen **§ 22 Nr. 5 EStG**	Diese Renten sind mit dem vollen Rentenbetrag zu versteuern, falls die Beiträge und Umlagen in der Ansparphase steuerlich gefördert wurden. Wurde keine steuerliche Förderung in Anspruch genommen, sind die Rentenleistungen nur mit dem Ertragsanteil zu versteuern.
Werbungskosten	Beispiele für Werbungskosten können sein: • Rechtsanwaltskosten • Rentenberatungskosten
Werbungskostenpauschale	102,00 €
§ 9a Nr. 3 EStG	Der Pauschbetrag ist insgesamt für alle Einnahmen aus Renten abzuziehen.

Einkommensteuer

Ermittlung der sonstigen Einkünfte bei Leibrenten

Fall 1

a) Stefan Bender erhält ab dem 01.07.2025 eine Altersrente der Deutschen Rentenversicherung für Angestellte in Höhe von 1 000,00 € (Bruttorente). Zum 01.07.2026 erfolgt eine Rentenerhöhung auf 1 100,00 €, zum 01.07.2027 auf 1 200,00 €.

Berechnen Sie die sonstigen Einkünfte für die Jahre 2025, 2026 und 2027, indem Sie folgende Tabelle ausfüllen:

	2025	**2026**	**2027**
Rentenbezug			
– Freibetrag		(Jahr der Festschreibung des Freibetrags)	
– Werbungskosten-pauschale			
= Sonstige Einkünfte			

b) Der selbstständige Apotheker Reiner Heimes geht am 01.04.2025 in den Ruhestand. Ab diesem Zeitpunkt erhält er von dem Apothekerversorgungswerk eine monatliche Rente in Höhe von 2 500,00 €.

Berechnen Sie die sonstigen Einkünfte für die Jahre 2025 und 2026.

c) Aufgrund eines Unfalles erhält Herbert Kehl (geb. am 25.07.1960) seit dem 01.09.2007 eine Rente der gesetzlichen Rentenversicherung wegen verminderter Erwerbsfähigkeit. Der monatliche Bruttorentenbetrag beläuft sich auf 350,00 €. Ab dem 01.07.2025 wird diese Rente in eine Altersrente in gleicher Höhe umgewandelt.

Berechnen Sie die sonstigen Einkünfte für die Jahre 2025 und 2026.

d) Der alleinstehende Rentner Hubert Maier (65 Jahre) erhält ab dem 01.01.2025 eine Rente der gesetzlichen Rentenversicherung in Höhe von 19 000,00 €. Aus einer privaten Rentenversicherung, die er im Jahr 1982 abgeschlossen hat, erhält er eine Rente in Höhe von 2 400,00 €.

Berechnen Sie die sonstigen Einkünfte für 2025.

Ermittlung der sonstigen Einkünfte bei Unterhaltsleistungen	
Einnahmen **§ 22 Nr. 1a EStG**	Einnahmen aus Unterhaltsleistungen des geschiedenen oder dauernd getrennt lebenden Ehegatten/Lebenspartner, max. 13805,00 €.
Werbungskosten **§ 9 EStG**	Beispiele für tatsächliche Werbungskosten können Rechtsanwalts- und Gerichtskosten sein.
Werbungskostenpauschale **§ 9a Nr. 3 EStG**	102,00 €

Fall 2 **Ermittlung der sonstigen Einkünfte bei Unterhaltsleistungen**

Beate Klemmer ist seit 3 Jahren von ihrem Ehemann Bert Klemmer geschieden. Herr Klemmer zahlt in 02 laut Gerichtsbeschluss monatlich 950,00 € an seine geschiedene Ehefrau. Zusätzlich zahlt er monatlich noch 750,00 € für den Unterhalt des gemeinsamen Kindes. Frau Klemmer stimmt mit der Unterzeichnung der Anlage U zu, dass ihr geschiedener Mann die Unterhaltsleistungen als Sonderausgaben steuerlich berücksichtigen kann.

Berechnen Sie die sonstigen Einkünfte von Frau Klemmer für 02.

Ermittlung der sonstigen Einkünfte bei privaten Veräußerungsgeschäften	
Ermittlung der sonstigen Einkünfte bei privaten Veräußerungsgeschäften **§ 23 EStG**	Die sonstigen Einkünfte aus privaten Veräußerungsgeschäften (nicht dazu zählen Verkäufe von Wertpapieren) sind der Gewinn bzw. Verlust. Er berechnet sich wie folgt: Veräußerungspreis – Anschaffungs-/Herstellungskosten – Werbungskosten = Veräußerungsgewinn/-verlust Der Abzug einer Werbungskostenpauschale ist nicht möglich. Sind für das veräußerte Wirtschaftsgut Absetzungen für Abnutzungen bei anderen Einkunftsarten berücksichtigt worden, so sind die Anschaffungs- oder Herstellungskosten um diese Beträge zu mindern. Gewinne bleiben steuerfrei, wenn sie weniger als 1000,00 € im Kalenderjahr betragen. Sind die Gewinne höher, so sind sie vollständig zu versteuern (sog. Freigrenze). Die Freigrenze gilt im Falle der Zusammenveranlagung je Ehegatte/Lebenspartner.
§ 10d EStG	Verluste aus privaten Veräußerungsgeschäften dürfen nur mit Gewinnen aus anderen privaten Veräußerungsgeschäften ausgeglichen werden. Eine Verrechnung mit anderen Einkunftsarten ist nicht möglich. Allerdings dürfen die nicht berücksichtigungsfähigen Verluste eines Jahres in das vorangegangene Kalenderjahr zurückgetragen oder in folgende Kalenderjahre vorgetragen werden und dort mit Gewinnen aus privaten Veräußerungsgeschäften verrechnet werden.

Fall 3 **Ermittlung der sonstigen Einkünfte bei privaten Veräußerungsgeschäften (§ 23 EStG)**

a) Der Steuerpflichtige Herbert Richter hat mit Kaufvertrag vom 01.05.06 ein unbebautes Grundstück zum Preis von 40000,00 € erworben. Das Grundstück gehört zu seinem Privatvermögen. Die Anschaffungsnebenkosten (Grunderwerbsteuer, Notargebühren usw.) betragen 2000,00 €.

   Mit Vertrag vom 24.04.08 verkauft er das Grundstück zum Preis von 46500,00 €, da er sich für ein Grundstück in besserer Lage interessiert. Im Rahmen der Veräußerung sind Kosten von 750,00 € angefallen.

   (1) Prüfen Sie, ob ein privates Veräußerungsgeschäft vorliegt.

   (2) Ermitteln Sie gegebenenfalls den Gewinn/Verlust aus diesem privaten Veräußerungsgeschäft.

b) Peter Reich erwarb mit Kaufvertrag vom 01.08.06 ein Mehrfamilienhaus (Baujahr 1980) für 500000,00 € (inkl. 50000,00 € für Grund und Boden). Nutzen und Lasten gingen am 01.09.06 auf Reich über. Am 30.06.07 veräußerte Reich das Gebäude inkl. Grund und Boden für 600000,00 €. Der Übergang der Nutzen und

Lasten wurde auf den 01.09.07 festgelegt. Reich entstanden Veräußerungskosten in Höhe von 3450,00 €. Die Gebäude-AfA von jährlich 2 % wurde als Werbungskosten bei den Einkünften aus VV geltend gemacht.

Ermitteln Sie den Gewinn/Verlust aus dem privaten Veräußerungsgeschäft.

Belegfall

Fall 4

Silke Michels, geb. 01.03.1960, ist seit einem Jahr Rentnerin. Sie bezieht seit dem 01.01.2025 eine Rente der Deutschen Rentenversicherung. Der Rentenbescheid ist beigefügt.

Berechnen Sie die sonstigen Einkünfte von Frau Michels.

Mitteilung zur Leistung aus der gesetzlichen Rentenversicherung

Verständigen Sie bitte Ihre Niederlassung RENTEN SERVICE, wenn die Angaben in der Anschrift oder zum Berechtigten geändert oder ergänzt werben müssen.

Deutsche Post AG • NL Renten Service • 70143 Stuttgart

Silke Michels
Naumannstr. 15
68199 Mannheim

Hausadresse
Lautenschlagerstr. 17
70173 Stuttgart

Telefon
0711 1295555

Telefax
0711 1295550

Kontoverbindung
IBAN: DE44 2501 0030 0900 2983 06
BIC: PBNKDEFFXXX
Postbank Hannover

Berechtigte	Silke Michels
Geburtsdatum	01.03.1960
Betreff	Rentenanpassung zum 01.07.2025 Altersrente

	Bisherige Monatsbeiträge €	Neue Monatsbeiträge €
Berechnung		
Rentenbetrag	**1 799,41**	**1 838,22**
Beitragsanteil zur Krankenversicherung s. u.	**–131,36**	**–134,19**
Beitragsanteil zur Pflegeversicherung s. u.	**–61,18**	**–66,18**
Auszuzahlender Betrag	**1 606,87**	**1 637,85**
Berechnung des Beitragsanteils zur Krankenversicherung		
14,6 % von 1 838,22 €		**268,38**
Davon die Hälfte		**134,19**
Berechnung des Beitragsanteils zur Pflegeversicherung		
3,6 % von 1 838,22 €		**66,18**

Diese Mitteilung wurde maschinell erstellt und ist daher auch ohne Unterschrift wirksam.

Gesamtfall

Fall 5

Die Eheleute Ralf (geb. am 30.04.1960) und Stefanie Schmidt (geb. am 21.08.1965), wohnhaft in Gießen, haben 2025 folgende Einkünfte:

Ralf Schmidt war bis zum Beginn seines Ruhestandes am 01.06.2025 seit Jahren Angestellter in der Personalabteilung eines Maschinenherstellers in Siegen. Sein Bruttogehalt vom 01.01. bis zum 31.05. betrug insgesamt 27 020,00 €. Er hat eine Wohnung in Siegen, die monatlich 500,00 € kostet. An den Wochenenden fuhr er immer wieder nach Gießen zurück. Insgesamt tätigte er 16 Wochenendheimfahrten, Hin- und Rückfahrt je 160 km, die letzte Fahrt von Siegen nach Gießen erfolgte am 28.05.

Im Rahmen seiner Tätigkeit fiel noch eine Dienstreise an. Dazu ist er am 03.04. um 17:00 Uhr von zu Hause abgefahren und am 07.04. um 15:00 Uhr wieder angekommen. Die Übernachtung ohne Frühstück und Fahrtkosten zahlte der Arbeitgeber.

Ab dem 01.06. bezieht er eine Bruttorente aus der gesetzlichen Rentenversicherung in Höhe von monatlich 1 820,00 € und eine Werksrente vom früheren Arbeitgeber in Höhe von 610,00 € monatlich.

Stefanie Schmidt ist als Komplementärin an einer KG beteiligt. Ihr Gewinnanteil beträgt 21 670,00 €. Das Gehalt an die Komplementärin in Höhe von 39 000,00 € wurde von der KG als Aufwand gebucht, ebenso die Jahrsmiete in Höhe von 12 000,00 € für einen Lagerplatz, der Frau Schmidt gehört. Die Grundstückaufwendungen in Höhe von 1 400,00 € wurden von Frau Schmidt privat getragen.

Ab August erhält Frau Schmidt aus einer privaten Rentenversicherung (nicht i. S. d. § 10 (1) Nr. 2b EStG) monatlich 580,00 € Rente.

Für die Vermietung einer Eigentumswohnung, die Frau Schmidt vor 9 Jahren für 180 000,00 € (Grund- und Bodenanteil 20 %) gekauft hatte, erhält sie 820,00 € monatlich. Die unstreitigen Werbungskosten ohne AfA betragen 3 720,00 €.

Am Ende des Jahres verkauft Frau Schmidt die Wohnung für 160 000,00 € wegen eines finanziellen Engpasses.

Ermitteln Sie die Einkünfte für das Ehepaar Schmidt in einer übersichtlichen Darstellung.

3.4.3 Die Summe der Einkünfte

Gemäß § 2 (3) EStG sind die Einkünfte zur Summe der Einkünfte zusammenzurechnen. Bei Ehepaaren und Lebenspartnerschaften, die zusammen veranlagt werden, geschieht dies für jeden Ehegatten/Lebenspartner einzeln, um danach die beiden Summen der Einkünfte zu addieren. Ab dann werden die beiden wie ein Steuerpflichtiger behandelt (§ 26 EStG).[1] Bei der Ermittlung der Summe der Einkünfte werden positive und negative Einkünfte miteinander verrechnet. Dabei gelten folgende Regelungen:

Horizontaler Verlustausgleich	Negative und positive Einkünfte derselben Einkunftsart werden miteinander verrechnet. Diese Verrechnung ist unbegrenzt möglich und kann auch zu einem negativen Ergebnis führen.
Vertikaler Verlustausgleich	Positive Einkünfte einer Einkunftsart werden mit negativen Einkünften einer anderen Einkunftsart verrechnet. Grundsätzlich ist auch diese Verrechnungsmöglichkeit unbegrenzt möglich, sodass sich eine negative Summe der Einkünfte ergeben kann. Es gelten aber folgende wichtige Ausnahmen: • Verluste aus privaten Veräußerungsgeschäften dürfen nur mit Gewinnen aus privaten Veräußerungsgeschäften verrechnet werden (§ 23 (3) Satz 7 EStG), • Verluste aus gelegentlichen Leistungen dürfen nicht verrechnet werden (§ 22 Nr. 3 Satz 3 EStG). • Negative Einkünfte aus Kapitalvermögen dürfen nicht mit anderen Einkünften verrechnet werden, sondern nur mit positiven Einkünften aus Kapitalvermögen in folgenden Veranlagungszeiträumen (§ 20 (6) Satz 1 und 2 EStG). • Verluste aus der Veräußerung von Aktien dürfen nicht mir anderen Einkünften aus Kapitalvermögen verrechnet werden sondern nur mit Gewinnen aus der Veräußerung von Aktien (§ 20 (6) Satz 4 EStG).
Verlustausgleichsverbot des § 15b EStG	Der Ausgleich von Verlusten aus einem Steuerstundungsmodell ist seit dem 10.11.2005 nur mit späteren positiven Einkünften aus derselben Einkunftsart zulässig.
BMF-Schreiben vom 17.07.2007	Ein Steuerstundungsmodell liegt vor, wenn ein Anbieter aufgrund eines vorgefertigten Konzepts Steuerpflichtigen die Möglichkeit bietet, zumindest in der Anfangsphase der Investition prognostizierte Verluste mit übrigen Einkünften verrechnen zu können. Eine Ausnahme gilt für voraussichtliche Verluste der Anfangsphase, die weniger als 10 % des Eigenkapitals betragen. Neben geschlossenen Medienfonds, Leasingfonds und Wertpapierhandelsfonds sind z. B. auch modellhafte Gestaltungen im Zusammenhang mit der Sanierung und Instandsetzung von Objekten in Sanierungsgebieten betroffen. Der nicht ausgleichsfähige Verlust ist jährlich gesondert festzustellen.

Die Summe der Einkünfte spielt eine Rolle bei der Gewährung des Freibetrages nach § 13 (3) EStG.

[1] Vgl. Kapitel 3.6.1

Summe der Einkünfte – Verlustausgleich

Fall

Der Steuerpflichtige Eugen Knoll erzielte folgende Einkünfte:

Einkünfte aus Gewerbebetrieb	+ 120000,00 €
Einkünfte aus Vermietung und Verpachtung	
• Mietwohnhaus in Mannheim	– 30000,00 €
• Mietwohnhaus in Ludwigshafen	+ 20000,00 €
Sonstige Einkünfte	
• privates Veräußerungsgeschäft Grundstücksverkauf	– 10000,00 €

Ermitteln Sie die Summe der Einkünfte.

3.4.4 Der Gesamtbetrag der Einkünfte

Der Gesamtbetrag der Einkünfte ergibt sich nach § 2 (3) EStG, indem man von der Summe der Einkünfte den Altersentlastungsbetrag (§ 24a EStG), den Entlastungsbetrag für Alleinerziehende (§ 24b EStG) und den Freibetrag nach § 13 (3) EStG abzieht. Der Gesamtbetrag der Einkünfte spielt u. a. eine Rolle bei der Berechnung der außergewöhnlichen Belastungen.

Der Freibetrag für Land- und Forstwirte gem. § 13 (3) EStG wurde schon im Kapitel 3.4.1.1 erläutert. Er wird erst nach der Summe der Einkünfte abgezogen und nicht bei der Ermittlung der Einkünfte aus Land- und Forstwirtschaft selbst.

3.4.4.1 Der Altersentlastungsbetrag

Voraussetzungen für den Altersentlastungsbetrag **§ 24a EstG**	Der Steuerpflichtige muss vor dem Beginn des Kalenderjahres, in dem er sein Einkommen bezogen hat, das 64. Lebensjahr vollendet haben. → Ein am 01.01. Geborener vollendet sein Lebensjahr am 31.12. des Vorjahres. Es genügt zur Gewährung des Altersentlastungsbetrages im Jahr 2025, wenn man am 01.01.1961 geboren wurde (§ 108 (1) AO i. V. m. § 187 (2) Satz 2, § 188 (2) BGB). Bei Ehegatten/Lebenspartnern sind die Voraussetzungen gesondert zu prüfen. Der Altersentlastungsbetrag wird für jeden Ehegatten/Lebenspartner gesondert gewährt.
Bemessungsgrundlage des Altersentlastungsbetrages	Die Bemessungsgrundlage zur Berechnung des Altersentlastungsbetrages besteht aus zwei Teilen: **Bemessungsgrundlage 1:** Arbeitslohn ohne Versorgungsbezüge nach § 19 (2) EStG → Die Versorgungsbezüge wurden schon durch den Versorgungsfreibetrag begünstigt. **Bemessungsgrundlage 2:** Positive Summe der Einkünfte, außer Einkünfte aus nichtselbstständiger Arbeit und Leibrenten → Leibrenten sind ebenfalls durch einen steuerfreien Anteil begünstigt.
Höhe des Altersentlastungsbetrages **R 24a (1) EStR**	Beide Bemessungsgrundlagen zusammen bilden die Berechnungsgrundlage. 2025 beträgt der Altersentlastungsbetrag 13,2 % der Bemessungsgrundlage, max. 627,00 €. Dieser Altersentlastungsbetrag wird dann auf einen Prozentsatz und Höchstbetrag festgeschrieben. Der Altersentlastungsbetrag ist auf volle Euro aufzurunden. Der Altersentlastungsbetrag wird schrittweise abgesenkt. Die entsprechenden Werte sind der Tabelle des § 24a EStG zu entnehmen.

Einkommensteuer

Fall 1 Altersentlastungsbetrag

Prüfen Sie in den folgenden Fällen, ob den Personen in 2025 ein Altersentlastungsbetrag zusteht, und berechnen Sie ihn, falls notwendig. Benutzen Sie das Berechnungsschema.

a) Hermann Kock, geb. am 13.12.1960, wohnhaft in Krefeld, hat 2025 folgende Einnahmen erzielt:
   - Bruttoarbeitslohn aus einem bestehenden Dienstverhältnis 6000,00 €,
   - Versorgungsbezüge i. S. d. § 19 (2) EStG in Höhe von 4500,00 €.

b) Hans Pfeifer, 65 Jahre alt, wohnhaft in Flensburg, ist Fischhändler und hat 2025 folgende Einnahmen erzielt:
   - Gewinn aus dem Fischhandel 7500,00 €,
   - Einkünfte aus der Vermietung eines Mehrfamilienhauses 2500,00 €.

c) Vera Horn, geb. 01.01.1961, wohnhaft in Freiburg, hat 2025 folgende Einnahmen bzw. Einkünfte erzielt:
   - Bruttoarbeitslohn (kein Versorgungsbezug) 2500,00 €,
   - gesetzliche Rente aus der Angestelltenversicherung 3000,00 €,
   - Einkünfte aus Vermietung und Verpachtung 769,00 €.

d) Alfred Sonnenschein, 65 Jahre, wohnhaft in Mönchengladbach, hat 2025 folgende Einkünfte:
   - Einkünfte aus nichtselbstständiger Arbeit (Angestelltenverhältnis) 3250,00 €, Werbungskosten wurden nicht geltend gemacht,
   - negative Einkünfte aus Vermietung und Verpachtung –3750,00 €.

Ermittlung des Altersentlastungsbetrages				
	a) Herr Kock	b) Herr Pfeifer	c) Frau Horn	d) Herr Sonnenschein
Prüfung der Voraussetzungen				

Ermittlung der Bemessungsgrundlage				
Bemessungsgrundlage Teil 1				
Bemessungsgrundlage Teil 2				
Bemessungsgrundlage gesamt				

Berechnung des Altersentlastungsbetrages				
Bemessungsgrundlage gesamt				
Davon ? %				
Evtl. Rundung nach R 24a EStR				
Höchstbetrag				
Altersentlastungsbetrag				

Fall 2 Altersentlastungsbetrag – Festschreibung

Gerd Korn, geboren am 12.5.1960, ist Anfang 2025 als beamteter Polizist in Pension gegangen. Er bezieht eine Beamtenpension in Höhe von 900,00 € pro Monat. Außerdem hat er Einkünfte aus Vermietung und Verpachtung 2025 in Höhe von 5000,00 €.

2025 erhält er weiterhin die Beamtenpension in Höhe von 900,00 € pro Monat ausgezahlt, die Einkünfte aus Vermietung und Verpachtung belaufen sich auf 6000,00 €.

Berechnen Sie die Einkünfte, die Summe der Einkünfte und den Altersentlastungsbetrag für 2025 und 2026.

3.4.4.2 Der Entlastungsbetrag für Alleinerziehende

Alleinerziehende Steuerpflichtige können gemäß § 24b EStG für die höheren Kosten der Lebens- und Haushaltsführung unter folgenden Voraussetzungen einen Entlastungsbetrag von der Summe der Einkünfte abziehen:

Voraussetzungen für Entlastungsbetrag für Alleinerziehende **§ 24b EStG** **BMF-Schreiben vom 23.11.2022**	• die Voraussetzungen für die Ehegatten-/Lebenspartnerschaftsveranlagung nach § 26 (1) EStG werden nicht erfüllt → Eine Ehegatten-/Lebenspartnerschaftsveranlagung wird unter den folgenden Voraussetzungen durchgeführt: verheiratet, beide Ehegatten/Lebenspartner sind unbeschränkt einkommensteuerpflichtig und nicht getrennt lebend. Verwitwete dürfen den § 24b trotz Zusammenveranlagung in Anspruch nehmen. • mind. ein Kind, für das der alleinstehende Steuerpflichtige einen Kinderfreibetrag oder Kindergeld erhält, gehört zum Haushalt → Zu den Kindern i. S. d. § 32 (1) EStG gehören leibliche Kinder, Adoptiv- oder Pflegekinder. → Die Zugehörigkeit zum Haushalt ist anzunehmen, wenn das Kind in der Wohnung des Alleinstehenden gemeldet ist. • keine Haushaltsgemeinschaft mit einer anderen Person → Anzeichen für eine Haushaltsgemeinschaft ist das gemeinsame Wirtschaften (z. B. gemeinsame Nutzung des Kühlschranks). → Dies gilt nicht für Kinder, für die man einen Kinderfreibetrag oder Kindergeld erhält. → Weiterhin gelten Kinder, die den Wehr- oder Bundesfreiwilligendienst leisten, und pflegebedürftige Personen nicht als Haushaltsgemeinschaft. → Eine Haushaltsgemeinschaft wird immer dann unterstellt, wenn eine Person mit Haupt- oder Nebenwohnsitz in der Wohnung des Steuerpflichtigen gemeldet ist.
Höhe des Entlastungsbetrages	**4 260,00 €** Für jedes weitere Kind erhöht sich der Betrag um 240,00 €. Für jeden vollen Kalendermonat, in dem die Voraussetzungen nicht vorgelegen haben, vermindert sich der Entlastungsbetrag um ein Zwölftel.

Entlastungsbetrag für Alleinerziehende

Fall 1

Prüfen Sie in den folgenden Fällen, ob ein Entlastungsbetrag für Alleinerziehende gewährt wird, und bestimmen Sie ggf. die Höhe.

a) A und B haben ein gemeinsames Kind von 14 Jahren. Sie leben in getrennten Wohnungen, das Kind ist bei A gemeldet. A und B sind nicht verheiratet.

b) Nehmen Sie an, A und B wären verheiratet.

c) Nehmen Sie an, A und B wären nicht verheiratet, würden aber in einer gemeinsamen Wohnung leben.

d) C und D haben ein gemeinsames Kind von 12 Jahren. Sie leben in getrennten Wohnungen, das Kind lebt in der Wohnung der Mutter C. Am 01.05.01 heiraten C und D.

e) E, unverheiratet, wohnt allein mit ihrem Kind in einer Wohnung. Das Kind ist 10 Jahre alt. Aufgrund einer persönlichen Notlage zieht eine Freundin von E Anfang 01 für 10 Monate bei E ein.

f) F lebt mit ihren beiden Kindern in einer gemeinsamen Wohnung. Die Kinder sind 12 und 21 Jahre alt. F ist nicht verheiratet. Für beide Kinder hat die Mutter Anspruch auf Kindergeld.

g) G lebt allein mit ihrer Tochter (5 Jahre) in einer Wohnung. G ist nicht verheiratet. Sie erhält für das Kind Kindergeld. Am 25.05.01 zieht in die Wohnung der Lebensgefährte von G ein.

Gesamtbetrag der Einkünfte

Fall 2

Die Eheleute Peter (65 Jahre) und Susanne Korn (63 Jahre) leben in Düsseldorf. Sie haben im Veranlagungszeitraum 2025 folgende Einkünfte erzielt:

(1) Peter Korn ist am 30.06.2025 in Ruhestand getreten. Er war als Beamter bei der Stadt Düsseldorf angestellt. Sein Bruttogehalt betrug 1 800,00 € monatlich. Die Entfernung zwischen Wohnung und

erster Tätigkeitsstätte, die er jeden Arbeitstag mit dem Fahrrad zurücklegte, betrug 12 km. Herr Korn war an 115 Arbeitstagen tätig. Ab dem 01.07.2025 erhält er von der Stadt Düsseldorf eine Pension. Die Pension beträgt 1 200,00 € monatlich.

(2) Frau Korn war im gesamten Veranlagungszeitraum 2025 als angestellte Kindergärtnerin tätig. Ihr Bruttogehalt betrug 980,00 € monatlich. Die Entfernung zur ersten Tätigkeitsstätte, die sie mit der Straßenbahn zurücklegte, betrug 20 km. Sie arbeitete an 230 Tagen. Das Straßenbahnticket kostete sie monatlich 25,00 €.

(3) Das Ehepaar hat gemeinsam ein Sparguthaben in Höhe von 40 000,00 €. Am 30.12.2025 wurden ihnen Zinsen für das Jahr 2025 in Höhe von 1 200,00 € vor Abzug der Steuern auf dem Sparbuch gutgeschrieben. Das Ehepaar hatte einen Freistellungsauftrag abgegeben. Die Bank hat die Einnahmen ordnungsgemäß der Abgeltungsteuer unterworfen. Das Ehepaar wünscht keine Veranlagung.

(4) Herr Korn betreibt seit seiner Pensionierung auch eine kleine Hühnerzucht. Die überschüssigen Eier verkauft er an Bekannte. Über Mundpropaganda hat sich die ausgezeichnete Qualität herumgesprochen, sodass er mittlerweile viele Kunden hat. Vom 01.07.2025 bis zum 31.12.2025 hat er 4 200,00 € eingenommen. Kosten sind ihm dabei in Höhe von 3 000,00 € entstanden.

(5) Frau Korn ist an dem Unternehmen ihres Bruders als atypisch stille Gesellschafterin beteiligt. 2025 erhielt sie eine Gewinnbeteiligung in Höhe von 5 000,00 €.

Berechnen Sie in einer übersichtlichen Darstellung den Gesamtbetrag der Einkünfte für das Jahr 2025.

Fall 3 Gesamtbetrag der Einkünfte

Tina Lauterbach (43 Jahre) lebt zusammen mit ihrem 9-jährigen Sohn Tim in Berlin. Sie ist seit 5 Jahren geschieden. Der Vater kommt seinen Unterhaltspflichten regelmäßig nach. Frau Lauterbach arbeitet als angestellte Rechtsanwältin halbtags. Ihr Bruttogehalt betrug in 01 1 950,00 € monatlich.

Die Fahrten zur ersten Tätigkeitsstätte (einfache Entfernung 20 km, 230 Arbeitstage) legt sie mit öffentlichen Verkehrsmitteln zurück. Die tatsächlichen Kosten betragen 25,00 € pro Monat, die ihr Arbeitgeber ihr pauschal versteuert ersetzt.

Im Juni hat sie an einer Fortbildung teilgenommen. Die Kursgebühren in Höhe von 200,00 € hat ihr Arbeitgeber ersetzt, die Fahrtkosten mit der Bahn haben 54,00 € betragen. Am ersten Tag der Fortbildung war sie 13 Stunden von zu Hause abwesend, am zweiten Tag 9 Stunden.

Neben ihrer Angestelltentätigkeit bearbeitet Frau Lauterbach mit Genehmigung des Arbeitgebers noch einige Fälle als selbstständige Rechtsanwältin. Daraus haben sich für sie Einnahmen in Höhe von 3 000,00 € ergeben. Folgende Ausgaben sind ihr in 01 im Zusammenhang mit dieser Tätigkeit entstanden:

Büromaterial	230,00 €
Fahrtkosten (nachgewiesen)	120,00 €
Abschreibung PC	120,00 €
Bewirtungskosten	70,00 €
Kammerbeitrag	300,00 € (entfällt zu 20 % auf die selbstständige Tätigkeit)

Von ihrem geschiedenen Ehemann erhält sie Unterhaltsleistungen für das Kind in Höhe von 350,00 € und für sich in Höhe von 150,00 € monatlich. Die Anlage U hat Frau Lauterbach unterschrieben.

Ermitteln Sie den Gesamtbetrag der Einkünfte für 01 in einer übersichtlichen Aufstellung.

3.4.5 Das Einkommen

Das Einkommen ergibt sich gem. § 2 (4) EStG durch Abzug der Sonderausgaben und der außergewöhnlichen Belastungen. Gem. § 10d EStG ist vorrangig noch ein Verlustabzug vom Gesamtbetrag der Einkünfte abzuziehen.

3.4.5.1 Der Verlustabzug

Ergibt sich bei der Berechnung eine negative Summe der Einkünfte (R 10d EStR), so kann er

- bis zu einem Betrag von 1 000 000,00 € (bei Zusammenveranlagung von Ehegatten/Lebenspartnern 2 000 000,00 €) vom Gesamtbetrag der Einkünfte des vorangegangenen Veranlagungszeitraums abgezogen werden (**Verlustrücktrag**).
  → Auf Antrag kann der Verlustrücktrag ganz unterbleiben (§ 10d (1) Satz 6 EStG).
- Der Teil des negativen Gesamtbetrags der Einkünfte, der nicht für den Verlustrücktrag verbraucht wurde, wird zeitlich unbefristet in den folgenden Veranlagungszeiträumen vom Gesamtbetrag der

Einkünfte abgezogen (**Verlustvortrag**). Bis zu einem Gesamtbetrag der Einkünfte von 1 Mio. € (bei zusammen veranlagten Ehegatten/Lebenspartner 2 Mio. €) ist der Verlustvortrag unbeschränkt möglich. Darüber hinaus ist ein Verlustvortrag lediglich bis zu 70 % (für 2024–2027, danach wieder 60 %) des verbleibenden Gesamtbetrags der Einkünfte möglich.

Der Altersentlastungsbetrag, der Freibetrag für Land- und Forstwirte und der Entlastungsbetrag für Alleinerziehende werden nicht verlusterhöhend berücksichtigt (R 10d (1) EStR).

Bei Zusammenveranlagung ist zunächst ein horizontaler und vertikaler Verlustausgleich mit den anderen Einkunftsquellen des Ehegatten/Lebenspartners vorzunehmen. Verbleibt dann bei einem Ehegatten/Lebenspartner ein negativer Betrag, ist dieser bei der Ermittlung der Summe der Einkünfte mit dem positiven Betrag des anderen Ehegatten/Lebenspartners auszugleichen. Ist dann die Summe der Einkünfte negativ, erfolgt ein Verlustrück- oder -vortrag (R 10d (7) EStR).

Der Verlustabzug erfolgt vorrangig vor den Sonderausgaben und den außergewöhnlichen Belastungen.

Verluste aus privaten Veräußerungsgeschäften können nach den Regelungen des § 10d EStG mit Gewinnen aus privaten Veräußerungsgeschäften des unmittelbar vorangegangenen oder der folgenden Veranlagungszeiträume verrechnet werden. Ein horizontaler Verlustausgleich des laufenden Veranlagungszeitraums ist als Erstes vorzunehmen.

Der am Schluss eines Veranlagungszeitraums verbleibende Verlustabzug muss gesondert festgestellt werden (§ 10d (4) EStG).

Einkommensteuer

Verlustausgleich

Fall 1

Für die Steuerpflichtige Susanne Peters liegen folgende Angaben vor:

	02	03	04	05
Einkünfte aus Gewerbebetrieb	50 000,00 €	-60 000,00 €	60 000,00 €	60 000,00 €
Einkünfte aus Vermietung und Verpachtung	-7 000,00 €	-10 000,00 €	-10 000,00 €	-10 000,00 €
Summe der Einkünfte				
Verlustrück- bzw. -vortrag				
Sonderausgaben	8 000,00 €	9 000,00 €	8 000,00 €	7 000,00 €
Außergewöhnliche Belastungen	4 000,00 €	3 000,00 €	5 000,00 €	4 000,00 €
Zu versteuerndes Einkommen				

a) Berechnen Sie das zu versteuernde Einkommen für die Jahre 02 bis 05. Beachten Sie dabei auch die Verlustverrechnungsmöglichkeiten. Füllen Sie dazu die Tabelle aus. Anträge nach § 10 d (1) Satz 5 EStG hat Frau Peters nicht gestellt.

b) Wann wäre ein Antrag auf Unterlassung des Verlustrücktrages sinnvoll?

Verlustausgleich > 1 Mio. €

Fall 2

Der ledige Unternehmer Frank Wild hat Ende 02 einen Verlustvortrag in Höhe von 2 900 000,00 €. Im Jahr 01 beträgt der Gesamtbetrag der Einkünfte 2 100 000,00 € und im Jahr 03 2 300 000,00 €. Führen Sie den Verlustrücktrag nach 01 und den Verlustvortrag nach 03 durch.

3.4.5.2 Die Sonderausgaben

Sonderausgaben sind unvermeidbare Ausgaben für den privaten Bereich. Diese Ausgaben für den notwendigen Lebensbedarf stehen für eine Steuerzahlung nicht zur Verfügung und dürfen deshalb von der Bemessungsgrundlage abgezogen werden (Lehre vom indisponiblen Einkommen).

Sonderausgaben sind die in § 10 EStG genannten Aufwendungen, wenn sie weder Betriebsausgaben noch Werbungskosten sind. Sie werden nachrangig abgezogen.

Der Zeitpunkt des Abzugs richtet sich nach der Zahlung, § 11 (2) EStG gilt auch für die Sonderausgaben.

Sonderausgaben werden in zwei große Gruppen unterteilt:

unbeschränkt abzugsfähige Sonderausgaben	**beschränkt abzugsfähige Sonderausgaben**
• Versorgungsleistungen (§ 10 (1a) Nr. 2 und 4 EStG) • gezahlte Kirchensteuer (§ 10 (1) Nr. 4 EStG)	• Unterhaltsleistungen an den geschiedenen Ehegatten/ Lebenspartner (§ 10 (1a) Nr. 1 EStG) • Vorsorgeaufwendungen (= bestimmte Versicherungen) (§ 10 (1) Nr. 2 und 3 EStG) • Aufwendungen für Berufsausbildung (§ 10 (1) Nr. 7 EStG) • Kinderbetreuungskosten (§ 10 (1) Nr. 5 EStG) • Schulgeld (§ 10 (1) Nr. 9 EStG) • Spenden (§ 10b EStG) • Aufwendungen für die zusätzliche Altersvorsorge (§ 10a EStG)

Werden keine Sonderausgaben außer Vorsorgeaufwendungen gem. § 10 (1) Nr. 2 und 3 EStG geltend gemacht, kann ein **Sonderausgabenpauschbetrag** von 36,00 € bei Einzelveranlagung und 72,00 € bei Zusammenveranlagung geltend gemacht werden (§ 10c EStG).

Fall **Einordnung der Sonderausgaben**

Beurteilen Sie, ob in den folgenden Fällen Sonderausgaben vorliegen, und bestimmen Sie, falls notwendig, ob es sich um beschränkt oder unbeschränkt abzugsfähige Sonderausgaben handelt.

a) Beiträge zur privaten Krankenversicherung
b) laufende Beiträge zur Bausparkasse
c) Beiträge zur Gebäudefeuerversicherung
d) monatliche Unterstützungszahlungen an die bedürftigen Eltern
e) Steuerberatungskosten für die Erstellung der ESt-Erklärung
f) Beiträge und Spenden an eine politische Partei
g) Sozialversicherungsbeiträge
h) Ausgaben zur Weiterbildung in einem ausgeübten Beruf
i) monatliche Unterhaltszahlungen an die geschiedene Ehefrau
j) Beiträge zur privaten Haftpflichtversicherung
k) Kfz-Haftpflichtversicherung
l) gezahlte Kirchensteuer
m) Gewerkschaftsbeiträge
n) Aufwendungen für die Berufsausbildung
o) Steuerberatungskosten für die Erstellung der Körperschaftsteuererklärung der GmbH des Steuerpflichtigen

3.4.5.2.1 Unbeschränkt abzugsfähige Sonderausgaben

Versorgungsleistungen § 10 (1a) Nr. 2 und 4 EStG

Als Sonderausgaben abgezogen werden können lebenslange und wiederkehrende Versorgungsleistungen, die auf besonderen Verpflichtungsgründen beruhen und im Zusammenhang stehen mit der Übertragung

- eines Mitunternehmeranteils an einem land- und forstwirtschaftlichen Betrieb, einem Gewerbebetrieb oder einer selbstständigen Arbeit,
- eines Betriebes oder Teilbetriebes,
- eines mind. 50 % betragenden Anteils an einer GmbH, wenn der Übergeber Geschäftsführer war und der Übernehmer diese Tätigkeit übernimmt.

Der Empfänger muss unbeschränkt steuerpflichtig sein und seinen Wohnsitz in einem EU-/EWR-Mitgliedsstaat haben.

Außerdem dürfen Versorgungsleistungen aufgrund eines schuldrechtlichen Versorgungsausgleiches als Sonderausgaben abgezogen werden.

Versorgungsleistungen (§ 10 (1a) Nr. 2 und 4 EStG)

Fall 1

Andreas Hochhaus hat die Rechtsanwaltskanzlei seines Vaters übernommen. Es wurde vereinbart, dass Hochhaus seinem Vater dafür eine lebenslange Rente bezahlt. Die Höhe der Rente beträgt 1 000,00 € monatlich. Außerdem zahlt er seiner geschiedenen Ehefrau seit 2005 50 % seiner Rente aus dem Versorgungswerk für Rechtsanwälte als Ausgleichszahlung im Rahmen des Versorgungsausgleichs in Höhe von 750,00 € monatlich.

Prüfen Sie, ob die beiden Renten als Sonderausgaben abzugsfähig sind.

Gezahlte Kirchensteuer (§ 10 (1) Nr. 4 EStG)

Kirchensteuern sind Geldleistungen, die von einer als Körperschaft des öffentlichen Rechts anerkannten Religionsgemeinschaft von ihren Mitgliedern aufgrund gesetzlicher Bestimmungen erhoben werden. Beiträge von Mitgliedern von Religionsgemeinschaften, die keine Kirchensteuer erheben, sind ebenfalls wie Kirchensteuern abziehbar (R 10.7 EStR).

Von den im Veranlagungszeitraum gezahlten Kirchensteuern müssen im Veranlagungszeitraum erstattete Beträge abgezogen werden. Es ist ohne Bedeutung, für welchen Zeitraum sie bezahlt wurden. Übersteigt die Erstattung die gezahlte Kirchensteuer muss der übersteigende Betrag als negative Sonderausgabe berücksichtigt werden und erhöht demnach das Einkommen (BFH-Urteil vom 14.05.2019 entgegen dem Gesetzeswortlaut des § 10 (4b) EStG).

Die Kirchensteuer, die auf Kapitalvermögenseinkünfte als Abgeltungsteuer (§ 32d (2) und (6) EStG) erhoben wird, kann nicht als Sonderausgabe geltend gemacht werden.

Gezahlte Kirchensteuer

Fall 2

Horst Seibel hat in 02 folgende Zahlungen geleistet:

Kirchensteuerabzug von der Lohnsteuer gem. Lohnsteuerbescheinigung	2 300,00 €
Vorauszahlungen zur Kirchensteuer	500,00 €
Erstattung von zu viel gezahlter Kirchensteuer aus 01	250,00 €

Berechnen Sie die Höhe der als Sonderausgaben abzugsfähigen Kirchensteuer.

3.4.5.2.2 Beschränkt abzugsfähige Sonderausgaben

Unterhaltsleistungen (§ 10 (1a) Nr. 1 EStG)

Unterhaltsleistungen an den geschiedenen oder dauernd getrennt lebenden, unbeschränkt einkommensteuerpflichtigen Ehegatten/Lebenspartner sind bis zu einem Höchstbetrag von 13 805,00 € als Sonderausgabe abzugsfähig. Voraussetzung ist, dass der Empfänger dem Sonderausgabenabzug zustimmt. Dies erfolgt über die Ausstellung der Anlage U. Damit versichert der Empfänger, die empfangenen Unterhaltsleistungen als sonstige Einkünfte zu versteuern (vgl. Kapitel 3.4.2.4). Aus familienrechtlichen Gründen kann eine Verpflichtung zur Zustimmung bestehen. Dieser Anspruch ist dann allerdings zivilrechtlich durchzusetzen (BFH-Urteil vom 25.07.1990). Liegt die Anlage U nicht vor, können die Unterhaltsleistungen nach § 33a (1) EStG angesetzt werden. Der Sonderausgabenabzug hat Vorrang. Werden zusätzlich noch Kranken- und Pflegeversicherungsbeiträge des geschiedenen Ehegatten/ Lebenspartners übernommen, erhöhen diese den Höchstbetrag von 13 805,00 €.

Die Vorschrift gilt nicht für den Kindesunterhalt.

Unterhaltsleistungen

Fall 1

Claus Eidt zahlt an seine geschiedene Ehefrau Sabine eine Unterhaltsleistung von monatlich 1 650,00 €. Darin enthalten sind 450,00 € Unterhalt für das bei der Frau lebende gemeinsame Kind. Eidt beantragt in seiner ESt-Erklärung, die kompletten Unterhaltsleistungen als Sonderausgaben zu berücksichtigen. Die geschiedene Frau hat die Anlage U unterschrieben.

a) Sind die Unterhaltsleistungen als Sonderausgaben abzugsfähig?

b) Wie sind die Unterhaltsleistungen bei der Frau steuerlich zu behandeln?

Vorsorgeaufwendungen (§ 10 (1) Nr. 2, 3 und 3a EStG, BMF-Schreiben vom 24.05.2017)

Die Vorsorgebeiträge, die grundsätzlich als Sonderausgaben berücksichtigungsfähig sind, unterteilen sich in zwei große Gruppen: die Altersvorsorgeaufwendungen (§ 10 (1) Nr. 2 EStG) und die sonstigen Vorsorgeaufwendungen (§ 10 (1) Nr. 3, 3a EStG). Berücksichtigungsfähig bedeutet, dass sie in eine Höchstbetragsberechnung einbezogen werden können; ob sie abzugsfähig sind, ergibt sich erst nach der Berechnung.

Altersvorsorgeaufwendungen

- gesetzliche Rentenversicherungsbeiträge (Arbeitnehmer- und Arbeitgeberanteil); dazu gehört auch der pauschale Beitrag eines Arbeitgebers zum Minijob (OFD Koblenz vom 01.03.2007).
- Beiträge zu berufsständischen Versorgungseinrichtungen, die den gesetzlichen Rentenversicherungen vergleichbare Leistungen erbringen
- landwirtschaftliche Alterskassenbeiträge
- Beiträge zur eigenen Altersversorgung (Verträge nach neuem Recht)
  - → Dabei muss es sich um Leibrentenversicherungen ohne Kapitalwahlrecht handeln. Sie dürfen nicht beleihbar, veräußerbar und nicht kapitalisierbar sein und es darf kein Anspruch auf Auszahlungen bestehen. Der Versicherungsvertrag darf ausschließlich die Zahlung einer monatlichen, auf die Lebenszeit des Steuerpflichtigen bezogenen Leibrente vorsehen, die nicht vor Vollendung des 62. Lebensjahres (für Altverträge 60. Lebensjahr) beginnt.
  - → In den Versicherungen enthaltene Berufsunfähigkeitsversicherungen, Versicherung gegen verminderte Erwerbsfähigkeit und Hinterbliebenenversicherungen sind auch als Altersvorsorgeaufwendungen einzuordnen.
  - → Für Verträge, die ab 2010 geschlossen wurden, muss eine Zertifizierung vorliegen und der Steuerpflichtige muss gegenüber dem Anbieter unter Angabe seiner Identifikationsnummer der Übermittlung der Beiträge an die zentrale Stelle zugestimmt haben.
- Beiträge an betriebliche Versorgungseinrichtungen i. S. d. § 82 (2) EStG und Anbieter zertifizierter privater Altersvorsorgeprodukte
- Beiträge zu privaten Berufsunfähigkeitsversicherungen, falls nur die Zahlung einer monatlichen, lebenslangen Rente bis zum 67. Lebensjahr vereinbart ist.

sonstige Vorsorgeaufwendungen

- Beiträge zu Versicherungen gegen Arbeitslosigkeit (Arbeitnehmeranteil)
- Kranken- und Pflegeversicherungsbeiträge (Arbeitnehmeranteil)
  - → Eigene Beiträge des Kindes zur Basiskranken- und gesetzlichen Pflegeversicherung können bei den Eltern berücksichtigt werden, wenn sie das Kind durch Unterhaltsleistungen unterstützen (R 10.4 EStR).
- Unfall- und Haftpflichtversicherungsbeiträge
  - → Nicht begünstigt sind Sachversicherungen wie Hausratversicherung, Kaskoversicherungen, Rechtsschutzversicherung u. a. (H 10.5 EStR)
  - → Bei teils beruflicher und teils privater Nutzung eines Pkw kann der private Anteil der Haftpflichtversicherung als Sonderausgabe berücksichtigt werden. Bei Fahrten zwischen Wohnung und erster Tätigkeitsstätte für die die Entfernungspauschale angesetzt wurde, kann der komplette Betrag der Haftpflichtversicherung des Pkw als Sonderausgabe angesetzt werden (R 10.5 EStR).
- Risikoversicherungsbeiträge, die nur im Todesfall eine Leistung vorsehen
- Erwerbs- und Berufsunfähigkeitsversicherungen, soweit sie nicht nach § 10 (1) Nr. 2b EStG abgezogen werden dürfen
- Beiträge zu Kapitallebens- und Rentenversicherungen, die nach altem Recht als Sonderausgaben begünstigt waren (Verträge nach altem Recht)
  - → Voraussetzung ist, dass es sich um Versicherungen ohne Kapitalwahlrecht oder mit Kapitalwahlrecht gegen laufende Beitragszahlungen handelt, wenn das Kapitalwahlrecht nicht vor Ablauf von 12 Jahren seit Vertragsabschluss ausgeübt werden kann. Die Laufzeit muss vor dem 01.01.2005 begonnen haben und es muss mind. ein Versicherungsbeitrag vor dem 31.12.2004 geleistet worden sein. Die Beiträge können allerdings nur zu 88 % angesetzt werden.

Fall 2 Vorsorgeaufwendungen

Prüfen Sie in den folgenden Fällen, ob es sich um berücksichtigungsfähige Vorsorgeaufwendungen handelt, und ordnen Sie sie einer der beiden Gruppen zu.

- Sozialversicherungsbeitrag zur gesetzlichen Rentenversicherung
- Sozialversicherungsbeitrag zur gesetzlichen Kranken-, Arbeitslosen- und Pflegeversicherung
- Beitrag zum Rentenversorgungswerk der Steuerberater
- Beitrag zur Berufsunfähigkeitsversicherung
- Beitrag zu einer Lebensversicherung, die eine monatliche Rente ab dem 62. Lebensjahr garantiert
- Beitrag zu einer Risikolebensversicherung auf den Todesfall
- Beitrag zu einer Lebensversicherung, die ein Wahlrecht zwischen Rente und Auszahlung ermöglicht. Der Vertrag wurde am 31.03.2005 abgeschlossen.
- Beiträge zur privaten Krankenversicherung
- Gebäudefeuerversicherungsbeiträge

- Hausratversicherung
- Haftpflichtversicherung für den privaten Pkw
- Beiträge zur privaten Unfallversicherung
- Private Kfz-Kaskoversicherung
- Krankentagegeldversicherung
- Beiträge zur freiwilligen Pflegeversicherung
- Rechtsschutzversicherung

Höchstbetrag der Altersvorsorgeaufwendungen (§ 10 (3) EStG)

Altersvorsorgeaufwendungen können max. bis 29344,00 € (Wert 2025) (bei zusammen veranlagten Ehegatten/Lebenspartnern 58688,00 €) als Sonderausgabe abgezogen werden. Der Höchstbetrag steigt jährlich dynamisch entsprechend dem Höchstbetrag zur knappschaftlichen Rentenversicherung. Bei Steuerpflichtigen, die keine Beiträge zu gesetzlichen Leistungen geleistet und Anspruch auf eine Altersversorgung von ihrem Arbeitgeber haben (z.B. Beamte, Gesellschafter-Geschäftsführer, der ganz oder teilweise ohne eigene Beitragsleistungen Anspruch auf eine betriebliche Altersvorsorge hat; BMF-Schreiben vom 24.02.2005), wird dieser Höchstbetrag um einen fiktiven Gesamtbetrag zur gesetzlichen Rentenversicherung (derzeit 18,6 %) gekürzt.

Die zu berücksichtigenden Altersvorsorgeaufwendungen sind zu kürzen um den steuerfreien Arbeitgeberanteil zur gesetzlichen Rentenversicherung.

Einkommensteuer

Höchstbetrag der Altersvorsorgeaufwendungen

Fall 3

a) Rainer Kau ist angestellter Buchhalter. Er bezieht ein jährliches Bruttogehalt von 35000,00 €. 2020 werden folgende Versicherungsbeiträge geleistet:

- Arbeitnehmeranteil zur gesetzlichen Rentenversicherung 3255,00 €
- steuerfreier Arbeitgeberanteil zur gesetzlichen Rentenversicherung 3255,00 €
- Beiträge zu einer privaten Rentenversicherung ohne Kapitalwahlrecht 1200,00 €

(1) Sind alle Beiträge als Altersvorsorgeaufwendungen berücksichtigungsfähig?

(2) Berechnen Sie den Höchstbetrag für die 2025 als Sonderausgaben abzugsfähigen Altersvorsorgeaufwendungen. Benutzen Sie dabei folgende Tabelle:

1. Berücksichtigungsfähige Altersvorsorgeaufwendungen	
2. Höchstbetrag (§ 10 (3) Satz 1 EStG)	
3. Geringerer Betrag aus 1. und 2.	
4. Abzüglich steuerfreier Arbeitgeberanteil	
5. Als Sonderausgabe abzugsfähige Altersvorsorgeaufwendungen	

b) Die Beamtin Christine Landmann hat 2025 ein Bruttogehalt von 42000,00 € erhalten. Folgende Beiträge hat sie in 2025 geleistet:

- Beiträge zu einer Kapitallebensversicherung, die im Jahr 2002 abgeschlossen wurde und ein Wahlrecht zwischen Rentenbezug und Auszahlung enthält 2500,00 €
- Beiträge zu einer privaten Rentenversicherung ohne Kapitalwahlrecht, die Anfang 2025 abgeschlossen wurde 2600,00 €

(1) Sind alle Beiträge als Altersvorsorgeaufwendungen berücksichtigungsfähig?

(2) Berechnen Sie den Höchstbetrag für die 2025 als Sonderausgaben abzugsfähigen Altersvorsorgeaufwendungen. Benutzen Sie dabei folgende Tabelle:

1. Berücksichtigungsfähige Altersvorsorgeaufwendungen	
2. Höchstbetrag (§ 10 (3) Satz 1 EStG)	
3. Kürzung um einen fiktiven Beitrag zur gesetzlichen Rentenversicherung (18,6 % vom Arbeitslohn)	
4. Gekürzter Höchstbetrag	
5. Geringerer Betrag aus 1. und 4.	
6. Als Sonderausgabe abzugsfähige Altersvorsorgeaufwendungen	

c) Helmut und Katharina Sperl sind beide als angestellte Arbeitnehmer tätig. Helmut Sperl bezieht ein Bruttogehalt von 45000,00 €, Katharina Sperl von 12000,00 €. Die Beiträge zur gesetzlichen Rentenversicherung betragen für Helmut Sperl 8370,00 € und für Katharina Sperl 2232,00 € (Arbeitnehmer- und Arbeitgeberanteil).

Berechnen Sie die als Sonderausgabe abzugsfähigen Altersvorsorgeaufwendungen.

d) Dieter Buttler ist als Beamter beim Land Nordrhein-Westfalen angestellt. Er erhält ein Bruttogehalt von 47000,00 €. Er hat Beiträge für eine als Altersvorsorgeaufwand zu berücksichtigende Rentenversicherung in Höhe von 1700,00 € gezahlt. Seine Frau Hanna ist als Steuerfachangestellte angestellt und erhält ein Bruttogehalt von 12500,00 €. Ihr Beitrag zur gesetzlichen Rentenversicherung betrug 2325,00 € (Arbeitnehmer- und Arbeitgeberanteil).

Berechnen Sie die als Sonderausgabe abzugsfähigen Altersvorsorgeaufwendungen.

Höchstbetrag der anderen Vorsorgeaufwendungen (§ 10 (4) EStG)

Die sonstigen Vorsorgeaufwendungen können bis zu einem Höchstbetrag von 2800,00 € abgezogen werden.

Bei Steuerpflichtigen,

- die ganz oder teilweise ohne eigene Aufwendungen Anspruch auf Erstattung von Krankheitskosten haben (z. B. Anspruch auf Beihilfe der Beamten),
- für deren Krankenversicherung steuerfreie Leistungen, insbesondere der steuerfreie Arbeitgeberanteil zur gesetzlichen Krankenversicherung, erbracht werden und deren familienmitversicherte Angehörige,
- die als Rentner steuerfreie Zuschüsse zur Krankenversicherung i. S. d. § 3 Nr. 14 EStG erhalten,

verringert sich dieser Höchstbetrag auf 1900,00 €.

Der Höchstbetrag bei zusammen veranlagten Ehegatten/Lebenspartnern ergibt sich aus der Summe der jedem Ehegatten/Lebenspartner zustehenden Höchstbeträge. Dabei sind die jeweiligen persönlichen Verhältnisse der Ehegatten/Lebenspartner getrennt zu berücksichtigen.

Allerdings dürfen in diesen sonstigen Vorsorgeaufwendungen enthaltene **Aufwendungen für Kranken- und Pflegeversicherungen** auf sozialhilferechtlich gewährleistetem Niveau (= für eine Basiskranken- und Pflegeversicherung) **vollständig** als Sonderausgabe **abgesetzt werden**, auch wenn sie die Höchstbeträge übersteigen. Von den Krankenversicherungsbeiträgen ist ein Betrag von pauschal 4 % zu kürzen, wenn der Steuerpflichtige Anspruch auf Krankengeld hat. Für steuerlich zu berücksichtigende Kinder übernommene Aufwendungen für Kranken- und Pflegeversicherung können vom Leistenden als Sonderausgabe geltend gemacht werden (§ 10 (1) Nr. 3 Satz 2 EStG).

Fall 4 Höchstbetrag der anderen Vorsorgeaufwendungen

a) Der Angestellte Klaus Kopp erhält ein Bruttogehalt von 69000,00 €. Der gesamte Beitrag zur gesetzlichen Rentenversicherung beträgt 12834,00 €. Die Beiträge zur gesetzlichen Arbeitslosenversicherung betragen 1794,00 €. Alle Beträge beinhalten Arbeitgeber- und Arbeitnehmerbeiträge. Herr Kopp ist privat kranken- und pflegeversichert und zahlt im Jahr einen Beitrag von 2100,00 €, zu dem der Arbeitgeber die Hälfte zahlt. Dieser Betrag entspricht einer Basiskranken- und -pflegeversicherung. Außerdem hat Herr Kopp für die Kfz-Versicherung im Jahr 1300,00 € aufgewendet, davon entfielen 650,00 € auf die Kaskoversicherung. Für die private Haftpflichtversicherung hat er 150,00 € aufgewendet.

(1) Berechnen Sie die als Sonderausgaben abzugsfähigen Vorsorgeaufwendungen. Benutzen Sie dabei folgende Tabelle:

Altersvorsorgeaufwendungen	
1. Berücksichtigungsfähige Altersvorsorgeaufwendungen	
2. Höchstbetrag (§ 10 (3) Satz 1 EStG)	
3. Geringerer Betrag aus 1. und 2.	
4. Abzüglich steuerfreier Arbeitgeberanteil	
5. Als Sonderausgabe abzugsfähige Altersvorsorgeaufwendungen	
Kranken- und Pflegeversicherung	
Restliche sonstige Vorsorgeaufwendungen	
Höchstbetrag (mind. Kranken- und Pflegeversicherungsbeiträge gekürzt um 4 % der Aufwendungen, falls Krankengeld im Versicherungsumfang enthalten)	
Abzugsfähig	
Gesamte als Sonderausgabe abzugsfähige Vorsorgeaufwendungen	

(2) Was würde sich an der Berechnung ändern, wenn in den Aufwendungen für Kranken- und Pflegeversicherung 10 % für die Finanzierung von Leistungen enthalten wären, die über den Basistarif hinausgehen würden?

b) Der Gewerbetreibende Paul Peters zahlt 2025 Beiträge zu folgenden Versicherungen:
- Beitrag zu einer privaten Rentenversicherung nach altem Recht 12 000,00 €
- Beitrag zu einer privaten Rentenversicherung nach neuem Recht 6 000,00 €
- Beitrag zur privaten Kranken- und Pflegeversicherung 4 800,00 €

Dieser Betrag entspricht einer Basiskranken- und -pflegeversicherung.
- Beitrag zur Kfz-Versicherung (Kaskoanteil 200,00 €) 500,00 €
- Beitrag zur privaten Rechtsschutzversicherung 200,00 €

Berechnen Sie die als Sonderausgaben abzugsfähigen Vorsorgeaufwendungen.

c) Elke und Andreas Tröster sind beide berufstätig. Frau Tröster ist Gewerbetreibende und hat 2025 folgende Versicherungsbeiträge geleistet:
- Beiträge zu einer Rentenversicherung nach altem Recht 8 400,00 €
- Private Kranken- und Pflegeversicherung 3 600,00 €

Dieser Betrag entspricht einer Basiskranken- und -pflegeversicherung.
- Berufsunfähigkeitsversicherung 1 800,00 €

Herr Tröster ist Angestellter mit einem Bruttogehalt von 30 000,00 €. 2025 wurden folgende Versicherungsbeiträge geleistet:
- Beitrag zur gesetzlichen Rentenversicherung 5 580,00 €
  Der Beitrag beinhaltet den Arbeitgeber- und Arbeitnehmeranteil.
- Beiträge zur gesetzlichen Krankenversicherung 2 190,00 €
- Beiträge zur gesetzlichen Pflegeversicherung 540,00 €
- Beiträge zur gesetzlichen Arbeitslosenversicherung 390,00 €

Die vorgenannten Beträge beinhalten nur den Arbeitnehmeranteil.
- Kfz-Versicherung (Kaskoanteil 120,00 €) 360,00 €

Gemeinsam haben die beiden noch eine Hausratversicherung abgeschlossen und dafür 150,00 € aufgewendet.

Berechnen Sie die als Sonderausgaben abzugsfähigen Vorsorgeaufwendungen.

d) Petra Schrempf ist verheiratet mit Dieter Schrempf. Sie ist erwerbstätig als Angestellte. Herr Schrempf kümmert sich um Kind und Haushalt. Sie erzielt ein Bruttogehalt von 50 000,00 €. Folgende Beiträge zu Versicherungen wurden 2025 aufgewendet:
- Beitrag zur gesetzlichen Rentenversicherung 9 300,00 €
  (Arbeitgeber- und Arbeitnehmeranteil)
- Beitrag zur gesetzlichen Krankenversicherung 3 650,00 €
- Beitrag zur gesetzlichen Pflegeversicherung 900,00 €
- Beitrag zur Arbeitslosenversicherung 650,00 €
  (alles Arbeitnehmeranteile)

Der Ehemann und das Kind sind in der Kranken- und Pflegeversicherung mitversichert.

Berechnen Sie die als Sonderausgaben abzugsfähigen Vorsorgeaufwendungen.

Fall 5 Belegfall Sonderausgaben

Ihr Chef hat Sie damit beauftragt, die Einkommensteuererklärung von Sabine Schröder zu erstellen (siehe Fall 1, Kapitel 3.4.2.1). Frau Schröder hat Ihnen folgende Unterlagen über geleistete Versicherungsbeiträge zur Verfügung gestellt. Sie ist aber nicht sicher, ob alle diese Versicherungsbeiträge abzugsfähig sind. Außerdem meint sie, noch andere Versicherungen gezahlt zu haben. Die entsprechenden Belege müsste sie aber noch heraussuchen. Sie hat aber gehört, dass Vorsorgeaufwendungen nur bis zu einem bestimmten Betrag abzugsfähig sind. Beachten Sie auch die eingereichte Lohnsteuerbescheinigung (siehe Fall 1, Kapitel 3.4.2.1) von Frau Schröder.

Folgende Fragen sind nun zu beantworten:

a) Sind alle eingereichten Versicherungen von Frau Schröder berücksichtigungsfähig?

b) Berechnen Sie die abzugsfähigen Vorsorgeaufwendungen für Frau Schröder.

c) Lohnt es sich für Frau Schröder, nach weiteren Belegen über Versicherungsbeiträge zu suchen, oder hat sie die Höchstbeträge für die abzugsfähigen Vorsorgeaufwendungen ausgeschöpft?

Die nebenstehenden Belege stehen Ihnen zur Verfügung:

Aachener und Münchener Versicherungs AG
Theodor-Heuss-Ring 42
50706 Köln

Hiermit bestätigen wir, dass Frau Sabine Schröder Leistungen zur privaten Haftpflichtversicherung in Höhe von 140,00 € und zur Hausratversicherung in Höhe von 95,00 € in 01 geleistet hat.

Direct Autoversicherungs AG, Heinzestr. 20, 78906 Rüsselsheim

Frau Sabine Schröder
Mörikestr. 17
45616 Gelsenkirchen

Beitragsbescheid für Ihr Auto, amtliches Kennzeichen GE-LK 52 für das Jahr 01

Versicherung	jährlicher Beitrag	Zahlungsweise
Haftpflicht	325,15 €	¼-jährlich
Unfall	115,10 €	½-jährlich
Teilkasko	228,12 €	¼-jährlich

Die Beträge werden von Ihrem Konto Commerzbank Gelsenkirchen, Konto-Nr.: 256879 an den entsprechenden Terminen abgebucht.

DKV Deutsche Krankenversicherungs AG

Frau Sabine Schröder
Mörikestr. 17
45616 Gelsenkirchen

Sehr geehrte Frau Schröder,

die Beiträge für Ihre Krankenzusatzversicherung für das Jahr 01 haben sich geändert. Wir bitten Sie, ab dem 01.01. monatlich 60,15 € auf eines unserer Konten mit Angabe der Versicherungsnummer zu überweisen.

Mit freundlichen Grüßen
Frankenberg
Ihre DKV

Aufwendungen für die Berufsausbildung (§ 10 (1) Nr. 7 EStG, R 10.9 EStR, BMF-Schreiben vom 22.09.2010)

Aufwendungen für die erstmalige Berufsausbildung können bis zu 6000,00 € im Kalenderjahr als Sonderausgabe angesetzt werden. Ein Abzug als Werbungskosten oder als Betriebsausgaben ist gem. § 9 (6) EStG und § 4 (9) EStG ausgeschlossen, sofern es sich nicht um eine Ausbildung im Rahmen eines Dienstverhältnisses handelt.

Eine erstmalige Berufsausbildung ist anzunehmen, wenn eine auf Grundlage von Rechts- und Verwaltungsvorschriften geordnete Ausbildung mit einer vorgesehenen Dauer von mindestens 12 Monaten mit einer Abschlussprüfung durchgeführt wird.

Ein Abzug ist auch möglich, falls dem Steuerpflichtigen Aufwendungen für die Berufsausbildung des Ehegatten/Lebenspartners entstehen und die Voraussetzungen der Ehegatten-/Lebenspartnerschaftsbesteuerung des § 26 EStG vorliegen.

Beispiele für Ausbildungskosten sind:

- Schul- und Studiengebühren
- Fach- und Lernliteratur
- Arbeitsmaterial
- Häusliches Arbeitszimmer
- Mehraufwendungen für Verpflegung
- Kosten der Unterkunft (gilt nicht, wenn der Lebensmittelpunkt an den Studienort verlagert wurde, BFH-Urteil vom 19.02.2012)
- Fahrtkosten zum Aus- oder Weiterbildungsort; die Bildungsstätte eines Vollzeitstudenten gilt als erste Tätigkeitsstätte (siehe Kapitel 3.4.2.1 Fall 5), womit nur die Entfernungspauschale zu berücksichtigen ist.

Zur Berechnung gelten die gleichen Regelungen wie zum Werbungskostenabzug. Fortbildungen oder Weiterbildungen in einem ausgeübten Beruf sind dagegen Werbungskosten bzw. Betriebsausgaben und können unbegrenzt abgezogen werden.

Hat der Steuerpflichtige bereits eine Berufsausbildung oder ein Erststudium abgeschlossen, sind spätere Umschulungskosten – selbst wenn sie zu einem anderen oder höherwertigen Beruf führen – als Werbungskosten abziehbar. Es kann sich dabei mitunter auch um vorweggenommene Werbungskosten handeln, d. h., dass eine Einnahmenerzielung nicht immer notwendig sein muss. Es muss aber ein hinreichend konkreter, objektiv feststellbarer Zusammenhang mit späteren im Inland steuerpflichtigen Einnahmen aus der angestrebten beruflichen Tätigkeit bestehen. In diesem Fall kommt dann u. U. ein Verlustvortrag gem. § 10d EStG infrage.

Aufwendungen für die Berufsausbildung

Fall 6

a) Andreas Maurer ist mit Christine Maurer verheiratet. Andreas Maurer ist als Bankkaufmann bei einer Bank angestellt. Zurzeit befindet er sich in einer Weiterbildung zum staatlich geprüften Bankbetriebswirt. Die Kosten für diese Weiterbildung in Höhe von 3000,00 € muss er zur Hälfte selbst bezahlen. Christine Maurer befindet sich noch in ihrem Studium. Sie studiert Betriebswirtschaftslehre an der Universität Köln. Folgende Aufwendungen sind ihr für das Studium entstanden:

Fahrtkosten	240,00 € (Ticket Straßenbahn)
Fachliteratur	360,00 €
Häusliches Arbeitszimmer	Frau Maurer bewohnt mit ihrem Mann eine 90 m^2 große Wohnung. Ein abgeschlossener Raum (15 m^2) wird ausschließlich als Arbeitszimmer durch Frau Maurer benutzt. Die Miete beträgt monatlich 1300,00 € inkl. aller Nebenkosten. Sie benutzt das Arbeitszimmer an 150 Tagen. Zu Beginn des Jahres hatte sie sich einen Computer für 799,00 € brutto angeschafft, den sie ausschließlich für das Studium nutzt. Die Nutzungsdauer schätzt sie auf 4 Jahre.

Beide zusammen belegen noch einen Volkshochschulkurs in Italienisch, da beide Italienfans sind und gern in Urlaub nach Italien fahren. Die Kosten hierfür betrugen 180,00 €.

Beurteilen Sie, ob die aufgeführten Aufwendungen als Werbungskosten oder Sonderausgaben abgesetzt werden können und berechnen Sie die Höhe.

b) Die Steuerfachangestellte Julia Sauer hat nach Abschluss ihrer Ausbildung eine Studium für betriebliche Steuerlehre an der Fachhochschule in Worms aufgenommen. Im Zusammenhang mit dem Studium sind ihr in 01 Kosten (Fahrtkosten, Lehrbücher usw.) in Höhe von 2.500,00 € entstanden. Wie kann Frau Sauer diese Kosten steuerlich ansetzen?

Schulgeld (§ 10 (1) Nr. 9 EStG, BMF-Schreiben vom 09.03.2009)
30 % des für ein Kind gezahlten Schulgeldes für eine staatlich genehmigte oder nach Landesrecht erlaubte Ersatzschule sind bis max. 5000,00 € als Sonderausgaben abzugsfähig. Voraussetzung ist, dass man für das Kind einen Kinderfreibetrag oder Kindergeld erhält. Schulen in der EU werden ebenfalls anerkannt. Nicht abzugsfähig sind Aufwendungen für die Beherbergung, Betreuung und Verpflegung. Schulgeldzahlungen für den Besuch deutscher Schulen im Ausland sind als Sonderausgaben nur abzugsfähig, falls die Schule von der ständigen Konferenz der Kultusminister der Länder anerkannt ist (R 10.10 EStR).

Fall 7 **Schulgeld**

Die Eheleute Gerd und Anna Poth schicken ihren Sohn Michael (14 Jahre) auf ein staatlich anerkanntes Internat in Baden-Württemberg. Die Kosten für das Internat belaufen sich auf insgesamt 5000,00 €, wovon 2000,00 € auf das Schulgeld und der Rest auf Unterkunft und Verpflegung entfallen.

Prüfen Sie, welche der Aufwendungen als Sonderausgabe abgezogen werden kann.

Kinderbetreuungskosten (§ 10 (1) Nr. 5 EStG, BMF-Schreiben vom 14.03.2012)	
Kinderbetreuungskosten **§ 10 (1) Nr. 5 EStG**	Als Sonderausgabe abgezogen werden können • 80 % der Aufwendungen für Dienstleistungen • zur Betreuung • eines zum Haushalt des Steuerpflichtigen gehörenden Kindes i. S. d. § 32 (1) EStG, das das 14. Lebensjahr noch nicht vollendet hat oder wegen einer vor Vollendung des 25. Lebensjahres eingetretenen Behinderung außerstande ist, sich selbst zu unterhalten • max. 4800,00 € je Kind → Die Abzugsmöglichkeit gilt nicht für Aufwendungen für Unterricht, die Vermittlung besonderer Fertigkeiten und für sportliche oder andere Freizeitbetätigungen. → Die Aufwendungen müssen durch die Vorlage einer Rechnung und die Zahlung auf das Konto des Empfängers nachgewiesen werden.
BFH-Urteil vom 14.04.2021	→ Die als Sonderausgaben zu berücksichtigenden Aufwendungen sind um steuerfreie Zuschüsse zu kürzen.

Fall 8 Bestimmen Sie in den folgenden Fällen, ob ein Sonderausgabenabzug möglich ist.

a) Susanne Weber hat 1 Kind im Alter von 5 Jahren, das sie allein erzieht. Sie ist erwerbstätig. Für die Betreuung des Kindes wendet sie 4300,00 € im Jahr auf.

b) Das Ehepaar Sonders hat 1 Kind im Alter von 4 Jahren. Der Vater ist erwerbstätig, die Mutter kümmert sich um das Kind. Im Jahr hatten sie Kinderbetreuungskosten in Höhe von 4500,00 €.

c) Für ihren 16-jährigen Sohn hatte die alleinerziehende erwerbstätige Mutter Maria John Betreuungsaufwendungen von 2300,00 € im Jahr.

d) Martin Becker hat einen Sohn (10 Jahre), den er alleine erzieht. An Betreuungskosten fallen 7 000,00 € an.

Spenden für bestimmte Zwecke (§ 10b (1) EStG)
Nach § 10b (1) EStG dürfen Zuwendungen zur Förderung steuerbegünstigter Zwecke i. S. d. §§ 52–54 AO begrenzt als Sonderausgaben abgezogen werden. Durch diese Vorschrift soll die Spendenbereitschaft von Privatleuten gefördert werden, da Spenden auch staatliche Haushalte entlasten. Ein Abzug gilt als zulässig, da die Leistungsfähigkeit des Spenders auch gemindert wird. Zuwendungen sind Spenden und Mitgliedsbeiträge, die in Geld oder Wirtschaftsgütern geleistet werden. Mitgliedsbeiträge an Sport- und Freizeitvereine dürfen nicht geltend gemacht werden (§ 10b (1) Satz 8 Nr. 1 EStG). Die Ausgaben sind in dem Veranlagungszeitraum abziehbar, in dem sie geleistet wurden. Besondere Voraussetzungen werden an den Spendenempfänger und an den Spendennachweis gestellt: **Spendenempfänger** können nur inländische juristische Personen des öffentlichen Rechts, eine inländische öffentliche Dienststelle oder eine nach § 5 (1) Nr. 9 KStG steuerbefreite Körperschaft, Personenvereinigung oder Vermögensmasse sein.

Der **Nachweis der Spende** hat gem. § 50 EStDV durch eine Zuwendungsbestätigung nach amtlich vorgeschriebenem Vordruck zu erfolgen. Die Bestätigung muss der Empfänger ausfüllen. In Ausnahmefällen wie Zuwendungen zur Hilfe in Katastrophenfällen und Zuwendungen bis 300,00 € reicht die Buchungsbestätigung der Bank (z. B. Kontoauszug). Die Spendenbescheinigungen sind auf Verlangen der Finanzbehörde vorzulegen und müssen ein Jahr nach Bekanntgabe des Steuerbescheid aufbewahrt werden (§ 50 (8) EStDV). Zuwendungsbestätigungen können auch elektronisch an das Finanzamt übermittelt werden (§ 50 (1a) EStDV, BMF-Schreiben vom 06.02.2017).

Für die **Berechnung des Höchstbetrages** sind zwei alternative Berechnungsmethoden vorgesehen, wovon der Steuerpflichtige die günstigere wählen kann.

Sog. Aufwandsspenden, bei denen auf einen zuvor vereinbarten Aufwendungsersatz verzichtet wird, können ebenfalls abgesetzt werden (zu Einzelheiten vgl. BMF-Schreiben vom 24.08.2016).

Berechnungsmethode 1	
(1) Alle berücksichtigungsfähigen Spenden	
(2) Max. 20 % des Gesamtbetrags der Einkünfte	
(3) Geringerer Betrag aus (1) und (2) = abzugsfähige Spenden	

Berechnungsmethode 2	
(1) Alle berücksichtigungsfähigen Spenden	
(2) Max. 4 ‰ der Summe aus Umsätzen, Löhnen und Gehältern	
(3) Geringerer Betrag aus (1) und (2) = abzugsfähige Spenden	

Einkommensteuer

Spenden für bestimmte Zwecke

Fall 9

Ihr Mandant Heinz Becker, ledig, 40 Jahre, reicht zur Erstellung seiner Einkommensteuererklärung 01 folgende Spendenquittungen ein (siehe Anlage).

Aus den Unterlagen des Mandanten ersehen Sie, dass er für 01 Einkünfte aus Gewerbebetrieb in Höhe von 90 000,00 € erzielt hat. Ansonsten hatte er keine weiteren Einkünfte.

Er hat in seinem Unternehmen 01 Umsätze in Höhe von 475 000,00 € erzielt und Gehälter in Höhe von 260 000,00 € aufgewendet.

a) Prüfen Sie, ob alle Spenden berücksichtigungsfähig sind. Prüfen Sie auch die formalen Anforderungen des § 50 EStDV.

b) Berechnen Sie die abzugsfähigen Spenden für Heinz Becker nach beiden Berechnungsmethoden. Benutzen Sie dabei das vorstehende Lösungsschema.

Aussteller (Bezeichnung der jur. Person oder Dienststelle)
Universität zu Köln

Bestätigung über Geldzuwendungen/Mitgliedsbeitrag
im Sinne des § 10b des EStG an inländische juristische Personen des öffentlichen Rechts oder inländische öffentliche Dienststellen

Name und Wohnort des Zuwendenden		
Heinz Becker, Bonn		
Betrag der Zuwendung – in Ziffern –	**– in Buchstaben –**	**Tag der Zuwendung**
3 500,00 €	dreitausendfünfhundert	**10.04.01**

Es wird bestätigt, dass die Zuwendung nur zur Förderung von **wissenschaftlichen** Zwecken verwendet wird.

Die Zuwendung wird von uns unmittelbar für den angegebenen Zweck verwendet.

Ort, Datum und Unterschrift

Köln, 12.04.01
Walter
(Dekan)

Aussteller (Bezeichnung der jur. Person oder Dienststelle) Evangelische Kirchengemeinde Bonn

Bestätigung über Geldzuwendungen/Mitgliedsbeitrag
im Sinne des § 10b des EStG an inländische juristische Personen des öffentlichen Rechts oder inländische öffentliche Dienststellen

Name und Wohnort des Zuwendenden		
Heinz Becker, Bonn		
Betrag der Zuwendung	**– in Buchstaben –**	**Tag der Spende**
1 000,00 €	eintausend	**12.09.01**

Es wird bestätigt, dass die Zuwendung nur zur Förderungen von **kirchlichen** Zwecken verwendet wird.

Die Zuwendung wird von uns unmittelbar für den angegebenen Zweck verwendet.

Ort, Datum und Unterschrift

Bonn, 13.09.01

Romberg
(Pfarrer)

Durchschrift für Auftraggeber	**Sparkasse Düsseldorf** Datum 05.06.01 — Unterschrift für nachstehenden Auftrag *Becker*
Empfänger Deutsches Rotes Kreuz	
IBAN des Empfängers DE23 0320 5019 8300 3003 00	BIC DUSSDEDDXXX
bei (Kreditinstitut) Sonderkonto Sparkasse Düsseldorf	
	Betrag: €, Cent 500,00
Verwendungszweck (nur für Empfänger) Flutkatastrophe Indien	
Auftraggeber Heinz Becker	
IBAN des Auftraggebers DE23 0320 5019 8007 5897 86	

Durchschrift für Auftraggeber	**Sparkasse Düsseldorf** Datum 07.10.01 Unterschrift für nachstehenden Auftrag *Becker*
Empfänger Misereor	
IBAN des Empfängers DE23 0320 5019 0000 0005 56	BIC COLSDE33XXX
bei (Kreditinstitut) Sparkasse KölnBonn	
	Betrag: €, Cent 90,00
Verwendungszweck (nur für Empfänger) Spende	
Auftraggeber Heinz Becker	
IBAN des Auftraggebers DE23 0320 5019 8007 5897 86	

Quittung € **125** Cent **00**

Nr. 22 einschl. 19 % USt. / €

Einhundertfünfundzwanzig -------------------------------------Cent wie oben
Euro in Worten

von Heinz Becker

für Renovierung Vereinsheim, Tennisplatz (Spende)

TC Bonn
dankend bar erhalten

Bonn, den 20. Mai 01

H. Paulsen
Kassenwart
Unterschrift des Empfängers

Spendenabzug

Fall 10

a) Liegen in den folgenden Fällen berücksichtigungsfähige Spenden vor?

- Mitgliedsbeitrag an Greenpeace
- Mitgliedsbeitrag in einem Tennisverein
- Spende an Greenpeace
- Spende an einen Tennisverein
- Verzicht auf den Ersatz von Aufwendungen, die man für den Tennisverein getätigt hat
- Spende von 20 Volleybällen an einen Volleyballverein im Wert von 500,00 €
- Spende an Brot für die Welt in einer Sammelbüchse

b) Der angestellte Steuerpflichtige Peter Höflein erzielte in 01 einen Gesamtbetrag der Einkünfte in Höhe von 70 000,00 €. Er tätigte in 01 folgende Spenden, für die alle ordnungsgemäße Spendenbescheinigungen vorliegen.

• Spenden für wissenschaftliche Zwecke	3 000,00 €
• Spenden für mildtätige Zwecke	1 000,00 €
• Spenden für kirchliche Zwecke	4 000,00 €
• Spenden für gemeinnützige Zwecke	500,00 €

Berechnen Sie die abzugsfähigen Spenden.

Vortrag nicht abzugsfähiger Spenden

Im Jahr der Zuwendung nicht berücksichtigungsfähige Aufwendungen können zeitlich unbefristet in folgende Veranlagungszeiträume vorgetragen werden. Unberücksichtigt bleibt eine Spende, wenn sie nach Abzug der Vorsorgeaufwendungen und eines etwaigen Verlustrücktrages nicht abgezogen werden kann. Ein Rücktrag in den vorherigen Veranlagungszeitraum ist nicht möglich.

Fall 11 Vortrag nicht abzugsfähiger Spenden

Der Unternehmer Andreas Handke spendet in 03 200 000,00 € für wissenschaftliche Zwecke. Seine Einkünfte aus Gewerbebetrieb betrugen 500 000,00 € (gleichzeitig Gesamtbetrag der Einkünfte). Die Summe der Umsätze, Löhne und Gehälter beträgt 30 Mio. €.

a) Berechnen Sie die in 03 abzugsfähige Spende.

b) Wie kann der nicht abzugsfähige Rest behandelt werden?

c) Wie ändert sich Ihre Lösung, wenn Sie davon ausgehen, dass noch ein Verlustvortrag nach § 10d in Höhe von 400 000,00 € vorläge?

Spenden an politische Parteien (§ 10b (2) EStG)

Spenden und Mitgliedsbeiträge an politische Parteien i. S. d. § 2 Parteiengesetz erhalten eine zweifache Förderungsmöglichkeit.

Zunächst wird für sie eine Steuerermäßigung nach § 34g EStG gewährt. 50 % der Spenden dürfen als Abzug von der tariflichen Einkommensteuer geltend gemacht werden. Dies bedeutet eine unmittelbare Verminderung der Steuerschuld. Die Steuerermäßigung darf max. 825,00 €, im Falle der Zusammenveranlagung 1 650,00 € betragen. Für eine Steuerermäßigung von 825,00 € muss man also Spenden an politische Parteien in Höhe von 1 650,00 € aufwenden.

Sind nach dieser Möglichkeit Spendenbeträge noch nicht gefördert worden, können sie bis zu einer Höhe von 1 650,00 €, bei Zusammenveranlagung bis zu einer Höhe von 3 300,00 € als Sonderausgabe geltend gemacht werden.

Die Förderungsmöglichkeit des § 34g EStG gilt für politische Parteien und für unabhängige Wählervereinigungen. Sie gelten nebeneinander, d. h., man kann für Spenden an politische Parteien und für unabhängige Wählervereinigungen den Höchstbetrag jeweils ansetzen (H 34g EStR).

Die Förderungsmöglichkeit des § 10b (2) EStG gilt nur für die politischen Parteien.

Fall 12 Spenden an politische Parteien (§ 10b (2) EStG)

Ihr Mandant Heinz Becker hat in 01 auch Beiträge an politische Parteien gezahlt. Folgende Belege stehen Ihnen zur Verfügung.

Die ....SPD.................(Bezeichnung der politischen Partei) bestätigt, von ....Heinz Becker

..................(Name und Wohnort des Zuwendenden) am .....28.11.01.....eine Spende in Höhe von

...3 500,00..........€ in Worten: ....dreitausendfünfhundert..........empfangen zu haben, und bescheinigt, dass sie ausschließlich für ihre satzungsmäßigen Zwecke verwandt wird.

Düsseldorf, den 28.11.01 Hackländer

(Kassenwart)

Ort und Datum der Ausstellung — Unterschrift und Angabe der Funktion des Unterzeichners

Basisdemokratie in Bonn

Bestätigung über Geldzuwendungen/Mitgliedsbeitrag
i. S. d. § 34g, § 10b des EStG an unabhängige Wählervereinigungen

Name und Wohnort des Zuwendenden		
Heinz Becker, Bonn		
Betrag der Zuwendung	In Buchstaben	Tag der Zuwendung
2150, 00 €	zweitausendeinhundertund-fünfzig	10.06.01

Wir sind ein

☐ rechtsfähiger

☒ nichtrechtsfähiger Verein ohne Parteicharakter

Der Zweck unseres Vereins ist ausschließlich darauf gerichtet, durch Teilnahme mit eigenen Wahlvorschlägen an der politischen Willensbildung mitzuwirken, und zwar an Wahlen auf der

☐ Bundesebene

☐ Landesebene

☒ Kommunalebene

Wir haben der Wahlbehörde der Stadt Bonn am 13.05. angezeigt, dass wir uns an der folgenden Wahl mit eigenen Wahlvorschlägen beteiligen werden:
Kommunalwahl ab 00

Wir werden geführt beim Finanzamt Bonn, Steuernummer 142-5589-666

Ort, Datum und Unterschrift

Bonn, 15.06.01 *Krause*

Berechnen Sie die Verminderung der tariflichen Einkommensteuer nach § 34g EStG sowie die abzugsfähigen Sonderausgaben. Benutzen Sie dabei folgenden Lösungshinweis:

	An politische Parteien	An unabhängige Wählervereinigungen
(1) Mitgliedsbeiträge und Spenden		
(2) Max. 1 650,00 €/3 300,00 €		
(3) Geringerer Betrag aus (1) und (2)		
(4) Steuerermäßigung nach § 34g EStG 50 %		
(5) Verbleibender Betrag (1)–(3)		
(6) Max. 1 650,00 €/3 300,00 €		
(7) Geringerer Betrag aus (5) und (6) = abzugsfähige Sonderausgabe gem. § 10b (2) EStG		

Fall 13 Spenden an politische Parteien (§ 10b (2) EStG)

a) Berechnen Sie in den folgenden Fällen die Steuerermäßigung nach § 34g EStG und einen evtl. möglichen Sonderausgabenabzug:

(1) Der alleinstehende Horst Schaub, Düsseldorf, hat in 01 Beiträge für eine politische Partei in Höhe von 200,00 € aufgewendet.

(2) Nehmen Sie an, Horst Schaub hätte nicht 200,00 €, sondern 2 000,00 € aufgewendet.

(3) Nehmen Sie an, Horst Schaub hätte nicht 200,00 €, sondern 4 000,00 € aufgewendet.

(4) Nehmen Sie für die Fälle 1–3 an, Horst Schaub wäre verheiratet.

(5) Nehmen Sie an, Horst Schaub wäre verheiratet und hätte 6 000,00 € aufgewendet.

(6) Nehmen Sie für die Fälle 1 und 2 an, Schaub hätte die Beiträge nicht an eine politische Partei, sondern an eine unabhängige Wählervereinigung gezahlt.

(7) Nehmen Sie für Fall 2 an, Horst Schaub hätte zusätzlich zu den 2 000,00 € an eine politische Partei auch 2 500,00 € an eine unabhängige Wählervereinigung als Beitrag gezahlt.

b) Der ledige Angestellte Hans Meyer, dessen Gesamtbetrag der Einkünfte 40 000,00 € beträgt, weist für 01 folgende Spenden nach:

- wissenschaftliche Zwecke 1 750,00 €
- kirchliche Zwecke 1 400,00 €
- politische Partei 2 500,00 €

Berechnen Sie die Sonderausgaben und die Steuerermäßigung.

Fall 14 Gesamtfall Sonderausgaben

Anne Siebert (44 Jahre) wohnt zusammen mit ihrem 10-jährigen Sohn David in einer gemeinsamen Wohnung in Duisburg. Sie ist seit zwei Jahren von Davids Vater geschieden. Der Vater zahlt einen monatlichen Unterhalt von 400,00 €, wovon 300,00 € auf den Kindesunterhalt entfallen. Die Anlage U hat Frau Siebert unterschrieben. Sie ist halbtags berufstätig und erzielt ein Bruttogehalt von 9 600,00 €. Nennenswerte Werbungskosten kann sie nicht nachweisen.

Folgende Aufwendungen kann sie in 02 nachweisen:

- Auf der Lohnsteuerbescheinigung ist ein Arbeitnehmerbeitrag zur Rentenversicherung in Höhe von 892,80 €, zur Krankenversicherung in Höhe von 700,80 €, zur Pflegeversicherung in Höhe von 172,80 € und zur Arbeitslosenversicherung in Höhe von 124,80 € bescheinigt.
- Auf der Lohnsteuerbescheinigung sind zusätzlich noch 379,00 € einbehaltene Lohnsteuer und 34,11 € einbehaltene Kirchensteuer ausgewiesen.
- Private Haftpflichtversicherung 120,00 €
- Frau Siebert ist Mitglied im örtlichen Lohnsteuerhilfeverein. Der jährliche Mitgliedsbeitrag beläuft sich auf 50,00 €. Dafür erstellt ihr ein Mitarbeiter des Vereins die jährliche Einkommensteuererklärung. In 02 erhielt sie eine Erstattung für Einkommensteuer in Höhe von 200,00 € und von 18,00 € für Kirchensteuer.

- An die örtliche evangelische Kirchengemeinde hat Frau Siebert noch zusätzlich 100,00 € gespendet. Eine ordnungsgemäße Spendenquittung kann sie nachweisen.

a) Berechnen Sie den geringstmöglichen Gesamtbetrag der Einkünfte sowie die höchstmöglich abzugsfähigen Sonderausgaben für Frau Siebert.

b) Wie wird die geleistete Unterhaltszahlung beim geschiedenen Mann steuerlich behandelt?

Gesamtfall Sonderausgaben

Fall 15

Elke Reimer (39 Jahre) und Stefan Sommer (44 Jahre) sind nicht verheiratet und leben zusammen mit ihrem gemeinsamen Sohn (10 Jahre) in Köln.

Elke Reimer ist angestellte Apothekerin in Köln-Porz in Teilzeit. Sie erhält ein monatliches Bruttogehalt von 1 200,00 €. Sie fährt an 150 Tagen im Jahr zur Arbeit, die 12 km entfernt liegt. Frau Reimer hat an einer Fortbildung in Düsseldorf teilgenommen. Sie war 12 Stunden von zu Hause abwesend. Die Fahrtkosten mit öffentlichen Verkehrsmitteln beliefen sich auf 35,00 €. Die Kosten der Veranstaltung belaufen sich auf 150,00 € und werden vom Arbeitgeber ersetzt.

Auf der Lohnsteuerbescheinigung sind folgende Sozialversicherungsbeiträge ausgewiesen:

Rentenversicherung	1 339,20 €
Arbeitslosenversicherung	187,20 €
Krankenversicherung	1 051,20 €
Pflegeversicherung	259,20 €

Bei allen Beträgen handelt es sich um den Arbeitnehmeranteil.

An Kirchensteuer wurden 259,20 € bescheinigt.

Für den Sohn hat sie manchmal eine Betreuung, für die sie im Monat 200,00 € aufwendet.

Stefan Sommer ist angestellter Ingenieur bei einer Autofirma. Er bezieht ein monatliches Bruttogehalt von 5 000,00 €. Zudem erhielt er eine Weihnachtsgratifikation in Höhe von 2 000,00 € im November ausbezahlt. Außerdem bekommt er einen Geschäftswagen gestellt, den er sowohl für die privaten Fahrten als auch für die Fahrten zwischen Wohnung und erster Tätigkeitsstätte (einfache Entfernung 35 km, 230 Arbeitstage) benutzen darf. Ein Fahrtenbuch wurde nicht geführt. Der Bruttolistenpreis beträgt 35 610,00 €.

Auf seiner Lohnsteuerbescheinigung sind folgende Sozialversicherungsbeiträge ausgewiesen:

Rentenversicherung	5 464,46 €
Arbeitslosenversicherung	763,85 €

Es handelt sich dabei um die Arbeitnehmeranteile.

An Kirchensteuer wurden 1 586,40 € bescheinigt.

Hälftiger steuerfreier Zuschuss des Arbeitgebers zur privaten Kranken- und Pflegeversicherung (Basistarif) 6 416,55 €

Seine Steuererklärung lässt Herr Sommer durch einen Steuerberater erstellen, der ihm in 01 folgende Rechnung ausgestellt hat. Herr Sommer hat sie sofort bezahlt.

Mantelbogen und Anlage Kind	350,00 €
Erstellung Anlage N	250,00 €
zzgl. 19 % USt.	114,00 €
Summe	714,00 €

Die erste Ehe von Herrn Sommer wurde geschieden. Er hat in 01 an seine Frau monatliche Unterhaltsleistungen in Höhe von 120,00 € und an sein Kind in Höhe von 350,00 € geleistet. Die Anlage U der Ehefrau liegt vor.

Folgende Aufwendungen haben sich außerdem in 01 ergeben:

Hausratversicherung (von beiden bezahlt)	300,00 €
Haftpflichtversicherung (Herr Sommer)	250,00 €
Haftpflichtversicherung (Frau Reimer)	120,00 €
Kfz-Versicherung (Frau Reimer)	170,00 €

Der Kaskoanteil beträgt	80,00 €
Rechtsschutzversicherung (Herr Sommer)	230,00 €
Private Rentenversicherung i. S. d. § 10 (1) Nr. 2b EStG (Herr Sommer)	1 200,00 €

a) Beurteilen Sie, ob Frau Reimer und Herr Sommer einzeln oder gemeinsam veranlagt werden.

b) Berechnen Sie den Gesamtbetrag oder die Gesamtbeträge der Einkünfte und die Sonderausgaben.

Sonderausgabenabzug für zusätzliche Altersvorsorge

Mit dem Altersvermögensgesetz (AvmG) (sog. Riester-Rente), das mit Wirkung vom 01.01.2002 eingeführt wurde, soll die freiwillige Altersvorsorge gefördert werden, damit die künftig niedrigeren Leistungen der Rentenversicherung, der Beamtenversorgung und anderer Versorgungseinrichtungen kompensiert werden.

Leistungen aus einem Altersvorsorgevertrag unterliegen gem. § 22 Nr. 5 EStG der vollen Besteuerung, soweit die Leistungen auf steuerlich abziehbaren Sonderausgaben oder auf Altersvorsorgezulagen beruhen.

Folgende Übersicht zeigt die Regelungen auf:

	Altersvorsorgezulage gemäß §§ 79 ff. EStG	**Sonderausgabenabzug gemäß § 10a EStG**
Begünstigte	• in der gesetzlichen Rentenversicherung Pflichtversicherte • Beamte • Ehegatten/Lebenspartner	
Leistungen	**Grundzulage** **seit 2018** 175,00 € **Kinderzulage** je Kind, für das Kindergeld gezahlt wird **seit 2008** 185,00 € für ab 2008 Geborene 300,00 € Berufseinsteiger, die das 25. Lebensjahr noch nicht vollendet haben, erhalten einmalig eine um 200,00 € erhöhte Grundzulage.	Altersvorsorgebeiträge zuzüglich der Altersvorsorgezulage nach §§ 79 ff. EStG können als Sonderausgabe abgesetzt werden bis zu folgenden Höchstbeträgen: **seit 2008** 2 100,00 €
Mindesteigenbeitrag	Die Gewährung der Zulagen in vollem Umfang erfolgt nur, falls der Berechtigte einen Mindesteigenbeitrag leistet: **seit 2008** 4 % der beitragspflichtigen Einnahmen (max. 2 100,00 €) – Altersvorsorgezulage Falls der tatsächliche Altersvorsorgebeitrag hinter dem Mindesteigenbeitrag zurückbleibt, wird die Zulage im entsprechenden Verhältnis gekürzt.	
Sockelbetrag	Zur Erlangung der Zulage muss der Berechtigte einen Sockelbetrag mindestens leisten, um die Altersvorsorgezulage zu erhalten: **seit 2005** einheitlich 60,00 €	
Auszahlung	Auf Antrag bei der Deutschen Rentenversicherung Bund	
Günstigerprüfung	Der Berechtigte kann entweder die Zulage nach §§ 79 ff. EStG beanspruchen oder den Sonderausgabenabzug nach § 10a EStG. Dafür muss die Steuerschuld zum einen ohne den, zum anderen mit dem betreffenden Sonderausgabenabzug ermittelt werden. Ist der Sonderausgabenabzug günstiger, wird die Einkommensteuer entsprechend festgesetzt, allerdings um die Altersvorsorgezulage erhöht.	

Seit **2008** kann angesammeltes Geld aus einem Riester-Vertrag für den Kauf eines Hauses oder einer Wohnung mit Nutzung zu eigenen Wohnzwecken entnommen werden.
Das angesammelte Kapital kann gem. § 92a EStG wie folgt verwendet werden (Altersvorsorge-Eigenheimbetrag):
- bis zum Beginn der Auszahlungsphase unmittelbar für die Anschaffung oder Herstellung einer Wohnung,
- zu Beginn der Auszahlungsphase für die Entschuldung einer Wohnung,
- für den Erwerb von Genossenschaftsanteilen für die Selbstnutzung einer Genossenschaftswohnung.

Für die nachgelagerte Besteuerung wird ein Wohnförderkonto gebildet. Darauf werden die in der Immobilie gebundenen, geförderten Beträge und 2 % Zinsen pro Jahr erfasst.
Zu Beginn der Auszahlungsphase kann der Förderberechtigte zwischen der Sofortbesteuerung (wobei dann nur 70 % besteuert werden) und der jährlich nachgelagerten Besteuerung (wobei der Betrag des Wohnförderkontos über 17–25 Jahre mit dem individuellen Steuersatz versteuert wird) wählen.

Sonderausgabenabzug für zusätzliche Altersvorsorge

Fall 16*

a) Der Steuerpflichtige A ist rentenpflichtversichert und ledig. Er hat 2024 beitragspflichtige Einnahmen in Höhe von 30 000,00 €.

(1) Bestimmen Sie die Höhe der Grundzulage.

(2) Wie hoch ist der Mindesteigenbeitrag?

(3) Welche Bedeutung hat der Mindesteigenbeitrag?

(4) In welcher Höhe zahlt A Beiträge auf seinen Altersvorsorgevertrag ein?

(5) Wie hoch wäre die Zulage, falls A ein Kind hätte, für das er Kindergeld erhält?

(6) Wie hoch wäre der Mindesteigenbeitrag, falls die beitragspflichtigen Einnahmen 4 500,00 € betragen würden?

(7) In welcher Höhe würde A dann Beiträge auf seinen Altersvorsorgevertrag einzahlen?

b) Der rentenversicherungspflichtige Arbeitnehmer B mit einem Kind, für das er Kindergeld erhält, erzielt im Jahr 2024 beitragspflichtige Einnahmen in Höhe von 36 000,00 €.

(1) Wie hoch ist die Altersvorsorgezulage?

(2) Wie hoch ist der Mindesteigenbeitrag?

(3) In welcher Höhe zahlt B Beiträge auf seinen Altersvorsorgevertrag ein?

(4) Wie hoch wäre die Altersvorsorgezulage, falls er nur 367,00 € auf seinen Altersvorsorgevertrag einzahlt?

c) Der rentenversicherungspflichtige Arbeitnehmer C ist verheiratet. C hatte 2024 beitragspflichtige Einkünfte in Höhe von 40 000,00 €, seine Frau war nicht berufstätig. Beide haben keine Kinder. Es bestehen zwei Altersvorsorgeverträge.

(1) Wie hoch ist die Altersvorsorgezulage?

(2) Wie hoch ist der Mindesteigenbeitrag?

(3) In welcher Höhe zahlt C Beiträge auf seinen Altersvorsorgevertrag ein?

3.4.5.3 Die außergewöhnlichen Belastungen

Bei den außergewöhnlichen Belastungen handelt es sich auch um private Aufwendungen, die steuerlich geltend gemacht werden dürfen. Sie sind damit den Sonderausgaben vergleichbar und sollen außergewöhnliche Aufwendungen für den existenznotwendigen Lebensbedarf abdecken. Aufwendungen, die Werbungskosten, Betriebsausgaben oder Sonderausgaben sind, können nicht als außergewöhnliche Belastungen abgezogen werden. Außergewöhnliche Belastungen sind also nachrangig abziehbar. Sind Aufwendungen nicht in voller Höhe als Werbungskosten, Betriebsausgaben oder Sonderausgaben abziehbar, kann der verbleibende Teil trotzdem als außergewöhnliche Belastung berücksichtigt werden.

Die außergewöhnlichen Belastungen lassen sich in zwei große Gruppen unterscheiden:

außergewöhnliche Belastungen mit zumutbarer Eigenbelastung	**außergewöhnliche Belastungen ohne zumutbare Eigenbelastung**
• außergewöhnliche Belastungen allgemeiner Art (§ 33 EStG)	• Aufwendungen für Unterhalt und Berufsausbildung (§ 33a (1) EStG) • Aufwendungen für die Berufsausbildung eines Kindes (§ 33a (2) EStG) • Aufwendungen aufgrund einer Behinderung (§ 33b (1)–(3) EStG) • Aufwendungen für Pflege (§ 33b (6) EStG)

Bei den außergewöhnlichen Belastungen mit zumutbarer Eigenbelastung muss der Steuerpflichtige einen Teil der Aufwendungen selbst tragen. Dieser Teil ist steuerlich nicht berücksichtigungsfähig. Die außergewöhnlichen Belastungen ohne zumutbare Eigenbelastung sind in voller Höhe abzugsfähig.

3.4.5.3.1 Außergewöhnliche Belastungen mit zumutbarer Eigenbelastung

Außergewöhnliche Belastungen allgemeiner Art (§ 33 EStG)

Definition

§ 33 (1), (2) EStG

Außergewöhnliche Belastungen allgemeiner Art liegen vor, wenn

- einem Steuerpflichtigen zwangsläufig
  - → Zwangsläufigkeit liegt vor, wenn jemand sich aus rechtlichen, tatsächlichen oder sittlichen Gründen nicht entziehen kann.
  - → Unter rechtliche Gründe fallen nur solche rechtlichen Verpflichtungen, die der Steuerpflichtige nicht selbst gesetzt hat, z. B. Unterhaltsverpflichtungen, Schadensersatzverpflichtungen (H 33.1–33.4 EStR).
  - → Eine sittliche Pflicht liegt dann vor, wenn diese so unabdingbar auftritt, dass sie ähnlich einer Rechtspflicht von der Gesellschaft gefordert wird, sodass ihre Erfüllung als eine selbstverständliche Handlung erwartet und die Missachtung dieser Erwartung als moralisch anstößig empfunden wird, wenn das Unterlassen der Aufwendungen also Sanktionen im sittlich-moralischen Bereich oder auf gesellschaftlicher Ebene zur Folge haben kann (H 33.1–33.4 EStR).
- größere Aufwendungen
  - → Die Belastung tritt mit der Verausgabung ein (R 33.1 EStR).
- als der überwiegenden Mehrzahl der Steuerpflichtigen in vergleichbaren Verhältnissen
  - → Außergewöhnlich sind Aufwendungen, wenn sie nicht nur der Höhe, sondern auch ihrer Art und dem Grunde nach außerhalb des Üblichen liegen und insofern nur einer Minderheit entstehen (H 33.1–33.4 EStR).

entstehen.

Der Abzug muss in der Steuererklärung beantragt werden.

Ersatz und Unterstützungen von dritter Seite zum Ausgleich der Belastung sind von den berücksichtigungsfähigen Aufwendungen abzusetzen (H 33.1–33.4 EStR).

In den H 33.1–33.4 EStR sind viele Beispiele von außergewöhnlichen Belastungen aufgeführt. Zu den wichtigsten zählen:

- Krankheitskosten
- Beerdigungskosten

BFH-Urteil vom 18.05.2017

- Scheidungskosten werden nicht mehr als außergewöhnliche Belastungen anerkannt.
- Prozesskosten sind grundsätzlich keine außergewöhnlichen Belastungen, es sei denn, dass der Steuerpflichtige ohne diese Kosten seine Existenzgrundlage verlieren würde und seine lebensnotwendigen Bedürfnisse in dem üblichen Rahmen nicht mehr befriedigen könnte.

Die Aufzählung ist allerdings nicht abschließend, sondern es muss jeder Fall gesondert geprüft werden. Zum Nachweis der Krankheitskosten siehe § 64 EStDV.

§ 33 (2) Satz 2 EStG

Aufwendungen, die Betriebsausgaben, Werbungskosten oder Sonderausgaben sind, dürfen nicht als außergewöhnliche Belastungen berücksichtigt werden. Für Aufwendungen für Berufsausbildung (§ 10 (1) Nr. 7 EStG) und Schulgeld (§ 10 (1) Nr. 9 EStG) gilt dies nicht.

Zumutbare Eigenbelastung

§ 33 (3) EStG

BFH-Urteile vom 19.01.2017, 25.04.2017	Falls nicht alle Aufwendungen als Sonderausgaben berücksichtigt wurden, ist der übersteigende Teil als außergewöhnliche Belastung berücksichtigungsfähig. Die zumutbare Eigenbelastung wird von den berücksichtigungsfähigen außergewöhnlichen Belastungen abgezogen. Nur der darüber hinausgehende Teil ist als außergewöhnliche Belastung abzugsfähig. Damit soll die wirtschaftliche Leistungsfähigkeit des Einzelnen berücksichtigt werden. Die Höhe der zumutbaren Belastung hängt von der Veranlagungsart, der Zahl der Kinder und der Höhe des Gesamtbetrags der Einkünfte ab. Sie ist stufenweise und nur nach dem Prozentsatz der entsprechenden Stufe des GdE § 33 (3) EStG zu ermitteln. So beträgt bei einem Ehepaar mit einem Kind die zumutbare Eigenbelastung mit einem GdE von 60 000,00 € 2 % von 15 340,00 € = 306,80 € 3 % von (51 130,00 € – 15 340,00 €) 35 790,00 € = 1 073,70 € 4 % von (60 000,00 € – 51 130,00) 8 870,00 € = 354,80 €

Einkommensteuer

Außergewöhnliche Belastungen allgemeiner Art (§ 33 EStG)

Fall

Prüfen Sie in den folgenden Fällen, ob es sich um außergewöhnliche Belastungen handelt, und berechnen Sie die abzugsfähigen außergewöhnlichen Belastungen. Beachten Sie auch die H 33.1–33.4 EStR. Benutzen Sie dabei folgendes Schema:

Berücksichtigungsfähige außergewöhnliche Belastungen gem. § 33 EStG	
– Zumutbare Eigenbelastung (§ 33 (3) EStG)	
= Abzugsfähige außergewöhnliche Belastungen	

a) Irene Kruppa (50 Jahre) ist verheiratet und hat ein Kind, für das sie Kindergeld erhält. Bei dem Ehepaar wird die Einkommensteuer nach dem Splittingverfahren gem. § 32a (5) EStG berechnet. Frau Kruppa musste in 01 an der Hüfte operiert werden. An den Krankenhausaufenthalt schloss sich eine Kur an. Folgende Aufwendungen ergaben sich:

- Krankenhauskosten (Arzt, Unterbringung, Medikamente) 5400,00 €
- Kosten der Kur (Anwendungen, Medikamente) 2500,00 €
- Verpflegungskosten während der Kur 750,00 €

  Lösungshinweis: Beachte für die Absetzbarkeit der Verpflegungskosten R 33.4 (3) EStR

- Fahrtkosten 250,00 €

Die Krankenkasse erstattete 6000,00 €.

Der Gesamtbetrag der Einkünfte des Ehepaares beträgt 52000,00 €.

b) Günter Lehr (42 Jahre) ist mit Marianne Lehr (40 Jahre) verheiratet. Beide haben zwei Kinder unter 18 Jahren, für die sie Kindergeld erhalten. Bei dem Ehepaar wird die Einkommensteuer nach dem Splittingverfahren gem. § 32a (5) EStG berechnet. Die Lehrs hatten in 01 Einkünfte aus nichtselbstständiger Arbeit in Höhe von 32000,00 € und Einkünfte aus Vermietung in Höhe von 2000,00 €. In 01 ist die Mutter von Günter Lehr gestorben. Sie hinterließ Herrn Lehr ein Sparguthaben in Höhe von 3000,00 €. Die Beerdigungskosten wurden von Herrn Lehr getragen. Sie betrugen 8200,00 €. Darin enthalten sind neben den Kosten für das Beerdigungsinstitut und den Grabstein auch Kosten für die Bewirtung der Trauergäste in Höhe von 500,00 € und Aufwendungen für die Trauerkleidung in Höhe von 200,00 €.

3.4.5.3.2 Außergewöhnliche Belastungen ohne zumutbare Eigenbelastung

Aufwendungen für Unterhalt und Berufsausbildung (§ 33a (1) EStG)	
Aufwendungen für Unterhalt und Berufsausbildung **§ 33a (1) EStG** **R 33a.1 EStR, H 33a.1 EStR**	Hat ein Steuerpflichtiger • Aufwendungen für den Unterhalt oder die Berufsausbildung • gegenüber einer unterhaltsberechtigten Person, → Unterhaltsberechtigt ist eine Person, mit der ein Verwandtschaftsgrad in gerader Linie besteht (Eltern, Kinder, Enkel sowie Ehegatten/Lebenspartner; nicht Geschwister). → Dazu zählen auch Personen, die gegenüber dem Ehegatten/Lebenspartner unterhaltsberechtigt sind. • für die weder er noch eine andere Person Anspruch auf Kinderfreibetrag oder Kindergeld hat, → Dies gilt auch, wenn Kindergeld oder der Kinderfreibetrag nicht beantragt wurde, obwohl es/er dem Steuerpflichtigen zusteht. • die unterstützte Person hat kein oder nur ein geringes Vermögen, → Bis zu einem Verkehrswert von 15 500,00 € geht man von einem geringen Vermögen aus. Vermögensgegenstände mit besonderem persönlichen Wert, Hausrat und ein angemessenes Hausgrundstück bleiben dabei außer Betracht. können diese Aufwendungen bis zu einem Höchstbetrag als außergewöhnliche Belastungen abgesetzt werden.
Höchstbetrag	Aufwendungen sind bis max. 11 604,00 € absetzbar. Dieser Höchstbetrag ist zu kürzen um die eigenen Einkünfte und Bezüge, die zur Bestreitung des Unterhalts geeignet oder bestimmt sind.
R 33a.1 (3) EStR	→ Einkünfte sind alle Einkünfte des § 2 (1) EStG. → Bezüge sind alle Einnahmen in Geld oder Geldeswert, die nicht im Rahmen der Einkommensermittlung erfasst werden. Dazu gehören insbesondere: • nicht erfasster Teil der Leibrenten, • Versorgungsfreibetrag, • pauschal besteuerte Einkünfte nach § 40a EStG, • Zuschüsse der gesetzlichen Rentenversicherung zu den Aufwendungen des Rentners für seine Krankenversicherung, • Unfallrenten. • Abgeltend besteuerte Kapitalerträge ohne Abzug des Sparerpauschbetrages (R 33a.1 (3) EStR) • Elterngeld (BFH-Urteil vom 20.10.2016)
H 33a.1 EStR	→ Unterhaltsleistungen der Person, die diese als außergewöhnliche Belastungen abziehen kann, sind keine Bezüge. → Der Höchstbetrag erhöht sich um Beiträge der Basiskranken- und Pflegeversicherung des Unterhaltsempfängers, sofern er keinen Sonderausgabenabzug dafür hat. Beiträge zur Renten- und Arbeitslosenversicherung bleiben unberücksichtigt.
R 33a.1 (3) Satz 5 EStR	→ Von den Bezügen ist eine Kostenpauschale von 180,00 € abzuziehen, wenn nicht höhere Aufwendungen nachgewiesen werden. Von der Summe der Einkünfte und Bezüge bleibt ein Karenzbetrag von 624,00 € außer Ansatz. Der verbleibende Betrag kürzt den Höchstbetrag von 11 604,00 €.
§ 33a (1) Satz 7 EStG	Werden die Aufwendungen für den Unterhalt durch mehrere Personen getragen, so ist der Höchstbetrag im Verhältnis der Unterhaltsleistungen aufzuteilen.

§ 33a (3) EStG	Für jeden vollen Kalendermonat, in dem die Voraussetzungen nicht vorgelegen haben, ermäßigen sich der Eigenanteil und der Höchstbetrag um je ein Zwölftel.
§ 33a (1) Satz 2 EStG	Übernimmt der Steuerpflichtige die Beiträge zur Kranken- und Pflegeversicherung, kann er diese zusätzlich zum Höchstbetrag von 11 604,00 € als außergewöhnliche Belastungen geltend machen.
§ 33a(1) S. 9–11 EStG	Für die Abzugsfähigkeit muss die Identifikationsnummer des Unterhaltsempfängers angegeben werden.

Aufwendungen für Unterhalt und Berufsausbildung (§ 33a (1) EStG)

Überprüfen Sie in den folgenden Fällen, ob und in welcher Höhe außergewöhnliche Belastungen gem. § 33a (1) EStG abgezogen werden können.

a) A unterstützt seine 33-jährige Tochter, die keine eigenen Einkünfte hat, mit 500,00 € monatlich. Für die Tochter erhält er weder Kinderfreibetrag noch Kindergeld.

b) B unterstützt einen guten Freund (45 Jahre), der mittellos ist, mit 300,00 € monatlich.

c) C unterstützt seinen Vater, der ein Kapitalvermögen von 100 000,00 € besitzt, mit 500,00 € monatlich.

d) D unterstützt seinen Sohn (22 Jahre), der noch studiert und für den er Kindergeld erhält, mit monatlich 300,00 €.

e) E unterstützt seine Schwester (40 Jahre) mit monatlich 500,00 €. Sie verfügt über kein nennenswertes Vermögen.

f) F unterstützt seinen Sohn (29 Jahre), der sein Studium noch nicht beendet hat, mit 400,00 € monatlich. Für den Sohn erhält er keinen Kinderfreibetrag oder kein Kindergeld mehr. Der Sohn hat eine Teilzeitbeschäftigung angenommen, um seinen Lebensunterhalt teilweise selbst zu bestreiten. Er verdient 600,00 € monatlich. Außerdem erhält er ein steuerfreies Wohngeld von insgesamt 1 200,00 €.

Benutzen Sie bei der Erstellung Ihrer Lösung das folgende Lösungsschema:

Höchstbetrag		11 604,00 €
Einkünfte der unterhaltenen Person		
Bezüge der unterhaltenen Person	Bezüge – Kostenpauschale	
Summe der Einkünfte und Bezüge		
– Karenzbetrag		
= Anzurechnende Einkünfte und Bezüge	➔	–
Gekürzter Höchstbetrag		
Tatsächliche Aufwendungen		
Geringerer Betrag = abzugsfähige außergewöhnliche Belastungen		

g) G unterstützt seinen Vater mit monatlichen Zahlungen von 700,00 €. Der Vater hat Einnahmen aus einer Betriebsrente von insgesamt 2 800,00 € und aus seiner Rente der Deutschen Rentenversicherung Bund in Höhe von 3 000,00 €. Der steuerfrei bleibende Teil beträgt bei dem Versorgungsbezug 2 000,00 € und bei der Rente 1 500,00 €. Das Vermögen des Vaters weist einen Verkehrswert von weniger als 15 500,00 € auf.

h) H unterstützt seine alleinstehende, im Inland lebende bedürftige Mutter vom 15.03. bis 15.09. mit insgesamt 1 200,00 €. Die Mutter hat eine monatliche Rente von 400,00 €. Von der Jahresrente bleibt ein Betrag von 2 400,00 € steuerfrei. Das Vermögen der Mutter übersteigt nicht den Betrag von 15 500,00 €.

i) Die beiden Söhne I und K unterstützen ihren bedürftigen Vater mit monatlich 300,00 € (I) und 200,00 € (K). Der Vater erhält eine Altersrente der gesetzlichen Rentenversicherung von monatlich 300,00 €. Der jährliche Freibetrag beläuft sich auf 1 800,00 €. Er besitzt kein wesentliches Vermögen.

j) L unterstützt seinen Sohn (27 Jahre), der noch studiert. L übernimmt die monatliche Miete in Höhe von 650,00 € und überweist seinem Sohn monatlich 200,00 € zur Bestreitung des Lebensunterhalts. Der Sohn ist aufgrund seines Alters nicht mehr familienmitversichert. Er ist über die studentische Kranken- und Pflegeversicherung versichert. Die Beiträge von monatlich 120,00 € übernimmt ebenfalls der Vater. Eigene Einkünfte und Bezüge hat der Sohn nicht.

Aufwendungen für die Berufsausbildung eines Kindes (§ 33a (2) EStG)

Aufwendungen für die Berufsausbildung eines Kindes **§ 33a (2) EStG** **R 33a.2 EStR**	Für die Aufwendungen eines • sich in Berufsausbildung befindenden • auswärtig untergebrachten → Eine auswärtige Unterbringung liegt vor, wenn das Kind außerhalb des Haushalts der Eltern in einer eigenen Wohnung wohnt. Die auswärtige Unterbringung muss auf eine gewisse Dauer angelegt sein. • volljährigen Kindes, • für das Anspruch auf Kinderfreibetrag oder Kindergeld besteht, kann der Steuerpflichtige einen Freibetrag von **1 200,00 €** je Kalenderjahr geltend machen. Der Freibetrag kann pro Kind nur einmal gewährt werden. Den Eltern steht jeweils der hälftige Freibetrag zu, sie können allerdings eine andere Aufteilung beantragen.
§ 33a (3) EStG	Für jeden vollen Kalendermonat, in dem die Voraussetzungen nicht vorgelegen haben, ermäßigen sich der Karenzbetrag und der Höchstbetrag um je ein Zwölftel.
§ 33a (2) Satz 3 EStG	Für nicht unbeschränkt einkommensteuerpflichtige Kinder vermindert sich der Ausbildungsfreibetrag nach Maßgabe der Ländergruppeneinteilung. Die Ländergruppeneinteilung ist im BMF-Schreiben vom 20.10.2016 zu finden.

Fall 2 Aufwendungen für die Berufsausbildung eines Kindes (§ 33a (2) EStG)

Überprüfen Sie, ob und ggf. in welcher Höhe ein Ausbildungsfreibetrag gewährt wird. In allen Fällen steht der Kinderfreibetrag oder das Kindergeld zu.

a) Der 15-jährige A lebt im Haushalt der Eltern in Bonn. Er besucht das Gymnasium der Stadt Bonn. Eigene Einkünfte bezieht er nicht.

b) Die 10-jährige B besucht ein Internat für musikalisch begabte Kinder in Freiburg. Ihre Eltern leben in Hamburg.

c) Der 22-jährige C wohnt bei seinen Eltern in Köln und studiert an der Universität Köln BWL. Er hat keine eigenen Einkünfte und Bezüge.

d) Die 23-jährige D studiert an der Universität in München und hat dort eine Studentenwohnung. Ihre Eltern leben in Stuttgart und unterstützen ihre Tochter mit monatlich 500,00 €. Eigene Einkünfte und Bezüge hat D nicht.

e) Die 20-jährige G befindet sich in der Berufsausbildung und ist auswärtig untergebracht. Ihre Eltern unterstützen sie mit 300,00 € monatlich. Sie erhält ein Auszubildendengehalt von 200,00 € monatlich. Sie beendet ihre Ausbildung am 30.06.01. Danach ist sie fest angestellt und erhält ein monatliches Bruttogehalt von 1 500,00 €.

Lösungshinweis: Mit Abschluss der Ausbildung ist G kein Kind mehr i. S. d. EStG.

f) Der 20-jährige H ist auswärtig untergebracht und studiert. Seine Eltern sind geschieden. Beide Elternteile unterstützen ihn mit jeweils 200,00 € pro Monat. Der Sohn erzielte Einkünfte aus nichtselbstständiger Arbeit in Höhe von 2 200,00 €.

Aufwendungen für Behinderte (§ 33b (1)–(3) EStG)

Aufwendungen für Behinderte **§ 33b (1)–(3) EStG**	Wegen der außergewöhnlichen Belastungen eines Behinderten kann anstelle der Ermäßigung nach § 33 EStG ein Pauschbetrag in Anspruch genommen werden. Sind die tatsächlichen Aufwendungen höher, so sind sie nach § 33 EStG allerdings erst nach Berücksichtigung der zumutbaren Belastung abzugsfähig. Voraussetzung für die Gewährung des Behindertenpauschbetrags ist ein Grad der Behinderung von mindestens 20. Die Pauschbeträge sind dem § 33b (3) zu entnehmen und hängen vom Grad der Behinderung ab.
§ 33 (2a) EStG	Für Aufwendungen für Fahrten, die durch die Behinderung veranlasst sind, wird auf Antrag ein Pauschbetrag gewährt. Den Pauschbetrag erhalten: • geh- und stehbehinderte Menschen mit einem Grad der Behinderung von mindestens 80 oder mit einem von mindestens 70 und dem Merkzeichen „G“ in Höhe von 900,00 € • außergewöhnlich gehbehinderte Menschen mit dem Merkzeichen „aG“, „Bl“, „TBl“, „H“ in Höhe von 4 500,00 € Über diese Fahrtkosten-Pauschale hinaus sind keine weiteren behinderungsbedingten Fahrtkosten als außergewöhnliche Belastung berücksichtigungsfähig. Die Pauschale ist bei der Ermittlung des Teils der Aufwendungen, der die zumutbare Belastung übersteigt, einzubeziehen. Der Nachweis der Behinderung hat nach § 65 EStDV zu erfolgen.
R 33b (8) EStR	Bei Beginn, Änderung oder Wegfall der Behinderung im Laufe des Kalenderjahres ist stets der höchste Pauschbetrag zu gewähren, der im Kalenderjahr festgestellt war. Eine Zwölftelung erfolgt nicht.
§ 33b (5) EStG	Steht der Behindertenpauschbetrag einem Kind zu, für das der Steuerpflichtige Kindergeld oder einen Kinderfreibetrag erhält, wird der Pauschbetrag auf den Steuerpflichtigen übertragen, wenn das Kind ihn nicht in Anspruch nimmt.

Aufwendungen für Behinderte (§ 33b (1)–(3) EStG)

Fall 3

Prüfen Sie, ob und ggf. in welcher Höhe außergewöhnliche Belastungen für die Aufwendungen aufgrund einer Behinderung abgezogen werden können. Entsprechende Nachweise liegen vor.

a) A weist einen Grad der Behinderung von 30 auf.

b) B ist zu einem Grad der Behinderung von 70 behindert. Seit seiner Geburt ist er blind.

c) Das 10-jährige Kind des C ist zu einem Grad der Behinderung von 80 behindert.

d) D ist zu einem Grad der Behinderung von 80 behindert. In seinem Schwerbehindertenausweis ist das Merkzeichen „G“ (gehbehindert) ausgewiesen. Mehrmals wöchentlich muss er zum Arzt oder zu anderen Heilbehandlungen. Er fährt vorwiegend mit dem Taxi. Er kann Belege über 1 400,00 € nachweisen. Im Jahr ist er ca. 4 000 km gefahren. Außerdem hatte er Operationskosten in Höhe von 4 000,00 €, von denen die Krankenkasse 2 000,00 € ersetzt hat. Der Gesamtbetrag der Einkünfte beträgt 10 000,00 €. F ist nicht verheiratet und hat keine Kinder.

e) E ist seit dem 01.02.01 zu einem Grad der Behinderung von 40 behindert. Nach mehreren Widersprüchen wird ihm vom Versorgungsamt ab dem 01.07.01 eine Behinderung von einem Grad der Behinderung von 60 anerkannt.

Aufwendungen für Pflege (§ 33b (6) EStG)	
Aufwendungen für Pflege **§ 33b (6) EStG**	Für Aufwendungen für die • Pflege einer Person, → Die Pflege muss entweder in der Wohnung des Steuerpflichtigen oder in der Wohnung des Pflegebedürftigen persönlich durchgeführt werden und diese Wohnung muss in einem Mitgliedstaat der Europäischen Union liegen. • die nicht nur vorübergehend hilflos ist, → Hilflos ist eine Person, die für eine Reihe von alltäglichen Tätigkeiten fremder Hilfe dauernd bedarf. • wenn keine Einnahmen für die Pflege erzielt werden, → Alle Einnahmen, insbesondere das Pflegegeld, schließen die Gewährung des Pauschbetrages aus. → Das gilt nicht für das Pflegegeld, das man für die Pflege von Kindern erhält. kann ein Pflegepauschbetrag gewährt werden.
H 33b EStR	Als Pflege-Pauschbetrag wird gewährt: • 600,00 € bei Pflegegrad 2, • 1 100,00 € bei Pflegegrad 3, • 1 800,00 € bei Pflegegrad 4 oder 5. Der Steuerpflichtige muss die Pflege persönlich oder mit Unterstützung einer ambulanten Pflegekraft durchführen. Wird die Pflege von mehreren Personen durchgeführt, wird der Pflegepauschbetrag nach der Zahl der Personen geteilt. Tatsächliche Aufwendungen für Pflege können nach § 33 EStG abgesetzt werden, wenn sie höher sind.
R 33b (8) EStR	Bei Beginn, Änderung oder Wegfall der Voraussetzungen erfolgt keine Zwölftelung.

Fall 4 Aufwendungen für Pflege (§ 33b (6) EStG)

Prüfen Sie in den folgenden Fällen, ob und in welcher Höhe außergewöhnliche Belastungen nach § 33b (6) EStG vorliegen.

a) Die Steuerpflichtige A pflegt ihre Mutter (Pflegegrad 3) in deren Haushalt. Sie erhält dafür keine Einnahmen. Die ihr entstandenen Kosten für Pflegemittel belaufen sich auf 400,00 €. Sie sind von der Pflegeversicherung ersetzt worden.

b) Der Steuerpflichtige B pflegt seinen Vater (Pflegegrad 2) im Haushalt. Der Vater erhält ein Pflegegeld, das an den Sohn weitergeleitet wird.

c) Die Steuerpflichtige C pflegt seit dem 01.04.01 ihre seit diesem Zeitpunkt pflegebedürftige Mutter (Pflegegrad 4). Sie erhält für die Pflege keinen Ersatz.

d) Die Steuerpflichtige D pflegt zusammen mit ihrem Bruder den pflegebedürftigen Vater (Pflegegrad 3) in dessen Haushalt. Ein Pflegegeld wird den beiden nicht gezahlt.

Fall 5 Gesamtfall außergewöhnliche Belastungen

Der Gesamtbetrag der Einkünfte des Ehepaars Dieter (45 Jahre) und Irene (42 Jahre) Munk beläuft sich in 01 auf 56 000,00 €. Sie möchten bei der Einkommensteuer 01 folgende Aufwendungen absetzen:

Der ältere Sohn (25 Jahre) studiert in einer anderen Stadt. Er hat eigene Einkünfte aus nichtselbstständiger Arbeit in Höhe von 1 000,00 €. BAföG erhält er nicht. Die Eltern unterstützen ihn mit 500,00 € monatlich und erhalten für ihn Kindergeld.

Der jüngere Sohn (10 Jahre) ist seit seiner Geburt blind. Da beide Ehegatten berufstätig sind, haben sie zeitweise eine Haushaltshilfe angestellt, die den Sohn betreut. Die Kosten betragen 250,00 € monatlich. In 01 musste sich der Sohn auch einer Operation unterziehen, für die die Munks 2 500,00 € selbst bezahlen mussten. An Fahrtkosten für den Sohn für regelmäßige Arztbesuche sind ca. 1 000 km angefallen.

Die Mutter von Frau Munk (72 Jahre) ist pflegebedürftig. Die Mutter wird außer von Frau Munk durch einen ambulanten Pflegedienst versorgt, dessen Kosten in Höhe von 200,00 € die Munks monatlich übernommen haben. Außerdem unterstützen die Munks die Mutter noch mit weiteren 200,00 € monatlich. Die Mutter erhält eine Rente aus der Deutschen Rentenversicherung in Höhe von 500,00 € monatlich. Der steuerfreie Anteil der Rente beträgt 3000,00 €.

Herr Munk war wegen seines Asthmas auf einer von der Krankenkasse genehmigten Kur. Die Kosten betrugen:

• Heilbehandlungen	1500,00 €
• Unterbringung	1000,00 €
• Verpflegung	400,00 €
• Fahrtkosten (Deutsche Bahn)	200,00 €

Die Krankenkasse ersetzte einen Betrag von 2000,00 €.

Berechnen Sie die außergewöhnlichen Belastungen in einer übersichtlichen Darstellung.

3.4.6 Das zu versteuernde Einkommen

Das zu versteuernde Einkommen ergibt sich gem. § 2 (5) EStG, indem man vom Einkommen den Kinderfreibetrag, den Betreuungsfreibetrag und den Härteausgleich abzieht.

3.4.6.1 Kinderfreibetrag, Betreuungsfreibetrag und Kindergeld

Die Berücksichtigung der Aufwendungen für die Erziehung von Kindern kann entweder durch die Gewährung eines Kinder- und Betreuungsfreibetrages, die vom Einkommen abgezogen werden, oder durch die Auszahlung von Kindergeld erfolgen (§ 31 EStG). Eine gleichzeitige Gewährung von Kinderfreibetrag und Kindergeld ist nicht möglich. Verwaltungstechnisch wird dies so abgewickelt, dass zunächst allen Eltern das Kindergeld ausgezahlt wird. Bei der Festsetzung der Einkommensteuer prüft das Finanzamt, ob die Gewährung der Freibeträge oder des Kindergeldes günstiger ist (Günstigerprüfung). Sind die Freibeträge günstiger, muss das Kindergeld an das Finanzamt zurückgezahlt werden (§ 31 Satz 4 EStG).

Kinder werden gem. § 32 (1) EStG steuerlich anerkannt, wenn sie im ersten Grad mit dem Steuerpflichtigen **verwandte Kinder** (dazu gehören auch Adoptivkinder) oder **Pflegekinder** sind.

Berücksichtigungsfähig ist ein Kind nur, wenn folgende zusätzliche Voraussetzungen erfüllt sind:

Berücksichtigungsfähige Kinder **§ 32 (3), (4) EStG** **BMF-Schreiben vom 08.02.2016**	Ein Kind wird steuerlich berücksichtigt, (1) ab dem Kalendermonat, in dem es lebend geboren wurde, bis zu dem Kalendermonat, in dem es das 18. Lebensjahr vollendet; (2) wenn es das 18., aber noch nicht das 21. Lebensjahr vollendet hat und als Arbeitssuchender gemeldet ist; (3) wenn es das 18., aber noch nicht das 25. Lebensjahr vollendet hat und • für einen Beruf ausgebildet wird oder • sich in einer Übergangsphase zwischen zwei Ausbildungen oder freiwilligem Wehrdienst und Ausbildung befindet. Die Übergangsphase darf max. 4 Monate betragen, oder
R 32.7 EStR	• eine Ausbildung mangels Ausbildungsplatz nicht anfangen oder fortsetzen kann oder → Grundsätzlich ist jeder Berufswunsch anzuerkennen. Das ernsthafte Bemühen wird vorausgesetzt. • ein freiwilliges soziales oder ökologisches Jahre ableistet, • Bundesfreiwilligendienst leistet,

	• eine erstmalige Berufsausbildung abgeschlossen hat, wenn das Kind keiner regelmäßigen Erwerbstätigkeit (unter 20 Stunden wöchentlich, Ausbildung oder Minijob) nachgeht. Eine vorübergehende, höchstens zwei Monate dauernde Ausweitung der Beschäftigung ist möglich, wenn die durchschnittliche Arbeitszeit im Kalenderjahr 20 Stunden nicht übersteigt. (4) wenn es wegen einer Behinderung außerstande ist, sich selbst zu unterhalten. Die Behinderung muss vor Vollendung des 25. Lebensjahres eingetreten sein.
Verlängerte Berücksichtigung **§ 32 (5) EStG**	Für Kinder, die • den gesetzlichen Grundwehrdienst abgeleistet haben, • sich anstelle des Grundwehrdienstes für nicht mehr als drei Jahre freiwillig verpflichtet haben • eine Tätigkeit als Entwicklungshelfer ausgeübt haben, • den Bundesfreiwilligendienst leisten, verlängert sich für die Dauer des Dienstes die Berücksichtigung auch über das 21. oder 25. Lebensjahr hinaus.

Fall 1 Berücksichtigungsfähige Kinder (§ 32 (3), (4) EStG)

Beurteilen Sie in den folgenden Fällen, ob es sich im Jahr 2025 (Angabe des Monats erforderlich) um steuerlich zu berücksichtigende Kinder handelt.

a) Die am 02.02.2007 geborene Tochter Ulrike des Ehepaars Ulrich und Uschi Faust lebt im Haushalt ihrer Eltern in Ulm.

b) Der 20-jährige Sohn Stefan des Ehepaares Reinders hat seine Berufsausbildung seit einem Jahr abgeschlossen. Seitdem ist er arbeitslos. Am 20.05.2025 wird er 21 Jahre alt.

c) Die 24-jährige Tochter Almut des Ehepaares Krause studiert seit vier Jahren in Köln BWL. Sie hat keine eigenen Einkünfte.

d) Wie würden Sie Fall c) beurteilen, wenn Sie davon ausgehen, dass Almut am 17.08.2025 25 Jahre alt wird?

e) Der 22-jährige Volker ist Auszubildender in einer Bank. Er beendet seine Ausbildung am 30.06. Die Bank übernimmt ihn ab 01.07. als Bankfachangestellten. Sein Ausbildungsgehalt beträgt 500,00 € monatlich, sein Gehalt als Bankangestellter 1 500,00 €.

f) Die 20-jährige Elke beginnt im Anschluss an eine abgeschlossene Lehre ein Studium. 2025 ist sie vom 01.04. bis zum 31.07. mit einer wöchentlichen Arbeitszeit von 20 Stunden als Bürokraft beschäftigt. In den Semesterferien übernimmt sie vom 01.08. bis zum 30.09. die Urlaubsvertretung für verschiedene Mitarbeiter in Vollzeit mit 40 Stunden wöchentlich. Am 01.11. ist Elke mit einer wöchentlichen Arbeitszeit von 15 Stunden als Verkaufsaushilfe tätig.

g) Der 23-jährige Phillip beendet am 31.05. sein Studium. Er findet zunächst keine Festanstellung und übt bis zum 30.09. einen Minijob aus. Danach beginnt er ein zweites Studium.

h) Stefan Karl studiert in Dortmund Maschinenbau. Im Oktober 2025 hat er das 25. Lebensjahr vollendet. Er hat seinen Bundesfreiwilligendienst für die Dauer von 10 Monaten abgeleistet.

i) Der 25-jährige Stefan ist geistig behindert. Er kann sich nicht selbst unterhalten und ist ständig auf die Hilfe seiner Eltern angewiesen.

Der Kinderfreibetrag/Betreuungsfreibetrag

Der Kinderfreibetrag beträgt gem. § 32 (6) EStG 3336,00€, der Betreuungsfreibetrag beträgt 1464,00 € pro Kind.

Die Beträge verdoppeln sich bei

- Ehegatten/Lebenspartner, die zusammen veranlagt werden,
- einem Steuerpflichtigen, wenn der andere Elternteil verstorben oder nicht unbeschränkt einkommensteuerpflichtig ist,
- einem Steuerpflichtigen, wenn er allein das Kind angenommen hat oder das Kind nur zu ihm in einem Pflegschaftsverhältnis steht,
- einem Steuerpflichtigen, bei dem der Wohnsitz des anderen Elternteils nicht ermittelt werden kann oder der Vater nicht amtlich feststellbar ist (R 32.12 EStR).

Für jeden vollen Kalendermonat, in dem die Voraussetzungen nicht vorgelegen haben, ermäßigen sich die Freibeträge um ein Zwölftel.

Der Kinderfreibetrag kann auf den anderen Elternteil übertragen werden, wenn ein Elternteil seinen Unterhaltspflichten im Wesentlichen (weniger als 75 %) nicht nachkommt. Dazu muss ein Antrag erfolgen und der Antragsteller muss die Gründe darlegen. Für die Übertragung des Betreuungsfreibetrages reicht es bei minderjährigen Kindern aus, wenn das Kind bei dem anderen Elternteil nicht gemeldet ist (BFH-Urteil vom 20.04.2010). Der andere Elternteil kann dem Antrag allerdings widersprechen, wenn er Kinderbetreuungskosten trägt oder das Kind selbst betreut (§ 32 (6) Satz 9 EStG, BMF-Schreiben vom 28.06.2013).

Der Kinderfreibetrag kann mit Zustimmung des leiblichen Elternteils auf einen Stiefelternteil oder auf die Großeltern übertragen werden, wenn das Kind in deren Haushalt lebt.

Lebt das Kind im Ausland, so ist der Freibetrag zu kürzen, soweit es nach den Verhältnissen des Wohnsitzstaates angemessen erscheint. Die Kürzung erfolgt gemäß einer Ländergruppeneinteilung. Die Ländergruppeneinteilung ist im BMF-Schreiben vom 17.11.2003 zu finden.

Einkommensteuer

Der Kinderfreibetrag/Betreuungsfreibetrag

Fall 2

Prüfen Sie in den folgenden Fällen, ob den Steuerpflichtigen 2025 ein Kinderfreibetrag/Betreuungsfreibetrag zusteht, und wenn ja, in welcher Höhe.

a) Das Ehepaar Polt, Düsseldorf, hat einen 23-jährigen Sohn, der in Freiburg studiert.

b) Wie würden Sie den Fall a) beurteilen, falls der Sohn 24 Jahre alt wäre und sein Studium am 10.07.2025 abgeschlossen hätte?

c) Wie würden Sie den Fall a) beurteilen, wenn das Ehepaar Polt dauernd getrennt leben würde?

d) Wie würden Sie den Fall a) beurteilen, falls es sich um einen Adoptivsohn handeln würde?

e) Der 21-jährige Harald lebt bei seiner dauernd von ihrem Ehemann getrennt lebenden Mutter in Düsseldorf. Er macht eine Lehre zum Steuerfachangestellten. Sein Vater kommt den Unterhaltspflichten nicht nach.

   (1) Wem steht in welcher Höhe ein Kinderfreibetrag/Betreuungsfreibetrag zu?

   (2) Was müsste die Mutter unternehmen, um den vollen Kinderfreibetrag/Betreuungsfreibetrag zugerechnet zu bekommen?

Das Kindergeld	
Die Regelungen des Kindergeldes ergeben sich aus den §§ 62 ff. EStG.	
Anspruchsberechtigte **§ 62 EStG**	Anspruchsberechtigt sind Personen, die • im Inland einen Wohnsitz oder gewöhnlichen Aufenthalt haben oder • im Inland keinen Wohnsitz oder gewöhnlichen Aufenthalt haben und nach § 1 (3) EStG als unbeschränkt einkommensteuerpflichtig behandelt werden.
Berücksichtigungsfähige Kinder **§ 63 EStG**	Berücksichtigungsfähige Kinder sind • Kinder i. S. d. § 32 (1) EStG, • vom Berechtigten im Haushalt aufgenommene Kinder des Ehegatten/Lebenspartners • vom Berechtigten im Haushalt aufgenommene Enkel. Der Kreis der Kinder, für die man Kindergeld erhält, ist somit größer als der, für die man einen Kinderfreibetrag erhält.
Höhe des Kindergeldes **§ 66 EStG**	Das Kindergeld beträgt 255,00 € je Kind.
Auszahlung des Kindergeldes **§§ 67, 70 EStG**	Das Kindergeld wird von den Familienkassen nach Antrag monatlich ausgezahlt.
Zusammentreffen mehrerer Anspruchsberechtigter **§ 64 EStG**	Für jedes Kind wird nur einem Berechtigten Kindergeld ausgezahlt. Bei mehreren Berechtigten wird das Kindergeld demjenigen ausgezahlt, in dessen Haushalt das Kind lebt. Lebt das Kind im gemeinsamen Haushalt der Eltern, bestimmen sie den Anspruch untereinander. Lebt das Kind nicht mehr in dem Haushalt eines Elternteils, so wird das Kindergeld an denjenigen gezahlt, der den Unterhalt bezahlt.

Fall 3 Das Kindergeld

Prüfen Sie, ob den Steuerpflichtigen in den folgenden Fällen Kindergeld zusteht, und wenn ja, in welcher Höhe.

a) Das Ehepaar Walter aus Düsseldorf hat zwei Kinder (5 und 10 Jahre), die im gemeinsamen Haushalt wohnen.

b) Das Ehepaar Müller, Köln, hat einen 22-jährigen Sohn, der in München studiert.

c) Wie würden Sie den Fall b) beurteilen, falls die Eltern dauernd getrennt wären und der Sohn bei seiner Mutter leben würde?

d) Wie würden Sie den Fall b) beurteilen, falls die Eltern getrennt leben würden und der Sohn in München studieren würde? Den Unterhalt hat der Vater bezahlt.

e) Wie würden Sie den Fall b) beurteilen, wenn der Sohn 24 Jahre alt wäre und sein Studium am 10.05.2025 beenden würde?

f) Wie würden Sie den Fall b) beurteilen, falls der Sohn am 05.07.2025 25 Jahre alt würde und weiterhin studiert?

Fall 4

Die Günstigerprüfung

Prüfen Sie in den folgenden Fällen, ob die Gewährung eines Kinderfreibetrages günstiger ist als das ausgezahlte Kindergeld. Benutzen Sie bei Ihrer Lösung das unten stehende Schema.

a) Das Ehepaar Goldberg lebt in Köln und wird zusammen veranlagt. Das zu versteuernde Einkommen ohne Berücksichtigung des Kinder- und Betreuungsfreibetrages beträgt 50 000,00 €. Sie haben einen Sohn (17 Jahre), der im Haushalt der Eltern lebt und für den sie während des gesamten Veranlagungszeitraums monatlich 255,00 € Kindergeld erhalten haben.

b) Das Ehepaar Brett lebt gemeinsam in Düsseldorf und wird zusammen veranlagt. Das zu versteuernde Einkommen ohne Berücksichtigung des Kinder- und Betreuungsfreibetrages beträgt 75 000,00 €. Sie haben einen Sohn (17 Jahre), der im Haushalt der Eltern lebt und für den sie während des gesamten Veranlagungszeitraums monatlich 255,00 € Kindergeld erhalten haben.

c) Das Ehepaar Eberlein lebt gemeinsam in Dortmund und wird zusammen veranlagt. Das zu versteuernde Einkommen ohne Berücksichtigung des Kinder- und Betreuungsfreibetrages beträgt 240 000,00 €. Sie haben einen Sohn (17 Jahre), der im Haushalt der Eltern lebt und für den sie während des gesamten Veranlagungszeitraums monatlich 255,00 € Kindergeld erhalten haben.

Ermittlung der Einkommensteuer ohne Kinderfreibetrag	**Goldberg**	**Brett**	**Eberlein**
Einkommen			
Zu versteuerndes Einkommen			
ESt laut Splittingtabelle			
= Zahlung an das Finanzamt			
Ermittlung der Einkommensteuer mit Kinderfreibetrag			
Einkommen			
– Kinderfreibetrag			
= Zu versteuerndes Einkommen			
ESt laut Splittingtabelle			
+ Zurückzuzahlendes Kindergeld			
= Zahlung an das Finanzamt			
Günstiger			

Hinweis: Die Einkommensteuer wird nach dem Splittingtarif berechnet. Die Berechnung erfolgt nach den Formeln des § 32a EStG. Die Höhe der Einkommensteuer kann mit einem Berechnungsprogramm oder auf der Internetseite des Bundesfinanzministeriums (www.bundesfinanzministerium.de) unter „Service, interaktiver Abgabenrechner" ermittelt werden.

Einkommensteuer

3.4.6.2 Der Härteausgleich

Erzielt ein Arbeitnehmer neben seinen Einkünften aus nichtselbstständiger Arbeit noch andere Einkünfte, die nicht mehr als 410,00 € betragen, werden diese Nebeneinkünfte vom Einkommen als Härteausgleich gem. § 46 (3) EStG wieder abgezogen.

Betragen diese Nebeneinkünfte mehr als 410,00 €, aber weniger als 820,00 €, so ist nach § 46 (5) EStG i. V. m. § 70 EStDV ein stufenweiser Härteausgleich vorzunehmen. Der Härteausgleich berechnet sich wie folgt:

	820,00 €
–	Nebeneinkünfte
–	Anteiliger Altersentlastungsbetrag
–	Freibetrag nach § 13 (3) EStG
=	Härteausgleich

Kapitaleinkünfte, die in der Einkommensteuerveranlagung berücksichtigt wurden, fallen nicht unter den Härteausgleich (§ 46 (3), (5), § 70 EStDV).

Fall 1 **Härteausgleich**

Berechnen Sie in den folgenden Fällen den Härteausgleich.

a) Ein lediger Arbeitnehmer hat in 01 neben Einkünften aus nichtselbstständiger Arbeit auch noch Einkünfte aus Vermietung und Verpachtung in Höhe von 300,00 € bezogen.

b) Ein lediger Arbeitnehmer (40 Jahre) hat in 01 neben Einkünften aus nichtselbstständiger Arbeit noch Einkünfte aus Vermietung in Höhe von 650,00 € bezogen.

Fall 2 **Gesamtfall Berechnung des zu versteuernden Einkommens**

Angelika Pietsch ist seit 5 Jahren geschieden. Sie wohnt mit ihrer 16-jährigen Tochter in einem Haushalt in Köln. Der Vater kommt seinen Unterhaltspflichten regelmäßig nach.

Die Tochter besucht ein Gymnasium in Köln.

Frau Pietsch arbeitet bei einem Chemieunternehmen in Leverkusen und erhält ein monatliches Bruttogehalt von 5600,00 €. Außerdem erhält sie mit dem Novembergehalt das Weihnachtsgeld in Höhe von 3000,00 € (brutto) ausgezahlt. In Juli 01 hatte sie außerdem eine Tantiemenvorauszahlung in Höhe von 2000,00 € (brutto) erhalten. Der Restbetrag von 2400,00 € wurde im Januar 02 ausgezahlt.

Von ihrem Bruttogehalt wurden in 01 11805,96 € Lohnsteuer und 945,60 € Kirchensteuer einbehalten.

Frau Pietsch hat von ihrem Arbeitgeber einen Geschäftswagen für private Zwecke zur Verfügung gestellt bekommen. Der Bruttolistenpreis beträgt 24500,00 €. Ein Fahrtenbuch hat Frau Pietsch nicht geführt. Der geldwerte Vorteil für die private Nutzung ist noch nicht im Bruttogehalt berücksichtigt.

Frau Pietsch fuhr an 230 Tagen mit dem Geschäftswagen zur Arbeit. Die Entfernung betrug 18 km.

Als leitende Angestellte besuchte sie ein Wochenendseminar in Münster zum Thema: „Tipps und Tricks für Führungskräfte". Dafür hat sie insgesamt 320,00 € aufgewendet.

Frau Pietsch hat Ersparnisse in festverzinslichen Wertpapieren und in Aktien angelegt. An Dividenden erhielt sie in 01 5200,00 € (vor Steuerabzug), die der Abgeltungsteuer unterworfen wurden. An Depotgebühren für die Aktien sind 20,00 € angefallen. An Zinsen für das Jahr 01 erhielt sie am 15.01.02 986,00 € (vor Steuerabzug), die ebenfalls abgegolten wurden.

Frau Peitsch hat in 01 ein Zweifamilienhaus erworben. Der Kaufpreis betrug 250000,00 €. Der Kaufvertrag wurde am 01.06.01 abgeschlossen, der Übergang der Nutzen und Lasten erfolgte am 01.07.01. Der Anteil des Grund und Bodens beträgt 105000,00 €. Das Haus wurde vor 20 Jahren fertiggestellt.

Sie finanzierte den Kauf durch ein Darlehen, das durch eine Grundschuld auf das Haus abgesichert wurde. Das Erdgeschoss (120 m^2) bewohnt sie mit ihrer Tochter selbst. Das 1. Obergeschoss (80 m^2) ist für 700,00 € monatlich vermietet. Die Umlagen betragen 120,00 € und werden ebenfalls monatlich gezahlt.

Für dieses Haus weist sie 01 folgende Ausgaben nach:

Darlehenszinsen	9 200,00 €
Grunderwerbsteuer	12 500,00 €
Notarkosten Kaufvertrag	1 200,00 € zzgl. USt.
Notarkosten Grundschuld	300,00 € zzgl. USt.
Gerichtskosten Kaufvertrag	320,00 €
Gerichtskosten Grundschuld	105,00 €
Reparaturkosten Heizungsanlage	562,00 € zzgl. USt.
Grundsteuer	156,00 €
Müllabfuhr	275,00 €
Wassergeld	380,00 € zzgl. USt.
Heizung	800,00 € zzgl. USt.

Für Reparaturen in ihrer Wohnung hat sie in 01 1 500,00 € ausgegeben.

Von ihrem geschiedenen Ehemann erhielt sie Unterhaltszahlungen für ihre Tochter i. H. v. 550,00 € monatlich.

Sie spendete 500,00 € an ein Krebsforschungsinstitut und 2 000,00 € an eine gemeinnützige Organisation.

Folgende Aufwendungen für Versicherungen hat Frau Pietsch in 01 gehabt:

- freiwillige Kranken- und Pflegeversicherung (entspricht einer Basisversicherung) 2 400,00 €
- Haftpflichtversicherung 475,00 €
- Hausratversicherung 165,00 €
- gesetzliche Rentenversicherung (Arbeitnehmeranteil) 7 135,65 €
- gesetzliche Arbeitslosenversicherung (Arbeitnehmeranteil) 997,46 €

Frau Pietsch unterstützte ihren Vater, der pflegebedürftig in einem Heim untergebracht ist, mit 400,00 € monatlich. Der Vater hatte eine eigene Rente der Deutschen Rentenversicherung Bund in Höhe von 650,00 € monatlich. Der Aufwand für die Pflege wird vom Vater bzw. der Pflegeversicherung getragen. Der steuerfreie Anteil der Rente beträgt 3 900,00 € jährlich. Am 05.05.01 verstarb der Vater.

a) Ermitteln Sie in einer systematischen übersichtlichen Darstellung das zu versteuernde Einkommen von Angelika Pietsch für 01.

b) Geben Sie die relevanten Daten in ein branchenübliches Softwareprogramm ein und drucken Sie eine Berechnungsliste aus. Vergleichen Sie diese Berechnungsliste mit Ihrer manuellen Berechnung und analysieren Sie Abweichungen. Folgende Daten liegen für Angelika Pietsch vor:

   Angelika Pietsch

   geb. 19.05.1979

   geschieden

   evangelisch

   wonnhaft Modemannstr. 15, 51065 Köln

   Finanzamt Köln-Ost

   Steuernummer: 5218/1497/7453

3.5 Der Steuersatz

Der Steuersatz ist bei der Einkommensteuer unterschiedlich. Je höher das zu versteuernde Einkommen ist, desto höher ist auch der Steuersatz, mit dem das zu versteuernde Einkommen belastet wird (sog. progressiver Steuersatz). In diesem steigenden Steuersatz kommt das Leistungsfähigkeitsprinzip zum Ausdruck.

Beim Steuersatz unterscheidet das Einkommensteuergesetz zwischen dem Grundtarif und dem Splittingtarif.

Der Splittingtarif ist günstiger. Ihn erhalten vor allem Ehegatten und Lebenspartner. Er ist darin begründet, dass die Ehe grundgesetzlich geschützt ist und sich dies auch im Steuerrecht niederschlägt. Wer nach welchem Tarif besteuert wird, hängt von der Veranlagungsart ab.

3.5.1 Die Veranlagung

Einzelveranlagung	Anzuwendender Einkommensteuertarif
Ledige	Grundtarif (§ 32a (1) EStG)
dauernd getrennt lebende Ehegatten/ Lebenspartner und geschiedene Ehegatten/ Lebenspartner ➔ Ehegatten/Lebenspartner leben dauernd getrennt, wenn die Ehe nicht mehr aufrechterhalten werden soll. Eine nur räumliche Trennung führt nicht immer zu einer dauerhaften Trennung (z. B. berufliche Gründe).	Grundtarif (§ 32a (1) EStG) Grundtarif (§ 32a (1) EStG) ➔ Im Jahr der Scheidung können die Ehegatten noch die Zusammenveranlagung beantragen. Dies ist nicht möglich, falls ein Ehegatte im Jahr der Scheidung wieder heiratet. Dann bleibt die geschiedene Ehe für die Veranlagung unberücksichtigt (§ 26 (1) Satz 2 EStG).
Verwitwete	Grundtarif (§ 32a (1) EStG) ➔ Im Jahr des Todes des Ehegatten ist noch die Zusammenveranlagung und der Splittingtarif möglich. Im folgenden Kalenderjahr wird der Verwitwete einzeln veranlagt und nach dem Splittingtarif besteuert (sog. Gnadensplitting) (§ 32a (6) Nr. 1 EStG). Erst ab dem darauffolgenden Jahr erfolgt die Einzelveranlagung nach dem Grundtarif.
Zusammenveranlagung von Ehegatten/ Lebenspartnern	**Anzuwendender Einkommensteuertarif**
Ehegatten/Lebenspartner, die beide unbeschränkt einkommensteuerpflichtig sind und nicht dauernd getrennt leben und bei denen die Voraussetzungen im Laufe des Kalenderjahres irgendwann vorgelegen haben (§ 26b EStG). Diese Veranlagung erfolgt immer, wenn die Ehegatten/ Lebenspartner dies wählen oder keine Erklärung zur Veranlagung abgeben. Die Einkünfte der Ehegatten/Lebenspartner werden einzeln ermittelt. Die Summen der Einkünfte werden zusammengerechnet und die Ehegatten/Lebenspartner dann wie ein Steuerpflichtiger behandelt. Hat ein Ehegatte/Lebenspartner in dem Jahr der Scheidung wieder geheiratet, bleibt die geschiedene Ehe für die Besteuerung unberücksichtigt. Für einen Ehegatten/Lebenspartner, dessen Ehe/Lebenspartnerschaft aufgelöst und dessen Ehegatte/Lebenspartner wieder geheiratet hat, gilt in dem betreffenden Jahr noch die Zusammenveranlagung (sog. Sondersplitting).	Splittingtarif (§ 32a (5) EStG)
Einzelveranlagung von Ehegatten/Lebenspartnern	**Anzuwendender Einkommensteuertarif**
Ehegatten/Lebenspartner, die die Voraussetzungen des § 26 EStG erfüllen, können sich gem. § 26a EStG einzeln veranlagen lassen. Dabei werden jedem Ehegatten/Lebenspartner die von ihm bezogenen Einkünfte einzeln zugerechnet. Sonderausgaben, außergewöhnliche Belastungen und die Steuerermäßigungen nach § 35a EStG werden dem Ehegatten/Lebenspartner zugerechnet, der sie wirtschaftlich getragen hat. Auf Antrag werden die Aufwendungen beiden Ehegatten/Lebenspartnern jeweils zur Hälfte zugerechnet. Wenn ein Ehegatte/ Lebenspartner die Einzelveranlagung wählt, wird für beide Ehegatten/Lebenspartner die Einzelveranlagung durchgeführt. Treffen die Ehegatten/Lebenspartner keine Entscheidung, wird die Zusammenveranlagung durchgeführt.	Grundtarif (§ 32a (1) EStG)

Fall

Veranlagungsart und Steuertarif

Entscheiden Sie in den folgenden Fällen, welche Veranlagungsart und welcher Steuertarif in den Jahren 01, 02 und 03 möglich ist.

a) Else Halder ist ledig und wohnt in Hamburg.

b) Dorothee Fleißner und Stefan Werner leben seit zwei Jahren in einer gemeinsamen Wohnung. Sie sind allerdings nicht verheiratet.

c) Günter und Martina Jacobs sind seit 5 Jahren verheiratet und leben in einer gemeinsamen Wohnung.

d) Peter und Ilse Adams haben am 15.10.01 geheiratet und leben in einer gemeinsamen Wohnung.

e) Fritz und Bianca Bremer sind seit 20 Jahren verheiratet und leben in einer gemeinsamen Wohnung. Im Juni 01 stirbt Fritz Bremer.

f) Hans und Anna Eitelmann sind seit 10 Jahren verheiratet. Im Januar 01 zieht Anna aus der gemeinsamen Wohnung aus, im März 02 wird die Ehe geschieden. Keiner von beiden geht eine neue Ehe ein.

g) Rainer und Jeanne Bernauer haben sich im Januar 01 getrennt und wurden schon im Juni 01 geschieden. Rainer heiratet im Dezember 01 wieder.

h) Maria und Robert Kreuzer, seit 25 Jahren verheiratet, verbringen ihren Lebensabend auf Mallorca. Sie beziehen eine Rente der Deutschen Rentenversicherung aus Deutschland und haben noch Einkünfte aus Vermietung und Verpachtung eines Hauses in München.

Einkommensteuer

3.5.2 Der Einkommensteuertarif

Der Einkommensteuersatz oder -tarif steigt mit steigendem zu versteuerndem Einkommen.

Vom zu versteuernden Einkommen bleibt zunächst ein Grundfreibetrag steuerfrei. Dies ist zur Sicherung des Existenzminimums gedacht. 2025 beträgt er 12 096,00 € im Grundtarif. Ab dann beginnt die Progressionszone. Mit jedem zusätzlichen Euro des zu versteuernden Einkommens steigt der Steuersatz an. Er beginnt bei 14 % und steigt bis auf 42 %. Diese Steigerung erfolgt bis zu einem zu versteuernden Einkommen von 68 480,00 € im Grundtarif. Danach bleibt der Steuersatz gleich (sog. obere Proportionalzone). Dies bedeutet, dass das zu versteuernde Einkommen ab 68 481,00 € immer mit 42 % besteuert wird. Für Einkommen ab 277 826,00 € beträgt der Spitzensteuersatz 45 %.

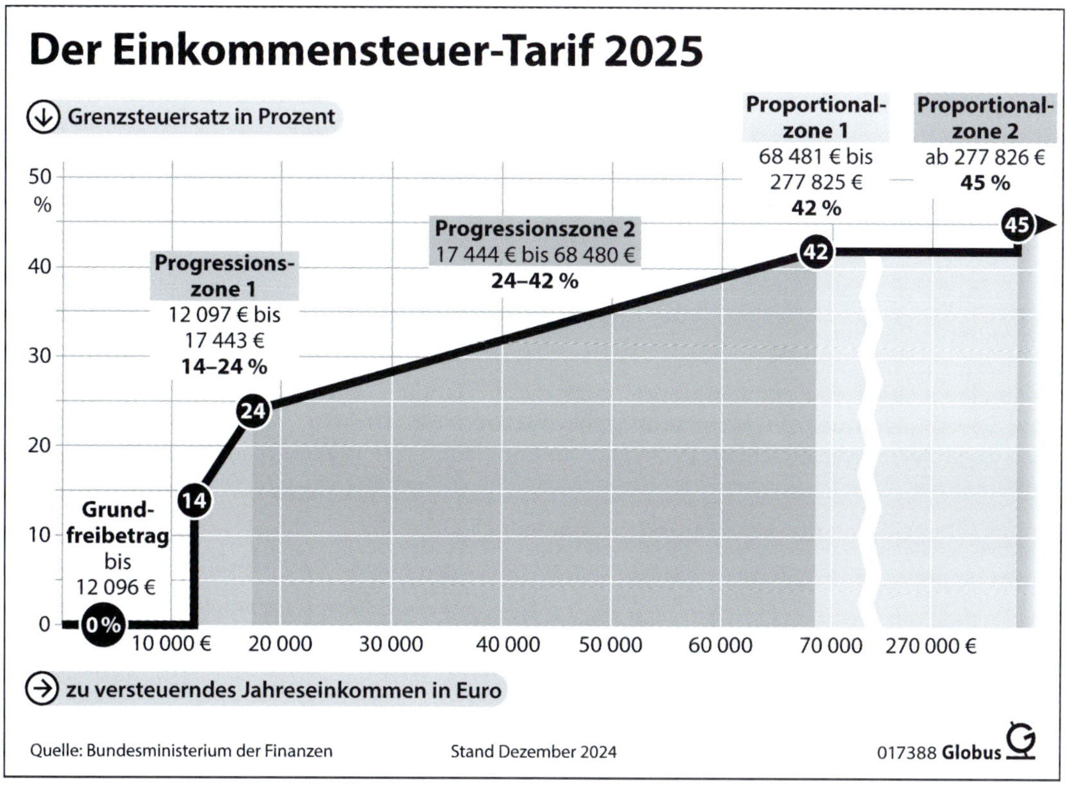

Picture-Alliance GmbH, Frankfurt a.M. (dpa-infografik)

Der Tarif ergibt sich aus den Formeln des § 32a EStG. Im § 32a (1) EStG ist der Grundtarif dargestellt.

Der Splittingtarif ergibt sich aus dem Zweifachen des Steuerbetrages für die Hälfte des gemeinsamen zu versteuernden Einkommens (§ 32a (5) EStG).

Eine Berechnung der Einkommensteuer ist mithilfe der Formeln oder eines Computerprogramms möglich. Ein solches Programm wird auf der Internetseite des Bundesfinanzministeriums (www.bundesfinanzministerium.de) unter der Rubrik „Service, interaktiver Abgabenrechner" angeboten.

Fall 1 Ermittlung der Einkommensteuer

Ermitteln Sie in den folgenden Fällen die Höhe der Einkommensteuer.

Das zu versteuernde Einkommen eines ledigen Angestellten beträgt:

a) 13 167,00 €

b) 57 000,00 €

c) 115 250,00 €

d) 7 200,00 €

e) Wie hoch wäre die Einkommensteuer, falls der Arbeitnehmer verheiratet wäre und ein zu versteuerndes Einkommen von 65 000,00 € hätte?

f) Wie sähe der Sachverhalt unter e) aus, falls der verheiratete Arbeitnehmer noch zwei Kinder (10 und 15 Jahre) hätte, für die er Kindergeld bezieht? (Beim zu versteuernden Einkommen von 65 000,00 € wurden keine Kinderfreibeträge berücksichtigt.)

Fall 2 Sondertarif für Personenunternehmen (§ 34a EStG, BMF-Schreiben vom 11.08.2008)

Sind im zu versteuernden Einkommen nicht entnommene Gewinne aus Gewinneinkunftsarten (Land- und Forstwirtschaft, Gewerbebetrieb, selbstständige Arbeit) enthalten, werden sie auf Antrag mit einem Steuersatz von 28,25 % versteuert. Diese Regelung können Einzelunternehmer ohne Einschränkung und Mitunternehmer, wenn sie zu mehr als 10 % beteiligt sind oder ihr Gewinnanteil 10 000,00 € übersteigt, in Anspruch nehmen. Die Regelung gilt nicht für die Gewinnermittlung nach § 4 (3) EStG und soweit ein Freibetrag nach § 16 (4) EStG gewährt wurde. Der nicht entnommene Gewinn ermittelt sich folgendermaßen:

  Steuerbilanzergebnis

\+ Ergänzungsbilanzergebnis

\+ Sonderbilanzergebnis

\+ gezahlte Gewerbesteuer

\+ die Beträge, die zur Zahlung der Einkommensteuer nach § 34a (1) EStG entnommen werden

= Gewinn i. S. d. § 4 (1) i. V. m. § 5 EStG

– Entnahmen

\+ Einlagen

= Nicht entnommener Gewinn

Übersteigen in einem späteren Veranlagungszeitraum die Entnahmen den Gewinn und wird somit ein einbehaltener Gewinn aus früheren Veranlagungszeiträumen entnommen, so erfolgt eine Nachbelastung mit 25 % zzgl. Solidaritätszuschlag. Dazu ist zum Ende eines jeden Veranlagungszeitraumes ein nachversteuerungspflichtiger Gewinn gesondert festzustellen. Dieser Betrag wird wie folgt ermittelt:

  Nicht entnommener Gewinn des Veranlagungszeitraumes

– 28,25 % Einkommensteuer zzgl. Solidaritätszuschlag

\+ Nachversteuerungspflichtiger Betrag des Vorjahres

– Nachversteuerungsbetrag des laufenden Veranlagungszeitraumes

= Nachversteuerungspflichtiger Betrag zum Ende des Veranlagungszeitraumes

Außerdem ist eine Nachversteuerung durchzuführen bei Betriebsaufgabe oder -veräußerung, Formwechsel zur Kapitalgesellschaft, Übergang zur Gewinnermittlung nach § 4 (3) EStG und auf Antrag.

a) Frank Steigert, ledig, betreibt einen Großhandel mit Sportartikeln. Sein gem. § 5 EStG ermittelter Gewinn beträgt für das Wirtschaftsjahr 01 120000,00 €. Weitere Einkünfte hat Steigert in 01 nicht. Monatlich hat Steigert dem Betrieb 4000,00 € für seine private Lebensführung entnommen. Der restliche Gewinn verbleibt im Unternehmen. Die Gewerbesteuer soll vernachlässigt werden.

(1) Berechnen Sie die Einkommensteuer für die Einkünfte aus Gewerbetrieb für das Jahr 01.

(2) Wie hoch ist der gesondert festgestellte nachversteuerungspflichtige Betrag?

(3) Nehmen Sie an, Steigert erzielt wegen der schlechten Konjunktur in 02 nur einen Gewinn von 30000,00 €, tätigt aber weiterhin Entnahmen in Höhe von 4000,00 € monatlich. Berechnen Sie die Einkommensteuer für 02 sowie die Höhe des gesondert festgestellten nachversteuerungspflichtigen Betrages.

b) Susanne Stahl ist an der Stahl OHG zu 50 % beteiligt. Sie erhält von der OHG für 01 einen Gewinn von 50000,00 € zugewiesen, von dem sie 30000,00 € entnommen hat.

(1) Ist für sie eine Besteuerung mit dem ermäßigten Steuersatz möglich?

(2) Nehmen Sie an, sie wäre nur mit 5 % beteiligt. Wie ändert sich Ihre Antwort?

(3) Nehmen Sie an, sie wäre nur mit 5 % beteiligt und ihr Gewinnanteil beträgt 5000,00 €. Wie ändert sich Ihre Antwort?

3.5.3 Die festzusetzende Einkommensteuer und die Einkommensteuernachzahlung bzw. -erstattung

Die Einkommensteuernachzahlung bzw. -erstattung berechnet sich nach folgendem Schema:

Tarifliche Einkommensteuer	berechnet nach dem Grund- oder Splittingtarif
– Steuerermäßigungen	Dazu gehören insbesondere die • Steuerermäßigung für Parteispenden (§ 34g EStG) (siehe Kapitel 3.4.5.2.2), • Steuerermäßigung bei Einkünften aus Gewerbebetrieb (§ 35 EStG) (siehe Fall 2), • Steuerermäßigung für haushaltsnahe Tätigkeiten (§ 35a EStG) (siehe Fall 3), • Steuerermäßigung energetische Gebäudesanierung (§ 35c EStG) (siehe Fall 4).
+ Kindergeld **= festzusetzende Einkommensteuer (§ 2 (6) EStG)**	falls die Freibeträge nach § 32 (6) EStG günstiger sind
– Entrichtete Einkommensteuervorauszahlung (§ 36 (2) Nr. 1 EStG) – Einbehaltene Lohnsteuer (§ 36 (2) Nr. 2 EStG)	Dabei handelt es sich nur um die tatsächlich gezahlten Vorauszahlungen. Sie wird auf der Lohnsteuerbescheinigung ausgewiesen und muss in der Anlage N eingetragen werden.
= Einkommensteuernachzahlung/ -erstattung	

Berechnung der Einkommensteuernachzahlung/-erstattung **Fall 1**

Berechnen Sie im folgenden Fall die Einkommensteuernachzahlung bzw. -erstattung in einer übersichtlichen Darstellung.

Florian Koller hat in 01 ein zu versteuerndes Einkommen von 45230,00 € erzielt. Darin enthalten sind unter anderem Einkünfte aus nichtselbstständiger Arbeit und aus Vermietung. Die tarifliche Einkommensteuer nach der Grundtabelle beträgt 11054,00 €.

Auf der Lohnsteuerbescheinigung ist eine einbehaltene Lohnsteuer von 7 884,00 € ausgewiesen.
Außerdem hat er in 01 vierteljährliche Vorauszahlungen von je 150,00 € geleistet.
Herr Koller hat in 01 einen Mitgliedsbeitrag von 150,00 € an eine politische Partei geleistet.

Die Steuerermäßigung bei Einkünften aus Gewerbebetrieb (§ 35 EStG, BMF-Schreiben vom 03.11.2016 und 17.04.2019)	
Von der Einkommensteuer kann gem. § 35 EStG eine pauschal berechnete Gewerbesteuer abgezogen werden. Damit ist faktisch die Gewerbesteuer für viele Betriebe beseitigt worden.	
Begünstigter Personenkreis	• Einzelunternehmer • Personengesellschaften (z. B. OHG, KG, GbR)
Berechnung der Ermäßigung	Die Ermäßigung beträgt das 4-Fache des gesondert festgestellten Gewerbesteuermessbetrages. Dies erfolgt zum Ausgleich dafür, dass die Gewerbesteuer nicht mehr als Betriebsausgabe abzugsfähig ist (vgl. Kapitel 9.3.3). Die Anrechnung wird auf die tatsächlich gezahlte Gewerbesteuer beschränkt. Dazu wird die Gewerbesteuer gesondert festgestellt. Bei Personengesellschaften wird der Gewerbesteuermessbetrag nach dem Gewinnverteilungsschlüssel auf die einzelnen Gesellschafter aufgeteilt. Die Ermäßigung wird von der tariflichen Einkommensteuer abgezogen.
§ 35 (1) Satz 2 EStG	Der Höchstbetrag der Ermäßigung ist nach der Formel $\frac{\text{Summe der positiven gewerblichen Einkünfte} \cdot \text{geminderte Steuer}}{\text{Summe aller positiven Einkünfte}}$ zu berechnen. Positive und negative Einkünfte innerhalb einer Einkunftsart sind zu saldieren (sog. horizontaler Verlustausgleich). Eine negative Summe der Einkünfte aus einer Einkunftsart kann nicht mit der positiven Summe der Einkünfte aus einer anderen Einkunftsart verrechnet werden (sog. vertikaler Verlustausgleich). Die geminderte tarifliche Steuer ist die tarifliche Steuer nach Abzug von Beträgen aufgrund der Anwendung eines DBAs, nach Anrechnung ausländischer Steuer nach § 34c und § 32d EStG sowie § 12 AStG.

Fall 2 **Die Steuerermäßigung bei Einkünften aus Gewerbebetrieb (§ 35 EStG)**

Berechnen Sie in den folgenden Fällen die Steuerermäßigung nach § 35 EStG und die festzusetzende Einkommensteuer.

a) Die Unternehmerin Susanne Will hat in 01 Einkünfte aus Gewerbebetrieb in Höhe von 50 000,00 €. Ihr zu versteuerndes Einkommen beträgt 40 000,00 €. Sie ist ledig und hat keine Kinder. Die tarifliche Einkommensteuer nach dem Grundtarif beträgt 9 095,00 €. Der Gewerbesteuermessbetrag für 01 beläuft sich auf 405,00 €. Die tatsächlich gezahlte Gewerbesteuer beträgt 1 620,00 €.

b) An der ABC OHG ist Werner Arndt zu ⅓ beteiligt. Die anderen beiden Gesellschafter sind ebenfalls zu je ⅓ beteiligt. In diesem Verhältnis wird auch der Gewinn verteilt. Arndts Gewinnanteil für 01 beträgt 30 000,00 €. Der Gewerbesteuermessbetrag der OHG beläuft sich auf insgesamt 3 300,00 €. Die tatsächlich gezahlte Gewerbesteuer beträgt 4 000,00 €. Das zu versteuernde Einkommen von Herrn Arndt beträgt 50 000,00 €. Er ist ledig und hat keine Kinder. Seine tarifliche Einkommensteuer nach dem Grundtarif beträgt 12 950,00 €.

c) Der Einzelunternehmer Hans Streicher hat in 01 folgende Einkünfte:

Einkünfte aus Gewerbebetrieb	120 000,00 €
Einkünfte aus Gewerbebetrieb	–100 000,00 €
Einkünfte aus Vermietung und Verpachtung	100 000,00 €
Einkünfte aus Vermietung und Verpachtung	–40 000,00 €

Sein Gewerbesteuermessbetrag beträgt in 01 3 450,00 €. Die tarifliche Einkommensteuer beträgt in 01 15 000,00 €. Die tatsächlich gezahlte Gewerbesteuer beträgt 10 000,00 €.
Berechnen Sie die Steuerermäßigung nach § 35 EStG.

<table>
<tr><th colspan="2">Die Steuerermäßigung für haushaltsnahe Tätigkeiten (§ 35a EStG)</th></tr>
<tr><td colspan="2">Für bestimmte haushaltsnahe Beschäftigungen, die in einem Haushalt in der Europäischen Union des Steuerpflichtigen ausgeübt werden, kann eine Steuerermäßigung nach § 35a EStG abgezogen werden. Diese Regelung ist eingeführt worden, um einen steuerlichen Anreiz zur Erfassung der haushaltsnahen Beschäftigungsverhältnisse und damit zur Bekämpfung der Schwarzarbeit zu schaffen.</td></tr>
<tr><td>Haushaltsnahe Tätigkeiten

BMF-Schreiben vom 09.11.2016</td><td>Dazu gehören unter anderem:
• Reinigung der Wohnung
• Zubereitung von Mahlzeiten
• Gartenpflege
• Pflege, Versorgung und Betreuung von Kranken, alten Menschen und pflegebedürftigen Personen
→ Leistungen der Pflegeversicherung sind anzurechnen, wenn sie ausschließlich und zweckgebunden für Pflege- und Betreuungsdienstleistungen gewährt werden. Das Pflegegeld, das nicht zweckgebunden ist und gezahlt wird, wenn die Pflege z. B. von Angehörigen übernommen wird, wird auf die Steuerermäßigung nicht angerechnet.
→ Die Feststellung und der Nachweis der Pflegebedürftigkeit sind nicht mehr erforderlich. Es reicht aus, wenn Dienstleistungen in Anspruch genommen werden.
• Kinderbetreuung
→ Diese Kosten können nur geltend gemacht werden, sofern kein Sonderausgabenabzug stattgefunden hat.
→ Das nach § 10 (1) Nr. 5 EStG nicht abzugsfähige Drittel kann nicht berücksichtigt werden.
• Schönheitsreparaturen, Renovierungs-, Erhaltungs- und Modernisierungsarbeiten
→ Berücksichtigungsfähig sind nur Arbeitskosten, nicht Materialkosten.
• Umzugsaufwendungen

Nicht dazu gehört die Erteilung von Unterricht, die Vermittlung besonderer Fähigkeiten, sportliche und andere Freizeitbetätigungen. Die Zahlung darf nicht bar beglichen werden.</td></tr>
<tr><td>Berechnung der Steuerermäßigung</td><td>• 20 % der Aufwendungen, max. 510,00 € bei geringfügigem Beschäftigungsverhältnis,
• 20 % der Aufwendungen, max. 1 200,00 € pro Jahr für Handwerkerleistungen (Arbeitskosten bei Renovierungen, Reparaturen)
• 20 % der Aufwendungen, max. 4 000,00 € pro Jahr, für sonstige haushaltsnahe Tätigkeiten, die nicht nach § 35a (1) und (3) erfasst werden (insbesondere Pflege- und Betreuungsleistungen)
→ Voraussetzung für den Abzug sind eine Rechnung sowie die Zahlung per Überweisung. Die Vorlage einer Rechnung und eines Bankauszuges ist seit 2008 nur noch auf Nachfrage des Finanzamtes notwendig.

Voraussetzung ist, dass die Aufwendungen nicht schon als Werbungskosten, Betriebsausgaben, Sonderausgaben oder außergewöhnliche Belastungen berücksichtigt wurden.

Gemischte (betriebliche und private) Aufwendungen sind nach der Gesamtarbeitszeit aufzuteilen.

Für den Teil der Aufwendungen, der durch den Ansatz der zumutbaren Belastung nach § 33 EStG nicht als außergewöhnliche Belastung berücksichtigt wird, kann ebenfalls die Steuerermäßigung nach § 35a EStG in Anspruch genommen werden.

Kinderbetreuungskosten, die bereits als Sonderausgaben berücksichtigt wurden, fallen (auch mit dem nicht abziehbaren Teil) nicht unter die Regelung des § 35 a EStG.

Die Höchstbeträge sind haushaltsbezogen und sind nicht monatsanteilig zu berechnen.</td></tr>
</table>

Fall 3 Die Steuerermäßigung für haushaltsnahe Tätigkeiten (§ 35a EStG)

Berechnen Sie in den folgenden Fällen die Steuerermäßigung nach § 35a EStG.

a) Bei der Familie Maler putzt zwei Mal in der Woche eine Reinigungskraft, die als geringfügig Beschäftigte angestellt wurde. Die Aufwendungen pro Jahr betrugen 3000,00 € zzgl. 12 % = 360,00 € pauschale Abgaben an die Bundesknappschaft.

b) Wie würde die Berechnung aussehen, falls die Reinigungskraft erst ab dem 01.06. angestellt wäre?

c) Die Familie Gärtner beschäftigt zur Pflege ihres großen Gartens zeitweise einen selbstständig tätigen Gärtner, der ihnen darüber ordnungsgemäße Rechnungen ausstellt. Die Aufwendungen betrugen im Jahr 800,00 €.

d) (1) Im Haus der Familie Maier ist die Mutter von Frau Maier zur dauernden Pflege untergebracht. Die Mutter erhält die Pflegestufe III. An Aufwendungen hat die Familie Maier 8500,00 € gehabt. Die Pflegekasse hat 4300,00 € dieser Aufwendungen übernommen (sog. Pflegesachleistungen). 2200,00 € konnten als außergewöhnliche Belastungen geltend gemacht werden.

(2) Nehmen Sie an, Frau Maier hätte die Pflege der Mutter übernommen. Dafür erhält sie anstelle der häuslichen Pflege ein Pflegegeld von 425,00 € monatlich. Für einzelne Pflegeeinsätze beauftragt Frau Maier einen Pflegedienst, woraus ihr Kosten von 150,00 € monatlich entstehen. Ein Ansatz als außergewöhnliche Belastungen ist nicht möglich.

e) Walter Rauch beauftragt den Fliesenleger Stein, in seinem Privathaus den Fußboden im Badezimmer, in der Küche und im Flur, der bisher mit Fliesen ausgelegt war, komplett zu erneuern. Er berechnet dafür 8000,00 € Material- und 3000,00 € Arbeitskosten. Außerdem soll der Fliesenleger im Bad einer vermieteten Wohnung ein paar Fliesen ausbessern. Die Materialkosten belaufen sich auf 500,00 €, die Arbeitskosten auf 100,00 €. Außerdem lässt Rauch eine Markise für 2000,00 € über seiner Terrasse anbringen. Davon entfallen 800,00 € auf Arbeitskosten.

f) Stefan und Susanne Reifert haben eine Tochter im Alter von 16 Jahren, die bei ihnen im Haushalt lebt. Stefan ist berufstätig, Susanne ist Hausfrau. Für Hausaufgabenbetreuung (selbstständig) der Tochter haben die Reiferts 1500,00 € aufgewendet.

Fall 4 Steuerermäßigung für energetische Gebäudesanierung

Energetische Sanierungsmaßnahmen an selbstgenutztem Wohneigentum werden bis 2030 durch einen prozentualen Abzug der Aufwendungen von der Steuerschuld gefördert.

Beispiele für energetische Sanierungsmaßnahmen sind:

- Wärmedämmung von Wänden, Dachflächen oder Geschossdecken,
- Erneuerung der Fenster oder Außentüren,
- Erneuerung bzw. der Einbau einer Lüftungsanlage,
- Erneuerung einer Heizungsanlage,
- Einbau von digitalen Systemen zur energetischen Betriebs- und Verbrauchsoptimierung und
- die Optimierung bestehender Heizungsanlagen.

Die Maßnahmen sind mit insgesamt 20 % der Aufwendungen über drei Jahre verteilt (erstes Jahr und zweites Jahr je 7 %, drittes Jahr 6 %), maximal insgesamt **40 000,00 € jeweils** von der Steuerschuld abziehbar.

Alexander Kowalski lässt in 01 in seiner selbst bewohnten Eigentumswohnung in Essen die Fenster zur Energieeinsparung erneuern. Dies Kosten belaufen sich auf 30 000,00 €.

Berechnen Sie die Steuerermäßigung nach § 35c EStG für die Jahre 01, 02 und 03.

Besonderer Steuersatz für außerordentliche Einkünfte (§ 34 EStG)

Fall 5*

Für außerordentliche Einkünfte ist gem. § 34 EStG ein besonderer (ermäßigter) Steuersatz anzuwenden. Durch den progressiven Steuersatz würde es bei außerordentlichen Einkünften zu einer überhöhten Belastung kommen, die man durch die Berechnung eines besonderen Steuersatzes verhindern will. Für folgende außerordentliche Einkünfte wird ein besonderer Steuersatz berechnet:

- Veräußerungsgewinne i. S. d. §§ 16 und 18 (3) EStG ohne die Teile des Veräußerungsgewinns, die wegen des Teileinkünfteverfahrens steuerfrei sind,
- Vergütungen für mehrjährige Tätigkeiten (z. B. Entlassungsabfindungen),
- Entschädigungen nach § 24 Nr. 1 und 3 EStG (z. B. Ausgleichszahlungen an Handelsvertreter).

Bei diesen Einkünften erfolgt die Steuerberechnung durch die sog. Fünftelregelung (§ 34 (1) Satz 2 EStG):

Einkommensteuerberechnung gem. § 34 (1) EStG	€	Einkommensteuer darauf
Zu versteuerndes Einkommen		
– Außerordentliche Einkünfte		
= Verbleibendes zu versteuerndes Einkommen		
+ ⅕ der außerordentlichen Einkünfte		
= Um ⅕ der außerordentlichen Einkünfte erhöhtes zu versteuerndes Einkommen		
Unterschiedsbetrag zwischen den Einkommensteuern		
Das Fünffache des Unterschiedsbetrages = Einkommensteuer für außerordentliche Einkünfte		
+ Einkommensteuer für verbleibendes zu versteuerndes Einkommen		
= Gesamte Einkommensteuer		

- Liegen Veräußerungsgewinne i. S. d. §§ 16 und 18 (3) EStG ohne Teile des Veräußerungsgewinns, die wegen des Teileinkünfteverfahrens steuerfrei sind, vor und
- liegen sie unter 5 Mio. € und
- hat der Steuerpflichtige das 55. Lebensjahr vollendet oder ist dauernd berufsunfähig,

kann alternativ die Steuerberechnung gem. § 34 (3) EStG wie folgt durchgeführt werden:

Einkommensteuerberechnung gem. § 34 (3) EStG	€/%	Einkommensteuer darauf
Zu versteuerndes Einkommen		
Berechnung des durchschnittlichen Einkommensteuersatzes (4 Stellen hinter dem Komma)	tarifliche Einkommensteuer/zu versteuerndes Einkommen · 100	
Davon 56 %, aber mind. 14 % = besonderer Steuersatz		
Zu versteuerndes Einkommen		
– Steuerpflichtiger Veräußerungsgewinn		Veräußerungsgewinn · besonderer Steuersatz
= Vermindertes zu versteuerndes Einkommen		tarifliche Einkommensteuer = +
Gesamte Einkommensteuer		

Diese Berechnung ist nur einmal im Leben möglich.

Einkommensteuer

Der Unternehmer Thilo Peters, ledig, gibt im Alter von 60 Jahren sein Unternehmen auf und verkauft es an einen Konkurrenten. Folgende Einkünfte hat er in 01:

Einkünfte aus Gewerbebetrieb	
Laufender Gewinn	30 000,00 €
Veräußerungsgewinn i. S. d. § 16 EStG	100 000,00 €
Freibetrag nach § 16 (4) EStG	45 000,00 €
Einkünfte aus Vermietung	5 000,00 €
Sonderausgaben	6 000,00 €
Zu versteuerndes Einkommen	84 000,00 €

a) Prüfen Sie, ob eine außerordentliche Einkunft i. S. d. § 34 EStG vorliegt.

b) Führen Sie die Einkommensteuerberechnung nach der Fünftelregelung des § 34 (1) EStG durch.

c) Prüfen Sie, ob eine Steuerberechnung nach § 34 (3) EStG möglich ist, und führen Sie sie ggf. durch.

Benutzen Sie bei Ihren Lösungen die oben stehenden Tabellen.

Der Progressionsvorbehalt

Wenn bestimmte Einkünfte als steuerfrei behandelt werden, vermindert sich nicht nur die Einkommensteuer für diese Einkünfte, sondern es ergibt sich zusätzlich ein niedrigerer Steuersatz für die verbleibenden steuerpflichtigen Einkünfte. Dies liegt an dem progressiven Steuersatz der Einkommensteuer. Somit wären Bezieher steuerfreier Einkünfte zweimal bevorteilt. Die Begünstigung durch den geringeren Steuersatz (sog. Progression) wird durch die Regelung des Progressionsvorbehalts des § 32b EStG wieder aufgehoben. Die Steuerfreiheit bleibt bestehen, der Steuersatz wird allerdings unter Berücksichtigung der steuerfreien Einkünfte berechnet. Für folgende Einkünfte gilt der Progressionsvorbehalt:

Die wichtigsten Einkünfte des Progressionsvorbehaltes

§ 32b EStG

R 32b EStR

- Arbeitslosengeld, Kurzarbeitergeld, Winterausfallgeld, Übergangsgeld u. a. nach Abzug der Werbungskostenpauschale für nichtselbstständige Arbeit, falls er nicht schon abgezogen wurde,

→ Das Arbeitslosengeld II gehört nicht zu den Einkünften, die unter Progressionsvorbehalt fallen.

- Krankengeld, Mutterschaftsgeld u. a.,
- Erziehungsgeld.
- Für die weiteren Einkünfte siehe § 32b (1) EStG.

Fall 6 Der Progressionsvorbehalt

a) Der ledige Fabian Klar hat in 01 folgende Einkünfte bezogen:

- Einkünfte aus Gewerbebetrieb 7 500,00 €
- Einkünfte aus Vermietung und Verpachtung 10 750,00 €
- Arbeitslosengeld 6 500,00 €

An Sonderausgaben hat Klar in 01 1 000,00 € nachgewiesen.

Berechnen Sie die Einkommensteuer für Klar für 01 unter Benutzung des unten stehenden Schemas.

b) Die ledige Franziska Eifer hat in 01 Einkünfte aus nichtselbstständiger Arbeit in Höhe von 17 500,00 € bezogen. Außerdem erhielt sie in 01 Mutterschaftsgeld in Höhe von 2000,00 €. An Sonderausgaben macht Frau Eifer 2 500,00 € geltend. Das zu versteuernde Einkommen beträgt 15 000,00 €.

Berechnen Sie die Einkommensteuer für Frau Eifer für 01.

c) Heinz Stich bezog in 01 Einkünfte aus nichtselbstständiger Arbeit in Höhe von 27 000,00 €. Seine Frau Hannelore erhielt in 01 Arbeitslosengeld in Höhe von 5 500,00 €. An Sonderausgaben weist das Ehepaar 2 800,00 € nach.

Berechnen Sie die Einkommensteuer für das Ehepaar Stich in 01.

Berechnungsschema:

	a)	b)	c)
Zu versteuerndes Einkommen			
Lohnersatzleistungen (evtl. abzgl. des Arbeitnehmer-pauschbetrages, soweit er bei den Einkünften aus nicht-selbstständiger Arbeit noch nicht berücksichtigt wurde)			
Summe			
Einkommensteuer auf diesen Betrag			
Berechnung des Einkommen-steuersatzes (4 Stellen hinter dem Komma)			
Anwendung des berechneten Steuersatzes auf das zu versteuernde Einkommen = tarifliche Einkommensteuer			

3.5.4 Die Kirchensteuer

Die Kirchensteuer wird von der festzusetzenden Einkommensteuer berechnet. Sie ist damit gem. § 51a EStG eine sog. Zuschlagsteuer. Die Berechnung weicht in folgenden Punkten von der Einkommensteuerberechnung ab:

- Ein Kinder- und Betreuungsfreibetrag wird in jedem Fall abgezogen, auch wenn dies für die Berechnung der Einkommensteuer nicht erfolgt ist.
- Das zu versteuernde Einkommen ist um die nach § 3 Nr. 40 EStG steuerfreien Beträge (Teileinkünfteverfahren) zu erhöhen und um die nach § 3c (2) EStG nicht abziehbaren Beträge zu vermindern.
- Der § 35 EStG (Steuerermäßigung für Einkünfte aus Gewerbebetrieb) ist nicht anzuwenden.

Der Kirchensteuersatz beträgt abhängig vom Bundesland 8 % oder 9 %.

Von der festzusetzenden Kirchensteuer sind die einbehaltene Kirchensteuer gem. Lohnsteuerbescheinigung und die Kirchensteuervorauszahlungen abzuziehen.

Berechnung der Kirchensteuer

Fall

Das Ehepaar Winklers (ein Kind von 10 Jahren) hat ein zu versteuerndes Einkommen von 53 200,00 €. Der Kinder- und Betreuungsfreibetrag ist nicht abgezogen worden. Auf der Lohnsteuerbescheinigung von Herrn Winklers ist die Einbehaltung von Kirchensteuer in Höhe von 578,56 € eingetragen. Der Kirchensteuersatz beträgt 9 %.

Berechnen Sie die Kirchensteuernachzahlung bzw. -erstattung. Benutzen Sie folgendes Schema:

Zu versteuerndes Einkommen	
Korrekturen	
Zu versteuerndes Einkommen für Zwecke der Berechnung der Kirchensteuer	
Einkommensteuer	
9 % Kirchensteuer	
– Kirchensteuer der Lohnsteuerbescheinigung	
Nachzahlung/Erstattung	

3.5.5 Der Solidaritätszuschlag

Der Solidaritätszuschlag wird von der festzusetzenden Einkommensteuer berechnet. Er ist damit gem. § 1 (1) SolZG eine sog. Ergänzungsabgabe. Bei der Berechnung der Einkommensteuer als Bemessungsgrundlage ist zu beachten, dass ein Kinder- und Betreuungsfreibetrag in jedem Fall abgezogen wird, auch wenn dies für die Berechnung der Einkommensteuer nicht erfolgt ist (§ 3 (2) SolZG).

Ein Solidaritätszuschlag ist nur zu erheben, wenn die Einkommensteuer mehr als 16 956,00 € beim Grundtarif und mehr als 33 912,00 € beim Splittingtarif beträgt (§ 3 (3) SolZG).

Danach erfolgt eine Milderungszone zwischen 16 956,00 € und 31 528,00 € (Grundtarif) bzw. zwischen 33 912.00 € und 63 56,00 € (Splittingtarif) in der der Solidaritätszuschlag langsam auf die volle Belastung von 5,5 % ansteigt (§ 4 SolZG).

Von dem festzusetzenden Solidaritätszuschlag sind der einbehaltene Solidaritätszuschlag gem. Lohnsteuerbescheinigung, der einbehaltene Solidaritätszuschlag auf die Kapitalertragsteuer und die Vorauszahlungen an Solidaritätszuschlag abzuziehen.

Bei der Berechnung der Kapitalertragsteuer und der pauschalen Lohnsteuer kommen keine Freibeträge für den Solidaritätszuschlag in Betracht.

Fall 1 Berechnung des Solidaritätszuschlages

Berechnen Sie für das Ehepaar Winklers auch die Nachzahlung bzw. Erstattung für den Solidaritätszuschlag unter folgenden Voraussetzungen:

a) Die Einkommensteuer beträgt 11 782,00 € bei einem zu versteuernden Einkommen von 70 000,00 €.

b) Die Einkommensteuer beträgt 41 726,00 € bei einem zu versteuernden Einkommen von 150 000,00 €.[1]

c) Die Einkommensteuer beträgt 62 726,00 € bei einem zu versteuernden Einkommen von 200 000,00 €.

Fall 2 Gesamtfall

Ermitteln Sie bitte in einer übersichtlichen Aufstellung das zu versteuernde Einkommen der Eheleute Völker, die Einkommensteuer und die Kirchensteuer (9 %) sowie die gesamte Steuererstattung bzw. -nachzahlung für den Veranlagungszeitraum 2025. Die Eheleute haben keine Wahl bezüglich der Veranlagungsart getroffen. Sie haben im Laufe des gesamten Jahres Kindergeld erhalten.

Geben Sie die relevanten Daten in ein branchenübliches Softwareprogramm ein und drucken Sie eine Berechnungsliste aus. Vergleichen Sie diese Berechnungsliste mit Ihrer manuellen Berechnung und analysieren Sie Abweichungen. Folgende Daten liegen für das Ehepaar vor:

Reiner Völker
geb. 26.02.1962
evangelisch

Susanne Völker
geb. 14.12.1967
katholisch

wohnhaft Suitbertusstr. 55, 40223 Düsseldorf

Finanzamt Düsseldorf-Süd
Steuernummer: 5106/2145/4789

[1] Für die Berechnung des Solidaritätszuschlags in der Milderungszone benutzen Sie bitte einen Solidaritätszuschlagsrechner im Internet.

Sachverhalt

Die Eheleute Völker sind seit 34 Jahren verheiratet und bewohnen eine Eigentumswohnung in Düsseldorf.

Der gemeinsame Sohn Stefan, 24 Jahre alt, studierte während des gesamten Jahres an der Universität Essen. Neben seinem Studium hat er in den Semesterferien im Februar und im Juli gearbeitet. Der auf der Lohnsteuerbescheinigung eingetragene Bruttoarbeitslohn beträgt 2 500,00 €. Bis zum 10.08. wohnte Stefan bei seinen Eltern. Dann mietete er wegen Differenzen mit den Eltern eine Wohnung im Studentenwohnheim in Essen. Die Eltern bezahlten die Miete von 240,00 € pro Monat und zusätzlich einen monatlichen Unterhalt von 300,00 € an ihren Sohn.

Herr Völker ist bei einem Chemieunternehmen in Düsseldorf bis zum 30.06. als Diplom-Chemiker angestellt gewesen. Sein Bruttogehalt betrug monatlich 4 800,00 €. An Lohnsteuer wurden ihm 761,66 € und an Kirchensteuer 49,56 € monatlich einbehalten. Alle Beträge sind auf der Lohnsteuerbescheinigung ausgewiesen. Der Arbeitnehmeranteil zur Rentenversicherung beträgt 446,40 € monatlich und zur Arbeitslosenversicherung 62,40 €. Er ist privat kranken- und pflegeversichert. Der monatliche Beitrag entspricht einer Basisversorgung und beläuft sich auf 748,80 €, wovon ihm der Arbeitgeber die Hälfte ersetzt. Die Ehefrau und das Kind sind in der privaten Versicherung mitversichert.

Herr Völker arbeitet auch viel zu Hause, da er für die Planung von Produktionsprozessen zuständig ist. Er hat deswegen ein Arbeitszimmer in seiner Wohnung, in dem er an 150 Tagen gearbeitet hat. Die Anschaffungskosten der Eigentumswohnung haben insgesamt 150 000,00 € betragen, darin enthalten ist ein Anteil für Grund und Boden in Höhe von 20 000,00 €. Die Wohnung haben die Völkers vor 10 Jahren erworben, die Wohnung selbst ist schon 30 Jahre alt. An Nebenkosten müssen die Völkers monatlich 275,00 € aufwenden. Die Wohnung ist insgesamt 150 m^2 groß, der Anteil des Arbeitszimmers beträgt 15 m^2.

Herr Völker hat das ganze Jahr über die Zeitschrift „Chemie heute" abonniert. Die Kosten hierfür betragen 20,00 € pro Monat. Er ist an 110 Tagen mit seinem privaten Pkw zur Arbeit gefahren. Die einfache Entfernung beträgt 20 km.

Ab dem 01.07. ist Herr Völker Rentner. Er erhält ab diesem Zeitpunkt von der Deutschen Rentenversicherung eine Bruttorente in Höhe von 1 200,00 € monatlich und zusätzlich eine Betriebsrente seines ehemaligen Arbeitgebers in Höhe von 900,00 € monatlich.

Frau Völker ist selbstständige Krankengymnastin. Sie erzielte Betriebseinnahmen in Höhe von 24 900,00 €. An Betriebsausgaben kann sie 13 100,00 € nachweisen. Sie hat Einkommensteuervorauszahlungen von 400,00 € und Kirchensteuervorauszahlungen von 36,00 € geleistet.

Außerdem ist sie an einer BGB-Gesellschaft beteiligt, aus der sie Einkünfte aus Vermietung und Verpachtung in Höhe von 10 500,00 € erzielte.

Die Völkers haben ihre Ersparnisse in festverzinslichen Wertpapieren angelegt. Im Veranlagungszeitraum erhielten sie Zinsen in Höhe von 6 500,00 € (Betrag vor Abzug von Steuern). Einen Freistellungsauftrag in voller Höhe haben die Völkers bei der Bank abgegeben. Der Betrag wurde der Abgeltungsteuer unterworfen.

Folgende Ausgaben möchte das Ehepaar Völker geltend machen:

• Kfz-Unfallversicherung	270,00 €
• Prämien für eine Lebensversicherung auf den Todesfall	3 700,00 €
• Prämie zur Kfz-Haftpflichtversicherung (Privat-Pkw)	280,00 €

Es besteht noch ein gesondert festgestellter Verlustabzug aus dem Vorjahr in Höhe von 1 900,00 €.

3.6 Das Besteuerungsverfahren

3.6.1 Veranlagung

Jeder Steuerpflichtige hat für den abgelaufenen Veranlagungszeitraum eine Steuererklärung abzugeben (§ 25 EStG). Ehegatten/Lebenspartner haben für den Fall der Zusammenveranlagung eine gemeinsame Steuererklärung abzugeben. Wählt ein Ehegatte/Lebenspartner die Einzelveranlagung, müssen beide Ehegatten/Lebenspartner eine eigenständige Einkommensteuererklärung abgeben. Die Einkommensteuer wird nach Ablauf des Kalenderjahres nach dem Einkommen veranlagt, das der Steuerpflichtige in dem Veranlagungszeitraum bezogen hat.

Bei Gewinneinkünften sind die Steuererklärung, die Bilanz und die GuV dem Finanzamt elektronisch zu übermitteln (§§ 5b, 25 (4) EStG). Wird die elektronische Form nicht gewahrt, gilt die Erklärung als nicht abgegeben.

Gemäß § 46 EStG ist bei Arbeitnehmern, deren Einkünfte dem Lohnsteuerabzug unterlagen, eine Veranlagung grundsätzlich nicht durchzuführen. Die Steuerschuld ist mit der einbehaltenen Lohnsteuer abgegolten.

Eine Veranlagung ist abweichend durchzuführen, wenn

- die Einkünfte, die nicht der Lohnsteuer unterlagen, mehr als 410,00 € betrugen,
- der Steuerpflichtige von mehreren Arbeitgebern Lohn bezogen hat,
- ein Lohnsteuerfreibetrag gewährt wurde und der Arbeitslohn nicht mehr als 11 400,00/21 650,00 € im Jahr beträgt,
- Ehegatten/Lebenspartner nach Steuerklasse V oder IV besteuert wurden oder das Faktorverfahren nach § 39f EStG angewandt wurde,
- der Arbeitnehmer die Veranlagung beantragt.

Weitere Ausnahmen finden sich im § 46 (2) EStG.

Ist keine Veranlagung durchzuführen, ist der Steuerpflichtige auch von der Steuererklärungspflicht entbunden (§ 56 EStDV). Weitere Fälle, in denen eine Steuererklärung nicht abgegeben zu werden braucht, sind Folgende:

- Ehegatten/Lebenspartner ohne Einkünfte aus nichtselbstständiger Arbeit mit einem Gesamtbetrag der Einkünfte von weniger als dem Zweifachen des Grundfreibetrages.
- Einzeln Veranlagte ohne Einkünfte aus nichtselbstständiger Arbeit mit einem Gesamtbetrag der Einkünfte unter dem Grundfreibetrag.

Weitere Ausnahmen finden sich im § 56 EStDV.

Der Arbeitgeber kann gem. § 42b EStG für den Arbeitnehmer einen Lohnsteuerjahresausgleich durchführen, wenn die über das gesamte Jahr einbehaltene Lohnsteuer höher ist als die auf den Jahresarbeitslohn entfallende Jahreslohnsteuer. Diese ergibt sich aus den Jahreslohnsteuertabellen.
Die Differenz ist dem Arbeitnehmer vom Arbeitgeber auszuzahlen.

Die Bemessungsgrundlage für die Berechnung der Jahreslohnsteuer ermittelt sich gem. § 42b (2) EStG wie folgt:

	Jahresarbeitslohn
–	Versorgungsfreibetrag
–	Altersentlastungsbetrag
–	Lohnsteuerfreibetrag
=	geminderter Jahresarbeitslohn zur Berechnung der Jahreslohnsteuer.

Der Arbeitgeber muss den Lohnsteuerjahresausgleich durchführen, falls er am 31.12. des betreffenden Jahres mehr als 10 Arbeitnehmer beschäftigt.

Ein Lohnsteuerjahresausgleich ist in den Fällen des § 42b (1) Nr. 1–6 EStG nicht möglich.

Veranlagung und Steuererklärungspflicht

Fall 1

Prüfen Sie in den folgenden Fällen, ob eine Einkommensteuererklärung abgegeben werden muss.

a) Arbeitnehmer A hat einen Bruttoarbeitslohn von 20000,00 € erzielt, von dem ordnungsgemäß Lohnsteuer, Kirchensteuer und Solidaritätszuschlag einbehalten wurden. Weitere Einkünfte sind in 01 nicht angefallen.

b) Wie beurteilen Sie die Sachlage, falls A zusätzlich noch Einkünfte aus Gewerbebetrieb in Höhe von 10000,00 € erhalten hätte?

c) Wie würden Sie die Sachlage beurteilen, falls er von mehreren Arbeitgebern Lohn erhalten hätte und zwei weitere Beschäftigungsverhältnisse mit der Steuerklasse VI hätte?

d) Rentner D bezieht eine kleine Rente der Deutschen Rentenversicherung Bund. Sein Gesamtbetrag der Einkünfte beträgt 4850,00 €.

Einkommensteuer

Lohnsteuerjahresausgleich durch den Arbeitgeber

Fall 2

Christian Böhm war bis zum 30.06.01 Auszubildender bei der VW AG. Ab diesem Zeitpunkt wurde er ins Angestelltenverhältnis übernommen. Seine Auszubildendenvergütung betrug 800,00 € pro Monat, sein Einstiegsgehalt 1400,00 € pro Monat. Von allen Beträgen wurde die Steuer ordnungsgemäß einbehalten. Böhm hat keine außergewöhnlichen Abzüge und möchte eigentlich keine Steuererklärung abgeben.

Ist ein Lohnsteuerjahresausgleich durch den Arbeitgeber möglich?

3.6.2 Entstehung und Fälligkeit der Steuer

Die Einkommensteuer entsteht mit Ablauf des Veranlagungszeitraums (§ 36 EStG). Eine Einkommensteuernachzahlung muss einen Monat nach Bekanntgabe des Steuerbescheides gezahlt werden; eine Erstattung wird nach Bekanntgabe des Steuerbescheides ausgezahlt.

3.6.3 Einkommensteuervorauszahlungen

Einkommensteuervorauszahlungen werden durch Steuerbescheid festgesetzt (§ 37 EStG). Die Vorauszahlungen bemessen sich nach der Einkommensteuer, die sich bei der letzten Veranlagung ergeben hat. Bei der Berechnung der Einkommensteuervorauszahlung bleiben Aufwendungen nach § 10 (1) Nr. 4, 5, 6, 7, 9, § 10 (1a) und §§ 10b, 33, 33a außer Betracht, wenn die Aufwendungen und abziehbaren Beträge insgesamt 600,00 € nicht übersteigen.

Das Finanzamt kann bis zum 15. Monat nach Ablauf des Veranlagungszeitraums die Einkommensteuervorauszahlung anpassen. Bei einer nachträglichen Erhöhung der Vorauszahlungen ist die letzte Vorauszahlung für den Veranlagungszeitraum anzupassen.

Vorauszahlungen werden nur festgesetzt, wenn sie mindestens 400,00 € im Kalenderjahr und 100,00 € pro Vorauszahlung betragen.

Die Fälligkeit der Vorauszahlungen ist am 10.03., 10.06., 10.09. und 10.12.

3.6.4 Zuständigkeit des Finanzamtes

Für die Einkommensteuer ist grundsätzlich das Wohnsitzfinanzamt gem. § 19 (1) AO zuständig.

3.6.5 Weitere Erhebungsformen der Einkommensteuer

Neben der Einkommensteuerveranlagung gibt es noch zwei weitere Verfahren, um die Einkommensteuer zu erheben: die Lohnsteuer und die Kapitalertragsteuer. Beiden Verfahren ist gemeinsam, dass sie als Quellenabzug ausgestaltet sind. Das heißt, dass die Steuer an der Quelle (bei der Lohnsteuer der Arbeitgeber, bei der Kapitalertragsteuer die auszahlende Stelle, zumeist eine Bank) einbehalten und an das Finanzamt abgeführt wird. Weder die Lohnsteuer noch die Kapitalertragsteuer sind dabei eine eigene Steuer, sie sind lediglich eine Erhebungsform der Einkommensteuer.

3.6.5.1 Die Lohnsteuer

Die Lohnsteuer wird gem. § 38 EStG bei Einkünften aus nichtselbstständiger Arbeit durch Abzug vom Arbeitslohn erhoben. Der Arbeitnehmer ist Schuldner der Lohnsteuer.

Die Lohnsteuer entsteht mit Zufluss des Arbeitslohns. Laufende Arbeitslöhne (z. B. Monatsgehälter, Wochen- und Tagelöhne, Überstundenbezahlung) gelten als in dem Kalenderjahr bezogen, in dem der Lohnzahlungszeitraum endet. Sonstige Bezüge (z. B. Weihnachtsgeld, Gratifikationen, Tantiemen, Urlaubsgeld, Abfindungen) gelten als in dem Kalenderjahr bezogen, in dem sie zugeflossen sind (§ 38a (1) EStG). Laufender Arbeitslohn und Nachzahlungen von laufendem Arbeitslohn für das abgelaufene Kalenderjahr, die innerhalb der ersten drei Wochen des neuen Kalenderjahres zufließen, sind dem abgelaufenen Kalenderjahr zuzurechnen. Nachzahlungen, die später zufließen, gelten als sonstige Bezüge (R 39b.2 LStR).

Der Arbeitgeber ist verpflichtet, die Lohnsteuer für Rechnung des Arbeitnehmers vom Arbeitslohn einzubehalten. Der Arbeitgeber hat gem. § 41b EStG eine sog. elektronische Lohnsteuerbescheinigung dem Finanzamt zu übermitteln, die u. a. folgende Angaben enthält:

- Name, Adresse des Arbeitnehmers,
- die Steuermerkmale (amtlicher Gemeindeschlüssel, Kinderfreibetrag, Konfession, Steuerfreibetrag usw.),
- Dauer des Dienstverhältnisses,
- Art und Höhe des Arbeitslohns,
- die einbehaltene Lohnsteuer, den Solidaritätszuschlag und die Kirchensteuer,
- steuerfreie Arbeitgeberleistungen für Fahrten zwischen Wohnung und erster Tätigkeitsstätte,
- Beiträge zu den gesetzlichen Rentenversicherungen,
- die nach § 3 Nr. 62 EStG steuerfrei gezahlten Zuschüsse zur freiwilligen Kranken- und Pflegeversicherung.

Dem Arbeitnehmer muss ein Ausdruck dieser Lohnsteuerbescheinigung zur Verfügung gestellt werden. Auf diesen Bescheinigungen ist zusätzlich Raum für eine vereinfachte Steuererklärung zu lassen. Dort können Aufwendungen, die typischerweise bei Arbeitnehmern entstehen (z. B. Fahrten Wohnung – erste Tätigkeitsstätte, Arbeitsmittel usw.) eingetragen werden. Dadurch sollen Arbeitnehmer in übersichtlicher und einfacher Weise ihre Steuererklärung ausfüllen können, ohne sich die amtlichen Formulare besorgen und ausfüllen zu müssen.

Für die Einbehaltung und Abführung der Lohnsteuer haftet gem. § 42d (1) EStG der Arbeitgeber. Allerdings sind Arbeitnehmer und Arbeitgeber Gesamtschuldner, sodass sich das Finanzamt im Zweifelsfalle auch an den Arbeitnehmer halten kann.

Fall 1 **Lohnsteuerverfahren**

Daniel Siebeck, selbstständiger Architekt, hat zum ersten Mal einen Arbeitnehmer eingestellt. Der Arbeitnehmer soll ein Bruttogehalt von 1 900,00 € erhalten. Folgende Fragen hat er an Sie:

a) Herr Siebeck möchte mit dem Finanzamt gar nichts zu tun haben und will, dass sein Arbeitnehmer für die Abführung der Lohnsteuer selbst verantwortlich ist. Ist das möglich?

b) Folgende Beträge hat er gezahlt und möchte wissen, in welchem Jahr der Arbeitnehmer sie zu versteuern hat:

- Gehalt für den Monat Juli, ausgezahlt am 01.08.01.
- Gehalt für den Monat Dezember, ausgezahlt am 05.01.02.
- Gratifikation für das Jahr 01, ausgezahlt mit dem Januargehalt am 31.01.02.
- Überstundenvergütungen für den Monat Dezember 01, ausgezahlt am 24.01.02.

c) Wer haftet für die Lohnsteuer für den Fall, dass Siebeck die Lohnsteuer nicht mehr zahlen kann, weil er in finanziellen Schwierigkeiten steckt?

Lohnsteuerklassen (§ 38b EStG)	
Zur Berechnung der Lohnsteuer werden die Arbeitnehmer in verschiedene Lohnsteuerklassen eingeteilt, die verschiedene steuerliche Merkmale berücksichtigen:	
Lohnsteuerklasse	**Zuordnung**
I	• Ledige • Geschiedene • verheiratete, aber dauernd getrennt lebende Ehegatten/Lebenspartner • Verwitwete, deren Ehegatten/Lebenspartner im vorletzten Jahr gestorben sind • beschränkt Steuerpflichtige (§ 39d (1) EStG)
II	Alle Arbeitnehmer der Steuerklasse I, wenn ihnen ein Entlastungsbetrag für Alleinerziehende zusteht
III	• Verheiratete, nicht dauernd getrennt lebende, unbeschränkt einkommensteuerpflichtige Ehegatten/Lebenspartner, wenn ein Ehegatte/Lebenspartner keinen Arbeitslohn bezieht oder in die Steuerklasse V eingeordnet ist • Verwitwete, die im Zeitpunkt des Todes des Ehegatten/Lebenspartners nicht dauernd getrennt lebten und unbeschränkt einkommensteuerpflichtig waren, für das Kalenderjahr, das dem Sterbejahr folgt • Unbeschränkt einkommensteuerpflichtige Arbeitnehmer, wenn deren Ehe im Kalenderjahr aufgelöst wurde und der andere Ehegatte/Lebenspartner wieder geheiratet hat. Dies gilt allerdings nur für das Jahr der Auflösung der Ehe.
IV	Verheiratete, unbeschränkt einkommensteuerpflichtige Arbeitnehmer, die nicht dauernd getrennt leben und beide Arbeitslohn beziehen
V	Verheiratete, unbeschränkt einkommensteuerpflichtige Arbeitnehmer, die nicht dauernd getrennt leben und deren Ehegatte/Lebenspartner die Steuerklasse III hat
VI	Arbeitnehmer mit mehreren Arbeitgebern für die zweite und jede weitere Beschäftigung

Bei Ehegatten/Lebenspartnern mit unterschiedlichem Arbeitslohn wählt der Ehegatte/Lebenspartner mit den höheren Bezügen am sinnvollsten die Steuerklasse III und der andere Ehegatte/Lebenspartner die Steuerklasse V. Haben die Ehegatten/Lebenspartner gleiche oder ähnlich hohe Arbeitslöhne, wählt man am sinnvollsten die Steuerklasse IV für beide Arbeitnehmer. Die günstigste Steuerklassenwahl bei unterschiedlicher Höhe der Arbeitslöhne kann auf einem Merkblatt des Bundesministeriums für Finanzen genau abgelesen werden, das man sich auf der Homepage des Bundesfinanzministeriums (www.bundesfinanzministerium.de) herunterladen kann, nachdem man das Suchwort „Steuerklassenwahl" eingegeben hat.

In Lohnsteuertabellen kann man dann die entsprechende Lohnsteuer ablesen.

Für Ehegatten/Lebenspartner, die in die Steuerklasse III/V eingeordnet sind, besteht gem. § 39f EStG die Möglichkeit eines sog. Faktorverfahrens. Dazu müssen die Ehegatten/Lebenspartner dem Finanzamt am Jahresbeginn das voraussichtliche Jahreseinkommen mitteilen. Daraus ermittelt das Finanzamt die voraussichtliche Höhe der gemeinsamen Einkommensteuer und des Lohnsteuerabzugs in der Steuerklasse IV. Diese beiden Werte werden ins Verhältnis gesetzt, woraus sich ein Faktor ergibt. Der sich aus den monatlichen Lohnsteuertabellen ergebende Lohnsteuerabzug wird mit diesem Faktor multipliziert und ergibt dann die einzubehaltene Lohnsteuer. Der beantragte Faktor ist bis zu zwei Jahre gültig.

Fall 2 Lohnsteuerklassen (§ 38b EStG)

Bestimmen Sie in den folgenden Fällen die (günstigste) Lohnsteuerklasse.

a) Arbeitnehmer A ist ledig, ohne Kinder und angestellter Buchhalter.

b) Arbeitnehmerin B ist geschieden. Sie hat ein 12-jähriges Kind, das in ihrem Haushalt wohnt. Der Vater kommt seinen Unterhaltspflichten nach.

c) Arbeitnehmer C ist verheiratet. Seine Frau ist nicht berufstätig. Beide haben zwei Kinder.

d) D ist verheiratet. Er und seine Frau verdienen ein in etwa gleich hohes Gehalt.

e) E ist ledig und kinderlos. Neben seiner normalen Beschäftigung als Arbeiter in einer Maschinenfabrik arbeitet er am Wochenende noch in einer Kneipe „auf Lohnsteuerkarte".

f) Arbeitnehmer F ist seit diesem Jahr verwitwet. Seine Frau war nicht berufstätig. Er hat zwei Kinder. Bestimmen Sie für ihn auch die Lohnsteuerklassen der folgenden Jahre.

g) Das Ehepaar Susanne und Ralf Walter erzielt folgende Arbeitslöhne:

	Susanne	Ralf
Arbeitslohn	35 000,00 €	15 000,00 €
Lohnsteuer	III 2 790,00 € IV 6 111,00 €	V 3 331,00 € IV 648,00 €
Einkommensteuer nach Splittingtabelle	5 928,00 €	

Berechnen Sie die Höhe des Lohnsteuerabzuges für die beiden Ehegatten unter Anwendung des Faktorverfahrens.

Elektronische Lohnsteuerabzugsmerkmale (§ 39e EStG, BMF-Schreiben vom 25.07.2013)

Die Erhebung der Lohnsteuer erfolgt durch ein elektronisches Verfahren. Beim Bundeszentralamt für Steuern (BZSt) steht eine Datenbank ELStAM (**E**lektronische LohnSteuerAbzugsMerkmale) für den Arbeitgeber zur Verfügung. Alle Daten, die für die Ermittlung der Lohnsteuer relevant sind, werden dem Arbeitgeber von der Datenbank zum elektronischen Abruf zur Verfügung gestellt.

Sobald jemand eine Arbeitsstelle antritt und lohnsteuerpflichtig ist, fragt der Arbeitgeber beim BZSt nach den notwendigen Daten, um sie dann in das Lohnkonto des Beschäftigten zu übernehmen. Als Beschäftigter muss man bei Beginn des Arbeitsverhältnisses lediglich die steuerliche Identifikationsnummer und das Geburtsdatum angeben.

Folgende Lohnsteuerabzugsmerkmale werden gespeichert:

- Steuerklasse in Buchstaben
- Zahl der Kinderfreibeträge in den Steuerklassen I–IV für jedes Kind unter 18 Jahren:
  - → Kinderfreibetrag von 0,5 bei einem Kinderfreibetrag nach § 32 (6) EStG
  - → Kinderfreibetrag von 1,0 bei einem doppelten Kinderfreibetrag, weil der geschiedene Ehegatte/Lebenspartner seinen Unterhaltspflichten nicht nachkommt oder der Ehegatte/Lebenspartner verstorben ist oder der Arbeitnehmer das Kind allein angenommen hat
  - → Kinderfreibetrag von 1,0 bei Ehepaaren/Lebenspartnerschaften, wobei der eine Ehegatte/Lebenspartner Lohnsteuerklasse III und der andere Lohnsteuerklasse V hat, bei dem Ehegatten/Lebenspartner mit der Lohnsteuerklasse III
  - → Bei Ehepaaren/Lebenspartnerschaften, die beide in die Lohnsteuerklasse IV eingeordnet sind, erhalten beide für jedes Kind einen Kinderfreibetrag von 1,0, allerdings steht ihnen insgesamt nur *ein* Kinderfreibetrag zu (§ 51a (2a) EStG).
- Zahl der Kinderfreibeträge für Kinder über 18 Jahre und Auslandskinder

Für Änderungen an den lohnsteuerlichen Merkmalen ist grundsätzlich das Finanzamt zuständig. Für melderechtliche Daten wie Geburt eines Kindes, Kirchenaustritt oder Heirat ist die Meldebehörde der entsprechenden Gemeinde zuständig.

Elektronische Lohnsteuerabzugsmerkmale (§ 39e EStG)

Fall 3

Volker Valerius und Susanne Meiger haben ein gemeinsames Kind von 3 Jahren. Beide wohnen zusammen in einer Wohnung. Frau Meiger ist zurzeit nicht berufstätig. Am 02.06.01 heiraten die beiden. Am 15.10.01 wird ihr zweites Kind geboren.

a) Welche Steuerklasse hat Herr Valerius zunächst?

b) Wie viele Kinderfreibeträge erhält Herr Valerius zu Beginn des Jahres?

c) Welche Änderungen sind bei den elektronischen Abzugsmerkmalen im Laufe des Jahres vorzunehmen?

d) Bei welcher Behörde sind diese Änderungen zu beantragen?

Anmeldung und Abführung der Lohnsteuer (§ 41a EStG)

Der Arbeitgeber hat spätestens am 10. Tag nach Ablauf des Voranmeldungszeitraums eine Lohnsteueranmeldung beim Finanzamt abzugeben und die Lohnsteuer abzuführen. Die Lohnsteueranmeldung ist gem. § 41b EStG auf elektronischem Weg zu übermitteln.

Der Lohnsteueranmeldungszeitraum ist grundsätzlich der Kalendermonat. Das Kalendervierteljahr ist der Anmeldungszeitraum, wenn die Lohnsteuer des letzten Jahres mehr als 1 080,00 €, aber weniger als 5 000,00 € betragen hat. Der Lohnsteueranmeldungszeitraum ist das ganze Jahr, wenn die Lohnsteuer des letzten Jahres maximal 1 080,00 € betragen hat. Hat die Betriebsstätte nicht das ganze Kalenderjahr bestanden, so ist die Lohnsteuer des ersten vollen Kalendermonats auf einen Jahresbetrag umzurechnen. Die pauschale Lohnsteuer ist gesondert anzumelden.

Anmeldung und Abführung der Lohnsteuer (§ 41a EStG)

Fall 4

Prüfen Sie in den folgenden Fällen, für welchen Zeitraum und wann eine Lohnsteueranmeldung bzw. -zahlung durchzuführen ist.

a) Arbeitgeber A hat im letzten Jahr Lohnsteuer in Höhe von 6 000,00 € abgeführt.

b) Arbeitgeber B hat im letzten Jahr Lohnsteuer in Höhe von 1 500,00 € abgeführt.

c) Arbeitgeber C hat seinen Betrieb am 01.07.01 eröffnet. Die Lohnsteuer für Juli 01 betrug 150,00 €.

Lohnsteuerfreibeträge

Die Werte der Lohnsteuertabellen berücksichtigen alle Pausch- und Freibeträge. Kann ein Arbeitnehmer höhere Aufwendungen nachweisen, kann er gem. § 39a EStG einen Freibetrag beantragen, der dann den Lohnsteuerabzug vermindert. Dazu muss er beim zuständigen Wohnsitzfinanzamt bis zum 30.11. des laufenden Kalenderjahres einen Antrag nach amtlich vorgeschriebenem Vordruck stellen. Der Antrag gilt für zwei Jahre, kann aber zugunsten des Steuerpflichtigen jederzeit geändert werden. Ändern sich die Verhältnisse zu Ungunsten des Steuerpflichtigen, muss er dies dem Finanzamt anzeigen.

Folgende Voraussetzungen für den Antrag auf Lohnsteuerfreibeträge müssen vorliegen:

Voraussetzungen **§ 39a (2) Satz 4 EStG**	Zur Zulässigkeit des Antrags muss die Summe der Aufwendungen • aus Werbungskosten nach § 9 EStG, die bei Einkünften aus nichtselbstständiger Arbeit anfallen, soweit sie die Werbungskostenpauschale von 1 000,00 € übersteigen, • aus Sonderausgaben nach § 10 (1) Nr. 4, 5, 6, 7, 9, § 10 (1a) und § 10b EStG, • aus berücksichtigungsfähigen (also vor Abzug der zumutbaren Eigenbelastung) außergewöhnlichen Belastungen nach § 33 und abzugsfähigen außergewöhnlichen Belastungen nach § 33a und § 33b (6) EStG

	größer als 600,00 € sein. Diese Grenze gilt auch bei verheirateten Arbeitnehmern, sie wird nicht verdoppelt. Folgende Beträge sind ohne Beachtung der Antragsgrenze zu berücksichtigen: • Pauschbeträge für behinderte Menschen und Hinterbliebene (§ 33b EStG) • Aufwendungen für haushaltsnahe Beschäftigungen und Dienstleistungen; als Freibetrag wird das Vierfache der nach § 35a EStG maßgebenden Ermäßigungsbeträge berücksichtigt, • Verluste aus anderen Einkunftsarten (z. B. aus Vermietung und Verpachtung).
Berechnung des Lohnsteuerfreibetrages	
§ 39a (1) EStG	Die Berechnung erfolgt genau wie die Prüfung der Zulässigkeit, nur mit dem Unterschied, dass von den Sonderausgaben der Sonderausgabenpauschbetrag von 36,00 € bzw. 72,00 € abgezogen werden muss und nicht die berücksichtigungsfähigen außergewöhnlichen Belastungen gem. § 33 EStG angesetzt werden, sondern die abzugsfähigen Belastungen nach Berücksichtigung der zumutbaren Belastung.
§ 39a (2) EStG	Der Freibetrag wird in Monatsfreibeträge aufgeteilt. Die Aufteilung beginnt mit dem der Antragstellung folgenden Monat. Nur bei Antragstellung im Januar wird der Freibetrag rückwirkend für den 01.01. eingetragen.
§ 39a (3) EStG	Bei zusammen veranlagten Ehegatten/Lebenspartnern, die beide erwerbstätig sind, wird die Summe des Freibetrages mit Ausnahme der Werbungskosten zur Hälfte aufgeteilt. Die Ehegatten/Lebenspartner können eine andere Aufteilung beantragen.
Ohne Prüfung eintragungsfähige Lohnsteuerfreibeträge	• Pauschbeträge für Behinderte gem. § 33b EStG (§ 39a (1) Nr. 4 EStG), • Abzugsbeträge gem. § 10d (2) EStG (§ 39a (1) Nr. 5a EStG), • die negative Summe der Einkünfte i. S. d. § 2 (1) Nr. 1, 2, 3, 6, 7 EStG und der negativen Einkünfte i. S. d. § 2 (1) Nr. 5 EStG (§ 39a (1) Nr. 5b EStG), • das Vierfache der Steuerermäßigung nach § 35a EStG (§ 39a (1) Nr. 5c EStG).

Fall 5 Lohnsteuerfreibeträge

Prüfen Sie in den folgenden Fällen, ob ein Lohnsteuerfreibetrag beantragt werden kann, und berechnen Sie ggf. seine monatliche Höhe. Benutzen Sie das Lösungsschema.

a) Arbeitnehmer A hat im kommenden Jahr folgende zu erwartende Aufwendungen:

Werbungskosten aus nichtselbstständiger Arbeit	1 630,00 €
als Sonderausgaben abzugsfähige Vorsorgeaufwendungen	1 250,00 €
Kirchensteuer	350,00 €
Krankheitskosten	2 750,00 €

Der zu erwartende Gesamtbetrag der Einkünfte beträgt 30 600,00 €. Der Arbeitnehmer ist ledig und hat keine Kinder.

A stellt den Antrag (alternativ)

(1) am 15.01.01

(2) am 13.05.01

(3) am 16.11.01

Prüfung der Zulässigkeit			
	a)	b)	
Werbungskosten aus nichtselbstständiger Arbeit > 1 230,00 €		Ehemann/ Lebenspartner	Ehefrau/ Lebenspartner
Sonderausgaben nach § 10 (1) Nr. 4, 5, 7, 9, § 10 (1a) und § 10b EStG			
Außergewöhnliche Belastungen nach § 33 und abzugsfähige außergewöhnliche Belastungen nach § 33a und § 33b EStG			
Summe > 600,00 €?			

Berechnung der Höhe			
	a)	b)	
Werbungskosten aus nichtselbstständiger Arbeit > 1 230,00 €		Ehemann/ Lebenspartner	Ehefrau/ Lebenspartner
Sonderausgaben nach § 10 (1) Nr. 4, 7, 9, § 10 (1a) und § 10b, soweit sie den Sonderausgabenpauschbetrag von 36,00 € bzw. 72,00 € übersteigen			
Abzugsfähige außergewöhnliche Belastungen nach § 33, § 33a und § 33b EStG			
Summe der Sonderausgaben und außergewöhnlichen Belastungen			
Ggf. Aufteilung Ehemann/Ehefrau/Lebenspartner			
Lohnsteuerfreibetrag			

b) Die Eheleute Gerd und Marianne Großmann haben 2 Kinder unter 18 Jahren. Im kommenden Kalenderjahr werden voraussichtlich folgende Aufwendungen entstehen:

	Ehemann	Ehefrau
Werbungskosten bei den Einkünften aus nichtselbstständiger Arbeit	1 460,00 €	540,00 €
Kirchensteuer	456,00 €	120,00 €
Sozialversicherungsbeiträge (Arbeitnehmeranteil)	8 046,00 €	2 268,00 €
Behindertenpauschbetrag		430,00 €

Der Gesamtbetrag der Einkünfte wird voraussichtlich 56 000,00 € betragen. Der Antrag soll im Januar gestellt werden.

Lohnsteuerpauschalierung

In besonderen Fällen kann der Arbeitgeber gem. § 40 EStG die Lohnsteuer anstelle der herkömmlichen Besteuerung pauschal an das Finanzamt abführen. Der Arbeitgeber ist Schuldner der pauschalen Lohnsteuer. Pauschal berechnete Leistungen des Arbeitgebers und die pauschale Lohnsteuer bleiben bei der Veranlagung des Arbeitnehmers zur Einkommensteuer außer Ansatz (§ 40 (3) EStG). Die pauschale Lohnsteuer kann nicht angerechnet werden. In folgenden Fällen ist eine pauschale Berechnung und Abführung der Lohnsteuer möglich:

Kurzfristig Beschäftigte §§ 40a, 39b Abs. 2 Satz 13 bis 16 EStG	
Lohnsteuerpauschalisierung 25 % durch den Arbeitgeber oder herkömmliche Besteuerung	Voraussetzungen: • gelegentliche, nicht regelmäßige Beschäftigung, • max. 18 zusammenhängende Arbeitstage, • max. 120,00 € je Arbeitstag oder • Stundenlohn unter 15,00 € oder • Beschäftigung wird zu einem unvorhersehbaren Zeitpunkt sofort erforderlich • Jobticket anstelle der Steuerbefreiung gem. § 3 Nr. 15 EStG (dann entfällt die Kürzung des Werbungskostenabzugs beim Arbeitnehmer)
Kirchensteuer 4 % – 7 % je nach Bundesland, die der Arbeitgeber alleine trägt	Voraussetzung: • Für alle kurzfristig Beschäftigten wird eine pauschale Kirchensteuer abgeführt.
Solidaritätszuschlag 5,5 %	
Permanenter Lohnsteuerjahresausgleich	Steuerklasse VI Beschäftigungsverhältnis, das nicht das ganze Jahr über besteht. Für die Berechnung der Lohnsteuer wird der kurzfristig hohe Lohn auf einen längeren Zeitraum umgelegt und führt damit zu einem geringeren Steuersatz.

Minijobs § 8 SGB IV, § 40a EStG

	bis 556,00 € pro Monat	**bis 556,00 € pro Monat bei Beschäftigung im Haushalt**
Rentenversicherung	15 %	5 %
Krankenversicherung	13 %	5 %
Lohn-, Kirchensteuer, Solidaritätszuschlag	2 %	2 %
Summe, die der Arbeitgeber allein abführen muss	30 %	12 %

- Zusätzlich fallen noch Beiträge zur U1, U2, U3 und zur Unfallversicherung an.
- Eine geringfügige Beschäftigung neben dem Hauptjob ist möglich.
- Mehrere geringfügige Beschäftigungen werden zusam-mengerechnet.
- Aufzeichnungspflicht durch Arbeitgeber.
- Abführung aller Beträge an die Bundesknappschaft.
- Grundsätzlich besteht Rentenversicherungspflicht. Die Differenz zum vollen Rentenversicherungsbeitragssatz muss vom Arbeitnehmer getragen werden. Er kann sich davon aber auf Antrag befreien lassen.
- Gelegentliches unvorhersehbares Überschreiten der Geringfügigkeitsgrenze ist unschädlich.
  → Es kann bei einer geringfügigen Beschäftigung bleiben, wenn die Grenze innerhalb eines Zeitjahres in nicht mehr als zwei Kalendermonaten um jeweils einen Betrag bis zur Höhe der Geringfügigkeitsgrenze überschritten wird.

Besondere Arbeitgeberleistungen § 40 (2) EStG	
Lohnsteuerpauschalisierung 25 % daurch den Arbeitgeber	• unentgeltliche oder verbilligte Abgabe von Mahlzeiten • Mahlzeiten, die anlässlich einer auswärtigen Tätigkeit unentgeltlich verbilligt zur Verfügung gestellt werden und die nicht nach § 8 (2) EStG besteuert werden können (da z. B. die Abwesenheit zu kurz ist), können pauschal besteuert werden • Arbeitslohn aus Anlass von Betriebsveranstaltungen, die den Gesamtwert von 110,00 € pro Veranstaltung übersteigen

	• Vergütungen für Verpflegungsmehraufwendungen über den Pauschbeträgen nach § 4 (5) Nr. 5 EStG, soweit sie die Pauschbeträge um nicht mehr als 100 % übersteigen • unentgeltliche oder verbilligte Übereignung von Datenverarbeitungsgeräten (PC, Smartphones, Tablets) • für Jobtickets als Wahlmöglichkeit zur Steuerbefreiung nach § 3 Nr. 15 EStG. Es findet keine Minderung der Entfernungspauschale statt.
Lohnsteuerpauschalisierung 15 % durch den Arbeitgeber	• Sachbezüge für unentgeltliche oder verbilligte Beförderung von Arbeitnehmern zwischen Wohnung und erster Tätigkeitsstätte • Zuschüsse zu den Aufwendungen des Arbeitnehmers für Fahrten zwischen Wohnung und erster Tätigkeitsstätte, die die Werbungskosten nach § 9 EStG nicht übersteigen → Der Arbeitnehmer hat seine Werbungskosten für Fahrten zwischen Wohnung und erster Tätigkeitsstätte um die pauschal besteuerten Zuschüsse zu vermindern.

Einkommensteuer

Fall 6

Lohnsteuerpauschalierung

Ist in den folgenden Fällen eine pauschale Besteuerung möglich? Geben Sie, wo notwendig, den Steuersatz an.

a) Die Raumpflegerin Sieglinde Schwab reinigt bei einem Arzt die Praxisräume. Die wöchentliche Arbeitszeit beträgt 10 Stunden. Der Stundenlohn beläuft sich auf 12,82 €. Dies ist die einzige Beschäftigung von Frau Schwab.

b) Wie würden Sie die Sachlage beurteilen, falls Frau Schwab eine zweite Stelle bei einem anderen Arzt mit 5 Stunden wöchentlich und 12,82 € pro Stunde angenommen hätte?

c) Wie würden Sie die Sachlage beurteilen, falls Frau Schwab sowohl bei ihrer ersten als auch bei ihrer zweiten Stelle 5 Stunden wöchentlich arbeitet und 12,82 € pro Stunde erhält?

d) Die Sekretärin Tatjana Stock ist für 10 Tage als Urlaubsvertretung angestellt. Das Gehalt beträgt 12,82 € pro Stunde bei 8 Stunden Arbeitszeit täglich.

e) Walter Penn ist in seinem Hauptberuf Kfz-Mechaniker und verdient dabei monatlich brutto 1 500,00 €. Daneben ist er regelmäßig als Zeitungsausträger beschäftigt und verdient 325,00 € im Monat hinzu.

f) Arbeitgeber Breun zahlt seinen Arbeitnehmern 50 % ihrer Fahrtkosten für öffentliche Verkehrsmittel zusätzlich zum Lohn.

g) (1) Arbeitnehmer Hubert Kraus legt für seine Fahrten zwischen Wohnung und erster Tätigkeitsstätte eine Entfernung von 20 km zurück. Der Arbeitgeber zahlt für 15 Arbeitstage monatlich einen Zuschuss von 30 Cent pro Entfernungskilometer.

(2) Was würde sich ändern, wenn er 40 Cent pro Entfernungskilometer erstatten würde?

h) Außerdem können seine Mitarbeiter unentgeltlich in der betriebseigenen Kantine zu Mittag essen.

Pauschalbesteuerung von betrieblichen Sachgeschenken	
§ 37b EStG/§ 31 (1) KStG	Erhalten Kunden oder Arbeitnehmer Sachzuwendungen, müssen sie diese als Einnahmen oder geldwerten Vorteil versteuern. Um dieses zu verhindern, können Sachzuwendungen an Nichtarbeitnehmer (z. B. Kunden, Geschäftsfreunde) und an Arbeitnehmer pauschal versteuert werden.
BMF-Schreiben vom 19.05.2015, 28.06.2018	Darunter fallen alle Sachzuwendungen, die zur ohnehin vereinbarten Leistung erbracht werden oder zusätzlich zu dem geschuldeten Arbeitslohn erbracht werden. Sachzuwendungen, deren Anschaffungskosten 10,00 € nicht übersteigen, fallen nicht unter den § 37b EStG. Die Pauschalierung ist ausgeschlossen für Sondertatbestände, die gesetzlich separat geregelt sind (z. B. Firmenwagen, amtliche Sachbezugswerte, Pauschalierung nach § 40 (2) EStG, Betriebsveranstaltungen). Auch die Bewirtungsaufwendungen fallen nicht unter die Regelung.

	Die 50,00 €-Freigrenze für Sachbezüge und die 60,00 €-Freigrenze für Aufmerksamkeiten (sowohl für Arbeitnehmer als auch Geschäftsfreunde) gelten weiterhin. Diese Zuwendungen bleiben bei der Anwendung des § 37b EStG außer Ansatz. Der Pauschsteuersatz beträgt 30 % vom Wert der Zuwendung einschließlich Umsatzsteuer. Zusätzlich sind Solidaritätszuschlag und (falls notwendig) 7 % pauschale Kirchensteuer zu erheben. Für den Empfänger ist die Zuwendung dann steuerfrei, er muss aber von der Pauschalbesteuerung unterrichtet werden. Die Pauschalierung ist ausgeschlossen, soweit die Aufwendungen je Empfänger und Wirtschaftsjahr 10000,00 € übersteigen.
BFH-Urteil vom 30.03.2017	Die Pauschalsteuer ist als Betriebsausgabe abzugsfähig, sofern es sich um einen Arbeitnehmer handelt. Bei einem Nichtarbeitnehmer ist die Pauschalsteuer nur abzugsfähig, wenn die Zuwendung nicht unter das Abzugsverbot des §4(5) Nr. 1 EStG fällt. Dabei gilt für die Beurteilung der 50,00 €-Grenze der Wert des Geschenks zuzüglich der Pauschalsteuer.
	Die pauschale Steuer ist in der Lohnsteuer-Anmeldung anzugeben und an das Finanzamt abzuführen. Das Wahlrecht zur Pauschalierung kann nur einheitlich ausgeübt werden und ist unwiderruflich. Allerdings sind zwei Pauschalierungskreise getrennt nach Arbeitnehmern und für Zuwendungen an Dritte möglich. Das Wahlrecht ist spätestens in der letzten Lohnsteueranmeldung des Wirtschaftsjahres der Zuwendungen zu treffen.

Fall 7 **Pauschalbesteuerung von betrieblichen Sachgeschenken**

a) Der Unternehmer Walter Klimt schenkt seinen Kunden zu Weihnachten je eine Flasche Sekt. Der Einkaufspreis des Sekts beträgt 12,00 € netto. Von diesem Sekt hat er 50 Flaschen gekauft. Einem besonderen Kunden schenkt er eine Flasche Champagner, deren Einkaufspreis 60,00 € netto beträgt.

   (1) Prüfen Sie den Betriebsausgabenabzug für das Geschenk.

   (2) Prüfen Sie, ob eine Pauschalversteuerung möglich ist.

   (3) Berechnen Sie die Höhe der Pauschalbesteuerung.

   (4) Prüfen Sie die Abzugsfähigkeit der Pauschalsteuer.

b) Außerdem schenkt Klimt seinem Arbeitnehmer eine Armbanduhr in Höhe von 150,00 € brutto zu dessen Geburtstag. Dieses Geschenk wird zum ohnehin geschuldeten Arbeitslohn erbracht.

   (1) Prüfen Sie den Betriebsausgabenabzug für das Geschenk.

   (2) Prüfen Sie, ob eine Pauschalversteuerung möglich ist.

   (3) Berechnen Sie die Höhe der Pauschalbesteuerung.

   (4) Prüfen Sie die Abzugsfähigkeit der Pauschalsteuer.

c) Was ändert sich an Ihrer Antwort zu b), falls es sich um eine vereinbarte Vergütung in Form einer Sachzuwendung für besondere Leistungen handelt?

3.6.5.2 Die Kapitalertragsteuer

Die Kapitalertragsteuer (§ 43 ff. EStG, BMF-Schreiben vom 19.05.2022 und vom 11.07.2023) wurde zunächst nur auf Dividenden und Einnahmen aus stiller Beteiligung erhoben. Ab dem 01.01.1993 wurde sie auch für Zinsen eingeführt, um die Steuerehrlichkeit zu fördern, da viele Steuerpflichtige ihre Kapitalerträge bei der Steuererklärung nicht angaben.

Schuldner der Kapitalertragsteuer ist der Gläubiger der Kapitalerträge (§ 44 EStG). Die Kapitalertragsteuer entsteht in dem Zeitpunkt, in dem der Kapitalertrag zufließt. Beim Zufluss hat der Schuldner der Kapitalerträge den Steuerabzug für Rechnung des Gläubigers vorzunehmen. Die Anmeldung der einbehaltenen Kapitalertragsteuer hat gem. § 45a EStG bis zum 10. des Folgemonats an das für den Steuerpflichtigen zuständige Finanzamt elektronisch zu erfolgen. Zum gleichen Zeitpunkt muss die Kapitalertragsteuer abgeführt werden.

Grundsätzliche Regelung **§ 43 (1) EStG** **§ 43a (1) EStG** **§ 43 (5) EStG**	Es gilt eine einheitliche Kapitalertragsteuer auf alle Einkünfte aus Kapitalvermögen in Höhe von 25 %. Mit der einbehaltenen Kapitalertragsteuer ist die Einkommensteuer auf diese Einkünfte abgegolten. Es erfolgt keine Veranlagung mehr.
Bemessungsgrundlage **§ 43a (1) EStG** **§ 20 (4) EStG**	Die Bemessungsgrundlage ist der Kapitalertrag. Bei Veräußerungen berechnet sich die Bemessungsgrundlage wie folgt: Veräußerungspreis – Veräußerungskosten – Anschaffungskosten
§ 20 (9) EStG	Von den Kapitalerträgen wird ein Sparerpauschbetrag in Höhe von 1 000,00 €/2 000,00 € abgezogen. Die Kapitalertragsteuer muss demnach nicht einbehalten werden, soweit das Volumen des Freistellungsauftrages nicht ausgeschöpft wird oder eine Nichtveranlagungsbescheinigung vorliegt.
§ 43a (3) EStG	Liegt ein gemeinsamer Freistellungsauftrag von Ehegatten/Lebenspartnern vor, können bei der Abgeltungsteuer auf der Ebene der auszahlenden Stelle Verluste zwischen Gemeinschafts- und Einzelkonten verrechnet werden.
§ 20 (9) Satz 1 2. Teilsatz EStG	Tatsächliche Werbungskosten können nicht geltend gemacht werden.
Solidaritätszuschlag	Gleichzeitig mit der Kapitalertragsteuer wird auch der Solidaritätszuschlag in Höhe von 5,5 % einbehalten. Die Steuerschuld ist damit ebenfalls abgegolten.
Kirchensteuer **§ 32d (1) EStG**	• Besteht Kirchensteuerpflicht, wird die Kirchensteuer als Zuschlag zur Kapitalertragsteuer erhoben werden. Dazu muss die Kapitalertragsteuer um 25 % der auf die Kapitalerträge entfallenden Kirchensteuer reduziert werden. Dafür erfolgt kein Sonderausgabenabzug mehr. Die verminderte Kapitalertragsteuer berechnet sich nach der Formel $\frac{\text{Kapitalerträge}}{4 + \text{Kirchensteuersatz}}$ • Ansonsten besteht zur Veranlagung der Kirchensteuer eine Erklärungspflicht für die Kapitaleinkünfte. Die Berechnung erfolgt nach der gleichen Formel wie bei der Abgeltung.
§ 51a (2c), (2e) EStG	• Die Einbehaltung der Kirchensteuer auf die Abgeltungsteuer erfolgt automatisiert. Kreditinstitute müssen die Information bezüglich der Kirchensteuern einmal jährlich online über eine Datenbank beim Bundeszentralamt für Steuern (BZSt) abfragen und können dann mit der Kirchenabgabe genauso verfahren wie bereits jetzt mit der Abgeltungsteuer. Der Steuerpflichtige kann durch einen Sperrvermerk diese Abfrage verhindern. Dann ist er verpflichtet die Einkünfte aus Kapitalvermögen zu erklären.

Negative Kapitalerträge **§ 20 (6) Satz 2 EStG** **§ 20 (6) Satz 5 EStG**	Negative Kapitalerträge können nicht mehr mit anderen Einkunftsarten verrechnet werden, sondern werden bei der entsprechenden Bank in einem sog. Verlustverrechungstopf gesammelt und in die folgenden Jahre vorgetragen. Dort wird dann so lange keine Kapitalertragsteuer einbehalten, bis die negativen Einkünfte verrechnet sind.
§ 20 (6) Satz 3 EStG	Bei Ehegatten können Verluste des einen Ehegatten mit Gewinnen des anderen Ehegatten verrechnet werden.
§ 43a (3) Satz 3 EStG	Verluste aus Aktienverkäufen sind darüber hinaus nicht mit anderen Einkünften aus Kapitalvermögen, sondern nur mit Gewinnen aus Aktienverkäufen verrechenbar.
§ 43a (3) Satz 4 und 5 EStG	Bestehen Verlustverrechnungstöpfe bei mehreren Banken, können entweder die Verluste bei der entsprechenden Bank in das nächste Jahr vorgetragen oder im Rahmen der Veranlagung mit anderen Gewinnen ausgeglichen werden. Dazu muss die entsprechende Bank eine Bescheinigung ausstellen. Den Antrag für diese Bescheinigung muss der Steuerpflichtige bis zum 15.12. des laufenden Jahres bei der Bank stellen.
Pflichtveranlagung **§ 32d (3) EStG**	Folgende Einkünfte werden zwar nicht von der Abgeltungsteuer erfasst, müssen aber bei der Einkommensteuerveranlagung angegeben werden und werden dann mit einem Steuersatz von 25 % versteuert: • Zinsen aus privaten Darlehen oder Steuererstattungszinsen gem. § 233a AO • Veräußerungsgeschäfte, die nicht durch eine Bank abgewickelt wurden (vor allem der Verkauf eines GmbH-Anteils von < 1 %) • Ausländische Kapitalerträge, die nicht von einem inländischen Kreditinstitut verwaltet werden
Wahlveranlagung **§ 32d (4), (6) EStG**	Für einzelne Kapitalerträge, die der Abgeltungsteuer unterlegen haben, hat man ein Wahlrecht zur Veranlagung, um bisher nicht berücksichtigte Umstände geltend zu machen. Dies gilt insbesondere für: • nicht ausgeschöpfter Sparerfreibetrag • Anrechnung ausländischer Quellensteuer (max. 25 %) • ein noch zu berücksichtigender Verlustvortrag (bei Verlusttöpfen bei unterschiedlichen Banken) • Durchschnittssteuersatz des Steuerpflichtigen ist geringer als der Abgeltungsteuersatz von 25 %
Einbezug der Kapitaleinkünfte für Sonderausgaben, außergewöhnliche Belastungen usw. **§ 2 (5b) EStG**	Die mit Abgeltungssteuer belegten Einkünfte sind nicht bei der Berechnung der Größen Summe der Einkünfte, Gesamtbetrag der Einkünfte, Einkommen und zu versteuerndes Einkommen für andere einkommensteuerliche Abzüge einzubeziehen.
Ausnahmen zur Abgeltungsteuer **§ 32d (2) EStG**	Folgende Kapitaleinkünfte werden nicht vom Abgeltungsteuersatz von 25 % erfasst, sondern müssen nach dem individuellen Einkommensteuersatz versteuert werden: • Zinsen und Dividenden im betrieblichen Bereich → Teileinkünfteverfahren

	• Darlehensgewährung zwischen einander nahestehenden Personen und die Kapitalerträge stellen bei dieser Person Werbungskosten oder Betriebsausgaben dar oder an eine Personengesellschaft, an der der Steuerpflichtige oder eine ihm nahestehende Person als Mitunternehmer beteiligt ist • Zinsen von einer Kapitalgesellschaft, an denen der Empfänger zu mind. 10 % beteiligt ist • Erträge aus neuen Lebensversicherungen (Abschluss nach dem 31.12.2004)
Wahlrecht zum Teileinkünfteverfahren **§ 32d (2) Nr.3 EStG**	Ist ein Steuerpflichtiger an einer Kapitalgesellschaft zu mind. 25 % beteiligt oder zu mind. 1 % beteiligt und beruflich als Geschäftsführer oder Arbeitnehmer für diese tätig, hat er die Möglichkeit, für die Anwendung des Teileinkünfteverfahrens zu optieren. Dabei werden die Kapitaleinkünfte zu 60 % besteuert. Dann kann er auch die tatsächlichen Werbungskosten (anteilig zu 60 %) ansetzen. Ein Sparerpauschbetrag kann nicht abgezogen werden.

Folgende Übersicht fasst die Besteuerung privater Kapitalerträge noch einmal zusammen:

Übersicht über die Besteuerung privater Kapitalerträge seit 2009		
Kapitalerträge	Kapitalertragsteuerabzug	ESt-Veranlagung
Zinsen aus Bankguthaben, festverzinslichen Wertpapieren, Bausparzinsen	25 %, soweit Freistellungsauftrag überschritten	• grundsätzlich keine Veranlagung (= Abgeltung) • aber möglicher Antrag auf Veranlagung, dann Besteuerung mit 25 % oder niedrigerem persönlichen Steuersatz • kein Ansatz der tatsächlichen Werbungskosten
Gewinnausschüttungen und Dividenden	25 %	• grundsätzlich keine Veranlagung (= Abgeltung) • aber möglicher Antrag auf Veranlagung, dann Besteuerung mit 25 % oder niedrigerem persönlichen Steuersatz • kein Ansatz der tatsächlichen Werbungskosten • falls der Gesellschafter zu mind. 25 % an der Gesellschaft beteiligt ist oder zu mind. 1 % beteiligt und für die Gesellschaft tätig, Optionsmöglichkeit zum Teileinkünfteverfahren, bei dem Erträge dann zu 60 % mit dem persönlichen Steuersatz zu versteuern sind, Werbungskosten sind ebenfalls zu 60 % abzugsfähig
Erträge aus stillen Beteiligungen	25 %	• grundsätzlich keine Veranlagung (= Abgeltung) • aber möglicher Antrag auf Veranlagung, dann Besteuerung mit 25 % oder niedrigerem persönlichen Steuersatz • kein Ansatz der tatsächlichen Werbungskosten • bei Beteiligungen von einander nahestehenden Personen sind die Erträge mit dem persönlichen Steuersatz zu versteuern

Zinsen aus einem Gesellschafterdarlehen an eine GmbH	Kein Abzug	• bei Beteiligung unter 10 % sind die Zinserträge mit 25 % oder dem niedrigeren persönlichen Steuersatz zu versteuern • bei Beteiligung über 10 % sind die Zinserträge grundsätzlich mit dem persönlichen Steuersatz zu versteuern
Zinserträge aus Privatdarlehen • **an nahestehende Personen und die Kapitalerträge stellen bei dieser Person Werbungskosten oder Betriebsausgaben dar** • **an sonstige Personen**	Kein Abzug	• Zinserträge sind mit dem persönlichen Steuersatz zu versteuern • Zinserträge sind mit 25 % oder dem persönlichen Steuersatz zu versteuern
Veräußerungsgewinne • **aus GmbH-Anteilen** • **aus Aktien, Investmentanteilen**	Kein verpflichtender Abzug	• Die Besteuerung erfolgt immer zu 25 %, egal, ob eine Abgeltung oder Veranlagung erfolgt • Falls der Gesellschafter zu mind. 1 % beteiligt ist, gilt das Teileinkünfteverfahren, bei dem Erträge dann zu 60 % mit dem persönlichen Steuersatz zu versteuern sind, Werbungskosten sind ebenfalls zu 60 % abzugsfähig
Erträge aus Kapitallebensversicherungen und Rentenversicherungen mit Kapitalwahlrecht • **bei vertragsgemäßer Auszahlung** • **bei vorzeitiger Auszahlung**	25 % auf die vollen Erträge	• Erträge sind zu 50 % mit dem persönlichen Steuersatz zu versteuern, die Kapitalertragsteuer wird angerechnet • Grundsätzlich keine Veranlagung (= Abgeltung) • aber möglicher Antrag auf Veranlagung, dann Besteuerung mit 25 % oder niedrigerem persönlichen Steuersatz • kein Ansatz der tatsächlichen Werbungskosten

Fall 1 Kapitalertragsteuerberechnung

Stefan Weinert hat folgende Einnahmen aus Kapitalvermögen. Berechnen Sie die Höhe der Kapitalertragsteuer, die Kirchensteuer (9 %) und den Solidaritätszuschlag.

a) Zinseinnahmen in Höhe von 5000,00 €. Bei seiner Bank hatte er einen Freistellungsauftrag in Höhe von 1 000,00 € abgegeben.

b) Dividendeneinnahmen in Höhe von 7 500,00 €

c) Verkauf von Aktien im Wert von 20 000,00 €. Die Aktien hatte er vor 2 Jahren für 15 000,00 € gekauft. An Veräußerungskosten fielen 100,00 € an. Außerdem hat er noch einen Verlust aus dem Verkauf von Aktien aus dem Vorjahr in Höhe von 1 000,00 €.

Fall 2 Abgeltungsteuer oder Veranlagung

Prüfen Sie in den folgenden Fällen, ob eine Abgeltung oder eine Veranlagung erfolgt.

a) Guido Weinert hat Zinseinnahmen in Höhe von 1 100,00 €. Seiner Bank hatte er einen Freistellungsauftrag von 1 000,00 € erteilt. Seine Frau hat keine Einkünfte aus Kapitalvermögen.

b) Der Einzelunternehmer Walter Rudolf hat Wertpapiere in seinem Betriebsvermögen, aus denen er Zinseinnahmen in Höhe von 12 000,00 € erzielt.

c) Das Rentnerehepaar Möller hat Einnahmen aus Zinsen in Höhe von 2500,00 €. Ihr durchschnittlicher Steuersatz beträgt 19 %.

d) Tina Reifert ist zu 100 % an der Reifert GmbH beteiligt. Sie hat der GmbH ein Darlehen in Höhe von 100000,00 € gewährt, für das sie in 01 Zinseinnahmen in Höhe von 7000,00 € erzielt. Am Ende des Jahres verkauft sie die GmbH mit einem Veräußerungsgewinn von 12000,00 €.

e) Sandra Reiter hat ihre Ersparnisse bei einer Bank in Luxemburg angelegt und erhält in 01 daraus Einnahmen aus Kapitalvermögen in Höhe von 4300,00 €.

Werbungskosten bei Einkünften aus Kapitalvermögen

Fall 3

Stefan Seidel ist 100%iger Eigentümer der Seidel GmbH. Die GmbH schüttet ihren Gewinn in 01 in Höhe von 120000,00 € (nach Körperschaftsteuer) an Seidel aus. Herr Seidel ist konfessionslos.

a) Wird ein Abgeltungsabzug durchgeführt?

b) Berechnen Sie die Höhe der Abgeltungsteuer.

c) Für die Gründung der GmbH hat er einen privaten Kredit in Höhe von 500000,00 € aufgenommen, für den er in 01 Zinsen in Höhe von 20000,00 € bezahlt hat. Berechnen Sie die Höhe der Abgeltungsteuer.

Veranlagung trotz Kapitaleinkünften

Fall 4

Der Rentner Wilhelm Reich erhält seit 2003 eine monatliche Rente der Deutschen Rentenversicherung in Höhe von 2000,00 € monatlich. Außerdem hat er Zinseinnahmen von 2000,00 €. Davon hat die Bank die Abgeltungsteuer in Höhe von 299,75 € einbehalten. An Sonderausgaben kann Herr Reich 2100,00 € nachweisen. Weitere Ausgaben hat er nicht. Herr Reich war in 2003 65 Jahre alt. Die Kirchensteuer soll bei der Berechnung vernachlässigt werden.

Prüfen Sie, ob eine Veranlagung für Herrn Reich günstiger als die Abgeltung ist, und berechnen Sie sein zu versteuerndes Einkommen und seine Einkommensteuer.

Verluste aus Kapitaleinkünften

Fall 5

Frank Wieland hat in 01 bei der Bank A Zinserträge in Höhe von 2500,00 €. Außerdem veräußert er in diesem Jahr Aktien mit einem Veräußerungsverlust in Höhe von 500,00 € sowie einen Verlust aus dem Verkauf von Fondsanteilen in Höhe von 300,00 €. Bei der Bank B hat er einen Gewinn aus einem Aktienveräußerungsgeschäft in Höhe von 1000,00 €. Den Freistellungsauftrag hat er in voller Höhe bei der Bank A abgegeben.

Welche Möglichkeiten der Besteuerung hat Frank Wieland?

Wahl der Besteuerung bei Gewinnausschüttungen von Kapitalgesellschaften

Fall 6

Hans Günther ist an der Freise GmbH zu 30 % beteiligt. Er erhält eine Gewinnausschüttung in Höhe von 100000,00 €. Günther hat den Kauf des GmbH-Anteils durch einen Kredit finanziert, wofür er im Jahr 5000,00 € Zinsen bezahlt.

a) Welche Möglichkeiten der Besteuerung hat Günther?

b) Berechnen Sie die Steuerbelastung bei einem unterstellten persönlichen Einkommensteuersatz von

   1) 35 %

   2) 42 %

   3) 45 %

Gesamtfall

Fall 7

Hermann Winter aus Hamburg, ledig, evangelisch, ist Arzt und erzielt aus eigener Praxis einen Gewinn in Höhe von 60 000,00 €. Bei der Gewinnermittlung hat er Zinsauszahlungen in Höhe von 356,88 €, die er für sein betriebliches Bankguthaben bei der A-Bank erhalten hat, nicht berücksichtigt, da er meint, diese seien mit der Kapitalertragsteuer von 125,00 €, dem Solidaritätszuschlag von 6,88 € und der Kirchensteuer von 11,25 € abgegolten. Die Bank hat für die Kontoführung eine Gebühr von 7,00 € verlangt.

Außerdem hat er ein privates Sparbuch bei der B-Bank. Ihm wurden Zinsen von 649,81 € nach Abzug der Kapitalertragsteuer von 87,50 €, Solidaritätszuschlag von 4,81 € und Kirchensteuer von 7,88 € gutgeschrieben. Er hatte bei der Bank einen Freistellungsauftrag in Höhe von 400,00 € angegeben.

Weiterhin hat Winter ein Wertpapierdepot bei der C-Bank. Er erhielt eine Dividendenauszahlung von 499,63 €. An Kapitalertragsteuer wurden 175,00 €, an Solidaritätszuschlag 9,63 € und an Kirchensteuer 15,75 € einbehalten. Am 30.10. verkauft er die 100 Aktien des Depots, die er für 40,00 € je Stück gekauft hatte, für 52,00 €. Die Bank hatte ihm dafür Veräußerungskosten von 20,00 € in Rechnung gestellt. Einbehalten wurden Kapitalertragsteuer in Höhe von 295,00 €, Solidaritätszuschlag von 16,23 € und Kirchensteuer in Höhe von 26,55 €. Winter hat vergessen der Bank einen Freistellungsauftrag zu erteilen.

Seinem Vater hatte er ein Darlehen zur Anschaffung eines Wagens gewährt. An Zinsen hat er 300,00 € erhalten.

Nehmen Sie zu den Vorgängen aus einkommensteuerlicher Sicht Stellung. Beurteilen Sie insbesondere, ob eine Veranlagung notwendig oder angeraten ist.

4 Mindmap Körperschaftsteuer

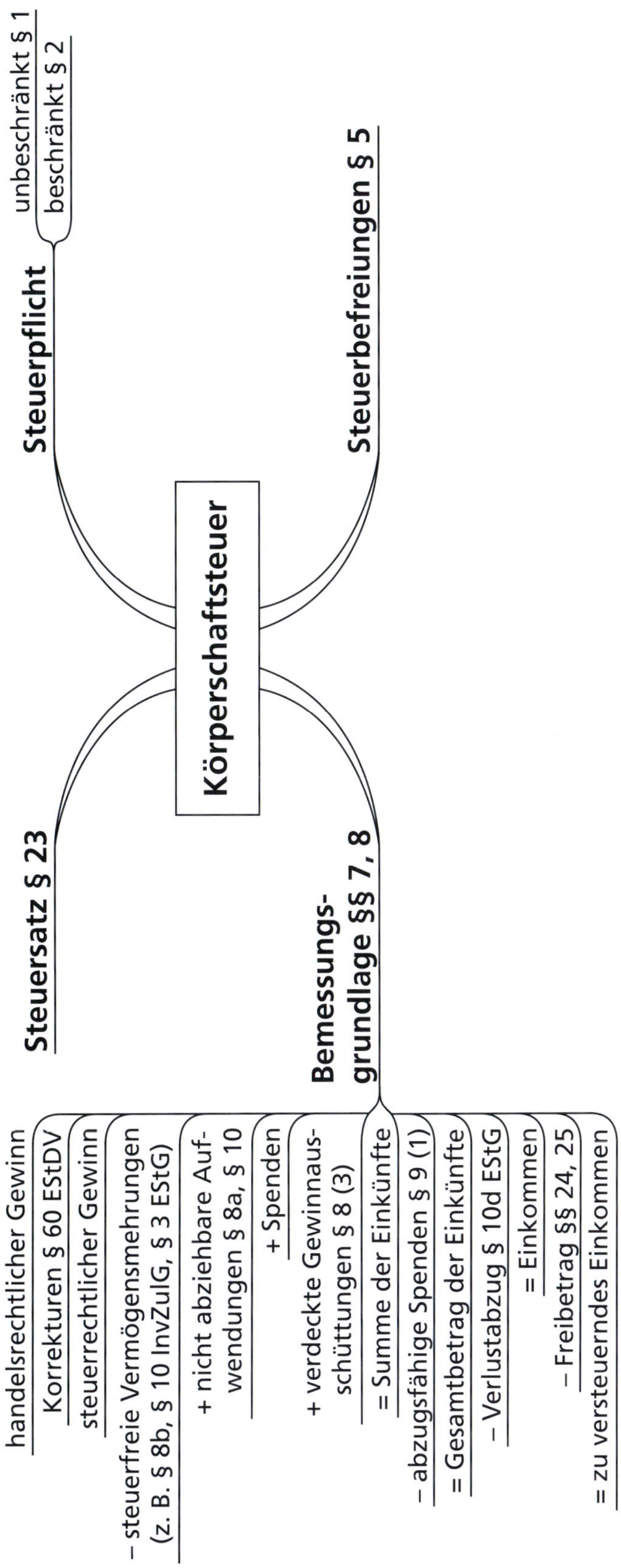

4 Körperschaftsteuer

4.1 Einführung in die Körperschaftsteuer

Die Körperschaftsteuer hat ein Aufkommen von ca. 45 Mrd. €. Sie ist die sog. Einkommensteuer der juristischen Personen.
Die erste gesetzliche Regelung der Körperschaftsteuer erfolgte gleichzeitig mit der Einkommensteuer. Sie war ebenfalls im Preußischen EStG vom 24.06.1891 geregelt. Durch das Reichs-KStG vom 30.03.1920 erhielt die Körperschaftsteuer erstmals eine vom EStG getrennte gesetzliche Regelung.
Die heutige gesetzliche Grundlage ist das Körperschaftsteuergesetz (KStG) vom 15.10.2002 mit späteren Änderungen und den dazugehörigen Körperschaftsteuerdurchführungsverordnungen (KStDV) und den Körperschaftsteuerrichtlinien (KStR), die allerdings nur für die Finanzbeamten gelten.
Die Körperschaftsteuer ist eine Ergänzung zur Einkommensteuer, da die Körperschaften Einkommen erzielen, die auf der Ebene der natürlichen Personen nicht erfasst werden können. Deshalb ist die Besteuerung aus Gründen der Wettbewerbsgleichheit notwendig.
Die Körperschaftsteuer ist eine Besitzsteuer, deren Besteuerungsgrundlage das Einkommen von nicht natürlichen Personen ist. Da sie die unterschiedliche wirtschaftliche Leistungsfähigkeit dieser Personen berücksichtigt, ist sie eine Personensteuer.
Steuerschuldner, Steuerzahler und Steuerträger sind bei der Körperschaftsteuer identisch, sodass es sich um eine direkte Steuer handelt.
An dem Aufkommen sind zu je 50 % Bund und Länder beteiligt. Es handelt sich somit um eine Gemeinschaftssteuer.
Die Körperschaftsteuer ist eine Veranlagungssteuer, d. h., dass die Steuer in einem Steuerbescheid nach Maßgabe der Steuererklärung des Steuerpflichtigen festgesetzt wird.

4.2 Die Steuerpflicht

Unbeschränkte Steuerpflicht **§ 1 KStG**	• Kapitalgesellschaften (AG, GmbH, KGaA), • Erwerbs- und Wirtschaftsgenossenschaften (z. B. Wohnungsbaugenossenschaften, Volksbanken), • Versicherungsvereine auf Gegenseitigkeit, • sonstige juristische Personen des privaten Rechts (z. B. rechtsfähige Vereine), • nichtrechtsfähige Vereine (z. B. Gewerkschaften, Parteien), Anstalten, Stiftungen und andere Zweckvermögen des privaten Rechts, • Betriebe gewerblicher Art von juristischen Personen des öffentlichen Rechts (z. B. Stromversorgungsbetriebe, Verkehrsbetriebe) → Betriebe gewerblicher Art sind Einrichtungen, die einer wirtschaftlichen Tätigkeit zur Erzielung von Einnahmen außerhalb der Land- und Forstwirtschaft dienen und die sich aus der Gesamtbetätigung wirtschaftlich herausheben (§ 4 KStG). mit Geschäftsleitung oder Sitz im Inland → Geschäftsleitung ist der Mittelpunkt der geschäftlichen Oberleitung (§ 10 AO). Das ist der Ort, an dem die zur Vertretung der Gesellschaft befugte Person ihre geschäftsführende Tätigkeit ausübt. → Sitz ist der Ort, der durch Gesetz, Gesellschaftsvertrag, Satzung oder dergleichen bestimmt ist (§ 11 AO). sind **unbeschränkt körperschaftsteuerpflichtig** (Welteinkommensprinzip). → Die Steuerpflicht erstreckt sich auf sämtliche in- und ausländische Einkünfte.
Antrag auf Steuerpflicht **§ 1a KStG**	• Antragsberechtigt sind alle Personengesellschaften. • Der Antrag ist unwiderruflich. Es besteht aber keine Mindestdauer, sodass im nächsten Jahr wieder zur Regelbesteuerung zurückgekehrt werden kann.

	• Die antragstellende Personengesellschaft wird wie eine Kapitalgesellschaft und die Gesellschafter wie nicht persönlich haftende Gesellschafter behandelt. • Die optierende Gesellschaft wird als unbeschränkt körperschaftsteuerpflichtig und in der Gewerbesteuer als kapitalgesellschaftsgleich behandelt.
Beschränkte Steuerpflicht **§ 2 KStG**	• Körperschaften, Personenvereinigungen und Vermögensmassen, • die weder ihre Geschäftsleitung noch ihren Sitz im Inland haben, sind **beschränkt körperschaftsteuerpflichtig** → Besteuert werden nur die inländischen Einkünfte.
Beginn der Steuerpflicht **H 1.1 KStR**	Die Gründung einer Kapitalgesellschaft erfolgt in drei Schritten: • **Vorgründungsgesellschaft:** Dies ist die Zeit vor Abschluss des Gesellschaftsvertrages. Die Vorgründungsgesellschaft entsteht durch die Vereinbarung der künftigen Gesellschafter, eine Kapitalgesellschaft gründen zu wollen. Es handelt sich gesellschaftsrechtlich um eine Gesellschaft bürgerlichen Rechts, die nicht körperschaftsteuerpflichtig ist. • **Vorgesellschaft:** Es besteht ein abgeschlossener notarieller Gesellschaftsvertrag, aber die Gesellschaft ist noch nicht ins Handelsregister eingetragen. Die Vorgesellschaft ist bereits körperschaftsteuerpflichtig, allerdings nur, wenn es später tatsächlich zu einer Eintragung kommt. Kommt es nicht zu einer Eintragung, ist die Vorgesellschaft eine sog. unechte Vorgesellschaft und damit nicht körperschaftsteuerpflichtig. • **Gründung der Gesellschaft:** Mit Eintrag in das Handelsregister ist die Gesellschaft gegründet. Zu diesem Zeitpunkt entsteht spätestens die Körperschaftsteuerpflicht.
Ende der Steuerpflicht **§ 11 (1) KStG**	Das Ende der Gesellschaft ist die Einstellung aller geschäftlichen Tätigkeiten. Zumeist ist das der Zeitpunkt der Auflösung der Gesellschaft. Damit endet auch die Körperschaftsteuerpflicht. Eine Löschung im Handelsregister hat nur deklaratorische Wirkung und beendet nicht die Körperschaftsteuerpflicht.

Fall 1 Steuerpflichtige Körperschaften (§§ 1, 2 KStG)

Prüfen Sie, ob folgende Personen körperschaftsteuerpflichtig sind. Falls nichts anderes vermerkt ist, haben die Personen ihren Sitz in Deutschland.

a) Sommer AG
b) Winter GmbH
c) Herbst OHG
d) Einzelkaufmann Frühling
e) Einkaufsgenossenschaft Baden-Süd e. G.
f) Sana Altenpflege gemeinnützige GmbH
g) Der Sportverein TC Rot-Weiß e. V., der zusätzlich auch eine Vereinsgaststätte betreibt. Die Bruttoeinnahmen aus der Vereinsgaststätte betragen 20 000,00 € im Jahr.
h) Jahreszeiten GmbH & Co. KG
i) Die eigenständigen Entsorgungsbetriebe der Stadt Hamburg
j) Gemeinnützige Wohnungsbaugenossenschaft Wuppertal e. G.
k) X-Partei
l) Der französische Raffineriekonzern Elf Aquitaine SA mit Sitz in Paris, AG nach französischem Recht, hat Einkünfte aus Filialen in Deutschland.

Steuerpflicht – Sitz der Geschäftsleitung (§§ 10, 11 AO)

Fall 2

Prüfen Sie in den folgenden Fällen die Körperschaftsteuerpflicht.

a) Die Meiser GmbH hat ihren Geschäftssitz im holländischen Maastricht. Sie beschäftigt sich mit dem Vertrieb von landwirtschaftlichen Gütern aus den Niederlanden in Deutschland. Der Geschäftsführer, Werner Meiser, wohnt in Aachen und erledigt von dort aus auch den größten Teil der Arbeit. In seinem Haus nutzt er dafür das Erdgeschoss als Büroräume.

b) Der Franzose Robert Dumas hat eine GmbH nach deutschem Recht gegründet, um die Kundenverbindungen in seinem Hauptabsatzgebiet in Deutschland besser pflegen zu können. Der Sitz der Gesellschaft ist laut Gesellschaftsvertrag Freiburg, den größten Teil der Zeit befindet Dumas sich aber in seinem Straßburger Büro, in dem er neben den Geschäften seiner französischen Firma auch die Geschäfte seiner deutschen GmbH leitet. In Freiburg besitzt die GmbH nur ein kleines Büro für repräsentative Zwecke.

Beginn der Steuerpflicht (H 1.1 KStR)

Fall 3

Gabi Fuhrmann und Beate Geiger haben sich entschlossen, einen Vertrieb für Kosmetika aufzubauen und dafür eine GmbH zu gründen. Dazu haben sie sich am 12.10.02 zusammengesetzt und die ersten Pläne gemacht. In der Folgezeit hat man begonnen, Kontakte mit Herstellern aufzunehmen. Im November sind die beiden bei einem Steuerberater gewesen, der einen GmbH-Gesellschaftsvertrag aufgesetzt hat. Der Vertrag wurde am 25.11.02 notariell beurkundet. Am 05.01.03 erfahren die beiden Gesellschafterinnen, dass die GmbH ins Handelsregister eingetragen ist. Dies wurde auch in der örtlichen Tageszeitung vom 08.01.03 bekannt gemacht. Im Juni 03 erhalten die Gesellschafterinnen einen Brief vom Finanzamt, in dem sie aufgefordert werden, die Körperschaftsteuererklärung für das Jahr 02 einzureichen. Die beiden meinen, dass dies nur ein Fehler sein könne, da die GmbH ja erst seit dem 05.01.03 bestehen würde. Zu Recht?

Ende der Steuerpflicht (§ 11 (1) KStG)

Fall 4

Die Seibel GmbH, Handel mit Computerzubehör, hat in den letzten Jahren immer schlechtere Gewinne erzielt. Deswegen entschließt sich ihr Besitzer, Paul Seibel, die GmbH aufzulösen. Am 15.11.02 reicht er beim Handelsregister einen Antrag ein, die GmbH aus dem Register zu löschen, da er sie auflösen wolle. Gleichzeitig beginnt er mit dem Verkauf der letzten Waren. Das Handelsregister teilt ihm mit, dass die GmbH mit Datum vom 20.12.02 im Handelsregister gelöscht wurde. Der Verkauf der restlichen Waren sowie der Büroeinrichtung zieht sich noch bis zum 25.01.03, sodass Seibel den Mietvertrag der Büroräume zum 31.01.03 gekündigt hat. Zu diesem Zeitpunkt hat er auch alle ausstehenden Tätigkeiten erledigt und die Büroräume geräumt.
Das Finanzamt fordert ihn auf, die Körperschaftsteuererklärungen 02 und 03 abzugeben. Er meint allerdings, dass er nur eine Erklärung für das Jahr 02 abgeben müsse, da er in diesem Jahr die GmbH aufgelöst habe. Zu Recht?

4.3 Die Steuerbefreiungen

In § 5 KStG sind steuerbefreite juristische Personen aufgeführt. Beispiele hierfür sind:

- Deutsche Bundesbank,
- politische Parteien, soweit kein wirtschaftlicher Geschäftsbetrieb unterhalten wird,
- staatliche Lotterieunternehmen,
- Wohnungsbaugenossenschaften,
- Körperschaften und Personenvereinigungen (z. B. Vereine), die gemeinnützigen, mildtätigen oder kirchlichen Zwecken dienen, soweit sie keinen wirtschaftlichen Geschäftsbetrieb unterhalten.

→ Ein wirtschaftlicher Geschäftsbetrieb ist eine selbstständige, nachhaltige Tätigkeit, durch die Einnahmen erzielt werden und die über den Rahmen der Vermögensverwaltung hinausgeht (§ 14 AO).

→ Die Steuerbefreiung ist für den wirtschaftlichen Geschäftsbetrieb ausgeschlossen, es sei denn, er ist ein Zweckbetrieb (§ 64 (1) AO).

→ Ein Zweckbetrieb liegt vor, wenn der wirtschaftliche Geschäftsbetrieb dazu dient, die steuerbegünstigten Zwecke der Körperschaft zu verwirklichen, und die Zwecke nur durch einen solchen Geschäftsbetrieb erreicht werden können (§ 65 AO). Weitere Arten von Zweckbetrieben sind in § 68 AO aufgeführt.

→ Sportliche Veranstaltungen eines Sportvereins sind ein Zweckbetrieb, wenn die Einnahmen inkl. USt. 45 000,00 € nicht übersteigen. Der Verkauf von Speisen und Getränken sowie die Werbung gehören nicht zu den sportlichen Veranstaltungen (§ 67a AO).

→ Sind die Einnahmen aus dem wirtschaftlichen Geschäftsbetrieb geringer als 45 000,00 € (inkl. USt.), so unterliegen diese Einnahmen nicht der Körperschaftsteuer und der Gewerbesteuer (§ 64 (3) AO).

Fall 1 **Steuerbefreiung (§ 5 KStG)**

Prüfen Sie für den Fall 1 aus dem Kapitel „4.2 Körperschaftsteuerpflicht“, ob eine Steuerbefreiung vorliegt.

Fall 2 **Steuerbefreiungen bei Vereinen (§§ 64 ff. AO)**

Der TC Grün-Weiß Köln e. V. ist ein bekannter Tennisclub. Er ist als gemeinnützig anerkannt und im Vereinsregister eingetragen. Die 1. Damenmannschaft des Vereins spielt in der 2. Bundesliga, weswegen der Verein neben Beiträgen auch andere Einnahmequellen hat:

Mitgliedsbeiträge	120 000,00 €	
Spenden	40 000,00 €	
Vereinsgaststätte	30 000,00 €	bei Ausgaben von 20 900,00 €
Sportveranstaltungen (Eintritt)	12 000,00 €	bei Ausgaben von 10 500,00 €
Bandenwerbung	13 000,00 €	
Fremdvermietung von Plätzen	1 000,00 €	

Prüfen Sie die Steuerpflicht und evtl. Steuerbefreiungen des Vereins.

4.4 Die Bemessungsgrundlage

4.4.1 Grundlagen

Die Bemessungsgrundlage für die Körperschaftsteuer ist gem. § 7 (1) KStG das zu versteuernde Einkommen. Die Grundlage für die Berechnung des zu versteuernden Einkommens ist der Gewinn, der sich aufgrund des EStG[1] und der zusätzlichen Vorschriften des KStG ergibt (§ 8 (1) KStG).

Regelungen zur Gewinnermittlung	
Gewinnermittlungsart	Alle Kapitalgesellschaften sind (Form-)Kaufleute und deswegen buchführungspflichtig laut HGB. Sie müssen ihren Gewinn durch Betriebsvermögensvergleich gem. § 5 EStG ermitteln. Alle anderen körperschaftsteuerpflichtigen Personen (z. B. bestimmte Vereine), die nicht buchführungspflichtig sind, können freiwillig einen Betriebsvermögensvergleich nach § 4 (1) EStG durchführen oder ermitteln ihren Gewinn nach § 4 (3) EStG.
Gewinnermittlungszeitraum **§ 7 (3), (4) (KStG)**	Der Gewinn bzw. Verlust ist jeweils für ein Kalenderjahr zu ermitteln. Bei buchführungspflichtigen Steuerpflichtigen ist der Gewinn für das Wirtschaftsjahr zu ermitteln, für das sie Jahresabschlüsse erstellen. Bei einem abweichenden Wirtschaftsjahr gilt der Gewinn in dem Kalenderjahr als bezogen, in dem das Wirtschaftsjahr endet.
Einkunftsart **§ 8 (2) KStG** **R 8.1 (2) KStR**	Bei buchführungspflichtigen Steuerpflichtigen sind alle Einkünfte Einkünfte aus Gewerbebetrieb (z. B. auch Erträge aus Vermietungen oder Kapitalerträge). Dies gilt allerdings nicht für nicht buchführungspflichtige Steuerpflichtige. Sie können grundsätzlich alle Einkunftsarten des § 2 (1) EStG beziehen. Dabei sind auch die Vorschriften über Werbungskostenpauschalen und Freibeträge des EStG zu berücksichtigen.

[1] Siehe Kapitel 9

Übersicht zur Ermittlung des zu versteuernden Einkommens

Das körperschaftsteuerlich zu versteuernde Einkommen wird gemäß der unten stehenden Übersicht ermittelt. Abzüge sind nur insoweit zu tätigen, als sie als Ertrag gebucht wurden, Hinzurechnungen nur insoweit, als sie als Aufwand gebucht wurden. Die einzelnen Positionen werden in den angegebenen Kapiteln erläutert.

Handelsrechtlicher Gewinn/Verlust
+/– Korrekturen gem. § 60 (2) EStDV (siehe Kapitel 4.4.2)
(einkommen-)steuerlicher Gewinn/Verlust
– Ausländische Einkünfte, die nach einem DBA steuerfrei sind
– Steuerfreie Erträge nach Investitionszulagegesetz (Investitionszulagen)
+ Nicht abzugsfähige Zinsen nach § 8a KStG (siehe Kapitel 4.4.3)
– Steuerfreie Ausschüttungen nach § 8b (1) KStG und steuerfreie Gewinne nach § 8b (2) KStG (siehe Kapitel 4.4.4)
+ Nicht abziehbare Aufwendungen gem. § 10 KStG (siehe Kapitel 4.4.5)
+ Sämtliche Spenden
+ Verdeckte Gewinnausschüttungen gem. § 8 (3) KStG (siehe Kapitel 4.4.6)
= Summe der Einkünfte

– Abzugsfähige Spenden gem. § 9 KStG (siehe Kapitel 4.4.8)
= Gesamtbetrag der Einkünfte

– Verlustabzug gem. § 8 (1) KStG i. V. m. § 10d EStG (siehe Kapitel 4.4.9)
= Einkommen

– Freibeträge gem. §§ 24, 25 KStG (siehe Kapitel 4.4.10)
= Zu versteuerndes Einkommen

Körperschaftsteuer

Ermittlungsschema

Fall

Die Schrauben GmbH mit Sitz in Frankfurt weist einen steuerlichen Gewinn in 01 in Höhe von 130 000,00 € aus. Als Erträge wurden gebucht:

steuerfreie Investitionszulage nach dem InvZulG	20 000,00 €
steuerfreie ausländische Einkünfte	5 000,00 €
steuerfreie Ausschüttung der Rollen GmbH, an der man zu 50 % beteiligt ist; Steuerbefreiung ergibt sich aus § 8b KStG	10 000,00 €

Als Aufwendungen wurden gebucht:

Spenden in Höhe von	5 000,00 €
von diesen Spenden sind gem. § 9 KStG abzugsfähig	4 000,00 €
nicht abziehbare Aufwendungen nach § 10 KStG	5 000,00 €

Es ergaben sich in 01 noch verdeckte Gewinnausschüttungen in Höhe von 7 000,00 €.
Zusätzlich hat die GmbH noch einen Verlustabzug aus dem Vorjahr in Höhe von 12 000,00 €.

Ermitteln Sie das zu versteuernde Einkommen in einer übersichtlichen Darstellung.

4.4.2 Die Ermittlung des (einkommen)steuerlichen Gewinns

Die Ermittlung des Gewinns/Verlustes kann nach §§ 5, 4 (1) und § 4 (3) EStG erfolgen. Da die Mehrzahl der körperschaftsteuerpflichtigen Personen Kapitalgesellschaften sind, ist die Gewinnermittlung nach § 5 EStG die häufigste. Diese Gewinnermittlungsmethode müssen Steuerpflichtige durchführen, die nach anderen als den steuerlichen Vorschriften buchführungspflichtig sind. Bei Kapitalgesellschaften ist dies das HGB, da sie als Formkaufleute buchführungspflichtig sind. Die Gewinnermittlung nach HGB weicht aber unter Umständen von der Gewinnermittlung nach EStG ab. Um den richtigen steuerlichen Gewinn zu ermitteln, können diese Steuerpflichtigen nach § 60 EStDV eine eigene Steuerbilanz erstellen oder den handelsrechtlichen Gewinn in einer Nebenrechnung an den steuerlichen Gewinn anpassen.

Wichtige steuerliche Regelungen, die von den handelsrechtlichen abweichen, sind:

- steuerfreie Einnahmen gem. §§ 3, 3b EStG[1]
- nicht abzugsfähige Betriebsausgaben nach § 4 (5)–(7) EStG[2]
- freiwillige Zuwendungen (Spenden) gem. § 12 EStG
- steuerliche Abschreibungen gem. §§ 7 f. EStG[3]

Zu den Einzelheiten der Gewinnermittlung siehe Kapitel 9.

Für die Steuerpflichtigen, die nach § 4 (1) oder § 4 (3) EStG ihren Gewinn ermitteln, stellt sich das Problem der Anpassung nicht, da ihr Gewinn von vornherein den steuerlichen Regelungen entspricht.

Fall **Ermittlung des (einkommen-)steuerlichen Gewinns**

Die Völker GmbH hat für 01 einen handelsrechtlichen Gewinn in Höhe von 58 300,00 € erzielt. Folgende Aufwendungen sind dabei erfolgsmindernd gebucht worden:

- 10 Geschenke an Kunden für je 20,00 € und 5 Geschenke an Kunden für je 55,00 €.
- Bewirtungsaufwendungen in Höhe von 1 500,00 €. Die Aufwendungen sind als angemessen anzusehen. Die Vorsteuer in Höhe von 285,00 € wurde auf das Bestandskonto „Vorsteuer“ gebucht.
- Wegen zu schnellen Fahrens mit dem Betriebs-Pkw wurde vom Bankkonto der GmbH die entsprechende Geldbuße von 100,00 € gezahlt.
- Spende an eine politische Partei in Höhe von 5 000,00 €.

Berechnen Sie den steuerlichen Gewinn in einer Nebenrechnung.

4.4.3 Nicht abzugsfähige Zinsen nach §8a KStG*

Der § 8a KStG entspricht den Regelungen des § 4h EStG. Zur Darstellung wird auf das Kapitel 9.3.3 verwiesen. Zusätzlich regelt der § 8a KStG, dass für konzernfreie Körperschaften die Zinsschranke doch gilt, soweit mehr als 10 % des negativen Zinssaldos an einen zu mehr als einem Viertel am Grundkapital unmittelbar oder mittelbar beteiligten Anteilseigner oder einer diesem nahestehenden Person oder an einen rückgriffsberechtigten Dritten fließen.

Fall **Nicht abzugsfähige Zinsen (§ 8a KStG)**

Prüfen Sie in den folgenden Fällen, ob der § 8a KStG angewandt wird, und berechnen Sie ggf. die Höhe der abzugsfähigen Zinsen.

a) An der A-GmbH ist der Gesellschafter A zu 100 % beteiligt. Die GmbH weist in ihrer GuV Zinsaufwendungen in Höhe von 1 500 000,00 € für einen Kredit aus, der ihr von der Geschäftsbank der GmbH gewährt wurde.

b) An der B-GmbH ist der Gesellschafter B zu 100 % beteiligt. Die GmbH weist in ihrer GuV Zinsaufwendungen in Höhe von 800 000,00 € für einen Kredit aus, der ihr von dem Gesellschafter B gewährt wurde.

c) An der C-GmbH ist der Gesellschafter C zu 100 % beteiligt. Die GmbH weist in ihrer GuV Zinsaufwendungen in Höhe von 1 500 000,00 € für einen Kredit aus, der ihr von dem Gesellschafter C gewährt wurde. Die GmbH hat keine Zinserträge. Der Gewinn vor Steuern beträgt 3 000 000,00 €.

[1] Vgl. Kapitel 3.3

[2] Vgl. Kapitel 9.3.3

[3] Vgl. Kapitel 9.3.4.3

4.4.4 Steuerfreie Ausschüttungen nach § 8b (1) KStG und steuerfreie Gewinne nach § 8b (2) KStG (BMF-Schreiben vom 28.04.2003)

Steuerfreie Ausschüttungen nach § 8b (1) KStG	Bezüge i. S. d. § 20 (1) Nr. 1 EStG (insbesondere Gewinnanteile = Dividenden aus Kapitalgesellschaften) bleiben bei der Ermittlung des Einkommens außer Ansatz.
§ 8b (4) KStG	Voraussetzung ist, dass die Beteiligung zu Beginn des Kalenderjahres mindestens 10 % betragen hat.
Steuerfreie Gewinne nach § 8b (2) KStG	Gewinne aus der Veräußerung eines Anteils an einer Körperschaft, deren Leistungen beim Empfänger zu den Einnahmen i. S. d. § 20 (1) Nr. 1 EStG gehören, bleiben bei der Ermittlung des Einkommens außer Ansatz. Dabei handelt es sich vor allem um die Gewinne aus der Veräußerung von Anteilen an Kapitalgesellschaften. Veräußerungsgewinn ist der Veräußerungspreis abzüglich der Veräußerungskosten und des Buchwertes des Anteils.
Gewinnminderungen im Zusammenhang mit steuerfreien Gewinnen § 8b (3) KStG	Entstehen bei der Veräußerung eines Anteils an einer Kapitalgesellschaft Gewinnminderungen (insbesondere Veräußerungsverlust, Teilwertabschreibung), dürfen sie bei der Ermittlung des Einkommens ebenfalls nicht berücksichtigt werden.
Pauschale nicht abziehbare Betriebsausgaben **§ 8b (3) KStG** **§ 8b (5) KStG**	→ 5 % der steuerfreien Bezüge nach § 20 (1) Nr. 1 EStG (insbesondere Gewinnanteile) sind als pauschale nicht abzugsfähige Betriebsausgaben zu berücksichtigen. → 5 % der steuerfreien Gewinne aus der Veräußerung von Anteilen an Körperschaften, deren Leistungen beim Empfänger zu den Einnahmen i. S. d. § 20 (1) Nr. 1 EStG gehören (insbesondere Veräußerung eines Anteils an Kapitalgesellschaften), sind als pauschale nicht abzugsfähige Betriebsausgaben zu berücksichtigen. Der § 3c EStG gilt insoweit nicht.

Steuerfreie Ausschüttungen und steuerfreie Gewinne (§ 8b KStG) Fall 1

Die Mayer GmbH ist zu 50 % an der Schmidt AG und an der Teuber GmbH beteiligt. Die Schmidt AG schüttet in 01 eine Nettodividende von 36 812,50 € an die Mayer GmbH aus.
Sie hat wie folgt gebucht:

Bank	36 812,50 €		
KapESt	12 500,00 €		
SolZ	687,50 €	an Dividendenerträge	50 000,00 €

Die Anteile an der Teuber GmbH veräußert die Mayer GmbH für 200 000,00 €. Die Anschaffungskosten der Anteile an der Teuber GmbH hatten 170 000,00 € betragen, der Buchwert beträgt ebenfalls 170 000,00 €. Die bisherigen ordnungsgemäß ermittelten Betriebseinnahmen betragen 380 000,00 €, die Betriebsausgaben 290 000,00 €.

a) Wie sind die Gewinnausschüttung und die Veräußerung bei der Einkommensermittlung zu berücksichtigen?
b) Was ändert sich an Ihrer Antwort, falls die Mayer GmbH nur zu 5 % an der Schmidt AG beteiligt wäre?
c) Wie ändert sich Ihre Antwort zu a), falls die Anschaffungskosten und der Buchwert der Beteiligung 500 000,00 € betragen hätten?

Körperschaftsteuer

Fall 2 Die Fritz GmbH ist mit 30 % an der Sauer AG beteiligt. Sie erhielt in 02 eine Dividende für 01 in Höhe von 200 000,00 €, von der die Kapitalertragsteuer und der Solidaritätszuschlag einbehalten wurden.

Gebucht wurde folgendermaßen:

Bank	147 250,00		
Kapitalertragsteuer	50 000,00		
Solidaritätszuschlag	2 750,00	an Dividendenträge	200 000,00

a) Wie ist die Gewinnausschüttung bei der Einkommensermittlung zu berücksichtigen?

b) Was ändert sich an Ihrer Antwort zu a), falls die Fritz GmbH die Aktien fremdfinanziert hat und in 02 100 000,00 € Zinsen an die Bank bezahlt hat?

Fall 3 Die Bogen GmbH ist an der Stahl AG mit 7 % beteiligt. Die Stahl AG schüttet an die Bogen GmbH eine Dividende von 10 000 € aus. Die Bogen GmbH buchte:

Bank	7 362,50		
Kapitalertragsteuer	2 500, 00		
Solidaritätszuschlag	137,50	an Dividendenerträge	10 000,00

Wie ist die Gewinnausschüttung bei der Einkommensermittlung zu berücksichtigen?

4.4.5 Nicht abziehbare Aufwendungen gem. § 10 KStG

Den Gewinn nicht mindern dürfen:	
Steuern vom Einkommen und Personensteuern	Dazu gehören insbesondere die Körperschaftsteuer in Form von Körperschaftsteuervorauszahlungen und bereits gebuchten Körperschaftsteuerrückstellungen sowie der Solidaritätszuschlag. Erstattungen aus Körperschaftsteuer und Solidaritätszuschlag sind analog dazu nicht als steuerpflichtige Einnahmen zu behandeln.
Umsatzsteuer für Umsätze, die Entnahmen oder verdeckte Gewinnausschüttungen sind	z. B. die Umsatzsteuer für Warenerwerb zu ungewöhnlich geringen Preisen.
Vorsteuerbeträge auf Aufwendungen, für die das Abzugsverbot des § 4 (5) Nr. 1 – 4 und 7 und § 4 (7) EStG gilt	Dies sind z. B. Vorsteuerbeträge auf Geschenke über 50,00 €. Diese Vorsteuerbeträge dürfen den Gewinn nicht mindern.
Nebenleistungen auf nicht abzugsfähige Steuern **R 10.1 KStR**	z. B. Verspätungszuschläge, Säumniszuschläge oder Zinsen zur Körperschaftsteuer. Empfangene Erstattungszinsen gehören dagegen zu den steuerpflichtigen Einnahmen.
In einem Strafverfahren festgesetzte Geldstrafen	z. B. Strafe für zu schnelles Fahren
Hälfte der Vergütung an die Mitglieder eines Aufsichtsrates, Beirates oder Verwaltungsrates	

Fall **Ermittlung des zu versteuernden Einkommens – nicht abziehbare Aufwendungen (§ 10 KStG)**

Die Süd GmbH in Heilbronn weist in der Bilanz einen handelsrechtlichen Gewinn für 01 von 168 000,00 € aus. Das Wirtschaftsjahr stimmt mit dem Kalenderjahr überein. Als Erträge wurden u. a. gebucht:

- Körperschaftsteuererstattung einschließlich Solidaritätszuschlag 2 110,00 €
- steuerfreie Investitionszulage nach InvZulG 30 000,00 €

In den Aufwendungen sind enthalten:

- gezahlte Aufsichtsratsvergütung 40 000,00 €
- Körperschaftsteuervorauszahlungen 48 000,00 €
- gezahlter Solidaritätszuschlag 2 640,00 €
- Säumniszuschläge zur Körperschaftsteuer 300,00 €

• Gewerbesteuer	8 000,00 €
• Geschenke unter 50,00 € insgesamt	2 000,00 € netto
• Geschenke über 50,00 € insgesamt Die Vorsteuer wurde als Aufwand gebucht.	2 500,00 € netto
• angemessene Bewirtungskosten (100 %)	3 000,00 € netto

a) Berechnen Sie das zu versteuernde Einkommen der GmbH für 01 in einer übersichtlichen Darstellung.

b) Was würde sich an Ihrer Antwort zu a) ändern, falls die GmbH ein abweichendes Wirtschaftsjahr vom 01.04.00 – 31.03.01 hätte?

4.4.6 Verdeckte Gewinnausschüttungen (Grundzüge)

Verdeckte Gewinnausschüttungen (vGA) sind Vorgänge, die den Jahresüberschuss der Körperschaft mindern. Sie dienen dazu, dem Gesellschafter einen wirtschaftlichen Vorteil zu verschaffen, ohne dass diese Zuwendung betrieblichen Zwecken dient. Verdeckte Gewinnausschüttungen dürfen gem. § 8 (3) KStG den Gewinn nicht mindern, d. h., sie müssen dem Gewinn wieder hinzugerechnet werden. Im Gesetz gibt es keine weiteren Regelungen zu den verdeckten Gewinnausschüttungen. Die Regelungen zu diesem Thema beruhen auf Rechtsprechung und Verwaltungsanweisungen der KStR.

Definition **R 8.5 KStR** **H 8.5 (II), (III) KStR**	Eine verdeckte Gewinnausschüttung ist eine Vermögensminderung oder eine verhinderte Vermögensmehrung, die durch das Gesellschaftsverhältnis veranlasst ist, sich auf die Höhe des Einkommens auswirkt und nicht auf einer auf den gesellschaftsrechtlichen Vorschriften beruhenden Vereinbarung basiert. Eine verdeckte Gewinnausschüttung liegt insbesondere dann vor, wenn ein Gesellschafter von der Gesellschaft eine Leistung erhält, die ein fremder Dritter so nicht oder nicht in der Höhe erhalten hätte (sog. Fremdvergleich).
Nachweis der Vereinbarung **R 8.5 (2) KStR** **H 8.5 (I) KStR**	Zum Nachweis einer ordnungsgemäßen Gewinnausschüttung bedarf es einer zivilrechtlich wirksamen, klaren, eindeutigen im Voraus abgeschlossenen Vereinbarung. Wer eine Vereinbarung nicht nachweisen kann, hat den Nachteil des fehlenden Nachweises zu tragen.
Nahestehende Personen **H 8.5 (III) KStR**	Verdeckte Gewinnausschüttungen sind auch dann anzunehmen, wenn sie an eine dem Gesellschafter nahestehende Person erfolgen, vorausgesetzt, dass ein Vorteil für den Gesellschafter selbst damit verbunden ist.
Rückgängigmachung **H 8.6 KStR**	Eine Rückgängigmachung der vGA ist nur in Ausnahmefällen möglich, auch wenn gesetzliche oder satzungsmäßige Rückgewähransprüche seitens der Gesellschaft bestehen. Die Rückgewähr einer vGA wird als verdeckte Einlage (siehe Kapitel 4.4.7) behandelt. Es bleibt bei der einkommensteuerlichen Behandlung der vGA als Einkünfte aus Kapitalvermögen.
Wert der verdeckten Gewinnausschüttung	➔ Bei Hingabe von Wirtschaftsgütern der gemeine Wert (zumeist der Verkehrswert, § 9 BewG), ➔ bei Nutzungsüberlassungen die erzielbare Vergütung.
Beispiele für verdeckte Gewinnausschüttungen **H 8.5 KStR**	➔ Ein Gesellschafter erhält für seine Geschäftsführertätigkeit ein unangemessen hohes Gehalt, ➔ eine Gesellschaft zahlt an einen Gesellschafter besondere (unangemessen hohe) Umsatzvergütungen neben einem angemessenen Gehalt. Tantiemezusagen über 50 % des Jahresüberschusses werden in der Regel nicht anerkannt. Die variablen Bezüge dürfen höchstens 25 % ausmachen. ➔ ein Gesellschafter erhält von der Gesellschaft ein Darlehen zinslos oder zu einem außergewöhnlich geringen Zinssatz, ➔ ein Gesellschafter liefert der Gesellschaft oder erwirbt von der Gesellschaft Waren zu ungewöhnlichen Preisen und Nachlässen,

Körperschaftsteuer

	→ ein Gesellschafter mietet von der Gesellschaft oder vermietet an die Gesellschaft Wirtschaftsgüter zu einem unangemessenen Preis, → u. a.
Rechtsfolgen	Verdeckte Gewinnausschüttungen dürfen das Einkommen nicht mindern und müssen bei einem geminderten Gewinn wieder hinzugerechnet werden. Verdeckte Gewinnausschüttungen sind Einnahmen aus Kapitalvermögen des Anteilseigners (§ 20 (1) Nr. 1 Satz 2 EStG), sobald sie ihm zufließen. Falls der Anteilseigner die ihm zugeflossenen Einkünfte bereits versteuert hat (z. B. als Einkünfte aus nichtselbstständiger Arbeit), werden diese Einkünfte zu Einkünften aus Kapitalvermögen. Dadurch ergibt sich auf der Ebene des Gesellschafters oft eine Steuererstattung durch die verdeckte Gewinnausschüttung.

Fall 1 Verdeckte Gewinnausschüttungen

Prüfen Sie in den folgenden Fällen, ob eine verdeckte Gewinnausschüttung vorliegt. Berechnen Sie die Höhe gegebenenfalls.

a) Die A-GmbH gewährt einem Gesellschafter ein Darlehen in Höhe von 200 000,00 €. Das Darlehen ist gemäß dem Vertrag mit 2 % zu verzinsen. Der übliche Zins beträgt 6 %.

b) Der Gesellschafter der B-GmbH vermietet ein unbebautes Grundstück an die GmbH. Er erhält dafür eine Miete in Höhe von 3 000,00 € pro Monat. Die ortsübliche Miete liegt bei 1 000,00 € pro Monat.

c) Die Frau eines Gesellschafters der C-GmbH kauft von der GmbH, die mit Möbeln handelt, einen Wohnzimmerschrank für 2 000,00 €. Der gemeine Wert beträgt 10 000,00 €.

d) Der einzige Gesellschafter der D-GmbH ist gleichzeitig auch der Geschäftsführer. In seinem Geschäftsführervertrag ist vereinbart, dass er pro Monat ein Gehalt von 5 000,00 € brutto erhält und im Februar des Folgejahrs eine Tantieme in Höhe von 2 % des Gewinns, der über 150 000,00 € liegt. Beide Vereinbarungen gelten als angemessen.

e) Die E-GmbH vermietet seit dem 01.02.01 an einen Gesellschafter eine sich im Betriebsvermögen befindende Wohnung für 500,00 €. Die Wohnung ist 170 m² groß und die ortsübliche Miete beträgt 1 300,00 €. Über die Vermietung der Wohnung existiert kein Mietvertrag. Nachdem eine Außenprüfung für die Jahre 01 und 02 bei der GmbH den Umstand aufgedeckt hat, zahlt der Gesellschafter die Differenz nach.

f) Im Geschäftsführervertrag eines Gesellschafters mit der F-GmbH wurde vereinbart, dass ihm pro Jahr eine Tantieme von 6 000,00 € zusteht. Nachdem das Jahr 02 erfreulicherweise gut verlaufen ist, überweist er sich im Oktober des Jahres 02 schon mal eine Tantieme in Höhe von 12 000,00 €.

g) Ein Gesellschafter gewährt der G-GmbH ab dem 01.02.02 ein Darlehen über 50 000,00 €. Die Zinsen sind mit 6 % pro Jahr vereinbart. Das Darlehen ist am Ende der Laufzeit von 10 Jahren in einer Summe zurückzuzahlen. Die Bedingungen gelten als angemessen. Ein Darlehensvertrag wurde allerdings erst ab dem 01.08.02 abgeschlossen.

Fall 2 Berechnung des zu versteuernden Einkommens – verdeckte Gewinnausschüttung

Die Flunk GmbH, Leipzig, hat für das Geschäftsjahr 01 einen handelsrechtlichen Jahresüberschuss in Höhe von 160 000,00 € ermittelt.
Die Körperschaftsteuer und der Solidaritätszuschlag des Jahres 01 (Vorauszahlung und Rückstellung) in Höhe von 90 000,00 € wurden als Aufwand erfasst. Die Gewerbesteuer des Jahres 01 betrug 6 000,00 € und wurde ebenfalls als Aufwand erfasst.
Die vom Finanzamt gewährte steuerfreie Investitionszulage in Höhe von 40 000,00 € wurde dabei als Ertrag gebucht. Ebenfalls als Ertrag gebucht wurde eine Einnahme aus einer französischen Beteiligung in Höhe von 5 000,00 €, die gemäß dem DBA zwischen Deutschland und Frankreich steuerfrei ist.

Als Aufwand wurden angemessene Bewirtungsaufwendungen zu 100 % mit 10 000,00 €, Stundungszinsen für Körperschaftsteuer und Gewerbesteuer von je 2 000,00 € und Verspätungszuschläge für die verspätete Abgabe der Körperschaftsteuererklärung in Höhe von 1 000,00 € gebucht. Der Gesellschafter-Geschäftsführer erhielt ein Gehalt von 200 000,00 €, wobei 120 000,00 € als angemessen anzusehen sind.

Berechnen Sie das zu versteuernde Einkommen in einer übersichtlichen Darstellung.

4.4.7 Verdeckte Einlage (Grundzüge)*

Eine verdeckte Einlage liegt nach R 8.9 (1) KStR vor, wenn ein Gesellschafter oder eine nahestehende Person in eine Kapitalgesellschaft ein Wirtschaftsgut einlegt, ohne dass dies im Gesellschaftsvertrag vereinbart wurde. Bloße Nutzungsvorteile, wie z. B. die Überlassung eines Wirtschaftsgutes zum Gebrauch oder zur Nutzung können keine verdeckte Einlage sein, da dieser Nutzungsvorteil kein Wirtschaftsgut darstellt und damit nicht bilanzierbar ist. Durch eine verdeckte Einlage muss ein Aktivposten angesetzt werden bzw. ein bestehender wird erhöht oder ein Passivposten fällt weg bzw. er mindert sich.

Als Maßstab für das Vorliegen einer verdeckten Einlage gilt auch hier der Fremdvergleich, d. h. es muss geprüft werden ob ein fremder Dritter den Vermögensvorteil der Kapitalgesellschaft ebenfalls so eingeräumt hätte.

Die Bewertung einer verdeckten Einlage erfolgt grundsätzlich mit dem Teilwert.

Durch die verdeckte Einlage erhöhen sich die Anschaffungskosten des entsprechenden Gesellschafters. Dies kann bei Beteiligungen i. S. d. § 17 EStG hinsichtlich einer späteren Veräußerung von Bedeutung sein. Gem. § 27 KStG sind die nicht in das Nennkapital geleisteten Einlagen (= verdeckte Einlagen) am Schluss eines jeden Wirtschaftsjahres auf einem besonderen Konto, dem steuerlichen Einlagekonto, auszuweisen. Die verdeckte Einlage ist von den Anteilseignern einer Kapitalgesellschaft geleisteten Gesellschaftereinlagen zu trennen. Denn nur die Rückgewähr der Gesellschaftereinlagen führt nicht zu steuerpflichtigen Einkünften beim Anteilseigner.

Verdeckte Einlage Fall

Kerstin Reder führt ein Einzelunternehmen. In ihrem Betriebsvermögen hält sie eine Beteiligung in Höhe von 80 % an der Reder-GmbH, die sie zusammen mit ihrem Bruder besitzt. Ab Anfang 01 hat sie der GmbH ein Darlehen über 200 000,00 € gewährt. Als Zinssatz wurden 3 % vereinbart, was als angemessen gilt. Das Wirtschaftsjahr 03 verläuft für die GmbH relativ schlecht und Frau Reder verzichtet am 30.09.03 auf die Auszahlung der Zinsen für das gesamte Wirtschaftsjahr 03.

Prüfen Sie, ob und in welcher Höhe eine verdeckte Einlage vorliegt.

4.4.8 Spenden

Der Spendenabzug ist gem. § 9 (1) Nr. 2 KStG – vergleichbar mit der einkommensteuerlichen Regelung – nur bis zu bestimmten Höchstsätzen möglich. Abzugsfähig sind grundsätzlich nur Spenden für mildtätige, kirchliche, religiöse, wissenschaftliche, kulturelle und gemeinnützige Zwecke. Spenden an politische Parteien sind – im Gegensatz zu den Vorschriften des EStG – nicht abzugsfähig. Für die Berechnung werden zunächst alle als Aufwand gebuchten Spenden dem Gewinn hinzugerechnet und dann wird geprüft, ob ein Abzug möglich ist. Zwei alternative Berechnungsmethoden stehen zur Wahl.

Berechnungsmethode 1	
(1) Alle berücksichtigungsfähigen Spenden	
(2) Max. 20 % des Einkommens	
(3) Geringerer Betrag aus (1) und (2) = abzugsfähige Spenden	

Einkommen ist gem. § 9 (2) KStG das Einkommen vor Abzug der Spenden und des Verlustabzuges gem. § 10d EStG.

Berechnungsmethode 2	
(1) Alle berücksichtigungsfähigen Spenden	
(2) Max. 4 ‰ der Summe aus Umsätzen, Löhnen und Gehältern	
(3) Geringerer Betrag aus (1) und (2) = abzugsfähige Spenden	

Fall **Spendenabzug (§ 9 (1) Nr. 2 KStG)**

Die Schluck GmbH legt folgende Gewinn- und Verlustrechnung für 01 vor:

Umsatzerlöse	520 000,00 €	
Investitionszulage (steuerfrei)	12 000,00 €	
Löhne und Gehälter	100 000,00 €	
sonstige Aufwendungen	210 000,00 €	
Bewirtungskosten	5 000,00 €	(100 % angemessene Aufwendungen)
Spende an das Deutsche Rote Kreuz	8 000,00 €	
Spende an die Universität Köln	3 000,00 €	
Spende an eine politische Partei	1 000,00 €	
Körperschaftsteuervorauszahlung	68 400,00 €	
Solidaritätszuschlag dazu	3 762,00 €	
Gewerbesteuer	40 000,00 €	
Jahresüberschuss	92 838,00 €	

Berechnen Sie das zu versteuernde Einkommen 01.

4.4.9 Verlustabzug

Ergibt sich ein negativer Gesamtbetrag der Einkünfte, kann gem. § 8 (1) KStG i. V. m. § 10d EStG dieser Verlust bis zu einer Höhe von 1 000 000,00 € vom Gesamtbetrag der Einkünfte des vorangegangenen Veranlagungszeitraums abgezogen werden.
Nicht ausgeglichene Verluste, die durch den Verlustrücktrag nicht aufgebraucht wurden, können zeitlich unbefristet in den folgenden Veranlagungszeiträumen vom Gesamtbetrag der Einkünfte abgezogen werden. Der Verlustvortrag ist beschränkt bis zur Höhe von 1 Mio. €. Darüber hinaus ist er nur bis zu 70 % (für 2024-2027, danach wieder 60 %) des verbleibenden Gesamtbetrages der Einkünfte des Verlustabzugsjahres zu berücksichtigen.
Ein Verlustvortrag geht komplett verloren, wenn innerhalb von 5 Jahren mehr als 50 % der Anteils- oder Stimmrechte übertragen werden, (§ 8c KStG). Bei einer Übertragung von Anteilsrechten zwischen 25 % und 50 %, bleibt der Verlustvortrag entgegen dem Wortlaut des § 8c KStG vollständig erhalten (Entscheidung des BVerfG vom 29.03.2017). Gem. § 8d KStG können die Verluste trotz eines schädlichen Anteilseignerwechsels genutzt werden, wenn die Körperschaft ein und denselben Geschäftsbetrieb in den drei Veranlagungszeiträumen vor der Antragstellung ununterbrochen betrieben hat und ihn nach dem Anteilseignerwechsel weiterhin aufrechterhält. Wird der Geschäftsbetrieb eingestellt oder verändert, geht der Verlustvortrag unter.
Der am Ende des Veranlagungszeitraums verbleibende Verlustvortrag ist gesondert festzustellen.

Fall 1 **Verlustabzug (§ 8 (1) KStG, § 10d EStG)**

Die Roth GmbH erzielte in den Veranlagungszeiträumen 01–04 folgenden Gesamtbetrag der Einkünfte:

	01	02	03	04
Gesamtbetrag der Einkünfte	30 000,00 €	– 80 000,00 €	40 000,00 €	60 000,00 €
Verlustrücktrag bzw. Verlustvortrag				
Zu versteuerndes Einkommen				

Führen Sie für die Jahre 01–04 den Verlustrück- bzw. -vortrag durch und ermitteln Sie das zu versteuernde Einkommen.

Fall 2

Verlustabzug (§ 8 (1) KStG, § 10d EStG)

Die Grün AG erzielte in den Veranlagungszeiträumen folgende zu versteuernde Einkommen:

	01	02	03	04 a)	04 b)	05
Gesamtbetrag der Einkünfte	–1 250 000,00 €	–1 400 000,00 €	575 000,00 €	1 900 000,00 €	1 900 000,00 €	–350 000,00 €
Verlustrücktrag bzw. Verlustvortrag				Sockelbetrag: verbleiben: 70 % davon:	Vortrag aus 03: Rücktrag aus 05:	
Zu versteuerndes Einkommen						
Verbleibender Verlustabzug						

Berechnen Sie das zu versteuernde Einkommen

a) in 04 aufgrund des Verlustvortrages aus 03,
b) in 04 aufgrund des Verlustrücktrages aus 05.

Körperschaft-steuer

4.4.10 Freibeträge

Gemäß § 24 KStG wird ein Freibetrag in Höhe von 5 000,00 € vom Einkommen abgezogen. Dieser Freibetrag gilt aber nicht für Kapitalgesellschaften und andere Körperschaften, deren Leistungen zu den Einnahmen i. S. d. § 20 (1) Nr. 1 oder 2 EStG gehören. Für den Freibetrag kommen z. B. Vereine in Betracht.

Fall

Freibeträge bei Vereinen (§ 24 KStG)

Der Sportverein TC Grün-Weiß Heidelberg e. V. hat folgende Einnahmen:

Mitgliedsbeiträge	120 000,00 €
Spenden	10 000,00 €
Vereinsgaststätte	50 000,00 € (Bruttoeinnahmen)

Die Ausgaben der Gaststätte belaufen sich auf 10 000,00 €.

a) Prüfen Sie die Körperschaftsteuerpflicht des Vereins.
b) Berechnen Sie das zu versteuernde Einkommen.

4.4.11 Die körperschaftsteuerliche Organschaft (Grundzüge)*

Die Organschaft führt dazu, dass ein Unternehmen, das an einem anderen Unternehmen beteiligt ist, sich für körperschaftsteuerliche Zwecke diesen Gewinn zurechnen lassen muss.

Voraussetzungen

§§ 14, 15, 17 KStG

BMF-Schreiben vom 26.08.2003

→ Eine Kapitalgesellschaft mit Geschäftsleitung und Sitz im Inland (Organgesellschaft) verpflichtet sich durch einen Gewinnabführungsvertrag i. S. d. § 291 Aktiengesetz, ihren ganzen Gewinn an ein einziges anderes gewerbliches Unternehmen abzuführen (Organträger).

→ Ein gewerbliches Unternehmen ist ein Gewerbebetrieb i. S. d. § 2 (2) GewStG.

→ Der Organträger muss vom Beginn des Wirtschaftsjahres an an der Organgesellschaft so beteiligt sein, dass ihm die Mehrheit der Stimmrechte zusteht (sog. finanzielle Eingliederung).

→ Der Organträger muss
- eine unbeschränkt steuerpflichtige natürliche Person oder
- eine nicht steuerbefreite Körperschaft, Personenvereinigung oder Vermögensmasse i. S. d. § 1 KStG mit Geschäftsleitung im Inland oder

	• eine Personengesellschaft mit Geschäftsleitung im Inland, wenn sie eine gewerbliche Tätigkeit ausübt und die Gesellschafter unbeschränkt steuerpflichtige natürliche Personen sind, sein. → Der Gewinnabführungsvertrag muss auf mindestens 5 Jahre abgeschlossen worden sein und während seiner gesamten Geltungsdauer durchgeführt werden. Bei einem Gewinnabführungsvertrag mit einer GmbH kommt noch die Verlustübernahmevereinbarung hinzu (Urteil des BFH vom 03.03.2010).
Rechtsfolge	Das Einkommen der Organgesellschaft ist dem Organträger zuzurechnen.

Fall* **Organschaft (Grundzüge)* (§§ 14 ff. KStG)**

Prüfen Sie in den folgenden Fällen, ob eine Organschaft vorliegt, und berechnen Sie ggf. das zu versteuernde Einkommen des Organträgers.

a) Die A-AG mit Geschäftsleitung und Sitz in München besitzt 70 % der B-GmbH mit Sitz und Geschäftsleitung in Stuttgart. Das zu versteuernde Einkommen laut KStG der B-GmbH in 01 in Höhe von 20 000,00 € wird durch bestehenden Gewinnabführungsvertrag an die A-AG abgeführt. Der Gewinnabführungsvertrag besteht seit 8 Jahren. Das zu versteuernde Einkommen der A-AG beträgt 60 000,00 €.

b) Die C-GmbH mit Geschäftsleitung und Sitz in Köln besitzt 80 % der Framboise S. A. (Société Anonyme; AG nach französischem Recht) mit Sitz und Geschäftsleitung in Straßburg. Das zu versteuernde Einkommen der Framboise S. A. beträgt 30 000,00 € und wird laut Gewinnabführungsvertrag an die C-GmbH abgeführt. Das zu versteuernde Einkommen der C-GmbH beträgt 50 000,00 €.

c) Die D-OHG mit Sitz in Hamburg vertreibt PC-Zubehör. An ihr sind nur unbeschränkt steuerpflichtige natürliche Personen beteiligt. Sie ist zu 60 % an der E-GmbH in Kiel beteiligt. Das zu versteuernde Einkommen in Höhe von 20 000,00 € der E-GmbH wird laut Gewinnabführungsvertrag an die OHG abgeführt. Der Gewinn der OHG beträgt 30 000,00 €.

d) Die F-GmbH mit Geschäftsleitung und Sitz in Berlin ist zu 30 % an der G-AG mit Sitz in Dresden beteiligt. Das zu versteuernde Einkommen der G-AG in Höhe von 40 000,00 € wird laut Gewinnabführungsvertrag an die F-GmbH abgeführt. Das zu versteuernde Einkommen der F-GmbH beträgt 100 000,00 €.

e) Die H-GmbH ist zu jeweils 100 % an der I-GmbH und an der J-AG beteiligt. Gewinnabführungsverträge bestehen. Die I-GmbH und die J-AG sind zu je 50 % an der K-GmbH beteiligt. Auch hier besteht ein gültiger Gewinnabführungsvertrag zugunsten der I-GmbH. Die zu versteuernden Einkommen betragen:

H-GmbH	50 000,00 €	J-AG	30 000,00 €
I-GmbH	20 000,00 €	K-GmbH	10 000,00 €

4.5 Der Steuersatz

Die Körperschaftsteuer beträgt gem. § 23 (1) KStG 15 % des zu versteuernden Einkommens. Der Solidaritätszuschlag beträgt gem. § 1 SolZG i. V. m. § 4 SolZG 5,5 % der Körperschaftsteuer.
Nach Abzug der Vorauszahlungen für Körperschaftsteuer und Solidaritätszuschlag ergibt sich die Nachzahlung oder Erstattung für Körperschaftsteuer und Solidaritätszuschlag. Buchhalterisch ist die Nachzahlung als gewinnmindernde Rückstellung, die Erstattung als gewinnerhöhende Forderung zu erfassen.

Fall 1 **Steuersatz (§ 23 KStG)**

Die Berger GmbH mit Sitz in Leipzig hat ein zu versteuerndes Einkommen für Zwecke der Körperschaftsteuer in 01 in Höhe von 130 000,00 €. An Vorauszahlungen für Körperschaftsteuer hat die GmbH in 01 15 000,00 € geleistet, für Solidaritätszuschlag 825,00 €.

Berechnen Sie

a) die festzusetzende Körperschaftsteuer,

b) den festzusetzenden Solidaritätszuschlag,

c) die nachzuzahlende/zu erstattende Körperschaftsteuer,
d) den nachzuzahlenden/zu erstattenden Solidaritätszuschlag,
e) die Höhe der entsprechenden Rückstellung/Forderung.
f) Erstellen Sie den entsprechenden Buchungssatz für die Rückstellung/Forderung und beurteilen Sie seine Gewinnauswirkung.

Gesamtfall

Fall 2

Die Fischer AG, Handel mit Bürobedarf, weist in ihrer GuV für das Jahr 01 einen handelsrechtlichen Gewinn von 130000,00 € aus. Folgende Beträge sind dabei als Erträge gebucht worden:
Die Fischer AG ist zu 30 % an der Schneider GmbH beteiligt. In 01 floss ihr eine Gewinnbeteiligung in Höhe von 40000,00 € vor Abzug der entsprechenden Steuern zu.
Außerdem ist die Fischer AG an der Klingen OHG beteiligt. In 01 floss ihr auch hier eine Gewinnbeteiligung in Höhe von 10000,00 € zu. Beide Einnahmen wurden unter der Position Beteiligungserträge erfasst.

Unter den Aufwendungen befinden sich folgende Beträge:

• Körperschaftsteuervorauszahlungen	30000,00 €
• Vorauszahlungen für Solidaritätszuschlag	1650,00 €
• Nachzahlung für KSt. und SolZ des letzten Jahres	3165,00 €
• Gewerbesteuer	12000,00 €
• Gewerbesteuernachzahlungen letztes Jahr	1200,00 €
• Geschenke an Kunden unter 50,00 €	900,00 €
• Geschenke an Kunden über 50,00 €	300,00 €
• Vorsteuer, die im Zusammenhang mit den Geschenken an Kunden über 50,00 € als Aufwand gebucht wurde	57,00 €
• Säumniszuschläge zur KSt.	120,00 €
• Spenden für wissenschaftliche Zwecke	500,00 €
• Spenden für gemeinnützige Zwecke	3000,00 €
• Spenden an eine politische Partei	500,00 €
• Aufsichtsratsvergütungen	2000,00 €

Der Gesellschafter-Geschäftsführer hatte von der GmbH am 01.07.01 ein Darlehen in Höhe von 50000,00 € zu einem Zinssatz von 2 % erhalten. Angemessen ist ein Zinssatz von 6 %.
Berechnen Sie
a) das zu versteuernde Einkommen,
b) die festzusetzende Körperschaftsteuer und den Solidaritätszuschlag,
c) die Nachzahlung bzw. Erstattung,
d) die Rückstellungen bzw. Forderung für Körperschaftsteuer und den Solidaritätszuschlag,
e) den endgültigen handelsrechtlichen Gewinn.

4.6 Das Besteuerungsverfahren

4.6.1 Entstehung und Fälligkeit der Steuer

Die Körperschaftsteuer entsteht mit dem Ablauf des Veranlagungszeitraums (§ 30 Nr. 3 KStG). Eine Nachzahlung ist einen Monat nach Bekanntgabe des Steuerbescheides zu entrichten. Eine Erstattung wird nach Bekanntgabe des Steuerbescheides ausgezahlt (§ 31 KStG i. V. m. § 36 EStG).

4.6.2 Vorauszahlungen

Körperschaftsteuervorauszahlungen sind am 10.03., 10.06., 10.09. und 10.12. zu entrichten (§ 31 KStG i. V. m. § 37 EStG). Sie werden durch Steuerbescheid festgesetzt. Bei einem vom Kalenderjahr abweichenden Wirtschaftsjahr sind die Vorauszahlungen während des Wirtschaftsjahres zu entrichten, das im Veranlagungszeitraum endet.

4.6.3 Zuständigkeit des Finanzamtes

Für die Körperschaftsteuer zuständig ist das Finanzamt, in dessen Bezirk sich die Geschäftsleitung befindet. Falls die Geschäftsleitung nicht im Inland ist, ist das Finanzamt zuständig, in dessen Bezirk sich der Sitz befindet (§ 20 AO).

4.6.4 Behandlung von Gewinnausschüttungen beim Anteilseigner

Nach Abzug der Körperschaftsteuer und des Solidaritätszuschlages kann der verbleibende Gewinn ausgeschüttet (sog. Bardividende) oder (auch nur teilweise) einbehalten werden.
Wird der Gewinn ausgeschüttet, ergeben sich unterschiedliche steuerliche Konsequenzen, je nachdem, an wen der Gewinn ausgeschüttet wurde.

Anteile an Kapitalgesellschaft werden von natürlicher Person im Privatvermögen gehalten	Die Person hat Einkünfte aus Kapitalvermögen i. S. d. § 20 (1) Nr. 1 EStG. Die Kapitalertragsteuer ist gem. § 43 EStG abzugelten. Bei einer Beteiligung von über 25 % besteht die Möglichkeit der Veranlagung zum Teileinkünfteverfahren (60 %) und zum persönlichen Steuersatz.
Anteile an Kapitalgesellschaft werden von natürlicher Person oder Personengesellschaften im Betriebsvermögen gehalten	Die Person oder Personengesellschaft hat Einkünfte aus Gewerbebetrieb i. S. d. § 15 (1) EStG (§ 20 (8) EStG). Die Einkünfte sind gem. § 3 Nr. 40d i. V. m. § 3 Nr. 40 Satz 2 EStG zu 40 % steuerfrei (sog. Teileinkünfteverfahren). Bei der Auszahlung werden • 25 % Kapitalertragsteuer (§ 43 (1) Nr. 1 EStG i. V. m. § 43a (1) Nr. 1 EStG) der kompletten Bardividende und • 5,5 % Solidaritätszuschlag (§ 3 (1) Nr. 5 SolZG) der Kapitalertragsteuer einbehalten (§ 43 (1) Satz 3 EStG).
Anteile an Kapitalgesellschaft werden von einer Kapitalgesellschaft gehalten	Die Kapitalgesellschaft hat Einkünfte aus Gewerbebetrieb i. S. d. § 15 EStG. Die Einkünfte sind gem. § 8b (1) KStG steuerfrei. Bei der Auszahlung werden • 25 % Kapitalertragsteuer (§ 43 (1) Nr. 1 EStG i. V. m. § 43a (1) Nr. 1 EStG) der kompletten Bardividende und • 5,5 % Solidaritätszuschlag (§ 3 (1) Nr. 5 SolZG) der Kapitalertragsteuer einbehalten (§ 43 (1) Satz 3 EStG).

Fall 1 **Gewinnausschüttungen**

Die Reiss GmbH erzielt im Jahr 01 einen handelsrechtlichen Gewinn von 89 000,00 €. Das zu versteuernde Einkommen i. S. d. KStG beträgt 95 000,00 €.

a) Berechnen Sie die Körperschaftsteuer und den Solidaritätszuschlag für die GmbH.

b) Welcher Gewinn steht für eine Ausschüttung zur Verfügung? Gehen Sie dabei davon aus, dass keine Vorauszahlungen für Körperschaftsteuer und Solidaritätszuschlag geleistet wurden.

c) Alleiniger Gesellschafter der GmbH ist Alfred Reiss. Er beschließt, dass der Gewinn nach Steuern vollständig ausgeschüttet werden soll. Wie hoch ist die Nettodividende, welcher Einkunftsart unterliegt die Ausschüttung und wie hoch sind diese Einkünfte von Herrn Reiss? (Die Kirchensteuer soll vernachlässigt werden.)

d) Nehmen Sie an, Herr Reiss wäre Einzelunternehmer und hielte die Beteiligung an der GmbH im Betriebsvermögen. Wie hoch wäre nun die Nettodividende, welcher Einkunftsart unterläge die Ausschüttung und wie hoch wären diese Einkünfte?

e) Nehmen Sie an, die Volz-AG ist alleinige Gesellschafterin der Reiss GmbH. Auch hier wird beschlossen, den Gewinn nach Steuern vollständig an die AG auszuschütten. Wie hoch ist die Nettodividende und wie wird die Ausschüttung bei der AG versteuert?

Gesamtfall

Fall 2

Die Bohle GmbH mit Sitz in Mannheim stellt Klebefolien für Autoarmaturen her. Sie weist für das Wirtschaftsjahr 01, das mit dem Kalenderjahr übereinstimmt, folgende Gewinn- und Verlustrechnung aus:

Aufwendungen	**Gewinn- und Verlustrechnung 01**		**Erträge**
Aufwendungen für Rohstoffe	150 000,00 €	Umsatzerlöse	520 000,00 €
Aufwendungen für Betriebsstoffe	30 000,00 €	Beteiligungserträge	20 000,00 €
Löhne und Gehälter	90 000,00 €	Zinserträge	2 000,00 €
Abschreibungen	55 000,00 €	Sonstige Erträge	18 000,00 €
Bewirtungskosten	3 000,00 €		
Spenden	8 000,00 €		
KSt.-Vorauszahlungen	40 000,00 €		
SolZ.-Vorauszahlungen	2 200,00 €		
GewSt.	10 000,00 €		
Säumniszuschläge	300,00 €		
Sonstige Aufwendungen	109 700,00 €		
Jahresüberschuss	61 800,00 €		
	560 000,00 €		560 000,00 €

Folgende Angaben stehen Ihnen noch zur Verfügung:

Das Eigenkapital der GmbH beträgt 25 000,00 €.
Die Bewirtungskosten sind die Nettoaufwendungen zu 100 % und gelten als angemessen.
Die Spenden setzen sich wie folgt zusammen:

- wissenschaftliche Zwecke 3 000,00 €
- gemeinnützige Zwecke 4 000,00 €
- politische Parteien 1 000,00 €

Die Säumniszuschläge sind zu 200,00 € für verspätete KSt-Zahlungen und zu 100,00 € für verspätete GewSt-Zahlungen entstanden.
Die Beteiligungserträge sind aus einer ausländischen Beteiligung. Sie sind laut DBA steuerfrei.
Die Zinserträge ergeben sich aus einem Darlehen, das dem alleinigen Gesellschafter gewährt wurde. Eine angemessene Verzinsung hätte einen Zinsertrag von 5 000,00 € ergeben.

Es besteht für die GmbH noch ein gesondert festgestellter Verlustabzug in Höhe von 20 000,00 €.

a) Berechnen Sie das zu versteuernde Einkommen.

b) Berechnen Sie die Körperschaftsteuer und den Solidaritätszuschlag.

c) Berechnen Sie die Rückstellung bzw. Forderung für die Körperschaftsteuer und den Solidaritätszuschlag.

d) Berechnen Sie den endgültigen Jahresüberschuss laut GuV.

e) Der alleinige Gesellschafter beschließt, die Hälfte des Gewinns auszuschütten. Ermitteln Sie die Nettodividende. Es soll eine Abgeltung erfolgen. Die Kirchensteuer ist zu vernachlässigen.

f) Geben Sie die relevanten Daten in ein branchenübliches Softwareprogramm ein und drucken Sie eine Berechnungsliste aus. Vergleichen Sie diese Berechnungsliste mit Ihrer manuellen Berechnung und analysieren Sie Abweichungen. Folgende Angaben stehen Ihnen zur Verfügung:

    Bohle GmbH
    Lilienthalstr. 12
    68307 Mannheim
    gesetzlicher Vertreter ist Werner Bohle
    Steuernummer: 38371/57486
    Finanzamt Mannheim-Neckarstadt

5 Mindmap Umsatzsteuer

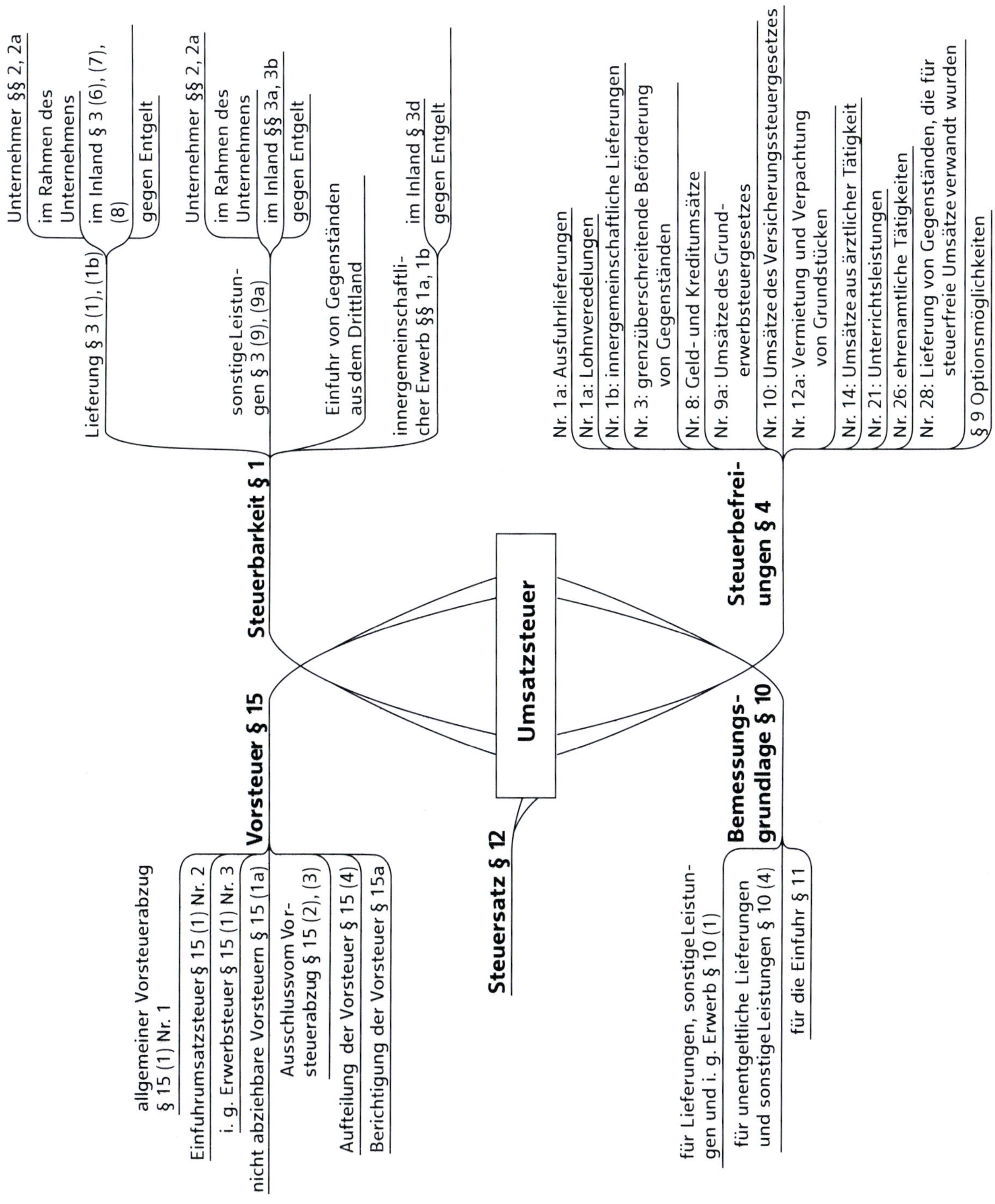

Umsatzsteuer

5 Umsatzsteuer

5.1 Einführung in die Umsatzsteuer

Die Umsatzsteuer ist mit ca. 291 Mrd. € die Steuerart mit dem zweithöchsten Aufkommen in Deutschland. Sie ist eine Steuer auf die Einkommensverwendung, bei der der Verbraucher aus Praktikabilitätsgründen nicht direkt besteuert wird. Vielmehr hält sich das UStG an eine viel kleinere Zahl von Unternehmern, die die Umsatzsteuer aber auf den Endverbraucher überwälzen dürfen.

Die erste gesetzliche Regelung über eine Umsatzsteuer im eigentlichen Sinne erging am 26.07.1918 unter dem Namen „Allgemeine Steuer auf Lieferungen und sonstige Leistungen" mit einem regelmäßigen Steuersatz von 5 ‰. Am 24.12.1919 wurde dann das Reichs-UStG erlassen. Die heutige gesetzliche Grundlage ist das UStG vom 21.02.2005 mit späteren Änderungen und den dazugehörigen Umsatzsteuerdurchführungsverordnungen (UStDV) und den Umsatzsteueranwendungserlass (UStAE), die allerdings nur für die Finanzbeamten gelten.

Die Umsatzsteuer ist eine Verkehrsteuer, deren Besteuerungsgrundlage der Abschluss eines Rechtsgeschäftes ist.
Steuerschuldner und Steuerträger sind bei der Umsatzsteuer nicht identisch, sodass es sich um eine indirekte Steuer handelt. Der Steuerschuldner kann die Steuer auf den Steuerträger überwälzen.
An dem Aufkommen sind zu 52 % der Bund, zu 45,9 % die Länder und zu 2,1 % die Gemeinden beteiligt. Es handelt sich somit um eine Gemeinschaftssteuer.

Die Umsatzsteuer ist eine Veranlagungssteuer, das heißt, dass die Steuer für jedes Kalenderjahr nach Maßgabe der Steuererklärung des Steuerpflichtigen festgesetzt wird. Die Umsatzsteuer ist dabei durch den Steuerpflichtigen in der Steuererklärung selbst zu berechnen. Ein Steuerbescheid ergeht nur, wenn das Finanzamt von der Erklärung abweicht.

5.2 Das Umsatzsteuersystem

Die Umsatzsteuer ist als Allphasen-netto-Umsatzsteuer mit Vorsteuerabzug und als Mehrwertsteuer ausgestaltet.

Allphasen	Die Umsatzsteuer wird auf allen Wirtschaftsstufen des Produktionsprozesses (Urerzeugung, Weiterverarbeitung, Großhandel, Einzelhandel) erhoben.
Netto	Die Umsatzsteuer wird immer auf den Nettoumsatz erhoben.
Mit Vorsteuerabzug	Der Unternehmer, der eine Leistung erhält, kann die Umsatzsteuer, die er bezahlt hat, als Vorsteuer wieder vom Finanzamt zurückfordern.
Mehrwertsteuer	Auf jeder Stufe des Produktionsprozesses wird nur der Mehrwert, d. h. der Betrag, um den die Ware eine Wertsteigerung erfahren hat, mit Umsatzsteuer belegt.

Ziel des Systems ist es, nur den privaten Endverbraucher zu belasten.

Fall

Umsatzsteuersystem

a) Die Wohnmöbel GmbH schickt an den Kunden Christian Schneider, Möbelgroßhandel, folgende Rechnung:

Wohnmöbel GmbH

Herstellung von Wohnmöbeln

Wohnmöbel GmbH, Marienstr. 5, 42105 Wuppertal
Christian Schneider
Zeppelinstr. 28
42897 Remscheid

Tel.: 0202 6683550
Fax: 0202 668357

Kunden-Nr.	Rechnungs-Nr.	Datum
2405	3202	02-02-02
Bei Zahlung bitte angeben!		

Rechnung

Pos.	Artikel-Nr.	Artikelbezeichnung	Menge	Mengenrabatt	Einzelpreis €	Gesamtpreis €
1	010	Wohnzimmerschrank „Eiche 2000"	8		1 250,00	10 000,00

Warenwert €	Verpackung	Fracht	Zwischensumme netto €	USt.-Satz	USt. €	Gesamtbetrag €
10 000,00			10 000,00	19 %	1 900,00	11 900,00

(1) Handelt es sich um eine Ausgangs- oder Eingangsrechnung für die Wohnmöbel GmbH?
(2) Hat die Wohnmöbel GmbH eine Forderung oder eine Verbindlichkeit aus dieser Rechnung?
(3) Wer muss die Umsatzsteuer aus dieser Rechnung an das Finanzamt bezahlen?

b) Außerdem erhält die Wohnmöbel GmbH von der Furnierholz AG folgende Rechnung:

Furnierholz AG

Furnierhölzer

Furnierholz AG, Suitbertusstr. 123, 40223 Düsseldorf
Wohnmöbel GmbH
Marienstr. 5
42105 Wuppertal

Tel.: 0212 34785
Fax: 0212 34679

Kunden-Nr.	Rechnungs-Nr.	Rechnungsdatum
53427	1742	01-03-14
Bei Zahlung bitte angeben!		

Rechnung
Ihre Bestellung vom

Pos.	Artikel-Nr.	Artikelbezeichnung	Menge in St.	Einzelpreis €	Gesamtpreis €
1	25	Furnierhölzer, roh 2000 x 1 000	200	30,00	6 000,00

Warenwert netto €	Verpackung	Fracht	Nettoentgelt €	USt. %	USt. €	Bruttoentgelt €
6 000,00			6 000,00	19	1 140,00	7 140,00

Lieferung: ab Werk
Zahlung: 30 Tage Ziel, netto

(1) Handelt es sich um eine Ausgangs- oder Eingangsrechnung für die Wohnmöbel GmbH?
(2) Hat die Wohnmöbel GmbH eine Forderung oder eine Verbindlichkeit aus dieser Rechnung?
(3) Wer muss die Umsatzsteuer aus dieser Rechnung an das Finanzamt bezahlen?

Das Umsatzsteuersystem

Lieferant Furnierholz AG

Holz 6 000,00 €
+ 19 % USt.
= Rechnungsbetrag

→ Umsatzsteuer → **Zahlung an das Finanzamt**

Wohnmöbel GmbH

Rechnungsbetrag
– Vorsteuer
= Einkauf netto

+ Sonstige Kosten 2 000,00 €
+ Gewinn 2 000,00 €

= Verkauf netto
+ 19 % USt.
= Verkauf brutto

→ Vorsteuer / Umsatzsteuer →

Berechnung
Zahlung Finanzamt

VSt.: –

USt.: +

= Zahlung

Christian Schneider

Rechnungsbetrag
– Vorsteuer
= Einkauf netto
+ Gewinn 1 000,00 €

= Verkauf netto
+ 19 % USt.
= Verkauf brutto

→ →

Berechnung
Zahlung Finanzamt

Gesamtzahlung an das Finanzamt

(1) Vollziehen Sie den Weg des Holzes bis zum Verkauf an den Endverbraucher nach, indem Sie die Übersicht ausfüllen. Gehen Sie dabei davon aus, dass der Händler Schneider seine Ware an einen Endverbraucher verkauft.

(2) Vergleichen Sie die gesamte Zahlung an das Finanzamt mit dem Umsatzsteuerbetrag, der dem Endverbraucher in Rechnung gestellt wird. Welche Schlüsse ziehen Sie daraus?

(3) Vergleichen Sie die Zahlung an das Finanzamt auf jeder Stufe mit dem Wert, um den die Ware auf dieser Stufe mehr wert geworden ist (durch Zuschlag von Gewinn und Kosten). Welche Schlüsse ziehen Sie daraus?

5.3 Die Steuerpflicht/Steuerbarkeit

Das Umsatzsteuergesetz spricht bei der Beantwortung der Frage, welche Umsätze grundsätzlich besteuert werden dürfen, von den sogenannten steuerbaren Umsätzen. Sie stellen allerdings nichts anderes dar als die steuerpflichtigen Tatbestände der anderen Steuergesetze. Sie klären, welche Vorgänge der Staat grundsätzlich besteuern kann, egal ob er eine Besteuerung vornimmt oder aufgrund einer Steuerbefreiung darauf verzichtet. Im Weiteren wird von den steuerbaren Umsätzen gesprochen, um die Benennung des Gesetzes zu übernehmen. Es handelt sich rechtssystematisch wie bei allen anderen Steuerarten um die Klärung der Steuerpflicht.

Das Umsatzsteuergesetz kennt vier steuerbare Umsätze, die im § 1 (1) UStG festgelegt sind:

- Lieferungen
- sonstige Leistungen
- Einfuhr
- innergemeinschaftlicher Erwerb

Umsätze im Rahmen einer Geschäftsveräußerung an einen anderen Unternehmer für dessen Unternehmen unterliegen nicht der Umsatzsteuer (§ 1 (1a) UStG).
Die Voraussetzungen für die Steuerbarkeit dieser Umsätze werden in den folgenden Kapiteln erläutert.

Fall Übersicht über die steuerbaren Umsätze (§ 1 (1), (1a) UStG)

Prüfen Sie in den folgenden Fällen, ob und welche steuerbaren Umsätze vorliegen.

a) Lebensmittelhändler Freud verkauft in seinem Kölner Geschäft ein Pfund Kaffee gegen Barzahlung.

b) Steuerberaterin Klug aus Bremen fertigt eine ESt-Erklärung an und erhält dafür ein angemessenes Honorar.

c) Holzhändler Ast führt Fichtenholz aus Russland in das Zollgebiet der Bundesrepublik Deutschland ein.

d) Der in Dresden ansässige Unternehmer Stark erwirbt vom französischen Lieferanten Blanc eine Maschine.

e) Der Werkzeughersteller Bruns aus Düsseldorf gibt seinen Betrieb aus Altersgründen auf und verkauft ihn an einen anderen Unternehmer, der den Betrieb fortführt.

5.3.1 Lieferung

Damit eine Lieferung steuerbar ist, muss gem. § 1 (1) Nr. 1 UStG **jede** der folgenden fünf Voraussetzungen erfüllt sein:

- Lieferung (siehe Fall 1),
- die ein Unternehmer (siehe Fall 2–4)
- im Inland (siehe Fall 5–8)
- gegen Entgelt (siehe Fall 9)
- im Rahmen seines Unternehmens (siehe Fall 10) ausführt.

Die ausführliche Erläuterung der einzelnen Voraussetzungen erfolgt in den folgenden Fällen und Übersichten.

Definition der Lieferung, § 3 (1), (1a), (1b) UStG	
Es gibt fünf verschiedene Arten von Lieferungen:	
Lieferung nach § 3 (1) UStG	Eine Lieferung liegt vor, wenn einem Dritten die Verfügungsmacht an einem Gegenstand verschafft wird.
3.1 (1) UStAE	Gegenstände sind dabei • Sachen gem. § 90 BGB, • Tiere gem. § 90a BGB, • Wirtschaftsgüter, die wie körperliche Sachen behandelt werden, z. B. Strom, Wärme, Wasser, Firmenwert, Kundenstamm Rechte sind keine Gegenstände, die im Rahmen einer Lieferung übertragen werden können.
3.1 (2) UStAE	Die Verschaffung der Verfügungsmacht bedeutet dabei, dass der Abnehmer mit dem Gegenstand nach Belieben verfahren kann. Sie ist ein Vorgang tatsächlicher Natur, der in der Regel mit dem Eigentumsübergang i. S. d. BGB übereinstimmt, aber nicht notwendigerweise übereinstimmen muss. An einem zur Sicherheit übereigneten Gegenstand wird durch die Übertragung des Eigentums noch keine Verfügungsmacht verschafft. Entsprechendes gilt bei der Verpfändung eines Gegenstandes. Dagegen liegt eine Lieferung vor, wenn ein Gegenstand unter Eigentumsvorbehalt verkauft und übergeben wird.
Lieferung nach § 3 (1a) UStG	Als Lieferung gegen Entgelt **gilt** (d. h., man tut so, als ob es eine Lieferung gegen Entgelt sei) • das Verbringen eines Gegenstandes von einer Betriebsstätte des eigenen Unternehmens

- aus dem Inland
- in eine andere Betriebsstätte des Unternehmens im übrigen Gemeinschaftsgebiet (der EU)
- durch einen Unternehmer
- zu seiner Verfügung,
- ausgenommen zu einer vorübergehenden Verwendung.

Lieferung nach § 3 (1b) Nr. 1 UStG

Einer Lieferung gegen Entgelt werden **gleichgestellt**:

- die Entnahme eines Gegenstandes

3.3 (3) UStAE

→ Eine Entnahme liegt vor, wenn der Vorgang bei Ausführung an einen Dritten als Lieferung anzusehen wäre.

- durch einen Unternehmer
- aus seinem Unternehmen

3.3 (1) UStAE

→ Ob etwas zu einem Unternehmen gehört, richtet sich danach, ob ein Unternehmer den Gegenstand dem unternehmerischen oder nichtunternehmerischen Bereich zugeordnet hat. Er hat grundsätzlich die Wahl der Zuordnung, bei einer unternehmerischen Nutzung < 10 % ist die Zuordnung zum Unternehmen unzulässig. Es kommt nicht auf die ertragsteuerliche Zuordnung an.

- für Zwecke außerhalb des Unternehmens,
- der Gegenstand muss zum vollen oder teilweisen Vorsteuerabzug berechtigt haben.

3.3 (2)-(4) UStAE
BMF-Schreiben vom 26.11.2004

Werden an einem Wirtschaftsgut, für das kein Vorsteuerabzug möglich war, Einbauten durchgeführt, für die ein Vorsteuerabzug möglich war, unterliegen bei der Entnahme diese Bestandteile der Umsatzbesteuerung. Für diese Bestandteile gilt eine Bagatellgrenze von 20 % der Anschaffungskosten des Wirtschaftsgutes oder 1 000,00 €. Bleiben die Aufwendungen für die nachträglich eingebauten Bestandteile unter diesem Betrag, entfällt die Besteuerung der Entnahme.

Lieferung nach § 3 (1b) Nr. 2 UStG

Einer Lieferung gegen Entgelt werden **gleichgestellt:**

- die unentgeltliche Zuwendung
- eines Gegenstandes
- durch einen Unternehmer
- an sein Personal
- für dessen privaten Bedarf,
- ausgenommen sind Aufmerksamkeiten,

1.8 (3) UStAE

→ Zu den Aufmerksamkeiten gehören Sachzuwendungen bis zu einem Wert von 60,00 € (brutto) aus Anlass eines besonderen Ereignisses (z. B. Geburtstag, Hochzeit).

1.8 (4) UStAE

→ Keine steuerlichen Umsätze sind Leistungen, die überwiegend durch das betriebliche Interesse des Arbeitgebers veranlasst sind, z. B.:
  - Leistungen zur Verbesserung der Arbeitsbedingungen,
  - Fortbildungen,
  - Überlassung von Arbeitsmitteln,

- der Gegenstand muss zum vollen oder teilweisen Vorsteuerabzug berechtigt haben.

Lieferung nach § 3 (1b) Nr. 3 UStG

Einer Lieferung gegen Entgelt werden **gleichgestellt:**

- jede andere unentgeltliche Zuwendung
- eines Gegenstandes,

3.3 (10) UStAE

→ Hierunter fallen insbesondere Sachspenden an Vereine, Warenabgaben anlässlich eines Preisausschreibens, Verlosungen usw. zu Werbezwecken.
→ Die Steuerbarkeit entfällt nicht, wenn der Empfänger den Gegenstand in seinem Unternehmen verwendet.

- ausgenommen Geschenke von geringem Wert und Warenmuster für Zwecke des Unternehmens

3.3 (12) UStAE

→ Ein geringer Wert liegt vor, wenn das Geschenk den Wert von 50,00 € (netto) nicht übersteigt.

	• der Gegenstand muss zum vollen oder teilweisen Vorsteuerabzug berechtigt haben.
Zeitpunkte der Lieferung	• Lieferungen i. S. d. § 3 (1) UStG → Der Lieferzeitpunkt für Lieferungen i. S. d. § 3 (1) ist im UStG nicht festgelegt. Deshalb muss man auf die zivilrechtlichen Grundsätze zurückgreifen. Demnach ist eine Lieferung ausgeführt, wenn die Gefahr übergegangen ist, d. h. mit Übergabe der verkauften Sache an den Käufer oder den Spediteur, Frachtführer oder eine sonstige mit der Versendung betraute Person (§§ 446, 447 BGB). • Lieferungen i. S. d. § 3 (1a) UStG → Der Lieferzeitpunkt ist die Entnahme aus der Betriebsstätte im Inland. • Lieferungen i. S. d. § 3 (1b) UStG → Der Zeitpunkt der Lieferung ist der Zeitpunkt der Entnahme aus dem Unternehmen.

Fall 1 Definition der Lieferung (§ 3 (1), (1a), (1b) UStG)

Überprüfen Sie, ob in folgenden Fällen eine Lieferung vorliegt und nennen Sie die entsprechende Rechtsvorschrift. Bestimmen Sie, falls notwendig, auch den Zeitpunkt der Lieferung.

a) A in München verkauft am 15.05.01 an G in Stuttgart eine Werkzeugmaschine und bringt die Maschine mit eigenem Lkw zu dem Kunden.

b) Schriftsteller B aus Berlin verkauft am 13.08.01 an den F-Verlag in Leipzig die Rechte an seinem neuesten Buch.

c) C verkauft sein in Bremen gelegenes Grundstück mit notariellem Kaufvertrag am 06.07.01 an H in Hamburg. Der Tag des wirtschaftlichen Übergangs wird auf den 01.08.01 festgelegt. Die Eintragung ins Grundbuch erfolgt am 15.08.01. (Beachten Sie auch den § 39 AO.)

d) Der Dieb D verkauft an den Hehler Y am 03.07.01 in Frankfurt ein gestohlenes Autoradio. (Beachten Sie auch den § 40 AO.)

e) Der Autohändler E in Stuttgart verkauft an den I einen neuen Pkw. I unterschreibt den Kaufvertrag am 03.06.01. Die Lieferzeit des neuen Fahrzeugs beträgt 6 Wochen. Am 17.07.01 wird der neue Wagen beim Händler angeliefert. Dieser übergibt am 19.07.01 an I die Papiere sowie die Schlüssel, I holt den Wagen aber erst nach seinem Urlaub am 12.08.01 ab.

f) Kunsthändlerin F verkauft am 01.11.01 in ihrer Galerie in Dresden ein Bild an K. Die Kunsthändlerin bittet darum, bis zum Ende der Ausstellung das Bild noch in den Räumen der Galerie hängen lassen zu dürfen. K holt das Bild endgültig am 15.12.01 ab.

g) Das Kaufhaus G in Kiel verkauft am 20.12.01 an einen Kunden ein teures Fernsehgerät für 3000,00 €. Man einigt sich auf Ratenzahlung zu 5 Raten à 600,00 €. Das Kaufhaus behält sich das Eigentum bis zur endgültigen Bezahlung vor.

h) Die Bank H gibt Unternehmer L einen Kredit zur Finanzierung seines neuen Fuhrparks. Als Sicherheit setzt der Unternehmer zwei Lkws ein, deren Eigentum er an die Bank überträgt. Er darf die Lkws aber weiterhin benutzen. Außerdem verpfändet er Wertpapiere seines Unternehmens, indem er die Wertpapiere der Bank übergibt, die sie im Falle der Nichtzahlung verwerten darf.

i) Das Leasingunternehmen I vermietet seit dem 01.07.01 an den Unternehmer M ein Kopiergerät. Nach einer Leasingdauer von 4 Jahren entschließt sich M, den Kopierer am 28.06.05 mit Ablauf der Leasingdauer am 01.07.05 zu kaufen.

j) Der Unternehmer J hat seinen Hauptsitz in Aachen und ein Zweigwerk in Maastricht (Niederlande). Eine Maschine, die in der Hauptfabrik in Aachen aufgestellt war, lässt er am 04.05.01 nach Maastricht bringen, um sie dort dauerhaft in der Produktion zu benutzen.

k) Der Bäcker K entnimmt am 22.11.01 Backwaren für den privaten Verzehr.

l) Hi-Fi-Händler L entnimmt am 05.10.01 seinem Laden einen Fernseher, um ihn seiner Tochter zu schenken.

m) Was ändert sich an Ihrer Antwort zu l), falls der Fernseher gebraucht von einem Privatmann gekauft wurde und somit kein Vorsteuerabzug möglich war?

n) Rechtsanwalt M verwendet seinen betrieblichen Pkw vom 12.07.01 bis 26.07.01 für eine Urlaubsfahrt an die deutsche Nordseeküste.

o) Arbeitgeberin N schenkt ihrer Angestellten B zum Geburtstag am 13.03.01 einen Blumenstrauß für 30,00 € und ihrem Angestellten C eine Uhr im Wert von 300,00 €.

p) Im Büro des Arbeitgebers O stehen für die Angestellten Getränke wie Mineralwasser und Kaffee kostenlos zur Verfügung.

q) Unternehmer P ist Mitglied in einem Sportverein. Für die Vereinsmeisterschaften im Juni 01 stiftet er Waren aus seinem Unternehmen als Siegerpreise.

r) Innerhalb eines Preisausschreibens im August 01 im Rahmen einer Werbeaktion seines Unternehmens stellt P 50 Flaschen Wein zur Verfügung.

s) Außerdem schenkt er zu Weihnachten 01 seinen besten Geschäftskunden Kugelschreiber mit einer Gravur des Firmennamens, deren Wert bei ca. 30,00 € liegt.

t) Unternehmer T kauft am 01.07.01 von einem Privatmann (= ohne Vorsteuerabzugsmöglichkeit) einen gebrauchten Pkw für 10000,00 €. Er nutzt den Pkw nur für unternehmerische Zwecke. Am 01.03.02 lässt er eine Klimaanlage für 2500,00 € einbauen und am 01.08.02 lässt er die Windschutzscheibe für 500,00 € auswechseln. Am 01.03.03 entnimmt der Unternehmer den Wagen. Laut „Schwacke-Liste" ergibt sich durch den Einbau der Klimaanlage ein Wertzuwachs von 1500,00 € und durch den Einbau der Windschutzscheibe ein Wertzuwachs von 50,00 € im Zeitpunkt der Entnahme.

Unternehmer (§§ 2, 2a UStG)	
Lieferungen sind nur steuerbar, wenn sie von einem Unternehmer ausgeführt werden.	
Definition **§ 2 UStG**	Unternehmer ist, wer
2.3 (1) UStAE	• eine gewerbliche oder berufliche Tätigkeit, → Der umsatzsteuerliche Begriff der gewerblichen Tätigkeit geht über den Begriff des Gewerbebetriebs laut EStG hinaus. Darunter sind Leistungen im wirtschaftlichen Sinne zu verstehen.
2.3 (2), (3) UStAE	• eine nachhaltige Tätigkeit → Zur Beurteilung der Nachhaltigkeit ist die Wiederholungsabsicht entscheidend.
2.3 (6) UStAE	• zur Erzielung von Einnahmen → Die Absicht, Gewinn zu erzielen, ist **nicht** erforderlich.
2.2 (1) UStAE	• selbstständig → Eine selbstständige Tätigkeit liegt vor, wenn sie auf eigene Rechnung und auf eigene Verantwortung ausgeübt wird.
2.2 (4) UStAE	→ Natürliche Personen können nebeneinander selbstständige und unselbstständige Tätigkeiten ausführen.
2.2 (5) UStAE, 2.1 (1) UStAE	→ Eine Personengesellschaft des Handelsrechts ist stets selbstständig. → Liegt eine Organschaft vor, ist eine Selbstständigkeit der Organgesellschaft nicht gegeben (siehe Fall 4). ausübt.
	Unternehmer können natürliche und juristische Personen (z. B. AG, GmbH) sowie Personenzusammenschlüsse (z. B. GbR, OHG, KG) sein.
§ 2b UStG	Juristische Personen des öffentlichen Rechts gelten nicht als Unternehmer i. S. d. § 2 UStG, soweit sie Tätigkeiten im Rahmen der öffentlichen Gewalt ausüben. Ausnahmen bestehen für Wettbewerbsverzerrungen (§ 3b (2) UStG und bestimmte Ausnahmetatbestände (§ 2b (4) UStG).
Beginn der Unternehmereigenschaft **2.6 (1) UStAE**	Die Unternehmereigenschaft beginnt mit dem ersten nach außen erkennbaren Tätigwerden mit Einnahmenerzielungsabsicht. Die Ernsthaftigkeit dieser Absicht muss glaubhaft gemacht werden. Dies gilt auch für eine Kapitalgesellschaft. Somit ist schon die Vorgründungsgesellschaft i. S. d. KStG Unternehmer.
Ende der Unternehmereigenschaft **2.6 (6) UStAE**	Die Unternehmereigenschaft endet mit dem letzten Tätigwerden. Der Zeitpunkt der Einstellung oder Abmeldung eines Gewerbebetriebs oder der Löschung im Handelsregister ist unbeachtlich. Das Unternehmen endet erst, wenn der Unternehmer alle Rechtsbeziehungen abgewickelt hat, die mit dem aufgegebenen Betrieb im Zusammenhang stehen.
§ 1 (1a) UStG	Umsätze im Rahmen einer Geschäftsveräußerung sind nicht steuerbar.

Fahrzeuglieferer als Unternehmer	Wer
§ 2a UStG	• im Inland • ein neues Fahrzeug liefert, • das bei der Lieferung in das übrige Gemeinschaftsgebiet gelangt, wird, wenn er nicht Unternehmer i. S. d. § 2 UStG ist, für diese Lieferung wie ein Unternehmer behandelt.

Fall 2 Unternehmer (§§ 2, 2a UStG)

Überprüfen Sie, ob in den folgenden Fällen ein Unternehmer vorliegt.

a) Die Bayer AG verkauft an mehrere Apotheken in Leverkusen Arzneimittel.

b) August Maywald ist stolzer Besitzer von drei Oldtimern. Da er seiner Tochter zu ihrer Hochzeit ein Haus schenken möchte, verkauft er die Oldtimer zum Gesamtpreis von 300000,00 €.

c) Günter Kollmann macht sich als Handelsvertreter selbstständig, um seinen Lebensunterhalt damit zu verdienen. Nachdem er sein erstes Geschäft abgewickelt hat, bekommt er ein gutes Angebot von seinem ehemaligen Arbeitgeber und unterschreibt einen Arbeitsvertrag. Seine selbstständige Tätigkeit gibt er auf.

d) Installateur Frey ist bei der GWS OHG als Badinstallateur angestellt. In seiner Freizeit erwirbt er sich ein Zusatzgehalt, indem er am Wochenende oder nach Feierabend Installationsarbeiten ausführt. Von seiner Tätigkeit erfahren die Kunden durch Mundpropaganda.

e) Die Kraus OHG verkauft an einen großen Kundenkreis in Deutschland Wasserzähler.

f) Susanne Anders ist Eigentümerin eines Hauses in München. Das Erdgeschoss ist an einen Supermarkt, die restlichen Wohnungen sind an private Mieter vermietet.

g) Rudolf Beck ist angestellter Schreiner. Da er sich in absehbarer Zeit selbstständig machen will, nimmt er mit Zustimmung seines Chefs auch privat Aufträge an, die er in seiner Freizeit erledigt. Da in dem ersten Jahr die Einnahmen nicht hoch sind, ergibt sich ein Verlust. Er glaubt aber, dass dies nur Anfangsschwierigkeiten seien, und setzt die Tätigkeit auch im kommenden Jahr fort.

h) Die Stadt Gießen liefert an Bürger der Stadt Trinkwasser über das stadteigene Wasserwerk. Der Umsatz des letzten Jahres betrug 500 000,00 €.

i) Der Bankangestellte Werner Winter, wohnhaft in Köln, verkauft seinen Pkw, den er als Neuwagen erhalten hat, nach einem Monat über das Internet

   (1) an einen Käufer in Düsseldorf,
   (2) an einen Käufer in Maastricht (Niederlande),
   (3) an einen Käufer in Bern (Schweiz).

Fall 3 Unternehmer – Beginn und Ende der Unternehmerschaft (2.6 UStAE)

Monika Berghaus entschließt sich, einen Laden für kleine Einrichtungsgegenstände einzurichten. Dazu mietet sie am 01.03.01 ein Ladenlokal an und beginnt, die Räume einzurichten. Den ersten Verkauf tätigt sie am 15.03.01 an einen Interessierten, obwohl der Laden offiziell noch gar nicht geöffnet ist. Zum 01.04.01 meldet sie das Gewerbe an und eröffnet den Laden am 03.04.01.

Da der Verkauf nicht sehr erfolgreich ist, beschließt sie am 15.12.01, den Laden wieder aufzugeben. Am 16.12.01 meldet sie das Gewerbe ab. Bis zum 24.12.01 verkauft sie noch den restlichen Warenbestand und schließt dann den Laden. Der Mietvertrag läuft am 31.12.01 ab.

Bestimmen Sie Beginn und Ende der Unternehmerschaft.

Organschaft (Grundzüge)
Eine Organschaft liegt gem. § 2 (2) UStG und 2.8 UStAE vor, wenn (1) natürliche Personen, einzeln oder zusammengeschlossen, in einem Unternehmen so eingegliedert sind, dass sie den Weisungen des Unternehmers zu folgen verpflichtet sind; (2) eine juristische Person oder eine Personengesellschaft (Urteil EuGH vom 16.07.2015, BFH vom 19.01.2016; unklar bisher, ob Finanzverwaltung Urteile übernimmt.) nach dem Gesamtbild der tatsächlichen Verhältnisse

- finanziell,

→ Unter der finanziellen Eingliederung ist der Besitz der entscheidenden Anteilsmehrheit an der Organgesellschaft zu verstehen, die es ermöglicht, Beschlüsse in der Organgesellschaft durchzusetzen. Entsprechen die Beteiligungsverhältnisse den Stimmrechtsverhältnissen, so ist die finanzielle Eingliederung gegeben, wenn die Beteiligung mehr als 50 % beträgt. Eine Organschaft liegt auch dann vor, wenn der Organträger zwar nur 50 % der Stimmrechte innehat, aber mehrheitlich am Kapital der Organgesellschaft beteiligt ist und auch deren einzigen Geschäftsführer stellt, sodass der Organträger seinen Willen in der Organgesellschaft durchsetzen kann. Sind mehrere Personen an einer Gesellschaft beteiligt, führt eine Addierung der Stimmrechte nicht zwangsläufig dazu, dass die Durchsetzung des Willens gewährleistet ist. Es ist nicht sichergestellt, dass mehrere Gesellschafter auch gleichgerichtete Interessen verfolgen (BFH-Urteil vom 22.04.2010 und 01.12.2010).

- wirtschaftlich und

→ Wirtschaftliche Eingliederung bedeutet, dass die Organgesellschaft gemäß dem Willen des Unternehmers im Rahmen des Gesamtunternehmens wirtschaftlich tätig ist. Sie muss in engem wirtschaftlichen Zusammenhang mit dem Organträger tätig sein und seine Tätigkeit fördern und ergänzen.

- organisatorisch

→ Die organisatorische Eingliederung liegt vor, wenn der Organträger durch organisatorische Maßnahmen sicherstellt, dass in der Organgesellschaft sein Wille auch tatsächlich durchsetzen kann und auch durchsetzt. Dies ist z. B. durch Personalunion der Geschäftsführer in beiden Gesellschaften der Fall , oder die Geschäftsführung der Organgesellschaft ist an Weisungen des Organträgers gebunden.

in ein Unternehmen eingegliedert ist.

Liegt eine Organschaft vor, sind die untergeordneten Gesellschaften (Organgesellschaften, Tochtergesellschaften) als **unselbständig** anzusehen. Alle Umsätze sind dem Organträger zuzuordnen.

- Somit liegen umsatzsteuerliche Pflichten, wie beispielsweise die Umsatzsteuer-Voranmeldung oder die Abgabe der Umsatzsteuererklärung, beim Organträger. Alle Außenumsätze und Außenleistungsbezüge der Organgesellschaft werden dem Organträger zugerechnet, der allein umsatzsteuerpflichtig und vorsteuerabzugsberechtigt ist. Dabei ist es unerheblich, ob Abrechnungsbelege und Rechnungen von der Organgesellschaft stammen oder auf diese ausgestellt sind.
- Umsätze, die zwischen dem Organträger und der Organgesellschaft, oder auch zwischen einzelnen Organgesellschaften entstehen, sind sogenannte nicht steuerbare Innenumsätze, die umsatzsteuerlich nicht erfasst werden. Wird trotzdem eine Rechnung mit gesondertem Umsatzsteuerausweis erstellt, ist dies umsatzsteuerlich unschädlich.
- Alleiniger Steuerschuldner ist der Organträger, die Organgesellschaft trägt jedoch die Haftung für die auf sie entfallende Umsatzsteuer. Jedoch verbleibt eine gesamtschuldnerische Haftung für den Teil der Umsatzsteuer, der auf die Organgesellschaft entfällt (§ 73 AO).

Die Voraussetzungen für die umsatzsteuerliche Organschaft sind nicht in vollem Umfange identisch mit den Voraussetzungen der körperschaftsteuerlichen und gewerbesteuerlichen Organschaft. Für die KSt- und GewSt-Organschaft ist der Abschluss eines Ergebnisabführungsvertrages Mitvoraussetzung.

Die Regelungen für die Organschaft gelten auch für Personengesellschaften (BMF-Schreiben vom 26.05.2017), allerdings nur, wenn sie finanziell zu 100 % in das Unternehmen des Organträgers eingegliedert sind.

Unternehmer – Organschaft (§ 2 (2) UStG)

Fall 4*

Der Einzelkaufmann Walter Ebener hat über die Jahre einen großen PC-Handel aufgebaut. Da sein Unternehmen eine unübersichtliche Größe angenommen hat und er die Haftung einschränken will, hat er die Ebener Vertriebs GmbH gegründet, die sich ausschließlich um den Verkauf und Vertrieb der Ware kümmert.

Alleiniger Gesellschafter der GmbH ist Herr Ebener. Er ist ebenfalls Geschäftsführer der GmbH.

a) Prüfen Sie, ob die beiden Firmen Unternehmer i. S. d. UStG sind.

b) Was ändert sich an der Antwort zu a), falls ein guter Geschäftsfreund von Herrn Ebener, Stefan Henkel, alleiniger Gesellschafter und Geschäftsführer der GmbH wäre?

c) Was ändert sich an der Antwort zu a), falls Herr Ebener die Ebener-Vertriebs-OHG zusammen mit Stefan Henkel gegründet hätte? Der Anteil von Herrn Ebener beträgt 80 %. Herr Ebener ist Geschäftsführer der OHG.

Im Inland – Begriffsbestimmung Inland, Gemeinschaftsgebiet, Drittlandsgebiet	
Lieferungen sind nur in Deutschland steuerbar, wenn sie im Inland ausgeführt wurden. Für die steuerbaren Umsätze Einfuhr und innergemeinschaftlicher Erwerb sind die Begriffe Gemeinschaftsgebiet und Drittlandsgebiet von Bedeutung, die in diesem Zusammenhang ebenfalls erläutert werden.	
Begriff des Inlands **§ 1 (2) UStG**	Inland ist das Gebiet der Bundesrepublik Deutschland außer • Gemeinde Büsingen, • Insel Helgoland, • Freihäfen (siehe Aufzählung in 1.9 (1) UStAE), • Gewässern und Watten zwischen der Hoheitsgrenze und der jeweiligen Strandlinie, • deutschen Schiffen und Flugzeugen in Gebieten, die zu keinem Zollgebiet gehören.
1.9 UStAE	Botschaften, Gesandtschaften und Konsulate gehören zum Inland.
Begriff des Gemeinschaftsgebiets **§ 1 (2a) UStG** **1.10 UStAE**	Das Gemeinschaftsgebiet (der Europäischen Union) umfasst das Inland i. S. d. § 1 (2) UStG und die Gebiete der übrigen Mitgliedsstaaten.
Begriff des Drittlandsgebiets **§ 1 (2a) UStG**	Drittlandsgebiet ist das Gebiet, das nicht Gemeinschaftsgebiet ist.

Fall 5 **Inland, Gemeinschaftsgebiet, Drittlandsgebiet (§ 1 (2), (2a) UStG)**

Prüfen Sie in den folgenden Fällen, ob es sich um Umsätze im Inland, im Gemeinschaftsgebiet oder im Drittland handelt.

a) Der Metzger A verkauft Waren in seinem Laden in Wuppertal.
b) Der Bäcker B verkauft Waren in seinem Laden in Paris.
c) Der Gemüsehändler C verkauft Waren in seinem Laden in Norwegen.
d) Auf einer Kreuzfahrt verkauft der Einzelhändler D Tabakwaren, Getränke und kleine Snacks auf hoher See.
e) Einzelhändlerin E betreibt einen kleinen Imbiss auf Helgoland und verkauft Würstchen, Getränke usw.
f) Auf einem Flug von Düsseldorf nach Berlin werden Zigaretten und Parfums verkauft.
g) Auf einem Flug von Frankfurt nach Washington werden während des Flugs über dem Atlantik Uhren verkauft.
h) Vermieter H vermietet Ferienwohnungen auf Mallorca.

Im Inland – Ort der Lieferung bei Lieferungen i. S. d. § 3 (1), (1a), (1b) UStG	
Um festzustellen, ob eine Lieferung im Inland erfolgt ist und damit in Deutschland steuerbar ist, wird jeder Lieferung ein bestimmter Ort zugewiesen, an dem sie stattgefunden hat. Dieser Ort gilt als Ort der Lieferung, auch wenn die Lieferung eine Strecke durch eine Beförderung von Punkt A nach Punkt B ist. Dieser Ort wird fiktiv festgelegt. Liegt dieser festgelegte Ort im Inland, ist die Lieferung in Deutschland steuerbar. Liegt dieser Ort nicht im Inland, ist der Umsatz in Deutschland nicht steuerbar. Ob er in einem anderen Land steuerbar ist, entscheidet das dort geltende Umsatzsteuerrecht. Zur Feststellung des Ortes der Lieferung unterscheidet das UStG zwei verschiedene Arten von Lieferungen, die bewegten und die unbewegten Lieferungen. Für diese beiden Gruppen gelten unterschiedliche Regelungen für die Bestimmung des Ortes.	
Ortsbestimmung bei bewegten Lieferungen **§ 3 (6) UStG**	Eine bewegte Lieferung liegt vor, wenn der Gegenstand befördert oder versendet wird. Eine Beförderung liegt vor, wenn der Unternehmer selbst den Gegenstand zum Abnehmer bringt oder der Abnehmer den Gegenstand abholt.

	Eine Versendung liegt vor, wenn die Beförderung durch einen beauftragten Dritten vorgenommen wird. Die Versendung beginnt mit der Übergabe an den Beauftragten. Bei **bewegten Lieferungen** ist der Ort der Lieferung dort, **wo die Beförderung oder Versendung beginnt.**
Ortsbestimmung bei unbewegten Lieferungen § 3 (7) UStG	Eine unbewegte Lieferung liegt vor, wenn der Gegenstand nicht befördert oder versendet wird. Bei **unbewegten Lieferungen** ist der Ort der Lieferung dort, **wo sich der Gegenstand zum Zeitpunkt der Verschaffung der Verfügungsmacht befindet.**
3.12 (6) UStAE	Beispiele für unbewegte Lieferungen sind die Verschaffung der Verfügungsmacht durch • Vereinbarung eines Besitzkonstitutes (§ 930 BGB), • Abtretung des Herausgabeanspruchs (§ 931 BGB), • Übergabe von Traditionspapieren (Lagerscheine, Ladescheine, Konossemente) und • die Verschaffung der Verfügungsmacht bei unbeweglichen Gegenständen.

Im Inland – Ort der Lieferung bei Lieferungen i. S. d. § 3 (1), (1a), (1b) UStG

Fall 6

Stellen Sie in den folgenden Fällen fest,

a) ob eine Lieferung vorliegt (mit Angabe der Rechtsvorschrift),
b) ob es sich um eine bewegte oder unbewegte Lieferung handelt,
c) wo der Ort der Lieferung ist,
d) ob das Tatbestandsmerkmal „im Inland" zutrifft,
e) ob die Lieferung unter der Voraussetzung, dass alle übrigen Voraussetzungen erfüllt sind, steuerbar ist.

(1) Der Spielzeughändler Sand, Düsseldorf, liefert mit eigenem Lkw Waren zu einem Kunden nach Hamburg.

(2) Der Spielzeughändler Sand, Düsseldorf, liefert mit eigenem Lkw Waren zu einem Kunden in Paris.

(3) Ein Kunde aus Bern (Schweiz) holt sich die Waren bei Sand in Düsseldorf selbst ab.

(4) Sand hat ein Auslieferungslager in London, um von dort aus englische Kunden zu beliefern. Von dort aus beliefert er einen Kunden in Manchester.

(5) Sand beauftragt einen Spediteur, eine Warenlieferung an einen Kunden von Düsseldorf nach München zu übernehmen.

(6) Ein Kunde von Sand in Wien beauftragt einen Spediteur, die Waren von Düsseldorf nach Wien zu bringen.

(7) Sand hat eine Filiale in Amsterdam (Holland). Er bringt eine Maschine aus Düsseldorf, seinem Hauptsitz, mit eigenem Lkw zur dauerhaften Verwendung nach Amsterdam.

(8) Immobilienmakler Rolf, Hannover, verkauft ein Gebäude in Hamburg, das er selbst angekauft hat, an einen Hamburger Geschäftsmann.

(9) Kaffeehändler Bohne in Düsseldorf kauft eine Ladung Kaffee zu 5 Tonnen. Der Kaffee befindet sich in einem Lagerhaus im Freihafen Bremerhaven. Die Eigentumsübertragung erfolgt mit Übergabe der Lagerpapiere am 13.04.01.

(10) Wie würde Ihre Lösung zu Fall (9) lauten, wenn sich das Lager in Frankfurt befände?

(11) Der Steuerberater Paul, Köln, hat einen Fotokopierer geleast. Nach Ablauf der Mietzeit vereinbart er mit der Leasingfirma, dass er den Fotokopierer kauft und das Gerät in seinem Büro stehen bleibt.

(12) HiFi-Großhändler Stefan Schmidt entnimmt für seine private Wohnung in Köln aus dem Lager seines Verkaufsgeschäftes in Düsseldorf eine Stereoanlage.

(13) Außerdem hat Stefan Schmidt seinem Angestellten Rudi Funk, wohnhaft in Wuppertal, einen DVD-Recorder geschenkt.

(14) Zusätzlich stiftet Stefan Schmidt dem örtlichen Sportverein ein Autoradio im Wert von 150,00 € für eine Tombola.

Umsatzsteuer

Ausnahme von der Ortsbestimmung beim sog. Fernverkauf (§3c UstG)[1]

Für den sog. innergemeinschaftlichen Fernverkauf, bei dem Unternehmen innerhalb der EU vor allem an private Kunden Waren liefern, gilt unter bestimmten Voraussetzungen eine andere Ortsbestimmung als nach § 3 (6) UStG.

Ausnahme der Ortsbestimmung gem. § 3c UStG beim sog. innergemeinschaftlichen Fernverkauf innerhalb der EU	Der **Ort der Lieferung** ist **ausnahmsweise** dort, **wo die Beförderung oder Versendung endet**, wenn folgende Voraussetzungen erfüllt sind:
§3c (1) UStG	• bei einer Lieferung wird der Gegenstand • durch den Lieferer oder einen beauftragten Dritten • aus dem Gebiet des Mitgliedsstaates • in das Gebiet eines anderen Mitgliedsstaates • befördert oder versendet • der Abnehmer ist ein Abnehmer gem. § 3a (5) UStG (Aufzählung nicht vollständig) : (1) Privatperson oder (2) eine ausschließlich nicht unternehmerisch tätige juristische Person, der eine Umsatzsteuer-Identifikationsnummer erteilt worden ist, • und der Lieferer seinen Sitz in nur einem Mitgliedsstaat hat und der Gesamtbetrag der Entgelte und der innergemeinschaftlichen Fernverkäufe 10 000,00 € (Schwellenwert) im laufenden Kalenderjahr überschreitet und im vorangegangenen Kalenderjahr überschritten hat.
§ 3c (4) UStG	Sind eine oder mehrere Voraussetzungen nicht erfüllt, so gilt für die Ortsbestimmung wieder der § 3 (6) UStG. Auf die Anwendung des Schwellenwertes kann der Lieferer verzichten. Der Verzicht ist gegenüber dem Finanzamt zu erklären und bindet ihn für mind. zwei Kalenderjahre. Der § 3c UStG gilt nicht für die Lieferung neuer Fahrzeuge. Bei Vorliegen der Voraussetzungen ist der Unternehmer in jedem Bestimmungsland, in dem er Lieferungen an Nichtunternehmer ausführt, registrierungspflichtig. Diesen Registrierungspflichten kann er durch die Teilnahme am One-Stop-Shop entgehen (siehe Kapitel 5.8.7)
Ausnahme der Ortsbestimmung gem. § 3c UStG bei Fernverkäufen aus dem Drittland in die EU	Der **Ort der Lieferung** ist **ausnahmsweise** dort, **wo die Beförderung oder Versendung endet**, wenn folgende Voraussetzungen erfüllt sind:
§ 3c (2) und (3) UStG	• der Gegenstand wurde zuvor in einen anderen Mitgliedsstaat eingeführt, als den, in dem die Beförderung endet. • der Gegenstand wurde in den Mitgliedsstaat eingeführt, in dem die Beförderung endet und die Steuer wurde im besonderen Besteuerungsverfahren nach § 18k UStG (OSS, siehe Kapitel 5.8.7) erklärt.

Fall 7 Ausnahme von der Ortsbestimmung beim sog. innergemeinschaftlichen Versandhandel (§ 3c UStG)

Bestimmen Sie in den folgenden Fällen den Ort der Lieferung und die Auswirkung auf die Steuerbarkeit:

a) Das Versandhaus Lotto mit Sitz in Hamburg tätigt folgende Warenverkäufe an private Kunden. Die Waren werden per Post an den Kunden versandt:
   (1) An den Kunden A in München.
   (2) An den Kunden B in Madrid. Der Schwellenwert wurde weder im letzten Jahr überschritten noch wird er voraussichtlich in diesem Jahr überschritten werden.
   (3) An den Kunden C in Paris. Der Schwellenwert wurde im letzten Jahr überschritten und wird auch in diesem Jahr voraussichtlich überschritten werden.
   (4) An den Kunden D in Zürich.

[1] Die Regelung der Ortsbestimmung beim sog. Fernverkauf ist erst nach der Bearbeitung des Kapitels 5.3.5 „innergemeinschaftlicher Erwerb“ vollständig zu verstehen. Es wird deshalb empfohlen, die entsprechenden Fälle nach Bearbeitung des besagten Kapitels erneut zu lösen.

b) Die Stadtverwaltung in Brüssel mit UStIDNr. hat bei einem Schulmöbelhersteller in Nürnberg Schulmöbel im Wert von 10 000,00 € bestellt. Der Nürnberger Lieferant hat den Schwellenwert im letzten Jahr überschritten und wird ihn voraussichtlich auch in diesem Jahr überschreiten.

c) Das Versandhaus Lotto mit Sitz in Hamburg hat an den Privatkunden E in Luxemburg Waren per Post versandt. Der Schwellenwert wurde weder im letzten Jahr überschritten noch wird er voraussichtlich in diesem Jahr überschritten werden.
Lohnt sich für das Versandhaus eine Option für die Anwendung des § 3c UStG, wenn Sie davon ausgehen, dass der Umsatzsteuersatz in Luxemburg 17 % beträgt?

d) (1) Der chinesische Onlinehändler Weng veräußert über einen eigenen Webshop einen PC im Wert von 1 000,00 € an den deutschen Privatkunden Peter Meier in Essen. Der PC wird aus einem Lager in Italien an den deutschen Kunden versandt. Weng überschreitet den Schwellenwert nicht.
(2) Wie ändert sich Ihre Lösung, wenn Weng den Schwellenwert überschreitet?
(3) Wie ändert sich Ihre Lösung, wenn Weng aus seinem Lager in China den PC versendet und die Zollanmeldung durch ihn erfolgt?
(4) Wie ändert sich Ihre Lösung, wenn es sich um eine Tastatur im Wert von 50,00 € handelt, die Zollanmeldung durch Weng erfolgt und Weng den Umsatz im IOSS meldet?

Lieferung gegen Entgelt

Damit eine Lieferung steuerbar ist, muss sie gegen Entgelt ausgeführt worden sein. Was das Tatbestandsmerkmal „gegen Entgelt" genau bedeutet, ist im Gesetz nicht weiter definiert. Die Regelungen finden sich nur im Abschnitt 1.1 UStAE:

- „Gegen Entgelt" bedeutet, dass ein Leistungsaustausch stattfindet. Ein Leistungsaustausch setzt voraus, dass ein Leistender und ein Leistungsempfänger vorhanden sind und der Leistung eine Gegenleistung gegenübersteht.
- Bei einem echten Schadensersatz fehlt es an einem Leistungsaustausch (1.3 UStAE). Der Schadensersatz wird nicht geleistet, weil eine Gegenleistung zu erbringen ist, sondern weil der Schädiger für den Schaden einstehen muss. Beseitigt der Geschädigte im Auftrag des Schädigers den Schaden selbst, ist die Schadensersatzleistung als Entgelt im Rahmen eines Leistungsaustausches anzusehen.
- Soweit ein Verein echte Mitgliederbeiträge erhebt, die dazu bestimmt sind, ihm die Erfüllung der satzungsgemäßen Aufgaben zu ermöglichen, fehlt es gem. 1.4 UStAE an einem Leistungsaustausch mit dem einzelnen Mitglied. Aufgrund von verschiedenen Urteilen des EuGH (21.03.2002) und des BFH (09.08.2007, 11.10.2007) erscheint die Unterscheidung von echten und unechten Mitgliedsbeiträgen zweifelhaft. Erbringt der Verein dagegen Leistungen, die den Sonderbelangen der einzelnen Mitglieder dienen, und erhebt er dafür Beiträge entsprechend der Inanspruchnahme seiner Tätigkeit, so liegt ein Leistungsaustausch vor. Durch das Urteil des EuGH vom 21.03.2002 ergibt sich für Mitgliedsbeiträge von Sportvereinen u. U. eine Änderung der Beurteilung der Steuerbarkeit von Mitgliedsbeiträgen.

Für **Lieferungen i. S. d. § 3 (1a) und § 3 (1b) UStG** ist für die Steuerbarkeit keine Entgeltlichkeit notwendig. Diese Lieferungen sind **Lieferungen gegen Entgelt gleichgestellt.** Die Entgeltlichkeit muss nicht geprüft werden, diese Lieferungen sind ohne Entgeltlichkeit steuerbar.

Umsatzsteuer

Lieferung gegen Entgelt

Fall 8

Stellen Sie in den folgenden Fällen fest, ob eine Lieferung vorliegt (Angabe der Rechtsvorschrift notwendig) und prüfen Sie, ob das Tatbestandsmerkmal „gegen Entgelt" erfüllt ist. Beurteilen Sie außerdem die Steuerbarkeit des Umsatzes.

a) Unternehmer A aus Magdeburg verkauft einem Kunden Waren im Wert von 1 500,00 €.

b) A schenkt seiner Tochter einen Fernseher, den er seinem Unternehmen entnommen hat.

c) Außerdem schenkt er einem guten Kunden zu Weihnachten einen Kugelschreiber im Wert von 40,00 € netto.

d) Seinem Außendienstmitarbeiter B schenkt er eine CD-Sammlung im Wert von 300,00 €, da er zwei lukrative Verträge für ihn abgeschlossen hat.

e) Der Sportverein Blau Weiß München e. V. hat im Jahr 01 folgende Einnahmen:
   - Mitgliedsbeiträge
   - Erlöse aus dem Verkauf von Getränken anlässlich eines Vereinsfestes
   - Erlöse aus der Vereinsgaststätte

Lieferung im Rahmen des Unternehmens

Damit eine Lieferung steuerbar ist, muss sie im Rahmen des Unternehmens ausgeführt worden sein. Das Tatbestandsmerkmal „im Rahmen des Unternehmens" ist im Gesetz nicht definiert. Regelungen finden sich nur im Abschnitt 2.7 UStAE.

Das Tatbestandsmerkmal hebt auf die Abgrenzung zwischen unternehmerischem und privatem Bereich ab. Lieferungen, die im privaten Bereich stattfinden, erfolgen nicht im Rahmen des Unternehmens und sind daher nicht steuerbar.

Lieferungen im Rahmen des Unternehmens können

- Grundgeschäfte sein, die den eigentlichen Gegenstand der geschäftlichen Betätigung bilden,
- Hilfsgeschäfte sein, die die Haupttätigkeit mit sich bringt (z. B. Verkauf von Gegenständen des Anlagevermögens),
- Nebengeschäfte sein. Dies sind Geschäfte, die mit der Haupttätigkeit in engem Zusammenhang stehen (z. B. ehrenamtliche Tätigkeiten bei der IHK).

Alle diese Lieferungen (im Fall der ehrenamtlichen Tätigkeit sonstige Leistungen) sind im Rahmen des Unternehmens und somit steuerbar.

Der Rahmen des Unternehmens umfasst die gesamte gewerbliche und berufliche Tätigkeit des Unternehmers (§ 2 (1) UStG). Der Unternehmer kann also mehrere Tätigkeiten beruflich oder gewerblich selbstständig ausüben. Trotzdem hat er im umsatzsteuerlichen Sinne nur ein Unternehmen (u. U. mit mehreren Betriebsstätten). Dies bedeutet:

- Die Umsätze aller Betriebsstätten werden zusammengerechnet.
- Es wird eine Umsatzsteuererklärung erstellt.
- Umsätze zwischen den einzelnen Betriebsstätten sind sog. Innenumsätze und nicht steuerbar, da es an einem Leistungsaustausch fehlt.

Fall 9 Lieferung im Rahmen des Unternehmens

a) Prüfen Sie, ob die Tätigkeiten des Unternehmers Hausmann im Rahmen des Unternehmens sind, und stellen Sie die Konsequenz für die Steuerbarkeit fest:

Hausmann betreibt einen Fachhandel für Motorräder und Motorradbedarf. Folgende Umsätze hat er getätigt:

- Verkauf von Motorrädern,
- Verkauf des Betriebs-Lkw, mit dem er Motorräder transportiert hat,
- Verkauf des privaten Pkw seiner Frau, den er in seinem Geschäft am schwarzen Brett angeboten hat,
- Tätigkeit als Prüfer für die Industrie- und Handelskammer bei den Fortbildungen zum Motorradfachmechaniker. Für diese Tätigkeit erhält er eine Aufwandsentschädigung.
- Tätigkeit als Vorsitzender des örtlichen Motorradvereins, für die er auch eine geringe Aufwandsentschädigung erhält.

b) Stefan Wegener ist Eigentümer einer Bäckerei und eines Hotels. Außerdem besitzt er noch ein Gebäude, das er an einen Supermarkt vermietet hat. Die Bäckerei versorgt täglich das Hotel mit frischen Backwaren. Es werden entsprechende Rechnungen geschrieben, die vom Konto des Hotels auf das der Bäckerei überwiesen werden. Wegener ist noch Gesellschafter und Geschäftsführer der Backwarenvertriebs GmbH, die Backwaren an Großabnehmer verkauft. An der GmbH sind noch zwei weitere Geschäftsfreunde mit je ⅓ beteiligt. Die entsprechenden Backwaren bezieht die GmbH von der Bäckerei. Auch hier werden Rechnungen geschrieben und überwiesen. Wegeners Ehefrau, Anne, betreibt ein Café. Die Backwaren bezieht sie aus der Bäckerei ihres Mannes und bezahlt die Rechnungen regelmäßig.

(1) Stellen Sie fest, wie viele Unternehmen mit wie vielen Betriebsstätten bestehen.

(2) Prüfen Sie die Steuerbarkeit der verschiedenen Lieferungen.

(3) Welche weiteren umsatzsteuerlichen Konsequenzen ergeben sich aus Ihren Antworten zu (1) und (2)?

Wiederholungsfall

Stellen Sie fest, ob die folgenden Umsätze steuerbar oder nicht steuerbar sind. Prüfen Sie alle fünf Voraussetzungen und geben Sie die entsprechenden Rechtsvorschriften an. Gehen Sie insbesondere auf den Ort der Lieferung ein.

Benutzen Sie bei Ihrer Lösung folgende Tabelle:

	Lieferung	Unternehmer	Im Inland (Ort der Lieferung)	Gegen Entgelt	Im Rahmen des Unternehmens	Steuerbarkeit
a)						
b)						
c)						
d)						
e)						
f)						
g)						
h)						
i)						
j)						
k)						

Der Unternehmer Hartmut Berg in Essen betreibt einen Fachhandel für Sportartikel. Gleichzeitig hat er auch einen Versandhandel für Bergsteigerausrüstungen aufgebaut. Er hat folgende Umsätze:

a) Verkauf von Sportartikeln in seinem Ladengeschäft an private Kunden aus Essen.

b) Verkauf von Artikeln für Bergsteigerausrüstung an private Kunden in Deutschland. Die Artikel werden an die Kunden per Post versandt.

c) Berg hat gute Kundenbeziehungen nach Frankreich. Deshalb verkauft er mit seinem Versandhandel eine große Anzahl von Bergsteigerartikeln nach Frankreich an private Kunden. Er überschreitet schon seit Jahren den für Frankreich gültige Schwellenwert.

d) Die für seinen Sportartikelladen benötigten Bergsteigerartikel bezieht er über seinen Versandhandel. Es werden monatliche Sammelrechnungen geschrieben, die vom Konto des Sportartikelladens auf das Konto des Versandhandels überwiesen werden.

e) Ein Kunde aus München hat von der Möglichkeit Gebrauch gemacht, sich über den Versandhandel eine Bergsteigerausrüstung zu leihen. Er ist aber so zufrieden mit der Ausrüstung, dass er sie nach einem Monat auch kauft. Berg bittet den Kunden nur, den Rechnungsbetrag zu überweisen und die Ausrüstung zu behalten.

f) Für seinen Urlaub in Norwegen entnimmt Berg seinem Ladengeschäft in Essen zwei Thermopullover für sich und seine Frau.

g) Einer Angestellten schenkt er zu Weihnachten einen Strickpullover im Wert von 70,00 €.

h) An seine guten Geschäftskunden hat er zu Weihnachten zur Pflege der Kundenbeziehungen Strümpfe im Wert von 10,00 € verschenkt.

i) Berg verkauft seinen Betriebs-Pkw, der durch einen neuen ersetzt werden muss, an einen privaten Kunden.

j) Über den Versandhandel verkauft er an einen holländischen Privatkunden Waren im Wert von 1 000,00 €. Dies ist der erste holländische Kunde, an den er bislang etwas lieferte.

k) An einen guten Schweizer Kunden verkauft er eine Bergsteigerausrüstung. Da er sowieso in die Schweiz in Urlaub fährt, nimmt er die Sachen mit und liefert sie an der privaten Adresse des Kunden ab.

5.3.2 Sonstige Leistungen

Damit eine sonstige Leistung steuerbar ist, muss gem. § 1 (1) Nr. 1 UStG **jede** der folgenden fünf Voraussetzungen erfüllt sein:

- sonstige Leistung (siehe Fall 1),
- die ein Unternehmer (es gelten die gleichen Regelungen wie bei der Lieferung, vgl. Fall 2 im Kapitel 5.3.1)
- im Inland (siehe Fall 2 und 3)
- gegen Entgelt (siehe Fall 4)
- im Rahmen seines Unternehmens ausführt (siehe Fall 5).

Die ausführliche Erläuterung der einzelnen Voraussetzungen erfolgt in den folgenden Fällen und Übersichten.

Definition der sonstigen Leistung § 3 (9), (9a) UStG	
Es gibt drei verschiedene Arten von sonstigen Leistungen:	
Sonstige Leistung nach § 3 (9) UStG **3.6 UStAE** **BMF-Schreiben vom 20.03.2013**	Sonstige Leistungen sind Leistungen, die keine Lieferungen sind. Sie können bestehen aus • einem Tun, → Dazu gehören z. B. Dienstleistungen von Freiberuflern, Vermittlungsleistungen von Maklern und Handelsvertretern, Beförderungsleistungen von Transportunternehmen. → Die Abgabe zubereiteter oder nicht zubereiteter Speisen und Getränke zusammen mit ausreichend unterstützenden Dienstleistungen gilt als sonstige Leistung. Der Dienstleistungsanteil muss qualitativ überwiegen. Dies ist nach dem Gesamtbild der Verhältnisse zu beurteilen. Zur Dienstleistung zählt insbesondere die Bereitstellung von Verzehrvorrichtungen (z. B. Räumlichkeiten, Tische, Stühle, Bänke usw.). Lediglich behelfsmäßige Verzehrvorrichtungen (z. B. Theken oder Ablagebretter ohne Sitzgelegenheit) fallen nicht darunter. • einem Dulden oder → Dazu gehören z. B. die Vermietung von unbeweglichen und beweglichen Gegenständen, die Darlehensgewährung, die Erlaubnis der Nutzung eines Patents (Lizenz), Überlassung von Software. • einem Unterlassen. → Dazu gehören z. B. die vorzeitige Räumung von gemieteten Räumen oder der Verzicht auf die Verkaufstätigkeit in einem bestimmten Gebiet.
Sonstige Leistung nach § 3 (9a) Nr. 1 UStG **3.4 UStAE i. V. m. 3.3 UStAE**	Einer sonstigen Leistung gegen Entgelt wird **gleichgestellt**: • die Verwendung eines Gegenstandes, • der zum vollen oder teilweisen Vorsteuerabzug berechtigt hat, • durch einen Unternehmer, • für Zwecke, die außerhalb des Unternehmens liegen, → Ob etwas zu einem Unternehmen gehört, richtet sich danach, ob ein Unternehmer den Gegenstand dem unternehmerischen oder nichtunternehmerischen Bereich zugeordnet hat. Er hat grundsätzlich die Wahl der Zuordnung, bei einer unternehmerischen Nutzung <10 % ist die Zuordnung zum Unternehmen unzulässig. • oder für den privaten Bedarf seines Personals, sofern keine Aufmerksamkeiten vorliegen.

3.4 (1) UStAE i.V.m. 1.8 (3), (4) UStAE **BMF-Schreiben vom 19.04.2016**	→ Zu den Aufmerksamkeiten gehören Zuwendungen bis zu einem Wert von 60,00 € (brutto) aus Anlass eines besonderen Ereignisses (z.B. Hochzeit, Geburtstag). → Keine steuerlichen Umsätze sind Leistungen, die überwiegend durch das betriebliche Interesse des Arbeitgebers veranlasst sind, z.B.: · Leistungen zur Verbesserung der Arbeitsbedingungen, · Fortbildungen, · Überlassung von Arbeitsmitteln, · Zuwendungen im Rahmen von Betriebsveranstaltungen in üblicher Höhe. Bis zu einer Höhe von 110,00 € je Arbeitnehmer und Veranstaltung ist die Üblichkeit nicht zu prüfen. · Im Gegensatz zur lohnsteuerlichen Regelung handelt es sich bei der Umsatzsteuer um eine Freigrenze, sodass bei Überschreiten der 110,00 € der volle Betrag der Umsatzsteuer unterworfen werden muss.
15.23 UStAE **BMF-Schreiben vom 05.06.2014**	→ Bei der Überlassung eines betrieblichen Pkw durch den Arbeitgeber an den Arbeitnehmer zur privaten Nutzung liegt keine sonstige Leistung i.S.d. § 3 (9a) Nr. 1 UStG vor, da eine Gegenleistung in Form der Arbeitsleistung des Arbeitnehmers vorliegt. Es handelt sich vielmehr um eine sonstige Leistung nach § 3 (9) UStG. Von einer unentgeltlichen Leistung i.S.d. § 3 (9a) Nr. 1 UStG kann **ausnahmsweise** ausgegangen werden, wenn die private Nutzung sehr gering ist. Dies ist der Fall, wenn dem Arbeitnehmer das Fahrzeug aus einem besonderen Anlass nur gelegentlich und an nicht mehr als 5 Tagen im Kalendermonat für private Zwecke überlassen wird.
Sonstige Leistung nach § 3 (9a) Nr. 2 UStAE	Einer sonstigen Leistung gegen Entgelt wird gleichgestellt: • die unentgeltliche Erbringung einer anderen sonstigen Leistung • durch den Unternehmer • für Zwecke, die außerhalb des Unternehmens liegen, • oder für den privaten Bedarf des Personals, wenn keine Aufmerksamkeiten vorliegen.
3.4 (5) UStAE	→ Hierunter fällt z.B. der Einsatz betrieblicher Arbeitskräfte für nichtunternehmerische (private) Zwecke zulasten des Unternehmens (z.B. Einsatz von Betriebspersonal im Privatgarten oder im Haushalt des Unternehmers).

Definition der sonstigen Leistung (§ 3 (9), (9a) UStG)

Fall 1

Umsatzsteuer

Stellen Sie fest, ob eine sonstige Leistung vorliegt (Angabe der Rechtsvorschrift notwendig) und in welcher Form sie erbracht wurde.

a) Steuerberater A erstellt für verschiedene Mandanten die Jahresabschlüsse und Steuererklärungen.
b) Installateurmeister B installiert bei einem Kunden die Wasserversorgung in seinem Bad.
c) Taxiunternehmer C führt ausschließlich sog. Transferfahrten zum Flughafen Frankfurt durch.
d) Vermieter D vermietet sein Gebäude in der Innenstadt an einen Supermarkt, an einen Arzt und an private Mieter.
e) Immobilienmakler E vermittelt die Vermietung einer Wohnung.
f) Schriftsteller F verkauft die Urheberrechte an seinem neuen Buch an einen Verlag.
g) Die Bank G vergibt Kredite vorwiegend an mittelständische Unternehmer.
h) Handelsvertreter H schließt einen Vertrag mit einem Kollegen, in dem er ihm garantiert, in seinem Verkaufsgebiet nicht tätig zu werden. Dafür erhält er eine monatliche Zahlung.
i) Imbissbesitzer I verkauft an seinem Stand insbesondere Pommes frites und Würstchen. Die Speisen nehmen die Kunden verpackt mit nach Hause.
j) Wie würden Sie Fall i) beurteilen, falls I Stehtische aufgestellt hätte und die Kunden die Speisen auch am Stand verzehren könnten?
k) Unternehmer K benutzt seinen Betriebs-Pkw auch für private Fahrten. Für den Pkw hat er in seinem Unternehmen die Vorsteuer voll geltend gemacht.
l) Außerdem darf sein Angestellter L diesen Betriebs-Pkw ebenfalls regelmäßig für private Fahrten und für Fahrten zwischen Wohnung und erster Tätigkeitsstätte nutzen.
m) Unternehmer M benutzt sein betriebliches Telefon auch für private Gespräche. Der private Nutzungsanteil liegt bei ca. 30 %. Der Vorsteuerabzug erfolgte zu 100 %.
n) Unternehmer O lässt die Putzfrau, die in seinem Unternehmen angestellt ist, auch in seiner Privatwohnung reinigen. Sie arbeitet in der Woche 8 Stunden im Unternehmen und 2 Stunden in der Privatwohnung. Sie wird für 10 Stunden aus der betrieblichen Kasse bezahlt.

Orte der sonstigen Leistung (BMF-Schreiben vom 04.09.2009, 18.03.2010)	
Die Festlegung des Inlandsgebiets, des Gemeinschaftsgebiets und des Drittlandsgebiets ist dieselbe wie bei der Lieferung (siehe Fall 5 des Kapitels 5.3.1). Die Regelungen bezüglich der Festlegung des Ortes sind allerdings unterschiedlich.	
§ 3a (2) UStG	**Grundsatz für sonstige Leistungen an Unternehmer und nichtunternehmerisch tätige juristische Personen mit USt.-ID-Nr.:** • Für sonstige Leistungen an Unternehmer für deren Unternehmen und nichtunternehmerisch tätige juristische Personen mit USt.-ID-Nr. ist der Ort der sonstigen Leistung dort, wo der **Leistungsempfänger** sein Unternehmen betreibt.
§ 3a (1) UStG	**Grundsatz für sonstige Leistungen an Nichtunternehmer:** • Für sonstige Leistungen an Nichtunternehmer ist der Ort der sonstigen Leistung dort, wo der **Unternehmer seinen Sitz** hat (altes Sitzortprinzip).
	Ausnahmen:
§ 3a (3) Nr. 1 UStG **Abschnitt 3a.3. UStAE**	• Eine **sonstige Leistung** in Zusammenhang mit einem **Grundstück wird** dort ausgeführt, wo das Grundstück liegt.
§ 3a (3) Nr. 2 UStG **BMF-Schreiben vom 12.09.2013**	• Eine **kurzfristige Vermietung eines Beförderungsmittels** wird an dem Ort ausgeführt, an dem das Beförderungsmittel dem Empfänger zur Verfügung gestellt wird (körperliche Übergabe). Kurzfristig ist eine Vermietung von bis zu 30 Tagen. Eine **langfristige Vermietung eines Beförderungsmittels** an einen Nichtunternehmer wird an dem Ort ausgeführt, an dem der Empfänger seinen Wohnsitz hat.
§ 3a (3) Nr. 3 UStG	• **Kulturelle, künstlerische, wissenschaftliche, unterrichtende, sportliche, unterhaltende und ähnliche Leistungen,** wie Leistungen im Zusammenhang mit Messen und Ausstellungen, werden dort ausgeführt, wo sie vom Unternehmer tatsächlich erbracht werden. Dies gilt nur, wenn der Empfänger Nichtunternehmer ist. Leistungen an Privatpersonen, die per Streaming übertragen werden, werden dort versteuert, wo der Leistungsempfänger seinen Wohnsitz hat.
§ 3a (3) Nr. 3a a) UStG	• Die Abgabe von Speisen und Getränken zum Verzehr an Ort und Stelle (**Restaurationsleistung**) wird an dem Ort ausgeführt, wo sie vom Unternehmer tatsächlich erbracht wird.
§ 3a (3) Nr. 3c UStG	• **Arbeiten an beweglichen körperlichen Gegenständen** und deren Begutachtung für Nichtunternehmer werden an dem Ort ausgeführt, an dem der Unternehmer tatsächlich tätig wird.
§ 3a (3) Nr. 4 UStG	• **Vermittlungsleistungen** an Nichtunternehmer werden an dem Ort erbracht, an dem der vermittelte Umsatz als ausgeführt gilt.
§ 3a (3) Nr. 5 UStG	• Die **Einräumung von Eintrittsberechtigungen zu kulturellen, künstlerischen, wissenschaftlichen, unterrichtenden, sportlichen, unterhaltenden und ähnlichen Leistungen** an Unternehmer werden an dem Ort ausgeführt, an dem die Veranstaltung tatsächlich durchgeführt wird.
§ 3a (4) UStG	• **Katalogleistungen** an Privatleute mit Wohnsitz im Drittland werden an dem Ort ausgeführt, an dem der Empfänger seinen Wohnsitz hat.
§ 3a (5) UStG	• **Telekommunikations-, Rundfunk-, Fernseh- und auf elektronischem Weg erbrachte Dienstleistungen** an private Kunden innerhalb der EU sind in Deutschland zu versteuern, wenn der Kunde in Deutschland wohnt.
§ 3b (1) UStG	• Der Ort der **Personenbeförderung** liegt dort, wo die Beförderung bewirkt wird. Gleiches gilt für eine **nicht-innergemeinschaftliche Güterbeförderung** an einen Nichtunternehmer.

§ 3b (3) UStG	• Eine **innergemeinschaftliche Güterbeförderung** an einen Nichtunternehmer wird an dem Ort ausgeführt, an dem die Beförderung beginnt.

Ort der sonstigen Leistungen

Fall 2

Bestimmen Sie in den folgenden Fällen den Ort der sonstigen Leistung und beurteilen Sie, ob der Umsatz steuerbar ist.

a) Steuerberater A in München erstellt für den Unternehmer B, ebenfalls in München, den Jahresabschluss und die betrieblichen Steuererklärungen und für den Privatmann C, der in München wohnt, die private Einkommensteuererklärung.

b) Außerdem berät der Steuerberater A den französischen Unternehmer C aus Straßburg in Fragen des deutschen Steuerrechts und den Privatmann D aus den Niederlanden in einer erbschaftsteuerlichen Angelegenheit.

c) Kfz-Meister F aus Aachen führt Reparaturen an den folgenden Autos von Privatleuten aus:
   (1) Pkw in seiner Werkstatt,
   (2) liegengebliebener Pkw auf der Autobahn A 4 in Köln,
   (3) liegengebliebener Pkw eines Privatmanns in Maastricht (Niederlande).

d) Was ändert sich, wenn die Autos von Unternehmern für unternehmerische Zwecke genutzt werden? Die Unternehmer haben ihren Sitz
   (1) in Deutschland,
   (2) in den Niederlanden.

e) Der Autoverkäufer E aus Mannheim vermittelt den Kauf eines gebrauchten Pkw für den Privatmann G aus Heidelberg an den Privatmann H aus Ludwigshafen.

f) Rechtsanwalt M aus Koblenz, spezialisiert auf nationales und internationales Kaufvertragsrecht, und seine Frau, spezialisiert auf familienrechtliche Angelegenheiten, führen folgende Beratungsleistungen durch:
   (1) für den Unternehmer T aus Ludwigshafen bezüglich Fragen zum Kaufvertragsrecht;
   (2) für den niederländischen Unternehmer U aus Rotterdam, den er vor einem Gericht in Rotterdam bezüglich eines Gewährleistungsrechtsstreit vertritt;
   (3) für den Unternehmer V aus Bern, den er in einer deutschen Kaufvertragsrechtsfrage berät;
   (4) für den Privatmann W aus Brüssel, den sie in einer familienrechtlichen Angelegenheit berät;
   (5) für den in Zürich lebenden Privatmann Z, den sie in einer unterhaltsrechtlichen Angelegenheit vertritt;
   (6) für den in Koblenz lebenden Privatmann A, den sie in einer Scheidungsangelegenheit vertritt.

g) Leasingfirma N in Hamburg vermietet
   (1) an den Unternehmer D in Kopenhagen (Dänemark) einen Pkw für die Laufzeit von 3 Jahren;
   (2) an den Unternehmer E aus Zürich (Schweiz) einen Pkw für die Laufzeit von 4 Jahren.

h) Leasingfirma O in der Schweiz vermietet an den Privatmann Q aus Freiburg einen Pkw
   (1) für dessen Urlaub in der Schweiz
   (2) langfristig für dessen privaten und beruflichen Gebrauch in Deutschland.
   Die Übergabe findet jeweils in der Schweiz statt.

i) A, wohnhaft in Zürich, besitzt ein Haus in München, das er an private Mieter vermietet.

j) Unternehmer B mit Sitz in Freiburg ist Eigentümer eines Campingplatzes in der Bretagne (Frankreich). Er vermietet dort:
   (1) Campingplätze für Zelte und Wohnwagen,
   (2) feststehende Wohnwagen, die von den Mietern ausschließlich zum stationären Gebrauch gedacht sind,
   (3) Wohnmobile, die von den Mietern für Rundfahrten durch die Bretagne genutzt werden können.

k) Immobilienmakler C in Stuttgart vermittelt den Verkauf zweier Gebäude an Privatleute. Ein Gebäude liegt in Hamburg, das andere ist ein Ferienhaus und befindet sich auf La Palma (Kanarische Inseln).

l) Architekt D mit Sitz in Potsdam erstellt für einen Kunden aus Berlin ein Gutachten über die Bebaubarkeit eines Grundstücks in Leipzig.

m) Der amerikanische Jazzsänger E mit Wohnsitz in Boston gibt ein Konzert in der Kölner Philharmonie. Engagiert wurde E durch eine Düsseldorfer Konzertagentur.

n) Makler H aus München vermittelt einem Kunden aus Nürnberg den Kauf eines Ferienhauses in Salzburg (Österreich).

o) Unternehmer J aus Hannover gewährt einer amerikanischen Firma in Seattle die Nutzung eines von ihm entwickelten Patents für den amerikanischen Markt. Für diese Nutzung erhält er ein monatliches Entgelt.

p) Die niederländische Personalvermittlungsagentur N mit Sitz in Venlo stellt dem deutschen Unternehmer B aus Düsseldorf für 6 Wochen eine Büroangestellte als Urlaubsvertretung zur Verfügung.

q) Die Leasingfirma O aus Nürnberg vermietet an den Unternehmer C aus Mannheim einen Fotokopierer für die Laufzeit von 4 Jahren.

r) Professor Q aus Bochum hält im Auftrag eines Verbandes mit Sitz in Stuttgart auf einem Fachkongress in Stuttgart einen Vortrag. Inhalt des Vortrags ist die Mitteilung und Erläuterung der von ihm auf seinem Forschungsgebiet Maschinenbau gefundenen Ergebnisse. Zugleich händigt der Hochschullehrer allen Teilnehmern ein Manuskript seines Vortrags aus. Vortrag und Manuskript haben nach Inhalt und Form den Charakter eines wissenschaftlichen Gutachtens. Sie sollen allen Teilnehmern des Fachkongresses zur Erweiterung ihrer beruflichen Kenntnisse dienen.

s) Der Notar S aus Rostock beurkundet für den Unternehmer E, ebenfalls aus Rostock, den Gesellschaftsvertrag seiner in Rostock gegründeten GmbH sowie den Kauf eines Geschäftsgrundstücks in Dresden.

t) Speditionsunternehmer T mit Sitz in Freiburg führt folgende Aufträge aus:
   (1) Transport von Waren für den Unternehmer E aus Heidelberg von Heidelberg zu einem Kunden in Bielefeld;
   (2) Transport von Waren für den Unternehmer F aus Freiburg von Freiburg zu einem Kunden in Zürich;
   (3) Transport von Waren für den Unternehmer G aus Stuttgart von Stuttgart zu einem Kunden in Straßburg.

u) Reisebusunternehmer U mit Sitz in Duisburg führt folgende Fahrten zur Personenbeförderung durch:
   (1) Beförderung einer Schulklasse für einen Klassenausflug von Duisburg nach Köln;
   (2) Beförderung eines Kegelclubs aus Essen zu einem Ausflug nach Paris;
   (3) Beförderung eines Sportvereins aus Duisburg zu einem Turnier nach Bern.

v) Der Restaurantbesitzer V aus Stuttgart bewirtet einen Privatmann in seinem eigenen Restaurant in Stuttgart.

w) Bernd Beat mit Sitz in Mannheim hat eine Internetplattform zum Downloaden von Jazzmusik errichtet. Seine Kunden sind ausschließlich Privatleute. Kunden aus Deutschland haben sich für 15 000,00 € Musik heruntergeladen, Kunden aus den Niederlanden für 5 000,00 €. Im letzten Jahr hatten die Umsätze eine ähnliche Höhe.
   (1) Bestimmen Sie den Ort/ die Orte der sonstigen Leistung.
   (2) Prüfen Sie, ob Beat die Erleichterungsmöglichkeit des § 3a (5) Satz 3 UStG in Anspruch nehmen kann und welche Rechtsfolgen sich daraus ergeben.

x) Der Unternehmer P mit Sitz in Wuppertal besucht mit dem Betriebs-Pkw, für den er den vollen Vorsteuer-Abzug erhalten hat, seine in Prag studierende Tochter.

y) Der Dortmunder Steuerberater Klug lässt eine für die tägliche Reinigung der Büroräume angestellte Hilfskraft während der Arbeitszeit seine Privatwohnung in Herne säubern.

z) Wie würde Ihre Antwort zu b) lauten, wenn der Steuerberater seine Wohnung in Luxemburg hätte?

Fall 3 Gegen Entgelt

Es gelten die gleichen Regelungen bezüglich des Tatbestandsmerkmals wie bei der Lieferung (siehe Übersicht zu Fall 9, Kapitel 5.3.1).

Überprüfen Sie, ob die folgenden sonstigen Leistungen gegen Entgelt ausgeführt wurden.

a) Bei einem Autounfall hat Unternehmer B den Wagen des Unternehmers C beschädigt. Er lässt den Wagen auf eigene Kosten in einer Werkstatt reparieren.

b) Der betriebliche Pkw des Unternehmers D wird durch den Autofahrer K beschädigt. Die Haftpflichtversicherung des K zahlt an D 2 000,00 €.

c) Unternehmer E hat eine Kfz-Reparaturwerkstatt. Auf einer Dienstfahrt wird sein Lkw von dem Autofahrer F beschädigt. F beauftragt E, den Wagen in seiner Werkstatt zu reparieren. F überweist die Kosten für die Reparatur an E.

d) Anlässlich des Vereinswechsels eines Fußballspielers von Borussia Dortmund zu Bayern München erhält Dortmund für die vorzeitige Freigabe des Spielers eine Ablösesumme von 1,2 Mio. €.

e) Ein Lohnsteuerhilfeverein übernimmt gegen bestimmte Beiträge die Steuerberatung für seine Mitglieder.

f) Unternehmer F in Bremen benutzt seinen betrieblichen Pkw auch für private Zwecke.

Im Rahmen des Unternehmens

Fall 4

Es gelten die gleichen Regelungen bezüglich des Tatbestandsmerkmals wie bei der Lieferung (siehe Übersicht zu Fall 10, Kapitel 5.3.1).

Prüfen Sie in dem folgenden Fall, ob die Tätigkeiten des Steuerberaters Hertz aus Augsburg im Rahmen des Unternehmens sind, und stellen Sie die Konsequenz für die Steuerbarkeit fest:

- Erstellung von Steuererklärungen, Buchhaltungen und Jahresabschlüssen,
- Verkauf einer betrieblich genutzten Computeranlage,
- Tätigkeit bei der Steuerberaterkammer in Prüfungsausschüssen, für die er eine Aufwandsentschädigung erhält,
- Tätigkeit als Vereinsvorsitzender des Tennisclubs Rot-Weiß Augsburg, für die er ebenfalls eine Aufwandsentschädigung erhält.

Gesamtfall

Fall 5

Prüfen Sie in den folgenden Fällen, ob steuerbare Lieferungen oder sonstige Leistungen vorliegen. Stellen Sie insbesondere den Ort der Lieferung oder sonstigen Leistung fest.

Die Apothekerin Simone Schwarzhaupt betreibt in Bonn eine Apotheke.

a) Sie verkauft an verschiedene Kunden freiverkäufliche Medikamente.

b) Sie berät eine Kundin aus Köln in einer gesundheitlichen Angelegenheit und erhält dafür ein entsprechendes Entgelt.

c) An der Universität Bonn hat sie an der pharmazeutischen Fakultät einen Lehrauftrag übernommen, der sie verpflichtet, eine Veranstaltung pro Woche zu halten. Dafür erhält sie eine entsprechende Vergütung.

d) Die Angestellten von Frau Schwarzhaupt dürfen freiverkäufliche Medikamente für ihren privaten Bedarf unentgeltlich aus der Apotheke entnehmen. Es liegen keine Aufmerksamkeiten vor.

e) Für entnommene Kosmetika müssen sie allerdings ein Entgelt bezahlen.

f) Zu Weihnachten verschenkt Frau Schwarzhaupt an Kunden kleine Geschenke im Wert von je 5,00 €.

g) Für einen Weihnachtsbasar der örtlichen Kirchengemeinde stiftet sie ein Blutdruckmessgerät für 60,00 €. Den Vorsteuerabzug hat sie geltend gemacht.

h) Den betrieblichen Pkw benutzt sie auch für private Fahrten.

i) Sie entnimmt der Apotheke einen gebrauchten Computer, um ihn ihrem Sohn zur Verfügung zu stellen.

j) Sie hat eine neue Filiale in Köln aufgemacht. In dieser Filiale fehlende Medikamente liefert sie aus der Apotheke in Bonn. Darüber werden Rechnungen erstellt, die von den jeweiligen Konten beglichen werden.

5.3.3 Sonderprobleme bei Lieferungen und sonstigen Leistungen

5.3.3.1 Die Einheitlichkeit der Leistung

Es gibt Leistungen, die sich aus zwei oder mehreren Lieferungen oder sonstigen Leistungen zusammensetzen. In solchen Fällen muss festgelegt werden, ob es sich um eine einheitliche Hauptleistung mit verschiedenen Nebenleistungen oder um verschiedene voneinander unabhängige Leistungen handelt. Dies hat Auswirkungen auf die Bestimmung des Ortes der Leistungen und später auf die Steuerbefreiung und den Steuersatz. Folgende Grundsätze gelten gem. 3.10 UStAE:

Eine Nebenleistung liegt vor, wenn sie im Vergleich zur Hauptleistung nebensächlich ist und mit ihr eng zusammenhängt.

Nebenleistungen teilen das Schicksal der Hauptleistung, d.h., sie sind umsatzsteuerlich genauso zu beurteilen wie die Hauptleistung.

Fall **Einheitlichkeit der Leistung**

Prüfen Sie in den nachfolgenden Fällen, ob jeweils

- einheitliche Leistungen (Haupt- oder Nebenleistung) oder
- mehrere selbstständige Leistungen vorliegen und
- stellen Sie die umsatzsteuerlichen Konsequenzen fest.

a) Der PC-Versandhändler Hansen in Flensburg verkauft einem Kunden in München einen neuen PC. Er schickt ihn per Post dem Kunden zu. Folgende Rechnung schreibt er ihm:

PC	700,00 €
Verpackungskosten	10,00 €
Frachtkosten	10,00 €
Preis netto	720,00 €
zzgl. 19 % USt.	136,80 €
Rechnungsbetrag	856,80 €

b) Vermieter Breuer vermietet ein Wohnhaus an private Mieter. Er hat eine Miete von monatlich 800,00 € vereinbart. Zusätzlich zahlen die Mieter noch eine Umlage für Heizung, Wasser usw. in Höhe von 100,00 €.

Lösungshinweis: Vermietungsleistungen sind nach § 4 Nr. 12a UStG steuerfrei, Lieferungen von Wasser, Heizungsöl usw. nicht.

c) Der Onlinebuchanbieter Book.de verschickt an einen Kunden, der zwei Bücher bestellt hat, folgende Rechnung:

Buchpreis	50,00 €
zzgl. Verpackung	2,00 €
zzgl. Versandkosten	5,00 €
Rechnungsbetrag netto	57,00 €
zzgl. 7 % USt.	3,99 €
Rechnungsbetrag brutto	60,99 €

Lösungshinweis: Der Verkauf von Büchern unterliegt einem Steuersatz von 7 %, Transport- und Verpackungsleistungen einem Steuersatz von 19 %.

d) Lebensmitteleinzelhändler Krenz aus Baden-Baden bringt älteren Kunden die Waren nach Hause. Eine Kundin hat bei ihm Lebensmittel für 30,00 € netto und Waschmittel für 7,00 € netto bestellt. Von der Kundin verlangt er 39,59 €.

Lösungshinweis: Lebensmittel werden mit 7 % besteuert, Waschmittel mit 19 %.

5.3.3.2 Werklieferungen und Werkleistungen

Ein Werkvertrag (§§ 613 ff. BGB) zeichnet sich dadurch aus, dass er sowohl Merkmale einer Lieferung als auch Merkmale einer sonstigen Leistung enthält. Festzustellen ist, ob es sich umsatzsteuerlich bei dem entsprechenden Werkvertrag um eine Lieferung oder um eine sonstige Leistung handelt. Das Umsatzsteuerrecht unterscheidet dabei zwischen Werklieferung und Werkleistung. Die Werklieferung wird dabei wie eine Lieferung behandelt, die Werkleistung wie eine sonstige Leistung. Dies gilt insbesondere für die Ortsbestimmung.

Folgende Regelungen gelten gem. § 3 (4) UStG und 3.8 UStAE:

Zur Abgrenzung zwischen Lieferung und sonstiger Leistung ist das Wesen des Umsatzes aus Sicht des Durchschnittsverbrauchers zu bestimmen. Im Rahmen einer Gesamtbetrachtung ist zu entscheiden, ob die charakteristischen Merkmale einer Lieferung oder sonstigen Leistung überwiegen.

Das Verhältnis des Wertes der Arbeit zum Wert der vom Unternehmer beschafften Stoffe ist kein ausschlaggebendes Abgrenzungskriterium, sondern kann lediglich einen Anhaltspunkt zur Abgrenzung liefern.

Grundsätzlich liegt eine Werklieferung vor, wenn der Unternehmer selbstbeschaffte Hauptstoffe verwendet. Eine Werkleistung liegt vor, wenn der Unternehmer keine selbstbeschafften Hauptstoffe verwendet oder nur selbstbeschaffte Nebenstoffe verwendet.

Sofern eine Abgrenzung nicht zweifelsfrei möglich ist, kann von einer Werklieferung ausgegangen werden, wenn der Entgeltanteil, der auf das bei der Reparatur verwendete Material entfällt, mehr als 50 % des für die Reparatur berechneten Gesamtentgelts beträgt.

Werklieferung und Werkleistung

Fall

Prüfen Sie, ob in den folgenden Sachverhalten eine steuerbare Werklieferung oder Werkleistung vorliegt, sowie die Steuerbarkeit der Leistung.

a) Schreinermeisterin Ute Meier aus Dortmund fertigt für einen Kunden einen Esszimmertisch an. Das notwendige Holz hat der Kunde aus Italien kommen lassen und zu Frau Meier gebracht.

b) Kfz-Meister Greiner aus Saarbrücken führt folgende Leistungen aus:
   (1) Inspektion des Pkw eines privaten Kunden. Es ist nur Öl zu wechseln und einige Schläuche sind auszutauschen.
   (2) Einem geschäftlichen Kunden baut er in einen Firmenwagen einen komplett neuen Motor ein, den er für den Kunden besorgt hat.

c) Malermeister Brüggemann aus Halle führt folgende Arbeiten durch:
   (1) Anstrich eines Mietswohnhauses für 2 000,00 €. Die Farbe hatte er noch vorrätig und stellt sie dem Kunden mit 300,00 € in Rechnung.
   (2) Er tapeziert die Räume einer Rechtsanwaltskanzlei. Die Tapeten hatte er im Auftrag und auf Rechnung des Kunden bei einem Großhandel bestellt.

d) Schneidermeister Block aus Düsseldorf stellt nur Maßanzüge für ausgesuchte Kunden her. Einem Kunden hat er einen Anzug genäht. Den Stoff dafür hatte Block in Italien ausgesucht und eingekauft.

5.3.3.3 Tauschgeschäfte

Besteht die Gegenleistung nicht in Geld, sondern in einer Lieferung oder einer sonstigen Leistung, spricht man von einem Tausch. Folgende Fälle werden mit den aufgeführten umsatzsteuerlichen Konsequenzen unterschieden:

Tauschgeschäft	Definition	Umsatzsteuerliche Konsequenz
Tausch **§ 3 (12) UStG**	Das Entgelt einer Lieferung besteht in einer Lieferung.	Zwei Lieferungen sind zu versteuern.
Tauschähnlicher Umsatz **§ 3 (12) UStG**	Das Entgelt einer Lieferung besteht in einer sonstigen Leistung.	Eine Lieferung und eine sonstige Leistung oder zwei sonstige Leistungen sind zu versteuern.
Tausch mit Baraufgabe	Das Entgelt einer Lieferung oder sonstigen Leistung besteht in einer Lieferung oder sonstigen Leistung und einem Geldbetrag.	Zwei Lieferungen oder sonstige Leistungen sind zu versteuern.
Umtausch	Der Liefergegenstand wird zurückgenommen und durch einen anderen ersetzt.	Eine Lieferung ist zu versteuern.
Rückgabe **1.1 (4) UStAE**	Der Liefergegenstand und das Geld werden zurückgegeben.	Es liegt keine Lieferung vor.
Rücklieferung **1.1 (4) UStAE**	Der Liefergegenstand wird später wieder an den ursprünglichen Lieferer zurückgeliefert.	Zwei Lieferungen sind zu versteuern.

Fall **Tauschgeschäfte**

Prüfen Sie in den folgenden Fällen, welche Art von Tauschgeschäft und wie viele steuerbare Lieferungen oder sonstige Leistungen vorliegen:

a) Tabakwarenhändler Knopp in München hat mit seiner Nachbarin, einer Cafébesitzerin, eine Vereinbarung getroffen, dass sie unentgeltlich ihre Zigaretten bei ihm erhält und er dafür unentgeltlich Kuchen und Kaffee bei ihr erhält. Die Werte der beiden Dienstleistungen entsprechen sich.

b) Steuerberater Hackmann erledigt für einen Gemüsehändler die Buchhaltung. Dafür kann die Frau von Herrn Hackmann bei dem Gemüsehändler unentgeltlich einkaufen.

c) Einem Kfz-Meister erledigt Hackmann ebenfalls die Buchführung. Dafür übernimmt der Kfz-Meister die Reparatur des Betriebswagens von Hackmann. Im Mai ergab sich allerdings ein Totalschaden, sodass Hackmann die wertmäßige Differenz von 2000,00 € an den Kfz-Meister überwies.

d) Hackmann kaufte nach dem Totalschaden bei einem Autohändler einen Neuwagen für 34800,00 €. Seinen alten Wagen, den er bei demselben Händler gekauft hatte, nahm dieser für 500,00 € in Zahlung.

e) Einzelhändler Eppert hat an eine Kundin ein Fernsehgerät verkauft. Die Kundin ist mit dem Gerät nicht zufrieden und Eppert nimmt den Fernseher kulanterweise wieder zurück und zahlt ihr das Geld aus.

f) Ein anderer Kunde wollte sein Autoradio zurückgeben. Da Eppert aber sah, dass das Radio schon gebraucht war, ließ er sich bei dem Kunden nur auf den Umtausch gegen einen Warengutschein ein.

5.3.3.4 Eigenhandel, Vermittlung, Kommission

Ob jemand in eigenem Namen eine Leistung erbringt, eine Leistung vermittelt oder eine Leistung als Kommissionär erbringt, hat Auswirkungen darauf, welche Umsatzart erbracht wird.

Unternehmertyp	Definition	Umsatzart	Ortsbestimmung
Eigenhändler **3.7 UStAE**	Tritt in eigenem Namen und für eigene Rechnung auf	**Lieferung**	§ 3 (6) UStG
Handelsvertreter (§ 84 HGB), Makler (§ 93 HGB) **3.7 UStAE**	Tritt in fremdem Namen und für fremde Rechnung auf	**Sonstige Leistung**	§ 3a UStG
Kommissionär **(§§ 383 f. HGB)** **§ 3 (3) UStG** **3.1 (2) Satz 9 UStAE**	Tritt in eigenem Namen und für fremde Rechnung auf	**Zwei Lieferungen,** jeweils zwischen **Lieferant und Kommissionär**	§ 3 (7) UStG
		sowie zwischen	
		Kommissionär und Abnehmer	§ 3 (6) UStG

Eigenhandel, Vermittlung, Kommission

Fall

Prüfen Sie in folgenden Fällen, ob es sich bei den Unternehmern um Eigenhändler, Kommissionäre oder Handelsvertreter/Makler handelt, bestimmen Sie deren Umsatzarten sowie den Ort.

a) Tabakwareneinzelhändler Auer in Dortmund verkauft in seinem Laden Zigaretten und Tabak.

b) Kioskbesitzer Wagner in Dresden verkauft im Auftrag eines Verlages aus Hamburg Zeitungen. Er wird nicht Eigentümer der Zeitungen. Nicht verkaufte Exemplare schickt er an den Verlag zurück. Den Kunden gegenüber tritt er in eigenem Namen auf. Die Einnahmen für jedes verkaufte Exemplar führt er unter Einbehaltung einer Provision von 10 % an den Verlag ab.

c) Immobilienmaklerin Dornbach aus Düsseldorf vermittelt für Privatleute den Kauf und Verkauf von Häusern, die in Düsseldorf liegen.

d) Der Tankstellenbesitzer Krowak aus Bremen verkauft Benzin im Auftrag einer Mineralölgesellschaft. Dies wird auch auf den Quittungen deutlich, wo er nur als Pächter der Tankstelle erscheint. Als Lieferant ist die Mineralölgesellschaft angegeben. Von jedem Liter des verkauften Benzins erhält er 2 Cent Provision.

e) Staubsaugervertreter Kieselbach aus Wuppertal verkauft im Auftrag einer bekannten Firma Staubsauger im Haustürgeschäft im Wuppertaler Stadtgebiet. Für jeden erfolgreich verkauften Staubsauger erhält er eine Provision.

5.3.3.5 Gutscheine

Gemäß § 3 (13) UStG liegt ein Gutschein vor, wenn der Ausgeber verpflichtet wird, den Gutschein bei Leistungserbringung als Gegenleistung anzunehmen. Der Liefergegenstand oder die sonstige Leistung, der leistende Unternehmer und die Nutzungsbedingungen müssen angegeben sein.

Unterschieden wird in

- **Einzweckgutscheine** (§ 3 (14) UStG). Dabei handelt es sich um Waren- oder Sachgutscheine. Sie werden nur gegen konkret bezeichnete Waren oder Dienstleistungen eingetauscht. Die Übertragung des Gutscheins gilt daher als Lieferung oder sonstige Leistung. Die Besteuerung erfolgt im Ausgabezeitpunkt des Gutscheins und nicht bei Einlösung des Gutscheins.
- **Mehrzweckgutscheine** (§ 3 (15) UStG). Dabei handelt es sich um Wertgutscheine, bei denen nicht von vorneherein feststeht, für welche Waren oder Dienstleistungen sie eingelöst werden. Die Übertragung des Gutscheins wird als Übergabe von Zahlungsmitteln angesehen. Die Besteuerung erfolgt daher erst mit Einlösung des Gutscheins. Die Umsatzsteuer wird aus dem Wert herausgerechnet, den der Erwerber für den Gutschein bezahlt.

Fall **Gutscheine**

Manuel Müller aus Heidelberg schenkt zu Weihnachten Freunden folgende Gutscheine.

a) Gutschein über einen Restaurantbesuch im Restaurant „Zum röhrenden Hirsch“ in Heidelberg in Höhe von 50,00 €

b) Gutschein über 100,00 € für einen Supermarkt in Heidelberg, der Ware mit einem USt-Satz von 7 % und 19 % anbietet.

Stellen Sie die Art des Gutscheins, die Umsatzart und den Ort fest und beurteilen Sie die Steuerbarkeit. Nehmen Sie auch zum Zeitpunkt der Besteuerung Stellung.

5.3.3.6 Elektronische Marktplätze

Elektronische Marktplätze werden im § 25e (5) UStG als Website oder ähnliches Instrument definiert, mit dessen Hilfe Informationen über das Internet zur Verfügung gestellt werden.

Nach § 22f UStG sind Betreiber von elektronischen Marktplätzen verpflichtet, Angaben von Nutzern, für deren Umsätze in Deutschland eine Steuerpflicht in Frage kommt, aufzuzeichnen.

Daneben haften sie gem. § 25e UStG für die nicht entrichtete Umsatzsteuer aus der Lieferung eines Nutzers, die auf ihrem elektronischen Marktplatz rechtlich begründet worden sind. Elektronische Marktplätze, auf denen Dienstleistungen und sonstige Leistungen angeboten werden, sind von den Regelungen nicht betroffen.

Nicht haften muss der Betreiber, wenn er den Nachweis über die steuerliche Registrierung des Nutzers besitzt, es sei denn, er hatte Kenntnis vom steuerunehrlichen Verhalten des Nutzers oder hätte davon wissen müssen.

Unternehmer, die Lieferungen von Gegenständen über einen elektronischen Marktplatz[1] unterstützen lassen und

- die Beförderung oder Versendung an eine Privatperson beginnt und endet in einem Mitgliedsstaat durch einen nicht im Gemeinschaftsgebiet ansässigen Unternehmer (z. B. Versendung von Gegenständen eines chinesischen Unternehmers aus einem Lager in Frankreich an eine Privatperson in Deutschland) oder
- im Rahmen eines Fernverkaufs von aus dem Drittlandsgebiet eingeführte Gegenstände mit einem Wert von weniger als 150,00 € (z. B. ein chinesischer Unternehmer versendet Waren im Wert von 100,00 € an eine Privatperson in Deutschland) verkaufen,

haben weitere Regelungen zu beachten. Gem. § 3 (3a) UStG werden sie so behandelt, als hätten sie selbst den Gegenstand erworben und geliefert. Damit wird ein Reihengeschäft (siehe Kapitel 5.3.6) zwischen Onlinehändler, elektronischem Marktplatz und Endkunde fingiert. Es findet also eine Lieferung des Unternehmers an den elektronischen Marktplatz und von diesem an den Endkunden statt.

Die Lieferung vom elektronischen Marktplatz an den Endkunden stellt in jedem Fall die bewegte Lieferung dar (§ 3 (6b) UStG). Für diese bewegte Lieferung kommt entweder die Regelung des § 3 (6) UStG oder im Falle des Überschreitens des Schwellenwerts durch den elektronischen Marktplatz die Regelung des § 3c UStG (Kapitel 5.3.1 Fall 7) zum Fernverkauf zur Anwendung. Der Ort des Fernverkaufs liegt im Falle einer Lieferung innerhalb der EU dort, wo der Gegenstand sich am Ende der Beförderung oder Versendung befindet. Im Falle einer Lieferung aus dem Drittland kann der Unternehmer die Ware steuerfrei einführen, wenn er den Umsatz im IOSS (Kapitel 5.8.7) meldet. Der elektronische Marktplatz hat den Fernverkauf nach § 3 c (3) UStG anzumelden.

Die Lieferung vom Unternehmer an den elektronischen Marktplatz ist gem. § 3 (7) Nr. 1 UStG dort, wo die Beförderung beginnt und nach § 4 Nr. 4c UStG steuerfrei.

Der elektronische Marktplatz wird somit u. U. zum Steuerschuldner der Lieferung.

Fall **Elektronische Marktplätze**

Prüfen Sie in den folgenden Fällen, wo der Umsatz zu versteuern ist.

a) Die Onlinehändlerin Markert mit Sitz in Solingen benutzt den elektronischen Marktplatz der in München ansässigen e-trade GmbH und verkauft einem Privatkunden in Madrid eine Küchenmaschine im Wert von 600,00 €. Sie überschreitet den Schwellenwert nicht.

[1] Das Gesetz spricht von einer elektronischen Schnittstelle und der Begriff ist weit zu fassen. Hier wird wegen der leichteren Verständlichkeit der Begriff elektronischer Marktplatz benutzt.

b) Wie ändert sich Ihre Antwort zu a), falls Markert den Schwellenwert überschreitet?

c) Der japanische Unternehmer Chin Wu veräußert über den elektronischen Marktplatz der e-trade GmbH einen Fernseher im Wert von 800,00 € an eine Privatperson in Wien. Die Ware wird aus einem deutschen Lager der Chin Wu in Stuttgart nach Wien versendet. Die e-trade GmbH überschreitet den Schwellenwert nicht.

d) Wie ändert sich Ihre Antwort zu c) falls die e-trade GmbH den Schwellenwert überschreitet?

e) Der japanische Unternehmer Chin Wu veräußert über den elektronischen Marktplatz der e-trade GmbH einen Fernseher von 800,00 € an eine Privatperson in Köln und liefert direkt aus seinem Lager in Tokio. Die Zollanmeldung erfolgt durch Chin Wu.

f) Wie ändert sich Ihre Antwort zu e) falls es sich um ein Haushaltsgerät im Wert von 100,00 € gehandelt hätte?

5.3.4 Einfuhr

Ziel der Regelungen über die Einfuhr ist es, im grenzüberschreitenden Verkehr mit Drittländern eine Besteuerung im Bestimmungsland (das Land, in das die Ware befördert oder versendet wird) vorzunehmen. Die technische Durchführung erfolgt an der Grenze, an der die Umsatzsteuer (sog. Einfuhrumsatzsteuer – EUSt) gezahlt werden muss. Der Staat, aus dem die Ware ausgeführt wird, befreit in der Regel die Lieferung von der Umsatzsteuer. Die gezahlte EUSt kann sofort wieder als Vorsteuer[1] geltend gemacht werden. Sie dient damit nur als technische Regelung, um die Besteuerung im Bestimmungsland Deutschland sicherzustellen. Die eigentliche Belastung mit Umsatzsteuer tritt erst bei der Weiterveräußerung an einen Endverbraucher im Inland ein.

Damit eine steuerbare Einfuhr vorliegt, müssen folgende Voraussetzungen vorliegen:

Einfuhr **§ 1 (1) Nr. 4 UStG**	Eine steuerbare Einfuhr liegt vor, wenn folgende Voraussetzungen erfüllt sind: • Einfuhr von Gegenständen • im Inland oder in den österreichischen Gebieten Jungholz und Mittelberg, • der Gegenstand muss **unverzollt und unversteuert** eingeführt werden. → Die Regelung, wer die Einfuhrumsatzsteuer, die an der Grenze zu leisten ist, bezahlen muss, wird vorher im Kaufvertrag getroffen. Schuldet der Leistungsempfänger die Einfuhrumsatzsteuer, wird der Gegenstand unverzollt und unversteuert eingeführt. Nur in diesem Fall liegt eine Einfuhr vor. Die Voraussetzung eines Unternehmers fehlt, das heißt, dass auch Privatpersonen steuerpflichtige Einfuhren tätigen können. Auch Lieferungen aus einer Betriebsstätte in einem Drittland ins Inland sind steuerbare Einfuhren (im Gegensatz zum nicht steuerbaren Innenumsatz).
Sonderregelung des § 3 (8) UStG für die verzollte und versteuerte Einfuhr	→ Gelangt der Gegenstand der Lieferung → bei der Beförderung oder Versendung → aus dem Drittlandsgebiet → in das Inland → und der Lieferer oder Beauftragte ist Schuldner der Einfuhrumsatzsteuer (verzollt und versteuert), gilt der Ort der Lieferung als im Inland gelegen. Dies hat folgende **Konsequenzen:** • Es liegt **keine Einfuhr** vor, da es am Drittland fehlt. • Vielmehr liegt **für den (ausländischen) Lieferer** eine in Deutschland **steuerbare Lieferung** vor.

[1] Siehe Kapitel 5.7.2

Umsatzsteuer

Fall **Einfuhr**

Überprüfen Sie in den folgenden Fällen, ob eine steuerbare Einfuhr vorliegt.

Günter Ostmann betreibt in Heidelberg einen Lebensmittelhandel mit ausgesuchten ausländischen Spezialitäten.

a) Von einem Lieferanten in Zürich lässt er sich 3 original Schweizer Käse schicken. An der Grenze wird die Lieferung als unverzollt und unversteuert abgefertigt. Ostmann muss an das zuständige Zollamt die EUSt. und die Zollabgaben leisten.

b) Aus China bestellt er 100 Pakete original chinesische Glasnudeln. Der chinesische Lieferant schickt die Pakete per Luftfracht. Die Vertragsbedingungen lauten unverzollt und unversteuert.

c) Aus Norwegen lässt er sich original Fjord-Lachs kommen. Der Spediteur, der vom norwegischen Lieferanten beauftragt wurde, zahlt vereinbarungsgemäß bei der entsprechenden Zollbehörde die EUSt. und die Zollabgaben. Die Auslagen werden ihm vom norwegischen Lieferanten ersetzt.

d) Für den Neubau seines Ladens hat Ostmann einen Schweizer Architekten aus Basel beauftragt, der ihm den Laden nach streng ökologischen Gesichtspunkten plant. Der Architekt trifft sich mit den fertigen Plänen, die er aus der Schweiz mitbringt, mit Ostmann in Heidelberg und überreicht ihm die Pläne.

e) In den USA unterhält Ostmann noch ein Lager, in dem er in den USA und Kanada eingekaufte Waren zwischenlagert. Er führt aus diesem Lager Waren nach Deutschland per Luftfracht ein. Die Lieferkonditionen sind unverzollt und unversteuert.

f) Von einer 4-wöchigen Südamerikareise bringt Ostmann ein teures antikes Möbelstück für sein Wohnzimmer mit.

5.3.5 Innergemeinschaftlicher Erwerb

Der Tatbestand des innergemeinschaftlichen Erwerbs ist mit dem Wegfall der Grenzkontrollen innerhalb der Europäischen Union eingeführt worden. Auf diese Waren wurde ab diesem Zeitpunkt keine Einfuhrumsatzsteuer mehr erhoben. Ziel der Regelung ist es, im grenzüberschreitenden EU-Verkehr eine Besteuerung im Bestimmungsland vorzunehmen. Die gezahlte Umsatzsteuer (sog. Erwerbssteuer) kann sofort wieder als Vorsteuer[1] geltend gemacht werden. Sie dient wie die EUSt. damit nur als technische Regelung, um die Besteuerung im Bestimmungsland Deutschland sicherzustellen. Die eigentliche Belastung mit Umsatzsteuer tritt erst bei der Weiterveräußerung an einen Endverbraucher im Inland ein.

Die Besteuerung des innergemeinschaftlichen Erwerbs wird kontrolliert durch:

- Vergabe der USt.-Identifikationsnummer (§ 27a UStG)
- Zusammenfassende Meldung (§ 18a UStG)
- Abgleich der zusammenfassenden Meldung mit den USt.-Voranmeldungen (§ 18b UStG)
- Bestätigungsverfahren (§ 18e UStG)

Die einzelnen Regelungen werden in Kapitel 5.8.6 erläutert.

Damit ein innergemeinschaftlicher Erwerb steuerbar ist, muss gem. § 1 (1) Nr. 5 UStG **jede** der folgenden drei Voraussetzungen erfüllt sein:

- innergemeinschaftlicher Erwerb (siehe Fall 1 bis 3),
- im Inland (siehe Fall 4),
- gegen Entgelt (diese Voraussetzung wird schon durch die Qualifizierung als innergemeinschaftlicher Erwerb erfüllt und braucht nicht noch einmal geprüft zu werden).

Definition des innergemeinschaftlichen Erwerbs (§ 1a UStG)	
Innergemeinschaftlicher Erwerb **§ 1a (1) UStG**	Ein innergemeinschaftlicher Erwerb gegen Entgelt liegt unter folgenden Voraussetzungen vor: • Ein Gegenstand • gelangt bei einer Lieferung an den Abnehmer (Erwerber) • aus dem Gebiet eines Mitgliedsstaates • in das Gebiet eines anderen Mitgliedsstaates, • der Erwerber ist ➔ ein Unternehmer, der den Gegenstand für sein Unternehmen erwirbt,

[1] Siehe Kapitel 5.7.3

	oder ➔ eine juristische Person, die nicht Unternehmer ist oder die den Gegenstand nicht für ihr Unternehmen erwirbt; • die Lieferung an den Erwerber ➔ wird durch einen Unternehmer gegen Entgelt im Rahmen seines Unternehmens ausgeführt und ➔ ist nicht aufgrund der Sonderregelung für Kleinunternehmer steuerfrei.
1a.1 (1) UStAE	Kein i. g. Erwerb liegt vor, wenn die Ware aus dem Drittland im Wege der Durchfuhr durch das Gebiet eines anderen Mitgliedsstaates in das Inland gelangt und erst hier einfuhrumsatzsteuerrechtlich zum freien Verkehr abgefertigt wird.
Innergemeinschaftliches Verbringen **§ 1a (2) UStG**	Als innergemeinschaftlicher Erwerb gegen Entgelt **gilt** • das Verbringen eines Gegenstandes • aus dem übrigen Gemeinschaftsgebiet • in das Inland • durch einen Unternehmer • zu seiner Verfügung, • ausgenommen zu einer nur vorübergehenden Verwendung.
1a.2 (6) UStAE	➔ Eine nicht nur vorübergehende Verwendung liegt auch dann vor, wenn der Unternehmer den Gegenstand mit der konkreten Absicht in den Bestimmungsmitgliedsstaat verbringt, ihn dort weiterzuliefern.
1a.2 (12) UStAE	➔ Ein endgültiges Verbringen liegt im Allgemeinen dann vor, wenn der Gegenstand mehr als 24 Monate im Inland verbleibt.
Ausnahmen von der i. g. Erwerbsbesteuerung **§ 1a (3) UStG**	Ein innergemeinschaftlicher Erwerb liegt unter folgenden Voraussetzungen **nicht** vor: ➔ Der Erwerber ist • ein Unternehmer, der nur steuerfreie Umsätze ausführt, die zum Ausschluss des Vorsteuerabzugs führen, oder • ein Kleinunternehmer oder • eine juristische Person, die nicht Unternehmer ist oder die den Gegenstand nicht für ihr Unternehmen erwirbt, und ➔ der Gesamtbetrag der Entgelte für innergemeinschaftliche Erwerbe hat den Betrag von 12 500,00 € im vorangegangenen Kalenderjahr nicht überstiegen und wird diesen Betrag im laufenden Kalenderjahr voraussichtlich nicht übersteigen (sog. Erwerbsschwelle).
§ 1a (5) UStG	Die Ausnahme besteht nicht für den Erwerb neuer Fahrzeuge und verbrauchsteuerpflichtiger Waren.
§ 1a (4) UStG	Auf die Anwendung der Ausnahme kann verzichtet werden (Option zur Erwerbsbesteuerung). Der Verzicht ist gegenüber dem Finanzamt zu erklären und bindet den Erwerber mindestens für zwei Kalenderjahre.

Umsatzsteuer

Definition des innergemeinschaftlichen Erwerbs (§ 1a UStG)

Fall 1

Überprüfen Sie anhand des § 1a (1) und (2) UStG, ob ein innergemeinschaftlicher Erwerb vorliegt.

a) Ein in Frankfurt a. M. ansässiger Unternehmer erwirbt von einem spanischen Lieferanten eine Werkzeugmaschine zum Preis von 30 000,00 €.

b) Die Frey GmbH aus Stuttgart erwirbt bei einem italienischen Schuhhersteller eine Ladung modischer Schuhe. Die Schuhe werden von Italien über die Schweiz nach Stuttgart mit einem Lkw des italienischen Lieferanten gebracht.

c) Christian Danner aus Düsseldorf handelt mit Büromöbeln. Bei einem französischen Lieferanten bestellt er 11 Bürostühle, die aus Marseille per Luftfracht geliefert werden. Ein Bürostuhl ist für seine Tochter gedacht.

d) Die Stadt Köln erwirbt für 10 Grundschulen Schulmöbel bei einem belgischen Lieferanten, der die Möbel mit eigenem Lkw nach Köln verbringt.

e) Stephan Seitz, Schlittschuhhersteller aus Oberstdorf, hat noch einen zweiten Betrieb in Salzburg (Österreich). Da er die Produktion in Oberstdorf dauerhaft ausweiten will, verbringt er eine Maschine aus Salzburg nach Oberstdorf.

f) Der niederländische Blumenhändler de Groot bringt mit eigenem Lkw Blumen nach Köln, um sie dort auf dem Wochenmarkt zu verkaufen. Die nicht verkauften Blumen nimmt er abends wieder mit nach Hause.

g) Der dänische Unternehmer Sörensen hat von der Stadt Flensburg einen größeren Bauauftrag erhalten. Dafür richtet er eine Großbaustelle ein. Er verbringt zwei Kräne aus seinem Unternehmen in Dänemark auf diese Baustelle. Nachdem nach einem Jahr die Arbeiten abgeschlossen sind, werden die Kräne wieder nach Dänemark zurückgebracht.

Fall 2 Die Erwerbsschwelle (§ 1a (3) UStG)

Prüfen Sie in den folgenden Fällen, ob ein i. g. Erwerb vorliegt, ob die Ausnahme des § 1a (3) UStG gegeben ist und ob sich eine Option gem. § 1a (4) UStG lohnt.

a) Der Arzt Werner Bierhals führt nur umsatzsteuerfreie Umsätze ohne Vorsteuerabzug aus und hat sich aus Luxemburg ein Gerät zur Messung der Lungenfunktion für 8000,00 € gekauft. Dies ist der einzige Einkauf aus dem EU-Ausland seit mehreren Jahren. Der USt.-Satz in Luxemburg beträgt 17%.

b) Wie würden Sie den Sachverhalt unter a) beurteilen, falls das Gerät 35000,00 € gekostet hätte?

c) Die Stadt Wipperfürth hat für das Rathaus Büromöbel bei einem schwedischen Lieferanten gekauft. Die Rechnung lautet über 10000,00 €. Dies ist der einzige Einkauf der Stadt im EU-Ausland seit einigen Jahren. Der schwedische USt.-Satz beträgt 25%.

d) Die Aurin Bank in Magdeburg, die lediglich Kredite vergibt und damit ohne Vorsteuerabzug steuerfreie Umsätze tätigt, hat aus Polen neue Büromöbel im Wert von 50000,00 € eingekauft. Im letzten Jahr hatte man im EU-Ausland Einkäufe von 10000,00 € getätigt.

e) Die Ärztin Niki Blum aus München hat in Schweden ein medizinisches Gerät für 15000,00 € gekauft. Dies ist der einzige Einkauf im EU-Ausland in diesem und im letzten Jahr. Der schwedische USt.-Satz beträgt 25%.

f) Der Spirituosenhändler Buche (Kleinunternehmer) aus Kiel hat in Finnland hochprozentigen Schnaps für 5000,00 € eingekauft. Dies ist bisher sein einziger Einkauf im EU-Ausland. Der USt.-Satz in Finnland beträgt 22%.

Innergemeinschaftlicher Erwerb neuer Fahrzeuge

Für die Lieferung neuer Fahrzeuge an Privatpersonen soll wegen der Bedeutung der Gegenstände für den Verbraucher, für das Steueraufkommen der Mitgliedsstaaten und zur Vermeidung von Wettbewerbsverzerrungen in jedem Fall eine Besteuerung im Mitgliedsland stattfinden. Deshalb werden ausnahmsweise Privatpersonen steuerpflichtig gemacht.

Innergemeinschaftlicher Erwerb neuer Fahrzeuge **§ 1b UStG**	Ein innergemeinschaftlicher Erwerb liegt ebenfalls unter folgenden Voraussetzungen vor: • Erwerb eines neues Fahrzeugs → Ein neues Fahrzeug ist ein Kraftfahrzeug, das nicht mehr als 6000 Kilometer zurückgelegt hat oder dessen erste Inbetriebnahme im Zeitpunkt des Erwerbs nicht mehr als sechs Monate zurückliegt. • durch einen Erwerber, der kein Unternehmer ist, oder durch einen Unternehmer, der den Gegenstand nicht für sein Unternehmen erwirbt, • das Fahrzeug gelangt bei der Lieferung an den Abnehmer (Erwerber) • aus dem Gebiet eines Mitgliedsstaates • in das Gebiet eines anderen Mitgliedsstaates.
Verfahren **§ 18 (5a) UStG**	Der Erwerber hat innerhalb von 10 Tagen ab dem Tag des Erwerbs (§ 13 (1) Nr. 7 UStG) eine Steueranmeldung abzugeben, in der er die zu entrichtende Umsatzsteuer selbst zu berechnen hat.

Zu beachten ist, dass der Erwerber für **jedes einzelne Fahrzeug** eine eigenständige Steuererklärung abzugeben hat. Der Umsatzsteuererklärung hat der Erwerber die vom Lieferer ausgestellte Rechnung beizufügen. **Bemessungsgrundlage** ist hierbei der vom Verkäufer in Rechnung gestellte Betrag einschließlich berechneter Nebenkosten, wie z. B. Beförderungskosten. Für den innergemeinschaftlichen Erwerb neuer Fahrzeuge gilt der allgemeine **Steuersatz von 19 %**.

Wird vom Erwerber keine Steuererklärung abgegeben oder berechnet er die Steuer nicht richtig, kann das Finanzamt die Steuer unter Umständen im Schätzungswege festsetzen.

Das Finanzamt erhält von den für die Fahrzeugregistrierung zuständigen Behörden oder von den anderen EU-Finanzbehörden Mitteilungen über den Erwerb neuer Fahrzeuge. Sofern die Umsatzsteuer für die Fahrzeugeinzelbesteuerung nicht entrichtet wurde, kann die Zulassungsstelle auf Antrag des Finanzamtes den Fahrzeugschein einziehen und das amtliche Kennzeichen entstempeln.

Innergemeinschaftlicher Erwerb neuer Fahrzeuge (§ 1b UStG)

Fall 3

Überprüfen Sie in den folgenden Fällen, ob ein i. g. Erwerb neuer Fahrzeuge vorliegt.

a) Bankangestellter Andreas Drubba aus München hat bei einem österreichischen Kfz-Händler einen fabrikneuen Pkw erworben. Er fährt am 03.04.01 nach Salzburg, um dieses neue Fahrzeug abzuholen.

b) Büroangestellter Franz Thies kennt einen Mitarbeiter bei Fiat in Italien. Er hat eine Vereinbarung mit ihm, dass er den Jahreswagen dieses Mitarbeiters zu einem günstigen Preis abkauft. Am 04.08.01 kauft er von dem Italiener einen Wagen, der 5000 km gelaufen ist und seit seiner ersten Zulassung 8 Monate in Betrieb war.

Im Inland – Ort des innergemeinschaftlichen Erwerbs

Ort des innergemeinschaftlichen Erwerbs § 3d UStG	Der Ort des innergemeinschaftlichen Erwerbs ist dort, wo sich der Gegenstand am **Ende der Beförderung oder Versendung** befindet. Verwendet der Erwerber gegenüber dem Lieferer eine ihm von einem anderen Mitgliedsstaat (als dem des Erwerbers) erteilte Umsatzsteueridentifikationsnummer, so gilt der Erwerb in dem Gebiet des anderen Mitgliedsstaates als ausgeführt. Weist der Erwerber nach, dass der Erwerb in dem Mitgliedsstaat besteuert wurde, in dem sich der Gegenstand am Ende der Beförderung oder Versendung befindet, gilt die grundsätzliche Regelung des § 3d Satz 1 UStG.

Im Inland – Ort des innergemeinschaftlichen Erwerbs (§ 3d UStG)

Fall 4

Überprüfen Sie in den folgenden Fällen, ob ein steuerbarer i. g. Erwerb vorliegt. Prüfen Sie insbesondere den Ort des i. g. Erwerbs.

a) Der deutsche Unternehmer Walter Winde in Köln kauft für 20000,00 € Werkzeuge vom holländischen Hersteller van Kok in Rotterdam. Der holländische Unternehmer befördert die Waren mit eigenem Lkw von Rotterdam nach Köln. Beide geben ihre korrekte USt.-ID-Nr. an.

b) Außerdem erwirbt Winde von einem spanischen Unternehmer in Barcelona für 40000,00 € eine Maschine für sein Betriebsvermögen. Winde holt die Maschine mit eigenem Lkw in Barcelona ab. Beide geben ihre korrekte USt.-ID-Nr. an.

c) Winde hat eine Betriebsstätte in Brüssel (Belgien). Er bestellt bei einem französischen Fabrikanten für 50000,00 € Waren, die vereinbarungsgemäß nach Köln gesandt werden. Gegenüber dem französischen Lieferanten verwendet Winde aus Versehen die ihm von Belgien für seine dortige Zweigniederlassung erteilte USt.-ID-Nr.

Umsatzsteuer

5.3.6 Die Sonderproblematik der Reihengeschäfte*

Ein Reihengeschäft liegt gem. § 3 (6a) Satz 5 UStG vor, wenn mehrere Unternehmer über denselben Gegen-stand Umsatzgeschäfte abschließen und dieser Gegenstand im Rahmen einer Beförderung vom ersten Unternehmer an den letzten Abnehmer gelangt. Liegt ein solches Reihengeschäft vor, sind folgende besondere Regelungen zu beachten:

- Es finden mehrere Lieferungen nacheinander statt.
- Jede dieser Lieferungen muss gesondert betrachtet werden.

Für die Ortsbestimmung gelten folgende Regelungen:

Bei allen Lieferungen kann es nur eine bewegte Lieferung geben. Alle anderen Lieferungen sind unbewegte Lieferungen.

Die Bestimmung der bewegten Lieferung ergibt sich folgendermaßen:

- Erfolgt die Beförderung oder Versendung durch den ersten Unternehmer, so ist die bewegte Lieferung seine Lieferung an den ersten Abnehmer. Der erste Unternehmer ist dabei der Unternehmer, der die Ware als Erster verkauft.
- Erfolgt die Beförderung oder Versendung durch den letzten Abnehmer, so ist die bewegte Lieferung die Lieferung an ihn.
- Erfolgt die Beförderung oder Versendung durch einen mittleren Unternehmer, so ist die bewegte Lieferung die Lieferung an ihn. Bei innergemeinschaftlichen Lieferungen, bei denen der Zwischenhändler gegenüber dem leistenden Unternehmer bis zum Beginn der Beförderung oder Versendung eine Umsatzsteuer-Identifikationsnummer verwendet, die ihm vom Mitgliedstaat des Beginns der Beförderung oder Versendung erteilt wurde, ist die Beförderung oder Versendung der durch ihn durchgeführten Lieferung zuzuordnen.

Nach den Urteilen des BFH vom 25.02.2015 und 08.04.2015 ist für die Festlegung der bewegten Lieferung bei **grenzüberschreitenden** Lieferungen nicht mehr entscheidend, wer die Bewegung veranlasst hat, sondern zu welchem Zeitpunkt die Verfügungsmacht an dem Liefergegenstand übertragen wurde. Geht die Verfügungsmacht auf den letzten Abnehmer bereits im Abgangsmitgliedsstaat über, so ist diese Lieferung an den letzten Abnehmer die bewegte Lieferung, alle anderen sind unbewegt und damit im Abgangsmitgliedsstaat zu versteuern. Wird die Verfügungsmacht erst im Zielland übertragen, so ist die erste Lieferung als bewegte Lieferung zu qualifizieren. Alle weiteren Lieferungen sind unbewegt und im Zielland steuerbar.

Die Feststellung des Übergangs der Verfügungsmacht muss anhand des Einzelfalls geprüft werden. Grundsätzlich ist die Verfügungsmacht übergegangen, wenn der Leistungsempfänger über den gelieferten Gegenstand tatsächlich und endgültig verfügen kann. Mit dem Besitz geht nicht zwingend die Verfügungsmacht über. Für den BFH sind vertragliche Vereinbarungen über den Zeitpunkt des Übergangs der Verfügungsmacht ein maßgebendes Kriterium.

Nur die bewegte Lieferung kann bei grenzüberschreitenden Lieferungen steuerfrei sein.

Eine Änderung der gesetzlichen Regelungen steht noch aus.

Die Ortsbestimmung der bewegten Lieferungen erfolgt nach § 3 (6) Satz 1 UStG. Alle anderen Lieferungen sind unbewegte Lieferungen. Es gibt zwei unterschiedliche Regelungen für die Ortsbestimmung:

- Für eine unbewegte Lieferung, die der bewegten Lieferung vorangeht, ist der Ort gem. § 3 (7) Nr. 1 UStG der Beginn der Beförderung oder Versendung.
- Für eine unbewegte Lieferung, die der bewegten Lieferung folgt, ist der Ort gem. § 3 (7) Nr. 2 UStG das Ende der Beförderung oder Versendung.

Fall 1* **Inländisches Reihengeschäft**

Der Sportartikelhändler W aus Wuppertal bestellt beim Großhändler K aus Köln 10 Surfbretter, die K nicht vorrätig hat. K bestellt die Surfbretter seinerseits beim Hersteller H in Hamburg, der die Surfbretter per Post an W schickt.

a) Liegt ein Reihengeschäft vor?

b) Machen Sie in folgender Skizze die Beziehungen zwischen den einzelnen Unternehmern deutlich:

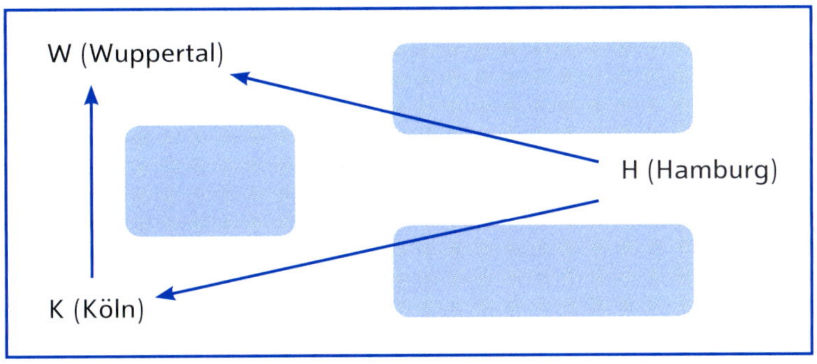

c) Wie viele Lieferungen liegen vor?
d) Bestimmen Sie, wer an wen eine Lieferung ausführt.
e) Bestimmen Sie die bewegte und die unbewegte Lieferung.
f) Bestimmen Sie die Orte der Lieferung.
g) Prüfen Sie die Steuerbarkeit.
h) Wie ändern sich Ihre Lösungen, falls W sich die Surfbretter selbst in Hamburg abholt?
i) Wie ändern sich Ihre Lösungen, falls K die Surfbretter von H nach W befördert?

Reihengeschäft mit Drittländern

Fall 2*

Werkzeughersteller D aus Zürich in der Schweiz bestellt beim Münchener Großhändler E eine Verpackungsmaschine. Dieser bestellt diese Maschine beim Hersteller F in Stuttgart und bittet diesen, die Maschine direkt von Stuttgart nach Zürich zu transportieren. F führt den Transport mit eigenem Lkw durch.

a) Stellen Sie fest, welche Lieferungen in Deutschland steuerbar sind. Bestimmen Sie dazu insbesondere die Orte der Lieferungen.
b) Wie ändern sich Ihre Lösungen, falls D sich die Maschine mit eigenem Lkw in Stuttgart abholt?

Reihengeschäft mit Drittländern

Fall 3*

Der Sportartikeleinzelhändler G aus Frankfurt bestellt beim Großhändler H aus Berlin einen bestimmten Laufschuh eines amerikanischen Herstellers. H hat diese Schuhe nicht vorrätig und muss sie beim amerikanischen Hersteller I in Boston bestellen. H beauftragt den Amerikaner, die Schuhe per Luftfracht direkt an G zu schicken. Die Lieferkonditionen lauten dabei „unverzollt und unversteuert“. Schuldner der EUSt. ist vertragsgemäß G.

a) Stellen Sie fest, welche Lieferungen in Deutschland steuerbar sind. Bestimmen Sie dazu insbesondere die Orte der Lieferungen.
b) Was ändert sich an Ihrer Lösung, falls die Lieferkonditionen „verzollt und versteuert“ lauteten?

Innergemeinschaftliche Reihengeschäfte

Fall 4*

Bei innergemeinschaftlichen Reihengeschäften ist zusätzlich zu beachten, dass sich auch i. g. Erwerbe ergeben können. Sie können auch in einem anderen Mitgliedsland anfallen, da die umsatzsteuerlichen Regelungen bezüglich innergemeinschaftlicher Lieferungen und Erwerbe in allen Mitgliedsstaaten gleich sind. Daraus können sich auch Registrierungs- und Erklärungspflichten in einem anderen Mitgliedsstaat ergeben.

Der niederländische Unternehmer K aus Venlo bestellt beim deutschen Großhändler L aus Köln Maschinen. L bestellt diese Maschinen beim Hersteller M in Hamburg und beauftragt ihn, die Maschinen direkt nach Venlo zu transportieren. M befördert die Maschinen mit eigenem Lkw nach Venlo. Alle Beteiligten treten unter der USt.-ID-Nr. ihres Landes auf.

a) Stellen Sie fest, welche Lieferungen in Deutschland steuerbar sind. Bestimmen Sie dazu insbesondere die Orte der Lieferungen.
b) Bestimmen Sie auch den i. g. Erwerb.

Innergemeinschaftliche Reihengeschäfte

Fall 5*

Der Unternehmer N aus München, der Kräne vertreibt, bestellt beim Unternehmer O aus Frankfurt einen Kran. Dieser muss den Kran ebenfalls bestellen. Dies erfolgt beim Unternehmer P aus Wien in Österreich, der den Kran auftragsgemäß mit eigenem Lkw direkt nach München bringt. Alle Beteiligten treten unter der USt.-ID-Nr. ihres Landes auf.

a) Stellen Sie fest, welche Lieferungen in Deutschland steuerbar sind. Bestimmen Sie dazu insbesondere die Orte der Lieferungen.

b) Bestimmen Sie auch den i. g. Erwerb.

Fall 6* **Innergemeinschaftliche Reihengeschäfte**

Der niederländische Privatmann R aus Maastricht kauft Möbel beim Möbelhändler S in Düsseldorf. Dieser bestellt die Möbel beim Hersteller T in Koblenz und bittet diesen, die Möbel nach Maastricht zu bringen. T befördert mit eigenem Lkw die Möbel nach Maastricht.

a) Stellen Sie fest, welche Lieferungen in Deutschland steuerbar sind. Bestimmen Sie dazu insbesondere die Orte der Lieferungen.

b) Bestimmen Sie auch den i. g. Erwerb.

Innergemeinschaftliche Dreiecksgeschäfte	
Für eine Sonderkonstellation des Reihengeschäfts bietet der § 25b UStG eine Vereinfachungsregelung. Diese Sonderregelung gilt nur für innergemeinschaftliche Dreiecksgeschäfte mit **drei beteiligten Unternehmern** aus **drei verschiedenen Mitgliedsstaaten.** Die Vereinfachung besteht darin, dass dem mittleren Unternehmer Registrierungs- und Erklärungspflichten im Mitgliedsstaat des Erwerbs erspart bleiben. Somit muss er keine Lieferung und keinen i. g. Erwerb versteuern. Die Steuerschuld wird auf den letzten Abnehmer übertragen.	
Voraussetzung für das innergemeinschaftliche Dreiecksgeschäft § 25b (1) UStG	• Drei Unternehmer • schließen über denselben Gegenstand Umsatzgeschäfte ab, • der Gegenstand gelangt vom ersten Lieferer an den letzten Abnehmer, • die Unternehmer sind in verschiedenen Mitgliedsstaaten für Zwecke der Umsatzsteuer erfasst. → Dies erfolgt durch die Verwendung der USt.-ID-Nr. • Der Gegenstand der Lieferung gelangt von einem Mitgliedsstaat in einen anderen, • der Gegenstand wird durch den ersten Lieferer oder den ersten Abnehmer versendet.
Voraussetzungen dafür, dass der letzte Abnehmer die Steuer für die Lieferung an ihn schuldet § 25b (2) UStG	• Der Lieferung ist ein innergemeinschaftlicher Erwerb vorausgegangen. • Der erste Abnehmer ist in dem Mitgliedsstaat, in dem die Beförderung oder Versendung endet, nicht ansässig. • Der erste Abnehmer erteilt dem letzten Abnehmer eine Rechnung, in der auf ein innergemeinschaftliches Dreiecksgeschäft und auf die Steuerschuldnerschaft hingewiesen wird. • Der letzte Abnehmer verwendet eine USt.-ID-Nr. des Mitgliedsstaates, in dem die Beförderung oder Versendung endet.
Rechtsfolgen	• Der mittlere Unternehmer bewirkt einen i. g. Erwerb, der als besteuert gilt (§ 25b (3) UStG). Er muss also **keinen i. g. Erwerb erklären.** • Der mittlere Unternehmer führt eine Lieferung an den letzten Abnehmer aus. Der **Abnehmer schuldet aber die Umsatzsteuer** für diese Lieferung (§ 25b (2) UStG). • Die Bemessungsgrundlage für die Steuer ist die Gegenleistung des letzten Abnehmers (§ 25b (4) UStG). • Der letzte Abnehmer kann die Umsatzsteuer als Vorsteuer gem. § 15 UStG abziehen (§ 25b (5) UStG). • Aufzeichnungspflichten gem. § 25b (6) und § 18b UStG müssen beachtet werden.

Innergemeinschaftliche Dreiecksgeschäfte (§ 25b UStG)

Fall 7*

Der Unternehmer U aus Freiburg bestellt beim Unternehmer V aus Straßburg (Frankreich) 10 Computer. V hat die Ware nicht vorrätig und muss sie beim Unternehmer W in Lüttich (Belgien) bestellen. W aus Belgien befördert die Ware mit eigenem Lkw nach Freiburg zu U. Alle Unternehmer treten unter den USt.-ID-Nr. ihres Landes auf.

a) Liegt ein innergemeinschaftliches Dreiecksgeschäft vor?
b) Wie viele Lieferungen liegen vor?
c) Zwischen wem sind die Lieferungen erfolgt?
d) Prüfen Sie die Steuerbarkeit der Lieferungen. Bestimmen Sie insbesondere den Ort der Lieferungen.
e) Wer tätigt einen i. g. Erwerb?
f) Welche steuerlichen Konsequenzen ergeben sich für W, V, U? (Bitte die Reihenfolge beachten!)

5.4 Die Steuerbefreiungen

Manche steuerbaren Umsätze werden trotz der grundsätzlichen Möglichkeit von der Besteuerung aufgrund von Steuerbefreiungen ausgenommen. Es ist erforderlich, zwischen nicht steuerbaren und steuerbaren, aber steuerbefreiten Umsätzen zu unterscheiden, obwohl für beide Gruppen keine Umsatzsteuer bezahlt werden muss. Es können sich unterschiedliche Rechtsfolgen beispielsweise beim Vorsteuerabzug ergeben. Die in § 4 UStG geregelten Steuerbefreiungen haben überwiegend sozial-, kultur- oder wirtschaftspolitische Gründe. In den folgenden Übersichten werden nur die wichtigsten genannt:

§ 4 Nr. 1a UStG i. V. m. § 6 UStG	Ausfuhrlieferungen (Fall 1)
§ 4 Nr. 1b UStG i. V. m. § 6a UStG	Innergemeinschaftliche Lieferungen (Fall 2, Fall 3)
§ 4 Nr. 1a UStG i. V. m. § 7 UStG	Lohnveredelungen an Gegenständen der Ausfuhr (Fall 4)
§ 4 Nr. 3 UStG	Grenzüberschreitende Beförderung von Gegenständen (Fall 5)
§ 4 Nr. 8 UStG	Geld-, Kapital- und Kreditumsätze (Fall 6)
§ 4 Nr. 9a UStG	Umsätze, die unter das Grunderwerbsteuergesetz fallen (Fall 7)
§ 4 Nr. 10 UStG	Leistungen i. S. d. Versicherungssteuergesetzes
§ 4 Nr. 11b UStG	Umsätze der Deutschen Post AG, die das Postwesen betreffen
§ 4 Nr. 12a UStG	Vermietung und Verpachtung von Grundstücken (Fall 8)
§ 4 Nr. 14 UStG	Umsätze aus ärztlichen Tätigkeiten (Fall 9)
§ 4 Nr. 21 UStG	Umsätze aus Unterrichtsleistungen
§ 4 Nr. 26 UStG	Ehrenamtliche Tätigkeiten
§ 4 Nr. 28 UStG	Sonderregelung für die Lieferung von Gegenständen, die für steuerfreie Umsätze verwandt wurden (Fall 10)

Für bestimmte Umsätze kann auf die Steuerbefreiung verzichtet werden. Dies nennt man eine Option zur Umsatzbesteuerung und ist in § 9 UStG geregelt. Die genauen Vorschriften finden sich in Fall 11.

Ausfuhrlieferungen	
Ausfuhrlieferungen **§ 4 Nr. 1a UStG i. V. m. § 6 UStG**	Eine steuerfreie Ausfuhrlieferung liegt vor, wenn • bei einer Lieferung • der Unternehmer oder der Abnehmer den Gegenstand in das Drittland (außer die Gebiete des § 1 (3) UStG) befördert oder versendet hat. → Befördert oder versendet der Unternehmer oder Abnehmer einen Gegenstand vom Inland in die Gebiete des § 1 (3) UStG, so liegt eine steuerfreie Ausfuhrlieferung vor, wenn · der Abnehmer ein Unternehmer ist, der den Gegenstand für sein Unternehmen erworben hat

Umsatzsteuer

	oder · der Abnehmer ein ausländischer Abnehmer, aber kein Unternehmer ist und der Gegenstand in das übrige Drittlandsgebiet gelangt.
§ 6 (4) UStG **§§ 8 ff. UStDV**	Die Steuerbefreiung wird nur gewährt, wenn der Unternehmer die Voraussetzungen beleg- und buchmäßig nachweist.

Fall 1 Ausfuhrlieferungen (§ 4 Nr. 1a UStG i. V. m. § 6 UStG)

Prüfen Sie in den folgenden Fällen

a) die Steuerbarkeit (Ortsbestimmung!),

b) eine evtl. Steuerbefreiung mit Angabe der Rechtsvorschrift.

Der Unternehmer Michael Peeger aus Chemnitz ist Großhändler für PC und PC-Zubehör. Folgende Lieferungen hat er getätigt. Alle erforderlichen Nachweise liegen vor.

(1) An den Unternehmer Aebli in Zürich (Schweiz). Peeger hat die PC durch einen Spediteur nach Zürich versenden lassen.

(2) An den Unternehmer Olson in Oslo (Norwegen). Die PC wurden per Luftfracht nach Oslo versandt.

(3) An den Privatmann Hürli in Bern (Schweiz). Hürli hat sich den PC bei Peeger während einer Geschäftsreise in Deutschland abgeholt und ihn mit nach Bern genommen.

(4) An den amerikanischen Unternehmer Bush in Washington. Peeger befördert die PC mit eigenem Lkw zur Verfügung des Bush in den Freihafen Bremerhaven.

(5) An den russischen Unternehmer Volkov in St. Petersburg. Der russische Unternehmer holt die PC mit eigenem Lkw in Chemnitz ab.

(6) An einen norwegischen Tourist, der ein preisgünstiges Angebot von Peeger nutzte und den PC mit nach Hause nehmen möchte.

(7) An den in Chemnitz wohnenden Türken Necdet, der den PC mit in die Türkei nimmt, um ihn seiner dort lebenden Schwester zu schenken.

Innergemeinschaftliche Lieferungen	
Innergemeinschaftliche Lieferungen **§ 4 Nr. 1b UStG i. V. m. § 6a UStG**	Eine steuerfreie innergemeinschaftliche Lieferung liegt vor, wenn folgende Voraussetzungen erfüllt sind: • Der Unternehmer oder der Abnehmer hat den Gegenstand in das übrige Gemeinschaftsgebiet befördert oder versendet, • der Abnehmer ist → ein Unternehmer, der den Gegenstand für sein Unternehmen erwirbt, → eine juristische Person, die nicht Unternehmer ist oder die den Gegenstand der Lieferung nicht für ihr Unternehmen erworben hat, → bei der Lieferung eines neuen Fahrzeugs auch jeder andere Erwerber, • der Erwerb des Gegenstandes der Lieferung unterliegt beim Abnehmer in einem anderen Mitgliedsstaat den Vorschriften der Umsatzbesteuerung, • der Abnehmer hat gegenüber dem Unternehmer eine ihm von einem anderen Mitgliedsstaat erteilte gültige USt-ID-Nummer erteilt.
§ 6a (2) UStG	Als innergemeinschaftliche Lieferung gilt auch das einer Lieferung gleichgestellte Verbringen eines Gegenstandes gem. § 3 (1a) UStG. Die Steuerbefreiung wird versagt, wenn der Unternehmer seiner Pflicht zur Abgabe einer zusammenfassenden Meldung nicht nachgekommen ist.
§ 6a (3) UStG	Für den Nachweis der Steuerbefreiung wird eine sogenannten Gelangensvermutung unterstellt, wenn eine der folgenden Voraussetzungen erfüllt ist:

§§ 17a ff. UStDV	1. Der liefernde Unternehmer gibt an, dass der Gegenstand der Lieferung in das übrige Gemeinschaftsgebiet befördert oder versendet wurde und ist im Besitz mindestens zwei der folgenden Belege: • Beförderungsbelege oder Versendungsbelege • Versicherungspolice für die Beförderung oder den Versand des Gegenstands der Lieferung in das übrige Gemeinschaftsgebiet oder Bankunterlagen, die die Bezahlung der Beförderung oder des Versands des Gegenstands der Lieferung in das übrige Gemeinschaftsgebiet belegen; • ein von einer öffentlicher Stelle (z. B. Notar) ausgestelltes offizielles Dokument, das die Ankunft des Gegenstands der Lieferung im übrigen Gemeinschaftsgebiet bestätigt; • eine Bestätigung eines Lagerinhabers im übrigen Gemeinschaftsgebiet, dass die Lagerung des Gegenstands der Lieferung dort erfolgt. 2. Der liefernde Unternehmer ist im Besitz folgender Belege: • einer Gelangensbestätigung, die der Abnehmer dem liefernden Unternehmer spätestens am zehnten Tag des auf die Lieferung folgenden Monats vorlegt und • mindestens zwei der oben genannten Belege.

Innergemeinschaftliche Lieferungen (§ 4 Nr. 1b UStG i. V. m. § 6a UStG)

Fall 2

Prüfen Sie in den folgenden Fällen,

a) die Steuerbarkeit (Ortsbestimmung!),
b) eine evtl. Steuerbefreiung mit Angabe der Rechtsvorschrift.

Der Haushaltsgerätehersteller Geibig aus Duisburg führt folgende Lieferungen aus. Alle erforderlichen Nachweise sowie, falls nötig, die USt.-ID-Nr. der Beteiligten liegen vor.

(1) An den französischen Unternehmer Moulin in Paris. Die Geräte transportiert Geibig mit eigenem Lkw nach Paris.

(2) An den italienischen Großhändler Leverani in Mailand. Die Geräte werden durch einen Spediteur von Deutschland über die Schweiz nach Italien gebracht.

(3) An den belgischen Privatmann Lacroix in Brüssel. Geibig versendet die Geräte per Post.

(4) An den spanischen Unternehmer Fernandez in Madrid mehrere Kühlschränke. Geibig weiß, dass ein Kühlschrank für den privaten Haushalt von Fernandez gedacht ist. Geibig verschickt die Geräte per Luftfracht.

(5) An die Stadt Venlo in den Niederlanden liefert er für das dortige Rathaus Kühlschränke. Die Geräte bringt er mit dem eigenen Lkw nach Venlo. Die Stadt hat die Erwerbsschwelle überschritten.

(6) An den niederländischen Unternehmer Drente aus Rotterdam. Die Geräte befördert Geibig mit eigenem Lkw nach Rotterdam. Drente unterlässt es aber, Geibig die USt.-ID-Nr. anzugeben.

(7) Außerdem verkauft Geibig den Pkw, den er erst vor 3 Monaten fabrikneu seiner Frau gekauft hat, an einen befreundeten Geschäftskunden in Wien. Seiner Frau gefiel der Wagen nicht. Bei einem Besuch des Freundes nahm Geibig den Wagen mit nach Österreich.

(8) Außerdem hat Geibig ein Auslieferungslager in Århus (Dänemark). Da er einige größere Lieferungen nach Skandinavien erwartet, befördert er mit eigenem Lkw mehrere Haushaltsgeräte von Duisburg nach Århus.

Innergemeinschaftliche Lieferungen – Reihengeschäfte

Fall 3*

Der belgische Unternehmer B aus Brüssel bestellt beim deutschen Großhändler D aus Essen Werkzeugmaschinen. D bestellt diese Maschinen beim Hersteller H in Berlin und beauftragt ihn, die Maschinen direkt nach Brüssel zu transportieren. H befördert die Maschinen mit eigenem Lkw nach Brüssel. Alle Beteiligten treten unter der USt.-ID-Nr. ihres Landes auf.

a) Prüfen Sie, ob ein Reihengeschäft vorliegt.
b) Stellen Sie die Steuerbarkeit der Lieferungen fest.
c) Prüfen Sie evtl. Steuerbefreiungen.

Lohnveredelungen an Gegenständen der Ausfuhr	
Lohnveredelungen an Gegenständen der Ausfuhr **§ 4 Nr. 1a UStG i. V. m. § 7 UStG**	Eine steuerfreie Lohnveredelung an Gegenständen der Ausfuhr liegt vor, wenn folgende Voraussetzungen erfüllt sind: • bei der Be- oder Verarbeitung eines Gegenstandes (sonstige Leistung) • führt der Auftraggeber den Gegenstand • zum Zwecke der Be- oder Verarbeitung in das Gemeinschaftsgebiet ein oder • hat ihn im Gemeinschaftsgebiet erworben, • der Unternehmer befördert oder versendet den be- oder verarbeiteten Gegenstand in das Drittlandsgebiet. oder • der (ausländische) Auftraggeber befördert oder versendet den Gegenstand in das Drittlandsgebiet.
§ 12 UStDV	Die Steuerbefreiung wird nur gewährt, wenn der Unternehmer die Voraussetzungen beleg- und buchmäßig nachweist. Sonderregelungen gelten gem. § 7 (1) Nr. 3 UStG für die Gebiete nach § 1 (3) UStG.

Fall 4 **Lohnveredelungen an Gegenständen der Ausfuhr (§ 4 Nr. 1a UStG i. V. m. § 7 UStG)**

Prüfen Sie in den folgenden Fällen

a) die Steuerbarkeit (Ortsbestimmung!),

b) eine evtl. Steuerbefreiung mit Angabe der Rechtsvorschrift.

Der amerikanische Privatmann Clark aus Boston ist während einer Auslandsreise in München. Am Tag vor seinem Abflug beschädigt er seinen neuesten Anzug so sehr, dass er ihn zum Schneider bringen muss. Außerdem hatte er bei einem bekannten Münchener Stoffhersteller Anzugtuche gekauft, um sie in den USA von einem Schneider zu einem Anzug verarbeiten zu lassen.
Da ihm ein Münchener Schneider wärmstens empfohlen wurde, lässt er bei ihm nicht nur den beschädigten Anzug reparieren, sondern sich aus dem Stoff auch einen neuen Maßanzug schneidern. Am nächsten Tag holt er die beiden Anzüge fertig ab, fährt mit ihnen zum Flughafen und fliegt in die USA.

Grenzüberschreitende Beförderung von Gegenständen	
Grenzüberschreitende Beförderung von Gegenständen **§ 4 Nr. 3 UStG**	Eine grenzüberschreitende Beförderung von Gegenständen (keine Personenbeförderung) liegt vor, wenn sich eine Güterbeförderung sowohl auf das In- als auch auf das Ausland erstreckt. Eine steuerfreie grenzüberschreitende Beförderung von Gegenständen liegt vor, wenn • sich die Beförderungsleistung • auf Gegenstände der Ausfuhr oder • der Durchfuhr oder • der Einfuhr bezieht.
§ 20 UStDV	Die Steuerbefreiung wird nur gewährt, wenn der Unternehmer die Voraussetzungen beleg- und buchmäßig nachweist.

Grenzüberschreitende Beförderung von Gegenständen (§ 4 Nr. 3 UStG)

Fall 5

Prüfen Sie in den folgenden Fällen

a) die Steuerbarkeit (Ortsbestimmung!),

b) eine evtl. Steuerbefreiung mit Angabe der Rechtsvorschrift.

(1) Spediteur Hahner aus Stuttgart befördert für den Maschinenhersteller Vogel, ebenfalls aus Stuttgart, eine Maschine an einen Kunden in Zürich (Schweiz).

(2) Außerdem befördert Hahner für Vogel eine Maschine an einen Kunden in Brest (Frankreich).

(3) Der Busunternehmer Finzer aus Koblenz fährt mit seinem Bus einen Sportverein zu dessen jährlicher Wochenendtour von Koblenz nach Basel (Schweiz).

Geld-, Kapital- und Kreditumsätze	
Steuerfreie Geld-, Kapital- und Kreditumsätze **§ 4 Nr. 8 UStG** **3.11 (2), (6) UStAE** **OFD Frankfurt 14.02.2006**	Zu den steuerbefreiten Geld-, Kapital- und Kreditumsätzen gehören • Gewährung und Vermittlung von Krediten, → Die Kreditgewährung muss eine selbstständige sonstige Leistung sein. Wird ein Kredit in Zusammenhang mit einer anderen Lieferung oder sonstigen Leistung gewährt, so muss eine eindeutige Trennung vorliegen. Ansonsten ist die Kreditgewährung ein Teil der Hauptleistung und nicht steuerbefreit. • die Umsätze und die Vermittlung der Umsätze von gesetzlichen Zahlungsmitteln, • Umsätze im Geschäft mit Forderungen und Schecks, • Umsätze im Einlagengeschäft, Kontokorrentverkehr, Zahlungs- und Überweisungsverkehr, • Umsätze im Geschäft mit Wertpapieren, → Vermögensverwaltungsverträge, bei denen der Kunde keine Entscheidungsbefugnis über die Transaktionen hat, stellen eine einheitliche sonstige Leistung dar und sind insgesamt steuerpflichtig. • u. a.

Geld-, Kapital- und Kreditumsätze (§ 4 Nr. 8 UStG)

Fall 6

Umsatzsteuer

Prüfen Sie in dem folgenden Fall

a) die Steuerbarkeit (Ortsbestimmung!),

b) eine evtl. Steuerbefreiung mit Angabe der Rechtsvorschrift

Die Wucher-Bank in Dortmund erzielte in 01 folgende Einnahmen aus dem Geschäft mit Privatkunden aus dem Dortmunder Raum:

- Zinsen für die Gewährung von Krediten,
- Bearbeitungsgebühren und Zinsen aus der Verwaltung der Kontokorrent- und Girokonten,
- Umsätze aus Wertpapiergeschäften,
- Gebühren für die Aufbewahrung von Wertpapieren.

Umsätze, die unter das Grunderwerbsteuergesetz fallen	
Umsätze, die unter das Grunderwerbsteuergesetz fallen **§ 4 Nr. 9a UStG** **4.9.1 UStAE** **BMF-Schreiben vom 22.09.2008**	Hierbei handelt es sich vor allem um den Verkauf von Grundstücken und Gebäuden. Die Entnahme von Grundstücken für Zwecke, die außerhalb des Unternehmens liegen, ist ebenfalls steuerfrei.

Fall 7 Umsätze, die unter das Grunderwerbsteuergesetz fallen (§ 4 Nr. 9a UStG)

Prüfen Sie in dem folgenden Fall

a) die Steuerbarkeit (Ortsbestimmung!),
b) eine evtl. Steuerbefreiung mit Angabe der Rechtsvorschrift.

(1) Der Immobilienmakler Horst Jäckel in Nürnberg hat ein Einfamilienhaus in einem Nürnberger Vorort, das er vor zwei Jahren angekauft hat, aufwendig renoviert und für 560 000,00 € netto an eine Familie mit einem Kind verkauft.

(2) Außerdem hat Jäckel vor zwei Jahren ein Grundstück für 200 000,00 € gekauft. Jetzt benutzt er es, um sein privates Haus darauf zu bauen, und entnimmt es dem Unternehmensvermögen.

Vermietung und Verpachtung von Grundstücken	
Vermietung und Verpachtung von Grundstücken	Die Steuerbefreiung erstreckt sich auf die Vermietung und Verpachtung von Grundstücken, Grundstücksteilen, Gebäuden, Gebäudeteilen, Wohnungen und einzelnen Räumen.
§ 4 Nr. 12a UStG **4.12 UStAE**	Nicht zu den steuerbefreiten Leistungen gehören • die kurzfristige Vermietung von Wohn- und Schlafräumen, • die Vermietung von Parkplätzen, • die kurzfristige Vermietung auf Campingplätzen, • die Vermietung von Betriebsvorrichtungen. Zu den steuerfreien Leistungen gehören auch die damit in unmittelbarem wirtschaftlichem Zusammenhang stehenden üblichen Nebenleistungen wie z. B. • Lieferung von Wärme, • Versorgung mit Wasser, • Überlassung von Waschmaschinen, • Flur- und Treppenreinigung, • Treppenbeleuchtung. Keine Nebenleistung und damit nicht steuerbefreit ist die Lieferung von Strom sowie Heizgas und Heizöl. Eine Leistungsentnahme nach § 3 (9a) Nr. 1 UStG fällt nicht unter die Steuerbefreiung nach § 4 Nr. 12.
4.12.11 UStAE	Vermietungen von Sportanlagen sind einheitliche steuerpflichtige Leistungen.

Fall 8 Vermietung und Verpachtung von Grundstücken (§ 4 Nr. 12a UStG)

Prüfen Sie in dem folgenden Fall

a) die Steuerbarkeit (Ortsbestimmung!),
b) eine evtl. Steuerbefreiung mit Angabe der Rechtsvorschrift.

(1) Winfried Neder vermietet sein Wohnhaus in Remscheid an folgende Mieter:

Erdgeschoss	Supermarkt
1. Obergeschoss	Arzt
2. Obergeschoss	privater Mieter

Außerdem vermietet er seine Hauswand an den Supermarkt, damit dieser dort Werbung für seinen Laden machen kann.

(2) Der Tennisverein Blau Gold Wuppertal hat sich eine neue Einnahmequelle eröffnet. Er vermietet in der Mittagszeit die leer stehenden Tennisplätze an Nichtvereinsmitglieder.

(3) Die CC GmbH vermietet in großen Städten Konferenzräume für Tagungen usw. Ein Unternehmen aus Potsdam mietete von der CC GmbH eine Tagungshalle in Berlin mit 2000 Plätzen. Für die Überlassung der Halle bezahlt der Kunde 3000,00 €. Die Miete der Bestuhlung, der Bühne usw. kostet 2000,00 €.

(4) Die Park AG aus Düsseldorf vermietet in der Düsseldorfer Innenstadt Parkplätze.

(5) Der Campingplatzbesitzer Reinders aus Timmendorf vermietet zum einen Campingplätze für Camper, die nur wenige Wochen oder Tage auf seinem Platz bleiben, sowie an Dauercamper.

(6) Hotelbesitzer Kranz aus Mannheim vermietet Zimmer vor allem an Geschäftsreisende. Die Gäste erhalten zusätzlich noch ein Frühstück.

Umsätze aus ärztlichen Tätigkeiten

Umsätze aus ärztlichen Tätigkeiten **§ 4 Nr. 14 UStG,** **BMF-Schreiben vom 26.06.2009** **4.14.2, 4.14.3 UStAE**	Die Steuerbefreiung gilt für: • Ärzte, • Zahnärzte, • Heilpraktiker, • Krankengymnasten, • Hebammen • oder eine ähnliche heilberufliche Tätigkeit, z. B.
4.14.4 UStAE	→ psychologische Psychotherapeuten, → Beschäftigungs- und Arbeitstherapeuten oder Ergotherapeuten, denen die zur Ausübung ihres Berufes erforderliche Erlaubnis erteilt ist, → Logopäden, denen die zur Ausübung ihres Berufes erforderliche Erlaubnis erteilt ist, → staatlich geprüfte Masseure.
4.14.1 UStAE	Nicht zu den steuerbefreiten Tätigkeiten gehören: • die schriftstellerische Tätigkeit, • die Vortragstätigkeit, • die Lehrtätigkeit, • die Lieferung von Hilfsmitteln (z. B. Kontaktlinsen), • der Verkauf von Medikamenten, • die Lieferung oder Wiederherstellung von Zahnprothesen und kieferorthopädischen Apparaten, soweit die Gegenstände im Unternehmen des Zahnarztes hergestellt wurden, • die Tätigkeit der Tierärzte.
4.14.7 UStAE	Die Steuerbefreiung ist unabhängig von der Rechtsform des Arztes.
BMF-Schreiben vom 13.02.2001 **und 08.11.2001**	Eine Sachverständigentätigkeit eines Arztes ist nur steuerbefreit, wenn ein therapeutisches Ziel im Vordergrund steht.

Umsatzsteuer

Umsätze aus ärztlichen Tätigkeiten (§ 4 Nr. 14 UStG)

Fall 9

Prüfen Sie in dem folgenden Fall

a) die Steuerbarkeit (Ortsbestimmung!),

b) eine evtl. Steuerbefreiung mit Angabe der Rechtsvorschrift.

(1) Der Augenarzt Dr. Kleemann in Dortmund erbringt folgende Dienstleistungen:
- Behandlung von Augenkrankheiten,
- Erstellung eines Gutachtens für eine Versicherung wegen eines Rechtsstreites,
- Erstellung eines Gutachtens über die weiteren therapeutisch notwendigen Maßnahmen,
- Erstellung von Artikeln in Fachzeitschriften.

(2) Der Zahnarzt Dr. Gold in Bochum erbringt folgende Dienstleistungen:
- Zahnbehandlungen,
- Lieferung von Zahnprothesen und Zahnspangen, die er von einem selbstständigen Zahntechniker herstellen ließ.

(3) Wie würden Sie die Leistungen aus der Tätigkeit des Zahntechnikers beurteilen, falls es sich um einen angestellten Zahntechniker handeln würde?

(4) Der selbstständige Heilpraktiker Arno Webel erzielt aus seiner Praxis in Essen Umsätze in Höhe von 50 000,00 € im Jahr.

(5) Die bei den Krankenkassen zugelassene Psychotherapeutin Elke Mayer führt Gesprächstherapien in ihrer eigenen Praxis in Dortmund durch.

Sonderregelung für die Lieferung von Gegenständen, die für steuerfreie Umsätze verwandt wurden	
Sonderregelung für die Lieferung von Gegenständen, die für steuerfreie Umsätze verwandt wurden **§ 4 Nr. 28 UStG** **4.28.1. UStAE**	Steuerfrei ist die • Lieferung • von Gegenständen, • die der Unternehmer ausschließlich für Tätigkeiten verwendet, die nach § 4 Nr. 8–27 UStG steuerfrei sind. Die Voraussetzungen müssen im gesamten Verwendungszeitraum vorgelegen haben. Aus Vereinfachungsgründen kann die Steuerbefreiung auch gewährt werden, wenn die Nutzung für Tätigkeiten, die nicht nach § 4 Nr. 8–27 UStG steuerfrei sind, nur einen geringen Umfang (max. 5 %) ausmacht. Der Unternehmer darf für diesen geringen Umfang allerdings keine Vorsteuer abziehen.

Fall 10 **Sonderregelungen (§ 4 Nr. 28 UStG)**

Prüfen Sie in dem folgenden Fall

a) die Steuerbarkeit (Ortsbestimmung!),

b) eine evtl. Steuerbefreiung mit Angabe der Rechtsvorschrift.

(1) Der Arzt Stefan Kollmann aus Freiburg veräußert ein gebrauchtes Röntgengerät für 5 000,00 €.

(2) Außerdem verkauft er einen Computer, den er zu 80 % für die ärztliche Praxis und zu 20 % für seine schriftstellerische Tätigkeit genutzt hat.

(3) Die Wucher-Bank aus Kassel, die ausschließlich Kredite vergibt, verkauft einen Betriebs-Pkw, der ausschließlich für betriebliche Zwecke genutzt wurde, für 4 000,00 €.

Verzicht auf Steuerbefreiungen	
Steuerbefreite Umsätze führen dazu, dass der Unternehmer die Vorsteuer nicht geltend machen kann. Im Falle hoher Vorsteuerbeträge kann dies zu Nachteilen führen. Für bestimmte Umsätze ist eine Option zur Umsatzbesteuerung zugelassen. Dies bedeutet, dass steuerfreie Umsätze als steuerpflichtig behandelt werden, dafür aber Vorsteuerbeträge, die mit diesen Umsätzen in Zusammenhang stehen, abgezogen werden dürfen.	
Optionsmöglichkeit **§ 9 UStG** **9.1 UStAE**	Ein Unternehmer kann einen Umsatz, • der nach § 4 Nrn. 8a–8g, 9a, 12, 13 oder 19 UStG steuerfrei ist • und der an einen anderen Unternehmer • für dessen Unternehmen ausgeführt wird, als **steuerpflichtig** behandeln. Bei der Vermietung oder Verpachtung (§ 4 Nr. 12a UStG) ist die Option nur zulässig, wenn der Leistungsempfänger das Grundstück nur für Umsätze verwendet, die den Vorsteuerabzug nicht ausschließen.
BMF-Schreiben vom 28.03.2006	Erfolgt eine unentgeltliche Vermietung, die nach § 4 Nr. 12 UStG steuerfrei wäre, wenn sie entgeltlich wäre, ist eine Option dann möglich, wenn eine ernsthafte Absicht zur Erzielung umsatzsteuerpflichtiger Vermietungsumsätze nachgewiesen wird.
§ 22 (2) Nr. 1 Satz 4 UStG	Aus den Aufzeichnungen des Unternehmers muss hervorgehen, dass er auf die Steuerbefreiung verzichtet hat. Einer besonderen Form oder Frist bedarf der Verzicht aber nicht. Es reicht, wenn der Unternehmer die Umsatzsteuer in der Rechnung gesondert ausweist. Die Option ist so lange möglich, wie die Steuerfestsetzung noch vorgenommen oder geändert werden kann. Der Verzicht kann auch wieder rückgängig gemacht werden.

Verzicht auf Steuerbefreiungen (§ 9 UStG)

Fall 11

Prüfen Sie in dem folgenden Fall

a) die Steuerbarkeit (Ortsbestimmung!),

b) eine evtl. Steuerbefreiung mit Angabe der Rechtsvorschrift,

c) ob zur Steuerpflicht gem. § 9 UStG optiert werden kann.

(1) Andrea Sieber besitzt in Jena ein Gebäude, das sie wie folgt vermietet hat:

- Erdgeschoss an einen Supermarkt für 1 500,00 € im Monat
- 1. Obergeschoss an einen Arzt für 1 200,00 € im Monat
- 2. Obergeschoss an eine Behörde der Stadt Jena für 1 200,00 €
- 3. Obergeschoss an einen Steuerberater für 1 200,00 € im Monat
- 4. Obergeschoss an einen privaten Mieter für 500,00 € im Monat

Alle Mieter zahlen noch eine monatliche Umlage für Wasser usw. in Höhe von 200,00 €.
Nur der private Mieter zahlt 70,00 €.

(2) Der Makler Günter Kolm aus Dresden verkauft

- ein Geschäftshaus an den Unternehmer Max Tudor,
- ein Haus an die Ärztin Susanne Maler, die es zur Hälfte für ihre Praxis und zur Hälfte als private Wohnung nutzt,
- ein Einfamilienhaus an den kaufm. Angestellten Werner Wolff.

Alle Häuser, die in Dresden liegen, hatte der Makler zum Weiterverkauf angekauft.

(3) Christa Jacob vermietet ihr in Kiel gelegenes Haus an eine Zahnärztin. Die Zahnärztin nutzt das Haus wie folgt:

- Erdgeschoss für ihre zahnärztliche Praxis. Der Nutzungsanteil am Gesamtgebäude entspricht 40 %.
- Einen Raum im Erdgeschoss nutzt sie für die Anfertigung von Zahnprothesen, die sie an ihre Patienten liefert. Der Nutzungsanteil entspricht 10 %.
- Das Obergeschoss nutzt sie privat. Der Nutzungsanteil entspricht 50 %.

5.5 Die Bemessungsgrundlage

Damit die Umsatzsteuer für steuerpflichtige Umsätze berechnet werden kann, bedarf es eines Wertmaßstabes, auf den der Steuersatz angewendet wird, die sog. Bemessungsgrundlage. Die Regelungen für die Bemessungsgrundlagen finden sich im § 10 UStG, sie sind für die einzelnen Umsatzarten unterschiedlich.

5.5.1 Bemessungsgrundlage für Lieferungen, sonstige Leistungen und innergemeinschaftlichen Erwerb

Bemessungsgrundlage für Lieferungen gem. § 3 (1) UStG, für sonstige Leistungen nach § 3 (9) UStG und für i. g. Erwerb nach § 1a (1) UStG	
Bemessungsgrundlage für Lieferungen gem. § 3 (1) UStG, für sonstige Leistungen nach § 3 (9) UStG und für i. g. Erwerb nach § 1a (1) UStG	Bemessungsgrundlage ist das **Entgelt**. Entgelt ist alles, was den Wert der Gegenleistung bildet, die der Lieferant erhält, ohne Umsatzsteuer. Es handelt sich somit immer um einen Nettobetrag.
§ 10 (1) UStG	Fallen Verbrauchsteuern bei einem i. g. Erwerb an, die vom Erwerber geschuldet werden, so sind sie Teil der Bemessungsgrundlage.
10.1 UStAE	Wird irrtümlich eine Gegenleistung steuerfrei behandelt und ohne Umsatzsteuer oder mit einem zu niedrigen Steuersatz berechnet, ist der vereinbarte Betrag ein Bruttobetrag und in Entgelt und Umsatzsteuer aufzuteilen. Zum Entgelt gehören auch Aufwendungen, die ein anderer als der Leistungsempfänger dem Unternehmer für die Leistung gewährt.

1.3 (2), (3) UStAE	Vertragsstrafen, die wegen Nichterfüllung geleistet werden, haben Schadensersatzcharakter. Auch Verzugszinsen, Fälligkeitszinsen und Mahnkosten sind nicht Teil des Entgelts, sondern Schadensersatz.
10.4 UStAE **EuGH-Urteil vom 01.06.2006**	Beträge, die der Unternehmer im Namen und für Rechnung eines anderen vereinnahmt und verausgabt (sog. durchlaufendePosten), gehören nicht zum Entgelt. Dazu gehört auch die Kfz-Zulassungsgebühr.
	Zum Entgelt gehören auch freiwillig an den Unternehmer gezahlte Beträge (z. B. Trinkgelder).
10.3 UStAE	Das Entgelt mindert sich, wenn der Leistungsempfänger bei Zahlung Beträge abzieht oder ihm Beträge zurückgewährt werden (z. B. Skonti, Boni, Rabatte usw.).
§ 17 (1) UStG **17.1 (11) UStAE**	Erfolgt die Minderung erst nachträglich, sind die Umsatzsteuerschuld und der Vorsteuerabzug in der nächsten Umsatzsteuervoranmeldung zu korrigieren.
17.1 UStAE **BFH-Urteil vom 22.10.2009**	Ist eine Forderung ganz oder teilweise uneinbringlich geworden, ist sie zu berichtigen. Uneinbringlichkeit liegt bei Zahlungsunfähigkeit oder Eröffnung des Insolvenzverfahrens vor. Wertberichtigungen, die ertragsteuerlich zulässig sind, führen nicht zu einer Änderung der Bemessungsgrundlage.
10.5 UStAE	Beim Tausch und bei tauschähnlichen Umsätzen ist der Preis Entgelt, der üblicherweise für die erhaltene Leistung anzusetzen ist (sog. gemeiner Wert gem. § 9 BewG). Die Umsatzsteuer ist herauszurechnen. Ist eine Ermittlung nicht möglich, muss das Entgelt geschätzt werden.

Fall 1 Bemessungsgrundlage für Lieferungen gem. § 3 (1) UStG, für sonstige Leistungen gem. § 3 (9) UStG und für i. g. Erwerb gem. § 1a (1) UStG (§ 10 (1) UStG)

Prüfen Sie in den folgenden Fällen

a) die Umsatzart, den Ort und die Steuerbarkeit,

b) eine evtl. Steuerbefreiung,

c) und ermitteln Sie die Bemessungsgrundlage.

(1) Der Delikatessenhändler Till Kolmar aus Berlin erzielte folgende Umsätze:

- Verkauf von Getränken (USt.-Satz 19 %) 5 355,00 € (Bruttobetrag)
- Verkauf von Lebensmitteln (USt.-Satz 7 %) 8 560,00 € (Bruttobetrag)
- Einkauf von Lebensmitteln aus Italien (USt.-Satz 7 %) 535,00 € (Nettobetrag)

(2) Erläutern Sie, warum der italienische Lieferant Kolmar eine Rechnung mit einem Nettobetrag ausstellt.

(3) Die Rechtsanwältin Susanne Wenzke aus Hannover vertritt einen Mandanten aus Hannover in einem Verkehrsrechtsstreit. Das zuständige Amtsgericht in Hannover fordert Frau Wenzke auf, die anfallenden Prozesskosten in Höhe von 500,00 € im Voraus zu überweisen. Frau Wenzke stellt ihrem Mandanten ihr Honorar in Höhe von 1 000,00 € (netto) sowie die verauslagten Prozesskosten in Rechnung.

(4) Der Unternehmer Horst Schmittel aus München hat einem Kunden aus München Waren im Wert von 1 190,00 € brutto geliefert. Da der Kunde auch nach zwei Monaten nicht gezahlt hat, droht Schmittel ihm mit der Beantragung eines Mahnbescheides und stellt ihm gleichzeitig 15,00 € Verzugszinsen und 5,00 € Gebühren in Rechnung. Der Kunde überweist den Betrag in Höhe von 1 210,00 € nach einer Woche.

(5) Bürohändler Meier aus Krefeld verkauft an einen Kunden Büromaterial im Wert von 595,00 €. Vereinbarungsgemäß zieht der Kunde bei der Bezahlung 2 % Skonto ab und überweist 583,10 €.

(6) Die MVV AG in Mannheim ist der Anbieter des öffentlichen Personennahverkehrs (Straßenbahn und Bus). Sie hat im Juni 01 Bruttoeinnahmen in Höhe von 170 500,00 € (7 %). Darin enthalten sind 10 000,00 € für „erhöhtes Beförderungsentgelt" für Schwarzfahrer.

(7) Die Heuer GmbH in Frankfurt versorgt die Arbeitnehmer der Firma Frenzel, ebenfalls in Frankfurt, mit Gerichten zum Mittag. Die Heuer GmbH liefert die Mahlzeiten in Warmhalteboxen bei der

Firma Frenzel an. Die Arbeitnehmer müssen 3,00 € pro Mahlzeit bezahlen. Der Arbeitgeber zahlt der Heuer GmbH pro Mahlzeit 2,00 € zusätzlich.

(8) Unternehmer Graef aus Bremen hat mit einem Bauunternehmer den Bau eines Bürohauses in Bremen vereinbart. Der Preis beträgt 595 000,00 € brutto. Für jede Woche, die der Bauunternehmer mit der Erstellung des Hauses in Verzug kommt, erhält Graef eine Vertragsstrafe in Höhe von 2 000,00 €. Der Bauunternehmer ist 3 Wochen im Verzug, sodass Graef 6 000,00 € nachträglich erhält.

(9) Die Gaststätte Fischer in Remscheid richtet für die Familie Wollnitz die Konfirmation ihres Sohnes aus. Die Rechnung lautet über 1 428,00 € brutto (19 %). Die Familie zahlt an die Gaststätte 1 450,00 €.

(10) Unternehmer Thomer aus Nürnberg hat einem deutschen Kunden Waren im Wert von 595,00 € (USt.-Satz 19 %) im Juni 01 geliefert. Im August 01 zeigt der Kunde an, dass er in Zahlungsschwierigkeiten ist und ein Zahlungseingang zweifelhaft ist. Sein Steuerberater schreibt daraufhin die Forderung in der Bilanz des Jahres 01 ab. Das Insolvenzverfahren wird im Januar 02 eröffnet. Im Juni 02 ist das Insolvenzverfahren abgeschlossen und Thomer erhält doch noch eine Zahlung über 200,00 €.

(11) Möbelhändler Thoms aus Bielefeld vereinbart mit dem Autohändler Rohr einen Tauschhandel. Thoms stattet das Büro von Rohr mit neuen Möbeln aus. Der Wert der Möbel beläuft sich auf 13 328,00 € brutto. Dafür erhält Thoms einen Betriebs-Pkw im Wert von 17 850,00 € brutto. Die Differenz in Höhe von 4 522,00 € überweist Thoms an Rohr.

(12) Obsthändler Rast aus Hamburg bestellt bei einem spanischen Exporteur Obst im Wert von 5 000,00 €. An Transport- und Verpackungskosten fallen 150,00 € an, sodass der Spanier 5 150,00 € in Rechnung stellt. Die Rechnung überweist Rast unter Abzug von 2 % Skonto.

(13) Weinhändler Willms aus Köln bezieht von einem französischen Lieferanten Wein für 500,00 €. Der Franzose stellt noch zusätzlich Transportkosten in Höhe von 50,00 € in Rechnung. Außerdem fallen noch französische Verbrauchsteuern in Höhe von 120,00 € an, die Willms bezahlen muss.

(14) Lebensmittelhändler Uhrig aus Heilbronn berechnet einer Kundin für Getränke irrtümlicherweise 50,00 € + 7 % USt. = 53,50 €, obwohl er einen Steuersatz von 19 % hätte anwenden müssen.

Bemessungsgrundlage für Lieferungen gem. § 3 (1a) und (1b) UStG, für sonstige Leistungen nach § 3 (9a) UStG und für i. g. Erwerbe nach § 1a (2) UStG	
Bemessungsgrundlage für Lieferungen gem. § 3 (1a) und (1b) und i. g. Erwerbe gem. § 1a (2) UStG **§ 10 (4) Nr. 1 UStG** **10.6 (1) UStAE**	Die Bemessungsgrundlage ist • der Einkaufspreis • zuzüglich der Nebenkosten oder • die Selbstkosten jeweils zum Zeitpunkt des Umsatzes. Der Einkaufspreis entspricht in der Regel dem Wiederbeschaffungspreis. Die Selbstkosten enthalten alle Kosten, die bis zur Entnahme oder Zuwendung entstanden sind. Möchte der Unternehmer seine Sachentnahmen (Lieferungen i. S. d. § 3 (1b) Nr. 1 UStG) nicht alle einzeln aufzeichnen, kann er Pauschbeträge ansetzen, die jedes Jahr in einem BMF-Schreiben festgelegt werden.
Bemessungsgrundlage für sonstige Leistungen gem. § 3 (9a) Nr. 1 UStG **§ 10 (4) Nr. 2 UStG** **10.6 (2) UStAE**	Die Bemessungsgrundlage bilden die entstandenen Ausgaben, allerdings nur soweit sie zum vollen oder teilweisen Vorsteuerabzug berechtigt haben. Zu den Ausgaben zählen auch Anschaffungs- oder Herstellungskosten eines Wirtschaftsgutes, das dem Unternehmen zugeordnet ist und für die Erbringung einer sonstigen Leistung verwendet wird. Anschaffungs- oder Herstellungskosten > 500,00 € sind gleichmäßig auf den entsprechenden Berichtigungszeitraum des § 15a UStG zu verteilen. Ausgaben, die nicht zum Vorsteuerabzug berechtigt haben, sind aus der Bemessungsgrundlage auszuscheiden.

Bemessungsgrundlage für sonstige Leistungen gem. § 3 (9a) Nr. 2 UStG **§ 10 (4) Nr. 3 UStG**	Die Bemessungsgrundlage bilden die entstandenen Ausgaben. Ansonsten gilt das zu den sonstigen Leistungen gem. § 3 (9a) Nr. 1 UStG Gesagte.
Sonderregelungen für sonstige Leistungen gem. § 3 (9a) Nr. 1 UStG an den Unternehmer **BMF-Schreiben vom 07.02.2022** **15.23 UStAE**	Als Bemessungsgrundlage für die **Überlassung des betrieblichen Pkw zur privaten Nutzung des Unternehmers** sind die auf die unternehmensfremde Nutzung entstandenen Kosten anzusetzen. Zur Ermittlung stehen drei Methoden zur Verfügung: (1) 1%-Regelung Als Bemessungsgrundlage wird 1 % (auch für Elektro- und Hybridfahrzeuge entgegen der einkommensteuerlichen Regelung) des Bruttolistenpreises (inkl. Sonderausstattung; auf volle 100,00 € abgerundet) pro Monat angesetzt. Für die nicht mit Vorsteuer belasteten Kosten kann ein pauschaler Abschlag von 20 % vorgenommen werden. Der ermittelte Wert ist ein **Nettowert.** Einkommensteuerlich ist die 1%-Regelung nur für Fahrzeuge möglich, deren betrieblicher Nutzungsanteil über 50 % liegt (notwendiges Betriebsvermögen). Da sich das Umsatzsteuerrecht an das EStG anlehnt, gilt dies auch für die Ermittlung der Bemessungsgrundlage für die private Nutzung. Für Fahrzeuge, deren Nutzungsanteil unter 50 % liegt, ist die Ermittlung der umsatzsteuerlichen Bemessungsgrundlage grundsätzlich nicht nach der 1%-Methode möglich. (2) Fahrtenbuchregelung Aufgrund eines ordnungsgemäß geführten Fahrtenbuches wird der Anteil für die privaten Fahrten ermittelt. Das Fahrtenbuch muss bestimmten Kriterien genügen (R 8.1 (9) Nr. 2 LStR). Die Gesamtaufwendungen (netto) werden aufgrund dieses Anteils in einen unternehmerischen und einen nichtunternehmerischen Anteil aufgespalten. Aus den Gesamtaufwendungen sind die nicht mit Vorsteuer belasteten Aufwendungen (z. B. Kfz-Steuer, Kfz-Versicherungen) herauszurechnen. Der nichtunternehmerische Anteil bildet dann die Bemessungsgrundlage. (3) Schätzung Liegt kein Fahrtenbuch vor und macht der Unternehmer keinen Gebrauch von der 1%-Regelung, kann der nichtunternehmerische Anteil auch geschätzt werden. Er muss anhand geeigneter Unterlagen glaubhaft gemacht werden. Liegen keine Unterlagen vor, ist der nicht unternehmerische Anteil mit 50 % zu schätzen.
BFH-Urteil vom 05.06.2014	**Fahrten** des Unternehmers **zwischen Wohnung und erster Tätigkeitsstätte** sind der **unternehmerischen Nutzung** zuzuordnen.
3.4 (4) UStAE	Bei der **privaten Nutzung von Telekommunikationsgeräten** (Telefonanlage, Faxgeräte, Mobilfunkeinrichtungen) ist die AfA der Geräte die Bemessungsgrundlage. Die Vorsteuer beim Kauf der Geräte kann in voller Höhe abgezogen werden. Nicht zur Bemessungsgrundlage gehören die Grund- und Gesprächsgebühren. Zur Berücksichtigung des privaten Anteils der Grund- und Gesprächsgebühren sind die auf diese Gebühren entfallenden Vorsteuern in einen abziehbaren und einen nicht abziehbaren Teil aufzuspalten.
15.2 (21) UStAE	Für **sonstige bewegliche körperliche Gegenstände,** die sowohl für unternehmerische als auch für private Zwecke genutzt werden, kann der Unternehmer die Vorsteuer voll abziehen, soweit er den Gegenstand dem Unternehmensvermögen zugeordnet hat. Der private Anteil wird dann als sonstige Leistung gem. § 3 (9a) Nr. 1 UStG erfasst. Diese Regelung ist vor allem bei der privaten Nutzung von PC zu beachten.
Sonderregelungen bei Sachzuwendungen gem. § 3 (1b) Nr. 2 UStG und sonstigen Leistungen an das Personal gem. § 3 (9a) Nr. 1 UStG **1.8 (9)–(18) UStAE**	Bei der **unentgeltlichen Abgabe von Mahlzeiten** durch den Arbeitgeber an die Arbeitnehmer in unternehmenseigenen Kantinen ist aus Vereinfachungsgründen als Bemessungsgrundlage der amtliche Sachbezugswert nach der Sachbezugsverordnung anzusetzen. Werden die Mahlzeiten entgeltlich abgegeben, ist der Essenspreis, mindestens aber der Sachbezugswert anzusetzen. Der Sachbezugswert laut Sachbezugsverordnung ist ein Bruttowert.
BHF-Urteil vom 05.06.2014 **15.23 UStAE**	Erhalten Arbeitnehmer von ihrem Arbeitgeber **freie Verpflegung, freie Unterkunft oder freie Wohnung,** ist von den Werten auszugehen, die in der Sachbezugsverordnung in

der jeweils geltenden Fassung festgesetzt sind. Für die Gewährung von Unterkunft und Wohnung kann unter den Voraussetzungen des § 4 Nr. 12a UStG eine Steuerfreiheit in Betracht kommen.

Bei der **Überlassung des betrieblichen Pkw zur privaten Nutzung des Arbeitnehmers** (private Fahrten, Fahrten Wohnung – erste Tätigkeitsstätte) ist stets von einer entgeltlichen sonstigen Leistung gem. § 3 (9) UStG auszugehen. Voraussetzung ist eine Überlassung für eine gewisse Dauer (mehr als 5 Tage im Monat). Die Gegenleistung des Arbeitnehmers stellt die Arbeitsleistung dar.

Die Bemessungsgrundlage ist der Wert der nicht durch den Lohn abgegoltenen Arbeitsleistung. Zur Ermittlung der Bemessungsgrundlage stehen zwei Methoden zur Verfügung:

(1) Fahrtenbuchmethode

Aufgrund eines ordnungsgemäß geführten Fahrtenbuches werden die Anteile für die privaten Fahrten und die Fahrten zwischen Wohnung und erster Tätigkeitsstätte ermittelt. Die privaten Fahrten und die Fahrten zwischen Wohnung und erster Tätigkeitsstätte werden für umsatzsteuerliche Zwecke zusammengerechnet.

Aufgrund des errechneten Anteils werden die gesamten Nettokosten des Pkw (auch die nicht mit Vorsteuer belasteten Kosten) in einen unternehmerischen und einen privaten Anteil aufgespalten.

Der private Anteil bildet dann die Bemessungsgrundlage.

(2) pauschale Methode

Diese Methode entspricht den lohnsteuerlichen Vorschriften (R 8.1 (9) LStR).

→ Private Fahrten

1 % (auch für Elektro- und Hybridelektrofahrzeuge entgegen der einkommensteuerlichen Regelung) des Bruttolistenpreises pro Monat

→ Fahrten Wohnung – erste Tätigkeitsstätte

0,03 % des Bruttolistenpreises · Entfernungskilometer pro Monat

Die Werte sind Bruttowerte, aus denen die Umsatzsteuer herauszurechnen ist.

Bemessungsgrundlage für Lieferungen gem. § 3 (1a) und (1b) UStG, für sonstige Leistungen nach § 3 (9a) und für i. g. Erwerbe gem. § 1a (2) UStG (§ 10 (4) UStG)

Fall 2

Umsatzsteuer

Prüfen Sie in den folgenden Fällen

a) die Umsatzart, den Ort und die Steuerbarkeit,
b) eine evtl. Steuerbefreiung,
c) und ermitteln Sie die Bemessungsgrundlage.

(1) Johannes Bess ist PC-Händler in Schwerin. Er entnimmt seinem Laden im Juni 01 einen PC, um ihn privat zu Hause zu nutzen. Folgende alternative Preise stehen zur Auswahl:

• ursprünglicher Einkaufspreis	500,00 € netto
• Einkaufspreis am Entnahmetag	600,00 € netto
• Verkaufspreis	800,00 € netto

(2) Außerdem entnimmt er seinem Geschäft den bisher zu 100 % geschäftlich genutzten Pkw, um ihn seiner Tochter zu schenken. Der Buchwert des Pkw zum Zeitpunkt der Entnahme beträgt 6000,00 €, der am Entnahmetag erzielbare Veräußerungspreis am Gebrauchtwagenmarkt beträgt 10000,00 € netto.

(3) Er entnimmt dem Betrieb einen weiteren PC, den er von einem Privatmann für 200,00 € vor drei Monaten gekauft hatte. Der PC hat einen Einkaufspreis von 500,00 € netto am Entnahmetag, einem Dritten würde Bess den PC für 650,00 € netto verkaufen.

(4) Bess schenkt seinem Angestellten einen neuen PC. Der Einkaufspreis hat 700,00 € netto betragen, der Einkaufspreis am Entnahmetag 750,00 € netto. Der Verkaufspreis würde 800,00 € netto betragen. Außerdem schenkt er einer Verkäuferin zu deren Geburtstag einen Blumenstrauß für 25,00 €.

(5) Schreinermeister Boppert aus Augsburg fertigt in seiner Schreinerei einen Wohnzimmerschrank für sein eigenes Haus an. Folgende Kosten entstehen:

• Materialkosten (Holz usw.)	1000,00 €
• anteilige Kosten für Lagerung usw.	15,00 €
• Arbeitsstunden seines angestellten Gesellen	500,00 €
• anteilige Verwaltungskosten (für Bestellung usw.)	10,00 €

Einem Dritten würde er noch einen Gewinnaufschlag von 15 % auf alle Kosten berechnen.

(6) Der Bäckermeister Tietz aus Darmstadt entnimmt seinem Betrieb regelmäßig Backwaren für den privaten Bedarf seiner Familie. Er hat eine Frau und zwei Töchter, 10 und 14 Jahre.[1]

(7) Tietz hat einen betrieblichen Pkw, den er auch für private Zwecke sowie für die Fahrten von seinem Haus in den Betrieb benutzt. Der Bruttolistenpreis des Pkw beträgt 18351,20 €. Laut Fahrtenbuch hat er für private Fahrten in 01 5000 km zurückgelegt und für Fahrten zwischen Wohnung und erster Tätigkeitsstätte 4000 km. Die gesamte Kilometerleistung in 01 betrug 15000 km. Die Kosten für den Pkw ergaben sich in 01 wie folgt:

- Benzin 4000,00 € netto
- AfA für 01 3164,00 €
- Reparaturen 2000,00 € netto
- Kfz-Versicherung 200,00 €
- Kfz-Steuer 150,00 €

Berechnen Sie die Bemessungsgrundlage sowohl nach der Fahrtenbuchmethode als auch nach der 1%-Methode.

(8) Bürogroßhändler Decker aus Bonn hat Anfang 01 eine Telefonanlage für sein Büro für 1500,00 € zzgl. 19 % USt. gekauft. Die Nutzungsdauer beträgt 5 Jahre. Die Gesprächsgebühren in 01 betragen 8000,00 € zzgl. 19 % USt. Der private Nutzungsanteil liegt bei 10 %.

(9) Decker lässt die Putzfrau, die die Büroräume reinigt, auch seine Privatwohnung reinigen. Dafür benötigt sie 3 Stunden in der Woche, die Decker über das Geschäft abrechnet. Pro Stunde zahlt Decker ihr einen Lohn von 10,00 €.

(10) Decker beschäftigt eine Außendienstmitarbeiterin, die einen Dienstwagen zur Erledigung der Dienstreisen gestellt bekommen hat. Der Pkw hat einen Bruttolistenpreis von 23200,00 €. Die gesamte Jahresleistung des Pkw beträgt 20000 km, davon waren 5000 km für private Fahrten und 2000 km für Fahrten zwischen Wohnung und erster Tätigkeitsstätte (Entfernung 15 km). Es ist ein ordnungsgemäßes Fahrtenbuch geführt worden.

Folgende Aufwendungen (netto) sind für den Pkw entstanden:

- Benzinkosten 6000,00 €
- Reparatur 2000,00 €
- Kfz-Steuer 500,00 €
- Kfz-Versicherung 900,00 €
- AfA 4000,00 € (der Wagen wurde von einem Kfz-Händler erworben).

Berechnen Sie die Bemessungsgrundlage nach der Fahrtenbuchmethode und nach der pauschalen Methode.

(11) Welche einkommen- und lohnsteuerlichen Folgen hat die private Pkw-Nutzung der Mitarbeiterin?

(12) Decker hat für seine Mitarbeiter eine eigene Kantine eingerichtet. Die Mitarbeiter müssen folgende Preise (alternativ) für eine Mahlzeit bezahlen:

- 0,00 € (unentgeltlich)
- 2,00 €
- 5,00 €

Der Wert laut Sachbezugsverordnung pro Mittagessen beträgt 2025 4,40 €.

(13) Decker unterhält noch ein Auslieferungslager in Brüssel (Belgien). Im Juni 01 hat er Waren im Wert von 15000,00 € (Einkaufspreise netto) von Bonn nach Brüssel bringen lassen, um sie von dort in Belgien und in den Niederlanden zu verkaufen. Der heutige Einkaufspreis der Waren beträgt 16000,00 €, der Verkaufspreis würde 20000,00 € (alle Beträge netto) betragen.

(14) Im gleichen Monat holt Decker Waren aus dem belgischen Lager nach Deutschland zurück, da sie sich in Belgien nicht verkaufen lassen. Er hofft auf einen Absatz auf dem deutschen Markt. Der ursprüngliche Einkaufspreis betrug 5000,00 €, der heutige Einkaufspreis 4500,00 €. Er hofft, die Waren noch für 4000,00 € (alle Preisangaben netto) verkaufen zu können.

[1] Für die Lösung benötigt man die pauschalen Werte für Warenentnahmen. Die aktuellen Werte findet man in dem aktuellen Schreiben des BMF „Pauschbeträge für unentgeltliche Wertabgaben", das auf der Internetseite www.bundesfinanzministerium.de heruntergeladen werden kann.

Mindestbemessungsgrundlage	
Mindestbemessungsgrundlage **§ 10 (5) UStG** **10.7 UStAE**	Bei • Lieferungen und sonstigen Leistungen, • die Körperschaften (z. B. GmbH, AG) und Personenvereinigungen (z. B. OHG, KG) an ihre Anteilseigner, Gesellschafter und diesen nahestehende Personen ausführen, und bei • Lieferungen und sonstigen Leistungen • von Einzelunternehmern an ihnen nahestehende Personen und bei • Lieferungen und sonstigen Leistungen, • die ein Unternehmer an sein Personal oder dessen Angehörige ausführt, sind als **Bemessungsgrundlage die Ausgaben gem. § 10 (4) UStG** anzusetzen, **wenn** das **Entgelt gem. § 10 (1) UStG niedriger** ist. Diese Mindestbemessungsgrundlage darf aber das marktübliche Entgelt nicht überschreiten.

Mindestbemessungsgrundlage (§ 10 (5) UStG) Fall 3

Prüfen Sie in den folgenden Fällen

a) die Umsatzart, den Ort und die Steuerbarkeit,
b) eine evtl. Steuerbefreiung
c) und ermitteln Sie die Bemessungsgrundlage.
   (1) Elektrohändler Wellhöfer aus Mainz verkauft seiner Tochter eine Waschmaschine für deren neue Wohnung für 119,00 €. Der Einkaufspreis der neuen Maschine betrug 500,00 € (netto).
   (2) Außerdem kauft ein Angestellter von Wellhöfer eine Spülmaschine. Der Einkaufspreis der Spülmaschine beträgt 400,00 € (netto). Wellhöfer überlässt die Spülmaschine dem Angestellten für 357,00 €.
   (3) Derselbe Angestellte kauft bei Wellhöfer noch einen teuren E-Herd. Wellhöfer berechnet dafür den Verkaufspreis von 1 071,00 € (brutto). Der Einkaufspreis beträgt 700,00 € netto.

Umsatzsteuer

5.5.2 Bemessungsgrundlage für die Einfuhr*

Die Bemessungsgrundlage für die Einfuhr wird gem. § 11 UStG nach den Vorschriften über den Zollwert bemessen. Folgende Berechnungsvorschriften gelten:

Zollwert
+ Zoll
+ Verbrauchsteuern
+ Beförderungskosten bis zu einem weiteren Ort in der EU, wenn dieser schon feststeht
= Bemessungsgrundlage für die Einfuhrumsatzsteuer

Der zur Berechnung des Zolls zugrunde gelegte Wert ist der Zollwert, der sich wie folgt berechnet:

Warenwert
– Möglicher Skontoabzug
+ Verpackungskosten
+ Beförderungskosten bis zum ersten Bestimmungsort in der EU
= Zollwert

Bemessungsgrundlage Einfuhr (§ 11 UStG) Fall

Prüfen Sie in dem folgenden Fall

a) die Umsatzart und die Steuerbarkeit,
b) eine evtl. Steuerbefreiung,
c) und ermitteln Sie die Bemessungsgrundlage.

Die Unternehmerin Monika Eiber aus Mannheim importiert aus Japan Fernseher zum Rechnungspreis von 100 000,00 Yen. Die Lieferkonditionen lauten unverzollt und unversteuert. Die Verpackungskosten belaufen sich auf 2 500,00 Yen. Die Frachtkosten bis Frankfurt belaufen sich auf 5 000,00 Yen. Der Devisenkurs beträgt 115,85 €/Yen. Für die Inlandsfracht bis nach Mannheim stellt der Spediteur 200,00 € + 19 % Umsatzsteuer in Rechnung. Der Zollsatz beträgt 9 %.

5.6 Der Steuersatz

Durch die Anwendung des Steuersatzes auf die Bemessungsgrundlage ergibt sich die Umsatzsteuer (sog. Umsatzsteuertraglast). Das Umsatzsteuergesetz kennt zwei Steuersätze:

- den Regelsteuersatz und
- den ermäßigten Steuersatz.

Regelsteuersatz **§ 12 (1) UStG**	Der Regelsteuersatz beträgt **19 %.** Bruttobeträge entsprechen deswegen 119 %. Um den Nettobetrag zu berechnen, muss man den Divisor von 1,19 benutzen.
Ermäßigter Steuersatz **§ 12 (2) UStG**	Für folgende Umsätze gilt ein ermäßigter Steuersatz von **7 %:** • Lieferungen, Einfuhr und i. g. Erwerb der in der Anlage 2 des UStG bezeichneten Gegenstände, → Zu diesen Gegenständen gehören u. a.: • lebende Tiere • land- und forstwirtschaftliche Erzeugnisse • Futtermittel, Düngemittel • Lebensmittel (Ausnahmen gelten für Getränke bis auf bestimmte Milcherzeugnisse, Kaffee und Tee; außerdem gilt der Regelsteuersatz für bestimmte Luxusartikel wie Austern, Hummer usw.) • Leitungswasser • Waren des Buchhandels und Druckereierzeugnisse, Hörbücher, gilt auch für Bücher, Zeitungen und Zeitschriften in elektronischer Form • Körperersatzstücke, Rollstühle u. Ä.
3.6 UStAE	→ Für Restaurationsleistungen der Gaststätten, Restaurants usw. gilt der Regelsteuersatz, da es sich bei Verzehr an Ort und Stelle um eine sonstige Leistung gem. § 3 (9) UStG handelt. Dies gilt auch für den Verzehr von Speisen und Getränken an Ort und Stelle durch den Unternehmer selbst. In diesem Fall liegt eine sonstige Leistung gem. § 3 (9a) Nr. 2 UStG vor. Für unentgeltliche Wertabgaben nach § 3 (1b) UStG – z. B. Entnahme von Nahrungsmitteln durch einen Gastwirt zum Verzehr in einer von der Gaststätte getrennten Wohnung – gilt der ermäßigte Steuersatz.
	• Leistungen der Theater, Orchester u. Ä. • Leistungen aus der Tätigkeit als Zahntechniker sowie vergleichbare Leistungen der Zahnärzte, • Personenbeförderungsverkehr.
12.13, 12.14 UStAE	→ Dies gilt nur unter den folgenden Voraussetzungen: • Die Beförderung wird innerhalb einer Gemeinde durchgeführt oder • die Beförderungsstrecke beträgt nicht mehr als 50 km. • Bei Beförderung mit dem Personenschienenbahnverkehr gilt der ermäßigte Steuersatz ohne km-Begrenzung. → maßgebliche Beförderungsstrecke ist bei Ausgabe von Fahrausweisen grundsätzlich die im Fahrausweis ausgewiesene Tarifentfernung. Wurde ein Fahrausweis ausgegeben, der zur Hin- und Rückfahrt berechtigt, liegen zwei getrennte Beförderungsstrecken vor. Werden mehrere Beförderungsverträge abgeschlossen, erbringt der Beförderungsunternehmer eine entsprechende Zahl von Beförderungsleistungen, von denen jede für sich zu beurteilen ist. Sie beginnt mit dem Einstieg der ersten und endet mit dem Ausstieg der letzten beförderten Person innerhalb einer Fahrtrichtung. Nicht begünstigt sind Mietwagen.
BMF-Schreiben vom 05.03.2010	• die Vermietung von Wohn- und Schlafräumen, die ein Unternehmer zur kurzfristigen Beherbergung von Fremden bereithält. → Dem normalen Steuerbetrag ist das Frühstück zu unterwerfen. Bei fehlendem Ausweis der Frühstückskosten auf der Rechnung ist ein Betrag von 5,60 € dafür anzusetzen. Ebenfalls mit dem normalen Steuersatz sind Tagungsräume und Wellnessangebote zu besteuern.

Steuersatz (§ 12 UStG)

Fall

Bestimmen Sie in den folgenden Fällen

a) die Umsatzart,
b) den Ort,
c) die Steuerbarkeit,
d) eine evtl. Steuerbefreiung,
e) die Bemessungsgrundlage,
f) den Steuersatz sowie
g) die Höhe der Umsatzsteuer.

(1) Andrea Peters ist Besitzerin eines kleinen Supermarktes in Bremen und hat u.a. Einnahmen (brutto) aus folgenden Umsätzen:

• Käse, Butter	5 350,00 €
• Gemüse	3 210,00 €
• Kaffee, Tee	963,00 €
• Mineralwasser, Säfte, Limonade, Cola	5 117,00 €
• Bier	892,50 €
• Fleisch	3 852,00 €
• Kaviar, Langusten, Austern	416,50 €
• Zeitschriften	1 819,00 €

(2) Außerdem entnimmt sie ihrem Laden für den privaten Gebrauch Gemüse (Einkaufswert 300,00 € netto) und 10 Flaschen Champagner (Einkaufswert 200,00 € netto).

(3) Christine Fisch betreibt in Hamburg ein Restaurant. Sie hat in 01 Umsätze aus dem Restaurant in Höhe von 71 400,00 € (brutto).

(4) Emilio Visconti betreibt in Köln eine Pizzeria. Die Pizzas können an Tischen in seiner Pizzeria gegessen oder mitgenommen werden. Außerdem betreibt er noch einen Pizza-Heimservice. Folgende Umsätze erzielte er in 01:

• Verzehr von Pizzas in der Pizzeria	47 600,00 €
• mitgenommene Pizzas	32 100,00 €
• gelieferte Pizzas	11 770,00 €

• Außerdem haben seine Familienangehörigen in der Pizzeria unentgeltlich im Wert von 500,00 € (netto) gegessen.

(5) François Dumas betreibt in Freiburg ein Feinkostgeschäft mit französischen Lebensmitteln sowie einen Heimservice mit französischen Speisen. Folgende Umsätze (brutto) erzielte er in 01:

• Verkauf von Käse	4 815,00 €
• Verkauf von Wein	11 305,00 €
• Verkauf von Pasteten usw.	856,00 €
• Einkauf von Wein bei einem französischen Hersteller	6 500,00 €
• Lieferung von Speisen und Getränken im Rahmen seines Heimservices	5 000,00 €

Der Betrag von 5 000,00 € setzt sich wie folgt zusammen:

Speisen	3 000,00 €
Getränke	1 000,00 €
Personalkosten	1 000,00 €

(6) Der Zahnarzt Dr. Kolberger aus Schwerin hat in 01 folgende Einnahmen:

• Behandlung von Patienten	80 900,00 €
• Lieferung von Zahnersatz, den er im eigenen Labor angefertigt hat	21 400,00 €
• Lieferung von Zahnersatz, den er von einem fremden Labor bezogen hat	11 770,00 €
• Verkauf eines gebrauchten Zahnarztstuhls	5 950,00 €

(7) Das Taxiunternehmen Kahl aus Wuppertal führt folgende Fahrten aus:

- Beförderung eines Fahrgastes von Wuppertal nach Düsseldorf (Entfernung 30 km).
- Beförderung eines Fahrgastes von Wuppertal-Barmen nach Wuppertal-Elberfeld (Entfernung 10 km).
- Beförderung eines Fahrgastes von Wuppertal nach Bochum und zurück. Die gesamte Fahrtstrecke beträgt 70 km. Die Rückfahrt erfolgt nach einem Aufenthalt von einer Stunde in Bochum.
- Beförderung eines Fahrgastes innerhalb Wuppertals bei einer Stadtfahrt (60 km).
- Beförderung eines Fahrgastes von Wuppertal nach Dortmund (Entfernung 80 km).

Pro km ist ein Fahrpreis von 0,70 € zu bezahlen.

(8) Die Spedition Mäuler aus Remscheid befördert Möbel eines Kunden von Remscheid nach Hamburg. Die Rechnung lautet über 380,80 € brutto.

(9) Die Deutsche Bahn befördert einen Fahrgast von Wuppertal nach Mannheim (Fahrtstrecke 300 km) für 55,00 €.

Umsatzsteuer

(10) Einen anderen Fahrgast befördert die Deutsche Bahn von Wuppertal nach Düsseldorf (Fahrtstrecke 30 km) für 11,00 €.

(11) Der Unternehmer Franz betreibt ein Hotel in der Innenstadt von München. Er vermietet vor allem an Geschäftsreisende Zimmer zu einem Standardpreis von 65,00 €. Für Frühstück berechnet er einen pauschalen Preis von 12,00 €.

5.7 Die Vorsteuer

Die Vorsteuer ist die einem Unternehmer von einem anderen Unternehmer in Rechnung gestellte Umsatzsteuer. Sie stellt einen Steuervergütungsanspruch gegenüber dem Finanzamt dar und wird mit der geschuldeten Umsatzsteuer verrechnet. Die nach der Verrechnung verbleibende Steuerschuld wird als Zahllast bezeichnet; ist die Vorsteuer höher als die Umsatzsteuer, ergibt sich ein Erstattungsanspruch.

Umsatzsteuer	(sog. Umsatzsteuertraglast)
– Vorsteuer	
= Steuerschuld (bzw. Erstattung)	(sog. Umsatzsteuerzahllast/-erstattung)

Durch den Vorsteuerabzug wird sichergestellt, dass der Unternehmer für seinen Verbrauch von Gütern und Dienstleistungen nicht mit Umsatzsteuer belastet wird. Die Belastung mit Umsatzsteuer wird durch den Vorsteuerabzug wieder aufgehoben. Für den Nichtunternehmer besteht die Möglichkeit des Vorsteuerabzugs nicht. Er wird endgültig mit der Umsatzsteuer belastet, was dem Ziel der Umsatzsteuer (Belastung des Endverbrauchers) entspricht.

Fall **System des Vorsteuerabzugs**

Die Unternehmerin Susanne Schönfeld hat im Jahr 01 Umsätze in Höhe von 50 000,00 € netto erzielt. Die Umsätze unterliegen dem Steuersatz von 19 %. Die Vorsteuern für eingekaufte Waren und Dienstleistungen betragen 5 500,00 €.

Berechnen Sie die Umsatzsteuertraglast und die Umsatzsteuerzahllast.

5.7.1 Allgemeiner Vorsteuerabzug

Vorsteuerabzug

Unter folgenden Voraussetzungen ist ein Vorsteuerabzug möglich:

- Unternehmer
  - **15.1 (2) UStAE** → Auch im Ausland ansässige Unternehmer können den Vorsteuerabzug beanspruchen, auch wenn sie im Inland keine Lieferungen oder sonstige Leistungen erbracht haben.
- gesetzlich geschuldete Steuern für Lieferungen und sonstige Leistungen,
  - **15.2 (1) UStAE** → Abziehbar sind nur Steuerbeträge, die nach dem deutschen UStG geschuldet werden.
  - → Ausländische Vorsteuerbeträge können nur in dem entsprechenden Land erstattet werden.
- **15.2 (15) UStAE** die von einem anderen Unternehmer
  - → Die Rechnung muss grundsätzlich vom leistenden Unternehmer ausgestellt sein.
- **15.2 (21) UStAE** für sein Unternehmen ausgeführt worden sind;
  - **BMF-Schreiben vom 02.01.2014**
  - **BFH-Urteil vom 07.07.2011**
  - → Bezieht der Unternehmer eine Lieferung oder eine Leistung, die ausschließlich für unternehmerische Zwecke erfolgt, ist sie dem Unternehmen vollständig zuzuordnen (Zuordnungsgebot).
  - → Bezieht der Unternehmer eine Lieferung oder eine Leistung, die ausschließlich für unternehmensfremde Zwecke erfolgt, ist eine Zuordnung zum Unternehmen ausgeschlossen (Zuordnungsverbot).
  - → Bezieht der Unternehmer eine Lieferung oder Leistung, die sowohl für unternehmerische Zwecke als auch für nichtunternehmerische Zwecke erfolgt, gelten folgende Regelungen:
    - bei aufteilbaren Lieferungen (z. B. Öl, Wasser) und sonstigen Leistungen ist die darauf entfallende Steuer in einen abziehbaren und einen nicht abziehbaren Anteil aufzuteilen (Aufteilungsgebot)
    - bei der Lieferung eines einheitlichen Gegenstandes, der sowohl für unternehmerische als auch für private Zwecke genutzt wird, hat der Unternehmer ein Wahlrecht:

§ 15 (1) Satz 2 UStG	1. Er kann den Gegenstand insgesamt dem unternehmerischen Bereich zuordnen, wenn die unternehmerische Nutzung mind. 10 % beträgt. Vorsteuerbeträge können in diesem Fall voll abgezogen werden. Zum Ausgleich dafür unterliegt die nichtunternehmerische Nutzung des Gegenstandes der Umsatzbesteuerung nach § 3 (9a) Nr. 1 UStG. Die Zuordnungsentscheidung gibt der Unternehmer mit dem (vollen) Vorsteuerabzug bekannt. 2. Er kann den Gegenstand insgesamt dem nichtunternehmerischen Bereich zuordnen. Diese Zuordnung muss er bei Gebäuden dem Finanzamt bis zur Abgabe der Steuererklärung schriftlich mitteilen. Dies erscheint nur als eine theoretische Lösung, da dann kein Vorsteuerabzug möglich wäre. 3. Er kann den Gegenstand teilweise (für den unternehmerisch genutzten Teil) dem unternehmerischen Bereich zuordnen. Für nichtunternehmerisch genutzte Teile wird der Vorsteuerabzug versagt. Insoweit entfällt eine Umsatzbesteuerung nach § 3 (9a) Nr. 1 UStG. Der Unternehmer muss die Zuordnung ausdrücklich erklären, ansonsten geht das Finanzamt von einer unternehmerischen Nutzung aus.
§ 15 (1) Nr. 1 UStG	Über den Nachweis zur Zuordnung eines Gegenstandes ist ein BMF-Schreiben vom 30.03.2004 ergangen.
BMF-Schreiben vom 06.12.2005	→ Für die Beurteilung, ob eine Lieferung oder sonstige Leistung für das Unternehmen ausgeführt wurde, ist die Verwendungsabsicht und nicht die tatsächliche Verwendung entscheidend. Gleiches gilt für den Vorsteuerabzug aus Anzahlungen. • Rechnung nach §§ 14, 14a UStG (bezüglich der Anforderungen an eine Rechnung siehe Fall 4) Soweit die gesondert ausgewiesene Steuer auf eine **Zahlung vor Ausführung der Leistung** entfällt, ist die Umsatzsteuer als Vorsteuer schon abziehbar, wenn die Rechnung vorliegt und die Zahlung geleistet worden ist.
§§ 59–61 UStDV	Auch ein im Ausland ansässiger Unternehmer (§ 13b (7) UStG) kann ihm in Rechnung gestellte deutsche Umsatzsteuer als Vorsteuer geltend machen. Dazu muss er die Vergütung beim Bundeszentralamt für Steuern beantragen.
§ 15 (1) Nr. 4 UStG	Außerdem kann der Leistungsempfänger die Umsatzsteuer als Vorsteuer abziehen, die er nach § 13b UStG (Umkehrung der Steuerschuld) schuldet.

Voraussetzungen des Vorsteuerabzugs (§ 15 (1) UStG) — Fall 1

Prüfen Sie, ob und ggf. in welcher Höhe in den folgenden Sachverhalten Vorsteuer abgezogen werden darf. Eine Rechnung i. S. d. § 14 UStG liegt vor.

a) Der Lebensmitteleinzelhändler Herbert Fiedler aus Gießen macht aus Rechnungen von Lieferanten über Lebensmittel einen Betrag von 7 835,00 € als Vorsteuer geltend.

b) Von einem Privatmann hat Fiedler einen gebrauchten Pkw für seinen Betrieb gekauft. Der Privatmann hat ihm eine Rechnung über 12 000,00 € zzgl. 2 280,00 € Umsatzsteuer ausgestellt.

c) In einem Großmarkt kauft Fiedler Waren zum Weiterverkauf in seinem Laden (Vorsteuerbetrag hieraus 1 400,00 €) und Waren für seinen Privathaushalt (Vorsteuerbetrag hieraus 300,00 €) ein.

d) Der Bankangestellte Dieter Haas kauft sich einen neuen Fernseher für 800,00 € zzgl. 152,00 € Umsatzsteuer.

e) Der Pflegedienst Sana GmbH aus Aachen führt ausschließlich Pflegedienstleistungen in den Niederlanden aus. Aus Deutschland bezog die GmbH Pflegemittel im Wert von 2 000,00 € zzgl. 380,00 € Umsatzsteuer.

f) Der amerikanische Unternehmer Fred Shark aus Boston ist auf einer Geschäftsreise in Deutschland. Für das Hotelzimmer zahlt er insgesamt 400,00 € zzgl. 28,00 € Umsatzsteuer.

g) Der Spediteur Kampf aus Saarbrücken hatte mit einem seiner Lkw in Frankreich eine Panne. Ein französischer Mechaniker reparierte den Lkw an Ort und Stelle und stellte ihm 150,00 € zzgl. 30,00 € (20 %) taxe sur la valeur ajoutée (TVA) in Rechnung.

Vorsteuerabzug bei Leistungen, die sowohl für unternehmerische als auch für private Zwecke genutzt werden (§ 15 (1) UStG, 15.2 (21) UStAE) — Fall 2

Prüfen Sie in den folgenden Fällen, welche Zuordnungen zum Unternehmens- oder Privatvermögen möglich sind und welche Konsequenzen sich daraus für den Vorsteuerabzug bzw. für die Umsatzbesteuerung ergeben.

a) Der Unternehmer Bernd Illmann aus Köln kauft 5 000 l Heizöl ein. 4 000 l sind für das Unternehmen, den Rest benutzt er für sein Privathaus. Die Rechnung lautet über 1 700,00 € zzgl. 323,00 € Umsatzsteuer.

b) Außerdem kauft Bernd Illmann einen Pkw, den er sowohl betrieblich als auch privat nutzen will. Der private Nutzungsanteil liegt bei ca. 30 %. Der Pkw kostet 20 000,00 € zzgl. 3 800,00 € Umsatzsteuer.

c) Illmann hat seine Steuererklärungen durch einen Steuerberater erstellen lassen. Die Rechnung lautet folgendermaßen:

Umsatzsteuererklärung	200,00 €
Gewerbesteuererklärung	500,00 €
Einkommensteuererklärung	300,00 €
zzgl. 19 % USt.	190,00 €
Rechnungsbetrag	1 190,00 €

d) Der Apotheker Schmid kauft einen Kühlschrank für seinen privaten Haushalt für 500,00 € zzgl. 95,00 € Umsatzsteuer. Im selben Haus ist auch seine Apotheke. Manchmal kühlt er auch Medikamente in diesem Kühlschrank. Der betriebliche Nutzungsanteil liegt bei 5 %.

Zeitliche Berücksichtigung des Vorsteuerabzugs

Für den Vorsteuerabzug ist immer eine Rechnung i. S. d. § 14 UStG notwendig. Hinzukommen muss entweder die erbrachte Leistung (Lieferung oder sonstige Leistung) oder eine Zahlung vor der Leistung (§ 15 (1) Nr. 1 UStG). Folgendes Schaubild soll diesen Zusammenhang noch einmal verdeutlichen:

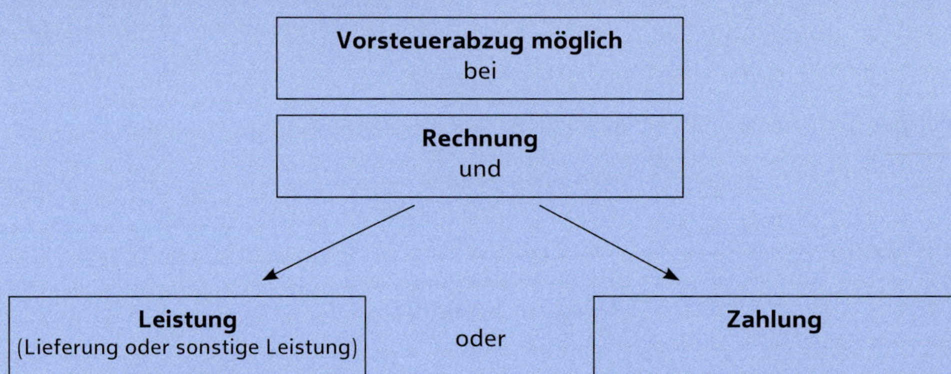

Ist der Leistungserbringer ein Ist-Versteuerer, kann vom Empfänger die Vorsteuer erst zum Zeitpunkt der Zahlung geltend gemacht werden (Urteil des EuGH vom 10.02.2022).

Fall 3 Zeitliche Berücksichtigung des Vorsteuerabzugs (§ 15 (1) UStG)

a) Der Sanitärgroßhändler Siebert aus Karlsruhe erhielt mehrere Lieferungen mit ordnungsgemäßer Rechnung. Stellen Sie fest, in welchem Monat ein Vorsteuerabzug möglich ist.

	Lieferung im	**Rechnung im**	**Zahlung im**
(1)	März 01	März 01	April 01
(2)	Mai 01	April 01	April 01
(3)	September 01	August 01	September 01
(4)	Juni 01	August 01	Juli 01

b) Außerdem ließ sich Siebert ein neues Hochregal bauen. Die Kosten belaufen sich insgesamt auf 50 000,00 € zzgl. 9 500,00 € Umsatzsteuer. Die Bestellung erfolgte im Februar 01. Es wurde vertraglich vereinbart, dass mit fortschreitendem Bau Teilzahlungen fällig sind. Im April 01 belaufen sich die Anzahlungen auf 10 000,00 € zzgl. 19 % Umsatzsteuer und im Juni auf 15 000,00 € zzgl. 19 % Umsatzsteuer. Über beide Teilzahlungen liegen ordnungsgemäße Rechnungen vor. Das Regal wird im September 01 fertig gestellt. Im Oktober 01 erhält Siebert die Abschlussrechnung, die er im November 01 zahlt.

Rechnungen

Damit ein Vorsteuerabzug möglich ist, muss eine Rechnung gem. § 14 UStG vorliegen. Der Vorsteuerabzug ist erst dann möglich, wenn erstmalig **alle** Voraussetzungen vorliegen. Eine Rechnung ist jedes Dokument, mit dem über eine Lieferung oder sonstige Leistung abgerechnet wird, egal wie dieses Dokument bezeichnet wird. Eine Rechnung braucht als solche nicht benannt zu werden. Eine Rechnung kann als elektronische Rechnung übermittelt werden, zwischen Unternehmer ist dies verpflichtend. Eine elektronische Rechnung ist eine Rechnung, die in einem strukturierten elektronischen Format ausgestellt, übermittelt und empfangen wird und eine elektronische Verarbeitung ermöglicht.

Gemäß des EuGH-Urteils vom 21.11.2018 ist der Vorsteuerabzug auch ohne die Vorlage von Rechnungen möglich, wenn der Unternehmer die materiellen Voraussetzungen des Vorsteuerabzugs anhand anderer objektiver Nachweise belegen kann. Was genau objektive Nachweise sind, sagt der EuGH nicht. Sie können aber durch mehrere Dokumente nachgewiesen werden. Voraussetzung ist, dass der Unternehmer die Leistung für sein Unternehmen bezogen hat und die Umsatzsteuer dafür entrichtet hat.

Verträge gelten auch als Rechnung i. S .d. § 14 UStG, wenn sie alle geforderten Angaben enthalten (14.1 (2) UStAE). Kontoauszüge können auch als Rechnung gelten (14.1 (1) Satz 5 UStAE).

Ungenauigkeiten führen nicht zu einer Versagung des Vorsteuerabzugs, wenn eine eindeutige und unzweifelhafte Identifizierung der am Leistungsaustausch Beteiligten, der Leistung und des Leistungszeitpunktes möglich ist (BMF-Schreiben vom 29.01.2004 Rz. 92).
Der Leistungsempfänger hat die Rechnung auf Vollständigkeit und Richtigkeit zu überprüfen. Dies gilt nicht für die Steuernummer, die USt.-ID-Nr. und die Rechnungsnummer (15.2 (3) UStAE.

Eine Rechnung kann nach § 31 (5) UStDV berichtigt werden. Die Berichtigung erfolgt für den ursprünglichen Rechnungszeitraum (BFH-Urteil vom 20.10.2016).

Folgende Angaben muss eine Rechnung enthalten:

Rechnungsbestandteile **§ 14 (4) UStG** **14.5 UStAE** **BMF-Schreiben vom 26.09.2005, 25.10.2013**	• den vollständigen Namen und die vollständige Anschrift des leistenden Unternehmers und des Leistungsempfängers, • die Steuernummer oder die USt.-ID-Nr. des leistenden Unternehmers, • das Ausstellungsdatum, • eine fortlaufende Rechnungsnummer, die einmalig vergeben wird, • die Menge und die Art (handelsübliche Bezeichnung) der gelieferten Gegenstände oder die Art der sonstigen Leistung, • den Zeitpunkt der Lieferung oder der sonstigen Leistung oder der Vereinnahmung, • das nach den Steuersätzen und einzelnen Steuerbefreiungen aufgeschlüsselte Entgelt sowie jede im Voraus vereinbarte Minderung des Entgelts (z. B. Skonto), • den anzuwendenden Steuersatz sowie den auf das Entgelt entfallenden Steuerbetrag oder Hinweis auf eine Steuerbefreiung, • Hinweis auf Aufbewahrungspflicht von Privatpersonen (§ 14b (1) Satz 5 UStG). • Eine Gutschrift ist explizit als solche zu bezeichnen.
14.9 UStAE	Im Fall der Mindestbemessungsgrundlage des § 10 (5) UStG müssen die Bemessungsgrundlage und der darauf entfallende Steuerbetrag angegeben werden. Aus Rechnungen über Anzahlungen muss hervorgehen, dass im Voraus abgerechnet wird. Dies erfolgt z. B. durch die Angabe des voraussichtlichen Zeitpunkts der Leistung.
§ 31 (5) UStDV	Eine fehlerhafte Rechnung kann berichtigt werden.
Rechnungserteilung in besonderen Fällen **§ 14a UStG**	Der Unternehmer ist • bei **innergemeinschaftlichen Lieferungen** zur Ausstellung einer Rechnung bis zum 15. des Folgemonats verpflichtet, in der die USt.-ID-Nr. des leistenden Unternehmers und des Leistungsempfängers angegeben ist,

	• bei **Versandhandelsumsätzen i. S. d. § 3c UStG**, die im Inland ausgeführt werden, zur Ausstellung einer Rechnung verpflichtet, • bei **innergemeinschaftlichen Fahrzeuglieferungen** zur Ausstellung einer Rechnung verpflichtet, die den Tag der ersten Inbetriebnahme und den km-Stand zum Zeitpunkt des Erwerbs enthält, • bei **Leistungen i. S. d. § 13b UStG** zur Ausstellung einer Rechnung ohne gesonderten USt.-Ausweis verpflichtet. Die Rechnung muss den Hinweis auf die Steuerschuldnerschaft des Leistungsempfängers enthalten (siehe Kapitel 5.8.4).
Aufbewahrung von Rechnungen § 14b UStG	Der Unternehmer muss ein Doppel der von ihm ausgestellten Rechnungen und alle erhaltenen Rechnungen 8 Jahre aufbewahren. Bei Leistungen im Zusammenhang mit einem Grundstück müssen auch Privatpersonen die Rechnung für zwei Jahre aufbewahren.
Kleinbetragsrechnungen § 33 UStDV	Eine Rechnung, deren Gesamtbetrag 250,00 € nicht übersteigt, muss nur folgende Bestandteile haben: • vollständigen Namen und vollständige Anschrift des leistenden Unternehmers, • Ausstellungsdatum, • die Menge und die Art der gelieferten Gegenstände oder den Umfang oder die Art der sonstigen Leistung, • das Entgelt und den darauf entfallenden Steuerbetrag in einer Summe, • den anzuwendenden Steuersatz, • evtl. Hinweis auf Steuerbefreiung.
Fahrausweise als Rechnungen § 34 UStDV	Fahrausweise sind als Rechnungen i. S. d. § 14 UStG anerkannt, wenn sie folgende Angaben enthalten: • vollständigen Namen und vollständige Anschrift des Beförderungsunternehmers, → Es reicht, wenn sich die Anschrift eindeutig feststellen lässt. • Ausstellungsdatum, • Entgelt und den darauf entfallenden Steuerbetrag in einer Summe. Taxirechnungen oder Rechnungen über Mietwagen sind keine Fahrausweise.

Fall 4 Rechnungen (§ 14 UStG, §§ 33 ff. UStDV)

a) Werkzeughändler Bernd Stich hat sein Gewerbe gerade eben begonnen. Er ist sich bezüglich der Ordnungsmäßigkeit von Rechnungen unsicher. Er legt Ihnen deshalb folgende Rechnungen vor und fragt Sie um Rat, ob das Finanzamt diese Rechnungen anerkennen wird.

b) Welche Konsequenzen ergeben sich aus nicht ordnungsgemäßen Rechnungen für Stich?

c) Welche Handlungsmöglichkeiten hat Stich bei nicht ordnungsgemäßen Rechnungen?

Rechnung 1:

10.05.01

Sehr geehrter Herr Stich,

wir erlauben uns für unsere durchgeführten Leistungen	1 200,00 €
zzgl. 19 % USt.	228,00 €
gesamt	**1 428,00 €**

zu berechnen.

Wir bitten um Zahlung innerhalb von 14 Tagen.

Rechnung 2:

Allkauf Ludwigshafen

10.06.01

Elektrogerät	300,00 €
Endsumme	**300,00 €**

Betrag dankend erhalten.

Vielen Dank für Ihren Einkauf.

Rechnung 3:

Saturn Mannheim
T5, 1
68161 Mannheim

11.08.01

5 Pakete à 500 Blatt
Kopierpapier EX 300 *59,50 €*

In dem Betrag sind 19 % USt. enthalten.

Vielen Dank für Ihren Einkauf.

Rechnung 4:

(Wurde vom Architekten von Stich schnell in einem Restaurant auf eine Serviette geschrieben, da Stich eine Rechnung haben wollte, Paul aber am nächsten Tag für 4 Wochen in den Urlaub flog.)

Architekt Paul
Schulstr. 12
68199 Mannheim
Steuernummer 38251/47185

Bernd Stich
Feldstr. 13
68259 Mannheim

25.01.01

RgNr.: 1452
Rechnung über Beratung eines Anbaus im Januar 01

Pauschale	300,00 €
+ 19 % USt.	57,00 €
	357,00 €

Betrag bar erhalten.
Mannheim, den 25.01.01

Paul

Rechnung 5:

Deutsche Bundesbahn, Direktion Mannheim

Fahrschein

Preisstufe	B	10.02.01
Beförderungsentgelt	8,56 €	

Preisstufe A	bis 20 km
Preisstufe B	20–50 km
Preisstufe C	50–100 km

Rechnung 6:

Bernd Stich – Feldstr. 13 – 68259 Mannheim
USt.-ID-Nr. DE236536205

M. Charles Duvalier
Place Vendôme 16
1005 Paris 52
Frankreich

Rechnungsnummer 547 10.08.01

Für die Lieferung von 100 Schraubendrehern am 29.07.01 erlaube ich mir 10 000,00 € in Rechnung zu stellen. Die USt.-ID-Nr. des Leistungsempfängers lautet FR55687412345.
Ich weise auf die Steuerbefreiung gem. § 4 Nr. 1b UStG hin.

Mit freundlichen Grüßen

Bernd Stich

Fall 5 Rechnungserteilung (§§ 14, 14a UStG)

Prüfen Sie in den folgenden Fällen, ob eine korrekte Rechnungserteilung erfolgte.

a) Unternehmerin Marion Pieske (Modegroßhandlung) bestellt bei einem Bürogroßhändler zum ersten Mal Kopierpapier. Auf der Rechnung, die sie erhält, fehlt der Steuerbetrag. Sie fordert den Bürogroßhändler auf, eine korrigierte Rechnung auszustellen, da sie den Vorsteuerabzug geltend machen will. Der Bürogroßhändler verweigert eine Korrektur, da der Aufwand zu groß sei, und bietet Frau Pieske lediglich die Übersendung einer neuen Rechnung per E-Mail.

b) Außerdem hat Frau Pieske mit einem Reinigungsunternehmen einen Vertrag über die monatliche Reinigung ihres Büros abgeschlossen. Der Vertrag enthält alle Angaben des § 14 UStG. Die Bezahlung erfolgt per Bank. Auf dem Bankauszug erscheinen der Bruttobetrag sowie der in Rechnung gestellte Monat.

c) Frau Pieske verkauft ihrer Tante ein Kleid aus ihrem Sortiment zu einem Preis von 100,00 € zzgl. 19,00 € USt. Der Einkaufspreis des Kleides hat für Frau Pieske 300,00 € zzgl. 57,00 € USt. betragen. Die Rechnung, die alle Angaben des § 14 UStG enthält, ist über 119,00 € ausgestellt.

d) Von einem Lieferanten bekommt sie eine Rechnung, die alle Bestandteile des § 14 UStG enthält, gefaxt.

e) Aufgrund eines Schreibfehlers in der Rechnung eines Lieferanten wurde die Adresse von Frau Pieske mit Reizbahnstraße anstelle Reitbahnstraße angegeben und die Postleitzahl lautete 42107 anstatt 42105 Wuppertal. Der Brief mit der Rechnung ist trotzdem ordnungsgemäß bei Frau Pieske angekommen.

f) Bei einer geschäftlichen Taxifahrt erhält sie eine Rechnung, die lediglich das Taxiunternehmen, die Anschrift sowie den Bruttobetrag in Höhe von 32,10 € enthält.

g) Der Zahnarzt Dr. Stiebel hat einer Patientin eine neue Brücke angepasst. Er stellt ihr für zahnmedizinische Leistungen 300,00 € und für die Lieferung der Brücke 250,00 € in Rechnung. Die Brücke hatte er in seinem eigenen Labor angefertigt. In der Rechnung, die im Übrigen alle Bestandteile des § 14 UStG enthält, hat er wie folgt abgerechnet:

Zahnmedizinische Behandlung	300,00 €
Lieferung einer Brücke	250,00 €
Rechnungsbetrag	550,00 €

Falscher Ausweis der Umsatzsteuer und die Folgen für die Vorsteuer			
Rechnungsmangel	**Umsatzsteuerliche Konsequenzen**	**Vorsteuerliche Konsequenzen**	**Berichtigung**
Ausweis eines höheren Steuerbetrags als geschuldet **§ 14c (1) UStG** **14c.1 UStAE** **BMF-Schreiben vom 29.01.2004**	Hat der Unternehmer einen höheren als den geschuldeten Steuerbetrag ausgewiesen, so **schuldet** er auch den **Mehrbetrag.** Folgende Fälle werden erfasst: • höherer Steuerbetrag als nach dem Gesetz geschuldet, • Umsatzsteuerausweis bei steuerfreien oder nicht steuerbaren Leistungen.	Nur der **gesetzlich richtige Betrag** kann als Vorsteuer abgezogen werden. Die zu hoch ausgewiesene Steuer kann der Leistungsempfänger nicht als Vorsteuer abziehen.	Möglich, Berichtigung wird erst zum Zeitpunkt der geänderten Rechnung vorgenommen werden Wird nicht berichtigt, ergibt sich der richtige Steuerbetrag durch Herausrechnen aus dem Bruttobetrag. Zur Berichtigung ist die Rückzahlung an den Leistungsempfänger notwendig (BFH-Urteil vom 16.05.2018).
Ausweis eines Steuerbetrags ohne Berechtigung **§ 14c (2) UStG** **14c.2 UStAE** **BMF-Schreiben vom 29.01.2004**	Wer in einer Rechnung einen Steuerbetrag ausweist, ohne dazu berechtigt zu sein, **schuldet den ausgewiesenen Betrag.** Folgende Beispiele werden mit dieser Regelung erfasst: • Kleinunternehmer i. S. d. § 19 UStG weist Umsatzsteuer aus, • Unternehmer weist Umsatzsteuer aus, obwohl die Leistung nicht erbracht wurde, • Unternehmer erteilt Rechnung mit gesondertem Umsatzsteuerausweis, in der er einen falschen Gegenstand oder eine falsche Leistung aufführt. In diesem Fall schuldet er neben der Umsatzsteuer für die erbrachte Leistung die Umsatzsteuer für die ausgewiesene Leistung; • Nichtunternehmer weist Umsatzsteuer aus.	Ein Vorsteuerabzug ist **nicht möglich,** da es an den Voraussetzungen des § 15 UStG fehlt. Ein Vorsteuerabzug ist nur bei **gesetzlich** geschuldeter Umsatzsteuer möglich.	Möglich. Ein gesonderter schriftlicher Antrag ist notwendig. Der Vorsteuerabzug beim Empfänger darf nicht durchgeführt oder muss korrigiert worden sein. Die Berichtigung wird in dem Voranmeldungszeitraum durchgeführt, in dem der Nachweis der Behandlung beim Empfänger erbracht wurde. Zur Berichtigung ist die Rückzahlung an den Leistungsempfänger notwendig (BFH-Urteil vom 16.05.2018).
Ausweis eines zu niedrigen Steuerbetrags **14c.1 (9) UStAE**	Bei zu niedrigem Steuerausweis schuldet der Unternehmer die **gesetzlich vorgeschriebene Steuer.** Wird nicht berichtigt, ergibt sich die Umsatzsteuer durch Herausrechnen aus dem Bruttobetrag.	Der Leistungsempfänger darf als Vorsteuer nur den **in der Rechnung ausgewiesenen Steuerbetrag** abziehen.	Möglich. Zur Berichtigung ist die Rückzahlung an den Leistungsempfänger notwendig (BFH-Urteil vom 16.05.2018).

Fall 6 Falscher Ausweis der Umsatzsteuer (§ 14c UStG)

Prüfen Sie in den folgenden Fällen

a) den richtigen Umsatzsteuerausweis und die sich daraus ergebenden Rechtsfolgen,

b) die Rechtsfolgen für den Vorsteuerabzug,

c) die Berichtigungsmöglichkeit.

(1) Der Gemüsegroßhändler Wolfert weist in einer Rechnung an einen Einzelhändler über Gemüse einen Bruttobetrag von 238,00 €, einen Nettobetrag von 200,00 € und eine Umsatzsteuer (19 %) von 38,00 € aus.

(2) Der Arzt Dr. Urbach weist in einer Rechnung an einen Privatpatienten für eine ärztliche Leistung im Wert von 220,00 € 19 % USt. = 41,80 € gesondert aus.

(3) Kioskbesitzer Steinbacher ist Kleinunternehmer gem. § 19 UStG und muss keine Umsatzsteuer an das Finanzamt abführen. Ein Geschäftskunde bat ihn, für Zeitungen eine Rechnung mit gesondertem Umsatzsteuerausweis auszustellen, da er die Umsatzsteuer dann als Vorsteuer über seine Firma absetzen könne. Die Rechnung lautet über 27,00 € netto zzgl. 1,89 € USt. (7 %).

(4) Privatmann Schwan verkauft seinen gebrauchten Pkw an die Pflegedienstinhaberin Nitsch für 8 330,00 €. Sie bittet ihn, ihr eine Rechnung mit gesondertem Umsatzsteuerausweis zu erstellen, da sie vorsteuerabzugsberechtigt sei. Schwan weist in seiner Rechnung USt. in Höhe von 1 330,00 € aus.

(5) Malermeister Maier erhält den Auftrag, die Privatwohnung des Unternehmers Pawlik zu streichen. In der Rechnung über 689,65 € brutto gibt er als Leistung „Malerarbeiten in Büroräumen" an.

(6) Unternehmer Pilz weist für die Lieferung von Druckerpatronen an einen Unternehmer in der Rechnung über 400,00 € netto 7 % USt. = 28,00 € aus. Der Kunde überweist 428,00 €.

Vorsteuerabzug bei Fahrzeugen, die sowohl unternehmerisch als auch nichtunternehmerisch genutzt werden

Vorsteuerabzug bei Fahrzeugen, die vom Unternehmer auch für nichtunternehmerische Zwecke genutzt werden

BMF-Schreiben vom 05.06.2014

Der Vorsteuerabzug für ein Fahrzeug, das sowohl für unternehmerische als auch für nichtunternehmerische Zwecke genutzt wird, hängt davon ab, in welcher Form der Unternehmer das Fahrzeug dem Unternehmen zuordnet. Er hat folgende Möglichkeiten:

1. **Gesamte Zuordnung zum Unternehmensvermögen**

   Diese Zuordnung ist nur möglich, wenn das Fahrzeug zu mind. 10 % unternehmerisch genutzt wird. Bei dieser Zuordnung ist ein voller Vorsteuerabzug möglich.

   Der nichtunternehmerische Anteil wird als sonstige Leistung gem. § 3 (9a) Nr. 1 UStG der Umsatzbesteuerung unterworfen (vgl. Kapitel 5.3.2 und 5.5.1, Fall 2). Fahrten zwischen Wohnung und erster Tätigkeitsstätte werden dem unternehmerischen Bereich zugeordnet. Es ist auch keine Vorsteuerkürzung nach § 15 (1a) UStG vorzunehmen.

2. **Zuordnung des unternehmerisch genutzten Teils zum Unternehmensvermögen**

   Die Vorsteuer muss in einen unternehmerischen und einen nichtunternehmerischen Anteil aufgespalten werden. Der Vorsteuerabzug ist nur für den unternehmerischen Teil möglich. Eine Umsatzbesteuerung des privaten Anteils als sonstige Leistung gem. § 3 (9a) Nr. 1 UStG entfällt.

3. **Gesamte Zuordnung zum Privatvermögen**

   Dies gilt vor allem für Fahrzeuge, deren unternehmerische Nutzung weniger als 10 % beträgt. Ein Vorsteuerabzug aus den Anschaffungskosten ist nicht möglich. Vorsteuerbeträge aus den laufenden Kosten (z. B. Benzin, Reparaturen) sind für den unternehmerischen Anteil möglich. Eine Umsatzbesteuerung des privaten Anteils als sonstige Leistung gem. § 3 (9a) Nr. 1 UStG entfällt.

Vorsteuerabzug bei Fahrzeugen, die dem Personal für nichtunternehmerische Zwecke überlassen werden **BMF-Schreiben vom 05.06.2014**	Eine Überlassung des Fahrzeugs an einen Arbeitnehmer ist stets eine entgeltliche sonstige Leistung i. S. d. § 3 (9) UStG (vgl. Kapitel 5.3.2). Das Fahrzeug wird ausschließlich unternehmerisch genutzt und somit ist ein voller Vorsteuerabzug möglich.

Vorsteuerabzug bei gemischt genutzten Fahrzeugen

Fall 7

Prüfen und berechnen Sie in den folgenden Fällen die Höhe des Vorsteuerabzugs und erläutern und berechnen Sie evtl. umsatzsteuerliche Konsequenzen.

a) Unternehmer Raschke hat Anfang 01 einen neuen Pkw für 25 000,00 € zzgl. Umsatzsteuer gekauft. Eine ordnungsgemäße Rechnung liegt vor. An Benzinkosten sind in 01 9 000,00 € zzgl. Umsatzsteuer entstanden. Auch hierfür liegen ordnungsgemäße Rechnungen vor. Raschke benutzt den Pkw auch für private Zwecke. Der private Nutzungsanteil liegt anerkanntermaßen bei ca. 30 %. Ein Fahrtenbuch hat Raschke nicht geführt. Raschke möchte den Pkw zu 100 % dem Unternehmensvermögen zuordnen.

b) Wie ändert sich Ihre Lösung, wenn Raschke seinen Pkw nur für den betrieblichen Anteil in Höhe von 70 % dem Unternehmensvermögen zuordnet?

c) Wie ändert sich Ihre Lösung, wenn Raschke den Pkw nur zu 5 % für unternehmerische Zwecke nutzt?

d) Außerdem stellt Raschke einem seiner Mitarbeiter einen betrieblichen Pkw auch für private Fahrten zur Verfügung. Der Pkw hat 17 000,00 € zzgl. Umsatzsteuer gekostet. Die Nutzungsdauer beträgt 5 Jahre. An Kosten für Benzin sind insgesamt 16 000,00 € zzgl. Umsatzsteuer angefallen, für Versicherungen und Steuer fielen 800,00 € an. Laut anerkanntem Fahrtenbuch entfallen 15 % der Kosten auf private Fahrten.

5.7.2 Einfuhrumsatzsteuer

Nach § 15 (1) Nr. 2 UStG kann der Unternehmer auch als Vorsteuer abziehen:

- die Einfuhrumsatzsteuer
- für Gegenstände,
- die für sein Unternehmen eingeführt worden sind.

Die Einfuhrumsatzsteuer muss geschuldet werden. Die Entrichtung ist durch einen zollamtlichen Beleg nachzuweisen. Der Unternehmer muss die Einfuhrumsatzsteuer nicht selbst entrichtet haben. Er kann sie auch als Vorsteuer abziehen, wenn ein Beauftragter (z. B. Spediteur) die Einfuhrumsatzsteuer bezahlt hat. Der Unternehmer muss sich den zollamtlichen Beleg aushändigen lassen (15.8 UStAE). Der Gegenstand muss im Rahmen der unternehmerischen Tätigkeit des Unternehmers zur Ausführung von Umsätzen eingesetzt werden.

In den Fällen des § 3 (8) UStG führt der Lieferant eine steuerbare Einfuhr aus. Damit ist auch er bezüglich der Einfuhrumsatzsteuer vorsteuerabzugsberechtigt. Der Lieferant erbringt gegenüber dem Abnehmer eine steuerbare und nicht steuerbefreite Lieferung. Die in Rechnung gestellte Umsatzsteuer kann der Abnehmer nach den Vorschriften des § 15 (1) Nr. 1 UStG abziehen.

Die Einfuhrumsatzsteuer kann in dem Besteuerungszeitraum als Vorsteuer abgesetzt werden, in dem sie entstanden ist.

Fall **Einfuhrumsatzsteuer (§ 15 (1) Nr. 2 UStG)**

Der Hi-Fi-Großhändler Koob aus München bezieht seine Waren vor allem aus dem Ausland. Prüfen Sie in den folgenden Fällen, ob er die gezahlte Einfuhrumsatzsteuer als Vorsteuer geltend machen kann, und bestimmen Sie den Voranmeldungszeitraum des Abzugs.

a) Lieferung von Fernsehern aus Japan zu den Lieferkonditionen „unverzollt und unversteuert", für die er laut zollamtlichen Belegen 4 253,00 € Einfuhrumsatzsteuer im November 01 bezahlte.

b) Mit der gleichen Lieferung hat er einen neuartigen DVD-Player für seinen privaten Haushalt bestellt. Die Einfuhrumsatzsteuer betrug 186,00 €, die Koob auch im November 01 bezahlte. Der zollamtliche Beleg liegt vor.

c) Sein Spediteur hat im Juni 01 eine Stereoanlage von einem Schweizer Lieferanten zu den Lieferkonditionen „unverzollt und unversteuert" geholt. Der Spediteur verauslagte die an der Grenze zu zahlende Einfuhrumsatzsteuer in Höhe von 1 247,00 €. Koob ersetzte dem Spediteur den Betrag, worauf dieser ihm den zollamtlichen Beleg aushändigte.

d) Außerdem führte Koob aus Taiwan über einen taiwanesischen Vertreter CD-Player zu den Lieferkonditionen „unverzollt und unversteuert" im August 01 ein. Die verauslagte EUSt. wurde dem Vertreter im Dezember 01 von Koob gegen Aushändigung der zollamtlichen Belege erstattet.

e) Welche umsatzsteuerliche Behandlung hätte die Lieferung des taiwanesischen Lieferanten, wenn die Lieferkondition „verzollt und versteuert" gewesen wäre? Welche vorsteuerlichen Konsequenzen ergeben sich daraus?

5.7.3 Steuer für den innergemeinschaftlichen Erwerb

Nach § 15 (1) Nr. 3 UStG kann der Unternehmer als Vorsteuer abziehen:

- die Steuer für den innergemeinschaftlichen Erwerb
- von Gegenständen
- für sein Unternehmen.

Eine Rechnung ist nicht notwendig. Der Gegenstand muss für unternehmerische Zwecke verwandt werden, die den Vorsteuerabzug nicht ausschließen.

Der Unternehmer kann den Vorsteuerabzug in der Umsatzsteuervoranmeldung geltend machen, in der er den innergemeinschaftlichen Erwerb zu versteuern hat (15.2 UStAE). Daher entsteht für den Unternehmer im Regelfall für den i. g. Erwerb keine steuerliche Belastung. Die Erwerbsbesteuerung gilt damit nur für Unternehmer, die nicht oder nur teilweise zum Vorsteuerabzug berechtigt sind (z. B. Ärzte).

Fall **Steuer für den innergemeinschaftlichen Erwerb (§ 15 (1) Nr. 3 UStG)**

Prüfen Sie in den folgenden Fällen, ob ein innergemeinschaftlicher Erwerb vorliegt, in welcher Höhe Umsatzsteuer entsteht und ob, in welchem Voranmeldungszeitraum und in welcher Höhe ein Vorsteuerabzug möglich ist.

Der Delikatessenhändler Mutke aus Saarbrücken kauft seine Waren vor allem im Ausland ein:

a) Von einem französischen Händler kauft er Fisch und Austern ein. Die Lieferung, Bezahlung und Rechnungserteilung erfolgt im März 01. Für den Fisch stellt der Franzose 1 400,00 € und für die Austern 300,00 € in Rechnung.

b) Von einem spanischen Lieferanten erhält er Strauchtomaten. Die Lieferung erfolgte im Mai 01. Die Rechnung über 1 200,00 € erhielt Mutke im Juni 01, die er auch im selben Monat bezahlte.

5.7.4 Nicht abziehbare Vorsteuern

Gemäß § 15 (1a) UStG sind bestimmte Vorsteuerbeträge nicht abziehbar, auch wenn alle Voraussetzungen für den Vorsteuerabzug gem. § 15 (1) UStG vorliegen.

Nicht abziehbare Vorsteuerbeträge **§ 15 (1a) UStG** **15.6 UStAE** **§ 17 (2) Nr. 5 UStG**	Nicht abziehbar sind Vorsteuerbeträge • auf Aufwendungen, für die das Abzugsverbot des § 4 (5) Nrn. 1–4, 7 und § 4 (7) EStG gilt. Dies sind vor allem Vorsteuerbeträge für folgende nicht abzugsfähige Betriebsausgaben: → Geschenke über 50,00 € (netto). Das Abzugsverbot gilt gem. § 4 (7) EStG auch, wenn der Unternehmer die Aufwendungen für Geschenke nicht gesondert aufzeichnet (R 4.11 EStR). → Vorsteuerbeträge für betrieblich veranlasste Bewirtungskosten dürfen voll abgezogen werden (BFH-Urteil vom 10.02.2005). Dies gilt allerdings nur für angemessene Bewirtungskosten. Bei unangemessen hohen Bewirtungskosten bleibt der Vorsteuerabzug weiterhin versagt. Auch bei Verstoß gegen die Aufzeichnungspflichten bei Bewirtungskosten ist keine Versagung des Vorsteuerabzugs gerechtfertigt (BFH-Urteil vom 12.08.2004). • auf Aufwendungen, für die das Abzugsverbot des § 12 Nr. 1 EStG gilt. Dabei handelt es sich vor allem um Repräsentationsaufwendungen, die auch eine private Veranlassung haben. Ändern sich die Voraussetzungen für den Abzug eines Vorsteuerbetrages i. S. d. § 15 (1a) UStG, ist diese Änderung in dem Besteuerungszeitraum vorzunehmen, in dem diese Änderung eingetreten ist.
Besondere Vorschriften für Reisekosten **BMF-Schreiben vom 28.03.2001**	Zu den Reisekosten gehören • Fahrtkosten, • Übernachtungskosten, • Verpflegungskosten sowie • Reisenebenkosten anlässlich einer Dienst- oder Geschäftsreise des Arbeitnehmers bzw. Arbeitgebers. Vorsteuerbeträge aus diesen Aufwendungen sind grundsätzlich abzugsfähig, wenn • eine Rechnung • mit gesondertem Umsatzsteuerausweis • auf den Namen des Unternehmers ausgestellt ist. Aus Pauschbeträgen für Fahrt-, Übernachtungs- und Verpflegungsmehraufwendungen darf keine Vorsteuer herausgerechnet werden (siehe Kapitel 3.4.2.1).

Fall **Nicht abziehbare Vorsteuern (§ 15 (1a) UStG)**

Prüfen Sie in den folgenden Fällen, ob ein Vorsteuerabzug möglich ist, und wenn ja, in welcher Höhe.

a) Unternehmerin Kurz kauft ein Werbegeschenk zum Preis von 30,00 € + 19 % USt. für einen Kunden bar ein. Dies ist das einzige Geschenk für diesen Kunden in diesem Wirtschaftsjahr.

b) Außerdem kauft sie eine Federmappe im Wert von 51,00 € + USt. bar und übergibt sie einem guten Geschäftsfreund. Der Geschäftsfreund erhält in diesem Jahr keine weiteren Geschenke.

c) Einer langjährigen Kundin hat sie aus geschäftlichen Gründen zur goldenen Hochzeit ein Paar Handschuhe, deren Einkaufspreis 45,00 € netto beträgt, und ein Paar Strümpfe, deren Einkaufswert 10,00 € netto beträgt, geschenkt.

d) Im März hat sie einem Kunden einen Präsentkorb für 30,00 € netto geschenkt. Im November schenkt sie demselben Kunden noch eine Armbanduhr für 200,00 € netto.

e) Anlässlich der Modemesse in Düsseldorf hat Kurz Kunden zu einem Geschäftsessen eingeladen. Die Rechnung lautet über 357,00 € brutto. Von diesen Aufwendungen gelten 119,00 € brutto als nicht angemessen.

f) Außerdem bewirtet Kurz zwei Geschäftsfreunde. Die bar bezahlte Rechnung lautet über 200,00 € + USt. Der Rechnungsbetrag gilt als angemessen.

g) Kurz veranstaltet zu ihrem 50. Geburtstag eine Feier, zu der sie auch viele Geschäftsfreunde einlädt. Die Kosten für das Fest haben 1 200,00 € zzgl. 228,00 € USt. betragen.

h) Der Arbeitnehmer Reinders aus Düsseldorf unternimmt im Auftrag seines Arbeitgebers eine 5-tägige Dienstreise mit seinem privaten Pkw nach Dresden. Die Entfernung Düsseldorf – Dresden beträgt 600 km. Die Benzinkosten von Reinders belaufen sich auf 200,00 € + USt. Reinders fährt am ersten Tag um 08:00 Uhr von zu Hause los und kommt am fünften Tag um 22:00 Uhr zu Hause an. Die Hotelrechnung beträgt 480.00 € + USt. und ist auf den Namen des Unternehmers ausgestellt. Die Kosten für das Frühstück sind mit 60,00 € + USt. gesondert ausgewiesen. Außerdem gibt Reinders für beruflich bedingte Taxifahrten innerhalb von Dresden 30,00 € + USt. aus. Reinders erhält die entstandenen Aufwendungen von seinem Arbeitgeber bar ersetzt.

i) Der Unternehmer Lang aus Düsseldorf macht mit seinem Privatwagen vom 05.03. bis 08.03. eine Geschäftsreise nach Hamburg. Er startet am 05.03. um 10:00 Uhr und kehrt am 08.03. um 22:00 Uhr wieder zurück. Er bezahlt für die Übernachtung 300,00 € + USt. Das Frühstück wurde mit 30,00 € + USt. berechnet. Die Entfernung Düsseldorf – Hamburg beträgt 400 km. An Benzinkosten hat Lang 120,00 € netto verauslagt.

5.7.5 Ausschluss vom Vorsteuerabzug

Der Vorsteuerabzug des § 15 (1) UStG wird für bestimmte Umsätze versagt. Dabei handelt es sich vor allem um steuerfreie Umsätze. Für sie wird keine Umsatzsteuer gezahlt, daher soll für sie auch kein Vorsteuerabzug möglich sein. Dazu gibt es aber wiederum Ausnahmen. Folgende Regelungen gelten:

Ausschluss des Vorsteuerabzugs § 15 (2), (3) UStG

Vom Vorsteuerabzug ausgeschlossen ist die Steuer, die für die Ausführung folgender Umsätze anfällt:

- Steuerfreie Umsätze,
  → Dies gilt nicht für alle steuerfreien Umsätze. Der Vorsteuerabzug bleibt bestehen bei steuerfreien Umsätzen
  - nach § 4 Nrn. 1–7 UStG (insbesondere i. g. Lieferungen und Ausfuhrlieferungen),
  - nach § 4 Nr. 8a–g und Nr. 10a UStG, die sich unmittelbar auf Gegenstände beziehen, die ins Drittland ausgeführt worden sind (z. B. Transportversicherung für Gegenstände, die ins Drittland ausgeführt werden).
- Umsätze im Ausland, die steuerfreie Umsätze wären, wenn sie im Inland ausgeführt würden.

Fall

Ausschluss vom Vorsteuerabzug (§ 15 (2), (3) UStG)

Prüfen Sie in den folgenden Fällen, ob ein Vorsteuerabzug möglich ist oder ob ein Ausschluss vom Vorsteuerabzug vorliegt. Es liegen in allen Fällen Rechnungen vor, die den Vorschriften des § 14 UStG entsprechen.

a) Maschinenhändler Bärtels aus Freiburg kauft eine Maschine für 12000,00 € zzgl. 2280,00 € Umsatzsteuer ein. Die Maschine wird weiter nach Spanien verkauft.

b) Außerdem kauft er eine Maschine für 11000,00 € zzgl. 2090,00 € Umsatzsteuer, die er in die Schweiz verkauft.

c) Die Ärztin Dr. Haiser aus Bochum hat Praxisbedarf (Spritzen, Mullbinden usw.) eingekauft und dafür eine Rechnung über 300,00 € zzgl. 57,00 € Umsatzsteuer erhalten.

d) Der Hausbesitzer Höcker hat ein Haus in Aachen, das er wie folgt vermietet hat:

   Erdgeschoss an einen Supermarkt

   1. Obergeschoss an einen Arzt

   2. Obergeschoss an einen privaten Mieter

   In jedem Geschoss wurden Renovierungsarbeiten in Höhe von je 2000,00 € zzgl. 380,00 € Umsatzsteuer ausgeführt. Höcker hat, wo möglich, gem. § 9 UStG zur Umsatzbesteuerung optiert.

e) Der Versicherungsunternehmer Mutz bietet ausschließlich Transportversicherungen für Beförderungen in das Ausland an. Er hat sich insbesondere auf Überseetransporte nach Amerika spezialisiert. Für den Monat Mai kann Mutz Rechnungen aus Leistungen für sein Unternehmen nachweisen, die Vorsteuerbeträge über 4300,00 € ausweisen.

f) Eine Bank, die ausschließlich Kredite vergibt, schenkt ihren Kunden Werbegeschenke zu Weihnachten im Wert von 10,00 €. Für diese Geschenke sind Vorsteuerbeträge in Höhe von 1280,00 € angefallen.

g) Hausbesitzer Höcker hat ein Feriengrundstück in Domburg (Niederlande) und veräußert dieses. Im Zusammenhang mit der Veräußerung (Rechtsanwaltskosten usw.) fallen deutsche Vorsteuerbeträge in Höhe von 420,00 € an.

h) Außerdem besitzt Höcker ein Wohngebäude in Brüssel, das er an verschiedene private Mieter vermietet hat. Im Zusammenhang mit dem Gebäude (Renovierung usw.) kann er deutsche Vorsteuer in Höhe von 1780,00 € nachweisen.

i) Einem Freund überlässt er eine Wohnung in einem Gebäude in Aachen unentgeltlich. Im Zusammenhang mit der Wohnung sind Vorsteuerbeträge in Höhe von 700,00 € für Renovierungen angefallen.

j) Die Ärztin Dr. Peters aus Solingen kauft in Frankreich einen Teil ihrer Praxisausrüstung für 25000,00 €. Die Lieferung, Rechnungserteilung und Bezahlung erfolgte im September 01.

In einer Übersicht sollen noch einmal die grundsätzlichen Regelungen über den Vorsteuerabzug zusammengefasst werden. Die Ausnahmen werden dabei vernachlässigt.

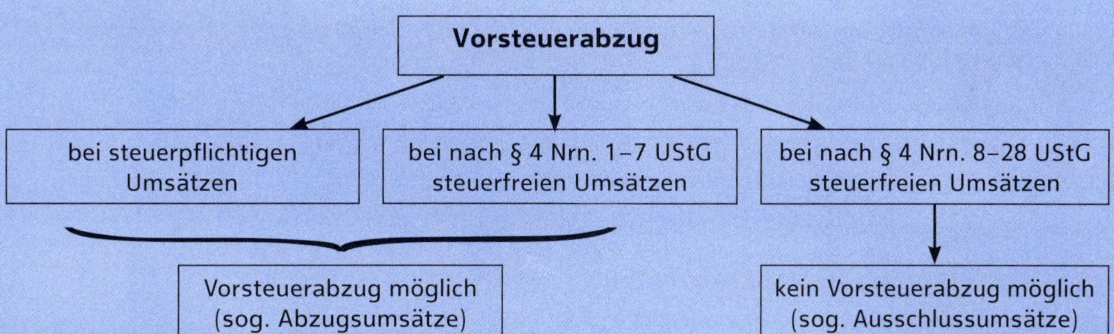

5.7.6 Aufteilung der Vorsteuer

Verwendet ein Unternehmer einen für sein Unternehmen gelieferten, eingeführten oder innergemeinschaftlich erworbenen Gegenstand oder eine von ihm in Anspruch genommene sonstige Leistung nur zum Teil für Umsätze, die den Vorsteuerabzug erlauben, so muss gem. § 15 (4) UStG der Vorsteuerbetrag in einen abzugsfähigen und einen nicht abzugsfähigen Teil aufgespalten werden. Dies gilt vor allem bei gleichzeitiger Verwendung für steuerpflichtige und steuerfreie Umsätze, die den Vorsteuerabzug ausschließen. Handelt es sich dabei um Anschaffungs- oder Herstellungskosten, ist die Aufteilung im Rahmen einer sachgerechten Schätzung durchzuführen. Dabei ist es grundsätzlich Sache des Unternehmers, zu entscheiden, welche Schätzmethode er wählt.

Fall 1 **Vorsteuerabzug bei steuerfreier und steuerpflichtiger Vermietung eines Gebäudes**

Hauseigentümer Seelbach aus Bonn vermietet sein Haus wie folgt:

Erdgeschoss (120 m²)	an einen Supermarkt für 14 280,00 €
1. Obergeschoss (120 m²)	an einen Arzt für 9 000,00 €
2. Obergeschoss (60 m²)	an einen privaten Mieter für 7 000,00 €

Für Reparaturen im Erdgeschoss sind Aufwendungen in Höhe von 1 785,00 € (brutto) entstanden, für Reparaturen im 1. Obergeschoss sind 2 737,00 € (brutto) entstanden und für Reparaturen im 2. Obergeschoss sind 59,50 € entstanden. Die Rechnung für Heizöl, die auf das ganze Haus entfällt, lautet über 5 355,00 € (brutto).

Herr Seelbach hat – wo möglich – für die Umsatzbesteuerung gem. § 9 UStG optiert.

Berechnen Sie die Umsatzsteuertraglast, die abzugsfähige Vorsteuer und die Umsatzsteuerzahllast.

Fall 2 **Vorsteuerabzug bei Abzugs- und Ausschlussumsätzen**

PC-Großhändler Stobbe aus Münster erzielte in 01 folgende Einnahmen:

• Lieferungen im Inland	166 600,00 €
• Lieferungen in EU-Länder	88 000,00 €
• Lieferungen in Drittländer	45 000,00 €

Im Unternehmensvermögen befindet sich auch ein Gebäude. In dessen Erdgeschoss und 1. Obergeschoss sind die Büroräume des PC-Handels untergebracht. Das 2. Obergeschoss ist an einen privaten Mieter vermietet. Alle Etagen sind gleich groß. Für die Vermietung des 2. Obergeschosses erhält Stobbe eine jährliche Miete von 18 000,00 €.

In 01 sind folgende Vorsteuerbeträge angefallen:

• für Waren, die ins Inland geliefert wurden	17 920,00 €
• für Waren, die in EU-Länder geliefert wurden	11 264,00 €
• für Waren, die in Drittländer geliefert wurden	5 040,00 €
• für Heizöl für das Gebäude	896,00 €
• für die Renovierung der Fassade	1 280,00 €
• für Reparaturen im 2. Obergeschoss	288,00 €

Stobbe hat – wo möglich – zur Umsatzbesteuerung gem. § 9 UStG optiert.

Berechnen Sie die Umsatzsteuertraglast, die abziehbare Vorsteuer und die Umsatzsteuerzahllast.

5.7.7 Vorsteuerabzug bei zum Teil eigengenutztem Gebäude* (BFH-Urteil vom 11.07.2012)

Für den Vorsteuerabzug bei Gebäuden, die teils unternehmerisch, teils nichtunternehmerisch genutzt werden, ergeben sich zwei Möglichkeiten:

1. Eine teilweise Zuordnung des Gebäudes zum Unternehmensvermögen für den unternehmerischen Anteil.

   Die Vorsteuerbeträge müssen in einen abziehbaren und einen nicht abziehbaren Betrag aufgeteilt werden. Abziehbare Vorsteuer ist nur der Teil, der auf die unternehmerische Nutzung entfällt. Die Besteuerung des nichtunternehmerisch genutzten Anteils entfällt.

2. Zuordnung des Gebäudes insgesamt zum Unternehmensvermögen.

   Voraussetzung ist ein unternehmerischer Anteil von mind. 10 % (§ 15 (1) Satz 2 UStG).

   Bei dieser Alternative ist gem. § 15 (1b) UStG allerdings ebenfalls kein vollständiger Vorsteuerabzug möglich, sondern nur für unternehmerisch genutzte Gebäudeteile. Damit unterscheidet sich im Endergebnis diese Möglichkeit nicht von der ersten Zuordnung.

   Ändert sich die Nutzung des Gebäudes innerhalb von zehn Jahren, ist eine Korrektur des Vorsteuerabzugs gem. § 15a UStG zu beachten.

   Obwohl sich die beiden Möglichkeiten in der Höhe des Vorsteuerabzugs nicht unterscheiden, ist die Zuordnung zu Unternehmensvermögen doch relevant. Wird die Nutzung des Hauses geändert, ist eine Berichtigung der Vorsteuer nur dann möglich, wenn das Haus komplett dem Unternehmensvermögen zugeordnet wurde. Diese Zuordnung muss dem Finanzamt gegenüber erklärt werden, ansonsten unterstellt es eine Zuordnung zum Unternehmens- und Privatvermögen nach der Höhe des Vorsteuerabzuges.

Vorsteuerabzug bei gemischt genutzten Gebäuden **Fall***

Berechnen Sie in dem folgenden Fall die Umsatzsteuertraglast, den Vorsteuerabzug und die Umsatzsteuerzahllast unter der Voraussetzung, dass in allen möglichen Fällen zur Umsatzbesteuerung gem. § 9 UStG optiert wurde.

Amalie Hanf aus Köln hat in der Kölner Innenstadt ein Geschäfts- und Wohnhaus gebaut. Die Herstellungskosten betrugen 500 000,00 € zzgl. 95 000,00 € Umsatzsteuer. Das Gebäude ist wie folgt genutzt:

Erdgeschoss 100 m²	vermietet an ein Modegeschäft	Mieteinnahmen 11 900,00 €
1. Obergeschoss 100 m²	vermietet an einen Steuerberater	Mieteinnahmen 10 710,00 €
2. Obergeschoss 100 m²	vermietet an einen Arzt	Mieteinnahmen 7 000,00 €
3. Obergeschoss 50 m²	vermietet an einen Privatmann	Mieteinnahmen 4 000,00 €
3. Obergeschoss 50 m²	eigene Nutzung	

Für das Haus sind in 01 folgende Aufwendungen entstanden, für die alle Rechnungen i. S. d. § 14 UStG vorliegen:

Heizöl	10 710,00 € (brutto)
Reparaturen EG	5 950,00 € (brutto)
Reparaturen 2. OG	3 570,00 € (brutto)
Reparaturen 3. OG privater Mieter	1 190,00 € (brutto)
Reparaturen 3. OG eigene Nutzung	2 380,00 € (brutto)
Reparatur des Daches	14 280,00 € (brutto)
Hausanstrich	10 115,00 € (brutto)
Jährliche AfA 2 %	10 000,00 €

5.7.8 Vorsteuerabzug bei Fahrzeuglieferern i. S. d. § 2a UStG

Private Fahrzeuglieferer führen bei der Lieferung eines neuen Fahrzeuges in das Gemeinschaftsgebiet eine steuerbare (§ 2a UStG), aber steuerfreie i. g. Lieferung (§ 4 Nr. 1a i. V. m. § 6a (1) UStG) aus. Grundsätzlich wäre für sie ein Vorsteuerabzug für den Erwerb des Neufahrzeuges gem. § 15 (1) i. V. m. § 15 (3) Nr. 1 UStG möglich. Der Vorsteuerabzug unterliegt aber gem. § 15 (4a) UStG folgenden Einschränkungen:

- abziehbar ist nur die Vorsteuer für den Erwerb des neuen Fahrzeuges,
- der Vorsteuerabzug wird begrenzt auf die Höhe der Umsatzsteuer, die der Fahrzeuglieferer schulden würde, wenn die Lieferung nicht als i. g. Lieferung steuerfrei wäre,
- die Vorsteuer kann erst bei Lieferung des neuen Fahrzeuges abgezogen werden.

Fall **Vorsteuerabzug bei Fahrzeuglieferern (§ 15 (4a) UStG)**

Prüfen Sie im folgenden Fall, welche umsatzsteuerlichen und vorsteuerlichen Konsequenzen entstehen. Geben Sie auch den Zeitpunkt an.

Der Bankangestellte Gerd Petry aus Ludwigshafen hat am 13.04.01 bei einem ortsansässigen Autohändler einen Pkw gekauft, der 2500 km gelaufen ist. Die Anschaffungskosten betrugen 17800,00 € zzgl. Umsatzsteuer. Da er mit der Automatikgangschaltung des Autos wider Erwarten nicht zurechtkommt, verkauft er das Auto an einen Privatmann in Frankreich für 16500,00 € (netto). Der Kontakt kam über das Internet zustande.

5.7.9 Berichtigung der Vorsteuer gem. § 15a UStG

Während der Nutzungsdauer eines Wirtschaftsgutes kann sich der Verwendungszweck ändern. Somit ist u. U. eine Korrektur des ursprünglichen Vorsteuerabzugs gem. § 15a UStG notwendig. Der § 15a UStG unterscheidet 3 Fälle:

(1) **Wirtschaftsgüter des Anlagevermögens** (§ 15a (1) UStG)

Ändern sich bei einem Wirtschaftsgut des Anlagevermögens (= dient nicht nur zur einmaligen Ausführung von Umsätzen) innerhalb von fünf Jahren ab der ersten Verwendung die Verhältnisse bei der Nutzung so, dass ein geänderter Vorsteuerabzug notwendig ist, muss für jedes Kalenderjahr der Änderung eine Korrektur des Vorsteuerabzugs vorgenommen werden. Bei Grundstücken und Gebäuden gilt ein Zeitraum von 10 Jahren.
Pro Kalenderjahr der Änderung gem. § 15a (5) UStG ist der Vorsteuerbetrag um $\frac{1}{5}$ bzw. $\frac{1}{10}$ zu ändern. Die Vorsteuerkorrekturen sind in der entsprechenden Umsatzsteuervoranmeldung vorzunehmen.

(2) **Wirtschaftsgüter des Umlaufvermögens** (§ 15a (2) UStG)

Bei Wirtschaftsgütern des Umlaufvermögens (= dienen nur zur einmaligen Ausführung von Umsätzen) ist der Vorsteuerabzug zu berichtigen, wenn sich die für den ursprünglichen Zeitraum maßgebenden Verhältnisse ändern. Die Berichtigung ist nicht (wie bei den Wirtschaftsgütern des Anlagevermögens) auf einen bestimmten Zeitraum beschränkt. Die Berichtigung erfolgt in dem Voranmeldungszeitraum, in dem sich die Verhältnisse geändert haben.

(3) **Wirtschaftsgüter, die in ein anderes Wirtschaftsgut eingehen** (§ 15a (3) UStG)

Eine Vorsteuerberichtigung ist dann vorzunehmen, wenn ein Gegenstand nachträglich in ein anderes Wirtschaftsgut eingeht, wobei der eingegangene Gegenstand seine körperliche und wirtschaftliche Eigenart verlieren muss und sich die für den ursprünglichen Voranmeldungszeitraum maßgebenden Verhältnisse ändern.

Grundsätzlich sind die Korrekturen in den entsprechenden Umsatzsteuervoranmeldungen vorzunehmen.

Der § 44 UStDV enthält einige Erleichterungen:

- Eine Berichtigung ist nicht notwendig, wenn der Vorsteuerbetrag geringer als 1000,00 € ist.
- Ist der zu berichtigende Vorsteuerbetrag kleiner als 10 % und 1000,00 €, kann eine Berichtigung entfallen.
- Ist die Vorsteuer geringer als 2500,00 €, so ist die Berichtigung für alle Kalenderjahre **auf einmal** in der Jahreserklärung am Ende des Korrekturzeitraums vorzunehmen.
- Bei einer zu berichtigenden Vorsteuer von weniger als 6000,00 € ist die Korrektur für jedes Jahr der Änderung erst in der Umsatzsteuerjahreserklärung vorzunehmen.

Fall 1 **Berichtigung nach § 15a UStG**

a) Die Unternehmerin Irene Petersen errichtet ein Gebäude. Die Kosten belaufen sich auf 625000,00 € zzgl. Umsatzsteuer. Ab dem 01.11.01 vermietet sie das Gebäude zu 50 % an einen Bürogroßhandel und zu 50 % an private Mieter. Ab dem 01.01.03 mietet der Bürogroßhandel das Gebäude komplett an und nutzt es für seine unternehmerischen Zwecke. Im September 10 muss der Bürogroßhandel Insolvenz anmelden und Frau Petersen vermietet das Haus nach kleineren Umbauten ab dem 01.10.10 ausschließlich an private Mieter. Wo möglich, hat Frau Petersen zur Umsatzbesteuerung gem. § 9 UStG optiert.
   (1) Wie hoch ist der Vorsteuerabzug bei Herstellung des Gebäudes?
   (2) Liegt hier ein Fall des § 15a UStG vor?
   (3) Wie lange läuft der Berichtigungszeitraum?
   (4) Berechnen Sie die Vorsteuerkorrekturbeträge und geben Sie an, in welcher Umsatzsteuervoranmeldung bzw. Jahreserklärung die Berichtigung erfolgen muss.

b) Der Grundstückhändler Grau kauft Anfang Januar 05 von einem Unternehmer ein unbebautes Grundstück. U verzichtet auf die Steuerbefreiung gem. § 4 Nr. 9a UStG und stellt eine Rechnung über 1 000 000,00 € zzgl. 190 000,00 € USt. aus. Grau möchte das Grundstück teilen und an andere Unternehmer umsatzsteuerpflichtig weiterverkaufen. Deswegen macht er im Januar 05 190 000,00 € Vorsteuer geltend. Ende 06 stellt sich heraus, dass Grau keinen entsprechenden Käufer findet, und er verkauft das Grundstück umsatzsteuerfrei im Januar 07 an einen Privatmann.

(1) Liegt ein Fall des § 15a UStG vor?

(2) Berechnen Sie den Vorsteuerkorrekturbetrag und geben Sie den Berichtigungszeitraum an.

Gesamtfall zum Vorsteuerabzug

Fall 2

Prüfen Sie in den folgenden Fällen die Voraussetzungen für den Vorsteuerabzug und berechnen Sie die Höhe. Geben Sie auch die Rechtsvorschrift an. Soweit nichts anderes erwähnt, enthalten die Rechnungen alle Bestandteile des § 14 UStG.

Johanna Bender hat einen Großhandel für Kosmetikartikel in Düsseldorf. Sie liefert Waren an in- und ausländische Kunden und Privatleute.

a) Für Waren, die sie in das EU-Ausland liefert, wurde ihr Vorsteuer in Höhe von 12 500,00 € in Rechnung gestellt.

b) Für Waren, die sie an Kunden in Deutschland liefert, wurde ihr Vorsteuer in Höhe von 137 000,00 € in Rechnung gestellt.

c) Von einem Lieferanten hatte sie Waren im Wert von 16 660,00 € brutto bezogen. Die Rechnung wies nur den Bruttobetrag mit einem Hinweis auf den Umsatzsteuersatz von 19 % auf.

d) Außerdem hatte sie Büromaterial für 59,50 € brutto eingekauft. Auch diese Rechnung wies neben dem Bruttobetrag nur einen Hinweis auf den Umsatzsteuersatz von 19 % auf.

e) Ein Lieferant hat ihr folgende Rechnung (Auszug) geschickt:

100 Flaschen Marke „Ice" (Parfum)	2 000,00 €
zzgl. 7 % USt.	140,00 €
Rechnungsbetrag	2 140,00 €

f) Frau Bender hatte sich privat sowie für ihre Mutter ein Pflegeset für 170,00 € zzgl. 32,30 € Umsatzsteuer bestellt.

g) Da Frau Bender auch viele Bürotätigkeiten am Wochenende zu Hause erledigen möchte, hat sie sich einen PC für 950,81 € brutto gekauft. Den PC benutzt sie zu 80 % für ihre geschäftliche Tätigkeit und zu 20 % für private Zwecke. Der PC soll nur mit seinem unternehmerischen Anteil dem Unternehmensvermögen zugeordnet werden.

h) Von einem spanischen Lieferanten erhält sie eine Lieferung für 15 000,00 €. Umsatzsteuer wurde in der Rechnung des Spaniers nicht ausgewiesen.

i) Von einem amerikanischen Lieferanten hatte sie Waren für 9 000,00 € bestellt. Die Einfuhrumsatzsteuer in Höhe von 1 710,00 € hat Frau Bender an das zuständige Zollamt gezahlt.

j) Frau Bender hat eine fünftägige Geschäftsreise zu einer Messe nach Berlin unternommen. Die Rechnung der Deutschen Bahn AG weist einen Vorsteuerbetrag von 22,40 € aus. Für die Übernachtung hat Frau Bender eine Rechnung mit einem Vorsteuerausweis von 70,40 € erhalten. Die Kosten für das Frühstück waren in der Rechnung separat mit einem Vorsteuerbetrag von 5,12 € ausgewiesen. An Verpflegungsmehraufwendungen hat Frau Bender die pauschalen Sätze von insgesamt 96,00 € als Aufwand einkommensteuerlich geltend gemacht, Rechnungen kann sie allerdings nicht nachweisen.

k) Einen guten Geschäftskunden hat Frau Bender in einem Restaurant bewirtet. Die ordnungsgemäße und angemessene Rechnung weist einen Betrag von 125,00 € zzgl. 23,75 € Umsatzsteuer aus.

l) Anfang des Jahres hat Frau Bender einen Pkw für 17 500,00 € zzgl. Umsatzsteuer gekauft. Sie benutzt den Pkw sowohl für private als auch für unternehmerische Zwecke. Der private Anteil macht ca. 20 % aus. Ein Fahrtenbuch führt Frau Bender nicht. Sie möchte den Pkw zu 100 % dem Unternehmensvermögen zuordnen.

m) Nicht genutzte Teile des Geschäftsgebäudes hat Frau Bender auch vermietet. Das Erdgeschoss und das 1. Obergeschoss nutzt sie selbst als Büroräume. Das 2. Obergeschoss ist an einen Arzt vermietet, das 3. Obergeschoss bewohnt ein privater Mieter. Die einzelnen Etagen sind gleich groß. Frau Bender hat – wo möglich – zur Umsatzbesteuerung optiert. Im Laufe des Jahres sind folgende Vorsteuerbeträge angefallen:

Heizöl	1 280,00 €
Reparatur Dach	480,00 €
Reparatur im 1. OG	800,00 €
Reparatur im 2. OG	1 600,00 €

Umsatzsteuer

5.8 Das Besteuerungsverfahren

5.8.1 Entstehung der Steuer

Die Vorschriften über die Entstehung der Steuer regeln den Zeitpunkt, wann der Steueranspruch des Staates gegenüber dem Steuerpflichtigen entstanden ist. Das heißt allerdings nicht, dass zu diesem Zeitpunkt die Steuer bereits gezahlt werden muss. Die Zahlung erfolgt erst bei Fälligkeit der Steuer.

Das Umsatzsteuergesetz kennt zwei Regelungsarten bezüglich der Entstehung der Steuer, die sog. Soll-Versteuerung und die Ist-Versteuerung. Bei der Soll-Versteuerung wird die Umsatzsteuer nach den vereinbarten Entgelten berechnet (§ 16 (1) UStG). Entscheidend für die Umsatzsteuer ist also, was die Vertragsparteien als Entgelt vereinbart haben. Sie ist die regelmäßige Entstehungsart. Die Umsatzsteuer entsteht somit mitunter lange vor der Bezahlung.

Eine Ausnahme ist die Ist-Versteuerung, bei der die Steuer nach vereinnahmten Entgelten (§ 20 UStG, siehe Kapitel 5.8.1.2) berechnet wird. Sie entsteht insoweit erst bei der Bezahlung. Der Unternehmer hat so den Vorteil, die Umsatzsteuer erst dann abzuführen, wenn er sie auch von den Kunden erhalten hat.

5.8.1.1 Soll-Versteuerung

Die Steuer entsteht ...	
bei Lieferungen und sonstigen Leistungen i. S. d. § 3 (1) und (9) UStG **§ 13 (1) Nr. 1 UStG** **13.6 (1) UStAE**	mit Ablauf des Voranmeldungszeitraums, in dem die Leistungen ausgeführt wurden. → Unwichtig ist insoweit die Rechnungserteilung oder die Zahlung. → Die Regelung gilt auch für Teilleistungen. Teilleistungen liegen vor, wenn für bestimmte Teile ein Entgelt gesondert vereinbart wurde. Wird das Entgelt vor der Leistung vereinnahmt, ist die Umsatzsteuer schon mit Ablauf des Voranmeldungszeitraums entstanden, in dem die Steuer vereinnahmt wurde. → Als Zeitpunkt der Vereinnahmung gilt bei Überweisungen der Zeitpunkt der Gutschrift.
bei Lieferungen und sonstigen Leistungen i. S. d. § 3 (1b) und (9a) UStG **§ 13 (1) Nr. 2 UStG**	mit Ablauf des Voranmeldungszeitraums, in dem die Leistungen ausgeführt wurden.
beim innergemeinschaftlichen Erwerb § 13 (1) Nr. 6 UStG	mit Ausstellung der Rechnung, spätestens aber mit dem Kalendermonat, der dem Erwerb folgt.
bei der Einfuhr **§ 21 (2) UStG**	entspricht den zollrechtlichen Regelungen.
beim innergemeinschaftlichen Erwerb eines neuen Fahrzeugs **§ 13 (1) Nr. 7 UStG**	am Tag des Erwerbs.

Soll-Versteuerung (§ 13 UStG)

Fall

Prüfen Sie in den folgenden Fällen, in welchem Voranmeldungszeitraum die Umsatzsteuer entstanden ist. Geben Sie auch die Höhe der Umsatzsteuer an. Alle Unternehmer versteuern ihre Umsätze nach vereinbarten Entgelten und geben ihre Umsatzsteuervoranmeldungen monatlich ab. Es werden nur Umsätze zum Steuersatz von 19 % ausgeführt.

a) Der Unternehmer Uli Heiter liefert im Juni 01 Waren im Wert von 30 000,00 € netto an einen Kunden. Die Rechnung schickt er dem Kunden im Juli 01 zu, der Kunde zahlt im August 01.

b) Heiter hat von einem guten Kunden einen Großauftrag über 150 000,00 € netto im Februar 01 erhalten. Der endgültige Liefertermin ist der August 01. Man hat vertraglich vereinbart, dass Heiter von seinem Kunden Anzahlungen im März und April 01 in Höhe von jeweils 35 700,00 € brutto erhält. Die Abschlussrechnung erstellt Heiter im September 01. Den Restbetrag zahlt der Kunde im Oktober 01.

c) Heiter entnimmt im Juni 01 seinem Warenlager Waren im Wert von 1 200,00 € netto.

d) Heiter kauft von einem italienischen Lieferanten Waren im Wert von 5 000,00 € netto. Er erhält die Lieferung im Mai 01, die Rechnung geht ihm im Juni 01 zu. Er bezahlt die Rechnung im Juli 01.

e) Außerdem kauft er von einem belgischen Lieferanten im März 01 Waren im Wert von 15 000,00 € netto. Der Belgier schreibt ihm im Mai 01 eine Rechnung, die Heiter im Juni 01 bezahlt.

f) Der kfm. Angestellte Hans Petrow kauft von einem belgischen Händler einen neuen Pkw für 30 000,00 € netto am 12.02.01.

5.8.1.2 Ist-Versteuerung

Gemäß § 20 UStG kann das Finanzamt gestatten, die Umsatzsteuer nach vereinnahmten Entgelten zu berechnen. Die Steuer entsteht dabei mit Ablauf des Voranmeldungszeitraums, in dem das Entgelt vereinnahmt wurde. Folgende Voraussetzungen müssen vorliegen:

Ist-Versteuerung **§ 20 UStG** **§ 19 (3) Satz 3 UStG**	• Antrag beim Finanzamt, • Gesamtumsatz hat im vergangenen Kalenderjahr nicht mehr als 800 000,00 € betragen, → Der Gesamtumsatz wird gem. den Vorschriften des § 19 (3) UStG berechnet (siehe Kapitel 5.8.9). → Wird die Tätigkeit nicht das ganze Kalenderjahr ausgeübt, so ist der tatsächlich erzielte Gesamtumsatz in einen Jahresumsatz umzurechnen. oder • Befreiung von der Buchführungspflicht nach § 148 AO → Diese Befreiung ist in Ausnahmefällen durch das Finanzamt möglich. oder • wenn der Gewinn durch Einnahmenüberschussrechnung (§ 4 (3) EStG) ermittelt werden kann oder • Umsätze aus einer Tätigkeit als Freiberufler i. S. d. § 18 EStG. Wechselt ein Unternehmer die Art der Steuerberechnung, so darf kein Umsatz unversteuert bleiben oder doppelt versteuert werden.
Vorsteuerabzug bei Ist-Versteuerung	Bezüglich des Vorsteuerabzugs gelten unverändert die Regelungen des § 15 UStG.

Zulässigkeit der Ist-Versteuerung (§ 20 UStG)

Fall 1

Prüfen Sie in den folgenden Fällen, ob eine Versteuerung nach vereinnahmten Entgelten zulässig ist. Ein entsprechender Antrag wurde beim Finanzamt gestellt.

a) Die Kioskbesitzerin Siebert erzielte im vergangenen Kalenderjahr einen Gesamtumsatz i. S. d. § 19 (3) UStG in Höhe von 90 000,00 €.

b) Der Einzelhändler Tudor erzielte im vergangenen Kalenderjahr einen Gesamtumsatz i. S. d. § 19 (3) UStG in Höhe von 900 000,00 €. In diesem Jahr liegt sein Umsatz wegen eines Umsatzeinbruchs voraussichtlich bei 50 000,00 €.

c) PC-Händler Hedke hat sein Geschäft Anfang Mai des letzten Jahres aufgenommen. Im Jahr der Eröffnung erzielte er einen Gesamtumsatz i. S. d. § 19 (3) UStG in Höhe von 73000,00 €. Im laufenden Jahr 02 erzielte er einen Umsatz in Höhe von 90000,00 €.

d) Steuerberaterin Bähr hatte im Vorjahr einen Gesamtumsatz i. S. d. § 19 (3) UStG in Höhe von 900000,00 €.

Fall 2 **Berechnung der Umsatzsteuerzahllast**

Unternehmer Breunig versteuert seine Umsätze zulässigerweise nach vereinnahmten Entgelten. Er gibt monatliche Umsatzsteuervoranmeldungen ab. Im Monat Dezember 01 hatte er Bruttoeinnahmen in Höhe von 58310,00 €. An Vorsteuer sind 7520,00 € entstanden. Alle Umsätze unterliegen dem Regelsteuersatz.

Noch nicht berücksichtigt wurden dabei folgende Sachverhalte:

a) An einen Kunden lieferte Breunig am 30.09.01 Waren im Wert von 3000,00 € zzgl. Umsatzsteuer. Die Rechnung erteilte er am 05.10.01, die Banküberweisung des Kunden erfolgte am 12.12.01.

b) Ein Kunde, mit dem eine Lieferung für den Januar 02 vereinbart wurde, überwies vereinbarungsgemäß am 17.12.01 eine Anzahlung in Höhe von 476,00 €.

c) Am 28.12.01 lieferte er an einen Kunden Waren im Wert von 500,00 € zzgl. Umsatzsteuer. Die Rechnung übergab er am gleichen Tag. Der Kunde überwies die Rechnung am 29.12.01, die Gutschrift auf dem Konto von Breunig erfolgte am 02.01.02.

d) Ebenfalls am 28.12.01 lieferte er einem weiteren Kunden Waren im Wert von 300,00 € zzgl. Umsatzsteuer. Der Kunde bezahlte sofort mit einem Scheck, den Breunig am 02.01.02 bei seiner Bank einlöste.

e) Ein Lieferant lieferte am 05.11.01 Waren im Wert von 3500,00 € zzgl. Umsatzsteuer. Die Rechnung erhielt Breunig am 10.11.01 und überwies den Betrag am 02.12.01.

f) Mit einem weiteren Lieferanten hatte Breunig vereinbart, dass er eine Anzahlung für eine Lieferung im Januar 02 leistet. Breunig zahlt am 22.12.01 178,50 € auf das Konto des Lieferanten. Eine Rechnung über diesen Betrag hat Breunig aber nicht.

Prüfen Sie, wann die Umsatzsteuer in den einzelnen Fällen entstanden bzw. ein Vorsteuerabzug möglich ist und berechnen Sie die Umsatzsteuerzahllast für den Dezember 01.

Fall 3 **Wechsel der Besteuerungsart**

Der Rechtsanwalt Döring wechselte zulässigerweise am 01.01.02 von der Soll-Versteuerung zur Ist-Versteuerung nach § 20 UStG. Ende 01 wies er noch offene Forderungen in Höhe von 23800,00 € aus. Im Januar 02 erzielte er Einnahmen von 35.700,00 € brutto. Darin waren 2975,00 € für bezahlte Forderungen aus 01 enthalten.

Wie hoch ist die Umsatzsteuertraglast für Januar 02?

5.8.2 Jahreserklärung, Voranmeldung, Dauerfristverlängerung

Der Besteuerungszeitraum für die Umsatzsteuer ist das Kalenderjahr (§ 16 (1) UStG).

Der Unternehmer muss **für das Kalenderjahr eine Steuererklärung** auf elektronischem Weg abgeben (§ 18 (3) UStG). Die Steuer hat er dabei selbst zu berechnen. Es handelt sich somit um eine Steueranmeldung (vgl. Kapitel 2.3.1). Das Finanzamt erlässt keinen gesonderten Umsatzsteuerbescheid, es sei denn, es weicht von den Angaben der Steuererklärung ab. Die Frist für die Abgabe der Jahressteuererklärung richtet sich nach den Vorschriften der AO (§ 149 (2) AO, siehe Kap. 2.2.3).

Bereits während des laufenden Jahres hat der Unternehmer **Umsatzsteuervoranmeldungen** abzugeben und Umsatzsteuervorauszahlungen zu leisten. Gemäß § 18 (1) UStG muss der Unternehmer Voranmeldungen bis zum 10. Tag nach Ablauf des Voranmeldungszeitraums dem Finanzamt auf elektronischem Weg übermitteln. Auch hier hat er die Steuer selbst zu berechnen. Voranmeldungszeitraum ist grundsätzlich das Kalendervierteljahr (§ 18 (2) UStG); betrug die Steuer für das vergangene Kalenderjahr mehr als 9000,00 €, so sind die Voranmeldungen monatlich abzugeben. Betrug die Steuer für das vergangene Kalenderjahr weniger als 2000,00 €, kann das Finanzamt den Unternehmer von der Abgabepflicht der Voranmeldungen befreien. Hat der Unternehmer seine Tätigkeit gerade begonnen, ist für dieses und das folgende Jahr der Kalendermonat Voranmeldungszeitraum. Dies gilt nicht für Unternehmen, für die aufgrund ihrer Tätigkeit keine Umsatzsteuer festzusetzen ist (18.7 UStAE). Übersteigt die voraussichtlich zu entrichtende Umsatzsteuer nicht 9000,00 €, ist für Unternehmensgründer im Jahr der Gründung und dem darauf folgenden Jahr das Kalendervierteljahr der Anmeldungszeitraum.

Falls die Umsatzsteuererstattung des letzten Jahres mehr als 9000,00 € betragen hat, kann der Unternehmer gem. § 18 (2a) UStG beantragen, die Voranmeldungen monatlich abzugeben, um seine Erstattungen früher zu erhalten. Der Unternehmer ist an diesen Antrag für das laufende Kalenderjahr gebunden.

Um die Abgabe der Umsatzsteuervoranmeldungen zu erleichtern, kann der Unternehmer eine **Dauerfristverlängerung** beantragen (§§ 46–48 UStDV). Dadurch wird die Abgabefrist um einen Monat verlängert. Die Unternehmer, die ihre Voranmeldungen monatlich abgeben, müssen für diese Verlängerung eine Sondervorauszahlung leisten. Sie beträgt 1/11 der Summe der Vorauszahlungen des letzten Kalenderjahres. Die Sondervorauszahlung muss bis zum 10. Februar geleistet werden und wird bei der Voranmeldung für den Monat Dezember wieder verrechnet.

5.8.3 Fälligkeit von Umsatzsteuernachzahlungen und -erstattungen

Ergibt sich bei der Berechnung in der Umsatzsteuerjahreserklärung eine Nachzahlung, so ist sie einen Monat nach Eingang der Umsatzsteuererklärung beim Finanzamt fällig (§ 18 (4) UStG). Erlässt das Finanzamt einen Steuerbescheid, ist die Nachzahlung einen Monat nach Bekanntgabe des Steuerbescheides fällig. Berechnet der Steuerpflichtige eine Erstattung, so überweist das Finanzamt diesen Betrag.

Die Umsatzsteuervorauszahlungen sind ebenfalls am 10. Tag nach Ablauf des Voranmeldungszeitraums fällig. Auch für sie gibt es die Möglichkeit der Dauerfristverlängerung. Zu beachten ist die durch den § 240 (3) AO gewährte Schonfrist bei der Zahlung per Überweisung (siehe Kapitel 2.1).

Umsatzsteuervoranmeldung und -vorauszahlung

Fall 1

Die Schaaf OHG, Handel mit Modeartikeln, 42105 Wuppertal, Luisenstr. 15, führt im März 01 folgende Umsätze aus:

Lieferungen an Abnehmer im Inland (netto)	48 500,00 €
Lieferungen an Abnehmer (Unternehmer) in der EU	8 300,00 €
Einkauf von Waren aus der EU (Lieferung und Rechnungserteilung im März 01)	2 500,00 €
Die abzugsfähige Vorsteuer im März (ohne i. g. Erwerbsteuer) betrug	1 951,00 €

Das Unternehmen wird beim Finanzamt Wuppertal-Elberfeld unter der Steuernummer 131/5130/0716 geführt. Die Umsatzsteuerzahllast des letzten Jahres betrug 41 360,00 €.

a) Wann entsteht die Steuerschuld hinsichtlich der durchgeführten Umsätze?
b) Ermitteln Sie die Umsatzsteuervorauszahlung für den Monat März 01.
c) Bis wann hat das Unternehmen diese Voranmeldung abzugeben?
d) Was ändert sich an Ihrer Antwort zu d), falls das Unternehmen eine Dauerfristverlängerung beantragt hat?
e) Warum hat das Unternehmen die Voranmeldungen monatlich zu übermitteln?
f) Bis zu welchem Tag muss die Umsatzsteuervorauszahlung März 01 bezahlt sein? Nehmen Sie an, dass eine Dauerfristverlängerung bewilligt wurde.

Umsatzsteuerjahreserklärung

Fall 2

Der Mandant Karl Hampel, Schrottgasse 5, 52062 Aachen, Soll-Versteuerung, betreibt in Aachen einen Autohandel und eine Werkstatt. Er beauftragt Sie, seine Umsatzsteuererklärung für 01 zu erstellen (StNr.: 201/0350/1254) und die Umsatzsteuernachzahlung bzw. -erstattung zu berechnen. In 01 hat er Umsatzsteuervorauszahlungen in Höhe von 27 842,00 € geleistet. Geben Sie die relevanten Daten in ein branchenübliches Softwareprogramm ein und drucken Sie eine Berechnungsliste aus. Vergleichen Sie diese Berechnungsliste mit Ihrer manuellen Berechnung und analysieren Sie Abweichungen.

Folgende Sachverhalte sind zu berücksichtigen:

1. Hampel hat 01 200 Pkw zu einem Nettopreis von 400 000,00 € verkauft.
2. Aus Reparaturen für Privatkunden hat die Werkstatt Einnahmen von 150 000,00 € netto erzielt.
3. Außerdem führte die Werkstatt für das Autohaus Reparaturen im Wert von 15 000,00 € netto aus.
4. In Belgien wurde Hampel in einer grenznahen Stadt zur Pannenhilfe gerufen. Noch an Ort und Stelle kann er den Schaden beheben und berechnet 250,00 € netto.
5. Für die Meier OHG (Aachen) wird er als Gutachter eines Unfallwagens tätig. Die Besichtigung erfolgt in Maastricht (Holland). Hampel berechnet 700,00 € netto.
6. Hampel hat den privaten Wagen seiner Frau in der Werkstatt reparieren lassen. Einem Kunden hätte er dafür 750,00 € netto berechnet. Es sind Ausgaben von 500,00 € entstanden.
7. Hampel schenkte in 01 seiner Tochter einen Pkw. Der Wagen stand schon 2 Jahre im Verkaufsraum. Damals betrug der Einkaufspreis 17 000,00 € netto, heute beläuft sich der Preis eines ähnlichen Modells auf 19 000,00 € netto.

8. Aus Werbezwecken bewirtet er einen Kunden für 500,00 € netto. Nach allg. Auffassung wären 300,00 € netto angemessen.
9. Aus Frankreich bezieht er 20 Pkw zum Preis von insgesamt 300000,00 € netto.
10. Hampels Haus, in dessen Erdgeschoss (200 m^2) sich die Werkstatt befindet, ist wie folgt vermietet. Das Haus ist bis auf die eigengenutzte Wohnung dem Unternehmensvermögen zugeordnet.
    - 1. OG (120 m^2) an einen Rechtsanwalt für 24000,00 € (Einnahmen)
    - 2. OG (120 m^2) an einen privaten Mieter für 12000,00 € (Einnahmen)
    - 3. OG (120 m^2) wird von Hampel und seiner Familie selbst bewohnt

    Folgende Ausgaben sind für das Haus in 01 angefallen:
    - Dachreparatur für 15000,00 € netto,
    - Reparatur der Heizung im 1. OG für 2500,00 € netto,
    - neue Fenster für das 2. OG für 1500,00 € netto,
    - in der eigenen Wohnung hat er sich ein neues Badezimmer für 4000,00 € netto einrichten lassen.

    Hampel optiert, wo möglich, gem. § 9 UStG zur Umsatzsteuerpflicht.
11. Hampel vereinbart mit einem Kunden die Lieferung eines Wagens für den 10.02.02. Der Kunde bezahlt die Rechnung über 18000,00 € + USt. allerdings schon am 30.12.01.
12. Die in 01 in den Wareneingangsrechnungen enthaltene Vorsteuer verteilt sich auf folgende Umsätze:
    - Lieferung von Autos im Inland — 45000,00 € Vorsteuer
    - Lieferung von Autos ins Ausland — 3700,00 € Vorsteuer
    - Reparaturen Werkstatt — 10000,00 € Vorsteuer
13. Hampel entnimmt für einen Freund Ersatzteile aus seinem Lager. Der Einkaufspreis beträgt 325,00 € netto. Der Freund ersetzt ihm die Kosten.
14. Hampel besuchte in 01 ein fünftägiges Seminar in München (700 km einfache Entfernung). Von zu Hause reiste er am ersten Tag um 10:00 Uhr ab und kam am fünften Tag um 22:00 Uhr wieder an. Dabei sind ihm folgende Kosten entstanden:
    - Benzinkosten — 238,00 € brutto
    - 4 Übernachtungen — 321,00 € brutto
    - 4x Frühstück — 71,40 € brutto
    - Verpflegungsmehraufwand macht er nach den einkommensteuerrechtlichen Pauschalen geltend; gesonderte Belege kann er nicht nachweisen.
15. Hampel hat Ersatzteile für 1200,00 € netto bestellt, die er erst im Januar 02 erhält. Die Rechnung erhält er am 18.12.01 und bezahlt sie bereits am 20.12.01.
16. Folgende Rechnungen hat der Buchhalter von Herrn Hampel noch nicht berücksichtigt, weil er meinte, bei der Erstellung seien Fehler unterlaufen, und er sich bezüglich der Konsequenz für die Umsatzsteuer bzw. Vorsteuer nicht sicher war.

Beurteilen Sie die Rechnungen und berücksichtigen Sie sie, falls notwendig, in der Umsatzsteuererklärung.

Bei dem französischen Kunden handelt es sich um einen Unternehmer, alle anderen Kunden sind Privatleute.

Karl Hampel, Schrottgasse 5, 52062 Aachen

USt.-ID-Nr. DE258536205

M. Jean Crenne
Place Vendôme 12
10005 Paris 52
Frankreich

Rechnung 4789 10.03.01

Sehr geehrter M. Crenne,

ich erlaube mir für die Lieferung im Februar 01 zu berechnen:

VW Golf 25 000,00 €

Den Rechnungsbetrag überweisen Sie bitte auf das Ihnen bekannte Konto. Die USt.-ID-Nr. des Leistungsempfängers lautet FR55687412345. Wir weisen auf die Steuerbefreiung gem. § 4 Nr. 1b UStG hin.

Hampel

Karl Hampel, Schrottgasse 5, 52062 Aachen

USt.-ID-Nr. DE258536205

Hans Aebli
Physikerweg 7
7256 Bern
Schweiz

Rechnung 5214 15.06.01

Sehr geehrter Herr Aebli,

ich erlaube mir für die Lieferung im Mai 01 zu berechnen:

VW Polo 21 000,00 €

Ich weise auf die Steuerbefreiung nach § 4 Nr. 1a i. V. m. § 6 UStG hin.

Den Rechnungsbetrag überweisen Sie bitte auf das Ihnen bekannte Konto.

Hampel

Karl Hampel, Schrottgasse 5, 52062 Aachen

USt.-ID-Nr. DE258536205

Dr. Helmut Hahn
Gockelweg 20
51246 Bergheim

Rechnung 5378 20.08.01

Sehr geehrter Herr Dr. Hahn,

für den Einbau eines Ersatzmotors in Ihren VW Passat XE am 17.08.01 erlaube ich mir zu berechnen:

Rechnungsbetrag (inkl. Lohnkosten) 21 000,00 €

Den Rechnungsbetrag überweisen Sie bitte innerhalb von 14 Tagen auf das Ihnen bekannte Konto.

Hampel

Ersatzteile GmbH
Motorstr. 5
10125 Berlin

StNr.:10030/785741

Karl Hampel
Schrottgasse 5
52062 Aachen

10.11.01

Rechnung 456

Sehr geehrter Herr Hampel,

für die gelieferten Ersatzteile erlauben wir uns zu berechnen:

Rechnungsbetrag 4 760,00 €

Der Rechnungsbetrag versteht sich inkl. 19 % USt.

Bitte überweisen Sie den Betrag innerhalb von 14 Tagen unter Abzug von 2 % Skonto, ansonsten 30 Tage netto.

Weinert

5.8.4 Steuerschuldner

Die Regelungen über die Steuerschuldnerschaft legen fest, wer die Umsatzsteuer an das Finanzamt zu zahlen hat.

Schuldner der Umsatzsteuer für ...	ist ...
Lieferungen und sonstige Leistungen **§ 13a (1) Nr. 1 UStG**	der Unternehmer
den innergemeinschaftlichen Erwerb **§ 13a (1) Nr. 2 UStG**	der Erwerber
unberechtigten Steuerausweis i. S. d. § 14c (2) UStG **§ 13a (1) Nr. 4 UStG**	der Aussteller der Rechnung
Werklieferungen und sonstige Leistungen eines im Ausland ansässigen Unternehmers **§§ 13b (1), § 13b (2) Nr. 1 UStG i. V. m. § 13b (5) UStG**	der Leistungsempfänger, wenn er ein Unternehmer oder eine juristische Person des öffentlichen Rechts ist. Der Unternehmer kann die einbehaltene Steuer allerdings gem. § 15 (1) Nr. 4 UStG als Vorsteuer im selben Voranmeldungszeitraum wieder abziehen. → Aus Vereinfachungsgründen lässt es die Finanzverwaltung zu, wenn bei einer sonstigen Leistung, deren Ort gem. § 3a (2) UStG nach Deutschland verlagert wurde, auf die Umsatzbesteuerung verzichtet wird.
Umsätze, die unter das Grunderwerbsteuergesetz fallen **§ 13b (2) Nr. 3 UstG i. V. m. § 13b (5) UStG**	der Leistungsempfänger, wenn er ein Unternehmer oder eine juristische Person des öffentlichen Rechts ist, falls kein steuerfreier Umsatz vorliegt. Der Unternehmer kann die einbe haltene Steuer allerdings gem. § 15 (1) Nr. 4 UStG als Vorsteuer im selben Voranmeldungszeitraum wieder abziehen.
Bauleistungen **§ 13b (2) Nr. 4 UStG** **i. V. m. § 13b (5) UStG** **13b.2 (7) UStAE**	der Leistungsempfänger, wenn er ein Unternehmer ist, der selbst Bauleistungen erbringt. → Die Regelung ist nur anzuwenden, wenn das Nettoentgelt für den einzelnen Umsatz 500,00 € übersteigt.
Reinigung von Gebäuden **§ 13b (2) Nr. 8 UstG** **i. V. m. § 13b (5) UStG**	der Leistungsempfänger für die Reinigung von Gebäuden und Räumen, wenn der Leistungsempfänger ein Unternehmer ist, der selbst solche Leistungen erbringt.

Umsatzsteuer

Steuerschuldnerschaft (§§ 13a, 13b UStG) Fall

Stellen Sie fest, wer die Umsatzsteuer schuldet:

a) Unternehmer L aus Ludwigsburg liefert einem Kunden in Stuttgart Waren und berechnet dafür 7 000,00 € zzgl. 1 330,00 € Umsatzsteuer.

b) Außerdem bezieht L aus Frankreich Waren im Wert von 3 500,00 €.

c) Der Privatmann C verkauft an einen Unternehmer seinen gebrauchten Pkw. Auf Bitte des Unternehmers stellt C eine Rechnung in Höhe von 5 500,00 € zzgl. 1 045,00 € Umsatzsteuer aus.

d) Der Bauunternehmer A in Aachen hat den Auftrag erhalten, ein Bürogebäude in Aachen zu renovieren. Die Renovierung des Daches lässt er von einem holländischen Unternehmer mit Sitz in Maastricht ausführen. Der holländische Unternehmer stellt 3 000,00 € netto in Rechnung.

e) Der in Frankreich ansässige Unternehmer K erstellt für den in Freiburg ansässigen Unternehmer F die Planung für den Neubau einer Lagerhalle in Freiburg. Die Rechnung des Architekten beläuft sich auf 10 000,00 € netto.

f) Der Rechtsanwalt R aus Paris berät im März 01 den Unternehmer G mit Sitz in Köln in einer kartellrechtlichen Angelegenheit und berechnet ihm dafür 5 000,00 €.

g) Unternehmer H aus Düsseldorf verkauft ein Betriebsgrundstück, das er für die Produktion nicht mehr benötigt, an den Unternehmer I in Wuppertal. Beim Verkauf verzichtet H auf die Steuerbefreiung nach § 4 Nr. 9a UStG.

5.8.5 Aufzeichnungspflichten

Gemäß § 22 UStG ist der Unternehmer verpflichtet, Aufzeichnungen zur Feststellung der Steuer und ihrer Berechnung zu machen. Im Einzelnen sind dies folgende Aufzeichnungen:

§ 22 (2) Nr. 1 UStG	vereinbarte Entgelte für ausgeführte Lieferungen und sonstige Leistungen → Zu trennen sind die steuerpflichtigen und die steuerfreien Umsätze sowie die Umsätze zum Regelsteuersatz und zum ermäßigten Steuersatz.
§ 22 (2) Nr. 2 UStG	vereinnahmte Entgelte vor Ausführung der Lieferung oder sonstigen Leistung
§ 22 (2) Nr. 3 UStG	Bemessungsgrundlage für die Lieferungen nach § 3 (1b) und sonstige Leistungen nach § 3 (9a) UStG
§ 22 (2) Nr. 4 UStG	die wegen unberechtigten und unrichtigen Steuerausweises geschuldeten Entgelte
§ 22 (2) Nr. 6 UStG	Bemessungsgrundlage für die Einfuhr und die Einfuhrumsatzsteuer
§ 22 (2) Nr. 7 UStG	Bemessungsgrundlage für den i. g. Erwerb sowie die i. g. Erwerbsteuer
§ 22 (2) Nr. 8 UStG	die Entgelte beim Leistungsempfänger bei Leistungen i. S. d. § 13b UStG

Weitere Regelungen und Vereinfachungen finden sich in den §§ 63 ff. UStDV.

5.8.6 Besteuerung nach Durchschnittssätzen

Kleineren Unternehmen sowie land- und forstwirtschaftlichen Betrieben ist es unter bestimmten Voraussetzungen erlaubt, die Umsatzsteuer und/oder die Vorsteuer nach bestimmten Durchschnittssätzen zu berechnen, ohne die tatsächlichen Beträge nachweisen und aufzeichnen zu müssen.

Durchschnittssätze für land- und forstwirtschaftliche Betriebe
§ 24 UStG

Land- und forstwirtschaftliche Betriebe können für

	USt.	VSt.	Zahllast
Lieferungen von forstwirtschaftlichen Erzeugnissen	5,5 %	5,5 %	0 %
übrige landwirtschaftliche Erzeugnisse	7,8 %	7,8 %	0 %

ansetzen (Aufzählung nicht vollständig). Voraussetzung ist, dass der Gesamtumsatz im vorangegangenen Kalenderjahr nicht mehr als 600.000 € beträgt.

Fall **Besteuerung nach Durchschnittssätzen**

Der Landwirt Müllerhuber baut auf seinem Hof vor allem Obstbäume an und verkauft das Obst an einen Großhändler. In 01 hat er einen Nettoumsatz von 30 000,00 € erzielt.

Berechnen Sie die Umsatzsteuertraglast, die Vorsteuer und die Umsatzsteuerzahllast.

5.8.7 Besondere Verfahrensvorschriften beim innergemeinschaftlichen Verkehr

Die Besteuerung von Einfuhren ist durch die bestehenden Grenzkontrollen möglich. Da innerhalb der EU diese Grenzkontrollen abgeschafft wurden, wurde ein eigenes Kontrollsystem zur Überprüfung der Umsatzbesteuerung des innergemeinschaftlichen Warenverkehrs geschaffen.

Jeder Teilnehmer (Lieferant oder Erwerber) am innergemeinschaftlichen Handel erhält eine **Umsatzsteuer-Identifikationsnummer** (USt.-ID-Nr.), (§ 27a UStG). Wird er in mehreren Mitgliedsstaaten unternehmerisch tätig, so erhält er von jedem Mitgliedsstaat eine eigene USt.-ID-Nr. Die USt.-ID-Nr. hat folgende Funktionen:

- Als innergemeinschaftlicher Lieferant kann man an einen Erwerber mit USt.-ID-Nr. steuerfrei liefern.
- Als innergemeinschaftlicher Erwerber bestätigt man durch die Angabe der USt.-ID-Nr., dass man den Erwerb gem. § 1a UStG versteuern muss und damit steuerfrei an ihn geliefert werden kann.
- Der innergemeinschaftliche Lieferant benötigt die USt.-ID-Nr. zur Ausstellung einer Rechnung gem. § 14a UStG.
- Die USt.-ID-Nr. ist eine Alternative zur Steuernummer und eine Pflichtangabe auf den Rechnungen des Unternehmers.

In einer **Zusammenfassenden Meldung** (§ 18a UStG) hat der Unternehmer bis zum 25. Tag nach Ablauf eines jeden Monats die innergemeinschaftlichen Lieferungen und die innergemeinschaftlichen Dienstleistungen an das Bundeszentralamt für Steuern zu melden. In dieser Meldung muss er die Bemessungsgrundlage für die Lieferung an jeden Erwerber sowie die USt.-ID-Nr. der Erwerber angeben.

Für sonstige Leistungen i. S. d. § 3a (2) UStG im übrigen Gemeinschaftsgebiet hat der leistende Unternehmer eine zusammenfassende Meldung bis zum 25. Tag nach Ablauf des Kalendervierteljahres abzugeben.

Die Angaben über die Bemessungsgrundlagen hat der Unternehmer auch in den Umsatzsteuervoranmeldungen zu machen (§ 18b UStG).

Die beteiligten Finanzverwaltungen der Mitgliedsstaaten tauschen über ein EDV-gestütztes Kontrollsystem ihre Daten aus, um zu kontrollieren, ob steuerfreie innergemeinschaftliche Lieferungen auch vom Erwerber als i. g. Erwerb im Bestimmungsland versteuert wurden.

Zur Sicherheit des Unternehmers bestätigt das Bundeszentralamt für Steuern auf Anfrage die Gültigkeit einer USt.-ID-Nr. (§ 18e UStG). Auf diese Angaben kann der Unternehmer vertrauen und die Steuerfreiheit wird auch dann nicht versagt, wenn die Angaben des Erwerbers falsch waren (§ 6a (4) UStG).

Um eventuell erforderliche Registrierungspflichten in vielen verschiedenen Ländern der EU zu vermeiden, regen die § 18i – k UStG den sogenannten **One-Stop-Shop (OSS)**. Dies ist ein besonderes Besteuerungsverfahren, das es einem Steuerpflichtigen ermöglicht, im EU-Ausland geschuldete Umsatzsteuerbeträge zentral abzuführen. EU-Unternehmer haben die Möglichkeit, ihre Meldepflichten für andere Mitgliedstaaten im eigenen Ansässigkeitsstaat zu erledigen. Drittlands-Unternehmer können sich einen Mitgliedstaat für Anzeige und Meldung grundsätzlich frei auswählen.

Die drei wichtigsten Regelungen sind:

- **Nicht-EU-Regelung (§ 18i UStG):** Drittlands-Unternehmer können alle sonstigen Leistungen an Nichtunternehmer, die im Gemeinschaftsgebiet zu besteuern sind, im OSS melden.
- **EU-Regelung (§ 18j UStG):** EU-Unternehmer können sämtliche sonstigen Leistungen an Nichtunternehmer, die in einem anderen Mitgliedstaat zu besteuern sind, in ihrem Ansässigkeitsstaat melden. Sowohl Drittlands-Unternehmer als auch EU-Unternehmer können ihre innergemeinschaftlichen Fernverkäufe (siehe Kapitel 5.3.1 Fall 7) über OSS melden.
- **Einfuhrregelung (§ 18k UStG):** Sowohl Drittlands-Unternehmer als auch EU-Unternehmer können künftig den Fernverkauf von Sendungen mit einem Sachwert von höchstens 150,00 € im OSS melden (sog. „Import-One-Stop-Shop“, kurz „IOSS“). In diesem Fall ist die Einfuhr der Waren gemäß § 5 Abs. 1 Nr. 7 UStG steuerfrei.

5.8.8 Zuständigkeit des Finanzamtes

Für die Umsatzsteuer ist gem. § 21 AO das Finanzamt zuständig, von dessen Bezirk aus der Unternehmer sein Unternehmen vorwiegend betreibt. Für die Umsatzsteuer von Personen, die nicht Unternehmer sind, ist das Wohnsitzfinanzamt zuständig. Gemäß § 23 AO ist für die Einfuhrumsatzsteuer das Hauptzollamt zuständig, in dessen Bezirk die Einfuhr stattfindet.

5.8.9 Berichtigung der Umsatzsteuer oder Vorsteuer

Gemäß § 17 UStG muss bei einer nachträglichen Änderung der Bemessungsgrundlage

- der leistende Unternehmer die Umsatzsteuer
- und der Unternehmer, der die Leistung empfangen hat, die Vorsteuer

berichtigen.

Die Berichtigung ist in dem Voranmeldungszeitraum vorzunehmen, in dem die Änderung eingetreten ist.

Eine nachträgliche Änderung der Bemessungsgrundlage liegt vor bei einer Erhöhung (z. B. Preiszuschlag) oder bei einer Verminderung (z. B. Skonto, Rabatt, Preisnachlässe).

Eine Änderung liegt auch vor, wenn das vereinbarte Entgelt uneinbringlich geworden ist. Uneinbringlichkeit liegt vor, wenn der Schuldner zahlungsunfähig ist. Bei Eröffnung des Insolvenzverfahrens ist von einer Uneinbringlichkeit auszugehen, egal ob sich im Nachhinein noch eine Insolvenzquote ergibt (17.1 UStAE). Dies gilt nicht für Pauschalwertberichtigungen. Der Schuldner muss seinen Vorsteuerabzug korrigieren, wenn sich aus dem Gesamtumstand ergibt, dass er seine Verbindlichkeit nicht zahlen kann.

Eine Änderung liegt auch vor, wenn

- eine Leistung nicht ausgeführt wurde, das Entgelt aber schon bezahlt wurde,
- eine Leistung rückgängig gemacht wurde (z. B. Rücktritt vom Vertrag).

Fall **Berichtigung der Umsatzsteuer (§ 17 UStG)**

Prüfen Sie in den folgenden Fällen, wann und in welcher Höhe eine Berichtigung der Umsatzsteuer bzw. Vorsteuer vorgenommen werden muss:

a) Unternehmer A liefert Waren an den Unternehmer B im Wert von 3 570,00 € brutto (19 % USt.) im Mai 01. Unternehmer B zahlt diese Rechnung unter Abzug von 2 % Skonto im Juni 01.

b) Unternehmer C liefert an den Privatmann D einen Fernseher im Juli 01 für 595,00 € brutto. Nachdem der Fernseher dem Privatmann geliefert wurde und die Rechnung bereits gezahlt war, möchte D den Kauf im Juli 01 wieder rückgängig machen, da ihm das Gerät nicht gefällt. Aus Kulanzgründen nimmt C den Fernseher im Juli 01 wieder zurück. Für Aufwendungen stellt er 10,00 € in Rechnung und überweist dem D im August 01 585,00 €.

c) Unternehmer E hatte an den Unternehmer F Waren im Wert von 1 785,00 € (19 % USt.) brutto im Januar 01 geliefert. Wegen Zahlungsunfähigkeit wurde gegen F im März 01 das Insolvenzverfahren eröffnet. Im Juli 01 wurde das Insolvenzverfahren mit einer Quote von 20 % abgeschlossen und E erhielt 357,00 €.

d) Die Forderungen des Unternehmers G in Höhe von 32 248,00 € sind alle werthaltig. Aufgrund des allg. Kreditrisikos bildet er im Jahresabschluss zum 31.12.01 eine Pauschalwertberichtigung von 2 %.

5.8.10 Kleinunternehmer

Für Unternehmer, die im Inland ansässig sind, werden die Umsätze von der Umsatzsteuer befreit, wenn der Gesamtumsatz

- im vorangegangenen Kalenderjahr 25 000,00 € nicht überstiegen hat
  und
- im laufenden Kalenderjahr 100 000,00 € nicht übersteigen wird.

Damit entfällt der Vorsteuerabzug für diese Umsätze.

Der zur Beurteilung heranzuziehende Umsatz wird wie folgt berechnet:

Vereinnahmte Entgelte
– Steuerfreie Umsätze nach § 4 Nr. 8i, Nr. 9b und Nr. 11–28 UStG
– Steuerfreie Hilfsumsätze nach § 4 Nr. 8a–h, Nr. 9a, Nr. 10 UStG
– Umsätze von Wirtschaftsgütern des Anlagevermögens
= Umsatz gem. § 19 (2) UStG

Wird der Grenzumsatz von 100 000,00 € ((Mit geschütztem Tausenderleerzeichen setzen.)) im laufenden Kalenderjahrüberschritten,istabdiesemZeitpunkteineweitereInanspruchnahmederKleinunternehmerregelung nicht mehr möglich.

Im Jahr der Aufnahme der unternehmerischen Tätigkeit darf der Betrag von 25 000,00 € nicht überschritten werden. Der erste Umsatz, der diese Grenze überschreitet, unterliegt der Regelbesteuerung. Der bis zu diesem Zeitpunkt erzielte Umsatz bleibt steuerfrei.

Gemäß § 34a UStDV dürfen Kleinunternehmer in ihren Rechnungen keine Umsatzsteuer gesondert ausweisen. Sie müssen auf die Steuerbefreiung hinweisen. Eine fortlaufende Rechnungsnummer ist nicht notwendig.

Folgende Vorschriften des UStG gelten für Kleinunternehmer nicht:

- Steuerbefreiung innergemeinschaftlicher Lieferungen (§ 4 Nr. 1b UStG),
- Optionsmöglichkeiten des § 9 UStG,
- Angabe der USt.-ID-Nr. (§ 14a (1) UStG).

Um den Vorsteuerabzug doch zu ermöglichen, kann der Kleinunternehmer zur Regelbesteuerung gem. § 19 (2) UStG optieren. Eine entsprechende Erklärung gegenüber dem Finanzamt kann der Unternehmer bis zur Unanfechtbarkeit der Steuerfestsetzung abgeben. Die Erklärung gilt vom Beginn des Kalenderjahres an, für das der Unternehmer sie abgegeben hat. Beginnt der Unternehmer seine gewerbliche oder berufliche Tätigkeit während des Kalenderjahres, gilt die Erklärung vom Beginn dieser Tätigkeit an. Für die Erklärung ist keine bestimmte Form vorgeschrieben. Berechnet z. B. der Unternehmer in den Voranmeldungen oder in der Steuererklärung für das Kalenderjahr die Steuer nach den allgemeinen Vorschriften des Umsatzsteuergesetzes, ist darin grundsätzlich eine Erklärung zur Option zu sehen.

Die Option bindet den Unternehmer mindestens für fünf Kalenderjahre. Die Frist ist vom Beginn des ersten Kalenderjahres an zu berechnen, für das die Erklärung gilt.

Für die Zeit nach Ablauf der Fünfjahresfrist kann der Unternehmer die Erklärung mit Wirkung vom Beginn eines Kalenderjahres an widerrufen. Der Widerruf ist spätestens bis zur Unanfechtbarkeit der Steuerfestsetzung des Kalenderjahres, für das er gelten soll, zu erklären.

Kleinunternehmer sind von der Verpflichtung zur Abgabe einer Umsatzsteuererklärung befreit.

Prüfung der Kleinunternehmerschaft

Fall 1

Sophie Kollhof hat am 01.10.01 einen Kiosk in der Stadtmitte von Köln eröffnet. Sie hat folgende Umsätze in den vergangenen Jahren erzielt:

Jahr	Nettoumsatz im Jahr in €
01	3000,00
02	20000,00
03	40000,00
04	30000,00
05	120000,00 € (100 000,00 € im September überschritten)
06	60000,00

Prüfen Sie, in welchen Jahren Frau Kollhof Kleinunternehmerin ist.

Kleinunternehmer – Umsatzberechnung

Fall 2

Andreas Reiser ist seit Anfang 01 Schuhmachermeister in Aachen. Er betreibt seine Werkstatt im eigenen Haus, in dem er auch wohnt. Eine Etage ist an einen privaten Mieter vermietet, eine andere an einen Steuerberater. Reiser hat nicht zur Umsatzbesteuerung optiert. Folgende Nettoumsätze erzielte er in den Jahren:

	01	02	03	04
Einnahmen als Schuhmacher	5000,00 €	16000,00 €	30000,00 €	25000,00 €
Mieteinnahmen	3000,00 €	3000,00 €	3000,00 €	3000,00 €
Verkauf einer alten Schneidemaschine		1400,00 €		
Vorsteuer im Zusammenhang mit der Schuhmacherwerkstatt		4000,00 €	2000,00 €	2000,00 €
Vorsteuer im Zusammenhang mit der Vermietung		230,00 €		100,00 €

a) Berechnen Sie den Gesamtumsatz nach § 19 (3) und den Umsatz gem. § 19 (1) UStG.

b) Beurteilen Sie, ob Reiser in den Jahren 01–04 Kleinunternehmer ist.

c) Prüfen Sie, ob eine Option zur Regelbesteuerung sinnvoll wäre.

5.8.11 Differenzbesteuerung

Der § 25a UStG enthält eine Sonderregelung zur Versteuerung von Gebrauchtwaren. Die Umsatzsteuer berechnet sich dabei nicht nach dem Entgelt, sondern nach der Differenz zwischen Verkaufspreis und Ein-kaufspreis. Somit wird der Wiederverkäufer so gestellt, als hätte ein Vorsteuerabzug stattgefunden. Wesentliche Voraussetzungen sind, dass der Gegenstand durch einen Unternehmer erworben wird, der ihn weiterveräußern will (sog. Wiederverkäufer). Der Kauf des Gegenstandes darf nicht umsatzsteuerpflichtig sein, somit muss der Verkäufer ein Privatmann oder ein Kleinunternehmer sein oder es muss eine Steuer-befreiung vorliegen. In der folgenden Übersicht werden die weiteren Voraussetzungen aufgeführt:

- Lieferung nach § 1 (1) Nr. 1 UStG
- von beweglichen körperlichen Gegenständen (außer Edelsteine oder Edelmetalle),
- liefernder Unternehmer ist Wiederverkäufer,
- Gegenstände wurden im Gemeinschaftsgebiet an den Wiederverkäufer geliefert,
- für die Lieferung an den Wiederverkäufer wird keine Umsatzsteuer geschuldet oder nach § 19 UStG nicht erhoben.

Dem Wiederverkäufer ergeben sich folgende Möglichkeiten zur Berechnung der Bemessungsgrundlage:

Einzeldifferenzbesteuerung	**Gesamtdifferenzbesteuerung**
	(nur für Gegenstände mit einem Einkaufspreis < = 500,00 € je Umsatz)
Verkaufspreis	Summe aller Verkaufspreise im Besteuerungszeitraum
– Einkaufspreis	– Summe aller Einkaufspreise im Besteuerungszeitraum
= Differenz (brutto)	= Gesamtdifferenz (brutto)
– Umsatzsteuer	– Umsatzsteuer
= Differenz (netto)	= Gesamtdifferenz netto
= Bemessungsgrundlage	= Bemessungsgrundlage

Folgende Konsequenzen ergeben sich aus der Differenzbesteuerung:

- Der Steuersatz beträgt stets 19 % (§ 25a (5) UStG).
- Es ist kein gesonderter Umsatzsteuerausweis möglich (§ 25a (6) UStG).
- Es ist kein Vorsteuerabzug für den Gegenstand möglich (§ 25a (5) UStG).
- Es besteht eine Möglichkeit zur Option zur Regelbesteuerung (§ 25a (8) UStG).

Fall **Differenzbesteuerung (§ 25a UStG)**

Prüfen Sie in den folgenden Fällen, ob eine Differenzbesteuerung möglich ist, und berechnen Sie ggf. die Bemessungsgrundlage nach der Einzeldifferenzbesteuerung:

a) Der Autohändler A kauft von einem Privatmann einen gebrauchten Wagen für 4000,00 €. Er kann den Wagen für 5500,00 € an einen anderen Kunden weiterverkaufen.

b) Welcher Unterschied ergibt sich, falls der Wagen von einem Rechtsanwalt angekauft wurde, der den Wagen als betriebliches Fahrzeug benutzt hat?

c) Welcher Unterschied ergibt sich, falls der Wagen von einem Arzt angekauft wurde?

d) Außerdem hat A von einem Privatmann einen Gebrauchtwagen für 3000,00 € angekauft. Nach einer aufwendigen Reparatur im Wert von 4000,00 € (netto) entnimmt er den Wagen dem Unternehmen, um ihn seiner Frau zu schenken.

6 Mindmap Bewertungsgesetz

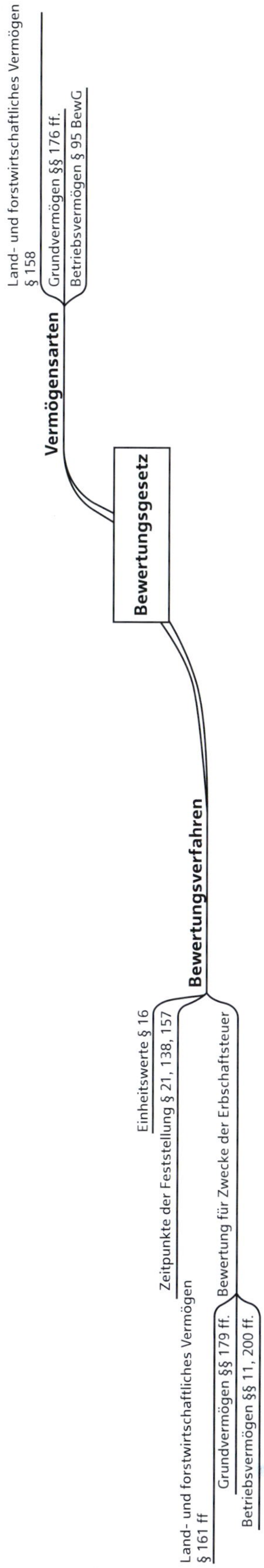

6 Bewertungsgesetz

6.1 Einführung in das Bewertungsgesetz

Das Bewertungsgesetz ist am 10.08.1925 eingeführt worden, um steuerübergreifend einheitliche Werte festzulegen. Für alle Steuern, die an Vermögenswerte anknüpfen, sollte ein einheitlicher Wert geschaffen werden (sog. Einheitswert), damit nicht für jede Steuerart eine neue Bewertung durchgeführt werden muss. Das Gesetz ist also hauptsächlich durch Arbeitserleichterung und Kosteneinsparung begründet. Folglich hat das Bewertungsgesetz nur für Steuern eine Bedeutung, die Vermögenswerte besteuern. Dazu gehören:

- die Grundsteuer,
- in ganz eingeschränktem Maße die Gewerbesteuer,
- die Erbschaft- und Schenkungsteuer,
- die Grunderwerbsteuer.

Mittlerweile bestehen aber für fast alle betroffenen Steuerarten eigene Bewertungsvorschriften. Die Einheitsbewertung besteht faktisch nicht mehr.
Für die Bewertung von Grundbesitz für die Grunderwerbsteuer gelten die Vorschriften der §§ 138 ff. BewG. Auf sie wird hier nicht näher eingegangen.
Für die Bewertung für die Erbschaftsteuer gelten die §§ 157 ff. BewG. Die folgenden Ausführungen beziehen sich auf diese Vorschriften.

6.2 Vermögensarten

Das Bewertungsgesetz kennt drei verschiedene Vermögensarten, die auch unterschiedlich bewertet werden:

- land- und forstwirtschaftliches Vermögen,
- Betriebsvermögen,
- Grundvermögen.

6.2.1 Land- und forstwirtschaftliches Vermögen

Gem. § 158 BewG gehören zum land- und forstwirtschaftlichen Vermögen alle Wirtschaftsgüter, die einem Betrieb der Land- und Forstwirtschaft dienen.

Zu den Wirtschaftsgütern der Land- und Forstwirtschaft gehören insbesondere:

- Grund und Boden
- Wohn- und Wirtschaftsgebäude
- stehende Betriebsmittel (z. B. Maschinen, Geräte)
- normaler Bestand an umlaufenden Betriebsmitteln (z. B. Getreide, Erzeugnisse)

Nicht zum land- und forstwirtschaftlichen Vermögen gehören:

- Geld
- Geldforderungen
- Geschäftsguthaben
- Geldschulden
- Überbestände an umlaufenden Betriebsmitteln

Fall **Land- und forstwirtschaftliches Vermögen (§ 33 BewG)**

Prüfen Sie im folgenden Fall, welche Wirtschaftsgüter zum land- und forstwirtschaftlichen Vermögen gehören:

a) Stall
b) Scheune
c) Überbestände an Düngemitteln
d) Getreidelager
e) Forderungen gegen Kunden
f) Bankguthaben
g) Wohnhaus des Landwirts
h) Verbindlichkeiten gegenüber Lieferanten

6.2.2 Grundvermögen

Zum Grundvermögen gehören gem. § 176 BewG insbesondere der Grund und Boden, Gebäude und Eigentumswohnungen. Wenn sich ein Grundstück in land- und forstwirtschaftlichem oder Betriebsvermögen befindet, ist es (mit Ausnahmen) dieser Vermögensart zuzurechnen.
Das Bewertungsgesetz unterscheidet in zwei Grundvermögensarten: die unbebauten und die bebauten Grundstücke.
Zu den unbebauten Grundstücken gehören gem. § 178 BewG Grundstücke, auf denen sich kein benutzbares Gebäude befindet.
Zu den bebauten Grundstücken gehören gem. § 180 BewG Grundstücke, auf denen sich ein benutzbares Gebäude befindet. Gebäudeteile, die fertiggestellt und bezugsfertig sind, sind dabei als benutzbare Gebäude anzusehen. Folgende Arten werden gem. § 181 BewG bei den bebauten Grundstücken unterschieden:

Mietwohngrundstücke	Grundstücke, die zu mehr als 80 % (berechnet nach der Wohnfläche) Wohnzwecken dienen. Ausnahmen sind dabei Ein- und Zweifamilienhäuser.
Geschäftsgrundstücke	Grundstücke, die zu mehr als 80 % (berechnet nach der Nutzfläche) eigenen oder fremden gewerblichen Zwecken dienen
Gemischt genutzte Grundstücke	Grundstücke, die teils gewerblichen, teils Wohnzwecken dienen und nicht einer anderen Grundstücksart zugerechnet werden können
Ein- und Zweifamilienhäuser	Wohngrundstücke, die bis zu zwei Wohnungen enthalten und kein Wohnungseigentum sind. Ein Grundstück gilt auch dann als Ein- oder Zweifamilienhaus, wenn es bis zu 50 % zu anderen Zwecken genutzt wird und die Eigenart als Ein- oder Zweifamilienhaus nicht wesentlich beeinträchtigt wird.
Wohnungs- und Teileigentum	Eigentum an einer Wohnung und an nicht zu Wohnzwecken dienenden Räumen im Rahmen einer Miteigentümergesellschaft
Sonstige bebaute Grundstücke	alle anderen Gebäude (z. B. Sporthallen)

Fall **Grundvermögen (§§ 176 ff. BewG)**

Prüfen Sie, welcher Grundstücksart die folgenden Grundstücke zuzurechnen sind:

a) Grundstück mit Gebäude, das von einem Supermarkt genutzt wird.
b) Grundstück mit Gebäude, das von privaten Mietern genutzt wird.
c) Grundstück mit vermieteten Parkplätzen.
d) Grundstück mit Gebäude, das wie folgt vermietet ist:

Gebäudeteil	Nutzung	Nutzfläche
Erdgeschoss	Verkaufsladen	120 m²
1. Obergeschoss	Rechtsanwalt	100 m²
2. Obergeschoss	Wohnung	50 m²

e) Grundstück mit Gebäude, das zu 70 % betrieblich und zu 30 % zu Wohnzwecken genutzt wird.

6.2.3 Betriebsvermögen

Für die Beurteilung, ob ein Wirtschaftsgut zum Betriebsvermögen gehört, gelten die Regelungen des EStG (§ 95 BewG). Dies gilt sowohl für das betriebsnotwendige als auch für das gewillkürte Betriebsvermögen[1].

Rücklagen sind gem. § 103 (3) BewG grundsätzlich nicht abzugsfähig.

Zum Betriebsvermögen von Personengesellschaften gehören gem. § 97 (1) Nr. 5 BewG auch die Wirtschaftsgüter und Schulden, die im Eigentum eines Gesellschafters stehen, soweit sie durch die Gesellschaft genutzt werden und damit zu deren Betriebsvermögen zu rechnen sind (sog. Sonderbetriebsvermögen).

Freiberufler werden i. S. d. Bewertungsgesetzes wie Gewerbetreibende behandelt (§ 96 BewG).
Bei nicht bilanzierenden Gewerbetreibenden und freiberuflich Tätigen gilt für die Zugehörigkeit zum Betriebsvermögen Folgendes:

- Wirtschaftsgüter, die ausschließlich dem Betrieb dienen, gehören zum notwendigen Betriebsvermögen.
- Wirtschaftsgüter, die ausschließlich privaten Zwecken dienen, gehören zum notwendigen Privatvermögen.
- Wirtschaftsgüter, die gemischt genutzt werden, sind dem Betriebsvermögen zuzurechnen, falls sie zu mehr als 50 % eigenbetrieblich genutzt werden.

Betriebsvermögen (§§ 95 ff. BewG) Fall

Prüfen Sie, ob folgende Wirtschaftsgüter zum Betriebsvermögen gehören:

a) Maschinen eines Werkzeugherstellers (Gewinnermittlung § 5 EStG).
b) Büroeinrichtung eines Steuerberaters (Gewinnermittlung § 4 (3) EStG).
c) Lagerhalle eines Großhändlers (Gewinnermittlung § 5 EStG).
d) Gebäude eines Einzelhändlers, das zu 30 % an private Mieter vermietet ist (Gewinnermittlung § 5 EStG).
e) Private Wohnung eines Unternehmers (Gewinnermittlung § 5 EStG).
f) Pkw, der zu 40 % betrieblich und zu 60 % privat genutzt wird (Gewinnermittlung § 5 EStG). Der Pkw wurde dem Betriebsvermögen zugeordnet.
g) Gebäude eines Unternehmers, das zu 30 % die Büroräume beinhaltet und zu 70 % an private Mieter vermietet ist (Gewinnermittlung § 5 EStG).
h) Pkw eines Rechtsanwalts, der zu 20 % privat und zu 80 % betrieblich genutzt wird (Gewinnermittlung § 4 (3) EStG).
i) Grundstück des Gesellschafters I, das er an die I & J OHG vermietet hat, an der er als Gesellschafter beteiligt ist.
j) Unternehmer J setzt in seiner Bilanz eine Rücklage gem. § 6b EStG an.

6.3 Bewertungsverfahren

6.3.1 Einheitswerte

Die Werte für die verschiedenen Vermögensarten werden durch sogenannte **Einheitswerte** (§ 19 (1) BewG, § 180 AO) festgelegt.
Über diese Festlegung ergeht ein gesonderter Steuerbescheid, der sog. Einheitswertbescheid. Die gesonderte Feststellung gilt nicht nur für Grundbesitzwerte, sondern auch für den Wert des Betriebsvermögens, den Wert von Anteilen an Kapitalgesellschaften und den Wert von anderen Vermögensgegenständen, an denen mehrere Personen beteiligt sind (§§ 151–156 BewG). Er bildet die Grundlage für alle anderen Steuerbescheide (z. B. Grundsteuerbescheid, Erbschaftsteuerbescheid). Man nennt ihn deshalb auch den Grundlagenbescheid, den daraus resultierenden Bescheid Folgebescheid.

[1] Vgl. Kapitel 9.3.4.1

6.3.2 Zeitpunkt der Feststellung

Gemäß § 21 BewG sind die Einheitswerte alle 6 Jahre festzustellen (sog. Hauptfeststellung). Die Werte werden jeweils zum 01.01. festgelegt. Für den Grundbesitz ist die Hauptfeststellung allerdings letztmals zum 01.01.1964 erfolgt.

In der Praxis werden die Einheitswerte entgegen dem § 21 BewG nicht mehr alle 6 Jahre neu festgelegt. Für die Erbschaftsteuer und für die Grunderwerbsteuer gelten die alten Einheitswerte nicht mehr. Für diese Steuern werden, falls notwendig, eigene Werte festgestellt, die die tatsächlichen Verhältnisse zum Besteuerungszeitpunkt und die Wertverhältnisse zum Besteuerungszeitpunkt berücksichtigen (§§ 138 ff. BewG, §§ 157 ff. BewG). So werden beispielsweise Grundstücke und Betriebe, die nicht verschenkt oder vererbt werden, nicht mehr neu bewertet.

Für die übrigen Steuern, insbesondere die Gewerbesteuer und die Grundsteuer, gelten die alten Einheitswerte weiterhin, werden aber nicht mehr neu festgelegt. Allerdings sind für die Gewerbesteuer gemäß § 121 a BewG für Grundstücke in den alten Bundesländern die Werte zum 01.01.1964 mit 140 % anzusetzen. Für den Grundbesitz in den neuen Bundesländern existieren nur Einheitswerte für das Jahr 1935. Sie sind gem. § 133 BewG je nach Grundstücksart unterschiedlich anzupassen:

- Mietwohngrundstücke mit 100 %,
- Geschäftsgrundstücke mit 400 %,
- gemischt genutzte Grundstücke, Einfamilienhäuser und sonstige bebaute Grundstücke mit 250 %,
- unbebaute Grundstücke mit 600 %

des Einheitswertes von 1935.

6.3.3 Bewertungsmaßstäbe

Das Bewertungsgesetz kennt verschiedene Bewertungsmaßstäbe, mit denen der Wert für einen Vermögensgegenstand festgestellt wird:

Wertmaßstab	Ermittlung	Vermögensgegenstand
Gemeiner Wert (§ 9)	Verkaufswert	Grundsatz, falls kein anderer Wert vorgesehen ist
Teilwert (§ 10)	Der Wert, den ein Erwerber des ganzen Unternehmens im Rahmen des Gesamtkaufpreises für das einzelne Wirtschaftsgut ansetzen würde.	Wirtschaftsgüter eines Unternehmens
Kurswert (§ 11 (1))	Börsenwert	an der Börse gehandelte Wertpapiere
Nennwert (§ 12 (1))	vertraglich vereinbarter Wert	alle Kapitalforderungen, die nicht in § 11 (1) genannt sind, z. B. Darlehen, Sparbriefe, Lebensversicherungen und Schulden, außer sie sind Betriebsvermögen (dann Steuerbilanzwert)
Rückkaufswert (§ 12 (4))	Erstattungswert der Versicherung	noch nicht fällige Ansprüche aus Lebens-, Kapital- und Rentenversicherungen
Kapitalwert (§ 13 (1))	Summe der einzelnen Jahreswerte unter Abzug der Zinsen und Zinseszinsen (Anlage 9a BewG)	wiederkehrende Nutzen und Leistungen (z. B. Renten, Unterhaltsleistungen)

Fall **Bewertungsmaßstäbe**

Stellen Sie für folgende Wirtschaftsgüter die Werte gem. Bewertungsgesetz fest:

a) Aktien, die zu 50,00 € pro Stück angeschafft wurden. Der aktuelle Börsenwert beträgt 75,00 €.

b) Lebenslange Rente aus einer Lebensversicherung. Der Kapitalwert beträgt 240 000,00 €, der Wert der geleisteten Beiträge 220 000,00 €.

c) Darlehen über 50 000,00 € an einen Geschäftsfreund.

d) Wert für einen PC eines Unternehmers laut Steuerbilanz 1 200,00 €. Die Anschaffungskosten betrugen 3 600,00 €, der momentane Wiederbeschaffungswert liegt bei 1 500,00 €.

6.3.4 Bewertung für Zwecke der Erbschaft- und Schenkungsteuer

Im Folgenden werden die Bewertungsvorschriften für die Erbschaft- und Schenkungsteuer dargestellt. Für die Grunderwerbsteuer gelten die Bewertungsvorschriften der §§ 138 ff. BewG, für alle anderen Steuerarten gelten die alten Einheitswerte fort, die nicht mehr neu festgelegt werden.

6.3.4.1 Bewertung des land- und forstwirtschaftlichen Vermögens

Die Bewertungsregelungen sind in den §§ 161 ff. BewG festgelegt. Zur Bewertung wird das Vermögen in einen Wirtschafts- und einen Wohnteil zerlegt.
Der Betriebsteil wird durch ein typisierendes Reinertragwertverfahren ermittelt.
Der Wert des Wohnteils ergibt sich nach den Bewertungsregelungen für das Grundvermögen.

6.3.4.2 Bewertung des Grundvermögens

Die Regelungen zur Bedarfsbewertung von Grundstücken finden sich in den §§ 176 ff. BewG. Für die Bewertung dem Grunde nach (z.B. ob ein Grundstück zum Vermögen gehört oder nicht) ist der Besteuerungszeitpunkt (z.B. der Tag des Erbes), für die Bewertung der Höhe nach (z.B. der Wert des vererbten Grundstücks) sind die Wertverhältnisse ebenfalls zum jeweiligen Besteuerungszeitpunkt entscheidend.

6.3.4.2.1 Bewertung unbebauter Grundstücke

Der Wert unbebauter Grundstücke ergibt sich gem. § 179 BewG wie folgt:

Bodenrichtwert zum Besteuerungszeitpunkt · m^2
= Grundstückswert

Die Bodenrichtwerte wurden durch Gutachterausschüsse nach dem Baugesetzbuch festgestellt. Sie können beim Finanzamt erfragt werden. Sind keine Werte ermittelt worden, müssen die Werte vergleichbarer Flächen angesetzt und um 20 % ermäßigt werden.

Weist der Steuerpflichtige nach, dass der gemeine Wert niedriger ist, so kann dieser gem. § 138 (4) BewG als Grundstückswert angesetzt werden.

Bewertung unbebauter Grundstücke Fall

Elisabeth Deuss hat am 15.03.01 ein Grundstück von ihrem Vater geerbt. Das Grundstück ist unbebaut und 200 m^2 groß. Der Bodenrichtwert zum Besteuerungszeitpunkt für dieses Grundstück beträgt umgerechnet 120,00 €/m^2. Ein Gutachten bestätigt, dass das Grundstück einen Verkehrswert von 20000,00 € hat.

Mit welchem Wert wird das Grundstück für die Zwecke der Erbschaftsteuer bewertet?

6.3.4.2.2 Bewertung bebauter Grundstücke

Zur Bewertung bebauter Grundstücke gibt es drei verschiedene Verfahren:

- Vergleichswertverfahren für Wohnungseigentum, Teileigentum und Ein- und Zweifamilienhäuser
- Ertragswertverfahren für Mietwohngrundstücke, Geschäftsgrundstücke und gemischt genutzte Grundstücke, für die sich eine übliche Miete ermitteln lässt
- Sachwertverfahren für Grundstücke, wenn kein Vergleichswert oder eine übliche Miete zu ermitteln ist und für sonstige bebaute Grundstücke

Beim **Vergleichswertverfahren** sind Kaufpreise von vergleichbaren Grundstücken heranzuziehen. Grundlage sind vorrangig die von den Gutachterausschüssen i. S. d. § 192 Baugesetzbuch mitgeteilten Vergleichspreise.

Beim **Ertragswertverfahren** werden der Grundstückswert und der Gebäudewert getrennt ermittelt. Es ist mindestens der Grundstückswert anzusetzen.

Der Grundstückswert wird nach den Vorschriften für unbebaute Grundstücke (§ 179 BewG) ermittelt.

Der Gebäudeertragswert wird wie folgt ermittelt:

Rohertrag	Miete der letzten zwölf Monate ohne Umlagen; für Gebäude, für die keine Miete zu ermitteln ist oder eine um mehr als 20 % abweichende Miete berechnet wird, ist die übliche Miete anzusetzen
– Bewirtschaftungskosten	nach Erfahrungssätzen angesetzte Verwaltungskosten, Betriebskosten, Instandhaltungskosten und das Mietausfallwagnis, soweit sie nicht durch Umlagen abgedeckt sind Die Erfahrungssätze werden durch die Gutachterausschüsse festgelegt, ansonsten sind sie aus der Anlage 23 des BewG zu entnehmen.
= Reinertrag	
– Angemessene Verzinsung des Bodenrichtwertes	bei der Verzinsung sind die Liegenschaftszinssätze der Gutachterausschüsse anzuwenden. Liegen diese nicht vor, so sind die Zinssätze des § 188 (2) BewG anzuwenden.

= Gebäudereinertrag · Vervielfältiger der Anlage 21 des BewG

Zusammen mit dem Bodenwert ergibt sich der Ertragswert.

Beim **Sachwertverfahren** sind der Wert des Gebäudes und der des Grundstücks getrennt zu ermitteln. Der Wert des Grundstücks wird nach § 179 BewG ermittelt. Der Gebäudesachwert ergibt sich gem. § 190 BewG aus der Multiplikation der Regelherstellungskosten (Anlage 24 des BewG) mit der Bruttogrundfläche. Davon ist eine Alterswertminderung abzuziehen (Anlage 22 des BewG), die sich aus dem Verhältnis des Alters des Gebäudes und der wirtschaftlichen Gesamtnutzungsdauer der Anlage 22 des BewG ergibt.

Zusammen mit dem Grundstückswert ergibt sich der Sachwert.

Fall 1 **Bewertung bebauter Grundstücke**

a) Caroline Beier hat von ihrem Vater ein Einfamilienhaus geerbt. Der Einheitswert auf den 01.01.1964 beträgt 21 000,00 €. Ein vergleichbares Haus hat einen durchschnittlichen Kaufpreis von 250 000,00 € erzielt.
Welcher Wert ist für die Zwecke der Erbschaftsteuer anzusetzen?

b) Gregor Diefenbach hat am 31.03.04 von seinem Vater ein Mehrfamilienhaus geerbt. Die monatlichen Mieteinnahmen betrugen insgesamt 3 000,00 €. Die Restnutzungsdauer beträgt 70 Jahre. Der Liegenschaftszinssatz des Gutachterausschusses wurde auf 7 % festgelegt. Die Fläche des Grundstückes beträgt 500 m^2. Der Bodenrichtwert beläuft sich auf 200,00 €/m^2.
Welcher Wert ist für die Zwecke der Erbschaftsteuer anzusetzen?

Fall 2 **Bewertung bei Sonderfällen**

Edgar Schneider möchte sich zur Ruhe setzen und überträgt am 30.06.02 seinem Sohn seine Kfz-Werkstatt. Sie wurde im Jahr 1980 errichtet. Der Ausstattungsstandard entspricht der Stufe 3, das Gebäude ist eingeschossig. Dazu gehört ein Grundstück über 1 200 m^2. Der Bodenrichtwert beläuft sich auf 80,00 €/m^2. Der gemeine Wert des Grundstücks mit Gebäude wird auf 800 000,00 € geschätzt.

Ermitteln Sie den Wert des Gebäudes und des Grundstücks für die Zwecke der Erbschaft- und Schenkungsteuer zum 30.06.02. Das Alter des Gebäudes beträgt 30 Jahre.

6.3.4.3 Bewertung des Betriebsvermögens

Die Bewertung des Betriebsvermögens erfolgt zum Zeitpunkt der Entstehung der Steuer. Für das Betriebsvermögen ist die Bewertung nur noch für die Erbschaft- und Schenkungsteuer notwendig, sodass der Bewertungszeitpunkt immer der Erwerbszeitpunkt (Tod oder Schenkung) i. S. d. Erbschaft- und Schenkungsteuergesetzes ist. Der Wert des Betriebsvermögens ist gesondert festzustellen (§§ 151–156 BewG). Insofern ist eine gesonderte Feststellungserklärung abzugeben. Früher erfolgte die Bewertung im Rahmen der Festsetzung der Erbschaft- und Schenkungsteuer.

Die Bewertung des Betriebsvermögens erfolgt gem. § 11 (2) BewG mit dem gemeinen Wert. Der gemeine Wert ist in erster Linie aus den Verkäufen unter fremden Dritten abzuleiten, die weniger als ein Jahr vor dem Besteuerungszeitpunkt zurückliegen. Fehlen derartige zeitnahe Verkäufe, ist der gemeine Wert unter Berücksichtigung der Ertragsaussichten zu schätzen. Als Minimum ist der gemeine Wert aller Vermögensgegenstände abzüglich der Schulden anzusetzen. Für börsennotierte Unternehmen ist der Kurswert zum jeweiligen Stichtag anzusetzen.

Als Ertragswertverfahren kommen in Betracht:

- Das Ertragswertverfahren nach IdW S 1, bei dem die zu erwartenden Zukunftserträge nach Steuern kapitalisiert werden. Der Kapitalisierungszinssatz setzt sich zusammen aus einem Basiszinssatz einer langfristigen Anleihe der öffentlichen Hand und einem Risikozuschlag.
- Das Discounted Cashflow-Verfahren, bei dem zu erwartende Zahlungsströme abgezinst werden.
- Die Ertragsbewertung nach einem Leitfaden der OFD Münster und Rheinland, nach dem im Ertragswertverfahren die Gewinne der letzten drei bis fünf Jahre abgezinst werden.

Außerdem kann für nicht notierte Anteile an Kapitalgesellschaften und Betriebsvermögen ein vereinfachtes Ertragswertverfahren nach §§ 200 ff. BewG angewandt werden.
Dazu wird der nachhaltig erzielbare Jahresertrag mit einem Kapitalisierungsfaktor multipliziert.

Der nachhaltig erzielbare Jahresertrag wird als Durchschnitt aus den letzten drei vor dem Bewertungsstichtag abgelaufenen Wirtschaftsjahren berechnet. Danach erfolgen bestimmte Hinzurechnungen (z. B. Abschreibung des Firmenwerts, Veräußerungsverluste) und Kürzungen (z. B. Veräußerungsgewinne) gem. § 202 BewG. Zur Abgeltung des Ertragsteueraufwandes ist das Betriebsergebnis um 30 % zu mindern.

Für die Gewinnermittlung nach § 4 (3) EStG gelten die Regelungen entsprechend.

Der Kapitalisierungsfaktor ergibt sich aus einem Basiszinssatz, den die Deutsche Bundesbank berechnet, und einem Zuschlag von 4,5 %.

Bewertung des Betriebsvermögens

Fall 1

Gabi Förster verstirbt am 31.03.04. Sie hinterlässt ihrer Tochter ein Unternehmen, das Modeartikel herstellt. Die Jahresgewinne der letzten drei Jahre betragen 150000,00 €, 220000,00 € und 190000,00 €. In allen Jahren wurde eine Sonder-AfA nach § 7g EStG in Höhe von 5000,00 € geltend gemacht. Im zweiten Jahr ergab sich ein Veräußerungsgewinn aus dem Verkauf einer GmbH-Beteiligung in Höhe von 30000,00 €.

Berechnen Sie den Wert des Betriebsvermögens nach dem vereinfachten Ertragswertverfahren. Unterstellen Sie einen Basiszinssatz von 3,5 %.

Aufteilung des Werts des Betriebsvermögens bei Personengesellschaften

Bei Personengesellschaften ist der anteilige Wert des Betriebsvermögens eines jeden Gesellschafters gem. § 97 (1a) BewG wie folgt zu berechnen:

Gemeiner Wert des Betriebsvermögens der Personengesellschaft	
– Vorabzurechnung der Kapitalkonten eines jeden Gesellschafters	Hierbei handelt es sich um die Kapitalkonten, die in der Bilanz ausgewiesen werden.
= Verbleibendes Betriebsvermögen	Das verbleibende Betriebsvermögen wird nach dem Gewinnverteilungsschlüssel des Gesellschaftsvertrages auf die Gesellschafter verteilt.
+ Gemeiner Wert der Wirtschaftsgüter – Gemeiner Wert der Schulden des Sonderbetriebsvermögens eines Gesellschafters	Darunter fallen z. B. Grundstücke und Gebäude, die ein Gesellschafter der Gesellschaft gegen ein entsprechendes Entgelt überlassen hat, oder Forderungen, die der Gesellschafter an die Gesellschaft hat. Schulden der Gesellschafter gegenüber der Gesellschaft sind als Abzug zu berücksichtigen.

Bewertungsgesetz

Berechnung des anteiligen Werts des Betriebsvermögens bei Personengesellschaften

Fall 2*

Die Finke & Fischer OHG aus Köln betreibt einen Optikergroßhandel. Der korrekt ermittelte Wert des Betriebsvermögens zum 31.12.02 beträgt 800000,00 €. Die Kapitalkonten zum 31.12.02 betragen 300000,00 € für Finke und 200000,00 € für Fischer. Die Aufteilung des Gewinns erfolgt im Verhältnis der Kapitalkonten. Finke weist in seiner Sonderbilanz ein Grundstück mit Gebäude aus, das er an die Gesellschaft vermietet hat. Der Wert beträgt 100000,00 € und ist im Wert des Betriebsvermögens enthalten. Fischer hat sich von der OHG ein Darlehen über 20000,00 € gewähren lassen, das ebenfalls bei der Ermittlung des Werts des Betriebsvermögens berücksichtigt wurde. Finke möchte sich zum 31.12.02 zur Ruhe setzen und seiner Tochter seinen Anteil an der OHG übergeben.

Berechnen Sie den anteiligen Wert des Betriebsvermögens für die Schenkung an die Tochter für erbschaft- und schenkungsteuerliche Zwecke. Benutzen Sie dabei folgende Übersicht:

	gesamt	**Finke**	**Fischer**
Gemeiner Wert des Betriebsvermögens der Personengesellschaft			
– Vorabzurechnung der Kapitalkonten eines jeden Gesellschafters			
= Verbleibendes Betriebsvermögen			
Aufteilung nach dem Gewinnverteilungs-schlüssel			
+ Gemeiner Wert der Wirtschaftsgüter/ – Gemeiner Wert der Schulden des Sonder-betriebsvermögens eines Gesellschafters			
= Anteil am Wert des Betriebsvermögens			

Fall 3 Gesamtfall

Robert Deuter, Inhaber einer Werkzeugherstellung, ist zum 30.06.04 verstorben. Er hinterlässt seiner Frau folgende Vermögenswerte:

1. Unternehmen (Werkzeugherstellung)

Die Jahresüberschüsse der letzten Jahre betrugen:

01 80000,00 €

02 70000,00 €

03 90000,00 €

Der Basiszinssatz beträgt 3,5 %.

2. Mietwohngrundstück

Das Grundstück hat eine Fläche von 500 m^2. Der Bodenrichtwert beläuft sich auf 140,00 €/m^2.

Die monatlichen Mieteinnahmen betrugen insgesamt 6000,00 €. An Bewirtschaftungskosten fielen 800,00 € monatlich an, die zu 600,00 € auf die Mieter umgelegt wurden. Der Liegenschaftszinssatz des Gutachterausschusses wurde auf 7 % festgelegt. Die Restnutzungsdauer beträgt 70 Jahre.

3. Unbebautes Grundstück

Dabei handelt es sich um Bauerwartungsland am Rande der Stadt. Das Grundstück ist 7000 m^2 groß. Der Bodenrichtwert zum Besteuerungszeitpunkt beläuft sich auf 80,00 €/m^2.

Bestimmen Sie die Vermögensarten und berechnen Sie die Werte für die einzelnen Vermögensarten.

7 Mindmap Gewerbesteuer

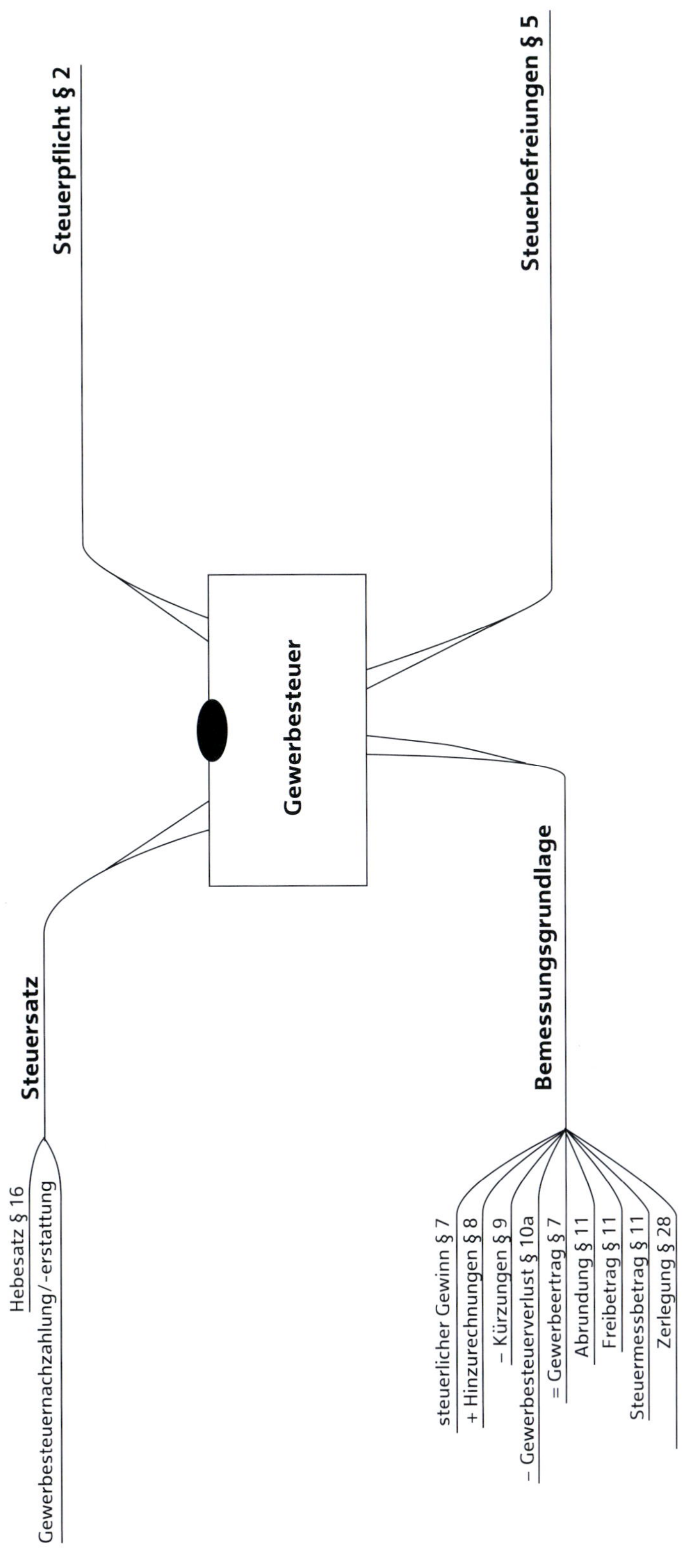

7 Gewerbesteuer

7.1 Einführung in die Gewerbesteuer

Die Gewerbesteuer ist mit 75 Mrd. € die Hauptfinanzierungsquelle der Städte und Gemeinden. Sie wurde ursprünglich mit dem Äquivalenzprinzip begründet, da sie einen Ausgleich für die zusätzlichen Aufwendungen der Gemeinden bilden sollte, die durch die Gewerbebetriebe entstanden. Mittlerweile ist die Gewerbesteuer durch zahlreiche Änderungen allerdings nicht mehr mit dem Äquivalenzprinzip zu begründen. Sie kann gem. § 35 EStG zu einem großen Teil auf die Einkommensteuer angerechnet werden, wodurch die Gewerbesteuer faktisch in vielen Fällen abgeschafft wurde.

Die Gewerbesteuer ist eine Realsteuer, die ohne Beachtung der persönlichen Verhältnisse des Steuerpflichtigen den Gewerbebetrieb besteuert.

Ihre erste gesetzliche Form hatte die Gewerbesteuer in Preußen durch das Edikt Friedrich Wilhelms III. vom 28.10.1810 über die Einführung einer allgemeinen Gewerbe-Steuer. Durch das GewStG vom 24.06.1891 wurden die freien Berufe aus dem Kreis der Steuerpflichtigen herausgenommen. Die heutige gesetzliche Grundlage ist das GewStG vom 15.10.2002 mit späteren Änderungen und den dazugehörigen Gewerbesteuerdurchführungsverordnungen (GewStDV) und den Gewerbesteuerrichtlinien (GewStR), die allerdings nur für die Finanzbeamten gelten.

Die Gewerbesteuer ist eine Besitzsteuer, deren Besteuerungsgrundlage der Gewerbetrieb ist. Da sie die unterschiedliche wirtschaftliche Leistungsfähigkeit der Steuerpflichtigen nicht berücksichtigt, ist sie eine Real- oder Objektsteuer.

Steuerschuldner, Steuerzahler und Steuerträger sind bei der Gewerbesteuer identisch, sodass es sich um eine direkte Steuer handelt.

Das Aufkommen steht den Gemeinden zu, sodass es sich um eine Gemeindesteuer handelt. Innerhalb des Finanzausgleiches zwischen Bund, Ländern und Gemeinden führen die Gemeinden eine sog. Gewerbesteuerumlage ab.

Die Gewerbesteuer ist eine Veranlagungssteuer, das heißt, dass die Steuer für jedes Kalenderjahr in einem Steuerbescheid nach Maßgabe der Steuererklärung des Steuerpflichtigen festgesetzt wird.

7.2 Die Steuerpflicht

7.2.1 Der Gewerbebetrieb

Gewerbesteuerpflichtig ist jeder stehende Gewerbebetrieb (§ 2 GewStG) und jeder Reisegewerbebetrieb (§ 35a GewStG), der im Inland betrieben wird. Reisegewerbebetreibender ist derjenige, der nach der Gewerbeordnung eine Reisegewerbekarte braucht. Ein Gewerbebetrieb wird im Inland betrieben, wenn für ihn im Inland eine Betriebsstätte i. S. d. § 12 AO betrieben wird.

Für den stehenden Gewerbebetrieb gibt es folgende Erscheinungsformen:

Gewerbebetrieb aufgrund gewerblicher Betätigung **§ 2 (1) GewStG**	Zur Definition werden die Merkmale des Gewerbebetriebs laut § 15 EStG herangezogen: • Selbstständigkeit → Liegt eine Organschaft vor, ist keine Selbstständigkeit gegeben. Die Voraussetzungen der gewerbesteuerlichen Organschaft stimmen mit denen der körperschaftsteuerlichen Organschaft überein (siehe Kapitel 4.4.10). • Nachhaltigkeit • Gewinnerzielungsabsicht • Beteiligung am allg. wirtschaftlichen Verkehr • keine Land- und Forstwirtschaft • keine selbstständige Tätigkeit
R 2.2 GewStR	Die Verpachtung eines Gewerbebetriebs im Ganzen oder eines Teilbetriebs ist grundsätzlich nicht als Gewerbebetrieb anzusehen und unterliegt daher regelmäßig nicht der Gewerbesteuer. Offene Handelsgesellschaften, Kommanditgesellschaften oder andere Personengesellschaften, die eine Tätigkeit im Sinne des § 15 (1) Nr. 1 EStG ausüben und deren Gesellschafter als Mitunternehmer anzusehen sind, sind Gewerbebetriebe nach § 2 (1) GewStG.
Gewerbebetrieb aufgrund der Rechtsform **§ 2 (2) GewStG** **R 2.4 GewStR**	Die Tätigkeit der Kapitalgesellschaften ist immer eine gewerbliche Tätigkeit. Nicht nur die gewerbliche Tätigkeit, sondern jede Tätigkeit der Kapitalgesellschaft gehört zum Gewerbebetrieb.
Gewerbebetrieb aufgrund eines wirtschaftlichen Geschäftsbetriebes **§ 2 (3) GewStG** **§ 14 AO** **R 2.1 GewStR**	Sonstige juristische Personen des privaten Rechts und nicht rechtsfähige Vereine sind mit ihrem wirtschaftlichen Geschäftsbetrieb gewerbesteuerpflichtig. → Ein wirtschaftlicher Geschäftsbetrieb ist eine selbstständige nachhaltige Tätigkeit mit Einnahmenerzielungsabsicht, die über eine Vermögensverwaltung hinausgeht.[1] → Die Gewerbesteuerpflicht begrenzt sich auf den wirtschaftlichen Geschäftsbetrieb.
Betriebe gewerblicher Art **R 2.1 GewStR**	Ein Betrieb einer öffentlichen Hand ist gewerbesteuerpflichtig, wenn er ein Betrieb gewerblicher Art gem. § 4 KStG und Gewerbebetrieb i. S. d. § 15 EStG ist. → Betriebe gewerblicher Art sind Einrichtungen, die einer wirtschaftlichen Tätigkeit zur Erzielung von Einnahmen außerhalb der Land- und Forstwirtschaft dienen und die sich aus der Gesamtbetätigung wirtschaftlich herausheben (§ 4 KStG).

Fall **Gewerbesteuerpflicht**

Prüfen Sie in den folgenden Fällen, ob eine Gewerbesteuerpflicht vorliegt.

a) Harald Mieg betreibt in Oberstdorf eine Gaststätte und ein Hotel. Sein Kollege Helmut Glassl betreibt eine Gaststätte mit Hotel in Salzburg. Um höhere Rabatte zu erzielen, haben sie ihren Einkauf zusammengelegt.

b) Die Kohlmann OHG ist eine Großbäckerei mit Sitz in Koblenz.

c) Die Baier OHG mit Sitz in Paderborn verwaltet den Besitz der beiden Gesellschafter Baier und Maurer. Der Besitz besteht aus mehreren Mietshäusern, die schon seit Jahren im Eigentum der OHG stehen.

[1] Siehe §§ 64 ff. AO, Kapitel 4.3

d) Der angestellte Klempner Friedrich Hell aus Köln erledigt in seiner Freizeit auch Aufträge auf eigene Rechnung. Seine Kunden erhält er durch Mundpropaganda.

e) Der Handelsvertreter Imhof hat sich in Düsseldorf auf den Werkzeugverkauf spezialisiert. Nach einem erfolgreich vermittelten Großauftrag erhält er ein lukratives Angebot einer Werkzeugfirma, als angestellter Reisender zu arbeiten. Er gibt seine Handelsvertretung auf und unterschreibt den Arbeitsvertrag.

f) Steuerberaterin Schneider hat in München eine Steuerberatungs-GmbH gegründet. Zusätzlich hat sie noch mit einem Kollegen eine Steuerberatungs-GbR.

g) Der Verein „Grün-Weiß 90" aus Mannheim hat neben den Einnahmen aus Mitgliedsbeiträgen noch Einnahmen aus einer Gastwirtschaft im Clubhaus. Die Einnahmen aus der Gastwirtschaft betragen 50 000,00 €.

h) Die Moser GmbH vertreibt Gartengeräte aller Art. Außerdem besitzt sie ein großes Gebäude mit mehreren geschäftlich und privat vermieteten Etagen.

i) Die Stadt Wuppertal hat die Müllentsorgung der Stadt in einen stadteigenen Betrieb ausgelagert.

7.2.2 Beginn und Ende der Gewerbesteuerpflicht

Beginn der Gewerbesteuerpflicht **R 2.5 GewStR**	Bei Einzelunternehmen und bei Personengesellschaften beginnt die Gewerbesteuerpflicht in dem Zeitpunkt, in dem alle Voraussetzungen des Gewerbebetriebs erfüllt sind. Bloße Vorbereitungshandlungen, z. B. die Anmietung eines Geschäftslokals, das erst hergerichtet werden muss, oder die Errichtung eines Fabrikgebäudes, in dem die Warenherstellung aufgenommen werden soll, begründen die Gewerbesteuerpflicht noch nicht. Die Eintragung ins Handelsregister ist ohne Bedeutung. Bei Gewerbebetrieben aufgrund der Rechtsform beginnt die Gewerbesteuerpflicht mit der Eintragung in das Handelsregister. Wird vor diesem Zeitpunkt eine nach außen in Erscheinung tretende Geschäftstätigkeit aufgenommen, beginnt die Gewerbesteuerpflicht zu diesem Zeitpunkt. Bei den sonstigen juristischen Personen des privaten Rechts und den nicht rechtsfähigen Vereinen beginnt die Steuerpflicht mit der Aufnahme eines wirtschaftlichen Geschäftsbetriebs.
Ende des Gewerbebetriebs **R 2.6 GewStR**	Die Gewerbesteuerpflicht endet bei Einzelgewerbetreibenden und bei Personengesellschaften mit der tatsächlichen Einstellung des Betriebs. Die tatsächliche Einstellung des Betriebs ist anzunehmen mit der völligen Aufgabe jeder werbenden Tätigkeit. Der Verkauf des restlichen Anlagevermögens und die Einziehung einzelner rückständiger Forderungen aus der Zeit vor der Betriebseinstellung gehören nicht mehr zum laufenden Gewerbebetrieb. Bei den Kapitalgesellschaften erlischt die Gewerbesteuerpflicht – anders als bei Einzelkaufleuten und Personengesellschaften – nicht schon mit dem Aufhören der gewerblichen Betätigung, sondern mit dem Aufhören jeglicher Tätigkeit überhaupt. Das ist grundsätzlich der Zeitpunkt, in dem das Vermögen an die Gesellschafter verteilt worden ist. Bei den sonstigen juristischen Personen des privaten Rechts und den nicht rechtsfähigen Vereinen erlischt die Steuerpflicht mit der tatsächlichen Einstellung des wirtschaftlichen Geschäftsbetriebs.

Fall **Beginn und Ende der Gewerbesteuerpflicht**

Prüfen Sie in den folgenden Fällen, ob eine Gewerbesteuerpflicht vorliegt, und bestimmen Sie, wann die Gewerbesteuerpflicht beginnt bzw. endet.

a) Schreinermeister Panitz aus Hamburg hat beschlossen, sich selbstständig zu machen. Er hat Anfang März ein geeignetes Gebäude für seine Werkstatt angemietet. Im April kaufte er die notwendigen Maschinen und Werkzeuge sowie Material, sodass er Anfang Mai mit der Bearbeitung des ersten Auftrages beginnen konnte.

b) Ilona Kern will als Versicherungsmaklerin zusammen mit Beate Karcher, einer Bankkauffrau, eine Finanzdienstleistungs-GmbH gründen. Der Gesellschaftsvertrag wird am 10.04.01 abgeschlossen und notariell beurkundet. Ab Anfang Mai hat man die entsprechenden Büroräume angemietet, die man im Laufe des Monats einrichtet. Ab Juni 01 werden die ersten Geschäfte abgewickelt. Die Eintragung in das Handelsregister erfolgt am 15.07.01.

c) Joachim Holz will aus Altersgründen seinen Buchhandel aufgeben. Anfang Oktober stellt er seinen Wareneinkauf ein und beginnt mit dem Ausverkauf. Ab dem 01.12.01 schließt er den Laden. Im Dezember verkauft er noch die Ladeneinrichtung und wickelt alle sonstigen ausstehenden Verpflichtungen ab. Der Mietvertrag des Ladens endet zum 31.12.01.

d) Hans Werner und Susanne Hilmer sind beide Eigentümer der Werner GmbH. Aufgrund von Streitigkeiten hat man sich entschlossen, die GmbH aufzulösen. Am 04.10.01 wird ein Antrag auf Löschung der GmbH im Handelsregister gestellt. Die endgültige Löschung erfolgt am 20.11.01. Daraufhin verteilen die Gesellschafter das restliche Vermögen zu je ½ am 30.11.01.

7.3 Die Steuerbefreiungen

Einige Personen und Vereinigungen sind von der Gewerbesteuer befreit. Zu den wichtigsten zählen gem. § 3 GewStG:

- bestimmte Banken (z. B. Deutsche Bundesbank, Kreditanstalt für Wiederaufbau),
- Körperschaften und Personenvereinigungen, die einem gemeinnützigen, mildtätigen oder kirchlichen Zweck i. S. d. §§ 51–68 AO dienen, außer es wird ein wirtschaftlicher Geschäftsbetrieb unterhalten,
- private Schulen und andere Einrichtungen, die nach § 4 Nr. 21 UStG steuerbefreit sind,
- Krankenhäuser, Altenheime und ähnliche Einrichtungen, wenn sie die Voraussetzungen des § 3 Nr. 20 GewStG erfüllen.

Fall **Steuerbefreiungen**

Prüfen Sie mithilfe des § 3 GewStG, ob folgende Gewerbebetriebe von der Gewerbesteuer befreit sind.

a) Speditionsunternehmen

b) Sparkassen

c) private Kreditinstitute

d) öffentliche Krankenanstalten

e) private Sanatorien

f) Weingroßhandlungen

g) Barmer Ersatzkasse

h) Volkshochschulen

i) gemeinnützige Wohnungsunternehmen

7.4 Die Bemessungsgrundlage

7.4.1 Grundlagen

Die Bemessungsgrundlage der Gewerbesteuer ist der Gewerbesteuermessbetrag. Ausgangspunkt der Ermittlung ist der steuerliche Gewinn aus Gewerbebetrieb, der nach den Vorschriften des Einkommensteuer- oder Körperschaftsteuergesetzes zu ermitteln ist. Ausnahmen bestehen für Betriebsausgaben oder -einnahmen, die nicht dem laufenden Gewerbebetrieb zuzuordnen sind. Weitere spezielle Ausnahmen finden sich in R 7.1 GewStR. Bilanzsteuerrechtliche Bewertungswahlrechte sind für die Einkommensteuer bzw. Körperschaftsteuer und die Gewerbesteuer einheitlich auszuüben.

Bei Einzelunternehmen und Personengesellschaften entspricht der gewerbesteuerliche Gewinn grundsätzlich dem Gewinn aus Gewerbebetrieb gem. § 15 EStG. Insbesondere bei Personengesellschaften ist zu beachten, dass Tätigkeitsvergütungen im Dienste der Gesellschaft, Zinsen für die Hingabe von Darlehen und Miete für die Hingabe von Wirtschaftsgütern durch den Gesellschafter (sog. Sonderbetriebsausgaben bzw. -einnahmen[1]) (§ 15 (1) Nr. 2 EStG), die der Gesellschafter von der Gesellschaft erhalten hat, auch in den Gewinn für Zwecke der Gewerbesteuer mit einfließen.

Bei Kapitalgesellschaften entspricht der gewerbesteuerliche Gewinn dem Gesamtbetrag der Einkünfte nach dem KStG[2].

Der **Gewinn aus der Veräußerung** oder der Aufgabe des Gewerbebetriebs gehört nicht zum **Gewerbeertrag** (R 7.1 GewStR). Gleiches gilt für die Veräußerung von Anteilen an einer Personengesellschaft. Nach der Meinung der Finanzverwaltung gilt die Befreiung nicht für die Veräußerung eines Bruchteils eines Mitunternehmeranteils. Die Ansicht ist in der Literatur allerdings umstritten. Wenn der Veräußerer eine Kapitalgesellschaft war, ist der Veräußerungsgewinn nicht von der Gewerbesteuer befreit und gehört zum Gewerbeertrag (§ 7 Satz 2 GewStG).

Der steuerliche Gewinn wird erhöht um die Hinzurechnungen nach § 8 GewStG und vermindert um die Kürzungen gem. § 9 GewStG. Daraus ergibt sich der Gewerbeertrag (§ 7 GewStG), von dem zusätzlich ein gesondert festgestellter Gewerbeverlust gem. § 10a GewStG abzugsfähig ist.

Folgende Übersicht stellt die Ermittlung des Gewerbesteuermessbetrags dar:

	Einkommen- oder körperschaftsteuerlicher Gewinn
+	Hinzurechnungen (§ 8 GewStG, siehe Kapitel 7.4.2)
–	Kürzungen (§ 9 GewStG, siehe Kapitel 7.4.3)
–	Gewerbeverlust (§ 10a GewStG, siehe Kapitel 7.4.4)
=	Gewerbeertrag (§ 7 GewStG)
→	Abrundung auf volle 100,00 € (§ 11 GewStG)
–	Freibetrag von 24 500,00 € für natürliche Personen und Personengesellschaften (§ 11 GewStG)
=	Zwischensumme
·	Steuermesszahl von 3,5 % (§ 11 GewStG)
=	**Steuermessbetrag nach dem Gewerbeertrag = Bemessungsgrundlage**

Gewerbesteuer

[1] Siehe Kapitel 9.3.5
[2] Siehe Kapitel 4.4

Fall **Übersicht zur Berechnung des Gewerbesteuermessbetrages**

(1) Die Geschwister Schrimpf OHG aus Solingen, Buchbinder, erzielten in 01 einen handelsrechtlichen Gewinn in Höhe von 63558,00 €. An Tätigkeitsvergütungen wurden für die beiden Gesellschafterinnen je 20000,00 € in 01 gezahlt. Die Hinzurechnungen betrugen in 01 3400,00 €, die Kürzungen 1200,00 €. Aus dem Vorjahr bestand noch ein vortragsfähiger Gewerbeverlust in Höhe von 5000,00 €.

Berechnen Sie den Gewerbesteuermessbetrag in einer übersichtlichen Darstellung.

(2) Die Walter GmbH aus Dresden erzielte in 01 einen körperschaftsteuerlichen Gewinn in Höhe von 70000,00 €. Die Hinzurechnungen betragen 10000,00 €, die Kürzungen 5000,00 €.

Berechnen Sie den Gewerbesteuermessbetrag in einer übersichtlichen Darstellung.

(3) Artur Liese aus Augsburg ist Eigentümer eines Zigarettenladens. Zum 01.01.01 gibt er seinen Laden aus Altersgründen auf. Bis zu diesem Zeitpunkt hat er einen Gewinn von 23000,00 € erzielt. Für den Laden konnte er einen Käufer finden. Nach Abzug aller Aufwendungen ergibt sich ein Veräußerungsgewinn von 90000,00 €.

Berechnen Sie den gewerbesteuerlichen Gewinn.

(4) Die Eisele OHG wird von den Geschwistern Klaus und Jutta Eisele betrieben. Der vorläufige Gewinn der OHG beträgt 75000,00 €. Beide Gesellschafter haben eine Tätigkeitsvergütung für die Geschäftsführung der OHG in Höhe von 2500,00 € monatlich erhalten. Klaus Eisele hat der OHG ein Darlehen in Höhe von 100000,00 € gewährt, für das er pro Jahr 7 % Zinsen erhält. Außerdem betreibt die OHG ihren Betrieb auf einem Grundstück, das sie von Jutta Eisele gemietet hat. Dafür wurde eine Miete in Höhe von 5000,00 € gezahlt. Außerdem wurden aus betrieblichen Mitteln Spenden in Höhe von 3000,00 € an eine gemeinnützige Organisation gezahlt. Alle Beträge wurden als Aufwand gebucht.

Berechnen Sie den steuerlichen Gewinn, der der Gewerbesteuer zu unterwerfen ist.

7.4.2 Hinzurechnungen

Ziel der Regelungen über die Hinzurechnungen und die Kürzungen ist, die objektive Ertragskraft eines Betriebes zu ermitteln. Das Gewerbesteuergesetz geht davon aus, dass die unterschiedlichen Steuerpflichtigen (z. B. natürliche Person oder Kapitalgesellschaft) eine unterschiedliche Ertragskraft haben, die durch Korrekturen wieder objektiviert werden muss. Hinzugerechnet werden nur Beträge, die bei der Ermittlung des Gewinns abgesetzt wurden.

Die wichtigsten Hinzurechnungen sind:

- Zinsen und Finanzierungsanteile (§ 8 Nr. 1 GewStG)
- Dividenden, die nach § 3 Nr. 40 EStG oder § 8b KStG außer Ansatz bleiben (§ 8 Nr. 5 GewStG)
- Anteile am Verlust einer Personengesellschaft (§ 8 Nr. 8 GewStG)
- Spenden bei Kapitalgesellschaften, soweit sie als Betriebsausgabe angesetzt wurden (§ 8 Nr. 9 GewStG)

7.4.2.1 Hinzurechnung von Zinsen und Finanzierungsanteilen (§ 8 Nr. 1 GewStG, BMF-Schreiben vom 02.07.2012)

Hinzuzurechnen sind 25 % der Summe aus:

- Entgelten für Schulden. Davon ausgenommen sind geschäftsübliche Skonti, Boni und Rabatte. Zinsaufwand, der wegen der Zinsschranke des § 4h EStG und des § 8a KStG den Gewinn aus Gewerbebetrieb nicht gemindert hat, wird nicht hinzugerechnet. Die Hinzurechnung erfolgt erst, wenn der Vortrag erfolgt ist. Maßgeblich ist allein die Abzugsfähigkeit für Ertragssteuerzwecke.
- Renten und dauernden Lasten.
- Gewinnanteilen des stillen Gesellschafters.
- 20 % der Mieten und Pachten (einschließlich Leasing) für die Benutzung von beweglichen Wirtschaftsgütern des Anlagevermögens, die im Eigentum eines anderen stehen. Bei Elektro- und Hybridfahrzeugen ist nur die Hälfte der Hinzurechung anzusetzen.
- 50 % der Mieten und Pachten (einschließlich Leasing) für die Benutzung von unbeweglichen Wirtschaftsgütern des Anlagevermögens, die im Eigentum eines anderen stehen.
- 25 % der Aufwendungen für zeitlich befristete Überlassung von Rechten.

Eine Hinzurechnung erfolgt nur für die Summe aller Finanzierungsentgelte nach § 8 Nr. 1 GewStG (also inkl. Schuldzinsen, Renten, Gewinnanteile des stillen Gesellschafters), die 200 000,00 € übersteigt.

Fall

Hinzurechnung von Zinsen und Finanzierungsanteilen § 8 Nr. 1 GewStG

a) Die Meisner OHG hat in 01 folgende Beträge als Betriebsausgabe abgezogen:

Zinsaufwendungen für ein Darlehen	150 000,00 €
Zinsaufwendungen für einen Kontokorrentkredit	10 000,00 €
Skontoaufwand für Kunden, die eine 14-tägige Skontofrist haben	1 200,00 €
Gewinnauszahlung an einen stillen Gesellschafter	4 200,00 €
Leasingraten für betrieblich genutzten Pkw	25 000,00 €
Miete eines Lagerraums	120 000,00 €
Disagio	15 000,00 €
für ein Darlehen mit einer Laufzeit von 5 Jahren	
Verzugszinsen für einen verspätet zurückgezahlten Lieferantenkredit	700,00 €
Lizenzgebühr für die Nutzung eines Patentes	1 200,00 €

Berechnen Sie die Hinzurechnung nach § 8 Nr. 1 GewStG.

b) Die GuV der Einzelkauffrau Susanne Geissler weist für 01 u. a. folgende Zahlen aus:

Gewährte Skonti	12 500,00 €
Davon geschäftsunüblich	3 000,00 €
Gewährte Boni	6 000,00 €
Erhaltene Skonti	2 300,00 €
Raummiete	35 700,00 €
Leasing Pkw	4 800,00 €
Zinsaufwendungen	30 000,00 €
Zinserträge	3 600,00 €
Nebenkosten Geldverkehr	1 520,00 €

Berechnen Sie die Hinzurechnung nach § 8 Nr. 1 GewStG.

7.4.2.2 Dividenden, die nach § 3 Nr. 40 EStG oder § 8b KStG außer Ansatz bleiben (§ 8 Nr. 5 GewStG)

Dividenden, die nach § 3 Nr. 40 EStG oder § 8b KStG außer Ansatz bleiben (§ 8 Nr. 5 GewStG)

Dividenden, die an Einzelunternehmer oder an Personengesellschaften ausgezahlt werden, unterliegen dem Teileinkünfteverfahren und sind zu 40 % steuerfrei. Werden Dividenden an Kapitalgesellschaften ausgeschüttet, sind sie sogar ganz steuerfrei.[1] Die steuerfrei bleibenden Dividenden sind für Zwecke der Gewerbesteuer wieder hinzuzurechnen, da aus gewerbesteuerlicher Sicht keine Steuerbefreiung gewährt werden soll. Eine Hinzurechnung erfolgt allerdings nur bei einer Beteiligung zu Beginn des Erhebungszeitraums von unter 15 % (§ 9 Nr. 2a GewStG). Waren Aufwendungen, die im Zusammenhang mit diesen steuerfreien Dividenden angefallen sind, nicht abzugsfähig, so kann der nicht abzugsfähige Teil von den hinzuzurechnenden Dividenden gekürzt werden.

Fall

Gewerbesteuer

Steuerfreie Dividenden

Unterstellen Sie in den folgenden Fällen eine Beteiligung von 12 %.

a) Der Einzelunternehmer Walter hält in seinem Betriebsvermögen Aktien der BASF AG. Er hat von seiner Bank folgende Dividendenabrechnung erhalten.

Bardividende	20 000,00 €
– 25 % Kapitalertragsteuer	5 000,00 €
– 5,5 % Solidaritätszuschlag	275,00 €
Nettodividende = Gutschrift	14 725,00 €

Sein Buchhalter hat die Abrechnung wie folgt gebucht:

Bank	14 725,00 €			
Private Steuern	5 275,00 €	an	Dividendenerträge steuerpflichtig	12 000,00 €
			Dividendenerträge steuerfrei	8 000,00 €

Prüfen Sie, ob eine Hinzurechnung vorliegt, und berechnen Sie sie.

[1] Siehe Kapitel 4.4.4

b) Die Walter GmbH ist an der Müller AG beteiligt. Am 12.02.01 erhält die GmbH folgende Dividendenausschüttung:

Bardividende	5000,00 €
– 25 % Kapitalertragsteuer	1250,00 €
– 5,5 % Solidaritätszuschlag	68,75 €
Nettodividende	3681,25 €

Die Abrechnung wurde wie folgt gebucht:

Bank	3681,25 €			
KapESt/SolZ	1318,25 €	an	Dividendenerträge steuerfrei	5000,00 €

Prüfen Sie, ob eine Hinzurechnung vorliegt, und berechnen Sie sie. Die pauschale nicht abzugsfähige Betriebsausgabe nach § 8b KStG soll aus Vereinfachungsgründen unberücksichtigt bleiben.

7.4.2.3 Anteile am Verlust einer in- oder ausländischen Personengesellschaft (§ 8 Nr. 8 GewStG)

Anteile am Verlust einer in- oder ausländischen Personengesellschaft (§ 8 Nr. 8 GewStG)

Wird dem Gewerbesteuerpflichtigen ein Verlustanteil einer anderen Personengesellschaft zugewiesen, bucht er diesen Verlustanteil als Aufwand. Der Verlust hat schon bei der Verlustgesellschaft einen Abzug gebracht, sodass eine erneute Gewinnminderung eine doppelte Berücksichtigung wäre. Deshalb wird der Verlustanteil wieder hinzugerechnet.

Fall **Verlust an einer Personengesellschaft**

Der Einzelunternehmer Münch ist an der Walter OHG beteiligt. In 01 erzielt die OHG einen Verlust von 30000,00 €. Der Anteil von Münch beläuft sich auf 10000,00 €.

Prüfen Sie, ob eine Hinzurechnung vorliegt, und berechnen Sie sie.

7.4.2.4 Spenden, soweit sie als Betriebsausgabe angesetzt wurden (§ 8 Nr. 9 GewStG)

Spenden, soweit sie als Betriebsausgabe angesetzt wurden (§ 8 Nr. 9 GewStG)

Der Gewinn wird für Kapitalgesellschaften nach dem Körperschaftsteuergesetz ermittelt. Gem. § 9 (1) Nr. 2 KStG sind Spenden bis zu gewissen Höchstbeträgen abzugsfähig (vgl. Kapitel 4.4.7).

Für Personengesellschaften und Einzelunternehmen ist der Gewinn nach dem Einkommensteuergesetz zu ermitteln. Spenden können im Rahmen der Gewinnermittlung nicht als Betriebsausgaben abgezogen werden (§ 12 EStG, R 12.5 EStR). Somit ergäbe sich eine Ungleichbehandlung zwischen diesen beiden Gesellschaftsformen, sodass bei Kapitalgesellschaften abgezogene Spenden (zunächst) wieder hinzugerechnet werden müssen. Allerdings ermöglicht auch das Gewerbesteuergesetz für alle Steuerpflichtigen bis zu gewissen Höchstbeträgen einen Spendenabzug als Kürzung (vgl. Kapitel 7.4.3.5).

Parteispenden sind weder aus körperschaftsteuerrechtlicher noch aus einkommensteuerrechtlicher Sicht vom Gewinn abziehbar, sodass sie auch nicht hinzugerechnet werden müssen. Bei einem gewinnmindernden Abzug sind sie als steuerliche Gewinnkorrektur gem. § 12 Nr. 2 EStG zu berücksichtigen.

Fall **Hinzuzurechnende Spenden**

a) Der Einzelunternehmer Dehmel erzielt einen Gewinn nach EStG von 100000,00 € und die Augustin GmbH erzielt eine Gewinn nach KStG von 98000,00 €. Beide Unternehmen haben eine wissenschaftliche Spende in Höhe von 2000,00 € getätigt. Die Augustin GmbH hat die Spende zulässigerweise gewinnmindernd geltend gemacht.

Prüfen Sie, ob eine Hinzurechnung vorliegt, berechnen Sie sie und ermitteln Sie den Gewinn nach der Hinzurechnung.

b) Die Wilding GmbH aus Köln hat einen vorläufigen Gewinn nach KStG in Höhe von 25700,00 €. Dabei hat sie folgende Spenden gewinnmindernd abgesetzt:

Spende an eine politische Partei	1500,00 €
Wissenschaftliche Spenden	1300,00 €
Gemeinnützige Spenden	700,00 €

(1) Berechnen Sie den steuerlichen Gewinn.

(2) Prüfen Sie, ob eine Hinzurechnung vorliegt, und berechnen Sie sie.

(3) Ermitteln Sie den Gewinn nach der Hinzurechnung.

7.4.3 Kürzungen

Die Kürzungen des GewStG sollen unter anderem verhindern, dass Erträge, die bereits von anderen Gewerbetreibenden versteuert wurden, doppelt besteuert werden. Zu den wichtigsten Kürzungen gehören:

- Kürzung für den Grundbesitz (§ 9 Nr. 1 GewStG)
- Gewinnanteile anderer Personengesellschaften (§ 9 Nr. 2 GewStG)
- Gewinnanteile anderer Kapitalgesellschaften (§ 9 Nr. 2a GewStG)
- Spenden bis zu bestimmten Höchstbeträgen (§ 9 Nr. 5 GewStG)

7.4.3.1 Kürzungen für den Grundbesitz (§ 9 Nr. 1 GewStG, § 20 GewStDV)

Der Betrieb mit eigenem Grundbesitz soll dem Betrieb, der seinen Grund und Boden gemietet hat und damit die Miete als Aufwand absetzen kann, gleichgestellt werden. In diesem Fall erfolgt dies nicht über eine Hinzurechnung der Miete, sondern durch eine Kürzung bei Betrieben mit eigenem Grundbesitz. Ein weiterer Grund für die Kürzung ist die Vermeidung einer Doppelbelastung des Grundbesitzes mit zwei Realsteuern, da der Grundbesitz auch der Grundsteuer unterliegt.

Zu kürzen ist

- die im Erhebungszeitraum als Betriebsausgabe erfasste Grundsteuer
- für zum Betriebsvermögen des Unternehmers gehörenden Grundbesitz.
  - → Die Zugehörigkeit zum Betriebsvermögen ist nach den Vorschriften des Einkommensteuergesetzes zu beurteilen. Ist nur ein Teil eines Grundstücks einkommensteuerlich zum Betriebsvermögen des Unternehmers zu rechnen, ist die Kürzung nur für den betrieblichen Anteil möglich (R 9.1 GewStR).
  - → Eine Kürzung ist nur möglich, wenn das Grundstück zu Beginn des Erhebungszeitraumes im Betriebsvermögen war. Entscheidend sind die Eigentumsverhältnisse zu Beginn des Erhebungszeitraumes (R 9.1 GewStR).

Kürzung für Grundbesitz Fall

Unternehmerin Beate Schreiner betreibt einen Gartenfachhandel mit mehreren Filialen in Düsseldorf, die alle in ihrem Eigentum stehen:

(1) Das Grundstück in der Fährstr. 10 steht schon seit Jahren in ihrem Eigentum. Die Grundsteuer beträgt 2016,00 €.

(2) Im Haus des Grundstücks Waagenstr. 15 hat Frau Schreiner neben ihren Büroräumen auch ihre eigene private Wohnung. Das Grundstück befindet sich zu 70 % im Betriebsvermögen. Die Grundsteuer beträgt 1226,00 €.

Stellen Sie die Höhe der Kürzungsbeträge fest.

7.4.3.2 Gewinnanteile anderer Personengesellschaften (§ 9 Nr. 2 GewStG)

Diese Vorschrift ist das Gegenstück zu der Hinzurechnung nach § 8 Nr. 8 GewStG. Gewinnanteile an einer in- oder ausländischen Personengesellschaft sind zu kürzen, um eine Doppelbesteuerung zu vermeiden.

Gewinnanteile an Personengesellschaften Fall

Werner Münch ist Eigentümer eines Einzelhandels für Computerteile. Sein vorläufiger Gewinn beträgt für das Wirtschaftsjahr 01 150000,00 €. Folgende Erträge hat Herr Münch durch Beteiligungen, die er im Betriebsvermögen der Einzelunternehmung hält, erzielt:

- 20000,00 € durch die Beteiligung an der Münch & Hausen OHG,
- 50000,00 € durch die Beteiligung an der Heinsmann KG, bei der Herr Münch Kommanditist ist.

Berechnen Sie den Gewerbeertrag.

7.4.3.3 Gewinnanteile anderer Kapitalgesellschaften (§ 9 Nr. 2a GewStG)

Besteht eine Beteiligung an einer Kapitalgesellschaft, die mind. 15 % beträgt, werden die Gewinne aus dieser Beteiligung, die als Ertrag gebucht wurden, wieder gekürzt. Maßgebend ist die Höhe der Beteiligung zu Beginn des Erhebungszeitraumes. Der Gewinn aus der Veräußerung einer Beteiligung an einer Kapitalgesellschaft und die nicht abzugsfähige Betriebsausgabe in Höhe von 5 % nach § 8b (5) KStG ist kein von der Kapitalgesellschaft ausgeschütteter Gewinn im Sinne von § 9 Nr. 2a GewStG.

Fall **Gewinnanteile an Kapitalgesellschaften**

Werner Münch (siehe voriger Fall) ist noch an anderen Unternehmen beteiligt. Er hält diese Beteiligungen im Betriebsvermögen:

- 50 % an der Amoss GmbH, an der er schon seit Jahren beteiligt ist. Die Höhe des als Ertrag gebuchten Gewinnanteils beträgt 15 000,00 €.
- 30 % an der Iro AG, an der er seit dem 15.07.01 beteiligt ist. Die Höhe des als Ertrag gebuchten Gewinnanteils beträgt 7 500,00 €.
- 5 % an der Bonath GmbH, an der er auch schon mehrere Jahre beteiligt ist. Sein als Ertrag gebuchter Gewinnanteil beträgt 4 300,00 €.

Prüfen Sie, ob Kürzungen vorliegen.

7.4.3.4 Spenden (§ 9 Nr. 5 GewStG)

Ausgaben für mildtätige, kirchliche, religiöse, wissenschaftliche und als besonders förderungswürdig anerkannte gemeinnützige Zwecke sind bis zu bestimmten Höchstbeträgen als Kürzung absetzbar. Geldspenden müssen dabei vom betrieblichen Bankkonto gezahlt und Sachspenden aus dem Betriebsvermögen entnommen worden sein. Die Berechnung der Höchstbeträge entspricht den Vorschriften des EStG bzw. KStG und erfolgt nach folgendem Schema:

Berechnungsmethode 1	
(1) Alle berücksichtigungsfähigen Spenden	
(2) Max. 20 % des Gewinns	
(3) Geringerer Betrag aus (1) und (2) = abzugsfähige Spenden	

Gewinn ist der nach den Vorschriften des EStG bzw. KStG zu ermittelnde Gewinn zuzüglich der Hinzurechnung wegen bereits als Aufwand berücksichtigter Spenden.

Berechnungsmethode 2	
(1) Alle berücksichtigungsfähigen Spenden	
(2) Max. 4 ‰ der Summe aus Umsätzen, Löhnen und Gehältern	
(3) Geringerer Betrag aus (1) und (2) = abzugsfähige Spenden	

Im Jahr der Zuwendung nicht berücksichtigungsfähige Aufwendungen können zeitlich unbefristet in folgende Veranlagungszeiträume vorgetragen werden.

Fall 1

Spendenabzug

Berechnen Sie in den folgenden Fällen den höchstmöglichen Kürzungsbetrag für Spenden.

a) Die Bührer GmbH hat in 01 Spenden nach § 9 (1) Nr. 2 KStG in folgender Höhe als Betriebsausgabe erfasst:

für wissenschaftliche Zwecke	12000,00 €
für als besonders förderungwürdig anerkannte gemeinnützige Zwecke	3000,00 €
für als besonders förderungswürdig anerkannte kulturelle Zwecke	2500,00 €
für kirchliche Zwecke	3000,00 €

Der nach dem KStG ermittelte Gewinn beträgt 245000,00 €, die Summe der im Wirtschaftsjahr erzielten Umsätze und der aufgewendeten Löhne und Gehälter beläuft sich auf 1410000,00 €.

b) Der Einzelunternehmer Hanel hat aus Mitteln seines Betriebes folgende Spenden getätigt und als Privatentnahme erfolgsneutral gebucht:

für mildtätige Zwecke	1500,00 €
für kirchliche Zwecke	2500,00 €
für wissenschaftliche Zwecke	1000,00 €
für als besonders förderungswürdig anerkannte gemeinnützige Zwecke	3000,00 €

Der Gewinn aus Gewerbebetrieb, der nach den Vorschriften des EStG ermittelt wurde, beträgt 100000,00 €, die Summe der Umsätze, Löhne und Gehälter 7500000,00 €.

Fall 2

Erhöhte Einzelspenden

Die Bicker KG, ein Unternehmen, das auf dem Gebiet der Biotechnologie tätig ist, hat in 01 eine Spende an die Universität Köln (biologische Fakultät) in Höhe von 50000,00 € geleistet. In 01 betrug der Gewinn aus Gewerbebetrieb 180000,00 €, die Spende war erfolgsneutral gebucht worden. Die Summe der Umsätze, Löhne und Gehälter betrug 1550000,00 €.

In 02 hat die Bicker KG Spenden für gemeinnützige Zwecke in Höhe von 1200,00 € geleistet. Der Gewinn aus Gewerbebetrieb betrug 150000,00 €, die Summe der Umsätze, Löhne und Gehälter 1320000,00 €. Die Spende war wiederum erfolgsneutral gebucht worden.

a) Berechnen Sie den höchstmöglichen Spendenabzug für 01 und 02.

b) Welche Auswirkungen ergeben sich für die Veranlagungszeiträume nach 02?

7.4.4 Der Gewerbeverlust

Ergibt sich nach den Hinzurechnungen und den Kürzungen ein negativer maßgebender Gewerbeertrag (sog. Fehlbetrag), kann er gem. § 10a GewStG in die folgenden Veranlagungszeiträume so lange vorgetragen werden, bis er verbraucht ist. Fehlbeträge können bis zu 1 Mio. € unbegrenzt abgezogen werden. Darüber hinaus kann der Fehlbetrag nur zu 60 % des verbleibenden Gewerbeertrages abgezogen werden. Ein Verlustrücktrag wie im EStG ist nicht möglich. Ein verbleibender Gewerbeverlust ist gesondert festzustellen.[1] Der Abzug setzt weiterhin die Unternehmens- und die Unternehmeridentität voraus (R 10a.1 GewStR).

Unternehmensidentität bedeutet, dass der Gewerbebetrieb, der den Verlust erlitten hat, identisch ist mit dem Gewerbebetrieb, der den Verlustvortrag ansetzen will. Bei Kapitalgesellschaften liegt eine Identität nicht mehr vor, wenn mehr als die Hälfte der Anteile übertragen werden und die Gesellschaft ihren Betrieb mit überwiegend neuem Betriebsvermögen fortführt (R 10a.2 GewStR).

Unternehmeridentität bedeutet, dass der Gewerbetreibende, der den Verlustvortrag ansetzen will, den Verlust auch in eigener Person erlitten haben muss. Ein Unternehmerwechsel bewirkt somit, dass die Abzugsmöglichkeit des Verlustes entfällt (R 10a.3 GewStR).

Gewerbesteuer

[1] Vgl. Kapitel 2.3.1

Fall 1 **Gewerbeverlust**

Der Einzelunternehmer Rainer Zeissler hat in den Jahren 01–03 folgende Besteuerungsgrundlagen ermittelt:

	01	02	03
Gewinn/Verlust	-90 300,00 €	30 200,00 €	77 800,00 €
Hinzurechnungen	74 600,00 €	42 000,00 €	45 600,00 €
Kürzungen	32 500,00 €	35 200,00 €	31 400,00 €
Vorläufiger Gewerbeertrag			
Verlustvortrag			
Gewerbeertrag			
Verbleibender Verlustvortrag			

Ermitteln Sie für die Jahre 01–03 den endgültigen Gewerbeertrag, indem Sie die Tabelle ausfüllen. Beachten Sie insbesondere die Verlustvortragsmöglichkeit.

Fall 2 **Verlustvortrag**

Einzelunternehmer Gieser möchte sein Unternehmen aus Altersgründen verkaufen. Marianne Fenn ist bereit, ihm das Unternehmen abzukaufen. Der Kaufpreis beträgt 540 000,00 €. Gieser hatte wegen des hohen Kaufpreises auch argumentiert, dass das Einzelunternehmen noch einen vortragsfähigen Gewerbeverlust von 120 000,00 € aufweisen würde, den man kaufpreiserhöhend berücksichtigen müsse.

Beurteilen Sie die Argumentation von Gieser.

Fall 3 **Verlustvorträge über 1 Mio. €**

Die Hochmann KG erzielt in 02 einen vorläufigen Gewerbeertrag von 1 500 000,00 €. Aus dem Jahr 01 besteht noch ein vortragsfähiger Gewerbeverlust von 2 000 000,00 €.

Berechnen Sie den endgültigen Gewerbeertrag für das Jahr 02 sowie den verbleibenden Verlustvortrag.

7.4.5 Freibeträge

Der Gewerbeertrag ist gem. § 11 (1) GewStG auf volle 100,00 € nach unten zu runden.

Für natürliche Personen und Personengesellschaften ist gem. § 11 (1) Nr. 1 GewStG ein Freibetrag von 24 500,00 € abzuziehen.

Wirtschaftliche Geschäftsbetriebe von Vereinen oder juristischen Personen des öffentlichen Rechts erhalten gem. § 11 (1) Nr. 2 GewStG einen Freibetrag von 5 000,00 €.

Kapitalgesellschaften erhalten keinen Freibetrag.

7.4.6 Steuermessbetrag

Der Steuermessbetrag bildet die Bemessungsgrundlage für die Gewerbesteuer. Er wird ermittelt, indem eine Steuermesszahl in Höhe von 3,5 % auf den Gewerbeertrag nach Abzug eines evtl. Freibetrages angewandt wird.

Fall **Wiederholungsfall**

Die Schwestern Renate und Ruth Rausch betreiben in Düsseldorf einen Automobilzubehörhandel in der Rechtsform einer OHG.

Aus den Büchern können für das Jahr 01 folgende Angaben entnommen werden:

1. Der vorläufige steuerliche Gewinn wurde mit 50 000,00 € ermittelt.
2. In der GuV werden unter der Position „Bewirtungsaufwendungen" 5 000,00 € netto ausgewiesen. Dies entspricht den tatsächlich gezahlten und angemessenen Aufwendungen. Die Vorsteuern wurden auf dem Bestandskonto „Vorsteuer" erfasst.
3. Renate Rausch hat in 01 50 000,00 € als Gehalt bezogen, Ruth Rausch 70 000,00 €. Beide Beträge sind unter den Personalkosten erfasst worden.
4. Bei der Stadtsparkasse Düsseldorf hat die OHG ein Kontokorrentkonto, das im Wirtschaftsjahr 01 einen ständig wechselnden Schuldsaldo auswies. Die Zinsaufwendungen betragen 17 920,00 €.

5. Die Rausch OHG ist an der „Fritz KG“ beteiligt. In 01 hat der Gewinn aus dieser Beteiligung 20 000,00 € betragen.
6. Die Rausch OHG hat eine Telefonanlage von der Telekom AG gemietet. Die Mietaufwendungen haben in 01 7 500,00 € betragen.
7. Zum Betriebsvermögen gehört ein Grundstück, das zu 100 % für eigenbetriebliche Zwecke genutzt wird. Die Grundsteuer beträgt 2 016,00 €.
8. Vom Betriebskonto der OHG wurden Spenden für die gemeinnützige Aktion „Kinder der Dritten Welt“ in Höhe von 1 000,00 € geleistet. Dieser Betrag wurde erfolgsneutral gebucht.
9. Vor zwei Jahren hatte die OHG ein Darlehen in Höhe von 100 000,00 € aufgenommen. Die Laufzeit beträgt 5 Jahre, der jährliche Zinssatz 7 %. Die Zinsen sind vierteljährlich zum Ende des Quartals fällig.
10. Aus dem vergangenen Jahr besteht ein gesondert festgestellter Gewerbeverlust in Höhe von 5 400,00 €.

Berechnen Sie den Steuermessbetrag.

7.4.7 Zerlegung des Steuermessbetrages

Unterhält ein Betrieb in mehreren Gemeinden Betriebsstätten oder hat ein Gewerbetreibender seine Betriebsstätte von einer Gemeinde in eine andere während des Erhebungszeitraums verlegt, so muss der Steuermessbetrag auf die beteiligten Gemeinden zerlegt werden (§ 28 GewStG). Hintergrund ist, dass jede Gemeinde für die Betriebsstätten, die in ihrem Gemeindebezirk betrieben werden, auch Gewerbesteuer erhält.

Der Maßstab für die Zerlegung sind gem. § 29 GewStG die Arbeitslöhne, die in allen Betriebsstätten gezahlt wurden. Der Steuermessbetrag wird in dem Verhältnis zerlegt, in dem die Betriebsstätte an den gesamten Arbeitslöhnen beteiligt ist.

Arbeitslöhne sind dabei die Bezüge aus einem bestehenden Dienstverhältnis. Zuschläge für Sonntags-, Nacht- oder Feiertagsarbeit gehören entgegen der einkommensteuerlichen Steuerbefreiung zu den Arbeitslöhnen.

Ausbildungsvergütungen und gewinnabhängige einmalige Vergütungen (Tantiemen) gehören nicht zu den Arbeitslöhnen (§ 31 (2) + (4) GewStG).

Wird der Gewerbebetrieb als Einzelunternehmen oder als Personengesellschaft betrieben, wird für die im Betrieb tätigen Unternehmer ein Unternehmerlohn von insgesamt 25 000,00 € angesetzt. Dieser Gesamtbetrag ist unabhängig von der Gesamtzahl der tätigen Unternehmer und muss ebenfalls auf die unterschiedlichen Gemeinden aufgeteilt werden.

Nach der Zusammenrechnung der Arbeits- und der Unternehmerlöhne werden die gesamten Beträge auf volle 1 000,00 € nach unten abgerundet (§ 29 (3) GewStG).

Führt die Zerlegung zu einem offensichtlich nicht gerechten Ergebnis, kann gem. § 33 GewStG eine andere Zerlegung vorgenommen werden. Außerdem bestehen noch Erleichterungen für Kleinbeträge gem. § 34 GewStG.

Zerlegung des Steuermessbetrages

Fall

a) Der Unternehmer Johann Jacoby ist Betreiber eines Möbelhandelsgeschäftes mit je einer Filiale in Wuppertal, Remscheid und Solingen. Die Arbeitslöhne verteilen sich wie folgt:

Wuppertal	145 256,00 €
Remscheid	52 475,00 €
Solingen	48 398,00 €

Herr Jacoby ist zu 50 % in Wuppertal und zu je 25 % in Solingen und Remscheid tätig.

Der Steuermessbetrag beträgt 30 000,00 €.

Ermitteln Sie die Zerlegungsanteile am Steuermessbetrag, die auf die Gemeinden Wuppertal, Remscheid und Solingen entfallen. Füllen Sie dazu folgende Tabelle aus:

	Arbeitslöhne	**Unternehmer-lohn**	**Summe**	**Rundung**	**Anteiliger Steuermess-betrag**
Wuppertal					
Remscheid					
Solingen					
Summe					

Gewerbesteuer

b) Die Gesellschafter Getrud Sattler und Otto Handel betreiben in Berlin ein Speditionsunternehmen in der Rechtsform einer OHG. Eine Außenstelle unterhalten die beiden in Dresden. Beide Gesellschafter arbeiten im Betrieb mit. Frau Sattler ist zu 100 % in Berlin tätig. Handel arbeitet zu 50 % in Dresden und zu 50 % in Berlin. Die OHG zahlte im VZ 01 in Berlin 987 500,00 € und in Dresden 412 560,00 € Löhne und Gehälter einschließlich Ausbildungsvergütung. In Berlin wurden zwei Auszubildende mit je 11 200,00 € und in Dresden ein Auszubildender mit 5 000,00 € Ausbildungsvergütung beschäftigt. Außerdem ist in den Löhnen noch eine einmalige Tantieme für einen leitenden Angestellten in Berlin in Höhe von 2 350,00 € enthalten.

Der Steuermessbetrag für 01 beträgt 47 500,00 €.

Ermitteln Sie die auf Berlin und Dresden entfallenden Zerlegungsanteile.

7.5 Der Steuersatz

7.5.1 Der Hebesatz

Zur Berechnung der Gewerbesteuer wird auf den Steuermessbetrag ein Hebesatz angewendet (§ 16 GewStG). Dieser Hebesatz wird von jeder Gemeinde festgelegt. Es kommt dadurch in den verschiedenen Gemeinden in Deutschland zu unterschiedlichen Hebesätzen und damit zu unterschiedlichen Gewerbesteuerbelastungen. Mit der Festlegung des Hebesatzes kann die Gemeinde Wirtschaftpolitik betreiben, um Unternehmen anzuwerben. Legt die Gemeinde keinen höheren Hebesatz fest, so liegt er bei 200 %.

In der folgenden Übersicht finden Sie Hebesätze des Jahres 2024 für ausgewählte Gemeinden:

Berlin	410 %
Dresden	450 %
Düsseldorf	440 %
Frankfurt	460 %
Friedrichshafen	350 %
Hamburg	470 %
Köln	475 %
München	490 %
Neubrandenburg	440 %
Stuttgart	420 %

Fall **Berechnung der Gewerbesteuer**

Berechnen Sie für die folgenden Unternehmen die Höhe der Gewerbesteuer:

Sitz des Unternehmens	**Steuermessbetrag**
Düsseldorf	11 000,00 €
München	10 000,00 €
Neubrandenburg	15 000,00 €
Hamburg	17 500,00 €

7.5.2 Die Gewerbesteuernachzahlung/-erstattung

Die Gewerbesteuernachzahlung oder -erstattung ergibt sich nach Abzug der bisher geleisteten Vorauszahlungen von der errechneten Gewerbesteuer.

Gem. § 4 (5b) EStG ist die Gewerbesteuer eine nicht abzugsfähige Betriebsausgabe. In der Steuerbilanz ist trotzdem eine Gewerbesteuerrückstellung zu bilden (R 5.7 (1) EStR). Dadurch verursachte Gewinnauswirkungen sind außerbilanziell zu neutralisieren.

Handelsrechtlich ist die Gewerbesteuer weiterhin eine abzugsfähige Aufwendung. Bei einer Gewerbesteuernachzahlung wird eine Rückstellung gebildet. Bei einer Gewerbesteuererstattung ist eine Forderung einzubuchen.

Gesamtfall

Fall 1

Die Firma Wehe OHG, Hersteller von Lichtschaltern, Steckdosen usw. in Radevormwald, weist zum 31.12.02 einen handelsrechtlichen Gewinn von 145000 € aus. Folgende Daten stehen zur Erstellung der Gewerbesteuererklärung zur Verfügung:

1. Das Gehalt des Gesellschafter-Geschäftsführers Walter Wehe in Höhe von 65000,00 € wurde als Betriebsausgabe abgesetzt.
2. Die Gewerbesteuervorauszahlungen betrugen 50000,00 € und wurden als Betriebsausgabe berücksichtigt.
3. Vor einigen Jahren wurde ein Grundstück mit einer neuen Lagerhalle erworben. Dazu musste ein Kredit über 2500000,00 € aufgenommen werden. Laut Kreditvertragsvereinbarung sind jährlich 7 % Zinsen und 2 % Tilgung in Form einer Annuität zu leisten. Im Erhebungszeitraum wurden Zinsen von 244000,00 € gezahlt.
4. Um ausreichend liquide für Rohstoffkäufe zu sein, hat man mit der Bank einen Kontokorrentkredit bis zur Höhe von 300000,00 € vereinbart. Die Zinsaufwendungen betragen 22500,00 €.
5. Die Lieferantenverbindlichkeiten schwankten zwischen 250000,00 € und 300000,00 €. Von den Lieferanten berechnete Verzugszinsen beliefen sich auf 1425,00 €.
6. Die Gesellschafter haben das Unternehmen vor einigen Jahren von ihrem Vater gegen die Verpflichtung der Zahlung einer lebenslangen Rente übernommen. Die Rente beträgt jährlich 25000,00 € und wurde als Betriebsausgabe gebucht.
7. Ein Bruder von Walter Wehe, August, von Beruf angestellter Bankkaufmann, ist mit 100000,00 € stiller Gesellschafter der OHG. Er ist lediglich an dem Erfolg des Unternehmens beteiligt. Sein Gewinnanteil betrug 6000,00 €, er wurde bei der OHG als Betriebsausgabe erfasst.
8. Die komplette Telefonanlage wurde von der Telekom AG geleast. Dafür wurde eine monatliche Miete von 750,00 € entrichtet und als Betriebsausgabe gebucht.
9. Die Wehe OHG ist außerdem an der Maier KG als Kommanditistin beteiligt. In 02 floss ihr ein Gewinnanteil von 3500,00 € zu, der als Betriebseinnahme behandelt wurde.
10. In den Erträgen ist eine Dividende der König GmbH (Beteiligung zu 8 %) enthalten. Der Ertrag wurde wie folgt gebucht:

Bank	3681,25 €			
Private Steuern	1318,75 €	an	Dividendenerträge steuerfrei	2000,00 €
			Dividendenerträge steuerpflichtig	3000,00 €

11. Die Grundsteuer für zum gewerblichen Betrieb gehörenden Grundbesitz beläuft sich zum 5208,00 €.
12. Aus betrieblichen Mitteln wurden im Erhebungszeitraum folgende Spenden getätigt und erfolgsneutral gebucht:
    - für wissenschaftliche Zwecke 10000,00 €
    - für gemeinnützige Zwecke 7500,00 €
13. Ein berücksichtigungsfähiger Gewerbeverlust beträgt 15000,00 €

Aufgaben:

a) Ermitteln Sie die Gewerbesteuernachzahlung bzw. -erstattung. Der Hebesatz beträgt 430 %.

b) Geben Sie die relevanten Daten in ein branchenübliches Softwareprogramm ein und drucken Sie eine Berechnungsliste aus. Vergleichen Sie diese Berechnungsliste mit Ihrer manuellen Berechnung und analysieren Sie Abweichungen. Folgende Angaben liegen Ihnen vor:

Adresse:	Wehe OHG Carl-Diem-Str. 47 42477 Radevormwald
Finanzamt:	Wipperfürth
Steuernummer:	221/5390/6421
Gesellschafter:	Walter und August Wehe
Handelsregister:	Wipperfürth, HRA 4673

Fall 2 Gesamtfall

Der einkommensteuerliche Gewinn der Sanitärgroßhandlung Hans Stamm beträgt in 02 82490,00 €. Der Hauptsitz ist in Mannheim, eine Filiale befindet sich in Ludwigshafen.

(1) In 02 zahlte Stamm für ein Darlehen, das er am 01.07.02 zur Finanzierung betrieblicher Investitionen aufnahm und dessen Laufzeit über 5 Jahre geht, Zinsen in Höhe von 8000,00 €.

(2) Das bei der Auszahlung des Darlehens einbehaltene Disagio beträgt 4000,00 €.

(3) Die Lieferantenverbindlichkeiten schwankten in 02 zwischen 200000,00 € und 300000,00 €. Die von den Lieferanten berechneten Verzugszinsen betragen für den gleichen Zeitraum 2300,00 €.

(4) Stamms Schwester Katrin ist an der Sanitärgroßhandlung mit 50000,00 € als stille Gesellschafterin beteiligt. Im Falle ihres Ausscheidens hat sie keinen Anspruch auf einen Anteil an den stillen Reserven. Für 02 entfällt auf sie ein Gewinnanteil von 2208,75 € nach Abzug der Kapitalertragsteuer und des Solidaritätszuschlages. Der Gewinnanteil wurde als Aufwand gebucht.

(5) Von einem Privatmann wurde ein komplett eingerichteter Lagerraum gemietet. In 02 wurde hierfür eine Miete von 12000,00 € gezahlt und als Aufwand erfasst. Auf den Lagerraum entfielen 9000,00 €, der Rest auf die Einrichtung.

(6) In den Erträgen ist ein Betrag von 2000,00 € für die Mietzahlung aus der vorübergehenden Vermietung eines Lkw an den Landwirt Kurt Winter aus Speyer enthalten.

(7) Die Grundsteuer für ein zum Betrieb gehörenden Grundstücks beträgt 4536,00 €. Es wird zu 80 % für betriebliche Zwecke und zu 20 % für eigene Wohnzwecke genutzt.

(8) Die Löhne und Gehälter verteilen sich wie folgt:

Mannheim	81800,00 €
Ludwigshafen	66100,00 €

Stamm war 02 in Mannheim zu 75 % und in Ludwigshafen zu 25 % geschäftsführend tätig. In Ludwigshafen beschäftigte er einen angestellten Geschäftsführer, der neben seinem Gehalt eine Gewinntantieme von 8310,00 € erhielt. Dieser Betrag ist in der Summe der Löhne und Gehälter enthalten.

In Mannheim wird ein Auszubildender zum Groß- und Außenhandelskaufmann beschäftigt. Die Vergütung betrug 5100,00 €. Der Betrag ist ebenfalls in der Summe der Löhne und Gehälter enthalten.

(9) Der Hebesatz der Gemeinde beträgt

in Mannheim 430 %,

in Ludwigshafen 405 %.

Aufgaben:

a) Berechnen Sie den Steuermessbetrag. Nichtansätze sind zu begründen.

b) Zerlegen Sie den Steuermessbetrag in einer übersichtlichen Darstellung.

c) Berechnen Sie die Gewerbesteuernachzahlung/-erstattung für die beiden Gemeinden. Vorauszahlungen wurden nicht geleistet.

Fall 3 Gesamtfall

Die Koloseus GmbH hat ihren Sitz in Nürnberg und handelt mit Einrichtungen für Imbissbuden. Die GmbH hat für den Erhebungszeitraum 01 einen handelsrechtlichen Gewinn in Höhe von 78000,00 € ermittelt. Folgende Informationen zur Ermittlung der Gewerbesteuer stehen zur Verfügung:

(1) Die GmbH ist zu 12 % an der Rummel AG beteiligt. In 01 erhielt man eine Dividendenausschüttung in Höhe von 11043,75 € nach Abzug von Kapitalertragsteuer und Solidaritätszuschlag. Es wurde gebucht:

Bank	11043,75 €			
Kapitalertragsteuer	3750,00 €			
Solidaritätszuschlag	206,25 €	an	Dividendenerträge	15000,00 €

(2) Für die Gründung des Unternehmens wurde ein Kredit über 170000,00 € aufgenommen, der am 30.06.01 vollständig abgezahlt war. In 01 fielen noch Zinsaufwendungen in Höhe von 700,00 € an.

(3) Die Koloseus GmbH spendete in 01 für wissenschaftliche Zwecke 1500,00 €, für gemeinnützige Zwecke 700,00 € und an eine politische Partei 300,00 €. Alle Beträge wurden als Aufwand erfasst.

(4) Die Grundsteuer für das Betriebsgrundstück beläuft sich auf 2520,00 €.

(5) Die Lkw zur Auslieferung der Einrichtungsgegenstände sind von einer Leasingfirma geleast. Die gezahlten Leasinggebühren belaufen sich auf 14700,00 € und wurden als Aufwand erfasst.

(6) Die Gewerbesteuervorauszahlungen betrugen 25000,00 € und wurden als Aufwand gebucht.

Aufgaben:

a) Berechnen Sie den körperschaftsteuerlichen Gewinn.

b) Berechnen Sie die Gewerbesteuerschuld bzw. -erstattung. Der Hebesatz für Nürnberg beträgt 467 %.

7.6 Das Besteuerungsverfahren

7.6.1 Entstehung und Fälligkeit der Steuer

Die Gewerbesteuer entsteht gem. § 18 GewStG mit Ablauf des Erhebungszeitraums, für den die Festsetzung vorgenommen wird. Der Erhebungszeitraum ist das Kalenderjahr (§ 14 GewStG). Bei einem abweichenden Wirtschaftsjahr gilt der Gewerbeertrag in dem Kalenderjahr als bezogen, in dem das Wirtschaftsjahr endet (§ 10 (2) GewStG). Im Jahr der Betriebseröffnung bzw. Betriebsaufgabe ist der Rumpfgewerbeertrag des Kalenderjahres maßgebend.

Eine Nachzahlung ist einen Monat nach Bekanntgabe des Steuerbescheides fällig (§ 20 (2) GewStG). Eine Erstattung wird nach der Bekanntgabe des Steuerbescheids ausgezahlt.

7.6.2 Vorauszahlungen

Die Gemeinden legen Vorauszahlungen zur Gewerbesteuer durch einen gesonderten Steuerbescheid fest. Die Vorauszahlung beträgt ein Viertel der Steuer, die sich bei der letzten Veranlagung ergeben hat (§ 19 (2) GewStG). Die Vorauszahlung ist auf den nächsten vollen Eurobetrag nach unten abzurunden und wird nur festgesetzt, wenn sie mind. 50,00 € beträgt (§ 19 (5) GewStG). Die Vorauszahlungen sind am 15.02., 15.05., 15.08. und 15.11. zu entrichten (§ 19 (1) GewStG). Die entrichteten Vorauszahlungen werden gem. § 20 GewStG auf die Steuerschuld des Erhebungszeitraums angerechnet.

7.6.3 Steuererklärungen

Steuerpflichtige Gewerbetreibende müssen gem. § 14a GewStG eine Erklärung zur Festsetzung des Steuermessbetrages und bei einer Zerlegung noch eine Zerlegungserklärung elektronisch abgeben. Ein nach § 152 AO zu entrichtender Verspätungszuschlag fließt der Gemeinde zu.

7.6.4 Zuständigkeit

Für den Erlass des Steuermessbescheides und des Zerlegungsbescheides ist gem. § 22 AO das Betriebsfinanzamt zuständig, für den Erlass des Gewerbesteuerbescheides das zuständige Steueramt.

7.6.5 Rechtsbehelfe

Das Verfahren zur Festsetzung der Gewerbesteuer ist zweigeteilt. Die Gewerbesteuererklärung ist beim Finanzamt einzureichen. Das Finanzamt erlässt daraufhin einen Steuermessbescheid und, falls notwendig, den Zerlegungsbescheid. Dieser wird auch der Gemeinde mitgeteilt, die daraufhin den Hebesatz anwendet und einen Gewerbesteuerbescheid erlässt.

Der Rechtsbehelf gegen den Steuermessbescheid ist der Einspruch. Bei Nichterfolg ist eine Klage beim Finanzgericht notwendig. Gleiches gilt für den Zerlegungsbescheid.

Der Rechtsbehelf gegen den Gewerbesteuerbescheid ist der Widerspruch. Bei Nichterfolg ist eine Klage beim Verwaltungsgericht notwendig. Gleiches gilt für den Vorauszahlungsbescheid.

8 Mindmap Erbschaft- und Schenkungsteuer

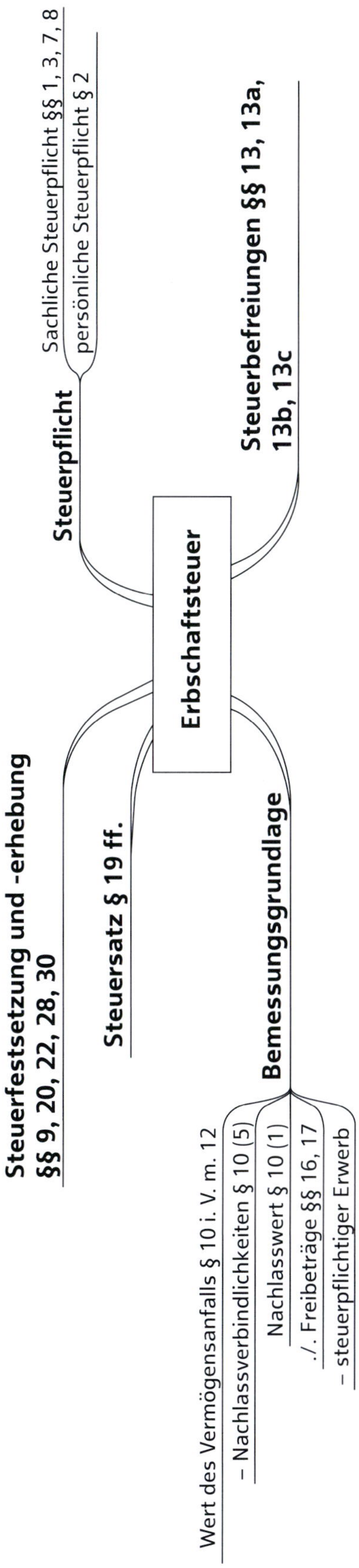

8 Erbschaft- und Schenkungsteuer

8.1 Einführung in die Erbschaft- und Schenkungsteuer

Die Erbschaft- und Schenkungsteuer ist mit einem Aufkommen von ca. 9 Mrd. € eine wichtige Einnahmequelle für die Länder.

Sie ist bis in die Antike zurückzuverfolgen und hatte ihre erste gesetzliche Form in Preußen mit dem ErbStG vom 30.05.1873. Die heutige gesetzliche Form ist das ErbStG vom 27.02.1997 mit späteren Änderungen und den dazugehörigen Erbschaftsteuerdurchführungsverordnungen (ErbStDV) und den Erbschaftsteuerrichtlinien (ErbStR), die allerdings nur für die Finanzbeamten gelten.

Die Erbschaftsteuer ist eine Besitzsteuer, deren Besteuerungsgrundlage das vererbte oder verschenkte Vermögen ist. Sie wird damit gerechtfertigt, dass mit dem Erwerb oder der Schenkung beim Empfänger eine Steigerung der wirtschaftlichen Leistungsfähigkeit eingetreten ist.

Steuerschuldner und Steuerträger sind identisch, sodass es sich um eine direkte Steuer handelt. Das Aufkommen steht zu 100 % den Ländern zu.

8.2 Die Steuerpflicht

8.2.1 Die persönliche Steuerpflicht

Auch das Erbschaftsteuergesetz unterscheidet zwischen einer unbeschränkten und einer beschränkten Steuerpflicht.

Unbeschränkte Steuerpflicht **§ 2 (1) Nr. 1 ErbStG** **R E 2.1 ErbStR**	Unbeschränkt steuerpflichtig sind • natürliche Personen, wenn sie zum Zeitpunkt der Entstehung der Steuer Inländer sind, → Inländer sind · natürliche Personen, die im Inland einen Wohnsitz oder ihren gewöhnlichen Aufenthalt haben, · deutsche Staatsangehörige ohne Wohnsitz im Inland, die sich nicht länger als 5 Jahre im Ausland aufgehalten haben, · deutsche Staatsangehörige ohne Wohnsitz im Inland, die in einem Dienstverhältnis mit einer inländischen juristischen Person des öffentlichen Rechts stehen. • Körperschaften, Personenvereinigungen und Vermögensmassen, die ihre Geschäftsleitung oder ihren Wohnsitz im Inland haben. → Dazu gehören auch die nichtrechtsfähigen Vereine; die Personengesellschaft ist nicht steuerpflichtig, die Besteuerung erfolgt auf der Ebene der Gesellschafter. Die unbeschränkte Steuerpflicht erstreckt sich auf sämtliches inländisches und ausländisches Vermögen, das zu einem Erwerbsvorgang gehört.
Beschränkte Steuerpflicht **§ 2 (1) Nr. 3 ErbStG**	Sie ergibt sich in allen anderen Fällen für den Vermögensanfall, der in Inlandsvermögen besteht. Die Steuerpflicht beschränkt sich dann auf das Inlandsvermögen.

Fall **Persönliche Erbschaftsteuerpflicht**

Prüfen Sie in den folgenden Fällen, ob eine unbeschränkte oder beschränkte Erbschaftsteuerpflicht besteht.

a) Alfred Michel wohnt mit seiner Familie in München. Er besitzt ein Haus und ein Unternehmen in München, ferner ein Ferienhaus in Österreich und ein Sparkonto in der Schweiz. Nach seinem Tod erbt das gesamte Vermögen seine Frau.

b) Monika Kolle mit Wohnsitz in Frankfurt möchte ihren Kindern folgende Vermögensgegenstände schenken:

- Das erste Kind erhält eine wertvolle Schmucksammlung, die sich im Safe einer Bank in Frankfurt befindet.
- Das zweite Kind erhält ein Wohnhaus in Frankreich.
- Das dritte Kind erhält eine Eigentumswohnung in New York.

c) John Stuart wohnt in Boston. Er vererbt seiner Frau neben dem Wohnhaus in Boston noch sein Elternhaus in Darmstadt.

8.2.2 Die sachliche Steuerpflicht

Folgende Vorgänge sind sachlich erbschaft- und schenkungsteuerpflichtig:

Erwerb von Todes wegen **§ 1 (1) Nr. 1 i. V. m. § 3 ErbStG**	Dazu gehören: • Erbanfall → Darunter versteht man das Erbe nach den Regelungen des BGB. Der Erbe erhält den Nachlass des Verstorbenen. Schlägt der Erbe das Erbe aus, so ist er auch nicht steuerpflichtig. • Vermächtnis → Darunter versteht man eine Zuwendung durch den Vererber, ohne dass man als Erbe eingesetzt wurde. Es kann auch unter einer Auflage erfolgen. • Pflichtteilsansprüche, die geltend gemacht wurden → Darunter versteht man Ansprüche (von Angehörigen), die jemand geltend machen kann, wenn der Vererber ihm nichts vererbt hat. Sie müssen für die Steuerpflicht allerdings geltend gemacht worden sein. • Schenkung auf den Todesfall → Darunter versteht man ein Schenkungsversprechen unter der Voraussetzung, dass der Beschenkte den Verschenker überlebt. • Vertrag zugunsten Dritter auf den Todesfall → Dazu gehören Lebensversicherungs- und Rentenverträge und auf den Namen Dritter abgeschlossene Sparverträge. Davon ausgenommen sind Hinterbliebenenbezüge aus einer Beamten- oder Abgeordnetenversorgung, aus einer gesetzlichen Sozialversicherung, aus einer berufsständischen Pflichtversicherung und aus einem Arbeitsverhältnis. → Ein nicht ausgeglichener Zugewinn gilt beim Güterstand der Zugewinngemeinschaft beim Tod des Ehegatten oder des Lebenspartners nicht als Erwerb i. S. d. § 3 ErbStG (§ 5 ErbStG).
Schenkungen unter Lebenden **§ 1 (1) Nr. 2 i. V. m. § 7 ErbStG**	Dazu gehören: • freigebige Zuwendung unter Lebenden → Dazu gehören auch Schenkungen unter Auflagen. • Abfindung für einen Erbverzicht • vorzeitiger Erbausgleich
Zweckzuwendung **§ 1 (1) Nr. 3 i. V. m. § 8 ErbStG**	Darunter versteht man eine Zuwendung von Todes wegen oder unter Lebenden mit der Auflage, für einen bestimmten Zweck verwendet zu werden. Der Erwerber muss die Zuwendung abzüglich des zur Erfüllung des Zwecks erforderlichen Betrages versteuern.

Fall

Sachliche Steuerpflicht

Prüfen Sie in den folgenden Fällen, ob eine sachliche Steuerpflicht vorliegt.

a) Berta Griese, Köln, schenkt ihrer Enkelin zu deren 20. Geburtstag 10000,00 € zur Finanzierung ihres Studiums. Kurz danach verstirbt sie und hinterlässt ihrem Sohn ein Barvermögen von 200000,00 €. Im Testament ist festgelegt, dass von diesem Betrag 10000,00 € an die evangelische Kirche zu zahlen sind.

b) Die Tochter wurde in dem Testament nicht bedacht. Daraufhin klagt diese ihren Pflichtteil am Erbe ein und erhält eine Zahlung von 47500,00 €.

c) Dem zweiten Sohn hatte Berta Griese noch zu Lebzeiten sein Erbe mit 50000,00 € ausbezahlt.

8.3 Die Steuerbefreiungen

Das Erbschaftsteuergesetz kennt nur sachliche Steuerbefreiungen. Dadurch werden bestimmte Gegenstände ganz oder zum Teil aus der Steuerpflicht entlassen. Die folgende Übersicht zeigt die wichtigsten Steuerbefreiungen des § 13 ErbStG:

Hausrat, Wäsche, Kleidungsstücke	bis zu einem Wert von 41000,00 € bei Personen der Steuerklasse I
Andere bewegliche körperliche Gegenstände, z.B. Schmuck, Auto	bis zu einem Wert von 12000,00 € bei Personen der Steuerklasse I
Hausrat, Wäsche, Kleidungsstücke und andere bewegliche körperliche Gegenstände	bis zu einem Wert von 12000,00 € bei Personen der Steuerklasse II und III
Grundbesitz, Kunstgegenstände, Kunstsammlungen, wissenschaftliche Sammlungen	wenn deren Erhalt im öffentlichen Interesse liegt
Ein zu eigenen Wohnzwecken genutztes Haus oder genutzte Eigentumswohnung	bei Zuwendungen unter lebenden Ehegatten und Lebenspartnern bei Erwerb von Todes wegen durch den überlebenden Ehegatten oder Lebenspartner bei Erwerb von Todes wegen durch Kinder, wenn die Wohnfläche 200 m^2 nicht übersteigt
Bei unentgeltlicher Pflege durch nicht gesetzlich unterhaltsberechtigte Personen	bis zu 20000,00 €
Zuwendungen unter Lebenden zum Unterhalt oder zur Ausbildung	
Gelegenheitsgeschenke	Geburtstag, Weihnachten, Hochzeit usw.
Zuwendungen, die kirchlichen, gemeinnützigen oder mildtätigen Zwecken gewidmet sind	
Zuwendungen an politische Parteien	

Für **zu Wohnzwecke vermietete Grundstücke** werden nach § 13c ErbStG nur zu 90% ihres Wertes angesetzt.

Betriebsvermögen bis 150000,00 € (Abzugsbetrag) sind grundsätzlich steuerbefreit. Bei Betriebsvermögen darüber hinaus bestehen nach § 13a und § 13b ErbStG zwei Steuerbefreiungsmodelle:

- für eine 85%ige Verschonung muss der Betrieb mind. 5 Jahre fortgeführt werden und die Lohnsumme darf 400% der Ausgangslohnsumme 5 Jahre lang nicht unterschreiten.
- für eine 100%ige Befreiung muss der Betrieb 7 Jahre fortgeführt werden und die Lohnsumme darf für 7 Jahre 700% der Ausgangslohnsumme nicht unterschreiten. Zusätzlich darf das begünstigte Vermögen nicht aus mehr als 20% aus Verwaltungsvermögen bestehen.
  Bei Unternehmen mit bis zu 5 Beschäftigten wird auf die Lohnsummenregelung verzichtet, bei Unternehmen mit 6-15 Beschäftigten werden die Lohnsummen schrittweise angehoben bis sie die o.g. Grenzen erreicht haben.
  Überschreitet das Betriebsvermögen 26 Mio. € pro Erwerber gelten verschärfte Verschonungsregeln. Hier stehen zwei alternative Verfahren zur Auswahl:

Erbschaft- und Schenkungsteuer

- für einen Erlass muss der Erbe nachweisen, dass er nicht in der Lage ist, die Steuerschuld aus 50 % seines nichtbetrieblichen Vermögens zu begleichen. Weitere Voraussetzung ist, dass eine 7-jährige Behaltensfrist und einer nach der Beschäftigtenzahl gestaffelten Lohnsumme eingehalten werden.
- ansonsten wird der Verschonung von 85 % bzw. 100 % schrittweise abgeschmolzen , indem für jede zusätzliche 750 000,00 €, die der Erwerb über 26 Mio. € liegt, der Verschonungsabschlag um 1 % sinkt. Ab einem Betriebsvermögen von 90 Mio. € entfällt die Verschonung.

Das sog. Verwaltungsvermögen wird aus dem Betriebsvermögen herausgerechnet. Unter Verwaltungsvermögen versteht man z. B. Wertpapiere, Beteiligungen, Dritten zur Nutzung überlassene Grundstücke, regelmäßig Zahlungs- und Finanzmittel, soweit diese nicht mehr als 15 % des Werts des Betriebsvermögens überschreitet. Verwaltungsvermögen ist nur unschädlich und wird nicht aus dem Betriebsvermögen herausgerechnet, wenn es nicht mehr als 10 % des begünstigten Betriebsvermögens beträgt.

Fall 1 Steuerbefreiungen

Prüfen Sie in den folgenden Fällen, ob die Zuwendung der Gegenstände steuerfrei ist, und bestimmen Sie ggf. die Höhe der Steuerbefreiung.

Der Unternehmer Martin Streicher aus Konstanz verschenkt zu seinen Lebzeiten folgende Sachen:

1. 45 000,00 € an seine Tochter zur Finanzierung ihrer Ausbildung;
2. seinem Sohn eine Eigentumswohnung (Wert laut BewG 130 000,00 €), die dieser selbst bezieht;
3. eine Urlaubsreise für 5 000,00 € an seinen Sohn zu seiner Hochzeit;
4. Schmuck im Wert von 2 000,00 € an seine Frau zur Goldenen Hochzeit;
5. an eine politische Partei 2 000,00 €.

Nach seinem Tod vererbt er

1. seiner Frau das Unternehmen; der Wert des Betriebsvermögens beläuft sich auf 640 000,00 €. Seine Frau hat sich für die Option 1 entschieden;
2. seiner Frau das gemeinsam bewohnte Haus, Wert gemäß BewG 150 000,00 €;
3. seiner Frau den gesamten Hausrat, der Wert beläuft sich auf 70 000,00 €;
4. seiner Frau den privaten Pkw, der Wert beläuft sich auf 20 000,00 €;
5. seinen beiden Kindern je 100 000,00 € in bar;
6. beiden Kindern je ein Auto im Wert von 9 000,00 €;
7. an die evangelische Kirche 5 000,00 €.

Lösungshinweis: Die Ehefrau und die Kinder gehören der Steuerklasse I an.

Fall 2 Wohneigentum

Günter Malsch vererbt seinem Sohn ein Einfamilienhaus mit einer Wohnfläche von 300 m². Malsch hatte das Haus bisher selbst genutzt. Sein Sohn möchte dies auch tun. Der korrekt ermittelte Wert des Hauses beträgt 700 000,00 €.

(1) Wie hoch ist der erbschaftsteuerliche Wert des Hauses?

(2) Welcher Unterschied ergibt sich, wenn Malsch das Haus seiner Frau vererbt, die es ebenfalls zu eigenen Wohnzwecken nutzt?

(3) Welche Konsequenz ergibt sich, wenn Frau Malsch das Haus nach 5 Jahren in kleinere Wohnungen unterteilt und in einer Wohnung selbst wohnen bleibt, die anderen beiden aber vermietet?

Fall 3 Verschonungsabschlag

Tanja Kaiser verschenkt ihren drei Söhnen das Familienunternehmen, das sie bisher geleitet hat. Der gemeine Wert des ersten Anteils beträgt 1 Mio. €, der Wert des zweiten Anteils 2 Mio. €, der Wert des dritten Anteils 3 Mio. €. Das Betriebsvermögen ist vollständig als begünstigt zu beurteilen.

Wie hoch ist die jeweilige Bemessungsgrundlage für die Erbschaft- und Schenkungsteuer bei der 85 %igen und bei der 100 %igen Verschonung?

Fall 4

Lohnsummenerhalt

Markus Heimer vererbt Anfang 01 einem Sohn sein Einzelunternehmen. Der Sohn hat sich für den 85 %igen Verschonungsabschlag entschieden. Der gemeine Wert des Unternehmens beträgt 1 Mio. €. Nach fünf Jahren beträgt die Lohnsumme nur 300 % der Ausgangslohnsumme. Der Betrieb hat 30 Mitarbeiter.

Berechnen Sie die Bemessungsgrundlage für 01–08.

8.4 Die Bemessungsgrundlage

Gemäß § 10 (1) ErbStG ist die Steuerbemessungsgrundlage der steuerpflichtige Erwerb. Er wird wie folgt berechnet:

	Steuerwert des land- und forstwirtschaftlichen Vermögens
+	Steuerwert des Betriebsvermögens
+	Steuerwert des Grundvermögens
+	Steuerwert des übrigen Vermögens (Wertpapiere, Kapitalforderungen, bewegliche körperliche Gegenstände, sonstige Forderungen und Rechte)
=	Wert des Vermögensanfalls § 10 i. V. m. § 12 ErbStG
–	Nachlassverbindlichkeiten § 10 (5)–(9) ErbStG (nur bei Erwerb von Todes wegen) (Schulden des Erblassers, Erbfallkosten, Verbindlichkeiten aus Vermächtnissen, Auflagen, geltend gemachten Pflichtteilen und Erbersatzansprüchen)
=	Wert der Bereicherung (Nachlasswert) abgerundet auf volle 100,00 € (§ 10 (1) ErbStG)
–	Freibeträge nach § 16 und 17 ErbStG
=	Steuerpflichtiger Erwerb
	(Abrundung auf volle 100,00 €)

Bewertungsstichtag ist gem. § 11 ErbStG der Zeitpunkt der Entstehung (§ 9 ErbStG) der Steuer, soweit nichts anderes geregelt ist (z. B. Bewertung von Grundstücken).

8.4.1 Wert des Vermögensanfalls

Die Bewertung für Zwecke der Erbschaft- und Schenkungsteuer richtet sich gem. § 12 (1) ErbStG nach den Vorschriften des Bewertungsgesetzes (vgl. Kapitel 6.3.4).

Fall

Berechnung des Wertes des Vermögensanfalls

Andreas Bublin stirbt am 20.10.03 und hinterlässt seiner Frau folgende Vermögensgegenstände:

- Sparguthaben 20 000,00 €
- Aktien zum Kurswert von 40 000,00 €, die Anschaffungskosten haben 30 000,00 € betragen.
- Schmuck, dessen Wert zum Zeitpunkt des Todes auf 45 000,00 € geschätzt wird, die Anschaffungskosten haben 20 000,00 € betragen.
- Anspruch aus einer Lebensversicherung, die auf die Ehefrau abgeschlossen wurde. Der Anspruch aus der Lebensversicherung beläuft sich auf 150 000,00 €, die bisher eingezahlten Beträge 70 000,00 €, der Rückkaufwert 46 600,00 €.

Ermitteln Sie den Wert des Vermögensanfalls.

8.4.2 Nachlassverbindlichkeiten

Zu den Nachlassverbindlichkeiten gehören gem. § 10 (5) ErbStG:

- Schulden des Erblassers, soweit sie nicht schon bei der Ermittlung des Wertes des Betriebsvermögens berücksichtigt wurden,
- Verbindlichkeiten aus Vermächtnissen und Auflagen sowie geltend gemachten Pflichtteilsansprüchen,
- die Kosten der Bestattung, für ein Grabdenkmal, die Grabpflege mit dem Kapitalwert (§ 13 (2) BewG), sowie andere Aufwendungen, die mit der Abwicklung des Nachlasses in Zusammenhang stehen. Ohne Nachweis ist für diese Kosten ein Betrag von 15 000,00 € abzugsfähig. Der Pauschbetrag bezieht sich auf den gesamten Erbfall und kann demzufolge auch von mehreren Beteiligten insgesamt nur einmal in Anspruch genommen werden (R E 10.7 ErbStR).

Die von dem Erwerber zu zahlende Erbschaftsteuer ist nicht abzugsfähig, § 10 (8) ErbStG.

Fall **Nachlassverbindlichkeiten**

Andreas König verstirbt am 30.04.05 und hinterlässt seiner Frau folgende Wirtschaftsgüter:

(1) Mehrfamilienhaus mit 4 Wohnungen. Dessen Wert laut BewG beträgt 430 000,00 €

(2) Sparguthaben über 30 000,00 €

In Zusammenhang mit dem Mehrfamilienhaus besteht noch eine Hypothek in Höhe von 50 000,00 €. Die Beerdigungskosten belaufen sich auf 9 000,00 €, der Grabstein kostet 1 500,00 € und die Kosten für Regelung des Nachlasses belaufen sich auf 500,00 €. Für die noch in Zukunft anstehenden Grabpflegekosten können pro Jahr ca. 250,00 € angenommen werden.

Berechnen Sie den Nachlasswert.

8.4.3 Freibeträge

Die Bestimmung der Freibeträge sowie des Steuersatzes hat der Gesetzgeber vom Grad der Verwandtschaft abhängig gemacht und die Erben oder Beschenkten in drei Steuerklassen eingeteilt (§ 15 ErbStG). Hier werden nur die wichtigsten Verwandtschaftsgrade aufgeführt.

Steuerklasse	Erwerber
I	Ehegatte, eingetragene Lebenspartner, Kinder, Stiefkinder, Kinder der Kinder und Stiefkinder, Eltern und Voreltern bei Erwerb von Todes wegen
II	Geschwister, Kinder der Geschwister, Stiefeltern, Schwiegerkinder, Schwiegereltern, der geschiedene Ehegatte/Lebenspartner
III	alle übrigen Erwerber und Zweckzuwendungen

Folgende **persönliche Freibeträge** werden nach § 16 ErbStG gewährt:

Ehegatten und eingetragene Lebenspartner	500 000,00 €
Kinder und Stiefkinder sowie Kinder verstorbener Kinder und Stiefkinder	400 000,00 €
Übrige Personen der Steuerklasse I	200 000,00 €
Personen der Steuerklasse II	20 000,00 €
Personen der Steuerklasse III	20 000,00 €
Beschränkt steuerpflichtige Erwerber	2 000,00 €

Zusätzlich wird folgenden Steuerpflichtigen noch ein **zusätzlicher Versorgungsfreibetrag** gem. § 17 ErbStG gewährt:

Ehegatten und eingetragene Lebenspartner	256 000,00 €
Kinder	
• bei einem Alter bis zu 5 Jahren in Höhe von	52 000,00 €
• bei einem Alter von mehr als 5 bis zu 10 Jahren in Höhe von	41 000,00 €
• bei einem Alter von mehr als 10 bis zu 15 Jahren in Höhe von	30 700,00 €
• bei einem Alter von mehr als 15 bis zu 20 Jahren in Höhe von	20 500,00 €
• bei einem Alter von mehr als 20 Jahren bis zur Vollendung des 27. Lebensjahres in Höhe von	10 300,00 €

Besteht aus Anlass des Todes des Erblassers ein Anspruch auf einen Versorgungsbezug, der nicht der Erbschaftsteuer unterliegt, so wird der Freibetrag nach § 14 BewG um den Kapitalwert (BMF-Schreiben vom 04.11.2016) dieser Versorgungsbezüge gekürzt.

Freibeträge Fall

Susanne Pohl hinterlässt nach ihrem Tod ein Vermögen mit einem Nachlasswert von 2 000 000,00 €. Das Erbe geht zu gleichen Teilen auf den Ehemann (62 Jahre) und die Tochter (15 Jahre) über. Der Ehemann erhält die Beamtinnenpension seiner Frau in Höhe von 12 500,00 € pro Jahr nach ihrem Tod weiter ausgezahlt.

Berechnen Sie den steuerpflichtigen Erwerb.

8.5 Der Steuersatz

8.5.1 Steuersätze

Die Höhe des Steuersatzes hängt von der Höhe des steuerpflichtigen Erwerbes sowie von der Steuerklasse ab. Die entsprechenden Steuersätze können aus der Tabelle des § 19 (1) ErbStG entnommen werden.

Erwerbe von inländischem Betriebsvermögen, land- und forstwirtschaftlichem Vermögen oder wesentlichen Beteiligungen an Kapitalgesellschaften werden gem. § 19a ErbStG immer nur nach der Steuerklasse I besteuert. Dies gilt allerdings nur, wenn natürliche Personen die Erwerber sind.

§ 19 (3) ErbStG sieht noch einen Härteausgleich vor. Die Berechnung erfolgt in den folgenden Schritten:

(1) Ermittlung der korrekten Steuer für den steuerpflichtigen Erwerb,

(2) Ermittlung der Steuer der vorhergehenden Wertgrenze,

(3) Ermittlung der Differenz der beiden Steuern,

(4) Ermittlung der Differenz zwischen dem Wert des steuerpflichtigen Erwerbs und der vorhergehenden Wertgrenze.

(5) Die Steuerdifferenz wird nur erhoben, wenn

- bei einem Steuersatz bis zu 30 % die Steuerdifferenz aus (3) mehr als die Hälfte der Differenz der beiden Werte aus (4) ausmacht,
- bei einem Steuersatz über 30 % die Steuerdifferenz aus (3) mehr als ¾ der Differenz der beiden Werte aus (4) ausmacht.

Steuersatz und Berechnung der Erbschaft- und Schenkungsteuer Fall 1

Berechnen Sie die Erbschaft- und Schenkungsteuer bei folgenden Werten des steuerpflichtigen Erwerbs und Steuerklassen.

Wert des steuerpflichtigen Erwerbs	Steuerklasse	Steuer
15 000,00 €	II	
53 000,00 €	I	
350 000,00 €	III	
1 250 000,00 €	I	
1 300 000,00 €	III	
20 500 000,00 €	II	
50 250 000,00 €	I	

Fall 2* **Härteausgleich**

a) Olga Dekker, 27 Jahre alt, hat von ihrem verstorbenen Vater einen steuerpflichtigen Erwerb von 250 000,00 € erhalten.

Berechnen Sie die Erbschaftsteuer für Olga Dekker und prüfen Sie, ob ein Härteausgleich infrage kommt. Benutzen Sie dabei folgende Tabelle.

(1) Ermittlung der korrekten Steuer für den steuerpflichtigen Erwerb	
(2) Ermittlung der Steuer der vorhergehenden Wertgrenze	
(3) Ermittlung der Differenz der beiden Steuern	
(4) Ermittlung der Differenz zwischen dem Wert des steuerpflichtigen Erwerbs und der vorhergehenden Wertgrenze	
(5) Prüfung, ob die Steuerdifferenz aus (3) mehr als die Hälfte der Differenz aus (4) ausmacht	
Härteausgleich?	

b) Berechnen Sie die Erbschaftsteuer bei einem steuerpflichtigen Erwerb von 76 000 € und prüfen Sie den Härteausgleich.

Fall 3 **Tarifentlastung nach § 19a ErbStG**

Hans Stein erbt von seinem Bruder ein Betriebsvermögen im Wert von 7 000 000,00 € und sonstiges Vermögen im Wert von 1 000 000,00 €. Für das Betriebsvermögen soll die Besteueroption 1 gewählt werden.

Berechnen Sie die Höhe der Erbschaftsteuer unter Berücksichtigung der Tarifentlastung nach § 19a ErbStG. Benutzen Sie dazu die folgende Tabelle:

Betriebsvermögen	
Verschonungsabschlag	
Sonstiges Vermögen	
Vermögensanfall	
Persönlicher Freibetrag	
Steuerpflichtiger Erwerb	
ErbSt nach Steuerklasse II	
%-Anteil des nach § 19a ErbStG begünstigten Vermögens	
Anteil der ErbSt nach Steuerklasse II	
ErbSt nach Steuerklasse I	
Anteil der ErbSt nach Steuerklasse I	
Differenz anteiliger ErbSt nach Steuerklasse I und II = Entlastungsbetrag	
Festzusetzende Erbschaftsteuer	

8.5.2 Frühere Erwerbe*

Erhält eine Person innerhalb von 10 Jahren mehrere Erwerbe, so müssen diese Erwerbe zusammengerechnet werden (§ 14 ErbStG). Die früheren Erwerbe werden zu ihrem damaligen steuerlichen Wert angesetzt. Frühere Erwerbe mit negativem Steuerwert dürfen nicht angesetzt werden. Für diesen Gesamtbetrag aller Erwerbe der letzten 10 Jahre ist die aktuelle Steuerbelastung zu berechnen. Davon wird die Steuer abgezogen, die für die früheren Erwerbe nach den aktuellen Vorschriften zu erheben gewesen wäre (sog. Abzugssteuer). Diese kann von der für die Vorerwerbe tatsächlich gezahlten Steuer erheblich abweichen. Übersteigt die tatsächlich für die Vorerwerbe gezahlte Steuer die fiktive Abzugssteuer, so ist die tatsächliche geschuldete Steuer abzuziehen.

Diese Regelung begründet sich darin, dass ein Schenker seine Steuer dadurch vermindert, dass er eine größere Schenkung in mehrere Teilschenkungen zerlegt, um die Freibeträge mehrfach auszunutzen. Nach 10 Jahren ist ein Ansatz der Freibeträge wieder möglich.

Fall*

Früherer Erwerb

a) Götz Kollmann schenkte in 01 seiner Tochter Sparguthaben im Wert von 75000,00 €. Der persönliche Freibetrag belief sich in 01 auf 40000,00 €, der Steuersatz lag bei 6 %. In 09 schenkt er ihr, da sie mittlerweile geheiratet hat und ein Haus bauen will, ein Grundstück, dessen Wert nach der Bedarfsbewertung 340000,00 € beträgt.

Berechnen Sie die Schenkungsteuer für das Jahr 09. Benutzen Sie dabei die folgende Übersicht.

Erster Erwerb	a)	b)
(1) Wert der Bereicherung		
(2) Freibetrag zum Zeitpunkt des früheren Erwerbs		
(3) Steuerpflichtiger Erwerb		
(4) Steuersatz zum Zeitpunkt des früheren Erwerbs		
(5) Schenkungsteuer auf ersten Erwerb		
Gesamter Erwerb		
(1) Wert der Bereicherung zweiter Erwerb		
(2) Wert der Bereicherung erster Erwerb (umgerechnet in €)		
(3) Gesamtbetrag		
(4) Rundung		
(5) Persönlicher Freibetrag		
(6) Steuerpflichtiger Erwerb		
(7) Steuersatz		
(8) Schenkungsteuer		
Fiktive Steuer auf den ersten Erwerb		
(1) Wert der Bereicherung erster Erwerb		
(2) Persönlicher Freibetrag nach aktuellem Recht		
(3) Steuerpflichtiger Erwerb		
(4) Steuersatz nach aktuellem Recht		
(5) (fiktive) Abzugssteuer		
(6) Tatsächliche Steuer auf ersten Erwerb		
(7) Anzusetzen ist der höhere Betrag		
Berechnung der Schenkungsteuer unter Berücksichtigung des früheren Erwerbs		
(1) Schenkungsteuer für Gesamterwerb (siehe (8))		
(2) Abzüglich höherer Betrag aus fiktiver Abzugssteuer und tatsächlicher Steuer auf Ersterwerb umgerechnet in € (siehe (7))		
(3) **Schenkungsteuer auf Gesamterwerb**		

b) Seinem Sohn schenkt Kollmann in 01 ein Grundstück, dessen Wert nach Bedarfsbewertung 20000,00 € beträgt. Die Freibeträge und der Steuersatz entsprechen denen der Tochter. In 08 schenkt er seinem Sohn 450000,00 €, damit dieser ein eigenes Unternehmen eröffnen kann.

Berechnen Sie die zu zahlende Schenkungsteuer für 08. Benutzen Sie dabei die Übersicht.

8.5.3 Mehrfacher Erwerb desselben Vermögens*

Erhalten Personen der Steuerklasse I von Todes wegen ein Vermögen, das in den letzten 10 Jahren schon einmal von einer Person der Steuerklasse I erworben und damit schon versteuert wurde, gewährt der § 27 ErbStG Ermäßigungen auf die Steuer. Die Höhe der Ermäßigungen ergibt sich aus der Tabelle des § 27 ErbStG. Sie hängt von dem Zeitraum ab, der zwischen dem ersten und dem zweiten Erwerb desselben Vermögens liegt. Damit soll dasselbe Vermögen nicht mehrmals mit der vollen Erbschaftsteuer belegt werden.

Fall 1* Mehrfacher Erwerb desselben Vermögens

Anja Metzger schenkt ihrer Tochter Susanne (40 Jahre) Ende 02 ein Sparguthaben über 450000,00 €. Susanne stirbt Mitte 04 an den Folgen eines Autounfalls und vererbt das Sparguthaben an ihren Sohn.

Berechnen Sie die Erbschaftsteuer auf den Erwerb im Jahr 04. Benutzen Sie dabei folgende Übersicht:

Erster Erwerb	
(1) Wert der Bereicherung	
(2) Persönlicher Freibetrag	
(3) Steuerpflichtiger Erwerb	
(4) Steuersatz	
(5) Erbschaft-/Schenkungsteuer auf ersten Erwerb	
Zweiter Erwerb	
(1) Wert der Bereicherung	
(2) Persönlicher Freibetrag	
(3) Steuerpflichtiger Erwerb	
(4) Steuersatz	
(5) Erbschaftsteuer	
(6) Zeitraum zwischen den beiden Erwerben	
(7) Steuerermäßigung nach § 27 ErbStG in Prozent und Euro	
(8) Ermäßigte Erbschaftsteuer	

Fall 2 Gesamtfall

Ludwig Hemm verstirbt am 12.02.02 und hinterlässt testamentarisch festgelegt folgende Wirtschaftsgüter:

a) seiner Ehefrau

(1) das gemeinsam bewohnte Haus. Ein vergleichbares Haus in ähnlicher Lage würde momentan 350000,00 € kosten.

(2) den Pkw, der auf dem Gebrauchtwarenmarkt noch 15000,00 € erzielen würde.

(3) die gemeinsamen Sparguthaben in Höhe von 10000,00 €.

(4) seinen Anteil am Hausrat, der gem. anerkannter Schätzung 5000,00 € beträgt.

(5) Aktien zu einem Kurswert von 15000,00 €. Die Aktien wurden zu Anschaffungskosten von 10000,00 € gekauft.

(6) Die Kosten der Beerdigung trägt die Ehefrau. Sie belaufen sich auf 10000,00 € inkl. Grabstein. Für zukünftige Grabpflegekosten können noch einmal 10000,00 € angesetzt werden.

b) seinem Sohn

den Anteil an der Hemm und Walter OHG, an der Herr Hemm beteiligt war. Folgende Informationen liegen Ihnen über die OHG vor:

Wert des Betriebsvermögens zum Todeszeitpunkt inkl. Sonderbetriebsvermögen	700 000,00 €
Sonderbetriebsvermögen Herr Hemm	Grundstück zum Bedarfswert von 120 000,00 €
Forderungen des Gesellschafters Walter aus einem Darlehen an die Gesellschaft in Höhe von	20 000,00 €
Kapitalkonto Herr Hemm	250 000,00 €
Kapitalkonto Herr Walter	150 000,00 €
Der Gewinn wird laut Gesellschaftsvertrag im Verhältnis der Kapitalkonten verteilt.	

Der Sohn entscheidet sich für die Besteuerungsoption 1.

c) Einem alten Freund vermacht er den Oldtimer, den Herr Hemm vor 20 Jahren für 5 000,00 € gekauft und seit diesem Zeitpunkt mit seinem Freund immer wieder restauriert hat. Der Wert des Oldtimers wird laut Gutachten auf 25 000,00 € geschätzt.

Berechnen Sie die Erbschaftsteuer für alle Erwerber.

8.6 Das Besteuerungsverfahren

8.6.1 Entstehung und Schuldnerschaft

Die Steuer entsteht bei:

- Erwerb von Todes wegen mit dem Tod des Erblassers (§ 9 (1) Nr. 1 ErbStG). Ausnahmen gelten u. a. für die Geltendmachung des Pflichtteilsanspruchs.
- Schenkungen unter Lebenden mit dem Zeitpunkt der Ausführung der Zuwendung (§ 9 (1) Nr. 2 ErbStG).
- Zweckzuwendungen mit dem Zeitpunkt des Eintritts der Verpflichtung des Beschwerten (§ 9 (1) Nr. 3 ErbStG).

Steuerschuldner ist gem. § 20 ErbStG

- bei Erwerb von Todes wegen der Erwerber,
- bei Schenkungen der Erwerber und der Schenker (beide haften somit als Gesamtschuldner (§ 44 AO)),
- bei Zweckzuwendungen der mit der Ausführung Beschwerte.

8.6.2 Anzeige- und Erklärungspflichten

Jeder der Erbschaft- und Schenkungsteuer unterliegende Erwerb ist vom Erwerber innerhalb von drei Monaten nach Kenntnis dem Finanzamt anzuzeigen (§ 30 ErbStG). Bei Schenkungen ist auch der Schenker zur Anzeige verpflichtet. Anzeigepflicht besteht zusätzlich noch für Vermögensverwahrer und -verwalter (insb. Banken), für Versicherungsunternehmer und für Gerichte, Behörden, Beamte und Notare (§§ 33, 34 ErbStG).

Eine Steuererklärungspflicht besteht nur, wenn eine Aufforderung des Finanzamtes erfolgt. Das Finanzamt kann von jedem an einem Erwerb Beteiligten, ohne Rücksicht darauf, ob er steuerpflichtig ist oder nicht, die Abgabe einer Erklärung verlangen. Diese Erklärung muss ein Verzeichnis der zum Nachlass gehörenden Gegenstände enthalten (§ 31 ErbStG). Die Finanzämter sind befugt, den Wohnsitzfinanzämtern Kontrollmitteilungen für die weitere einkommensteuerliche Auswertung zuzusenden.

8.6.3 Zuständigkeit des Finanzamtes

Zuständig ist gem. § 35 ErbStG entweder das Wohnsitzfinanzamt oder das Geschäftsleitungsfinanzamt.

8.6.4 Kleinbetragsgrenze und Stundung

Die Steuer wird nur festgesetzt, wenn sie mehr als 50,00 € beträgt (§ 22 ErbStG). Gehört zum Erbe Betriebsvermögen oder land- und forstwirtschaftliches Vermögen, so kann die Erbschaftsteuer bis zu zehn Jahre gestundet werden, wenn dies zur Erhaltung des Betriebes notwendig ist (§ 28 ErbStG). Das Gleiche gilt, falls begünstigtes Vermögen i. S. d. § 13c ErbStG (selbst genutztes Wohneigentum) vererbt wurde.

9 Mindmap Grundzüge des Bilanzsteuerrechts

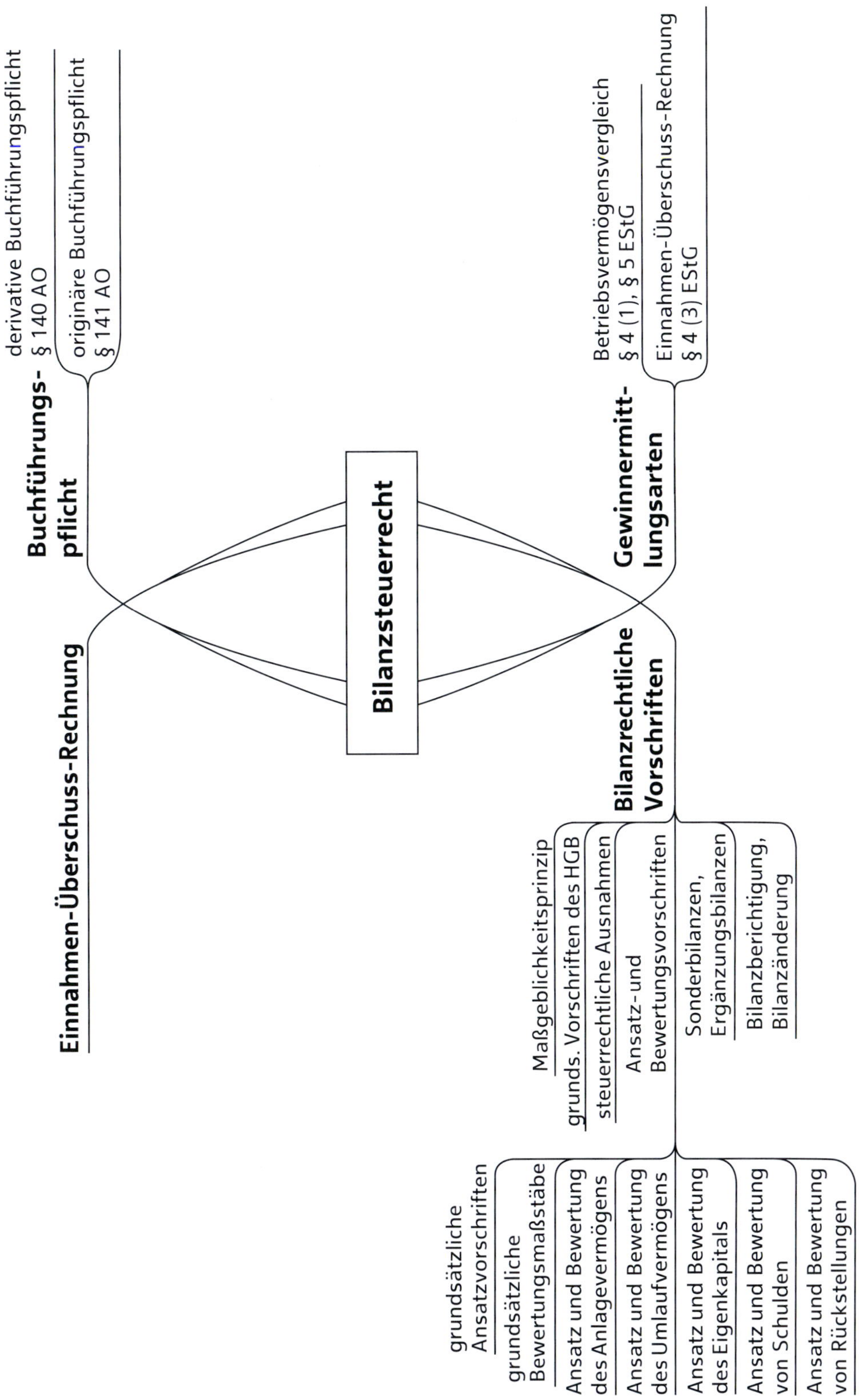

9 Grundzüge des Bilanzsteuerrechts

Das Bilanzsteuerrecht ist kein einheitliches Rechtsgebiet. Die Regelungen finden sich in mehreren Gesetzen, vor allem in der Abgabenordnung, im Handelsgesetzbuch und im Einkommensteuergesetz. Das Bilanzsteuerrecht regelt, wer buchführungs- und bilanzierungspflichtig ist und wie der Gewinn zu ermitteln ist. Somit ist das Bilanzsteuerrecht Grundlage für die Gewinnermittlungseinkunftsarten der Einkommensteuer, für die Gewerbesteuer und für die Körperschaftsteuer.
Grundsätzlich ist ein Buchführungspflichtiger gleichzeitig auch bilanzierungspflichtig. Wer nicht buchführungspflichtig ist, ermittelt seinen Gewinn nach der Einnahmen-Überschuss-Rechnung des § 4 (3) EStG.

9.1 Die Buchführungspflicht

Die Buchführungspflicht ist in den §§ 140 ff. AO geregelt. Es werden grundsätzlich zwei Buchführungsarten unterschieden:

Buchführungspflichten[1]

Derivative Buchführungspflicht § 140 AO

Besteht nach anderen Gesetzen eine Pflicht zur Buchführung, so gilt diese Pflicht auch für steuerliche Zwecke. Sie wird für steuerliche Zwecke von anderen Gesetzen abgeleitet.
Ein anderes Gesetz i. S. d. § 140 AO ist vor allem das HGB. Gemäß § 238 HGB sind Kaufleute zur Buchführung verpflichtet.

Einzelkaufleute, die in zwei aufeinanderfolgenden Geschäftsjahren nicht mehr als 800 000,00 € Umsatzerlöse und 80 000,00 € Jahresüberschuss aufweisen, brauchen die §§ 238–241 HGB (insbesondere Buchführungspflicht) nicht anzuwenden.

Originäre Buchführungspflicht § 141 AO

Diese Buchführungspflicht ergibt sich ursprünglich aus der Abgabenordnung.
Sie gilt für gewerbliche Unternehmer und Land- und Forstwirte.
Folgende Voraussetzungen müssen für die Buchführungspflicht erfüllt sein:

- Umsätze > 800 000,00 € oder
- Wert der selbst bewirtschafteten land- und forstwirtschaftlichen Flächen > 25 000,00 € oder
- Gewinn > 80 000,00 €.

Die Buchführungspflicht beginnt mit Beginn des Kalenderjahres, das auf die Aufforderung des Finanzamtes zur Einrichtung einer Buchführung folgt.

[1] Fälle finden sich im Kapitel 2.2.3.

9.2 Die Gewinnermittlungsarten

Der Gewinn kann nach zwei Arten ermittelt werden, dem Betriebsvermögensvergleich, der der Bilanzerstellung entspricht, und der Einnahmen-Überschuss-Rechnung.

Gewinnermittlung ...			
	durch Betriebsvermögensvergleich		**durch Einnahmen-Überschuss-Rechnung**
Gesetzliche Vorschrift	§ 4 (1) EStG	§ 5 EStG	§ 4 (3) EStG
Betroffener Personenkreis	• Land- und Forstwirte, die nach § 141 AO buchführungspflichtig sind • freiwillig Bücher führende Land- und Forstwirte und Freiberufler	• Land- und Forstwirte und Gewerbetreibende, die nach § 140 AO buchführungspflichtig sind • Gewerbetreibende, die nach § 141 AO buchführungspflichtig sind • Gewerbetreibende, die freiwillig Bücher führen	• nicht buchführungspflichtige und nicht freiwillig Bücher führende (kleine) Gewerbetreibende, Land- und Forstwirte, Freiberufler
Gewinnermittlungsverfahren	**Betriebsvermögensvergleich:** Gewinn ist der Unterschied zwischen dem Betriebsvermögen am Schluss des Wirtschaftsjahres und dem Betriebsvermögen am Schluss des vorangegangenen Wirtschaftsjahres, vermehrt um den Wert der Entnahmen und vermindert um den Wert der Einlagen.		**Einnahmen-Überschuss-Rechnung:** Gewinn ist der Überschuss der Betriebseinnahmen über die Betriebsausgaben.
	Es gelten nur die steuerlichen Ansatz- und Bewertungsvorschriften (§§ 6 ff. EStG).	Es gelten sowohl die handelsrechtlichen (§§ 246 ff. HGB) als auch die steuerrechtlichen Ansatz- und Bewertungsvorschriften (§§ 6 ff. EStG). → Maßgeblichkeitsprinzip	

Bei kleineren Land- und Forstwirten, die nicht buchführungspflichtig sind, kann der Gewinn auch nach Durchschnittssätzen gem. § 13a EStG ermittelt werden.

Ist eine Ermittlung des Gewinns aufgrund Verschuldens des Steuerpflichtigen (z. B. fehlende Unterlagen) nicht möglich, kann das Finanzamt den Gewinn gem. § 162 AO **schätzen.**

→ Ziel jeder Schätzung ist es, die Besteuerungsgrundlagen, die die größte Wahrscheinlichkeit für sich haben, zu ermitteln. Eine Strafschätzung ist verboten, allerdings kann das Finanzamt an die obere Grenze des Schätzungsrahmens gehen. Schätzungen ergehen grundsätzlich unter dem Vorbehalt der Nachprüfung, der erst bei der nächsten Veranlagung aufgehoben werden kann. Bei einem Einspruch kann grundsätzlich weder Aussetzung der Vollziehung noch Vollstreckungsaufschub gewährt werden.

Die Bilanz und GuV sind gem. § 5b EStG durch Datenfernübertragung an das Finanzamt zu übermitteln (BMF-Schreiben vom 28.09.2011).

Gewinnermittlungsarten

Fall 1

Entscheiden Sie, welche Methode der Gewinnermittlung für die folgenden Personen anzuwenden ist:

a) Roland Hellman ist Werkzeuggroßhändler in Magdeburg. Er hat mehrere Angestellte, die in verschiedenen Abteilungen des Betriebes arbeiten. Er hatte einen Gewinn von 140 000,00 € bei einem Umsatz von 1,7 Mio. €.

b) Bäckermeister Werner Stoll hat einen eigenen Betrieb, der nicht im Handelsregister eingetragen ist. Seine Gewinne lagen in den letzten Jahren jeweils über 80 000,00 €, die maßgeblichen Umsätze betrugen 120 000,00 bis 240 000,00 €.

c) Susanne Weber besitzt eine kleine Boutique in Rostock. Der vom zuständigen Finanzamt bei der letzten Veranlagung festgestellte Gewinn betrug 9 300,00 € und der maßgebende Umsatz 48 000,00 €.

d) Siegfried Hesse, Chemiefabrikant, ist als Kaufmann nach § 140 AO zur Buchführung verpflichtet. Er gibt trotz wiederholter Aufforderung seitens des zuständigen Finanzamtes in seiner ESt-Erklärung keine Einkünfte aus Gewerbebetrieb an. Hesse ist auch nicht in der Lage, seinen Jahresabschluss zu erstellen, da er es versäumte, rechtzeitig die gesetzlich vorgeschriebene Inventur durchzuführen.

e) Margit Bergmann ist Eigentümerin eines kleinen Weinanbaus in der Pfalz. Sie ist nicht im Handelsregister eingetragen. Der letzte vom zuständigen Finanzamt festgestellte Gewinn aus Land- und Forstwirtschaft betrug 29 000,00 €, die selbst bewirtschaftete landwirtschaftliche Fläche hatte einen Wirtschaftswert gem. § 46 BewG von 12.500,00 € und der Umsatz betrug 70 000,00 €.

f) Sebastian Börger ist Rechtsanwalt in Wuppertal. Seine in den letzten Jahren erzielten Gewinne lagen immer um die 90 000,00 € bei einem Umsatz von ungefähr 310 000,00 €.

Betriebsvermögensvergleich

Fall 2

a) Der Unternehmer Jürgen Schwarz weist folgende Eigenkapitalbestände am Ende der letzten beiden Wirtschaftsjahre aus:

- Eigenkapital am 31.12.01: 70 000,00 €
- Eigenkapital am 31.12.02: 95 000,00 €

Folgende Privateinlagen und -entnahmen wurden getätigt:

- Privatentnahmen 45 000,00 €
- Privateinlagen 30 000,00 €

Berechnen Sie aus diesen Angaben den Gewinn/Verlust für das Jahr 02.

b) Der Weinhändler Josef Hoffman weist in den Bilanzen des Jahres 01 und 02 folgende Positionen aus:

	31.12.01	**31.12.02**
BGA	36 000,00 €	29 000,00 €
Warenbestand	70 000,00 €	76 000,00 €
Kasse	6 800,00 €	3 200,00 €
Verbindlichkeiten	20 000,00 €	20 700,00 €
Bankschulden	32 000,00 €	29 300,00 €

In 02 betrugen die Privateinlagen 16 400,00 € und die Privatentnahmen 48 600,00 €. Ermitteln Sie in einer übersichtlichen Aufstellung den Gewinn für 02.

9.3 Bilanzrechtliche Vorschriften

Die bilanzrechtlichen Vorschriften finden sich sowohl im Handelsgesetzbuch als auch im Steuerrecht (insbesondere im EStG). Die Vorschriften stimmen in vielen Punkten überein. Es gibt aber auch zum Teil erhebliche Abweichungen. Grund dafür ist die unterschiedliche Zielsetzung des Handels- bzw. Steuerrechts:

Zielsetzungen der Bilanz	
Handelsrecht	**Steuerrecht**
Die **Bilanz nach Handelsrecht** (Handelsbilanz) soll den Eigentümer, die Gläubiger und die Öffentlichkeit über die Vermögens- und Erfolgssituation des Unternehmens **informieren.**	Die **Bilanz nach Steuerrecht** (Steuerbilanz) soll den **Gewinn für die Besteuerung** (Einkommensteuer, Gewerbesteuer, Körperschaftsteuer) festlegen.
Ziel der Regelungen des HGB ist eine Vereinheitlichung der Ansatz- und Bewertungsregelungen zur Sicherstellung der **Vergleichbarkeit der Bilanzen** unterschiedlicher Jahre und Unternehmen.	**Ziel** der steuerrechtlichen Bilanzierungsregelungen ist eine Vereinheitlichung der Ansatz- und Bewertungsregelungen zur Sicherstellung der **gleichmäßigen und gerechten Besteuerung.**
Der vorherrschende Grundsatz der Handelsbilanz ist das **Vorsichtsprinzip.** Die Werte sind vorsichtig (gering) anzusetzen, um Gläubiger zu schützen.	Die steuerrechtlichen Regelungen haben grundsätzlich einen **höheren Gewinnausweis** als die Handelsbilanz zum Ziel. Es soll der „wirkliche" Gewinn als Indikator für die wirtschaftliche Leistungsfähigkeit und die steuerliche Belastbarkeit ermittelt werden.

Grundsätzlich ist die Handelsbilanz die Grundlage für die Steuerbilanz. Gemäß § 5 (1) EStG ist das Betriebsvermögen anzusetzen, das nach den handelsrechtlichen Grundsätzen ordnungsgemäßer Buchführung auszuweisen ist. Diese Vorschrift nennt man das sog. **Maßgeblichkeitsprinzip**. Die Handelsbilanz ist maßgeblich für die Steuerbilanz. Deshalb finden sich die grundlegenden Bilanzierungsvorschriften auch für das Steuerrecht im HGB. Folgt das Steuerrecht ausnahmsweise nicht dem Handelsrecht, finden sich die abweichenden Regelungen im EStG.

9.3.1 Das Maßgeblichkeitsprinzip (§ 5 (1) EStG)

Grundsatz	Die handelsrechtlichen Bilanzierungs- und Bewertungsvorschriften sind für die Steuerbilanz verbindlich, sofern nicht besondere steuerliche Vorschriften eine andere Behandlung verlangen. Mittlerweile findet der Grundsatz Durchbrechungen.
Folgen für die Bilanzaufstellung	Der Unternehmer hat folgende Möglichkeiten, um beiden Regelungen Folge zu leisten: (1) Er stellt eine Handelsbilanz auf, die den steuerlichen Vorschriften entspricht. Dies nennt man eine sog. Einheitsbilanz, sie wird vor allem von Einzelunternehmen und Personengesellschaften erstellt. Mittlerweile ist die Aufstellung einer Einheitsbilanz durch abweichende steuerliche Vorschriften fast nicht mehr möglich. (2) Er stellt eine gesonderte Handelsbilanz auf. Um die steuerlichen Regelungen zu berücksichtigen, kann er • die handelsrechtlichen Ansätze und Beträge an zwingende steuerliche Vorschriften durch eine Zusatzrechnung anpassen (§ 60 EStDV), • eine zusätzliche Steuerbilanz erstellen, die aus der Handelsbilanz abgeleitet ist.
Folgen für die bilanzrechtlichen Ansatz- und Bewertungsvorschriften	**Ansatz (Wird Wirtschaftsgut in die Bilanz aufgenommen?)** → Grundsatz: bei handelsrechtlichen Bilanzierungsgeboten und Bilanzierungsverboten Bindung der Steuerbilanz an die Handelsbilanz.

	→ Ausnahme: handelsrechtliche Bilanzierungswahlrechte führen zu steuerlichen Aktivierungsgeboten und Passivierungsverboten. → Ausnahme: abweichende steuerliche Regelungen zum Bilanzansatz müssen berücksichtigt werden. **Bewertung (Mit welchem Wert wird ein Wirtschaftsgut in der Bilanz angesetzt?)** → Grundsatz: Wertansatz der Handelsbilanz gilt auch für die Steuerbilanz. → Ausnahme: Beachtung von abweichenden steuerlichen Vorschriften (z. B. steuerliche Sonderabschreibungen).
Keine umgekehrte Maßgeblichkeit	Eine umgekehrte Maßgeblichkeit besteht (mit einer Ausnahme) nicht. Abweichende steuerliche Regelungen dürfen nicht in der Handelsbilanz angewandt werden.

Mittlerweile weichen steuerrechtliche und handelsrechtliche Regelungen so stark voneinander ab, dass ein Teil der herrschenden Literaturmeinung eine Maßgeblichkeit nicht mehr als gegeben ansieht.

9.3.2 Grundsätzliche Ansatz- und Bewertungsvorschriften des HGB

Gemäß § 242 HGB hat der Kaufmann zu Beginn seines Handelsgewerbes und für den Schluss eines jeden Geschäftsjahres eine Bilanz (Darstellung von Vermögen und Schulden) und eine Gewinn- und Verlustrechnung (Gegenüberstellung von Aufwendungen und Erträgen) aufzustellen. Der Jahresabschluss ist in deutscher Sprache und in Euro zu erstellen (§ 244 HGB). Er ist mit Datum zu unterzeichnen.

Der Jahresabschluss ist nach den Grundsätzen ordnungsgemäßer Buchführung (GoB) aufzustellen (§ 243 HGB). Die Grundsätze ordnungsgemäßer Buchführung sind ein unbestimmter Rechtsbegriff, der nicht vollständig in Gesetzen geregelt ist. Das Bilanzierungs- und Buchführungsrecht ist damit ein offenes System, das sich an die Veränderlichkeit des Wirtschaftslebens anpassen kann. Was die Grundsätze ordnungsgemäßer Buchführung letztendlich sind, legen die Gerichte im Einzelfall unter Zuhilfenahme von Literaturmeinungen fest. Die Finanzverwaltung hat in einem BMF-Schreiben vom 14.11.2014 zu den Grundsätzen zur ordnungsmäßigen Führung und Aufbewahrung von Büchern, Aufzeichnungen und Unterlagen in elektronischer Form sowie zum Datenzugriff (GoBD) geregelt, wie der Einsatz von Informationstechnik bei der Buchführung und bei sonstigen Aufzeichnungen ordnungsgemäß zu erfolgen hat. Darin sind neben den GoB vor allem Fragen der Unveränderbarkeit und der Belegerfassung und -aufbewahrung geklärt.

Folgende wichtige Ansatz- und Bewertungsvorschriften gelten als Teil der GoB. Ansatzvorschriften regeln dabei, ob ein Wirtschaftsgut in die Bilanz aufgenommen wird, die Bewertungsvorschriften regeln, zu welchem Wert es in der Bilanz angesetzt wird.

Grundsatz	Beschreibung	Vorschriften
Formale Grundsätze	Die Buchführung muss so beschaffen sein, dass sich ein sachverständiger Dritter innerhalb einer angemessenen Zeit einen Überblick über die Geschäftsvorfälle und die Lage des Unternehmens verschaffen kann. Die Buchungen sind vollständig, richtig, zeitgerecht und geordnet vorzunehmen.	§ 238 HGB § 145 AO § 239 AO § 146 AO
Vollständigkeitsprinzip	Der Jahresabschluss hat alle Vermögensgegenstände, Schulden, Rechnungsabgrenzungsposten, Aufwendungen und Erträge zu enthalten.	§ 246 (1) HGB
Saldierungsverbot	Aktivaposten dürfen nicht mit Passivaposten, Aufwendungen nicht mit Erträgen verrechnet werden.	§ 246 (2) HGB
Inhalt der Bilanz	In der Bilanz sind Anlage-, Umlaufvermögen, die Schulden und die Rechnungsabgrenzungsposten auszuweisen und hinreichend aufzugliedern. Beim Anlagevermögen dürfen nur Gegenstände ausgewiesen werden, die dauernd dem Geschäftsbetrieb dienen sollen.	§ 247 HGB

Bilanzierungsverbote	Aufwendungen für die Gründung des Unternehmens und für die Beschaffung des Eigenkapitals dürfen nicht als Aktivaposten in die Bilanz aufgenommen werden.	§ 248 HGB
Einzelbewertungsprinzip **Stichtagsprinzip**	Vermögensgegenstände und Schulden sind zum Abschlussstichtag einzeln zu bewerten. Für die Inventur sind aber Vereinfachungen erlaubt.	§ 252 (1) Nr. 3 HGB § 241 HGB
Vorsichtsprinzip **Wertaufhellungsprinzip**	Es ist vorsichtig zu bewerten. Alle Risiken und Verluste, die bis zum Abschlussstichtag bestanden haben, sind zu berücksichtigen, selbst wenn sie erst zwischen dem Abschlussstichtag und dem Tag der Bilanzaufstellung bekannt geworden sind.	§ 252 (1) Nr. 4 HGB
Realisationsprinzip	Es dürfen nur realisierte Gewinne ausgewiesen werden. Wertsteigerungen von Vermögensgegenständen werden nicht erfasst. Eine Gewinnrealisierung tritt erst dann ein, wenn der Unternehmer seine Lieferung oder sonstige Leistung erbracht hat.	§ 252 (1) Nr. 4 HGB
Periodisierungsprinzip	Aufwendungen und Erträge werden unabhängig von ihrer Zahlung in dem Jahr berücksichtigt, in dem sie verursacht wurden.	§ 252 (1) Nr. 5 HGB
Stetigkeitsprinzip	Die auf den vorhergehenden Jahresabschluss angewandten Ansatz- und Bewertungsmethoden sind beizubehalten (strenges Stetigkeitsprinzip).	§ 252 (1) Nr. 6 HGB
Anschaffungswertprinzip	Vermögensgegenstände sind höchstens mit den Anschaffungs- oder Herstellungskosten anzusetzen.	§ 253 (1) HGB

Fall **Ansatz- und Bewertungsvorschriften**

Beurteilen Sie, ob die Vorgehensweise in den folgenden Fällen korrekt ist:

a) Der Kaufmann A hält eine Beteiligung an der Y-GmbH in seinem Betriebsvermögen, die offensichtlich nichts mehr wert ist, da die GmbH bereits Insolvenz angemeldet hat. Deshalb entschließt er sich, die Beteiligung an der Y-GmbH in seiner Bilanz nicht mehr aufzuführen.

b) A hat insgesamt Warenforderungen in Höhe von 20000,00 € und Warenschulden von 16000,00 €. Er weist nur eine Differenz von 4000,00 € in seiner Bilanz aus.

c) Wie würden Sie Fall b) beurteilen, wenn A Warenforderungen gegen die Firma F in Höhe von 5000,00 € und Warenschulden gegen dieselbe Firma in Höhe von 3000,00 € hätte und nur den Saldo von 2000,00 € ausweisen würde?

d) A möchte Wertpapiere, die er schon seit 3 Jahren hält und weiter in seinem Betriebsvermögen halten möchte, im Umlaufvermögen ausweisen.

e) A hat für die Gründung seines Unternehmens folgende Aufwendungen getätigt:

- Notarkosten für die Eintragung in das Handelsregister 5000,00 €
- Gerichtskosten 1000,00 €

Diese Kosten möchte er gerne aktivieren und über 10 Jahre abschreiben.

f) A hat bereits zum 31.10.01 eine Inventur durchgeführt. Zum 31.12.01 möchte er auf eine Inventur verzichten. Für die Bilanz zum 31.12.01 könne man ja auf die Zahlen vom 31.10.01 zurückgreifen und diese für die Bilanz verwenden.

g) Für seine Büroeinrichtung, bestehend aus Tischen, Stühlen, Computern und Schränken, hat A in seiner Inventur einen gesamten Wert von 50000,00 € angesetzt.

h) A bezahlt die Versicherung für sein betriebliches Auto für den Zeitraum vom 01.07.01 bis 30.06.02 am 01.07.01 im Voraus. Er möchte, dass der gesamte Betrag in 01 gewinnmindernd gebucht wird.

i) A möchte seinen Pkw, den er bisher linear abgeschrieben hat, in 01 einmal degressiv (wegen hoher Gewinne) abschreiben, um dann im nächsten Jahr wieder die lineare AfA anzuwenden.

j) A möchte ein Grundstück, das er vor 4 Jahren zum Preis von 400000,00 € (letzter Bilanzansatz) gekauft hat und das aufgrund von Wertsteigerungen nun 500000,00 € wert ist, mit 500000,00 € in der Bilanz ausweisen.

k) A hat in 01 einen Auftrag für Warenlieferungen im Wert von 3000000,00 € erhalten. Die erste Lieferung erfolgt im Februar 02. Da er den Gewinn für das Jahr 01 ein wenig aufbessern will, möchte er einen Teil der Lieferung schon in 01 ertragsmäßig erfassen.

l) A hat außerdem eine Verbindlichkeit in Höhe von 13000,00 CHF gegenüber einem Züricher Lieferanten. Er möchte die Verbindlichkeiten mit den 13000,00 CHF in seiner deutschen Bilanz ausweisen.

9.3.3 Steuerrechtliche Ausnahmeregelungen

Steuerrechtliche Ausnahmeregelungen gelten für Aufwendungen, die im EStG **Betriebsausgaben** heißen:

Betriebsausgaben **§ 4 (4) EStG**	Betriebsausgaben sind Aufwendungen, die durch den Betrieb veranlasst sind.
§ 4 (5) EStG	Es gibt Aufwendungen, die betrieblich veranlasst und damit Betriebsausgaben sind, den Gewinn aber trotzdem nicht mindern dürfen (sog. nicht abzugsfähige Betriebsausgaben): • Geschenke an Geschäftskunden über 50,00 € netto • 30 % der angemessenen Aufwendungen für Bewirtungen von Personen aus geschäftlichem Anlass • Mehraufwendungen für Verpflegung über den gesetzlichen Höchstbeträgen von: → 28,00 € bei 24-stündiger Abwesenheit → 14,00 € bei 8- bis 24-stündiger Abwesenheit → jeweils 14,00 € für den An- und Abreisetag, wenn der Arbeitnehmer außerhalb seiner Wohnung übernachtet → Pauschbetrag für Berufskraftfahrer 8,00 € zusätzlich zu den Verpflegungspauschalen • Aufwendungen für ein häusliches Arbeitszimmer können nur dann geltend gemacht werden, wenn das Arbeitszimmer den Mittelpunkt der gesamten beruflichen oder betrieblichen Tätigkeit bildet. Ein Abzug eines Pauschbetrages von 1 250,00 € ist möglich, falls kein anderer Arbeitsplatz zur Verfügung steht (z. B. Lehrer). • für Fahrten zwischen Wohnung und erster Tätigkeitsstätte der Unterschiedsbetrag zwischen 0,03 % des inländischen Bruttolistenpreises je Kalendermonat oder den tatsächlichen Aufwendungen für Fahrten zwischen Wohnung und erster Tätigkeitsstätte und Entfernungskilometer und der Entfernungspauschale in Höhe von 0,30 € je Entfernungskilometer. • Schmiergelder • Spenden an politische Parteien
§ 4 (6) EStG **§ 4 (5b) EStG**	• Gewerbesteuer, Nebenleistungen zur Gewerbesteuer (Gewerbesteuererstattungen sind damit nicht steuerpflichtige Einnahmen) • andere Aufwendungen (Aufzählung nicht vollständig)
	Nicht vom Gewinn abgezogen werden dürfen
§ 12 EStG	• Beträge, die für den Haushalt des Steuerpflichtigen und für den Unterhalt seiner Familienangehörigen aufgewendet werden, auch wenn sie zur Förderung des Berufes beitragen, • freiwillige Zuwendungen (z. B. Spenden),
R 12.5 EStR	• Geldstrafen und Geldbußen, • und anderes.
§ 4 (4a) EStG (nicht abzugsfähige Zinsaufwendungen) **BMF-Schreiben vom 18.01.2021**	Schuldzinsen für betriebliche Kredite sind grundsätzlich als Betriebsausgaben gem. § 4 (4) EStG abzugsfähig. Entnimmt der Unternehmer in einem Wirtschaftsjahr mehr als den Gewinn und geleistete Einlagen, so unterstellt man eine teilweise private Verwendung von betrieblichen Krediten. Deswegen sind in diesem Fall die Schuldzinsen teilweise nicht abzugsfähige Betriebsausgaben (§ 4 (4a) EStG). Zu berücksichtigen sind noch Überentnahmen seit dem 01.01.1999 und Unterentnahmen aller Vorjahre. Die Berechnung ist dem Schema in Fall 3 zu entnehmen. Der Ausschluss des Betriebsausgabenabzugs gilt nicht für Schuldzinsen von Darlehen, für die Wirtschaftsgüter des Anlagevermögens (nicht des Umlaufvermögens) angeschafft wurden.
§ 4h EStG (Zinsschranke)	Für die Abzugsfähigkeit von Zinsaufwendungen gilt eine sog. Zinsschranke. Danach sind Zinsaufwendungen nur in Höhe der Zinserträge unbeschränkt abzugsfähig. Darüber hinaus sind

Zinsaufwendungen nur bis zu 30 % des Gewinns vor Zinsaufwendungen und -erträgen, Abschreibungen (AfA, Sonder-AfA, Poolabschreibung für GWG) und Steuern (sog. EBITDA) abzugsfähig. Die verbleibenden Zinsaufwendungen sind vortragsfähig. Sie beeinflussen in den Folgejahren aber nicht mehr die 30 %-Grenze. Ein Zinsvortrag ist u. a. nicht möglich bei Aufgabe oder Übertragung eines Betriebes und bei Ausscheiden eines Mitunternehmers (quotaler Untergang).

Der steuerliche EBITDA darf vorgetragen werden. Mit diesem Vortrag können die Unternehmen den für ihren Zinsabzug nicht genutzten Teil des EBITDA auf künftige Jahre vortragen. Die Zinsschranke muss in den folgenden Fällen nicht angewandt werden:

- Die Zinsaufwendungen betragen nach Abzug der Zinserträge weniger als 3 Mio. €.
- Der Betrieb gehört zu einem Konzern und seine Eigenkapitalquote am Schluss des vorangegangenen Abschlussstichtages ist gleich hoch oder höher ist als die des Konzerns (Eigenkapitalvergleich). Ein Unterschreiten der Eigenkapitalquote des Konzerns um bis zu zwei Prozentpunkte ist unschädlich.

§ 4j EStG Steuerliche Abzugsfähigkeit von Aufwendungen für Rechteüberlassungen

Die steuerliche Abzugsmöglichkeit für Lizenzzahlungen und andere Aufwendungen für Rechteüberlassungen an nahe stehende Personen wird eingeschränkt, wenn beim Empfänger

- ein Näheverhältnis i. S. d. § 1 Abs. 2 AStG besteht;
- eine substanzielle Geschäftstätigkeit fehlt;
- keine oder eine unter 25 % liegende Steuerlast vorliegt.

Sind diese Voraussetzungen erfüllt, orientiert sich der Betriebsausgabenabzug an der Ertragsteuerbelastung beim Gläubiger der Zahlung. Es wird dadurch der Höhe nach quasi eine korrespondierende Besteuerung vorgenommen. Damit wird der Anreiz, Gewinne zu verlagern, künftig entfallen.

§ 3 Nr. 40 / § 3c EStG (Teileinkünfteverfahren) BMF-Schreiben vom 23.10.2013

Einnahmen aus Kapitalvermögen und Gewinne aus der Veräußerung von Anteilen, die dem Betriebsvermögen zugeordnet sind, sind zu 40 % steuerbefreit. Mit diesen Einnahmen in Zusammenhang stehende Betriebsausgaben können dementsprechend auch nur zu 60 % abgesetzt werden.

Fall 1 Betriebsausgaben

Beurteilen Sie in den folgenden Fällen, ob es sich um

(1) abzugsfähige Betriebsausgaben,

(2) nicht abzugsfähige Betriebsausgaben oder um

(3) keine Betriebsausgaben handelt.

Der Maschinenhersteller Stein hat folgende Ausgaben:

a) Für eingekaufte Materialien zahlt er 120 000,00 €.

b) An Löhnen bezahlt er seinen Arbeitnehmern 50 000,00 €.

c) Aufwendungen für die Kleidung von Stein und für seine Ehefrau: 3 415,00 €

d) Stein richtet zu seinem 50. Geburtstag eine große Feier aus, zu der auch Geschäftskunden kommen. Die Kosten der Feier belaufen sich auf 1 500,00 €.

e) Aufwendungen in Höhe von 400,00 € für die Bewirtung von Geschäftsfreunden. Jedoch ist nur ein Betrag von 300,00 € als angemessen anzusehen.

f) 25 Geschäftspartnern schenkt Stein einen Schreibtischterminkalender für je 12,00 €.

g) Seinen drei besten Geschäftspartnern schenkt er Markenarmbanduhren für je 350,00 €.

h) An Beiträgen für den Tennisclub „Rot-Gold“ wurden 420,00 € überwiesen.

i) Spenden an eine gemeinnützige Organisation, die vom betrieblichen Bankkonto überwiesen werden.

j) Zahlung der Gewerbesteuervorauszahlung für das erste Quartal

k) Stein benutzt den betrieblichen Pkw an 230 Tagen auch für Fahrten zwischen seiner Wohnung und der 15 km entfernt liegenden Arbeitsstätte. Die Aufwendungen des Pkw wurden als Betriebsausgaben gebucht. Der Pkw hat einen Bruttolistenpreis von 35000 €.

Zinsschranke

Fall 2*

Prüfen Sie in den folgenden Fällen, ob die Zinsaufwendungen abzugsfähig sind, und bestimmen Sie die Höhe der abzugsfähigen Zinsaufwendungen.

a) Einzelunternehmer A hat in 01 Zinsaufwendungen in Höhe von 500000,00 € und Zinserträge in Höhe von 10000,00 €.

b) Ändert sich an Ihrer Antwort zu a) etwas, wenn die Zinsaufwendungen 3500000,00 € betragen würden?

c) Ändert sich an Ihrer Antwort zu a) etwas, wenn es sich um eine GmbH handeln würde?

d) Gesellschafter B ist zu jeweils 70 % Gesellschafter der C-GmbH und der D-AG. Die Gesellschaften weisen für 01 folgende GuV aus:

	C-GmbH	D-AG
Steuerlicher Gewinn vor Zinsen, Abschreibungen und Steuern	4500000,00 €	1000000,00 €
Zinserträge	100000,00 €	0,00 €
Zinsaufwendungen	3200000,00 €	0,00 €
Steuerlicher Gewinn nach Zinsen	1400000,00 €	1000000,00 €

Die Escape-Klausel soll für die C-GmbH nicht gelten.

e) Im folgenden Jahr 02 weist die C-GmbH folgende GuV aus:

	C-GmbH
Steuerlicher Gewinn vor Zinsen, Abschreibungen und Steuern	5000000,00 €
Zinserträge	50000,00 €
Zinsaufwendungen	3300000,00 €
Steuerlicher Gewinn nach Zinsen	1750000,00 €

Schuldzinsen

Fall 3*

Der Unternehmer Karl Pees weist in seiner Gewinn- und Verlustrechnung des Jahres 01 Zinsaufwendungen in Höhe von 10000,00 € aus. Davon entfallen 5000,00 € auf die Finanzierung der Anschaffung einer betrieblich genutzten Maschine. Der Rest sind Zinsen für das betriebliche Kontokorrentkonto. Die Einlagen beliefen sich in 01 auf 10000,00 €, die Entnahmen auf 80000,00 €. Der Gewinn des Jahres 01 betrug 40000,00 €. In den letzten Jahren hatte er Überentnahmen von insgesamt 20000,00 €.

Prüfen Sie den Schuldzinsenabzug als Betriebsausgabe. Benutzen Sie dabei folgendes Schema:

Gewinn des laufenden Wirtschaftsjahres	
+ Einlagen des laufenden Wirtschaftsjahres	
– Entnahmen des laufenden Wirtschaftsjahres	
= Überentnahme/Unterentnahme des laufenden Wirtschaftsjahres	
+/– Über-/Unterentnahmen der vergangenen Jahre	
= Gesamte Überentnahme (falls sich eine gesamte Unterentnahme ergibt, kein Fall des § 4 (4a) EStG)	
· Typisierter Zinssatz von 6 % (§ 4 (4a) Satz 3 EStG)	
Max. tatsächliche Schuldzinsen – Mindestabzug der betrieblichen Schuldzinsen von 2050,00 €	
Nicht abzugsfähige Schuldzinsen = Nicht abzugsfähige Betriebsausgaben	

9.3.4 Die Ansatz- und Bewertungsvorschriften im Einzelnen

9.3.4.1 Grundsätzliche Ansatzvorschriften

Ansatzvorschriften klären die Frage, welche Positionen in die Bilanz aufzunehmen sind. Nach § 5 (1) EStG i.V.m. § 247 HGB sind in der Bilanz das Anlagevermögen, das Umlaufvermögen, die Rechnungsabgrenzungsposten, das Eigenkapital und die Schulden gesondert auszuweisen und hinreichend aufzugliedern. Für Kapitalgesellschaften enthält der § 266 HGB eine detaillierte Regelung über die anzusetzenden Posten.

Auf der Aktivaseite sind grundsätzlich Wirtschaftsgüter und Rechnungsabgrenzungsposten anzusetzen. Der Ansatz eines Rechnungsabgrenzungspostens kann unterbleiben, wenn die jeweilige Ausgabe oder Einnahme den GWG-Betrag (aktuell 800,00 €) nicht übersteigt (§ 5 (5) EStG).

Nach der Rechtsprechung des BFH sind Wirtschaftsgüter alle am Bilanzstichtag als Vermögenswerte realisierbaren Gegenstände i.S.d. Zivilrechts (Sachen, Rechte) sowie alle anderen vermögenswerten Vorteile einschließlich tatsächlicher Zustände und konkreter Möglichkeiten. Damit handelt es sich auch bei Schulden um Wirtschaftsgüter.

Zum Anlagevermögen gehören Wirtschaftsgüter, die zum dauernden Einsatz im Betrieb bestimmt sind (Gebrauch), dagegen umfasst das Umlaufvermögen die Wirtschaftsgüter, die zum Verbrauch gedacht sind (insbesondere Vorräte, Forderungen und Zahlungsmittel).

Immaterielle Vermögensgegenstände des Anlagevermögens, die nicht entgeltlich erworben wurden, dürfen gem. § 248 (2) HGB aktiviert werden. Aktiviert werden dürfen die auf die Entwicklungsphase entfallenden Herstellungskosten. Die auf die Forschungsphase entfallenden Herstellungskosten sind von der Aktivierung ausgeschlossen gem. § 255 (2a) HGB. Steuerrechtlich besteht ein Aktivierungsverbot (§ 5 (2) EStG).

Rechnungsabgrenzungsposten dienen der periodischen Gewinnabgrenzung. Sie bewirken, dass nur die in dem Wirtschaftsjahr verursachten Aufwendungen und Erträge erfasst werden.

Auf der Passivaseite sind das Eigenkapital und die Schulden anzusetzen.

Schulden sind Verbindlichkeiten und Rückstellungen. Verbindlichkeiten müssen dem Grund und der Höhe nach gewiss sein, Rückstellungen sind nach § 249 HGB für ungewisse Verbindlichkeiten zu bilden.

Wirtschaftsgüter dürfen nur in die Bilanz aufgenommen werden, wenn sie zum Betriebsvermögen gehören (R 4.2 EStR). Zu beachten ist, dass ein Wirtschaftsgut nur vollständig dem Betriebs- oder dem Privatvermögen zugerechnet werden kann. Liegt eine gemischte Nutzung vor, kommt es auf den Grad der Nutzung an, zu welcher Vermögensart es zu zählen ist.

Notwendiges Privatvermögen	Gewillkürtes Betriebsvermögen	Notwendiges Betriebsvermögen
Wirtschaftsgüter, die vorwiegend dem privaten Lebensbereich angehören	Wirtschaftsgüter, die sowohl dem betrieblichen als auch dem privaten Bereich zugeordnet werden können	Wirtschaftsgüter, die vorwiegend dem betrieblichen Bereich angehören
Gemischt genutzte Wirtschaftsgüter, die weniger als 10 % betrieblich genutzt werden, sind notwendiges Privatvermögen.	Gemischt genutzte Wirtschaftsgüter, die zwischen 10 % und 50 % betrieblich genutzt werden, sind gewillkürtes Betriebsvermögen.	Gemischt genutzte Wirtschaftsgüter, die mehr als 50 % betrieblich genutzt werden, sind notwendiges Betriebsvermögen.
Das Wirtschaftsgut muss **zwingend** dem **Privatvermögen** zugeordnet werden.	Es besteht ein **Wahlrecht**, ob das Wirtschaftsgut dem Privat- oder dem Betriebsvermögen zugeordnet wird.	Das Wirtschaftsgut muss **zwingend** dem **Betriebsvermögen** zugeordnet werden.

Fall 1 **Betriebsvermögen**

Beurteilen Sie in den folgenden Fällen, ob es sich bei den Wirtschaftsgütern um notwendiges Betriebsvermögen, gewillkürtes Betriebsvermögen oder notwendiges Privatvermögen handelt.

a) Der Unternehmer Andreas Thomsen benutzt seinen Pkw zu 75 % betrieblich und zu 25 % privat. Außerdem hat seine Frau noch einen Pkw, der fast ausschließlich für private Zwecke benutzt wird. Ab und an benutzt Herr Thomsen ihn auch für betriebliche Fahrten. Insgesamt machen diese Fahrten ca. 5 % aus.

b) Herr Thomsen verkauft seinen betrieblichen Pkw. Da seine Frau ihren Wagen nicht so häufig benutzt, benutzt er ihn für geschäftliche Fahrten. Der betriebliche Nutzungsanteil liegt nun bei 60 %.

c) Thomsen hat, da er auf dem betrieblichen Bankkonto überschüssige Geldmittel hatte, Wertpapiere gekauft, um das Geld gewinnbringend anzulegen.

d) Nehmen Sie an, Thomsen habe seinem Steuerberater gesagt, dass er die Wertpapiere als Betriebsvermögen behandeln solle. Nach 15 Monaten möchte er die Wertpapiere mit einem Veräußerungsgewinn verkaufen. Um keine betrieblichen Erträge zu erzielen, möchte er die Wertpapiere nun in das Privatvermögen überführen.

Betriebsvermögen bei Grundstücken und Gebäuden

Wirtschaftsgüter können nur ganz dem Betriebsvermögen oder ganz dem Privatvermögen zugeordnet werden. Eine Ausnahme besteht für Grundstücke und Gebäude:

Notwendiges Betriebsvermögen (R 4.2 (7) EStR)

Grundstücke und Grundstücksteile, die ausschließlich und unmittelbar für eigenbetriebliche Zwecke genutzt werden, gehören regelmäßig zum notwendigen Betriebsvermögen.

Gewillkürtes Betriebsvermögen (R 4.2 (9) EStR)

Grundstücke und Grundstücksteile, die nicht eigenbetrieblich genutzt werden und weder eigenen Wohnzwecken dienen noch Dritten unentgeltlich überlassen werden, sondern zu Wohnzwecken oder zur gewerblichen Nutzung an Dritte vermietet sind, können als gewillkürtes Betriebsvermögen behandelt werden.

Privatvermögen

Grundstücke und Grundstücksteile, die zu eigenen Wohnzwecken dienen oder unentgeltlich zu Wohnzwecken überlassen wurden, gehören zum notwendigen Privatvermögen.

Einheitliche Behandlung des Grundstücks (R 4.2 (10) EStR)

Auch wenn ein Grundstück zu mehr als der Hälfte die Voraussetzungen des Betriebsvermögens erfüllt, können weitere Grundstücksteile, bei denen die Voraussetzungen der R 4.2 (9) EStR nicht vorliegen, nicht als Betriebsvermögen behandelt werden.

Betriebsvermögen zu Grundstücken und Gebäuden

Fall 2

Die Unternehmerin Cornelia Siebers (Gewinnermittlung nach § 5 EStG) hat ein dreistöckiges Gebäude gekauft. Das Gebäude wird folgendermaßen genutzt:

- Erdgeschoss für ihr eigenes Unternehmen
- 1. Obergeschoss: Vermietung an einen Steuerberater
- 2. Obergeschoss: Vermietung an einen privaten Mieter
- 3. Obergeschoss: Eigennutzung

a) Beurteilen Sie, welche Etagen dem Betriebs- bzw. Privatvermögen zuzuordnen sind.

b) Folgende Aufwendungen sind für das Haus angefallen:

• Abschreibung	12 500,00 €
• Reparaturen Erdgeschoss	3 000,00 €
• Reparaturen 3. OG	1 400,00 €
• sonstige Hausaufwendungen (Grundsteuer, Heizung usw.)	2 700,00 €

Alle Geschosse sind gleich groß.

Wie hoch sind die abzugsfähigen Betriebsausgaben? Gehen Sie davon aus, dass Frau Siebers so weit wie möglich das Gebäude als Betriebsvermögen behandeln möchte.

Betriebsvermögen bei Personengesellschaften

Wirtschaftsgüter, die im Eigentum eines Gesellschafters einer Personengesellschaft stehen und die dem Betrieb der Personengesellschaft dienen, sind sog. Sonderbetriebsvermögen. Sie gehören gem. R 4.2 (2) EStR zum notwendigen Betriebsvermögen der Personengesellschaft, wenn sie unmittelbar dem Betrieb der Personengesellschaft dienen. Dies ist zum Beispiel der Fall, wenn ein Gesellschafter ein ihm gehörendes Wirtschaftsgut an die Gesellschaft vermietet und dafür eine Vergütung erhält. Die Wirtschaftsgüter sind in einer Sonderbilanz auszuweisen. Die aus diesen Wirtschaftsgütern erzielten Erträge gehören als Gewinn zu den Einkünften aus Gewerbebetrieb (§ 15 (1) Nr. 2 EStG).

Fall 3 Betriebsvermögen bei Personengesellschaften

Eberhard Wolff ist Gesellschafter der Wolff OHG. Er leitet die Geschäfte der OHG und erhält dafür eine jährliche Vergütung von 30000,00 €. Der handelsrechtliche Gewinn der OHG beträgt in 01 50000,00 €, von dem Herr Wolff einen Anteil von 50 % erhält. Außerdem ist Herr Wolff Eigentümer eines Grundstücks, das er für 1000,00 € monatlich an die OHG vermietet hat.

a) Ordnen Sie das Grundstück einer Vermögensart zu.

b) Berechnen Sie die Einkünfte aus Gewerbebetrieb für Herrn Wolff.

Fall 4 Gesamtfall

Die Blomberg OHG hat folgende Wirtschaftsgüter. Beurteilen Sie, ob diese Wirtschaftsgüter dem Betriebs- oder Privatvermögen zugeordnet werden:

a) Geschäftswagen des Gesellschafter-Geschäftsführers, der zu 80 % betrieblich und zu 20 % privat genutzt wird;

b) Darlehen, mit dem die Anschaffung des Pkw finanziert wurde;

c) 2 Laptops: Den ersten benutzt der Gesellschafter-Geschäftsführer zu fast 100 % betrieblich, den zweiten hat er seinem Sohn geschenkt, manchmal benutzt er ihn aber auch für geschäftliche Korrespondenz. Dieser Anteil macht 5 % aus;

d) Wertpapiere, die die OHG zur Geldanlage erworben hat;

e) Gebäude, das wie folgt genutzt wird:

EG	eigenbetrieblich,
1. OG	Vermietung an einen Arzt,
2. OG	Vermietung an private Mieter,
3. OG	private Nutzung durch den Gesellschafter-Geschäftsführer;

f) Ein neben der OHG liegendes Grundstück, das einem Gesellschafter gehört, wird von ihm an die OHG, die es ausschließlich für betriebliche Zwecke nutzt, vermietet.

9.3.4.2 Grundsätzliche Bewertungsmaßstäbe

Das Handels- und Steuerrecht kennt grundsätzliche Bewertungsmaßstäbe, mit denen der Wert für ein Wirtschaftsgut festzulegen ist.

Die Anschaffungskosten

Anschaffungskosten sind gem. § 255 HGB Aufwendungen, die geleistet werden, um einen Vermögensgegenstand zu erwerben und in einen betriebsbereiten Zustand zu versetzen. Das Steuerrecht übernimmt gem. H 6.2 EStR diese Definition.

Anschaffungskosten werden demnach wie folgt ermittelt:

  Anschaffungspreis
\+ Anschaffungsnebenkosten
− <u>Anschaffungspreisminderungen</u>
= Anschaffungskosten

Die Umsatzsteuer gehört gem. § 9b EStG nicht zu den Anschaffungskosten, wenn sie als Vorsteuer geltend gemacht werden kann, und umgekehrt.

Eine alternative Methode zur Feststellung der Anschaffungskosten ist die **retrograde Methode**, die vor allem bei Handelsbetrieben benutzt wird. Dabei wird vom Verkaufspreis die Handelsspanne abgezogen.

Grundsätzlich sind die Anschaffungskosten für jedes Wirtschaftsgut einzeln zu ermitteln (Einzelbewertung). Eine vereinfachte Feststellung der Anschaffungskosten ist bei gleichartigen Gütern erlaubt. Anerkannte Methoden sind die Durchschnittsbewertung, die Gruppenbewertung, die Festbewertung und die Verbrauchsfolgeverfahren (siehe Kapitel 9.3.4.4 Fall 3).

Fall 1 Anschaffungskosten

a) Der Unternehmer Andreas Schuler erwarb in 01 eine Maschine, die ihm Ende September geliefert wurde. Der Preis der Maschine beläuft sich auf 120000,00 € zzgl. USt. Schuler zahlt die Rechnung 10 Tage nach Kauf unter Abzug von 2 % Skonto. Schuler hatte für den Transport der Maschine einen Spediteur beauftragt, der 950,00 € zzgl. USt. in Rechnung stellte. Im Zusammenhang mit der Anschaffung nahm Schuler einen Kredit auf, für den in 01 Zinsen und Gebühren von 2400,00 € gezahlt wurden.

Ermitteln Sie die Anschaffungskosten.

b) Unternehmer Ullrich kauft ein neues Bürogebäude für 500 000,00 €. Der Wert des Grund und Bodens beläuft sich auf 100 000,00 € und ist im Anschaffungspreis enthalten.

Folgende Kosten fallen zusätzlich an:

- Grunderwerbsteuer 17 500,00 €
- Notarkosten (Kaufvertrag) 5 000,00 € + USt.
- Notarkosten (Grundschuld) 300,00 € + USt.
- Grundbuchkosten (Kaufvertrag) 500,00 €
- Grundbuchkosten (Grundschuld) 200,00 €

Die Bezahlung der Kosten erfolgt per Bank.

Ermitteln Sie die Anschaffungskosten des Gebäudes.

c) Rainer Schneider, Einzelhändler für Sportartikel, hat mit einem Schuhhersteller vereinbart, dass er Sportschuhe zu einem Listenpreis von 90,00 € abzüglich 30 % Wiederverkäuferrabatt bezieht. Schneider bestellt 100 Paar dieser Sportschuhe. Die Transportkosten werden ihm mit 25,00 € in Rechnung gestellt. Die gesamte Rechnung überweist Schneider unter Abzug von 2 % Skonto.

Berechnen Sie die Anschaffungskosten nach der retrograden Methode.

Herstellungskosten

Herstellungskosten sind Aufwendungen, die getätigt werden, um ein Wirtschaftsgut herzustellen, zu erweitern oder ein bestehendes Wirtschaftsgut über den ursprünglichen Zustand hinaus wesentlich zu verbessern. Die handelsrechtlichen (§ 255 (2), (3) HGB) und die steuerrechtlichen (§ 6 (1) Nr. 1b EStG) Regelungen sind gleichlautend. Allerdings ist die handelsrechtliche Regelung in Übereinstimmung mit der steuerrechtlichen Regelung anzuwenden (umgekehrte Maßgeblichkeit).

Herstellungskosten nach HGB	**Herstellungskosten nach EStG**
Materialeinzelkosten	Materialeinzelkosten
+ Materialgemeinkosten	+ Materialgemeinkosten
+ Fertigungseinzelkosten	+ Fertigungseinzelkosten
+ Fertigungsgemeinkosten	+ Fertigungsgemeinkosten
+ Sonderkosten der Fertigung	+ Sonderkosten der Fertigung
= Bewertungsuntergrenze	**= Bewertungsuntergrenze**
+ Kosten der allg. Verwaltung	+ Kosten der allg. Verwaltung
+ Sozialkosten	+ Sozialkosten
= Bewertungsobergrenze	**= Bewertungsobergrenze**

Materialeinzelkosten	sind Materialkosten, die sich dem einzelnen Wirtschaftsgut ohne Weiteres direkt zuordnen lassen. Dazu gehören z. B. bei einem Autohersteller die Blechteile.
Materialgemeinkosten	sind Materialkosten, die sich dem einzelnen Wirtschaftsgut nicht ohne Weiteres direkt zuordnen lassen. Dazu gehören beim Autohersteller z. B. die Miete oder die Abschreibung für einen Lagerraum. Berechnet werden diese Kosten, indem ein prozentualer Zuschlag auf die Materialeinzelkosten aufgeschlagen wird.
Fertigungseinzelkosten	sind Kosten, die bei der Fertigung entstehen und dem Wirtschaftsgut direkt zugeordnet werden können. Dazu gehören vor allem die bei der Produktion angefallenen Löhne für die Facharbeiter.
Fertigungsgemeinkosten	sind Kosten, die bei der Fertigung entstehen und dem Wirtschaftsgut nicht direkt zugeordnet werden können. Dazu gehören z. B. die Abschreibung für die Maschinen und Energiekosten. Berechnet werden diese Kosten, indem ein prozentualer Zuschlag auf die Fertigungseinzelkosten aufgeschlagen wird.
Sonderkosten der Fertigung	Hierzu gehören Kosten für Pläne, Patente, Modelle, die für dieses spezielle Produkt entstanden sind.

Verwaltungsgemeinkosten	Kosten der Verwaltung sind z. B. die Gehälter der Angestellten in der Verwaltung. Sie sind ebenfalls nicht direkt dem Produkt zurechenbar und werden als Zuschlag zu der Summe der bisher genannten Kosten berechnet.
Sozialkosten	Darunter fallen Aufwendungen für soziale Einrichtungen, freiwillige soziale Leistungen und betriebliche Altersversorgung.

Alle anderen Kosten sind nicht in die Herstellungskosten einzubeziehen. Dies gilt insbesondere für Vertriebskosten und Zinsen für Fremdkapital. Eine Ausnahme gilt für Fremdkapitalzinsen, die auf den Zeitraum der Herstellung entfallen, falls der Kredit in unmittelbarem und wirtschaftlichem Zusammenhang mit der Herstellung des Wirtschaftsgutes aufgenommen wurde.

Fall 2 **Herstellungskosten**

a) Unternehmer Arndt stellt eine Maschine für seine eigene Produktion her.
Die Materialkosten belaufen sich auf 30000,00 €, die Lohnkosten auf 20000,00 €. Die Materialgemeinkosten kalkuliert Arndt mit 20 % der Materialeinzelkosten. An Fertigungsgemeinkosten kalkuliert er 50 % der Fertigungseinzelkosten. An Verwaltungskosten berechnet er 9 %, an Vertriebskosten 5 % der gesamten Fertigungs- und Materialkosten.

Berechnen Sie die höchst- und niedrigstmöglichen Herstellungskosten aus steuerrechtlicher und handelsrechtlicher Sicht.

b) Schreinermeister Richard Herbst stattet seine Büroräume mit Regalen aus, die er und seine Mitarbeiter selbst hergestellt haben. An Materialkosten ergaben sich 530,00 €, an Lohnkosten für die eigenen Mitarbeiter 1.200,00 €, an Fertigungsgemeinkosten 20 % der Fertigungseinzelkosten. Für die Planungsarbeiten fielen 230,00 € an. An Verwaltungsgemeinkosten errechnen sich 5 %.

Berechnen Sie die höchst- und niedrigstmöglichen Herstellungskosten aus handels- und steuerrechtlicher Sicht.

Der Teilwert

Der Teilwert ist ein rein steuerrechtlicher Wertmaßstab. Die Definition des Teilwertes findet sich im § 6 (1) Nr. 1 Satz 3 EStG und im § 10 BewG. Beide Definitionen sind gleichlautend:
Teilwert ist der Betrag, den

- ein (fiktiver) Erwerber des ganzen Betriebs
- im Rahmen des Gesamtkaufpreises
- für das einzelne Wirtschaftsgut aufwenden würde.

Der Teilwert wird also nicht aufgrund der Kosten, die man für ein Wirtschaftsgut aufwendet, sondern durch den Preis, den man für ein Wirtschaftsgut erhält, berechnet. Hintergrund dieses Wertes ist das Ziel des Steuerrechts zu verhindern, dass zu geringe Werte für Vermögensgegenstände in der Bilanz angesetzt werden. So würden u. U. stille Reserven gebildet, die der Besteuerung entzogen werden.
Bei der tatsächlichen Ermittlung des Teilwertes stößt man aber auf Probleme, da ein Betrieb nicht verkauft wird und sich so ein Wert für das einzelne Wirtschaftsgut nicht bestimmen lässt. Deshalb muss man den Teilwert schätzen. Dies erfolgt aufgrund von sog. Teilwertvermutungen. Diese Teilwertvermutung kann widerlegt werden, was aber durch den Steuerpflichtigen (z. B. aufgrund eines Gutachtens) bewiesen werden muss.
Für unterschiedliche Wirtschaftsgüter gibt es verschiedene Teilwertvermutungen (H 6.7 EStR):

Wirtschaftsgut	Teilwertvermutung	Widerlegungsgründe
nicht abnutzbare Wirtschaftsgüter des Anlagevermögens	Anschaffungs- oder Herstellungskosten	Mängel beim Kauf nachhaltig gesunkene Wiederbeschaffungskosten
abnutzbare Wirtschaftsgüter des Anlagevermögens	Anschaffungs- bzw. Herstellungskosten vermindert um die lineare Abschreibung	Mängel beim Kauf nachhaltig gesunkene Wiederbeschaffungskosten

Vorratsvermögen	Wiederbeschaffungskosten, die sich aufgrund eines Börsen- oder Marktpreises ergeben	geringerer Wert wegen schlechten Verkaufs, Modelländerungen, Beschädigungen usw.
Forderungen	Nennwert	Forderungsausfall
Liquide Mittel	Nominalbetrag	sinkende Devisenkurse bei ausländischer Währung

Die Untergrenze für diese Teilwertschätzung bildet der Einzelveräußerungspreis, d.h. der Preis, der ohne Rücksicht auf die Zugehörigkeit zu einem Betriebsvermögen für das Wirtschaftsgut erzielt werden kann. Die Obergrenze wird durch die Wiederbeschaffungskosten, die sich nach den Preisen am Beschaffungsmarkt richten, festgelegt.

Teilwert

Fall 3

Bestimmen Sie in den folgenden Fällen den Teilwert zum 31.12.04.

a) Die Anschaffungskosten eines Grundstücks haben am 01.04.01 100000,00 € betragen. Im November 04 wurden auf dem Grundstück Altlasten entdeckt, die zu einer Wertminderung von 40000,00 € führten.

b) Ein weiteres Grundstück, das vor Jahren zu einem Preis von 50000,00 € gekauft wurde, ist zu Bauerwartungsland geworden. Dadurch ist der Preis für das Grundstück Ende 04 auf 150000,00 € gestiegen.

c) Die Anschaffungskosten einer Maschine betragen 100000,00 €. Sie wurde zu Beginn des Jahres 01 in Betrieb genommen. Die Maschine wird bei einer Nutzungsdauer von 8 Jahren linear abgeschrieben.

d) Eine neue Computeranlage wurde im Januar 02 zum Preis von 50000,00 € angeschafft. Die Nutzungsdauer beträgt 4 Jahre. Die Anlage soll linear abgeschrieben werden. Zu Beginn des Jahres 04 könnte die gleiche Anlage zu einem Preis von 25000,00 € neu gekauft werden. Der Preisverfall ergibt sich aufgrund von technischen Neuerungen.

e) Ein PC-Händler hatte zu Beginn des Jahres 04 50 PC zu seiner Meinung nach günstigen Konditionen eingekauft. Pro PC bezahlte er einen Einkaufspreis von 550,00 €. Aufgrund eines Konkurrenzkampfes auf dem Markt waren die Einkaufspreise für die PC bis zum Ende des Jahres auf 450,00 € gesunken.

f) Um Verbindlichkeiten an einen kanadischen Lieferanten zahlen zu können, wurden 20000,00 CAD zu einem Wechselkurs von 1,20 CAD/EUR am 15.12.04 gekauft. Am 31.12.04 lag der Kurs bei 1,30 CAD/EUR.

9.3.4.3 Ansatz und Bewertung des Anlagevermögens

Beim Anlagevermögen ist in abnutzbares Anlagevermögen, das durch die Nutzung an Wert verliert, in nicht abnutzbares Anlagevermögen und in immaterielle Vermögensgegenstände zu unterscheiden.

9.3.4.3.1 Ansatz und Bewertung des abnutzbaren Anlagevermögens

Handelsrecht § 253 (1) und (3) HGB	**Steuerrecht § 6 (1) EStG**
→ Anschaffungswertprinzip: keine Bewertung über die Anschaffungskosten hinaus	
Anschaffungs- oder Herstellungskosten	Anschaffungs- oder Herstellungskosten
– Planmäßige Abschreibungen	– Planmäßige Absetzung für Abnutzung
– Außerplanmäßige Abschreibungen	– AfA bei außergewöhnlicher Abnutzung
	– Teilwertabschreibung
	– Sonderabschreibungen
+ Zuschreibungen	+ Zuschreibungen
= Wertansatz	= Wertansatz

Bilanzsteuerrecht

Die planmäßige Abschreibung/Absetzung für Abnutzung

Nach § 253 (3) HGB müssen die Anschaffungs-/Herstellungskosten um die planmäßige Abschreibung vermindert werden. Gründe für die planmäßige Abschreibung sind Verschleiß oder die technische Abnutzung des Wirtschaftsgutes. Die planmäßige Abschreibung ergibt sich durch die Verteilung der Anschaffungs-/Herstellungskosten auf die voraussichtliche Nutzungsdauer. Vorschriften über die genaue Verteilung macht das HGB nicht.

Konkreter wird das Steuerrecht. Hier spricht man von Absetzungen für Abnutzungen (AfA). Es sieht drei verschiedene Abschreibungsarten vor, die sich als die üblichen Abschreibungsarten auch für das Handelsrecht bewährt haben:

Lineare Abschreibung **Absetzung für Abnutzung in gleichen Jahresbeträgen** **§ 7 (1) EStG** **R 7.4 (2) EStR**	$\frac{\textbf{Anschaffungs-/Herstellungskosten}}{\textbf{Nutzungsdauer}}$ → Bei Wirtschaftsgütern, die im Lauf des Jahres angeschafft oder hergestellt werden, kann die Jahres-AfA nur für den Zeitraum zwischen Anschaffung und Ende des Wirtschaftsjahres angesetzt werden. Dabei wird der Anschaffungsmonat als voller Monat gerechnet. → Für die Bestimmung der Nutzungsdauer ist von dem Zeitraum auszugehen, in dem sich das Wirtschaftsgut technisch abnutzt. Die betriebsgewöhnliche Nutzungsdauer kann in den AfA-Tabellen des Bundesministeriums der Finanzen nachgesehen werden. Diese Werte sind nur Anhaltspunkte und können bei Glaubhaftmachung durch den Steuerpflichtigen verlängert oder verkürzt werden.
BMF-Schreiben vom 26.02.2021	→ Computerhardware, die dazu gehörenden Peripheriegeräte und die notwendige Betriebs- und Anwendersoftware können im Jahr der Anschaffung voll abgeschrieben werden. Eine zeitanteilige Abschreibung ist nicht notwendig, kann aber vorgenommen werden. Voraussetzung ist eine unternehmerische Nutzung von mindestens 90 %. Ist der unternehmerische Anteil geringer, ist zwischen unternehmerischer und privater Nutzung abzugrenzen und nur der unternehmerische Anteil ist absetzbar. → Für Zeiträume, in denen das Wirtschaftsgut nicht zur Erzielung von Einkünften benutzt wird (private Nutzung), vermindert sich die AfA. → Die AfA ist bei eingelegten Wirtschaftsgütern ebenfalls zeitanteilig zu berechnen.
Degressive Abschreibung **Absetzung für Abnutzung in fallenden Jahresbeträgen** **§ 7 (2) EStG**	Die degressive Abschreibung wird durch einen festen Prozentsatz der Anschaffungs-/Herstellungskosten bzw. des Restbuchwertes berechnet. Steuerlich ist die degressive AfA grundsätzlich nicht möglich. Für Anschaffungen zwischen dem 01.04.2024 und den 31.12.2024 kann sie ausnahmsweise mit dem Zweifachen der linearen AfA, max. 20 % angesetzt werden.
Abschreibung/Absetzung nach Maßgabe der Leistung **§ 7 (1) Satz 6 EStG**	Für diese Abschreibungsmethode muss der Anteil der Leistung des laufenden Jahres ins Verhältnis zur Gesamtleistung gesetzt werden. Dieses Verhältnis wird dann auf die Anschaffungs- oder Herstellungskosten angewandt. $\frac{\textbf{Leistung des laufenden Jahres}}{\textbf{Gesamtleistung}} \cdot \textbf{AK/HK}$ Steuerlich ist diese AfA-Methode allerdings nur bei wirtschaftlicher Begründung erlaubt.

Handelsrechtlich muss eine einmal gewählte Abschreibungsart beibehalten werden (strenges Stetigkeitsprinzip). Für die Steuerbilanz gilt dasselbe, mit der Ausnahme, dass einmal von der degressiven zu der linearen AfA gewechselt werden darf. Identische Wirtschaftsgüter müssen auch gleich abgeschrieben werden. Für die Steuerbilanz ergibt sich aufgrund der Wahl der Abschreibungsmethode in der Handelsbilanz keine Bindung.

Fall 1 Planmäßige Abschreibung/Absetzung für Abnutzung (AfA)

a) Die Unternehmerin Karin Oestreich schafft sich für ihren Betrieb am 01.06.01 einen Pkw an. Die Kosten belaufen sich auf 24000,00 € zzgl. USt. Die gesamte Kilometerleistung des Fahrzeugs wird auf 120000 km geschätzt. Die km-Leistung in 01 beläuft sich auf 10000 km, in 02 auf 25000 km.
Die Nutzungsdauer des Fahrzeugs wird auf 6 Jahre geschätzt.
Für die Handelsbilanz wird nachvollziehbar dargelegt, dass die jährliche Wertminderung 30 % beträgt.
Berechnen Sie die lineare, die degressive Abschreibung sowie die Abschreibung nach der Leistung für die Jahre 01 und 02 sowohl für die Handels- als auch für die Steuerbilanz.

b) Unternehmer Alfred Schmitz, Werkzeugherstellung, kauft am 15.06.01 für seinen Betrieb eine Drehbank, für die er folgende Rechnung erhält:

Drehbank	150000,00 €
– 15 % Treuerabatt	22500,00 €

+ USt.	24 225,00 €
= Rechnungsbetrag	151 725,00 €

Im Zusammenhang mit der Anschaffung sind noch folgende Aufwendungen entstanden:

Transport der Maschine	5 000,00 € zzgl. USt.
Aufstellen der Maschine	2 500,00 € zzgl. USt.
Zinsen für einen Kredit zur Finanzierung der Maschine	3 500,00 €

Die Bezahlung der Maschine erfolgte unter Abzug von 3 % Skonto per Bank. Alle anderen Aufwendungen wurden ebenfalls per Bank beglichen.

Die betriebsgewöhnliche Nutzungsdauer der Maschine beträgt 15 Jahre.

Buchen Sie die Anschaffung der Maschine am 15.06.01 sowie die höchstmögliche Abschreibung am 31.12.01 und 31.12.02.

Geringwertige Wirtschaftsgüter

Das Steuerrecht erlaubt für bestimmte Wirtschaftsgüter, deren Anschaffungs- oder Herstellungskosten gering sind (sog. geringwertige Wirtschaftsgüter), zwei vereinfachte Abschreibungsmöglichkeiten. Es handelt sich bei diesen Regelungen um Wahlrechte, d.h. die üblichen, schon dargestellten, Abschreibungsmöglichkeiten gelten auch für diese Wirtschaftsgüter. Die Vereinfachungsregelungen können nicht für alle Wirtschaftsgüter angewandt werden, vielmehr bestehen folgende Voraussetzungen:

Definition geringwertige Wirtschaftsgüter § 6 (2), (2a) EStG, BMF-Schreiben vom 30.09.2010

- abnutzbare
- bewegliche
- Wirtschaftsgüter des Anlagevermögens,
- die selbstständig nutzbar sind

→ Die Frage nach der selbstständigen Nutzbarkeit stellt sich regelmäßig bei Wirtschaftsgütern, die in einem Betrieb zusammen mit anderen Wirtschaftsgütern genutzt werden. Entscheidend ist die betriebliche Zweckbestimmung des Wirtschaftsgutes. Ein Wirtschaftsgut des Anlagevermögens ist nicht selbstständig nutzbar, wenn es nur mit anderen Wirtschaftsgütern genutzt werden kann oder mit anderen Wirtschaftsgütern technisch abgestimmt ist. Beispiele für nichtselbstständig nutzbare Wirtschaftsgüter sind:

- Autoradio
- Drucker und Druckerkabel eines PC
- Bestuhlung (z. B. Kino)
- Monitor und Maus eines PC

Eine Abschreibung als GWG ist dann nicht möglich, sondern erfolgt zusammen mit dem zugehörigen Wirtschaftsgut.

Definition geringwertige Wirtschaftsgüter

Fall 2a

Prüfen Sie in den folgenden Fällen, ob es sich um geringwertige Wirtschaftsgüter handelt.

a) Der selbständige Steuerberater Stefan Müller lässt in sein Auto nachträglich ein leistungsfähigeres Autoradio für 700,00 € + USt. einbauen.

b) Müller kauft einen Schreibtischstuhl für 350,00 € + USt.

c) Müller kauft im August 01
   (1) einen Drucker für 180,00 € + USt.,
   (2) ein Multifunktionsgerät (Drucker, Scanner, Fax, Kopierer) für 390,00 € + USt.
   Beide Geräte verwendet Müller ausschließlich für berufliche Zwecke.

d) In 02 erfolgt die Anschaffung eines zusätzlichen Druckers, der außer Drucken keine weiteren Funktionen ausführen kann, sowie einer PC-Maus, die bisher nicht im Lieferumfang des PC enthalten war. Die Anschaffungskosten für den Drucker betragen 180,00 € + USt. und für die PC-Maus 25,00 €. Die Nutzungsdauer des Druckers beträgt 5, die der Maus 3 Jahre. Der dazugehörige PC wurde im Vorjahr als GWG behandelt.

800,00 €-Regelung (§ 6 (2) EStG)

Für geringwertige Wirtschaftsgüter bestehen zwei vereinfachte Abschreibungsregelungen. Der Steuerpflichtige muss sich aber für die Anwendung einer Regelung innerhalb eines Wirtschaftsjahres entscheiden. Die gleichzeitige Anwendung der Vereinfachungsregelungen innerhalb eines Wirtschaftsjahres ist nicht möglich, in verschiedenen Wirtschaftsjahren allerdings schon. Die Anwendung der Vereinfachungsregelungen ist keine Pflicht. Geringwertige Wirtschaftsgüter können auch linear oder nach der Leistung abgeschrieben werden.

Es gibt zum einen die „800,00 €-Regelung" und die Poolabschreibung.

800,00 €-Regelung (§ 6 (2) EStG)	
Aufwendungen bis 250,00 €	Aufwendungen bis 250,00 € können im Wirtschaftsjahr voll als Betriebsausgaben abgezogen werden. Dieses Wahlrecht kann für jedes Wirtschaftsgut individuell ausgeübt werden. → Dazu gehören auch Computerprogramme, deren Anschaffungskosten unter 250,00 € liegen (sog. Trivialprogramme).
Aufwendungen von mehr als 250,00 € und nicht mehr als 800,00 €	Diese Aufwendungen können im Wirtschaftsjahr sofort als Aufwendungen abgezogen werden. Es ist ein Verzeichnis unter Angabe des Tages der Anschaffung, Herstellung oder Einlage sowie der Anschaffungs-/Herstellungskosten zu führen.
Aufwendungen von mehr als 800,00 €	Diese Wirtschaftsgüter sind nach den allg. Regelungen über die AfA abzuschreiben.

Fall 2b 800,00 €-Regelung

a) Der Einzelunternehmer Werner Stahl kauft im März 01 für sein Unternehmen eine Waage für 300,00 € + USt. und einen Wandschrank für 850,00 € + USt. Die Nutzungsdauer beider Wirtschaftsgüter beträgt 10 Jahre.
Wie sind die Waage und der Wandschrank im Jahresabschluss 01 zu behandeln, wenn Stahl die höchstmögliche Abschreibung geltend machen möchte? Erstellen Sie alle notwendigen Buchungssätze.

b) Der Einzelunternehmer Jan Renz kauft für sein Unternehmen im Mai 01 ein neues Büroregal für 820,00 € + USt. Im Juni bezahlt er den Kaufpreis vereinbarungsgemäß unter Abzug von 3 % Skonto durch Banküberweisung.

(1) Kann das Regal als GWG bis 800,00 € behandelt werden?

(2) Nehmen Sie an, Renz habe das Regal am 30.12.01 auf Ziel gekauft und erst Anfang Januar 02 unter Abzug von 3 % Skonto bezahlt. Kann er das Regal in 01 als GWG bis 800,00 € behandeln?

c) Der selbständige Arzt Jörg Vollert kauft im Juli 01 für seine Praxis einen neuen Schreibtischstuhl für 790,00 € + USt. Als Arzt führt er steuerfreie Umsätze aus und ist nicht zum Vorsteuerabzug berechtigt. Darf er den Schreibtischstuhl als GWG bis 800,00 € behandeln? Beachte R 9b (2) EStR.

Poolabschreibung/Sammelpostenabschreibung (§ 6 (2a) EStG)	
Aufwendungen bis 250,00 €	Aufwendungen bis 250,00 € können im Wirtschaftsjahr voll als Betriebsausgaben abgezogen werden. Dieses Wahlrecht kann für jedes Wirtschaftsgut individuell ausgeübt werden. → Dazu gehören auch Computerprogramme, deren Anschaffungskosten unter 250,00 € liegen (sog. Trivialprogramme).
Aufwendungen von mehr als 250,00 € und nicht mehr als 1 000,00 €	Alle Wirtschaftsgüter zwischen 250,00 € und 1 000,00 € werden in einen Sammelposten (Pool) eingestellt. Weitere Aufzeichnungspflichten (insb. Inventar) bestehen nicht. Der Sammelposten ist, unabhängig von der tatsächlichen Nutzungsdauer der Wirtschaftsgüter, pro Jahr um 1/5 gewinnmindernd aufzulösen. Nachträgliche AK/HK erhöhen den Sammelposten in dem Jahr, in dem die Aufwendungen entstanden sind. AK/HK von nicht selbstständig nutzbaren Wirtschaftsgütern sind, falls sie keine nachträglichen AK/HK sind, nicht im Sammelposten zu erfassen. Scheidet ein Wirtschaftsgut des Sammelpostens aus, hat dies keine Auswirkung auf die Höhe des Sammelpostens. Sonder-AfA und Teilwert-AfA sind nicht möglich.

Fall 2c Poolabschreibung

Der Unternehmer Klaus Schmitz kauft in 01 folgende Wirtschaftsgüter:

- einen Schreibtischstuhl für 260,00 € + 19 % USt.
- eine Schreibtischlampe für 120,00 € + 19 % USt.
- einen PC für 900,00 € + 19 % USt., dessen Nutzungsdauer sich gem. BMF-Schreiben vom 26.02.2021 auf 1 Jahr beläuft

- ein Regal für 300,00 € + 19 % USt.
- eine Büroschrankwand für 2.500,00 € + 19 % USt, deren Nutzungsdauer 10 Jahre beträgt (Kaufdatum 01.07.01).

 (1) Ermitteln Sie die höchstmögliche Abschreibung für die Gegenstände für die Jahre 01 und 02. Herr Schmitz entscheidet sich für die Poolabschreibung nach § 6 (2a) EStG.

 (2) Kann Herr Schmitz für den Schreibtischstuhl die 1 000,00 €-Regelung in Anspruch nehmen und die anderen Wirtschaftsgüter nach der Sammelpostenregelung des § 6 (2a) EStG abschreiben?

 (3) Kann Herr Schmitz den PC nicht nach der Sammelpostenregelung des § 6a (2) EStG sondern linear mit einer Nutzungsdauer von 1 Jahr abschreiben?

 (4) Ermitteln Sie die Höhe der Abschreibung, falls der PC am Ende des zweiten Jahres wegen technischer Überholung ausscheidet.

 (5) In 03 kauft Schmitz geringwertige Wirtschaftsgüter im Wert von 3 000,00 €. Ermitteln Sie für den Fall der Poolabschreibung die gesamten Abschreibungsbeträge für 03.

Die planmäßige Absetzung für Abnutzung bei Gebäuden des Betriebsvermögens

Die Abschreibung bei Betriebsgebäuden ist steuerrechtlich genau geregelt und weicht von den Regelungen für bewegliche Wirtschaftsgüter ab. Handelsrechtlich ergeben sich keine speziellen Regelungen.

Betriebsgebäude können steuerlich ähnlich wie Wohngebäude (siehe Kapitel 3.4.2.3) nur linear abgeschrieben werden. Eine degressive AfA ist nur noch für ältere Gebäude möglich (Bestandsschutz).

Lineare Absetzung für Abnutzung (§ 7 (4) Nr. 1, 2 EStG)

→ Gebäude, die zu einem Betriebsvermögen gehören und nicht zu Wohnzwecken dienen und für die der Bauantrag nach dem 31.03.1985 gestellt wurde	3 %
→ Gebäude, soweit sie diese Voraussetzungen nicht erfüllen,	
• die nach dem 31.12.1924 fertiggestellt wurden	2 %
• die vor dem 01.01.1925 fertiggestellt wurden	2,5 %

Die Abschreibung ist zeitanteilig vorzunehmen.

AfA bei Gebäuden des Betriebsvermögens

Fall 3

Ermitteln Sie in den folgenden Fällen die höchstmögliche Absetzung für Abnutzung für das Jahr 2025.

a) A hat in 1996 eine Lagerhalle für ein von ihm betriebenes Exportunternehmen errichtet. Der Antrag auf Baugenehmigung ist in 1996 gestellt worden, die Fertigstellung des Gebäudes erfolgte am 15.10.1996. Die Herstellungskosten betrugen 150 000,00 €.

b) B kaufte im Januar 1983 eine Fabrikhalle für 500 000,00 €. Die Fabrikhalle ist in 1950 erbaut worden.

c) C errichtet in 2025 ein neues Bürogebäude für 250 000,00 €. Das Gebäude ist am 01.10.2025 bezugsfertig.

Die außerplanmäßige Abschreibung/Teilwertabschreibung/AfA bei außergewöhnlicher Abnutzung

Neben den planmäßigen Abschreibungen für den Verschleiß oder die technische Abnutzung des Wirtschaftsgutes kann ein Vermögensgegenstand noch außergewöhnlichen Wertminderungen unterliegen.

Gemäß **HGB** muss der niedrigere Wert, der sich am Bilanzstichtag ergibt, angesetzt werden, wenn sich eine dauerhafte Wertminderung ergibt (sog. **Niederstwertprinzip**). Eine Dauerhaftigkeit kann unterstellt werden, wenn der Kaufmann aus der Sicht am Bilanzstichtag aufgrund objektiver Tatsachen ernsthaft damit zu rechnen hat und bis zur Bilanzaufstellung der Wert noch nicht gestiegen ist. Bei Finanzanlagen ist eine außergewöhnliche Abschreibung auch bei vorübergehender Wertminderung möglich. Steigt der Wert eines einmal außergewöhnlich abgeschriebenen Wirtschaftsgutes wieder, so besteht stets ein **Wertaufholungsgebot**.

Das **EStG** kennt zwei außergewöhnliche Abschreibungen.

Bei **außergewöhnlicher wirtschaftlicher oder technischer Abnutzung** ist gem. § 7 (1) Satz 7 EStG eine außerordentliche Abschreibung zulässig. Eine außergewöhnliche technische Abnutzung liegt bei der Beeinträchtigung der Substanz (z. B. Beschädigung, Zerstörung), eine außergewöhnliche wirtschaftliche Abnutzung bei der Beeinträchtigung der Funktion (z. B. technische Neuerung) vor.

Ist der **Teilwert** am Bilanzstichtag **niedriger**, können Wirtschaftsgüter gem. § 6 (1) Nr. 1 Satz 2 EStG bei einer voraussichtlich dauerhaften Wertminderung auf diesen niedrigeren Wert abgeschrieben werden.

Damit sollen alle Wertminderungen über die außerordentliche technische oder wirtschaftliche Abnutzung hinaus berücksichtigt werden (z. B. gesunkene Wiederbeschaffungskosten). Gemäß R 6.8 EStR ist die in der Handelsbilanz vorgenommene außerplanmäßige Abschreibung in der Steuerbilanz nicht zwingend nachzuvollziehen, der Steuerpflichtige kann darauf verzichten. Dies widerspricht dem Maßgeblichkeitsprinzip.
Eine dauerhafte Wertminderung liegt nach dem BMF-Schreiben vom 02.09.2016 vor, wenn der Steuerpflichtige mit der Nachhaltigkeit aus der Sicht am Bilanzstichtag aufgrund objektiver Tatsachen zu rechnen hat. Grundsätzlich ist von einer dauerhaften Wertminderung auszugehen, wenn

- die Wertminderung aus besonderem Anlass (technischer Fortschritt oder Katastrophe) eintritt oder
- der Wert des Wirtschaftsgutes die Bewertungsobergrenze während eines erheblichen Teils der voraussichtlichen Verweildauer im Unternehmen nicht erreichen wird.

Werterhellende Erkenntnisse bis zur Bilanzaufstellung müssen berücksichtigt werden.

Beim abnutzbaren Anlagevermögen liegt eine dauerhafte Wertminderung steuerrechtlich vor, wenn der Wert des jeweiligen Wirtschaftsgutes mindestens für die halbe Restnutzungsdauer unter dem planmäßigen Restbuchwert liegt. Bei einer vorübergehenden Wertminderung ist in keinem Fall eine Teilwertabschreibung möglich.

Steigt der Wert eines bereits außergewöhnlich abgeschriebenen Wirtschaftsgutes, so besteht steuerlich in jedem Fall eine **Wertaufholungspflicht** auf den höheren Wert.

Handelsrecht	Steuerrecht
§ 253 (3) HGB → Pflicht zur Abschreibung auf den niedrigeren Wert bei dauernder Wertminderung (Niederstwertprinzip)	**§ 7 (1) Satz 7 EStG** → Wahlrecht für Abschreibung wegen außergewöhnlicher wirtschaftlicher oder technischer Abnutzung **§ 6 (1) Nr. 1, 2 EStG, BMF-Schreiben vom 02.09.2016** → Wahlrecht für Teilwertabschreibung nur bei dauerhafter Wertminderung, → Wahlrecht kann unabhängig von der handelsrechtlichen Regelung ausgeübt werden
§ 253 (5) HGB → Wertaufholungsgebot	**§ 6 (1) Nr. 1 Satz 4 EStG** → Wertaufholungsgebot

Fall 4 Außerplanmäßige Abschreibung/Teilwertabschreibung/AfA bei außergewöhnlicher Abnutzung

a) Einzelkaufmann E (Gewinnermittlung § 5 EStG) hat am 05.01.01 einen Computer für 40 000,00 € netto gekauft. Die Nutzungsdauer beträgt 4 Jahre, die Abschreibung ist linear. Aufgrund technischer Neuerungen im Jahr 02 ist der Computer Ende 02 nur noch 5 000,00 € wert. Die Wertminderung ist dauerhaft.

(1) Berechnen Sie die handels- und steuerrechtliche Abschreibung sowie den Buchwert Ende 02 und 03.

(2) Was ändert sich an Ihrer Lösung, falls die Wertminderung nur vorübergehend ist?

b) Einzelkaufmann E hat am 3.1.01 eine Maschine für 50 000,00 € netto angeschafft. Die Nutzungsdauer beträgt 10 Jahre. E hat die Maschine bisher linear abgeschrieben. Die Maschine wird Ende 04 durch einen Betriebsunfall stark beschädigt. Die Wertminderung beträgt 10 000,00 € und ist dauerhaft.

Berechnen Sie den Buchwert zum 31.12.04 sowie die planmäßige und außerplanmäßige Abschreibung in 04.

c) Einzelkaufmann E hat Anfang 01 eine Spezialmaschine für die Produktion für einen bestimmten Kunden für 100 000,00 € netto angeschafft. Ende 03 meldet dieser Kunde Insolvenz an und die Maschine ist für E wertlos geworden, da er keine anderen Kunden für die Produkte dieser Maschine hat.

(1) Ermitteln Sie die planmäßige und die außerplanmäßige Abschreibung sowie den Restbuchwert in 03 (Nutzungsdauer 10 Jahre, lineare Abschreibung).

(2) Anfang 05 meldet sich zufällig ein neuer Kunde, für den die Maschine wieder gebraucht werden kann. Zu welchem Wert ist die Maschine in der Bilanz am 31.12.05 anzusetzen?

d) Einzelkaufmann E hat Anfang 01 einen Computer für 12 000,00 € angeschafft. Die Nutzungsdauer schätzt er auf 6 Jahre. Aufgrund einer technischen Neuerung ist der Computer am Ende des Jahres 02 nur noch 2 000,00 € wert.

Prüfen Sie, ob es sich im steuerrechtlichen Sinne um eine dauerhafte Wertminderung handelt.

Füllen Sie dazu folgende Tabelle aus:

	Planmäßige Afa/ Restbuchwert in €	Geminderter Wert in €	Halbe Restnutzungsdauer	Wie lange liegt geminderter Wert unter planmäßigem Restbuchwert?
Anschaffungskosten				
Lineare Abschreibung 01				
Restbuchwert 01				
Lineare Abschreibung 02				
Restbuchwert 02		2000,00		
Lineare Abschreibung 03				
Restbuchwert 03				
Lineare Abschreibung 04				
Restbuchwert 04				
Lineare Abschreibung 05				
Restbuchwert 05				
Lineare Abschreibung 06				
Restbuchwert 06				

e) Ein Gebäude mit Büroräumen ist vor 20 Jahren für 600000,00 € hergestellt worden. Es wurde mit 2 % linear abgeschrieben. In 02 hat es aufgrund von Baupreissteigerungen einen Wert von 1000000,00 €. Das Gebäude erleidet in 02 einen Hochwasserschaden, wodurch der Zeitwert um 30 % gemindert wird. Eine Reparatur der überschwemmten Räume wird nicht durchgeführt, da die Räume nicht benötigt werden.

Zu welchem Wert ist das Gebäude in der Bilanz zum 31.12.02 anzusetzen?

Sonderabschreibungen

Sonderabschreibungen kennt nur das Steuerrecht. Ihr Ziel ist nicht die korrekte Ermittlung des Wertes eines Vermögensgegenstandes. Eine Sonderabschreibung ist vielmehr ein wirtschafts- und steuerpolitisches Instrument, um bestimmte Betriebe zu unterstützen. Das Steuerrecht kennt viele Sonderabschreibungen, die wichtigste ist der Investitionsabzugsbetrag und die Sonder-AfA nach § 7g EStG (BMF-Schreiben vom 20.03.2017).

Voraussetzungen für den Investitionsabzug: **Begünstigte Wirtschaftsgüter** **§ 7g (1) Satz 1 EStG**	• abnutzbare • bewegliche Wirtschaftsgüter • des Anlagevermögens → Die Begünstigung gilt auch für gebrauchte Wirtschaftsgüter.
Begünstigte Betriebe **§ 7g (1) Nr. 1 EStG**	Für alle Einkunftsarten gilt eine einheitliche Gewinngrenze i. H. v. 200000,00 € als Voraussetzung für die Inanspruchnahme von Investitionsabzugsbeträgen.
Investitionsabsicht **§ 7g (1) Nr. 2 EStG**	Der Steuerpflichtige muss **beabsichtigen,** das begünstigte Wirtschaftsgut voraussichtlich anzuschaffen oder herzustellen. Die Investitionsabsicht muss sich • auf die fristgerechte Investition (innerhalb der folgenden 3 Wirtschaftsjahre) und • auf die qualifizierte Nutzung des Wirtschaftsgutes (fast ausschließliche betriebliche Nutzung = mind. 90 % in einer inländischen Betriebsstätte mind. bis zum Ende des der Investition folgenden Wirtschaftsjahres) beziehen.

Technik und Höhe des Investitionsabzugs **§ 7g (1) Satz 1 und 4 EStG**	Die Investitionsabsicht und die Funktion des zu erwerbenden Wirtschaftsgutes müssen nicht nachgewiesen und dokumentiert werden. Die Abzugsbeträge des § 7g EStG müssen elektronisch übermittelt werden. Für die **künftige** Anschaffung eines begünstigten Wirtschaftsgutes können bis zu 50 % der voraussichtlichen Anschaffungs-/Herstellungskosten gewinnmindernd abgesetzt werden. Der Abzug erfolgt außerbilanziell, d. h. es erfolgt keine Buchung sondern lediglich eine Korrektur des handelsrechtlichen Gewinns. Der Höchstbetrag für alle im laufenden und in den drei vorangegangenen Wirtschaftsjahren vorgenommenen Abzüge ist je Betrieb auf 150 000,00 € begrenzt.
Vornahme der begünstigten Investition **§ 7g (2) EStG**	Bei Vornahme der Investition kann (Wahlrecht) ein Betrag von 50 % der tatsächlichen Anschaffungs-/Herstellungskosten (max. der geltend gemachte Investitionsabzugsbetrag) dem Gewinn außerbilanziell zugerechnet werden. Falls dies nicht geschieht, ergeben sich die Konsequenzen des § 7g (3) EStG. Sind die AK/HK geringer als der geltend gemachte Investitionsabzugsbetrag, ist in Höhe des Differenzbetrages der frühere Abzug im Jahr der Bildung rückwirkend rückgängig zu machen. Gegenläufig zur Hinzurechnung des Investitionsabzugsbetrags kann (Wahlrecht) der Steuerpflichtige die AK/HK um 50 % und damit den Gewinn mindern, max. aber um den Investitionsabzugsbetrag. Die Minderung ist innerhalb der Bilanz vorzunehmen. Der Abzug vermindert die AfA-Bemessungsgrundlage sowie die AK/HK bei GWGs.
Rückgängigmachung bei unterbliebener Investition **§ 7g (3) EStG**	Ist der Investitionsabzugsbetrag nicht bis zum Ende des dritten auf das Abzugsjahr folgende Wirtschaftsjahr vollständig aufgelöst und hinzugerechnet worden, ist der ursprüngliche Investitionsabzugsbetrag rückwirkend im Jahr der Bildung rückgängig zu machen. • unterbleibende Investition • tatsächliche AK/HK sind geringer als der Investitionsabzugsbetrag Die sich durch die Rückgängigmachung des Abzugs im Bildungsjahr ergebende Steuernachzahlung ist nach § 233a AO mit 1,8 % jährlich zu verzinsen. Der Zinslauf beginnt 15 Monate nach Ablauf des Kalenderjahres, in dem die Steuer entstanden ist.
Rückgängigmachung bei Nichterfüllung der Nutzungsvoraussetzungen **§ 7g (4) EStG**	Wird das Wirtschaftsgut nicht bis zum Ende des der Anschaffung/Herstellung folgenden Wirtschaftsjahres in einer inländischen Betriebsstätte fast ausschließlich betrieblich (mind. 90 %) genutzt, ist der Investitionsabzug im Abzugsjahr rückwirkend rückgängig zu machen.

Sonder-AfA **§ 7g (5) EStG**	Für abnutzbare bewegliche Wirtschaftsgüter des Anlagevermögens können im Jahr der Anschaffung und den folgenden 4 Jahren insgesamt bis zu 40 % der Anschaffungskosten neben der linearen AfA als Sonder-AfA angesetzt werden. Voraussetzung ist die Einhaltung der Größenmerkmale des § 7g (1) Nr. 1 EStG im vorangehenden Wirtschaftsjahr und die fast ausschließliche betriebliche Nutzung.

Sonderabschreibungen

Fall 5

a) Der Einzelunternehmer E plant in 01 eine Maschine Anfang 02 für 150 000,00 € + 19 % USt. zu kaufen. In seinen Buchführungsunterlagen ist die Maschine der Funktion nach genau benannt. Die Nutzungsdauer beträgt 9 Jahre. Der Gewinn i. S. d. § 7g EStG beträgt seit mehreren Jahren weniger als 200 000,00 €. Der handelsrechtliche Gewinn für 01 beträgt 80 000,00 € und für 02 69 000,00 €.

(1) Prüfen Sie die Abzugsmöglichkeit des Investitionsabzugsbetrages für 01 und berechnen Sie ggf. die Höhe.

(2) Berechnen Sie den steuerlichen Gewinn für das Jahr 01.

(3) E schafft wie geplant die Maschine Anfang 02 für 150 000,00 € netto an. Welche Konsequenz hat dies für den Investitionsabzugsbetrag?

(4) Berechnen Sie die höchstmögliche AfA für 02.

(5) Berechnen Sie den steuerlichen Gewinn für 02.

(6) Nehmen Sie an, die Maschine hätte nur 130 000,00 € netto gekostet.
Welche Konsequenzen ergeben sich daraus?

(7) Wie ist zu verfahren, falls E die Maschine entgegen seiner Planung gar nicht anschafft?

(8) Welche Konsequenz ergäbe sich, falls E aufgrund veränderter Absatzmöglichkeiten eine nicht funktionsgleiche Maschine anschafft?

b) Der Unternehmer Wolfgang Braun plant die Anschaffung eines Aktenschrankes für 1 300,00 €. Im Januar 02 kauft er wie geplant den Aktenschrank. Die Nutzungsdauer beträgt 13 Jahre.

Welche Möglichkeiten hat er, um einen möglichst niedrigen Gewinn in 01 und 02 auszuweisen?

c) Der Unternehmer Franz Klein plant in 01 die Anschaffung eines Pkw, Nutzungsdauer 6 Jahre, den er ausschließlich betrieblich nutzen will. Die Anschaffungskosten sollen 35 000,00 € betragen.
Am 13.04.02 schafft er diesen Pkw wie geplant an. Die Anschaffungskosten betragen aufgrund eines Preisnachlasses nur noch 33 000,00 €. Die Voraussetzungen des § 7g EStG sind erfüllt.

Erläutern Sie alle bilanziellen Maßnahmen für 01 und 02, um einen möglichst geringen Gewinn auszuweisen. Erstellen Sie, wo notwendig, auch die Buchungssätze.

9.3.4.3.2 Ansatz und Bewertung des nicht abnutzbaren Anlagevermögens

Bei nicht abnutzbaren Wirtschaftsgütern des Anlagevermögens sind die Bewertungsvorschriften bis auf die planmäßigen Abschreibungen mit denen beim abnutzbaren Anlagevermögen gleichlautend. Eine planmäßige Abschreibung kann nicht erfolgen, da keine Abnutzung bzw. kein Verschleiß vorliegt.

Handelsrechtlich ist bei Finanzanlagen eine außergewöhnliche Abschreibung auch bei vorübergehender Wertminderung möglich. Dies ist steuerrechtlich ausgeschlossen.

Steuerrechtlich ist gemäß dem BMF-Schreiben vom 02.09.2016 beim nicht abnutzbaren Anlagevermögen zwischen Grundstücken, festverzinslichen Wertpapieren, börsennotierten Aktien und Forderungen zu unterscheiden. Wertpapiere und Aktien dürfen nur im Anlagevermögen ausgewiesen werden, wenn sie zwecks Beteiligungsabsicht, um die betriebliche Betätigung des Steuerpflichtigen zu fördern oder langfristig dem Geschäftsbetrieb als Kapitalanlage dienen.

Eine außergewöhnliche AfA ist nur bei einer dauernden Wertminderung möglich. Diese liegt grundsätzlich vor, wenn der Steuerpflichtige aus der Sicht am Bilanzstichtag aufgrund objektiver Anzeichen ernsthaft rechnen kann. Es müssen mehr Gründe für als gegen eine Dauerhaftigkeit sprechen. Bei festverzinslichen Wertpapieren ist eine außergewöhnliche Afa nur auf 100 % des Nennwerts zulässig (BFH-Urteil vom 14.08.2018).

Bei börsengehandelten Aktien im Anlagevermögen ist von einer dauerhaften Wertminderung auszugehen, wenn der Börsenwert am Bilanzstichtag unter die Anschaffungskosten gesunken ist und der Kursverlust größer als 5 % ist (Bagatellgrenze). Auf die Kursentwicklung nach dem Bilanzstichtag kommt es nicht an (BFH-Urteil vom 21.09.2011).

Handelsrecht	Steuerrecht
§ 253 (1), (3) HGB → Anschaffungswertprinzip: keine Bewertung über die Anschaffungskosten hinaus Anschaffungskosten – Außerplanmäßige Abschreibungen = Wertansatz → Pflicht zur Abschreibung auf den niedrigeren Wert bei dauernder Wertminderung (strenges Niederstwertprinzip) → Wahlrecht zur Abschreibung auf den niedrigeren Wert bei vorübergehender Wertminderung bei Finanzanlagen (gemildertes Niederstwertprinzip)	**§ 6 (1) Nr. 1, 2 EStG** Anschaffungskosten – Teilwertabschreibung = Wertansatz → Wahlrecht für Teilwertabschreibung nur bei dauerhafter Wertminderung → Eine dauerhafte Wertminderung liegt bei Aktien im Anlagevermögen vor, wenn der Börsenwert am Bilanzstichtag unter die Anschaffungskosten gesunken ist und der Kursverlust größer als 5 % ist (BFH-Urteil vom 21.09.2011, BMF-Schreiben vom 02.09.2016). → Bei verzinslichen Wertpapieren, deren Rückzahlung zum Nominalwert erfolgt, ist eine Teilwertabschreibung bei gesunkenen Kursen regelmäßig nicht zulässig (BFH-Urteil vom 18.04.2018). → Bei Finanzanlagen, die zu Dividendenbezug berechtigen, ist bei der Teilwertabschreibung das Teileinkünfteverfahren zu beachten (§ 3c EStG), wodurch die Abschreibung nur zu 60 % gewinnmindernd gebucht werden darf.
§ 253 (5) HGB → Wertaufholungsgebot	**§ 6 (1) Nr. 1 Satz 4 EStG** → Wertaufholungsgebot → Bei Finanzanlagen, die zu Dividendenbezug berechtigen, ist bei der Wertaufholung das Teileinkünfteverfahren zu beachten (§ 3 Nr. 40 EStG), wodurch nur 60 % der Zuschreibung steuerpflichtig ist.

Fall 1 Bewertung von Wertpapieren des Anlagevermögens

Beurteilen Sie die folgenden Fälle aus handelsrechtlicher und steuerrechtlicher Sicht. In allen Fällen liegt eine Gewinnermittlung nach § 5 EStG vor. Erstellen Sie, wo nötig, den entsprechenden Buchungssatz.

a) E kauft am 01.03.01 100 Aktien der Bayer AG zur langfristigen Geldanlage zum Kurswert von 300,00 € pro Stück. Die Aktien sollen im Betriebsvermögen bilanziert werden. Die Bank berechnet 1 % Provision und 0,6 ‰ Courtage vom Kurswert an Gebühren.

   Ermitteln Sie die Anschaffungskosten.

b) Zum Bilanzstichtag 31.12.01 ist der Kurs der Aktie auf 400,00 € gestiegen. E möchte den höheren Kurswert bilanzieren. Ist dies möglich?

c) Zum Bilanzstichtag 31.12.01 ist der Kurswert auf 250,00 € je Aktie gesunken. Es handelt sich hierbei um eine vorübergehende Wertminderung, da der Kurswert der Aktien zum Zeitpunkt der Bilanzerstellung (März 02) schon wieder auf 310,00 € gestiegen ist.

   Bestimmen Sie den Bilanzansatz zum 31.12.01.

d) Wie würden Sie Fall c) beurteilen, falls es sich um eine dauernde Wertminderung handeln würde?

e) Am 31.12.02 ist der Kurs der Aktien auf 270,00 € gestiegen. Unterstellen Sie zum 31.12.01 einen Bilanzansatz von 250,00 € je Aktie. Bestimmen Sie den Bilanzansatz zum 31.12.02 und nehmen Sie Stellung zur Steuerpflicht einer evtl. Zuschreibung.

f) Wie würde der Bilanzansatz zu e) lauten, falls die Aktien auf 320,00 € gestiegen wären?

g) Unternehmer F kauft Aktien der R-AG zu einem Kurs von 100,00 € je Aktie. Er möchte die Aktien als dauerhafte Wertanlage behandeln.
   (1) Bis zum Bilanzstichtag schwankt der Kurs der Aktie zwischen 96,00 und 100,00 €, am Bilanzstichtag 31.12.01 beträgt er 97,00 €. Mit welchem Wert ist die Aktie in der steuerlichen Bilanz anzusetzen?
   (2) Bei der R-AG droht eine Insolvenz und der Kurs der Aktie fällt infolgedessen auf 20,00 €. Im Zusammenhang mit einem Sanierungsplan erholt sich der Kurs auf 40,00 € und schwankt in der Folgezeit zwischen 35,00 und 40,00 €. Der Kurs am Bilanzstichtag beträgt 38,00 €. Mit welchem Wert ist die Aktie in der steuerlichen Bilanz anzusetzen?

h) Unternehmer H hat am 1.6.01 festverzinsliche Wertpapiere zur langfristigen Wertanlage zu einem Kurswert von 12 000,00 € erworben, der Nennwert beträgt 10 000,00 €. Am 31.12.01 ist der Wert der Wertpapiere auf 9 800,00 € gesunken. Dieser Wert besteht auch noch bei Bilanzaufstellung. Zu welchem Wert sind die Wertpapiere in der steuerlichen Bilanz zum 31.12.01 anzusetzen?

Fall 2

Bewertung von Grundstücken

Die Unternehmerin Tina Reifert hat zwei Grundstücke in ihrem Betriebsvermögen. Beide Grundstücke hat sie vor 3 Jahren zum Preis von je 40000,00 € gekauft.

Grundstück 1 ist in 02 durch die Gemeinde zum Bauerwartungsland erklärt worden. Für das 1000 m^2 große Grundstück beträgt der Preis dadurch 80,00 €/m^2.

Die Zufahrt zu Grundstück 2 ist infolge einer verlorenen Wegerechtsstreitigkeit nicht mehr möglich. Dadurch ist für Reifert das Grundstück nicht mehr nutzbar und sie würde es gerne verkaufen. Ein Makler schätzt den Wert des ebenfalls 1.000 m^2 großen Grundstücks auf 20,00 €/m^2.

a) Zu welchem Wert sind die Grundstücke am 31.12.02 zu bewerten?

b) Erstellen Sie, falls notwendig, die entsprechenden Buchungssätze.

c) Nehmen Sie an, Reifert habe das Grundstück 2 nicht verkaufen können. In 04 erschließt die Gemeinde eine neue Zufahrtsmöglichkeit zu dem Grundstück und erklärt es ebenfalls zu Bauerwartungsland. Zu welchem Wert ist es in der Bilanz zum 31.12.04 anzusetzen? Erstellen Sie, falls nötig, den entsprechenden Buchungssatz.

Fall 3

Bewertung von Beteiligungen

Die Unternehmerin Elke Dehmel hat in ihrem Betriebsvermögen eine 45%ige Beteiligung an einer GmbH zu den Anschaffungskosten von 70000,00 € ausgewiesen. Die GmbH musste in 02 das Insolvenzverfahren beantragen, sodass sie den Wert der GmbH in ihrer Bilanz auf den vom Insolvenzverwalter bestätigten Wert von 20000,00 € abschrieb. Die GmbH musste nicht aufgelöst werden, sondern arbeitete ab dem Jahr 04 wieder mit Gewinn.

a) Prüfen Sie den Wertansatz für das Jahr 02.

b) Zu welchem Wert ist die Beteiligung zum 31.12.04 anzusetzen? Erstellen Sie auch den entsprechenden Buchungssatz.

9.3.4.3.3 Ansatz und Bewertung des immateriellen Anlagevermögens

Gemäß § 266 (2) HGB handelt es sich bei den immateriellen Vermögensgegenständen um Konzessionen, Rechte und Lizenzen (z. B. Patente, Urheberrechte und Software) sowie den Geschäfts- oder Firmenwert.

Eine Aktivierung von immateriellen Vermögensgegenständen ist vorgeschrieben, falls sie entgeltlich erworben wurden. Für unentgeltlich erworbene immaterielle Vermögensgegenstände besteht handelsrechtlich ein Aktivierungswahlrecht. Aktiviert werden dürfen die auf die Entwicklungsphase entfallenden Herstellungskosten. Die auf die Forschungsphase entfallenden Herstellungskosten sind von der Aktivierung ausgeschlossen (§ 255 (2a) HGB). Steuerrechtlich besteht für unentgeltlich erworbene immaterielle Vermögensgegenstände ein Aktivierungsverbot (§ 5 (2) EStG).

Software stellt grundsätzlich ein immaterielles Wirtschaftsgut dar, egal ob es sich um Systemsoftware, Standard-Anwendersoftware oder Individual-Anwendersoftware handelt. Der Erwerb einer Standardsoftware und deren anschließende Einführung stellt einen aktivierungspflichtigen Anschaffungsvorgang dar. Das gilt auch, wenn die Betriebsbereitschaft ganz oder teilweise mit eigenem Personal hergestellt wird (BMF-Schreiben vom 18.11.2005).

Immaterielle Vermögensgegenstände können sowohl abnutzbar als auch nicht abnutzbar sein. Ist die Nutzung zeitlich begrenzt, so liegt eine Abnutzung vor und eine planmäßige Abschreibung ist vorzunehmen. In den amtlichen AfA-Tabellen ist Software nicht aufgeführt. Für eine sog. ERP-Software (Softwaresystem, das zur Optimierung von Geschäftsprozessen eingesetzt und aus verschiedenen Modulen (z. B. Fertigung, Finanzen, Logistik, Personal, Vertrieb) zusammengestellt wird) gilt gem. dem BMF-Schreiben vom 18.11.2005 eine Nutzungsdauer von 5 Jahren. Standardsoftware orientiert sich an der Abschreibungsdauer der Hardware und ist grundsätzlich mit 3 Jahren anzusetzen. Laut dem BMF-Schreiben vom 26.02.2021 kann Computerhard- und -software (soweit es sich um Betriebs- und Anwendersoftware handelt) sofort voll abgeschrieben werden. Bei unterjährigem Erwerb ist keine anteilige Abschreibung notwendig. Es handelt sich um ein Wahlrecht.

Der Geschäfts- oder Firmenwert wird beim Kauf eines Unternehmens für den Ruf, den Kundenstamm usw. über den eigentlichen Wert der Vermögensgegenstände hinaus bezahlt. Gem. § 246 (1) HGB gilt der Firmenwert als Vermögensgegenstand und unterliegt damit der Aktivierungspflicht. Gleiches gilt für das Steuerrecht.

Die handelsrechtliche Abschreibung orientiert sich an den allgemeinen Regelungen des § 253 HGB (siehe Kapitel 9.3.4.1.1 Fall 1). Falls eine verlässliche Schätzung der Nutzungsdauer nicht möglich ist, beträgt sie 10 Jahre (§ 253 (3) HGB). Die steuerliche Absetzung für Abnutzung ergibt sich gem. § 7 (1) Satz 3 EStG aus der Verteilung auf 15 Jahre.

Handelsrecht	**Steuerrecht**
§ 253 (1), (3) HGB Anschaffungskosten – Planmäßige Abschreibungen – Außerplanmäßige Abschreibungen = Wertansatz	**§ 6 (1) Nr. 1 EStG** Anschaffungskosten – Absetzung für Abnutzung – Teilwertabschreibung = Wertansatz
§ 246 (1) HGB → Aktivierungspflicht für den Geschäfts- oder Firmenwert → Abschreibung nach den allg. Regelungen des § 253 HGB (Falls eine verlässliche Schätzung der Nutzungsdauer nicht möglich ist, beträgt sie 10 Jahre.)	**§ 7 (1) Satz 3 EStG** → Absetzung für Abnutzung des Firmenwerts auf 15 Jahre verteilt

Fall **Bewertung des immateriellen Anlagevermögens**

a) Werkzeughersteller Ehrig kauft ein Patent für ein neues Herstellungsverfahren am 01.03.01 für 50 000,00 € + 19 % USt. Die Nutzungsdauer des Patents wird auf 10 Jahre geschätzt.
Prüfen Sie, ob handels- und steuerrechtlich ein Bilanzansatz zwingend ist, bestimmen Sie den Wert des Bilanzansatzes am 31.12.01 und erstellen Sie die entsprechenden Buchungssätze.

b) Ehrig lässt von seinen Mitarbeitern ein Softwareprogramm entwickeln, das in seinem eigenen Unternehmen benutzt werden soll. Die Entwicklungskosten betragen 120 000,00 €. An Forschungskosten sind hierfür 30 000,00 € aufgewendet worden. Sie sind in den Aufwendungen erfasst worden.
(1) Prüfen Sie handels- und steuerrechtlich, ob ein Bilanzansatz möglich ist. E möchte einen möglichst hohen Gewinn ausweisen.
(2) Bestimmen Sie ggf. die Höhe des Bilanzansatzes und erstellen Sie den entsprechenden Buchungssatz.

c) Ehrig kauft Anfang 01 das Einzelunternehmen des Konkurrenten Fröhlich für 500 000,00 €. Die Zahlung erfolgt per Bank.

Die Bilanz des Ehrig zum 01.01.01 sieht folgendermaßen aus:

Aktiva	**Bilanz der Firma Ehrig vom 01.01.01**		**Passiva**
Anlagevermögen	1 200 000,00 €	Eigenkapital	1 500 000,00 €
Umlaufvermögen	800 000,00 €	Verbindlichkeiten	500 000,00 €
	2 000 000,00 €		2 000 000,00 €

Unterstellen Sie, dass die Bilanzansätze den Zeitwerten entsprechen. Die Bilanz des Fröhlich zum 01.01.01 sieht folgendermaßen aus:

Aktiva	**Bilanz der Firma Fröhlich vom 01.01.01**		**Passiva**
Anlagevermögen	300 000,00 €	Eigenkapital	300 000,00 €
Umlaufvermögen	100 000,00 €	Verbindlichkeiten	100 000,00 €
	400 000,00 €		400 000,00 €

Unterstellen Sie, dass die Bilanzansätze den Zeitwerten entsprechen. Die Differenz des Kaufpreises ist der Preis für die guten Kundenverbindungen.
(1) Ermitteln Sie den Firmenwert.

Kaufpreis	
– Vermögen	
+ Schulden	
= Firmenwert	

(2) Erstellen Sie die neue Bilanz des gemeinsamen Unternehmens.

Aktiva	**gemeinsame Bilanz zum 01.01.01**		**Passiva**
Firmenwert		Eigenkapital	
Anlagevermögen		Verbindlichkeiten	
Umlaufvermögen			

(3) Ermitteln Sie die handelsrechtliche Abschreibung bei einer unterstellten Nutzungsdauer von 5 Jahren bzw. steuerliche AfA in 01 und erstellen Sie den entsprechenden Buchungssatz.

d) Frank Maier kauft zum 04.01.02 nach bestandenem Sportlehrerdiplom ein Fitnessstudio zu einem Kaufpreis von 450000,00 €. Das Fitnessstudio hat sich aufgrund seiner zahlreichen gesundheitsfördernden Kurse ein sehr gutes Image erarbeitet. Das Aktivvermögen beträgt zum 31.12.01 300000,00 €, die Schulden 50000,00 €. Im Anlagevermögen befindet sich ein Gebäude mit Grundstück, das mit 200000,00 € aktiviert ist. Da dieses Grundstück in einem Industriegebiet mit zunehmender Bebauung und guter Verkehrsanbindung liegt, beträgt der Verkehrswert 300000,00 €.
Bestimmen Sie den Firmenwert sowie die Höhe der handels- und steuerrechtlichen Abschreibung bei einer unterstellten Nutzungsdauer von 5 Jahren.

9.3.4.4 Ansatz und Bewertung des Umlaufvermögens

Im Umlaufvermögen werden Wirtschaftsgüter ausgewiesen, die nicht dauernd dem Geschäftsbetrieb dienen.

Handelsrechtlich sind Wirtschaftsgüter des Umlaufvermögens max. mit den Anschaffungskosten zu bewerten. Ergibt sich aufgrund des Markt- oder Börsenpreises ein niedrigerer Wert am Bilanzstichtag, so muss dieser geringere Wert angesetzt werden, unabhängig davon, ob es sich um eine dauerhafte oder vorübergehende Wertminderung handelt (strenges Niederstwertprinzip). Kann ein Markt- oder Börsenpreis aufgrund von Gebrauch des Wirtschaftsguts nicht festgestellt werden, ist der beizulegende Wert anzusetzen. Er ergibt sich aus dem Marktpreis des Gutes vermindert um Wertminderungen aufgrund von Mängeln in der Güte oder Beschaffenheit (Grundsatz der verlustfreien Bewertung).

Steigt der Wert eines bereits abgeschriebenen Vermögensgegenstandes des Umlaufvermögens, so besteht ein Wertaufholungsgebot.

Steuerrechtlich ist eine Abschreibung auf den niedrigeren Teilwert nur bei einer dauerhaften Wertminderung möglich. Es besteht ein Abschreibungswahlrecht. Das steuerliche Wahlrecht kann unabhängig von der handelsrechtlichen Regelung ausgeübt werden (BMF-Schreiben vom 02.09.2016). Bei einer vorübergehenden Wertminderung besteht ein Abschreibungsverbot. Eine dauerhafte Wertminderung im Umlaufvermögen liegt nach dem BMF-Schreiben vom 02.09.2016 vor, wenn die Minderung bis zur Aufstellung der Bilanz oder dem vorherigen Verkaufs- oder Verbrauchszeitpunkt anhält. Börsengehandelte Aktien und festverzinsliche Wertpapiere im Umlaufvermögen werden wie im Anlagevermögen behandelt. Bei steigenden Werten besteht ein Wertaufholungsgebot.

Handelsrecht	Steuerrecht
§ 253 (4) HGB Anschaffungs- oder Herstellungskosten – Außerplanmäßige Abschreibungen = Wertansatz → strenges Niederstwertprinzip: Pflicht zur Abschreibung auf den niedrigeren Börsen- oder Marktpreis oder, falls dieser nicht vorhanden ist, auf den beizulegenden Wert	**§ 6 (1) Nr. 2 EStG** Anschaffungs- oder Herstellungskosten – Teilwertabschreibung = Wertansatz → Wahlrecht für Teilwertabschreibung nur bei dauerhafter Wertminderung. → Bei Finanzanlagen, die zu Dividendenbezug berechtigen, ist bei der Teilwertabschreibung das Teileinkünfteverfahren zu beachten (§ 3c EStG), wodurch die Abschreibung nur zu 60 % gewinnmindernd gebucht werden darf.
§ 253 (5) HGB → Wertaufholungsgebot	**§ 6 (1) Nr. 1 Satz 4 EStG** → Wertaufholungsgebot → Bei Finanzanlagen, die zu Dividendenbezug berechtigen, ist bei der Wertaufholung das Teileinkünfteverfahren zu beachten (§ 3 Nr. 40 EStG), wodurch nur 60 % der Zuschreibung steuerpflichtig ist.

Bewertung von Wertpapieren des Umlaufvermögens

Fall 1

Die Firma Wucher & Co. (Gewinnermittlung § 5 EStG) kauft am 15.06.02 Aktien im Wert von 150000,00 € + Nebenkosten in Höhe von 13000,00 €. Man hat die Aktien aus Spekulationsgründen gekauft. Erstellen Sie, wo möglich, auch die Buchungssätze.

a) Begründen Sie, warum die Aktien im Umlaufvermögen ausgewiesen werden müssen. Bestimmen Sie auch die Höhe des Bilanzansatzes.

b) Die Aktien haben am 31.12.02 einen Kurswert von 200000,00 €. Mit welchem Wert sind sie in der handelsrechtlichen und steuerrechtlichen Bilanz anzusetzen?

c) Die Aktien aus a) haben am 31.12.02 einen Wert von 100 000,00 €. Die Wertminderung ist dauerhaft. Mit welchem Wert sind die Aktien in der handels- und steuerrechtlichen Bilanz anzusetzen?

d) Was würde sich an Ihrer Antwort zu c) ändern, wenn bei der Bilanzerstellung im Februar 03 der Kurs der Aktien wieder gestiegen ist?

e) Bis zum 31.12.03 sind die Aktien auf 250 000,00 € (Wertansatz zum 31.12.02 100 000,00 €) gestiegen. Mit welchem Wert werden die Aktien in der handels- und steuerrechtlichen Bilanz zum 31.12.03 ausgewiesen?

Fall 2 Bewertung von Waren und Vorräten

Der Einzelunternehmer Knecht, Gewinnermittlung nach § 5 EStG, Handel mit Modeartikeln, hat 1 000 Damenmäntel bei einem französischen Hersteller für insgesamt 300 000,00 € eingekauft. Am Bilanzstichtag 31.12.01 sind noch 500 Mäntel vorhanden. Der Marktwert ist auf 200,00 € je Mantel gesunken. Dieser Wert besteht auch noch am Tag der Bilanzaufstellung.

a) Zu welchem Wert ist der Posten Damenmäntel in der Handels- und Steuerbilanz anzusetzen?

b) Zum 31.12.02 hat Knecht noch 250 dieser Mäntel auf Lager. Der Marktwert ist mittlerweile wieder auf 250,00 € gestiegen. Zu welchem Wert müssen die Mäntel in der Handels- und Steuerbilanz angesetzt werden?

Bewertungsvereinfachungen

Im Bereich des Umlaufvermögens ist es oft schwierig, dem Prinzip der Einzelbewertung Folge zu leisten. Aus diesem Grund gestattet der Gesetzgeber bestimmte Bewertungsvereinfachungen. Im Anlagevermögen ergibt sich durch die Festbewertung ebenfalls eine Bewertungsvereinfachung. Die aufgrund der Bewertungsvereinfachung ermittelten Werte werden als Anschaffungskosten unterstellt. Die Vorschriften über die Ansätze niedrigerer Werte gelten weiterhin.

Handelsrecht	Steuerrecht
§ 240 (3) HGB: Festbewertung → Für Vermögensgegenstände des Sachanlagevermögens (z. B. Werkzeuge) sowie Roh-, Hilfs- oder Betriebsstoffe, die regelmäßig ersetzt werden und deren Gesamtwert von nachrangiger Bedeutung ist, kann ein gleichbleibender Wert angesetzt werden. **§ 240 (4) HGB: Gruppenbewertung** → Gleichartige Vermögensgegenstände des Vorratsvermögens können jeweils zu einer Gruppe zusammengefasst und mit einem gewogenen Durchschnittswert angesetzt werden. **§ 256 HGB: Verbrauchsfolgeverfahren** → Für gleichartige Wirtschaftsgüter des Vorratsvermögens können folgende Verbrauchsfolgeverfahren unterstellt werden: • Lifo-Verfahren = last in first out • Fifo-Verfahren = first in first out	Die handelsrechtlichen Vorschriften sind anzuwenden (R 5.4 (4), 6.8 (2), (3) EStR). **Ausnahmen:** **§ 6 (1) Nr. 2a EStG** Als Verbrauchsfolgeverfahren ist nur das Lifo-Verfahren zulässig, die anderen Verfahren sind verboten. Eine Übereinstimmung mit der handelsrechtlichen Vorgehensweise ist nicht notwendig (R 6.9 EStR). Die Lifo-Methode muss nicht mit der tatsächlichen Verbrauchsfolge übereinstimmen (BMF-Schreiben vom 12.05.2015). **H 6.8 i. V. m. R 5.4 (4) EStR** Bei einer Überschreitung des bisherigen Festwertes um 10 % muss der Festwert angepasst werden.

Bei den Verbrauchsfolgeverfahren wird eine Verbrauchsreihenfolge von Vorratsgegenständen unterstellt. Ob er in Wirklichkeit so vonstatten geht, ist unerheblich.

Beim Lifo-Verfahren unterstellt man, dass die zuletzt eingekauften Güter als Erstes wieder verbraucht werden. Im Schlussbestand bei der Inventur sind also Güter aus dem Anfangsbestand und aus den ersten Käufen des Jahres vorhanden.

Beim Fifo-Verfahren unterstellt man, dass die zuerst eingekauften Güter als Erstes wieder verbraucht werden. Im Schlussbestand bei der Inventur sind also Güter aus den letzten Käufen des Jahres vorhanden.

Bezüglich der Anwendung dieser Verfahren ist das Stetigkeitsprinzip zu beachten.

Bewertungsvereinfachungen

Fall 3

Der Werkzeuggroßhändler Jens Schmeil verkauft u. a. große Mengen an Schrauben. Der Inventurbestand zum 01.01.01 betrug 300 kg zu einem Preis von 4,30 €/kg. Daraus ergibt sich ein Gesamtwert von 1 290,00 €. Folgende Einkäufe hat er in 01 getätigt:

Monat	Menge (kg)	Preis (€ je kg)	Gesamtpreis (€)
Januar	700	4,10	2 870,00
April	500	3,70	1 850,00
Oktober	1 500	3,90	5 850,00
Dezember	750	3,80	2 850,00

Am 31.12.01 sind laut Inventur noch 900 kg Schrauben auf Lager. Aus welchen Lieferungen sie stammen, ist nicht mehr feststellbar.

a) Ermitteln Sie die Anschaffungskosten der Waren nach der Methode des gewogenen Durchschnitts.

b) Ermitteln Sie die Anschaffungskosten nach dem Lifo-, Fifo-Verfahren.

c) Unterstellen Sie, die Bewertung der Schrauben wurde nach der Methode des gewogenen Durchschnitts vorgenommen. Der Marktpreis pro kg Schrauben beträgt am 31.12.01 3,70 €.

   Bestimmen Sie den Bilanzansatz zum 31.12.01.

Bewertung von Forderungen

Forderungen sind mit den Anschaffungskosten zu bewerten. Dies entspricht dem Nennwert der Forderung, d. h. dem Rechnungsbetrag einschließlich der Umsatzsteuer.

Ist der Wert der Forderung am Bilanzstichtag gesunken, muss gemäß dem strengen Niederstwertprinzip der niedrigere Wert angesetzt und die Forderung abgeschrieben werden.

Bei ganz oder zum Teil **uneinbringlichen Forderungen** steht der Ausfall am Bilanzstichtag endgültig fest. Dies ist u. a. der Fall, wenn der Schuldner zahlungsunfähig ist, ein Insolvenzverfahren mangels Masse abgelehnt wurde, die Insolvenzmasse für eine vollständige Deckung der Forderung nicht ausreicht, der Schuldner verstorben oder nicht auffindbar ist oder der Schuldner eine eidesstattliche Erklärung abgegeben hat. In diesen Fällen ist der uneinbringliche Teil der Forderung abzuschreiben und die Umsatzsteuer zu korrigieren (17.1 (5) UStAE).

Bei **zweifelhaften Forderungen** ist damit zu rechnen, dass die Forderung nicht oder nur teilweise eingehen wird. Dies kann der Fall sein, wenn der Schuldner schon mehrfach gemahnt wurde oder bekannt wird, dass der Schuldner Zahlungsprobleme hat. In diesem Fall wird die Forderung durch das Einbuchen eines Passivkontos „Einzelwertberichtigung" indirekt abgeschrieben. Vorteil dabei ist, dass der ursprüngliche Forderungsbetrag weiterhin auf dem Forderungskonto nachvollzogen werden kann. Eine Umsatzsteuerkorrektur ist **grundsätzlich nicht** möglich. Eine Ausnahme besteht, wenn das Insolvenzverfahren eröffnet wurde. Dann kann unbeschadet einer späteren Insolvenzquote die Umsatzsteuer in voller Höhe korrigiert werden (17.1 (11)–(15) UStAE, BMF-Schreiben vom 09.12.2011).

Bei **vermeintlich einwandfreien Forderungen** bestehen geringe Risiken, dass der Betrag nicht vollständig eingeht. Gründe für den unvollständigen Eingang können noch vorgenommene Skontoabzüge oder ein nicht vorhersehbarer Forderungsausfall sein. Hier erfolgt keine Einzelwertberichtigung, sondern die Forderungen werden pauschal wertberichtigt. Die Höhe ist ein Prozentsatz, der sich an den Forderungsausfällen der Vorjahre orientiert. Die Forderungen werden wiederum indirekt durch das Einbuchen des Passivkontos „Pauschalwertberichtigung" abgeschrieben. Diese Pauschalwertberichtigung berechnet sich vom Nettowert aller bisher nicht wertberichtigten Forderungen. Eine Umsatzsteuerkorrektur ist **nicht** möglich.

Uneinbringliche Forderungen

Fall 4a

Die Unternehmerin Renate Wirtz hat eine Forderung in Höhe von 5 950,00 € gegenüber einem Kunden, die seit dem 10.10.01 besteht. Am 15.02.02 erfährt sie, dass der Kunde in erheblichen Zahlungsschwierigkeiten steckt. Am 15.04.02 erfährt sie weiterhin, dass das Amtsgericht die Eröffnung des Insolvenzverfahrens mangels Masse abgelehnt hat und die Forderung somit wertlos geworden ist.

a) Ist eine Umsatzsteuerkorrektur möglich?

b) Wie hoch ist der Bilanzansatz der Forderung zum 31.12.02? Erstellen Sie den entsprechenden Buchungssatz.

Fall 4b Zweifelhafte Forderungen: Einzelwertberichtigung

Der Unternehmer Rudi Lohmann hat gegen den Kunden Paul Theiß in 01 Forderungen in Höhe von 23 800,00 € brutto. Lohmann erfährt, dass Theiß in erheblichen Zahlungsschwierigkeiten ist und mit einem Ausfall der Forderung in Höhe von 40 % zu rechnen ist.

a) Ermitteln Sie den Wert, zu dem die Forderung in der Bilanz zum 31.12.01 anzusetzen ist, und erstellen Sie den entsprechenden Buchungssatz.
b) Nehmen Sie an, am 01.02.02 zahlt Theiß 14 280,00 € per Bank an Lohmann. Mit einem weiteren Eingang ist nicht zu rechnen. Erstellen Sie den entsprechenden Buchungssatz.
c) Nehmen Sie an, am 01.02.02 zahlt Theiß 11 900,00 € per Bank an Lohmann. Mit einem weiteren Eingang ist ebenfalls nicht zu rechnen. Erstellen Sie den entsprechenden Buchungssatz.
d) Nehmen Sie an, am 01.02.02 zahlt Theiß 16 660,00 € per Bank an Lohmann. Weitere Eingänge sind nicht zu erwarten. Erstellen Sie den entsprechenden Buchungssatz.

Fall 4c Einwandfreie Forderungen: Pauschalwertberichtigung

Der Unternehmer Bernd Hahn hat einen Forderungsbestand von 119 000,00 € brutto. Alle Forderungen sind werthaltig, d. h., es ist mit keinem Ausfall zu rechnen. Das allgemeine Ausfallrisiko dieser Forderungen wurde durch die Forderungsausfälle in der Vergangenheit mit 2 % ermittelt.

a) Ermitteln Sie die Höhe des allgemeinen Ausfallrisikos.
b) Erstellen Sie die entsprechende Buchung. Nehmen Sie an, dass im vorigen Jahr keine Pauschalwertberichtigung gebildet wurde.
c) Wie sähe der Buchungssatz aus, falls im vorigen Jahr eine Pauschalwertberichtigung in Höhe von 1 000,00 € gebildet worden wäre?
d) Wie sähe der Buchungssatz aus, falls im vorigen Jahr eine Pauschalwertberichtigung in Höhe von 3 000,00 € gebildet worden wäre?
e) Wie sähe der Buchungssatz aus, falls im vorigen Jahr eine Pauschalwertberichtigung in Höhe von 2 000,00 € gebildet worden wäre?

Fall 4d Gesamtfall

Der Unternehmer Nicolas Wilke aus Hamburg weist zum 31.12.01 einen Forderungsbestand in Höhe von 250 000,00 € aus. Darin enthalten sind steuerfreie Auslandsforderungen in Höhe von 12 000,00 €.
Eine Forderung an einen Kunden in Bremen in Höhe von 4 760,00 € ist aufgrund von Zahlungsunfähigkeit uneinbringlich geworden.

Ein Kunde in München hat trotz mehrfacher Mahnungen bis heute seine Forderung in Höhe von 5 950,00 € nicht bezahlt. Wilke rechnet mit einem Forderungsausfall von 50 %.

Das allgemeine Ausfallrisiko schätzt Wilke mit 2 % ein. Im Vorjahr hat er bereits eine Pauschalwertberichtigung in Höhe von 1 500,00 € gebildet.
Erstellen Sie alle notwendigen Buchungen zum 31.12.02.

Bewertung von Fremdwährungsguthaben

Aufgrund von Wechselkursschwankungen können Fremdwährungskonten unterschiedliche Werte in Euro ausweisen. Liegt der Wert dabei unter den Anschaffungskosten, ist nach dem strengen Niederstwertprinzip der niedrigere Wert anzusetzen. Liegt der Wert zum Bilanzstichtag über den Anschaffungskosten, so sind die Anschaffungskosten wegen des Anschaffungswertprinzips beizubehalten.

Gem. § 256a HGB sind in der Handelsbilanz Fremdwährungsforderungen zum Devisenkassamittelkurs umzurechnen. Beträgt die Laufzeit des Fremdwährungsguthabens weniger als ein Jahr, wird handelsrechtlich gem. § 256a HGB das Anschaffungswert- und Realisationsprinzip außer Kraft gesetzt. Das bedeutet, dass der Bilanzausweis über die Anschaffungskosten hinaus erfolgt und damit Kursgewinne ausgewiesen werden, obwohl sie noch nicht realisiert sind. Diese Regelung gilt allerdings nicht für die Steuerbilanz.

Fall 5 Fremdwährungsbewertung

Der Unternehmer Heinrich Grau hat am 12.12.01 3 000,00 USD gekauft und sie auf ein Fremdwährungskonto bei seiner Hausbank überweisen lassen. Der Umrechnungskurs am 12.12.01 liegt bei 1,11 USD/EUR. Im Februar 02 verwendet Grau den USD-Betrag, um einen amerikanischen Lieferanten zu bezahlen.

a) Erstellen Sie den Buchungssatz am 12.12.01 unter der Voraussetzung, dass der Kauf vom laufenden Bankkonto von Grau abgebucht wurde.

b) Am 31.12.01 beläuft sich das Dollar-Konto immer noch auf 3000,00 USD, da Grau die Dollar erst im neuen Jahr benötigt. Der Umrechnungskurs liegt bei 1,19 USD/EUR.
   (1) Mit welchem Wert wird das Fremdwährungsguthaben in der handels- und steuerrechtlichen Bilanz angesetzt?
   (2) Erstellen Sie die entsprechende Buchung.
c) Nehmen Sie an, der Umrechnungskurs beliefe sich am 31.12.01 auf 1,05 USD/EUR.
   (1) Mit welchem Wert wird das Dollar-Guthaben nun in der handels- und steuerrechtlichen Bilanz angesetzt?
   (2) Erstellen Sie den entsprechenden Buchungssatz.
d) Welche Änderung ergibt sich, falls Grau den USD-Betrag schon 2 Jahre auf seinem Bankkonto hat?

9.3.4.5 Ansatz und Bewertung von Eigenkapitalpositionen

Im Bereich des Eigenkapitals gibt es steuerliche Sondervorschriften für die Bewertung von Einlagen und Entnahmen sowie für die Bildung von steuerfreien Rücklagen.

Die Bewertung von Einlagen

Gegenstand von Einlagen können abnutzbare, nicht abnutzbare, materielle und immaterielle Wirtschaftsgüter aller Art sein. Schulden sind ebenfalls Wirtschaftsgüter und können in ein Unternehmen eingelegt werden. Nicht einlagefähig sind Dienstleistungen und bloße Nutzungen sowie Wirtschaftsgüter, bei denen im Zeitpunkt der Einlage bereits erkennbar ist, dass sie dem Betrieb keinen Nutzen sondern nur Verlust bringen werden.

Private Aufwendungen können auch „eingelegt" werden, wenn das Wirtschaftsgut, das die Aufwendungen verursacht, sich zwar im Privatvermögen befindet, aber die Aufwendungen betrieblich veranlasst sind (z.B. betriebliche Fahrt mit einem privaten Pkw).

Handelsrecht (keine expliziten Regelungen)	**Steuerrecht § 6 (1) Nr. 5 EStG**
→ Ansatz mit dem Zeitwert zum Zeitpunkt der Einlage → Obergrenze bilden die ursprünglichen Anschaffungskosten vermindert um die planmäßige Abschreibung	→ Ansatz mit dem Teilwert zum Zeitpunkt der Zuführung → höchstens mit den fortgeführten Anschaffungs- oder Herstellungskosten, wenn das zugeführte Wirtschaftsgut innerhalb der letzten drei Jahre angeschafft oder hergestellt worden ist. Ist die Anschaffung im Privatbereich erfolgt, steht dem Käufer kein Vorsteuerabzug zu und die nicht abzugsfähige Vorsteuer zählt zu den Anschaffungskosten. Die Einlage von Wertpapieren und Anteilen an Kapitalgesellschaften werden ebenfalls mit den Anschaffungskosten und nicht mit dem Teilwert bewertet. Die Absetzung für Abnutzung wird bei eingelegten Wirtschaftsgütern grundsätzlich vom Einlagewert unter Berücksichtigung der Restnutzungsdauer berechnet. Dies gilt auch für Wirtschaftsgüter, mit denen vor der Einlage Überschusseinkünfte erzielt worden sind. Einlagewert hierbei ist grundsätzlich der Teilwert. (BFH-Urteil vom 18.08.2009, 28.10.2009; BMF-Schreiben vom 27.10.2010). In diesem Fall ist eine vom Einlagewert abweichende AfA-Bemessungsgrundlage zu ermitteln. Der Einlagewert mindert sich um die AfA, die bis zum Zeitpunkt der Einlage vorgenommen worden ist, höchstens jedoch bis zu den fortgeführten Anschaffungs- oder Herstellungskosten. Ist der Einlagewert niedriger, bemisst sich die weitere AfA vom Einlagewert.

Fall 1 Bewertung von Einlagen

a) Am 01.02.01 erwirbt der Unternehmer Günter Seiler einen Pkw für 50 000,00 € netto zur privaten Nutzung. Am 01.08.01 rät ihm sein Steuerberater, das Auto in das Betriebsvermögen zu überführen, da er es zu einem großen Teil beruflich nutze und dies steuerlich viel günstiger sei. Dem stimmt Seiler zu. Das Auto soll linear abgeschrieben werden. Es wird eine Nutzungsdauer von 5 Jahren = 60 Monate unterstellt.

Der Teilwert beträgt 55 000,00 € zum Zeitpunkt der Einlage.

(1) Ermitteln Sie den handels- und steuerrechtlichen Wert, mit dem der Pkw in das Betriebsvermögen eingeht.

(2) Ermitteln Sie die Abschreibung zum 31.12.01 unter der Annahme, dass Seiler die lineare AfA wählt.

b) Seiler legt noch folgende Gegenstände am 01.07.03 aus seinem Privatvermögen in den Betrieb ein. Bestimmen Sie den handels- und steuerrechtlichen Wert der Einlage.

(1) Ein unbebautes Grundstück

Dieses Grundstück hatte er vor 7 Jahren erworben, um darauf ein Wohnhaus zu errichten. Die Anschaffungskosten betrugen 45 000,00 €. Zum Zeitpunkt der Betriebseröffnung ist der Teilwert des Grundstücks, das Seiler nun als Parkplatz nutzen will, auf 98 000,00 € gestiegen.

(2) Einen weiteren Pkw

Er erwarb den Wagen zum Beginn des Jahres 01. Die Anschaffungskosten betrugen 25 000,00 € + USt. Die Nutzungsdauer ist mit 5 Jahren bei linearer AfA anzunehmen. Der Teilwert beträgt 19 000,00 €.

(3) Wertpapiere, die er vor einem Jahr zu Anschaffungskosten von 1 500,00 € erworben hat. Der Kurswert zum Zeitpunkt der Einlage beträgt 2 400,00 €.

c) Andreas Müller ist angestellter Buchhalter. Für sein häusliches Arbeitszimmer hat er am 02.01.01 einen Schreibtisch für 2 000,00 € inkl. USt. gekauft. Die Nutzungsdauer beträgt 10 Jahre. Müller schreibt den Schreibtisch in Rahmen seiner Einkünfte aus NSA linear ab. Am 01.01.05 macht er sich selbstständig und überführt den Schreibtisch in sein Betriebsvermögen.

Der Teilwert beträgt

(1) 2 500,00 € (Wertsteigerung, da Sammlerstück), (2) 1 500,00 €, (3) 700,00 €.

Zu welchem Wert muss der Schreibtisch in das steuerliche steuerliche Betriebsvermögen eingelegt werden und wie hoch ist die AfA für 05?

Bewertung von Entnahmen

Unter Entnahmen versteht man, wenn Wirtschaftsgüter des Betriebes in das Privatvermögen überführt werden oder wenn betriebliche Wirtschaftsgüter für private Zwecke genutzt werden (sog. Nutzungsentnahmen).

Steuerrecht (§ 6 (1) Nr. 4 EStG)

→ Bewertung mit dem Teilwert

Die **Entnahme von Wirtschaftsgütern** ist grundsätzlich mit dem Teilwert zu bewerten. Liegt der Teilwert über dem Buchwert, ergibt sich ein sog. Entnahmegewinn, der auch buchhalterisch durch eine Ertragsbuchung erfasst werden muss.

Eine der häufigsten **Nutzungsentnahmen** ist die Nutzung des zum Betriebsvermögen gehörenden Pkw für private Fahrten. Der private Anteil muss als Entnahme berücksichtigt werden.

Zur Ermittlung des Wertes der Entnahme stehen drei Methoden zur Verfügung:

(1) 1%-Regelung (BMF-Schreiben vom 18.11.2009)

Als Bemessungsgrundlage wird 1 % (für Elektrofahrzeuge mit einem Bruttolistenpreis unter 70 000,00 € 0,25% und für Elektrofahrzeuge mit einem Bruttolistenpreis über 70 000,00 € sowie Hybridelektrofahrzeuge 0,5 %) des Bruttolistenpreises (inkl. Sonderausstattung; auf volle 100,00 € abgerundet) pro Monat angesetzt. Für Fahrzeuge, deren betrieblicher Nutzungsanteil unter 50 % beträgt (sog. gewillkürtes Betriebsvermögen), ist die pauschale Methode nicht zulässig (§ 6 (1) Nr. 4 Satz 2 EStG/§ 4 (5) Satz 1 Nr. 6 Satz 3 EStG). Für den privaten Nutzungsanteil müssen, dann die tatsächlichen Kosten ermittelt werden, wobei die Ermittlung nicht zwingend mithilfe eines Fahrtenbuchs erfolgen muss. Folgende Erleichterungen sind zugelassen:

- Formlose Aufzeichnungen für einen repräsentativen Zeitraum für die Glaubhaftmachung des betrieblichen Nutzungsanteils
- Annahme eines privaten Nutzungsanteils zwischen 80 und 90 %, wenn die Zugehörigkeit zum Betriebsvermögen Jglaubhaft gemacht wurde, jedoch der Steuerpflichtige keine Beweisvorsorge durch Aufzeichnungen getroffen hat
- Die Befreiung von der Beweisvorsorge für den Nachweis der Zugehörigkeit zum Betriebsvermögen für Berufsgruppen mit hoher Reisetätigkeit (Taxiunternehmer, Handelsvertreter, Handwerker)

(2) Fahrtenbuchregelung

Aufgrund eines ordnungsgemäß geführten Fahrtenbuches wird der Anteil für die privaten Fahrten ermittelt. Das Fahrtenbuch muss bestimmten Kriterien genügen (R 8.1 (9) Nr. 2 LStR).

Die Gesamtaufwendungen werden aufgrund dieses Anteils in einen unternehmerischen und einen nichtunternehmerischen Anteil aufgespalten. Die AfA gehört zu den Aufwendungen.

Der nichtunternehmerische Anteil bildet dann den Entnahmewert. (Für Elektrofahrzeuge mit einem Bruttolistenpreis unter 70 000,00 € ist 1/4 der Anschaffungskosten anzusetzen und für Elektrofahrzeuge mit einem Bruttolistenpreis über 70 000,00 € sowie Hybridelektrofahrzeuge 1/2.)

(3) Schätzung

Liegt kein Fahrtenbuch vor und macht der Unternehmer keinen Gebrauch von der 1%-Regelung, kann der nichtunternehmerische Anteil auch geschätzt werden. Er muss anhand geeigneter Unterlagen glaubhaft gemacht werden. Liegen keine Unterlagen vor, ist der nichtunternehmerische Anteil mit 50 % zu schätzen.

Fahrten des Unternehmers zwischen Wohnung und erster Tätigkeitsstätte sind grundsätzlich keine Betriebsausgaben und damit nicht abziehbar (§ 4 (5) Nr. 6 EStG).

→ Für die Beurteilung, ob ein Fahrzeug überwiegend beruflich genutzt wird, gelten diese Fahrten dennoch als Betriebsfahrten (§ 6 (1) Nr. 4 EStG). Abziehbar wie Betriebsausgaben ist allerdings die Entfernungspauschale von 0,30 € je Entfernungskilometer.

Die sich daraus ergebende nicht abziehbare Betriebsausgabe wird wie folgt berechnet:

(1) pauschale Methode

0,03 % des Bruttolistenpreises · Entfernungskilometer · 12
– Entfernungspauschale
= nicht abzugsfähige Betriebsausgabe (Jahreswert)

Eine Einzelbewertung mit 0,002 % des Listenpreises je Entfernungskilometer wie bei der Ermittlung des geldwerten Vorteils für Fahrten zwischen Wohnung und erster Tätigkeitsstätte bei Arbeitnehmern ist nicht zulässig (OFD Niedersachsen vom 11.07.2011).

(2) Fahrtenbuchregelung

Tatsächliche Kosten für Fahrten zwischen Wohnung und erster Tätigkeitsstätte
– Entfernungspauschale
= nicht abzugsfähige Betriebsausgabe

Der Gesamtwert für die außerunternehmerische Nutzung (private Fahrten und Fahrten Wohnung – erste Tätigkeitsstätte) darf die tatsächlichen Kosten für das Fahrzeug abzüglich der Entfernungspauschale nicht überschreiten (sog. Kostendeckelung, BMF-Schreiben vom 21.01.2002).

Bewertung von Entnahmen

Fall 2

a) Der Hi-Fi-Händler Walter Gensel entnimmt Anfang 01 folgende Wirtschaftsgüter aus seinem Betrieb:

(1) Einen Fernseher für sich und seine Frau. Der Einkaufspreis hat 240,00 € betragen. Der Wiederbeschaffungspreis am Tag der Entnahme beträgt 270,00 €. An einen Kunden würde er den Fernseher für 320,00 € verkaufen. Alle Preisangaben sind ohne Umsatzsteuer.

(2) Den bisher betrieblich genutzten Pkw. Der Pkw wurde vor zwei Jahren zum Preis von 30 000,00 € netto angeschafft. Die Nutzungsdauer wurde auf 5 Jahre geschätzt. Auf dem Gebrauchtwagenmarkt würde er einen Preis von 21 000,00 € erzielen.

Wie sind die Entnahmen zu bewerten? Erstellen Sie auch den entsprechenden Buchungssatz.

b) Walter Gensel hat im Betriebsvermögen einen Pkw, den er auch für private Zwecke und für Fahrten zwischen Wohnung und erster Tätigkeitsstätte benutzt. Der Bruttolistenpreis des Pkw beläuft sich auf 25 000,00 €, ein Fahrtenbuch hat er nicht geführt. Die geschäftliche Nutzung des Pkw beträgt 70 %. Die Entfernung zwischen Wohnung und erster Tätigkeitsstätte beträgt 20 km. Er ist an 230 Tagen in seinen Betrieb gefahren.

(1) Welche steuerlichen Konsequenzen ergeben sich aus der nicht geschäftlichen Nutzung? Füllen Sie dazu folgende Tabelle aus:

(1) Nutzungswert für private Fahrten nach 1%-Methode (ertragsteuerliche Entnahme)	
(2) Nicht abziehbare Betriebsausgaben für Fahrten zwischen Wohnung und erster Tätigkeitsstätte	
(3) – Entfernungspauschale	
(4) Nicht abzugsfähige Betriebsausgabe	
(5) Gesamter Anteil für die außerunternehmerische Nutzung des Pkw (1)+(4)	

(2) Welche Konsequenz hätte eine geschäftliche Nutzung von nur 40 %?

c) Der Unternehmer Stefan Sander benutzt den betrieblichen Pkw auch für private Fahrten und für Fahrten zwischen Wohnung und erster Tätigkeitsstätte (200 Tage, einfache Entfernung 20 km). Der Bruttolistenpreis beträgt 40 000,00 €, die gesamten Kosten einschließlich AfA 7 000,00 €.

Ermitteln Sie den als Betriebsausgaben abzugsfähigen Betrag der gesamten Pkw-Kosten. Benutzen Sie dabei folgende Tabelle:

(1) Nutzungswert für private Fahrten nach 1%-Methode	
(2) Nicht abziehbare Betriebsausgaben für Fahrten zwischen Wohnung und erster Tätigkeitsstätte	
(3) – Entfernungspauschale	
(4) Nicht abzugsfähige Betriebsausgabe	
(5) Gesamter Anteil für die außerunternehmerische Nutzung des Pkw (1)+(4)	
(6) Tatsächliche Gemeinkosten	
(7) Entfernungspauschale (als Betriebsausgabe abzugsfähig)	
(8) Anzusetzender Betrag für die außerunternehmerische Nutzung (= Deckelung) (6)–(7)	

Rücklage für Ersatzbeschaffung

Ist der tatsächliche Wert eines Wirtschaftsgutes höher als der Bilanzwert (z. B. durch hohe Abschreibungen), spricht man von stillen Reserven, die man in der Bilanz nicht sehen kann. Scheidet ein Wirtschaftsgut aus dem Betriebsvermögen aus, so werden diese stillen Reserven aufgedeckt, da die Entnahme zum Teilwert erfolgt. Unter folgenden Voraussetzungen kann die Aufdeckung der stillen Reserven vermieden werden (R 6.6 EStR):

- Ein Wirtschaftsgut des Anlage- oder Umlaufvermögens
- scheidet infolge höherer Gewalt oder zur Vermeidung eines behördlichen Eingriffs gegen Entschädigung aus dem Betriebsvermögen aus,
- es wird ein funktionsgleiches Wirtschaftsgut angeschafft oder hergestellt,
- auf dessen Anschaffungs- oder Herstellungskosten die stillen Reserven übertragen werden,
- im handelsrechtlichen Abschluss wird entsprechend verfahren.

Liegen diese Voraussetzungen vor, kann gem. R 6.6 (4) EStR in Höhe der aufgedeckten stillen Reserven eine Rücklage für Ersatzbeschaffung gebildet werden. Diese Rücklage ist bei der Ersatzbeschaffung auf die Anschaffungs- oder Herstellungskosten aufzulösen. Erfolgt die Anschaffung oder Herstellung nicht nach 1 Jahr (bei Grundstücken und Gebäuden nach 4 Jahren, bei neu hergestellten Gebäuden nach 6 Jahren) nach dem Jahr der Rücklagenbildung (R 6.6 (4) EStR), so ist die Rücklage gewinnerhöhend aufzulösen.

Fall 3 Rücklage für Ersatzbeschaffung

Die Verpackungsmaschine einer Tuchfabrik hat am 31.12.01 einen Buchwert von 200 000,00 €. Die Maschine wird jährlich mit 50 000,00 € linear abgeschrieben. Am 01.10.02 wird die Maschine durch Hochwasser vollkommen zerstört. Die Maschine war mit 400 000,00 € versichert. Im Dezember 02 erkennt die Versicherung den Schadensfall an und überweist im Januar 03 die Versicherungssumme. Die Tuchfabrik bestellt im November 02 eine neue Maschine, die aber erst im März 03 geliefert werden kann. Der Kaufpreis der Maschine beträgt 500 000,00 € + 19 % USt. Die Maschine hat eine Nutzungsdauer von 10 Jahren, man hat sich für die lineare AfA entschieden.

a) Berechnen und buchen Sie die zeitanteilige AfA für die alte Maschine.
b) Berechnen Sie den Restbuchwert der Maschine.
c) Buchen Sie die Anerkennung des Schadens durch die Versicherung im Dezember 02.
d) Buchen Sie die Zahlung der Versicherungssumme in 03.
e) Buchen Sie den Kauf der neuen Maschine.
f) Berechnen und buchen Sie die AfA der neuen Maschine in 03.
g) In Abwandlung des Falls verzichtet die Firma auf die beabsichtigte Neuanschaffung im Jahr 03, da es Lieferprobleme bei der Verpackungsmaschinenfirma gibt und die Produktion auch ohne eine neue Maschine problemlos weiterläuft. Welche Änderungen ergeben sich?

Rücklage nach § 6b EStG

Eine weitere Möglichkeit, stille Reserven auf ein neues Wirtschaftsgut zu übertragen, ist die Rücklage nach § 6b EStG. Dabei können Steuerpflichtige, die Grund und Boden oder Gebäude veräußern, den Gewinn, der bei der Veräußerung entstanden ist, von den Anschaffungs- oder Herstellungskosten eines neuen Grundstücks oder Gebäudes abziehen. Falls eine Neuanschaffung im Jahr der Veräußerung nicht erfolgt, kann eine den steuerlichen Gewinn mindernde Rücklage gebildet werden. Diese Rücklage muss von den Anschaffungs- oder Herstellungskosten von Gebäuden oder Grundstücken abgezogen werden, die in den folgenden 4 Wirtschaftsjahren angeschafft oder hergestellt werden. Unterbleibt die Neuanschaffung, ist die Rücklage nach Ablauf der Frist gewinnerhöhend aufzulösen. Bei neu hergestellten Gebäuden verlängert sich die Frist auf 6 Jahre, wenn mit dem Bau im vierten Jahr nach der Rücklagenbildung begonnen wurde.

Voraussetzungen für die Anwendung der oben dargestellten Regelungen sind:

- Gewinnermittlung nach § 4 (1) oder § 5 EStG,
- die veräußerten Wirtschaftsgüter müssen mind. 6 Jahre ununterbrochen zum Anlagevermögen einer inländischen Betriebsstätte gehört haben,
- die angeschafften oder hergestellten Wirtschaftsgüter müssen zu einer inländischen Betriebsstätte gehören,
- eine Verfolgung der Bildung und der Auflösung der Rücklage in der Buchführung ist gewährleistet.

Rücklage nach § 6b EStG Fall 4

Ein Betriebsgebäude mit Anschaffungskosten von 500000,00 € (Kauf erfolgte vor 10 Jahren, jährliche Abschreibung 3%) steht mit einem Wert von 350000,00 € zu Buche. In Folge einer Betriebsverlegung wird das Gebäude am 30.11.01 zu einem Preis von 600000,00 € verkauft. Auf dem neuen Firmengelände wird am 01.02.02 ein Betriebsgebäude für 700000,00 € gekauft. Die Gewinnermittlung erfolgt nach § 5 EStG.

a) Erstellen Sie den Buchungssatz für den Verkauf des alten Betriebsgebäudes. Gehen Sie bei Ihrer Buchung von einer Bezahlung per Bank aus.
b) Prüfen Sie, ob die Voraussetzungen des § 6b EStG vorliegen, und erstellen Sie den entsprechenden Buchungssatz für die Bildung der Rücklage.
c) Erstellen Sie die Buchung für den Kauf des neuen Betriebsgebäudes. Die Bezahlung erfolgt per Bank.
d) Lösen Sie die Rücklage nach § 6b EStG auf.
e) Wie hoch ist die Bemessungsgrundlage für die Abschreibung des neuen Betriebsgebäudes?

9.3.4.6 Ansatz und Bewertung von Schulden

Handelsrecht	Steuerrecht
§ 253 (1) HGB → Ansatz mit dem Rückzahlungsbetrag nicht unter den Anschaffungskosten (= Anschaffungswertprinzip) → Steigt der Wert der Verbindlichkeit, so muss der höhere Wert angesetzt werden (= Höchstwertprinzip).	**§ 6 (1) Nr. 3 EStG** → Ansatz mit dem Rückzahlungsbetrag nicht unter den Anschaffungskosten (= Anschaffungswertprinzip) → Wahlrecht zum Ansatz mit dem höheren Teilwert bei dauerhafter Werterhöhung (H 6.10 EStR) → Verbindlichkeiten, die eine längere Laufzeit als 12 Monate haben und unverzinslich sind, sind mit einem Zinssatz von 5,5 % abzuzinsen (BMF-Schreiben vom 26.05.2005).
§ 254 HGB → Wird ein Wechselkursrisiko durch ein Gegengeschäft abgesichert, werden Grund- und Gegengeschäft zu einer Bewertungseinheit zusammengefasst und beide Geschäfte werden korrespondierend bilanziert. Einzelbewertung und Saldierungsverbot werden verdrängt.	**§ 5 (1a) EStG** → Die Steuerbilanz folgt der handelsrechtlichen Regelung. Droht ein Verlust nach Bildung der Bewertungseinheit, darf eine Rückstellung für drohende Verluste gebildet werden. Das Verbot des § 5 (4a) Satz 2 EStG für Drohverlustrückstellungen gilt nicht.
§ 256a HGB → Fremdwährungsverbindlichkeiten sind zum Devisenkassamittelkurs umzurechnen. → Für Posten bis ein Jahr werden Anschaffungswert- und Realisationsprinzip außer Kraft gesetzt (=> unrealisierte Gewinne). (analog zu den Fremdwährungsguthaben siehe Kapitel 9.3.4.4 Fall 5)	→ Die Regelung des § 256a HGB gilt nicht für die Steuerbilanz.

Fall 1 Der Unternehmer Artur Teichmann (Gewinnermittlung § 5 EStG) kaufte am 10.11.01 bei einem Schweizer Lieferanten Waren auf Ziel für 120000,00 Schweizer Franken. Der Kurs für die Schweizer Franken lag am 10.11.01 bei 55,00 EUR für 100,00 CHF. Er betrug am Bilanzstichtag 31.12.01 57,00 EUR für 100,00 CHF. Der Kurs besteht auch bei Bilanzaufstellung. Die Verbindlichkeit wird im März des Folgejahres bezahlt.

a) Wie muss die Verbindlichkeit in der Handels- und Steuerbilanz bewertet werden?
b) Welche Änderung ergibt sich, wenn der Kurs bei Bilanzaufstellung wieder 55,00 EUR beträgt?
c) Zu welchem Wert hätte die Verbindlichkeit angesetzt werden müssen, falls der Wert des Franken auf 53,00 EUR pro 100,00 CHF zum Bilanzstichtag gesunken wäre?
d) Wie lautet die Lösung zu b), falls die Verbindlichkeit erst im Dezember 02 beglichen wird?

Fall 2 Der Unternehmer Hans Frank kauft am 01.10.01 eine Maschine für 100000,00 USD. Am Liefertag beträgt der Wechselkurs 1,00 EUR = 1,20 USD. Frank kauft am 01.10.01 100000,00 USD, um das Wechselkursrisiko abzusichern.

Am Bilanzstichtag 31.12.01 liegt der Kurs bei 1,00 EUR = 1,30 USD.

Wie sind die Maschine, die Fremdwährungsverbindlichkeit und das USD-Guthaben am 31.12.01 zu bewerten?

9.3.4.7 Ansatz und Bewertung von Rückstellungen

Die handelsrechtlichen Regelungen für Rückstellungen werden steuerrechtlich weitestgehend übernommen. Ein handelsrechtliches Wahlrecht zur Rückstellungsbildung wird steuerrechtlich zum Verbot.

Folgende Rückstellungen sind nach § 249 HGB zu bilden (Rückstellungspflicht):

- Rückstellungen für ungewisse Verbindlichkeiten (siehe Fall 1),
- Rückstellungen für drohende Verluste aus schwebenden Geschäften (siehe Fall 2),

→ Ein schwebendes Geschäft liegt vor, wenn ein Vertragsverhältnis noch nicht erfüllt ist. Die Verluste drohen aufgrund der unterschiedlichen Marktpreise im Verhältnis zu dem vereinbarten Verkaufspreis.

- Rückstellungen für im Geschäftsjahr unterlassene Aufwendungen für Instandhaltung, die im folgenden Geschäftsjahr innerhalb von drei Monaten, oder für Abraumbeseitigungen, die im folgenden Geschäftsjahr nachgeholt werden (siehe Fall 3),
- Rückstellungen für Gewährleistungen, die ohne rechtliche Verpflichtung erbracht werden (Kulanz). Davon sind die Garantierückstellungen zu unterscheiden. Bei Aufwendungen aufgrund von Garantieleistungen, zu denen man gesetzlich verpflichtet ist, handelt es sich um Rückstellungen für ungewisse Verbindlichkeiten, für die auch eine Rückstellungspflicht besteht. Bei Kulanz besteht zwar keine rechtliche Verpflichtung, allerdings ergibt sich aus den kaufmännischen Gepflogenheiten ein Leistungszwang (siehe Fall 4).

Rückstellungen sind handelsrechtlich mit dem Erfüllungsbetrag unter Berücksichtigung von zukünftigen Preis- und Kostensteigerungen zu bewerten (§ 253 (1) Satz 2 HGB) und bei einer Laufzeit von mehr als einem Jahr mit dem durchschnittlichen Marktzinssatz der vergangenen **sieben** Geschäftsjahre, im Falle von Pensionsrückstellungen der vergangenen **zehn** Geschäftsjahre, abzuzinsen (§ 253 (2) HGB).

Folgende Regelungen des Steuerrechts weichen von der handelsrechtlichen Regelung ab:

- Rückstellungen für drohende Verluste aus schwebenden Geschäften dürfen nicht gebildet werden (§ 5 (4a) EStG),
- für bestimmte Rückstellungen sind Höchstbeträge im § 6 (1) Nr. 3a EStG festgeschrieben,
- die Bewertung erfolgt mit dem Rückzahlungsbetrag zum Bilanzstichtag ohne künftige Preis- und Kostensteigerungen (§ 6 (1) Nr. 3a Buchstabe f EStG),
- Rückstellungen mit einer Laufzeit von über einem Jahr sind mit einem Zinssatz von 5,5 % abzuzinsen (§ 6 (1) Nr. 3a Buchstabe e EStG). Für andere Rückstellungen, die nicht in § 249 HGB genannt werden, besteht ein Rückstellungsverbot.
- Die Obergrenze für Rückstellungen bildet der entsprechende handelsrechtliche Wertansatz (R 6.11 (3) EStR).
- Für andere Rückstellungen, die nicht in § 249 HGB genannt werden, besteht ein Rückstellungsverbot.

Rückstellungen für ungewisse Verbindlichkeiten

Verbindlichkeiten gelten als ungewiss, falls sie dem Grunde nach (fallen Aufwendungen überhaupt an) oder der Höhe nach (Aufwendungen fallen an, nur die Höhe ist unklar) ungewiss sind.

Wichtige Beispiele für Rückstellungen für ungewisse Verbindlichkeiten sind:

- Rückstellungen für Beratungs-, Abschluss- und Prüfungskosten (H 5.7c (3) EStR)
- Rückstellungen wegen Gratifikationen an Arbeitnehmer (H 5.7c (4) EStR)
- Garantierückstellungen (H 5.7c (4) EStR)
- Gewerbesteuerrückstellung (Steuerrechtlich ist die Gewerbesteuer eine nicht abzugsfähige Betriebsausgabe. Daher ist in der Steuerbilanz eine Rückstellung zu bilden und für steuerliche Zwecke der Gewinn nach § 60 EStDV entsprechend zu korrigieren.) (R 5.7 (1) EStR)
- Rückstellungen wegen Pensionsverpflichtungen (§ 6a EStG)
- Prozesskostenrückstellungen (H 5.7 (4) EStR)

- Urlaubsrückstellungen (BFH-Urteil vom 06.12.1995)
- Aufbewahrung von Geschäftsunterlagen

→ Dazu gehören Raumkosten, einmaliger Aufwand für die Einlagerung, Kosten für Einrichtungsgegenstände = Abschreibung, anteilige Personalkosten; die durchschnittliche Restaufbewahrungsdauer wird mit 5,5 Jahren angesetzt (BFH-Urteil vom 18.01.2011).

Gewerbesteuerrückstellungen

Fall 1a

Der Steuerberater des Unternehmers Armin Lohmann hat für das Jahr 01 eine Gewerbesteuernachzahlung in Höhe von 6000,00 € berechnet.

a) Inwieweit liegt hier eine handels- und steuerrechtlich passivierungspflichtige Rückstellung vor?

b) Erstellen Sie den entsprechenden Buchungssatz für den Jahresabschluss zum 31.12.01.

c) Welche Gewinnauswirkung ergibt sich aus der Buchung zum 31.12.01?

d) Im März 02 geht der Gewerbesteuerbescheid für das Jahr 01 bei Lohmann ein. Die Abschlusszahlung für Lohmann beträgt:

(1) 6000,00 € (2) 8000,00 € (3) 4000,00 €

Im Mai 02 zahlt Lohmann die Nachforderungen.

Erstellen Sie die Buchungen in den Fällen (1), (2) und (3) für den März 02 und die Zahlungen im Mai 02.

Rückstellungen für Jahresabschlusskosten

Fall 1b

Steuerberater Paul Meinders erstellt für einen Mandanten einen Jahresabschluss auf den 31.12.01 inkl. Steuererklärungen. Er schätzt die Kosten für die Jahresabschlusserstellung auf ca. 4000,00 € netto. Eine genaue Rechnung kann er erst nach der endgültigen Fertigstellung des Jahresabschlusses und der Steuererklärungen erstellen.

a) Liegt hier eine passivierungspflichtige Rückstellung vor?

b) Bilden Sie den Buchungssatz zum 31.12.01.

Rückstellungen aus Arbeitsverhältnissen

Fall 1c

Bei der Erstellung des Jahresabschlusses 01 hat eine Angestellte des Mandanten Geiger noch 10 Tage Resturlaub aus 01, den sie erst in 02 beanspruchen wird. Zurzeit ist noch unklar, wann sie ihn beanspruchen wird und in welcher Form (Freizeit oder Ausbezahlung). Die Angestellte erhält ein Bruttogehalt von 3000,00 €, die monatliche Arbeitszeit beträgt durchschnittlich 160 Stunden, die wöchentliche Arbeitszeit 40 Stunden bei 8 Stunden pro Tag. Die Beiträge zur Sozialversicherung betragen 21 % für den Arbeitgeber.

a) Liegt hier eine passivierungspflichtige Rückstellung vor?

b) Berechnen Sie die Urlaubsrückstellung.

c) Buchen Sie die Urlaubsrückstellung unter der Voraussetzung, dass

(1) im vorigen Jahr keine Urlaubsrückstellung gebildet wurde,

(2) im vorigen Jahr eine Urlaubsrückstellung in Höhe von 2000,00 € gebildet wurde,

(3) im vorigen Jahr eine Urlaubsrückstellung in Höhe von 1000,00 € gebildet wurde.

Pensionsrückstellungen

Pensionsrückstellungen müssen gebildet werden für Zusagen einer betrieblichen Altersversorgung. Voraussetzung ist eine rechtsverbindliche Pensionsverpflichtung. Die Höhe der Pensionsrückstellung ergibt sich aus dem Teilwert, der dem versicherungsmathematischen Wert nach § 6a (3) EStG entspricht. Am Ende eines jeden Wirtschaftsjahres wird der Unterschiedsbetrag zwischen dem Teilwert am Ende des letzten Wirtschaftsjahres und dem Teilwert am Ende des laufenden Wirtschaftsjahres der Rückstellung zugeführt. Nach dem Zeitpunkt des Eintritts des Versorgungsfalls ist die Pensionsrückstellung in jedem Wirtschaftsjahr in Höhe des Unterschiedsbetrages zwischen dem versicherungsmathematischen Wert der künftigen Pensionsleistungen am Schluss des laufenden Wirtschaftsjahres und am Schluss des vorangegangenen Wirtschaftsjahres gewinnerhöhend aufzulösen. Die laufenden Pensionsleistungen sind als Betriebsausgabe anzusetzen.

Pensionsrückstellungen

Fall 1d

Der Unternehmer Alfred Mattern hat einem leitenden Angestellten eine Pensionszusage schriftlich erteilt. Durch diese Vereinbarung erhält der Angestellte ab seinem 65. Lebensjahr eine jährliche Pension von 12000,00 €.

a) Am Ende des Jahres 01 nach Zusage beträgt der versicherungsmathematische Wert der Pensionszusage 7800,00 €. Erstellen Sie den Buchungssatz.

b) Am Ende des Jahres 02 beträgt der versicherungsmathematische Wert der Pensionszusage 14900,00 €. Erstellen Sie den Buchungssatz.

c) Im ersten Jahr der Pensionierung beträgt die Auszahlung wie vereinbart 12000,00 €. Die Überweisung erfolgt per Bank. Der versicherungsmathematische Wert beträgt zu Beginn des Wirtschaftsjahres 135240,00 € und zum Ende 126320,00 €. Erstellen Sie die Buchungssätze. (Evtl. lohnsteuerrechtliche Vorschriften sind nicht zu beachten.)

Fall 1e Rückstellung für Aufbewahrung von Geschäftsunterlagen

Der Unternehmerin Sylvia Strauss entstehen für die Aufbewahrung von Geschäftsunterlagen mit einer Aufbewahrungsfrist von 10 Jahren Kosten in Höhe von 1200,00 € jährlich.
Ermitteln Sie die Höhe der Rückstellung und buchen Sie diese.

Fall 1f* Abzinsung von Rückstellungen

Der Unternehmer Thorsten Schneider hat sich in 01, um seine Mitarbeiter an sein Unternehmen zu binden, zu einer Zusage zur Zahlung einer Gratifikation von 50000,00 € verpflichtet. Die Höhe der Gratifikation für den einzelnen Arbeitnehmer richtet sich nach der Dauer der Betriebszugehörigkeit und der Höhe des monatlichen Gehaltes.

Um die Mitarbeiter an sich zu binden, soll die Gratifikation erst in 10 Jahren ausgezahlt werden. Er schätzt am 31.12.01, dass aufgrund vorzeitigen Ausscheidens 30 % der Mitarbeiter keine Gratifikation erhalten werden.

Am 31.12.02 ändert sich seine Einschätzung aufgrund betriebsinterner Veränderungen auf 20 %.

Berechnen und buchen Sie die Rückstellung zum 31.12.01 und 31.12.02. Unterstellen Sie zum 31.12.01 einen Abzinsungszinssatz von 4,78 %, was einem Abzinsungsfaktor von 0,688 entspricht, und zum 31.12.02 einen Abzinsungszinssatz von 4,59 %, was einem Abzinsungsfaktor von 0,731 entspricht. Die steuerrechtlichen Vervielfältiger betragen zum 31.12.01 0,652 und zum 31.12.02 0,687.

Fall 2 Rückstellungen für drohende Verluste aus schwebenden Geschäften

Der Holzhändler Alfred Ahlers vereinbart am 01.09.01 mit einem Kunden eine Lieferung über 1000 t Teakholz zum Preis von 300,00 € je Tonne, Liefertermin 01.02.02. Der Preis pro Tonne Teakholz liegt am 01.09.01 bei 250,00 €. Ahlers plant, um hohe Lagerkosten zu vermeiden, das Holz erst unmittelbar vor dem Liefertermin einzukaufen. Wegen verheerender Waldbrände in Brasilien steigt der Preis des Teakholzes bis zum 31.12.01 auf 320,00 € je Tonne und ein Ende der Preissteigerung ist nicht in Sicht.

a) Überprüfen Sie, ob eine passivierungspflichtige Rückstellung vorliegt.

b) Berechnen Sie die Höhe der Rückstellung (= Höhe des drohenden Verlustes).

c) Erstellen Sie den Buchungssatz zum 31.12.01.

d) Welche Gewinnauswirkung hat der Buchungssatz?

e) Beurteilen Sie die rechtliche Lage aus steuerrechtlicher Sicht.

f) Am 01.02.02 kauft Ahlers das Teakholz zum Preis von 320,00 € pro Tonne + USt. bei einem deutschen Großhändler ein und liefert es an den Kunden zum vereinbarten Preis.

   Erstellen Sie die entsprechende Buchung unter der Annahme, dass Ahlers das Holz auf Ziel einkauft.

Fall 3 Rückstellungen für unterlassene Instandhaltung

Die Schatz GmbH muss dringend das Dach ihrer Lagerhalle ausbessern lassen. Sie vergibt den Auftrag am 01.10.01 an die Giebel OHG, die mit der Reparatur im November 01 beginnen soll. Aufgrund von Auftragsüberlastung beginnt die Giebel OHG mit den Arbeiten erst im Januar 02 und beendet sie am 15.02.02. Die Kosten betragen voraussichtlich 20000,00 € + USt.

a) Liegt hier handels- und steuerrechtlich eine passivierungspflichtige Rückstellung vor?

b) Erstellen Sie den Buchungssatz zum Jahresabschluss am 31.12.01.

c) Wie würden Sie die Fragen unter a) und b) beantworten, falls die Reparaturen erst am 15.04.02 beendet würden?

d) Erstellen Sie die Buchung für den Fall, dass die Arbeiten am 15.02.02 abgeschlossen wurden und die Schatz GmbH eine Rechnung über

   (1) 20000,00 € + USt., (2) 25000,00 € + USt., (3) 18000,00 € + USt. erhält.

Fall 4 Rückstellungen aus Gewährleistungen

Bernd Blau verkauft Computer aller Art. Insgesamt hat er im vergangenen Jahr Umsätze in Höhe von 1500000,00 € (netto) getätigt. Zur Pflege von Kundenbeziehungen übernimmt Blau auch Garantieleistungen, zu denen er nicht rechtlich verpflichtet ist (Kulanz). Aufgrund von Erfahrungen aus der Vergangenheit weiß Blau, dass für solche Garantieleistungen ca. 2 % des Umsatzes anfallen.

a) Liegt hier handels- und steuerrechtlich eine passivierungspflichtige Rückstellung vor?

b) Berechnen Sie die Höhe der Rückstellung.

c) Buchen Sie die Rückstellung unter der Voraussetzung, dass

  (1) im vergangenen Jahr keine Gewährleistungsrückstellung gebucht wurde,

  (2) im vergangenen Jahr eine Gewährleistungsrückstellung in Höhe von 40000,00 € gebucht wurde,

  (3) im vergangenen Jahr eine Gewährleistungsrückstellung von 20000,00 € gebucht wurde.

9.3.5 Sonderbilanzen

Sonderbilanzen sind für Wirtschaftsgüter aufzustellen, die einem Gesellschafter einer Personengesellschaft gehören und die er der Gesellschaft zur Nutzung gegen ein Entgelt überlässt. Steuerlich gehören sie zum Betriebsvermögen (R 4.2 (2) EStR). Somit ergeben sich für die Personengesellschaft mehrere Bilanzen, die dann gebündelt werden zur Bilanz der gesamten Gesellschaft (Bilanzbündeltheorie). Die gezahlten Entgelte sind daher keine Betriebsausgaben, sondern zählen zum Gewinn der Gesellschaft bzw. des einzelnen Gesellschafters.

Es werden zwei Arten von Sonderbetriebsvermögen unterschieden:

Sonderbetriebsvermögen I	Wirtschaftsgüter, die der Gesellschafter der Gesellschaft zur Nutzung überlässt
Sonderbetriebsvermögen II	Wirtschaftsgüter, die unmittelbar zur Begründung oder Stärkung der Beteiligung des Gesellschafters an der Gesellschaft eingesetzt werden (z. B. Finanzierung der Kommanditeinlage durch ein Bankdarlehen)

Sonderbilanzen

Fall

Ruth Meyer ist als Gesellschafterin an der Meyer & Michels OHG beteiligt. Ihr Gewinnanteil für das Jahr 02 beträgt korrekterweise 45000,00 €. Sie hat der OHG ein Grundstück zur Verfügung gestellt, das als Lagerplatz genutzt wird. Dafür erhält sie ein Entgelt von 700,00 € monatlich. An Aufwendungen für Grundsteuer usw. sind in 02 2100,00 € entstanden, die Frau Meyer privat getragen hat. Außerdem erhielt sie in 02 ein Geschäftsführerinnengehalt in Höhe von 20000,00 €.

a) Erstellen Sie die Sonderbilanz zum 31.12.02 und die Sonder-Gewinn- und Verlustrechnung 02.

Sonderbilanz zum 31.12.01

Aktiva			**Passiva**
Grundstücke	200000,00 €	Eigenkapital	200000,00 €

Sonderbilanz zum 31.12.02

Aktiva			**Passiva**
Grundstücke	200000,00 €	Kapital zum 01.01.02	200000,00 €
		– Entnahmen	
		+ Einlagen	
		+ Gewinn	
		= Kapital zum 31.12.02	
		(= Bilanzsumme)	

Sonder-GuV 02

Aufwendungen	**Erträge**
Grundstücksaufwendungen	Gehalt
	Miete

b) Berechnen Sie die Einkünfte aus Gewerbebetrieb für 02.

9.3.6 Ergänzungsbilanzen

Ergänzungsbilanzen sind vor allem notwendig beim Erwerb eines Mitunternehmeranteils. Der Käufer zahlt in der Regel einen höheren Preis für einen Mitunternehmeranteil, als der Anteil an der Gesellschaftsbilanz ausmacht. Dies rührt daher, dass in dem Verkaufspreis auch stille Reserven abgegolten werden. In der Ergänzungsbilanz wird der Mehrbetrag des gezahlten Kaufpreises über den Buchwerten in der Steuerbilanz ausgewiesen. Ist der Kaufpreis noch höher als die aufgedeckten stillen Reserven, so ist der Restbetrag als Firmenwert zu aktivieren. Die Werte der Ergänzungsbilanz werden abgeschrieben und mindern den Gewinn des Erwerbers.

9.3.7 Bilanzberichtigung und Bilanzänderung

Eine Bilanz darf gem. § 4 (2) EStG auch nach der Einreichung beim Finanzamt geändert werden, wenn ein Bilanzansatz gegen zwingende steuerrechtliche Vorschriften verstößt (sog. Bilanzberichtigung). Dies ist nicht möglich, wenn die Bilanz einer verfahrensrechtlich nicht mehr änderbaren Steuerfestsetzung zugrunde liegt. Soll ein Bilanzansatz durch einen anderen zulässigen Bilanzansatz ersetzt werden, spricht man von einer Bilanzänderung. Sie ist nur zulässig, wenn sie in einem engen zeitlichen und sachlichen Zusammenhang mit einer Bilanzberichtigung steht.

9.4 Die Einnahmen-Überschuss-Rechnung

Alle Steuerpflichtigen, die ihre Einkünfte als Gewinn ermitteln, aber nicht buchführungspflichtig sind, ermitteln den Gewinn als Überschuss der Betriebseinnahmen über die Betriebsausgaben. Gem. § 60 (4) EStDV muss eine Anlage EÜR eingereicht werden.

	Grundbegriffe der Einnahmen-Überschuss-Rechnung
Betriebseinnahmen	Der Begriff der Betriebseinnahmen ist im Gesetz nicht gesondert geregelt. Deswegen sind die Regelungen des § 4 (4) EStG und § 8 EStG analog auf den Betriebseinnahmenbegriff anzuwenden.
Betriebsausgaben	Betriebsausgaben sind die Aufwendungen, die durch den Betrieb veranlasst sind.
§ 4 (4), (5), (5b), (6) EStG **§ 12 EStG**	Es gelten dieselben Vorschriften über die nicht abziehbaren Betriebsausgaben sowie die privaten Aufwendungen wie bei der Gewinnermittlung nach dem Betriebsvermögensvergleich (siehe Kapitel 9.3.3).
Zufluss-/ Abflussprinzip **§ 11 EStG**	Das Zufluss-/Abflussprinzip regelt, wann Betriebseinnahmen bzw. -ausgaben versteuert werden müssen. **Einnahmen** sind in dem Kalenderjahr als Betriebseinnahmen anzusetzen, in dem sie zugeflossen sind. **Ausgaben** sind in dem Kalenderjahr als Betriebsausgaben abzusetzen, in dem sie abgeflossen sind. Bei Barzahlung und Schecks gilt immer der Tag der Übergabe, bei Überweisung der Zeitpunkt des Eingangs des Überwei-sungsauftrages, wenn das Konto eine nötige Deckung aufweist oder ein entsprechender Kreditrahmen vorhanden ist, ansonsten bei Lastschrift. Bei Zahlung mit einer Kreditkarte ist der Abfluss mit Unterschrift auf dem Beleg erfolgt. Es gelten folgende grundsätzliche Ausnahmen vom Zufluss-/Abflussprinzip:
H 11 EStR (Allgemeines)	• Regelmäßig wiederkehrende Einnahmen oder Ausgaben, die kurze Zeit vor oder nach Ende des Kalenderjahres fließen, sind in dem Kalenderjahr anzusetzen, zu dem sie wirtschaftlich gehören, wenn die Zahlungen auch innerhalb dieses Zeitraums fällig geworden sind. Als kurze Zeit gilt ein Zeitraum von 10 Tagen.
BMF-Schreiben vom 05.11.2002	• Zinsen gelten immer am 31. Dezember des Jahres als zugeflossen, unabhängig davon, wann die Zinsen gutgeschrieben wurden.

Das Zufluss-/Abflussprinzip regelt, wann Betriebseinnahmen bzw. -ausgaben versteuert werden müssen.

Nicht abnutzbare Wirtschaftsgüter des Anlagevermögens, Anteile an Kapitalgesellschaften, Wertpapiere, Grund und Boden und Gebäude **Wirtschaftsgüter des Umlaufvermögens (Anteile an Kapitalgesellschaften, Wertpapiere, Boden und Gebäude)** **§ 4 (3) Satz 4 EStG**	Im Jahr der Veräußerung oder der Entnahme werden die Betriebseinnahmen den Anschaffungs-/Herstellungskosten gegenübergestellt. Somit ist im Veräußerungs-/Entnahmejahr nur der Gewinn/Verlust zu erfassen. Im Jahr der Anschaffung oder Herstellung erfolgt keine Berücksichtigung der Aufwendungen als Betriebsausgaben.
Abnutzbare Wirtschaftsgüter des Anlagevermögens	Die Anschaffungskosten werden wie bei der Gewinnermittlung durch Betriebsvermögensvergleich auf die Nutzungsdauer planmäßig verteilt. Die Abschreibung ist dabei schon im Jahr der ersten Nutzung und nicht erst bei Zahlung möglich. Ein Veräußerungs-/Entnahmeerlös ist als Betriebseinnahme, der Anlagen-

	abgang als Betriebsausgabe zu behandeln. Die Sonderregelung für geringwertige Wirtschaftsgüter ist anwendbar. Eine Teilwertabschreibung ist nicht erlaubt.
Darlehen	Die Einnahme aus der Auszahlung des Darlehens ist nicht als Betriebseinnahme, die Tilgung nicht als Betriebsausgabe zu behandeln.
Disagio **§ 11 (2) EStG** **BFH-Urteil vom 08.03.2016**	Das Disagio ist zum Zeitpunkt der Darlehensaufnahme als Betriebsausgabe in voller Höhe zu behandeln. Voraussetzung ist, dass das Darlehen einen Zinsfestschreibungszeitraum von mindestens fünf Jahren hat und ein Disagio von höchstens 5 % vereinbart wurde. Der BFH vertritt eine andere Auffassung und untersagt einen sofortigen Abzug nur, wenn das Disagio sich nicht im Rahmen des am aktuellen Kreditmarkt Üblichen hält.
Umsatzsteuer **Hinweis 11 EStH** **BFH-Urteil vom 27.06.2018**	Die Umsatzsteuer und die Umsatzsteuererstattung sind eine Betriebseinnahme, die Vorsteuer und die Umsatzsteuervorauszahlung eine Betriebsausgabe. Die Umsatzsteuervorauszahlung/-erstattung ist eine regelmäßig wiederkehrende Ausgabe/Einnahme i. S. d. § 11 EStG. Die Verlängerung der Zahlungsfrist aufgrund der Wochenendregelung wirkt sich auf die 10-Tage-Regelung nicht aus; entscheidend ist auch in diesem Fall, dass die Zahlung spätestens bis zum 10.01. erfolgt ist..
Forderungen und Verbindlichkeiten	Zielkäufe und -verkäufe werden nicht erfasst.
Forderungsausfälle	sind nicht als Betriebsausgabe zu erfassen.
Anzahlungen	sind im Zeitpunkt des Zuflusses/Abflusses zu erfassen.
Verlust von Waren durch Verderb, Diebstahl usw.	ist nicht als Betriebsausgabe zu erfassen.
Schadensersatzleistungen	sind als Betriebseinnahme zu erfassen.
Unentgeltliche Gegenstands-/ Wertentnahmen	sind als Betriebseinnahme zu erfassen.
Investitionsabzugsbetrag	Die Regelungen zum Investitionsabzugsbetrag gelten auch für die Einnahmen-Überschuss-Rechnung. Die Bildung des Investitionsabzugsbetrages ist eine Betriebsausgabe, die Auflösung eine Betriebseinnahme.
Gewillkürtes Betriebsvermögen **R 4.2 EStR**	Auch bei der Gewinnermittlung nach § 4 (3) EStG ist gewillkürtes Betriebsvermögen möglich.

Einnahmen-Überschuss-Rechnung

Fall

Cornelia Müller ist selbstständige Rechtsanwältin in Wuppertal. Sie ermittelt ihren Gewinn zulässigerweise nach § 4 (3) EStG und versteuert ihre Umsätze nach vereinnahmten Entgelten (§ 20 UStG). Sie gibt monatliche USt.-Voranmeldungen ab. Es soll ein möglichst geringer Gewinn ausgewiesen werden. Folgende Informationen liegen Ihnen vor:

Die bisher ermittelten Betriebseinnahmen betragen 174 000,00 €, die Betriebsausgaben 112 500,00 €. Folgende Geschäftsfälle sind noch zu berücksichtigen:

(1) In den Betriebseinnahmen enthalten sind 20 000,00 €, die aus der Aufnahme eines betrieblichen Darlehens stammen. In 01 hat sie für das Darlehen eine Tilgung von 500,00 € und Zinsen in Höhe von 1 100,00 € geleistet. Beide Beträge sind in den Betriebsausgaben enthalten.

(2) Eine Honorarrechnung, die Frau Müller am 15.12.01 über 4 760,00 € brutto erstellte, ist erst am 15.01.02 bezahlt worden. Der Betrag ist in den Betriebseinnahmen enthalten.

(3) Honorarforderungen in Höhe von 2 380,00 € brutto wurden in 01 uneinbringlich. Diese Beträge sind als Betriebsausgabe erfasst worden.

(4) Frau Müller hat die Miete für das Büro für den Monat Dezember in Höhe von 1 100,00 € erst am 07.01.02 gezahlt. Der Betrag ist in den Betriebsausgaben nicht enthalten.

(5) Frau Müller hatte sich Anfang 01 einen neuen betrieblichen Pkw gekauft. Der Anschaffungspreis belief sich auf 24 500,00 € zzgl. 19 % USt. Die Nutzungsdauer beträgt 5 Jahre. Er soll linear abgeschrieben werden. Ihren bisher genutzten Pkw hat sie für 2 380,00 € verkaufen können. Der Pkw hatte zum Zeitpunkt des Verkaufs einen Restbuchwert von 1,00 €. Der Vorgang wurde bis jetzt nicht berücksichtigt.

(6) Der private Nutzungsanteil wurde noch nicht berücksichtigt. Frau Müller benutzte den Wagen nicht für Fahrten zwischen Wohnung und erster Tätigkeitsstätte. Ein Fahrtenbuch hat sie nicht geführt.

(7) Am 18.08.01 kaufte Frau Müller einen neuen Aktenschrank für das Rechtsanwaltsbüro zum Anschaffungspreis von 8000,00 € + USt. Die Nutzungsdauer beträgt 10 Jahre. Die Abschreibung soll linear erfolgen. Die Bezahlung erfolgte am 21.08.01 unter Abzug von 2,5 % Skonto. Im Vorjahr wurde ein Investitionsabzugsbetrag von 40 % der geschätzten Anschaffungskosten von 7000,00 € für die beabsichtigte Anschaffung des Aktenschrankes gebildet. Der gesamte Vorgang wurde noch nicht berücksichtigt.

(8) Laut Anlagenverzeichnis betrug die AfA der restlichen Anlagegegenstände 1700,00 € und ist bisher unberücksichtigt.

(9) Die Umsatzsteuervorauszahlung in Höhe von 1450,00 € für den Dezember 01 hat Frau Müller erst am 13.01.02 geleistet. Der Betrag ist in den Betriebsausgaben enthalten.

(10) Aufgrund einer in 01 durchgeführten USt.-Sonderprüfung musste Frau Müller am 19.11. eine USt.-Nachzahlung für die vergangenen Jahre in Höhe von 2360,00 € leisten. Die Zahlung wurde bisher nicht berücksichtigt.

(11) Die Kfz-Versicherung in Höhe von 240,00 € bezahlte Frau Müller am 01.07.01 für ein Jahr im Voraus. Der Vorgang wurde bis jetzt nicht berücksichtigt.

(12) Frau Müller erwarb am 15.02.01 aus betrieblichen Überschüssen 50 Aktien eines Automobilherstellers zum Kurswert von 120,00 €. Sie möchte die Aktien als Betriebsvermögen behandeln. Am 30.11.01 verkaufte sie die Aktien mit einem Kursgewinn von insgesamt 500,00 €.

Ermitteln Sie den Gewinn nach § 4 (3) EStG.

9.5 Gesamtfälle

Fall 1 Jahresabschluss eines Einzelunternehmers

Mandantin Heike Siewert betreibt in Mannheim einen Großhandel mit Büroartikeln. Erstellen Sie den Jahresabschluss zum 31.12.04. Die vorläufigen Summen und Salden finden Sie auf der Hauptabschlussübersicht der folgenden Seite. Die folgenden Angaben zum Abschluss stehen Ihnen außerdem zur Verfügung. Es soll ein möglichst niedriger Gewinn ausgewiesen werden.

1. Das Gebäude hatte ursprüngliche Anschaffungskosten von 800000,00 €. Es wird mit einem Satz von 4 % linear zulässigerweise abgeschrieben.
2. Der Pkw mit Anschaffungskosten von 50000,00 € netto wird über 5 Jahre linear abgeschrieben.
3. Die Abschreibung für die Geschäftsausstattung beträgt 20000,00 € und für die Büroeinrichtung 5000,00 €.
4. In den Forderungen ist eine Forderung gegenüber einem Kunden in Höhe von 5950,00 € brutto enthalten, gegen den die Eröffnung eines Insolvenzverfahrens beantragt wurde. Die Eröffnung wurde bereits mangels Masse abgelehnt.
5. In den Forderungen sind Forderungen gegen ausländische Kunden aus der EG in Höhe von 150000,00 € enthalten. Die bisherige Pauschalwertberichtigung betrug 2 %.
6. Bei den Rückstellungen handelt es sich um Gewerbesteuer Vorjahr. Der Gewerbesteuerbescheid entsprach der Rückstellung. Die Zahlung ist bereits erfolgt und in dem Konto „Gewerbesteuervorauszahlungen" enthalten. Der Gewerbesteuerhebesatz der Gemeinde beträgt 430 %. Der Einheitswert des Betriebsgrundstücks zum 01.01.1964 beträgt 200000,00 €.
7. Frau Siewert benutzt den Pkw auch für private Zwecke. Diese Privatfahrten wurden bis jetzt nicht berücksichtigt. Fahrten zwischen Wohnung und erster Tätigkeitsstätte haben sich nicht ergeben.
8. Der Warenbestand laut HÜ entspricht dem Inventurwert.
9. Die in der HÜ ausgewiesenen Gehälter sind Zahlungen an angestellte Mitarbeiter.

Aufgabe:

Erstellen Sie den Jahresabschluss zum 31.12.04. Folgende Angaben zu der Mandantin stehen Ihnen zur Verfügung:

Heike Siewert e. K.
U 2, 2–4
68166 Mannheim
Finanzamt Mannheim-Stadt

Konten	Vorläufige Saldenbilanz		Umbuchungen		Saldenbilanz		Schlussbilanz		Erfolgsbilanz = GuV	
	S	H	S	H	S	H	S	H	S	H
Gebäude	784 000,00 €									
Grundstücke	496 000,00 €									
Pkw	20 000,00 €									
Geschäfts-ausstattung	80 000,00 €									
Büroeinrichtung	25 000,00 €									
Waren	110 800,00 €									
Forderungen a. LL	520 000,00 €									
Pauschalwert-berichtigung		4 000,00 €								
Bank	186 000,00 €									
Kasse	11 200,00 €									
Eigenkapital		1 095 072,00 €								
Privatentnahmen	3 000,00 €									
Rückstellungen		10 000,00 €								
Verbindlichkeiten a.LL		185 000,00 €								
Darlehen		750 000,00 €								
Sonstige Verbindlichkeiten		15 200,00 €								
Umsatzsteuer		190 000,00 €								
Vorsteuer	116 356,00 €									
USt.-VZ	62 016,00 €									
Erlöse 19 %		1 000 000,00 €								
Erträge Entnahmen										
Wareneingang 19 %	600 000,00 €									
Gehälter	120 000,00 €									
Raumkosten	30 000,00 €									
Kfz-Kosten	5 300,00 €									
sonstige betriebliche Aufwendungen	7 100,00 €									
GewSt. (VZ)	20 000,00 €									
Zinsaufwand langfristig	52 500,00 €									
Abschreibungen										
Forderungsverluste										
Einstellung PWB										
Summe	3 249 272,00 €	3 249 272,00 €								

Fall 2

Jahresabschluss einer Personengesellschaft

Die Müller, Meier & Schulze OHG, Handel mit Spezialmaschinen, weist ein Eigenkapital zum 01.01.01 in Höhe von 99 971,00 € aus. Der Stand der Kapitalkonten der Gesellschafter Meier und Schulze beträgt je 25 000,00 €, das Kapitalkonto des Gesellschafters Müller beträgt 49 971,00 €. Der Gesellschafter Müller vermietet der OHG ein Grundstück (AK 200 000,00 €) mit Gebäude (AK 300 000,00 €) für 20 000,00 € jährlich. Der Einheitswert auf den 01.01.1964 des Grundbesitzes beträgt 150 000,00 €. Beachten Sie bei Ihrer Lösung den Abschnitt 4.2 (2) EStR! Die Miete ist in der Buchhaltung der OHG als Aufwand gebucht worden. Die Aufwendungen für das Gebäude haben in 01 5 000,00 € betragen und wurden vom Gesellschafter Müller getragen. Die Gebäude-AfA beträgt 2 %. Außerdem erhält Müller für seine Tätigkeit im Dienste der Gesellschaft eine Tätigkeitsvergütung von 4 000,00 € pro Monat. Auch diese ist bereits als Aufwand in der Buchhaltung gebucht worden.

Aufgaben:

1. Erstellen Sie die Hauptabschlussübersicht (siehe Anlage) zum 31.12.01 und ermitteln Sie den Gewinn der OHG.

Folgende Hinweise stehen Ihnen zur Verfügung:

- Die AfA für die BGA beträgt 10000,00 € jährlich.
- Der Betriebs-Pkw wurde zu 50000,00 € netto angeschafft. Es wurde die lineare AfA bei einer Nutzungsdauer von 5 Jahren gewählt.
- Die gebuchten Bewirtungskosten belaufen sich auf 100 % der angemessenen Aufwendungen.
- Die Vorsteuer für die Geschenke > 50,00 € wurde auf das Bilanzkonto „Vorsteuer" gebucht.
- In dem Forderungsbestand ist eine Forderung gegenüber einem insolventen Kunden in Höhe von 5950,00 € brutto enthalten. Es kann mit keinem Zahlungseingang mehr gerechnet werden.
- Die Pauschalwertberichtigung beträgt 2 %.
- Der Warenbestand zum 31.12.01 beträgt laut Inventur 40000,00 €.

2. Berechnen Sie die Höhe der Gewerbesteuerrückstellung. Der Gewerbesteuerhebesatz beträgt 430 %. Erstellen Sie auch die entsprechende Buchung.
3. Erstellen Sie die Bilanz und die GuV zum 31.12.01 unter Berücksichtigung der Gewerbesteuerrückstellung.
4. Erstellen Sie die Sonderbilanz und Sonder-GuV zum 31.12.01 für den Gesellschafter Müller.

Aktiva	**Sonderbilanz zum 31.12.00**		**Passiva**
Grundstücke	200000,00 €	Eigenkapital	440000,00 €
Gebäude	240000,00 €		
	440000,00 €		440000,00 €

Aktiva	**Sonderbilanz zum 31.12.01**	**Passiva**
Grundstücke		Kapital zum 01.01.01
Gebäude		– Entnahmen
		+ Einlagen
		+ Gewinn
		= Kapital zum 31.12.01
		(= Bilanzsumme)

Aufwendungen	**Sonder-GuV 01**	**Erträge**
Gebäudeaufwendungen		Gehalt
Abschreibung		Miete
Gewinn		

5. Nehmen Sie die Gewinnverteilung vor und ermitteln Sie die Einkünfte aus Gewerbebetrieb für jeden Gesellschafter sowie die steuerlichen Kapitalstände zum 31.12.01. Eine Verzinsung der Kapitalkonten der Gesellschafter findet laut Gesellschaftsvertrag nicht statt. Gewinne werden nach Köpfen verteilt.
6. Erstellen Sie mithilfe eines branchenüblichen Softwareprogramms die einheitliche und gesonderte Feststellungserklärung der OHG und drucken Sie eine Berechnungsliste aus. Vergleichen Sie diese Berechnungsliste mit Ihrer manuellen Berechnung und analysieren Sie Abweichungen. Der Gewinn wird laut Gesellschaftervertrag nach Köpfen verteilt. Folgende Angaben stehen Ihnen zur Verfügung:

Müller, Meier & Schulze OHG Grenzweg 12 68163 Mannheim Finanzamt Mannheim-Stadt Steuernummer 38218/87454	Werner Müller Hallenstr. 85 68219 Mannheim Finanzamt Mannheim-Stadt Steuernummer 38218/74575
Hubert Meier Rückertstr. 4 68259 Mannheim Finanzamt Mannheim-Stadt Steuernummer 38218/74123	Stefan Schulze Lahnstr. 11 68167 Mannheim Finanzamt Mannheim-Neckarstadt Steuernummer 38219/74102

Konten	Vorläufige Saldenbilanz		Umbuchungen		Saldenbilanz		Schlussbilanz		Erfolgsbilanz = GuV	
	S	H	S	H	S	H	S	H	S	H
BGA	50 000,00 €									
Fuhrpark	40 000,00 €									
Warenbestand	50 000,00 €									
Forderungen a. LL	64 500,00 €									
Pauschalwertberichtigung		2 000,00 €								
Bank	40 000,00 €									
Kasse	3 000,00 €									
Umsatzsteuer		47 500,00 €								
Vorsteuer	24 871,00 €									
Umsatzsteuervorauszahlungen	22 600,00 €									
Eigenkapital		99 971,00 €								
Privatentnahmen										
Rückstellungen										
Verbindlichkeiten Kreditinstitute		90 000,00 €								
Verbindlichkeiten a. LL		20 000,00 €								
Umsatzerlöse		250 000,00 €								
Wareneinkauf	130 000,00 €									
Zinsaufwendungen langfristig	5 000,00 €									
Zinsaufwendungen kurzfristig	500,00 €									
Bewirtungskosten	700,00 €									
Geschenke > 50,00 €	100,00 €									
Geschenke < 50,00 €	200,00 €									
Mietaufwand	20 000,00 €									
Gehälter	48 000,00 €									
Gewerbesteuer VZ	10 000,00 €									
Abschreibungen										
Abschreibung auf Forderungen										
Erträge aus der Auflösung von PWB/Aufwendungen Einstellung PWB										
Nicht abzugsfähige Betriebsausgaben										
Summe	509 471,00 €	509 471,00 €								

Fall 3 Jahresabschluss einer GmbH

Rosanna Gabler betreibt die Dolle GmbH in Düsseldorf. Sie verkauft in drei Filialen in Düsseldorf exklusive Damenmode. Die Buchhaltung ist bis zum Dezember erfasst worden. Die Zahlen entnehmen Sie bitte der Hauptabschlussübersicht. Folgende Angaben stehen Ihnen zur Verfügung:

a) Die Abschreibungen auf die BGA betragen in 01 8400,00 €, die Abschreibungen auf den Fuhrpark 10000,00 €.
b) Die Forderungen sind einwandfrei. Eine Pauschalwertberichtigung wird nicht gebildet, da alle Forderungen bis zur Bilanzerstellung eingegangen sind.
c) Der Warenendbestand zum 31.12.01 beträgt 40000,00 €.
d) Der Pkw wird ausschließlich betrieblich genutzt.

Aufgaben:

1. Erstellen Sie alle notwendigen Abschlussbuchungen.
2. Berechnen Sie das zu versteuernde Einkommen nach dem Körperschaftsteuergesetz.
3. Berechnen Sie die Gewerbesteuerrückstellung/-forderung und buchen Sie sie. Der Gewerbesteuerhebesatz beträgt 440 %.
4. Berechnen Sie die Körperschaftsteuerrückstellung und buchen Sie sie.
5. Erstellen Sie die Bilanz und die GuV für das Jahr 01.

Folgende Angaben stehen Ihnen dafür zur Verfügung:

Dolle GmbH
Suitbertusstr. 123
40223 Düsseldorf
Geschäftsführerin: Rosanna Gabler, Fichtenstr. 25, 40223 Düsseldorf
Gesellschafterin: Rosanna Gabler
Finanzamt: Düsseldorf-Süd
Steuernummer: 106/5555/4444

Konten	Vorläufige Saldenbilanz		Umbuchungen		Saldenbilanz		Schlussbilanz		Erfolgsbilanz = GuV	
	S	H	S	H	S	H	S	H	S	H
BGA	25 300,00 €									
Fuhrpark	30 000,00 €									
Forderungen a. LL	3 750,00 €									
Warenbestand	20 000,00 €									
Bank	45 700,00 €									
Kasse	13 600,00 €									
Umsatzsteuer		28 500,00 €								
Vorsteuer	15 637,00 €									
Umsatzsteuervorauszahlungen	11 300,00 €									
Gez. Kapital		25 000,00 €								
Gewinnvortrag		60 347,00 €								
Rückstellungen										
Verbindlichkeiten Kreditinstitute		25 000,00 €								
Verbindlichkeiten a. LL		20 000,00 €								
Umsatzerlöse		150 000,00 €								
Wareneinkauf	70 000,00 €									
Zinsaufwendungen langfristig	2 000,00 €									
Zinsaufwendungen kurzfristig	150,00 €									
Mietaufwand	30 000,00 €									
Gehälter	15 000,00 €									
Gewerbesteuer VZ	12 000,00 €									
Körperschaftsteuervorauszahlung einschl. SolZ	2 110,00 €									
Sonstige betriebl. Aufwendungen	12 300,00 €									
Abschreibungen										
Summe	308 847,00 €	308 847,00 €								

Abkürzungsverzeichnis

a. d.	an der
AEAO	Anwendungserlass zur Abgabenordnung
AfA	Absetzung für Abnutzung
AG	Aktiengesellschaft
AO	Abgabenordnung
AStG	Außensteuergesetz
BewG	Bewertungsgesetz
BFH	Bundesfinanzhof
BGB	Bürgerliches Gesetzbuch
BMF	Bundesministerium für Finanzen
BVerfG	Bundesverfassungsgericht
DBA	Doppelbesteuerungsabkommen
e. G.	eingetragene Genossenschaft
EigZulG	Eigenheimzulagegesetz
ErbStDV	Erbschaftsteuerdurchführungs-verordnung
ErbStG	Erbschaftsteuergesetz
ErbStR	Erbschaftsteuerrichtlinien
ESt.	Einkommensteuer
EStDV	Einkommensteuerdurchführungs-verordnung
EStG	Einkommensteuergesetz
EStR	Einkommensteuerrichtlinie
EU	Europäische Union
EuGH	Europäischer Gerichtshof
EUSt.	Einfuhrumsatzsteuer
e. V.	eingetragener Verein
f.	folgende
ff.	fortfolgende
GbR	Gesellschaft bürgerlichen Rechts
gem.	gemäß
GewStDV	Gewerbesteuerdurchführungs-verordnung
GewStG	Gewerbesteuergesetz
GewStR	Gewerbesteuerrichtlinien
GG	Grundgesetz
ggf.	gegebenenfalls
GmbH	Gesellschaft mit beschränkter Haftung
GoB	Grundsätze ordnungsgemäßer Buchführung
GrErwSt.	Grunderwerbsteuer
GrSt.	Grundsteuer
GWG	geringwertige Wirtschaftsgüter
H	Hinweis
HGB	Handelsgesetzbuch
i. d. R.	in der Regel
i. g.	innergemeinschaftlich
inkl.	inklusive
i. S. d.	im Sinne des/der
KG	Kommanditgesellschaft
KStDV	Körperschaftsteuerdurch-führungsverordnung
KStG	Körperschaftsteuergesetz
KStR	Körperschaftsteuerrichtlinien
LStDV	Lohnsteuerdurchführungs-verordnung
LStR	Lohnsteuerrichtlinien
max.	maximal
mind.	mindestens
MwSt.	Mehrwertsteuer
Nr.	Nummer
o. g.	oben genannt
OHG	offene Handelsgesellschaft
R	Richtlinie
sog.	sogenannt
SolZG	Solidaritätszuschlaggesetz
StBerG	Steuerberatungsgesetz
USt.	Umsatzsteuer
UStDV	Umsatzsteuerdurchführungs-verordnung
USt.-ID-Nr.	Umsatzsteueridentifikations-nummer
UStG	Umsatzsteuergesetz
UStAE	Umsatzsteueranwendungserlass
UStVA	Umsatzsteuervoranmeldung
UStVZ	Umsatzsteuervorauszahlung
u. a.	unter anderem
usw.	und so weiter
vgl.	vergleiche
VO	Verordnung
z. B.	zum Beispiel
zzgl.	zuzüglich

Bildquellenverzeichnis

Picture-Alliance GmbH, Frankfurt a.M.: dpa-infografik GmbH 13.1, 14.1, 173.1.

Sachwortverzeichnis